메가스터디 N제

한국사2 867제

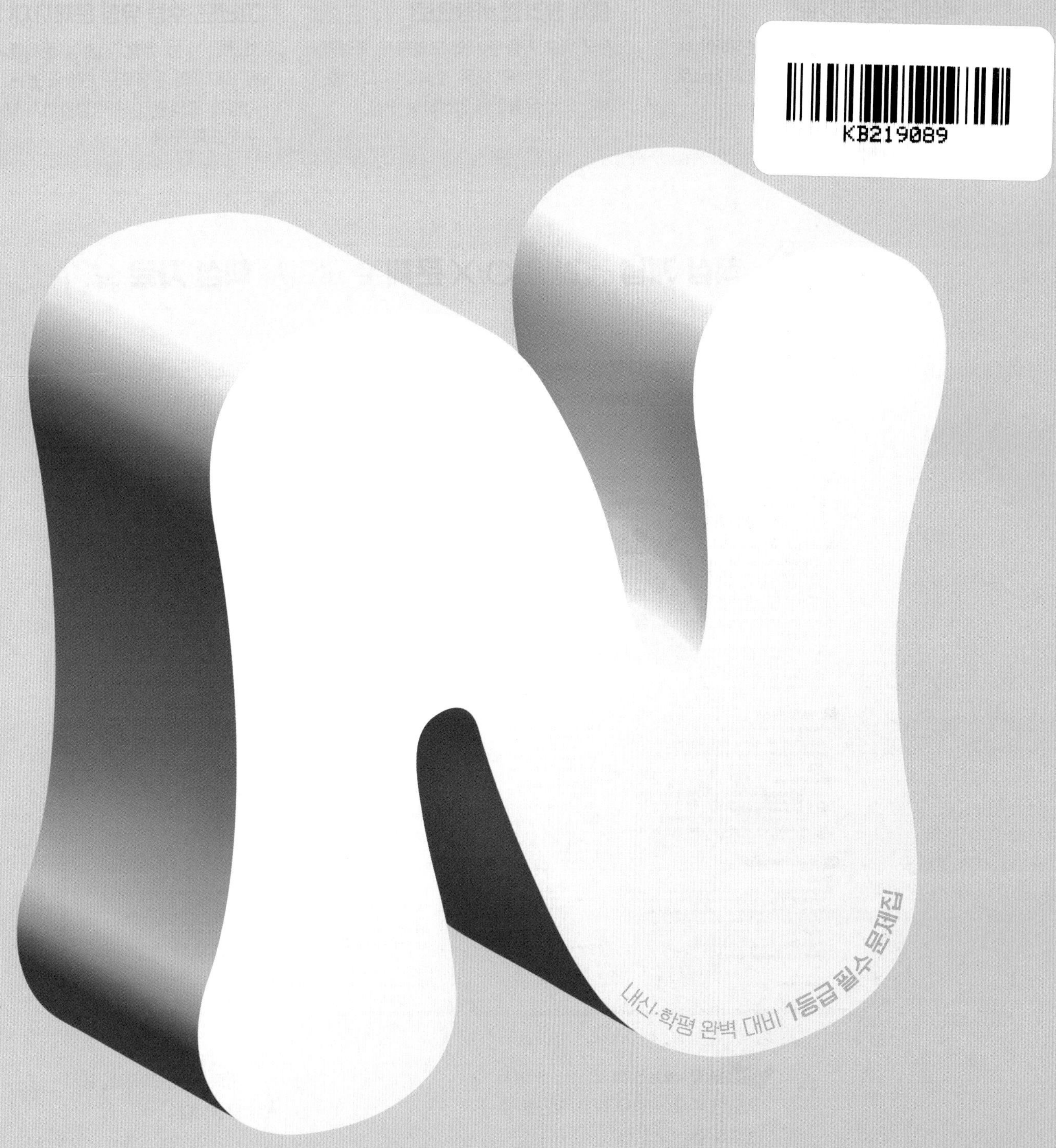

이 책의
구성과 특징

완성 Point가 바로 여기에!

22개정 교과서 완벽 분석, 핵심이 모두 여기에!

9종 한국사 교과서를 모두 분석하여 내신 시험에 반드시 출제될 내용과 자료로 구성

Point 2

내신 시험의 출제 원리를 바탕으로!

전국 학교 기출 문제와 모의평가, 학력평가 기출 문제를 모두 분석하여 고빈출, 최다 오답 유형만을 엄선하여 구성

Point 3

만점 달성 고난도, 수능 유형 문제까지!

고난도, 수능 유형, 서술형 문제를 포함한 867개의 문항으로 변별력 높은 내신 시험과 모의평가, 학력평가까지 대비할 수 있도록 구성

STEP 1 핵심 개념 정리 & O/X 문제로 교과서 핵심 자료 보기

9종 교과서의 핵심 내용을 쉽게 파악할 수 있도록 체계적으로 정리하고,
핵심 자료를 선별하여 OX 문제를 풀며 개념 학습을 강화할 수 있도록 했습니다.

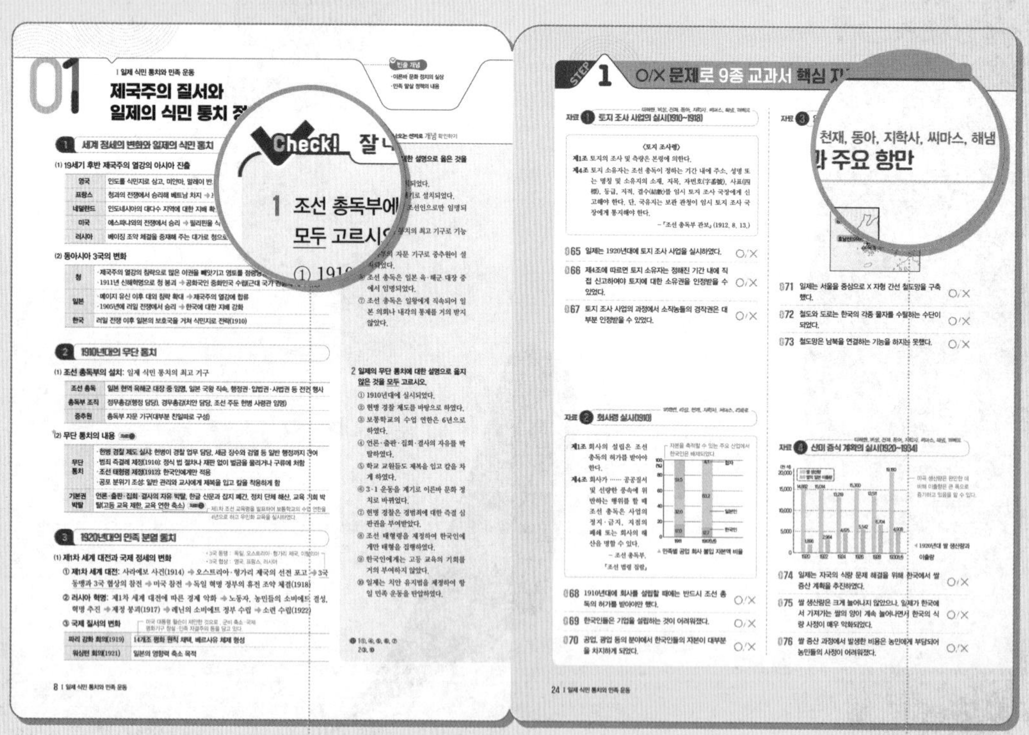

Check! 잘 나오는 선지로 개념 확인하기에서 학습한 주요 개념을 바로 확인할 수 있도록 했습니다.

자료 출처 교과서를 표시했습니다.

내신, 모의평가, 학력평가의 다양한 유형에 대비할 수 있는
많은 양의 객관식 문제를 제공하였습니다.

난이도가 높은 문제는 고빈출 로 표시했습니다.

QR 코드를 통해 시크릿 특강을 확인할 수 있습니다.

STEP 3 서술형 풀어 보기

내신 기출 문제 분석을 통해 출제 가능성이 높은 주제를 서술형 문제로 구성하였습니다.

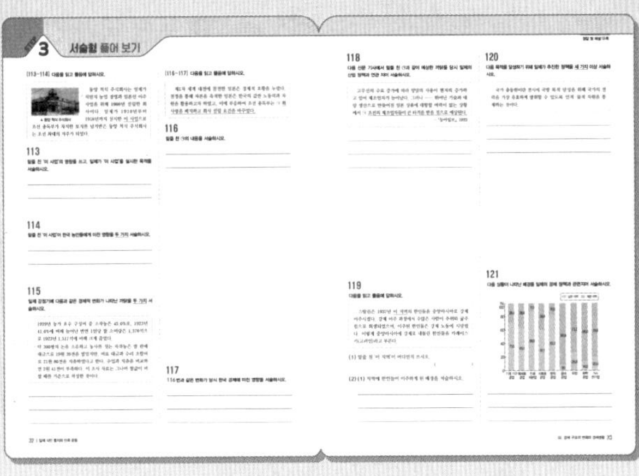

STEP 4 대단원 정리하기

내신에 완벽하게 대비할 수 있도록 대단원별로 학교 시험 문제와
매우 유사한 형태의 예상 문제를 제시했습니다. 내신 만점에 자신감을 가지세요.

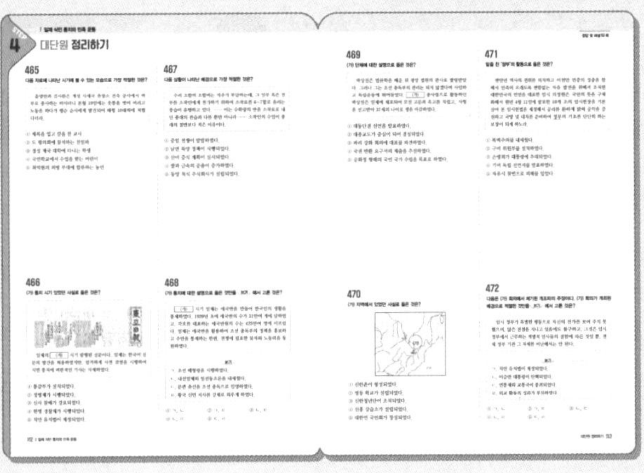

이 책의 차례

I 일제 식민 통치와 민족 운동

01 제국주의 질서와 일제의 식민 통치 정책 8

02 경제 구조의 변화와 경제생활 22

03 민족 운동의 전개와 분화(1) 34

04 민족 운동의 전개와 분화(2) 54

05 사회·문화의 변화와 대중운동 76

06 독립 국가 건설 노력 100

대단원 정리하기 112

II 대한민국의 발전

01 대한민국 정부 수립 120
02 6·25 전쟁과 남북 분단의 고착화 140
03 민주화를 위한 노력 150
04 문화 변동과 일상생활 166
대단원 정리하기 178

III 오늘날의 대한민국

01 6월 민주 항쟁 이후 민주화 과정 186
02 외환 위기의 극복과 사회, 문화 변동~ 한반도 분단 극복과 동아시아의 평화를 위한 노력 192
대단원 정리하기 205

I

일제 식민 통치와 민족 운동

내 교과서 맞춤 목차

한국사2 867제	미래엔	비상교육	천재교육	동아출판
01 제국주의 질서와 일제의 식민 통치 정책	1. 제국주의 질서와 일제의 식민 통치 정책	1. 제국주의 질서와 일제의 식민 통치 정책	1. 제국주의 질서와 일제의 식민 통치 정책	1. 일제의 식민지 지배 정책 / 5. 일제 침략 전쟁과 광복을 위한 노력
02 경제 구조의 변화와 경제 생활		2. 경제 구조의 변화와 경제 생활	2. 일제의 수탈 정책과 한국인의 삶	
03 민족 운동의 전개와 분화 (1)	2. 3·1 운동과 대한민국 임시 정부	3. 민족 운동의 전개와 분화	3. 다양한 민족 운동의 전개	2. 3·1 운동과 대한민국 임시 정부
04 민족 운동의 전개와 분화 (2)	3. 민족 운동의 전개와 분화			3. 다양한 민족 운동의 전개
05 사회·문화의 변화와 대중 운동	4. 사회·문화의 변화와 대중 운동	4. 사회·문화의 변화와 대중 운동	4. 사회·문화의 변화와 대중 운동	4. 사회·문화의 변화와 대중 운동
06 독립 국가 건설 노력	5. 독립 국가 건설 노력	5. 독립 국가 건설 노력	5. 광복을 위한 노력	5. 일제 침략 전쟁과 광복을 위한 노력

지학사	씨마스	해냄에듀	리베르스쿨	한국학력평가원
1. 제국주의 질서와 일제의 식민 통치 정책	1. 제국주의 질서와 일제의 식민 통치 정책	주제01, 주제04, 주제10	1. 제국주의 질서와 일제의 식민 통치 정책	1. 제국주의 질서와 일제의 식민 통치 정책
2. 경제 구조의 변화와 경제 생활	2. 경제 구조의 변화와 경제 생활		2. 경제 구조의 변화와 경제 생활	2. 경제 구조의 변화와 경제 생활
3. 민족 운동의 전개와 분화	3. 민족 운동의 전개와 분화	주제02~주제03	3. 민족 운동의 전개와 분화	3. 민족 운동의 전개와 분화
		주제05~주제06		
4. 사회·문화의 변화와 대중 운동	4. 사회·문화의 변화와 대중 운동	주제07~주제09	4. 사회·문화의 변화와 대중 운동	4. 사회·문화의 변화와 대중 운동
5. 독립 국가 건설 노력	5. 독립 국가 건설 노력	주제11	5. 독립 국가 건설 노력	5. 독립 국가 건설 노력

01 제국주의 질서와 일제의 식민 통치 정책

Ⅰ 일제 식민 통치와 민족 운동

빈출 개념
- 이른바 문화 정치의 실상
- 민족 말살 정책의 내용

1 세계 정세의 변화와 일제의 식민 통치

(1) 19세기 후반 제국주의 열강의 아시아 진출

영국	인도를 식민지로 삼고, 미얀마, 말레이 반도로 식민지 확대
프랑스	청과의 전쟁에서 승리해 베트남 차지 ➜ 프랑스령 인도차이나 연방 조직
네덜란드	인도네시아의 대다수 지역에 대한 지배 확립
미국	에스파냐와의 전쟁에서 승리 ➜ 필리핀을 식민지로 삼음
러시아	베이징 조약 체결을 중재해 주는 대가로 청으로부터 연해주 차지

(2) 동아시아 3국의 변화

청	• 제국주의 열강의 침략으로 많은 이권을 빼앗기고 영토를 점령당함 • 1911년 신해혁명으로 청 붕괴 ➜ 공화국인 중화민국 수립(근대 국가 건설의 계기 마련)
일본	• 메이지 유신 이후 대외 침략 확대 ➜ 제국주의 열강에 합류 • 1905년에 러일 전쟁에서 승리 ➜ 한국에 대한 지배 강화
한국	러일 전쟁 이후 일본의 보호국을 거쳐 식민지로 전락(1910)

2 1910년대의 무단 통치

(1) 조선 총독부의 설치: 일제 식민 통치의 최고 기구

조선 총독	일본 현역 육해군 대장 중 임명, 일본 국왕 직속, 행정권·입법권·사법권 등 전권 행사
총독부 조직	정무총감(행정 담당), 경무총감(치안 담당, 조선 주둔 헌병 사령관 임명)
중추원	총독부 자문 기구(대부분 친일파로 구성)

★(2) 무단 통치의 내용 자료❶

무단 통치	• 헌병 경찰 제도 실시: 헌병이 경찰 업무 담당, 세금 징수와 검열 등 일반 행정까지 관여 • 범죄 즉결례 제정(1910): 정식 법 절차나 재판 없이 벌금을 물리거나 구류에 처함 • 조선 태형령 제정(1912): 한국인에게만 적용 • 공포 분위기 조성: 일반 관리와 교사에게 제복을 입고 칼을 착용하게 함
기본권 박탈	언론·출판·집회·결사의 자유 박탈, 한글 신문과 잡지 폐간, 정치 단체 해산, 교육 기회 박탈(고등 교육 제한, 교육 연한 축소) 자료❷

└ 제1차 조선 교육령을 발표하여 보통학교의 수업 연한을 4년으로 하고 우민화 교육을 실시하였다.

3 1920년대의 민족 분열 통치

(1) 제1차 세계 대전과 국제 정세의 변화

• 3국 동맹 : 독일, 오스트리아·헝가리 제국, 이탈리아
• 3국 협상 : 영국, 프랑스, 러시아

① **제1차 세계 대전**: 사라예보 사건(1914) ➜ 오스트리아·헝가리 제국의 선전 포고 ➜ 3국 동맹과 3국 협상의 참전 ➜ 미국 참전 ➜ 독일 혁명 정부의 휴전 조약 체결(1918)

② **러시아 혁명**: 제1차 세계 대전에 따른 경제 악화 ➜ 노동자, 농민들의 소비에트 결성, 혁명 추진 ➜ 제정 붕괴(1917) ➜ 레닌의 소비에트 정부 수립 ➜ 소련 수립(1922)

③ **국제 질서의 변화**

┌ 미국 대통령 윌슨이 제안한 것으로, 군비 축소·국제 평화기구 창설·민족 자결주의 등을 담고 있다.

파리 강화 회의(1919)	14개조 평화 원칙 채택, 베르사유 체제 형성
워싱턴 회의(1921)	일본의 영향력 축소 목적

Check! 잘 나오는 선지로 개념 확인하기

1 조선 총독부에 대한 설명으로 옳은 것을 모두 고르시오.

① 1910년에 설치되었다.
② 을사늑약을 계기로 설치되었다.
③ 조선 총독은 조선인으로만 임명되었다.
④ 일제 식민 통치의 최고 기구로 기능하였다.
⑤ 총독부의 자문 기구로 중추원이 설치되었다.
⑥ 조선 총독은 일본 육·해군 대장 중에서 임명되었다.
⑦ 조선 총독은 일왕에게 직속되어 일본 의회나 내각의 통제를 거의 받지 않았다.

2 일제의 무단 통치에 대한 설명으로 옳지 않은 것을 모두 고르시오.

① 1910년대에 실시되었다.
② 헌병 경찰 제도를 바탕으로 하였다.
③ 보통학교의 수업 연한은 6년으로 하였다.
④ 언론·출판·집회·결사의 자유를 박탈하였다.
⑤ 학교 교원들도 제복을 입고 칼을 차게 하였다.
⑥ 3·1 운동을 계기로 이른바 문화 정치로 바뀌었다.
⑦ 헌병 경찰은 경범죄에 대한 즉결 심판권을 부여받았다.
⑧ 조선 태형령을 제정하여 한국인에게만 태형을 집행하였다.
⑨ 한국인에게는 고등 교육의 기회를 거의 부여하지 않았다.
⑩ 일제는 치안 유지법을 제정하여 항일 민족 운동을 탄압하였다.

답 1 ①, ④, ⑤, ⑥, ⑦
2 ③, ⑩

(2) 이른바 문화 정치의 내용

① **식민 통치 방식의 변화**: 3·1 운동으로 무단 통치의 한계 인식, 국제 여론 악화 ➜ 이른바 문화 정치 표방

② **이른바 문화 정치의 내용과 실상**: 기만적인 민족 분열 정책 자료❸

구분	일제의 표방	실상
총독 자격	문관도 총독에 임명할 수 있도록 법령 개정	실제로는 문관 총독이 한 명도 임명되지 않음
경찰 제도	헌병 경찰 제도를 보통 경찰 제도로 전환	경찰 인원·비용·기관 확대, 고등 경찰제 도입, 치안 유지법 제정(1925) 자료❹
언론 정책	언론·출판·집회·결사의 자유 일부 허용 ➜ 조선일보·동아일보 간행, 사회 운동 단체 용인	사전 검열 강화, 기사 삭제, 정간과 폐간 명령을 내려 탄압
교육 정책	한국인의 교육 기회 확대 표방 ➜ 보통학교의 교육 연한 확대, 학교 수 증설	실제 학교 수 부족, 교육비 가중 ➜ 일본인에 비해 한국인의 취학률 저조 자료❺
정치 참여	지방 자치제 실시 표방 ➜ 도 평의회와 부·면 협의회 구성	의결권이 없는 단순 자문 기구, 친일 인사로 구성됨

4 민족 말살 정책과 국가 총동원 체제

(1) 전체주의 국가의 등장과 제2차 세계 대전의 전개

대공황 (1929)	미국의 주가 대폭락으로 경제 상황 악화 ➜ 전 세계로 확산 ➜ 미국, 유럽 각국의 경제 위기 극복 노력
전체주의의 대두	• 이탈리아: 무솔리니의 파시스트당 조직 • 독일: 히틀러 중심의 나치당이 정권 장악 • 일본: 군부 강경파의 정권 장악 ➜ 침략 전쟁 본격화
제2차 세계 대전	독소 불가침 조약 체결 ➜ 독일의 폴란드 침공(1939) ➜ 영국, 소련의 선전 포고 ➜ 독일의 소련 침공, 태평양 전쟁 발발(1941) ➜ 독일 항복 ➜ 일본의 히로시마, 나가사키에 원자 폭탄 투하 ➜ 일본 항복, 연합국 승리(1945)

(2) 민족 말살 정책 자료❻

목적	한국인의 민족성 말살 ➜ 침략 전쟁에 필요한 인적·물적 자원 수탈
내용	• 내선일체 강조, 황국 신민 서사 암송·신사 참배·궁성 요배 의무화, 창씨개명 강요(1941) • 조선 교육령 개정(1938): 일본인 학교와 한국인 학교 통합, 한국어와 한국사 과목 사실상 폐지, 학교와 관공서에서 한국어 사용 금지 • 소학교의 명칭을 국민학교로 변경(1941) • 조선 사상범 보호 관찰령(1936), 조선 사상범 예방 구금령(1941) • 한글 신문과 잡지 폐간(1940)

(3) 국가 총동원 체제

① **배경**: 일제의 중일 전쟁 도발(1937) ➜ 국가 총동원법 제정(1938) 자료❼

② **인력 수탈**

1930년에 국민정신 총동원 조선 연맹을 조직하고, 연맹의 말단 조직으로는 가정을 10호씩 묶은 애국반을 조직해 주민을 감시하고 물자를 배급했다.

근로 동원	• 국민 징용령(1939): 일본, 중국, 동남아시아, 사할린 등지의 탄광·비행장·군수 공장 등에 강제 동원 • 여자 정신 근로령(1944): 젊은 여성들을 강제로 동원 ➜ 군수 공장 등에서 일하게 함
일본군 '위안부'	젊은 여성들을 전쟁 지역으로 끌고 가 반인권·반인륜적 전쟁 범죄 자행
병력 동원	육군 특별 지원병제(1938), 학도 지원병제(1943), 징병제(1944) 실시 ➜ 한국인 청년 수십만 명 희생

Check! 잘 나오는 선지로 개념 확인하기

3 일제의 이른바 문화 정치에 대한 설명으로 옳지 않은 것을 모두 고르시오.

① 태형 제도를 폐지하였다.
② 국가 총동원법을 제정하였다.
③ 3·1 운동이 일어나는 배경이 되었다.
④ 관리와 교원의 제복 착용을 폐지하였다.
⑤ 헌병 경찰제를 보통 경찰제로 바꾸었다.
⑥ 조선일보와 동아일보의 발간을 허용하였다.
⑦ 경찰 관서와 경찰 수가 이전보다 줄어들었다.
⑧ 우리 민족의 불만을 달래려는 기만적인 통치였다.
⑨ 신문에 대한 검열과 정간 등의 조치가 행해졌다.
⑩ 무관이 아닌 문관도 총독에 임명될 수 있도록 하였다.

4 1930년대 일제의 민족 말살 정책에 대한 설명으로 옳지 않은 것을 모두 고르시오.

① 내선일체를 강조하였다.
② 조선 태형령을 제정하였다.
③ 국민 징용령을 실시하였다.
④ 국가 총동원법을 제정하였다.
⑤ 보통 경찰 제도를 실시하였다.
⑥ 여자 정신 근로령을 만들었다.
⑦ 황국 신민 서사를 암송하게 하였다.
⑧ 국민학교의 명칭을 소학교로 바꾸었다.

답 3 ②, ③, ⑦
4 ②, ⑤, ⑧

1 O/X 문제로 9종 교과서 핵심 자료 보기

자료 1 1910년대 일제의 무단 통치

미래엔, 비상, 천재, 동아, 지학사, 씨마스, 해냄, 리베르

• **범죄 즉결례(1912)**

제1조 경찰서장 또는 그 직무를 취급하는 자는 그 관할 구역 안에서 일어난 다음 각호의 범죄를 즉결할 수 있다.

1. 구류 또는 과료형에 해당하는 죄
2. 3개월 이하의 징역 또는 100원 이하의 벌금이나 과료형에 처하여야 하는 형범 제208조의 죄
3. 3개월 이하의 징역·금고, 구류 또는 100원 이하의 벌금 또는 과료형에 처하여야 하는 행정 법규 위반의 죄

－『조선 총독부 관보』, 1912. 3. 18.

• **조선 태형령(1912)**

제11조 태형은 감옥 또는 즉결 관서에서 비밀리에 행한다.

제13조 본령은 조선인에 한하여 적용한다.

시행 규칙 1조 태형은 수형자를 형판 위에 엎드리게 하고 그자의 양팔을 좌우로 벌리게 하여 형판에 묶고 양다리도 같이 묶은 후 볼기 부분을 노출시켜 태로 친다.

－『조선 총독부 관보』, 1912. 3. 18.

• **경찰범 처벌 규칙(1912)**

제1조 다음의 각 호에 해당하는 자는 구류 또는 벌금에 처한다.

14. 신청하지 않은 신문, 잡지, 기타의 출판물을 배부하고 그 대금을 요구하거나 억지로 그 구독 신청을 요구하는 자
19. 함부로 대중을 모아 관공서에 청원 또는 진정을 한 자
20. 불온한 연설을 하거나 불온 문서, 도서, 시가(詩歌)를 게시·반복·낭독하거나 큰 소리로 읊는 자

－『조선 총독부 관보』, 1912. 3. 25.

001 무단 통치 시기에 헌병은 일반 경찰 업무와 행정 업무를 모두 맡아보았다. O/X

002 일제는 경찰과 헌병을 앞세워 한국인의 기본권을 억압하였다. O/X

003 태형은 조선인과 일본인 모두에게 적용되었다. O/X

004 헌병 경찰은 정식 재판 없이 벌금이나 구류 등의 처벌을 내릴 수 있었다. O/X

005 헌병 경찰은 기본적인 치안 업무만을 담당하였다. O/X

006 일제는 일반 관리는 물론 학교 교원도 제복을 입고 칼을 차도록 하였다. O/X

자료 2 제1차 조선 교육령

천재, 지학사, 씨마스

제5조 보통 교육은 보통의 지식 기능을 부여하고 특히 국민다운 성격을 함양하며, 일본어를 보급함을 목적으로 한다.

제6조 실업 교육은 농업·상업·공업 등에 관한 지식과 기능을 가르치는 것을 목적으로 한다.

－『조선 총독부 관보』, 1911. 9. 1.

007 일제는 일본어를 '국어'로 중시하였다. O/X

008 한국인에게는 주로 실업 교육을 실시해 고등 교육의 기회를 거의 부여하지 않았다. O/X

009 이 시기에는 일본인에 비해 한국인의 취학률이 월등히 높았다. O/X

자료 3 일제의 민족 분열 통치

미래엔, 비상, 동아, 지학사, 씨마스, 리베르

1. 핵심적 친일 인물을 골라 그 인물로 하여금 귀족, 양반, 유생, 부호, 교육가, 종교가에 침투하여 각종 친일 단체를 조직하게 한다.
2. 각종 종교 단체도 중앙 집권화해서 그 최고 지도자에 친일파를 앉히고 고문을 붙여 어용화한다.
3. 친일적인 민간 유지들에게 편의와 원조를 주고, 수재 교육의 이름 아래 많은 친일 지식인들을 긴 안목으로 키운다.
4. 조선인 부호, 자본가에 대해 일본과 조선의 자본가 간의 연계를 추진한다.

1919년에 조선 총독에 부임하였다.
－ 사이토 마코토, 「조선 민족 운동에 대한 대책」

010 일제는 1910년부터 이른바 문화 정치를 실시하면서 한국인의 민족 정신을 없애려고 하였다. O/X

011 이른바 문화 정치는 일제에 협력하는 친일파를 양성하려는 목적을 가졌다. O/X

012 일제는 이른바 문화 정치를 통해 한국인의 저항을 무력화하려고 하였다. O/X

자료 4 이른바 문화 정치 시기 경찰 제도와 감시 강화

미래엔, 비상, 천재, 동아, 씨마스, 해냄, 리베르

• 보통 경찰제의 실제

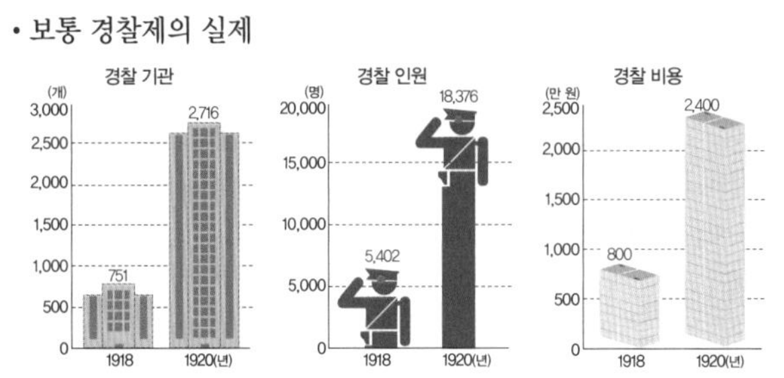

• 치안 유지법(1925)

제1조 국체(國體)를 변혁하거나 사유 재산 제도를 부인할 목적으로 결사를 조직하거나 그 사정을 알고 가입한 자는 10년 이하의 징역 또는 금고에 처함

－『조선 총독부 관보』, 1925. 4. 27.

013 이른바 문화 정치 시기에 경찰 인원과 경찰 관서의 수가 대폭 줄어들었다. ○/✕

014 일제는 치안 유지법으로 독립운동가와 사회주의자를 탄압하였다. ○/✕

015 이른바 문화 정치 시기에는 한국인에 대한 감시와 탄압이 약화되었다. ○/✕

자료 5 1920년대 일제의 교육 정책

지학사, 해냄, 리베르

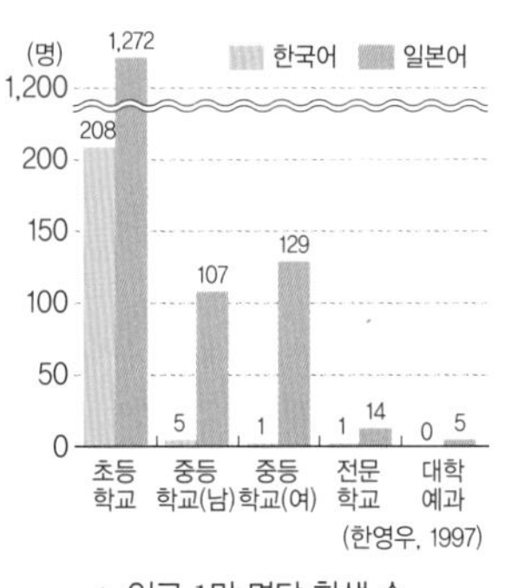

▲ 인구 1만 명당 학생 수 (1925)

한국인		일본인	
보통학교		소학교	
고등보통학교	여자고등보통학교	중학교	고등여학교

▲ 한국인과 일본인의 이원적 교육 제도 (제1·2차 조선 교육령 시기)

016 일제는 한국인 학교와 일본인 학교의 계통과 명칭을 구분하여 차별하였다. ○/✕

017 한국인의 취학률은 일본인보다 매우 낮았다. ○/✕

018 이 시기 일제는 보통학교의 증설을 허가하였으나, 학교의 수는 여전히 부족하였다. ○/✕

자료 6 황국 신민화 정책

미래엔, 비상, 천재, 동아, 지학사, 씨마스, 해냄, 리베르

1. 우리는 대일본 제국의 신민입니다.
2. 우리는 마음을 합하여 천황 폐하에게 충의를 다합니다.
3. 우리는 인고 단련하여 훌륭하고 강한 국민이 되겠습니다.

－ 조선 총독부, 『시정 삼십년사』

▲ 황국 신민 서사(아동용)

▲ 신사 참배를 하는 학생들

019 일제는 한국인을 황국 신민으로 만들려고 하였다. ○/✕

020 1930년대 이후 일제는 신사 참배와 궁성 요배를 강요하였다. ○/✕

021 황국 신민화 정책은 한국인의 민족 의식을 강화하려는 목적을 가졌다. ○/✕

자료 7 국가 총동원법(1938)

미래엔, 비상, 천재, 동아, 지학사, 씨마스, 해냄, 리베르

제1조 국가 총동원이란 전시(전시에 준할 경우도 포함)에 국방의 목적을 달성하기 위해 국가의 전력을 가장 유효하게 발휘하도록 인적 및 물적 자원을 통제·운용하는 것을 말한다.

제4조 정부는 전시에 국가 총동원상 필요할 때는 칙령이 정하는 바에 따라 제국 신민을 징용하여 총동원 업무에 종사하게 할 수 있다.

제8조 정부는 전시에 국가 총동원상 필요할 때는 칙령이 정하는 바에 따라 물자의 생산·수리·배급·양도 및 기타의 처분·사용·소비·소지 및 이동에 관해 필요한 명령을 내릴 수 있다.

－『조선 총독부 관보』, 1938. 5. 10.

022 「국가 총동원법」은 3·1 운동 직후에 공포되었다. ○/✕

023 「국가 총동원법」은 전쟁 수행에 필요한 인적·물적 자원을 동원할 수 있다는 내용을 담고 있다. ○/✕

024 「국가 총동원법」에 따라 한국인들은 물자 부족으로 일상적인 궁핍에 시달렸다. ○/✕

STEP 2 객관식 풀어 보기

025

밑줄 친 '이 전쟁' 중에 있었던 사실로 옳은 것은?

> 1914년 전쟁이 일어나자 3국 동맹국인 독일은 오스트리아·헝가리 제국을 지원하였고, 영국과 프랑스도 전쟁에 가담하여 연합국을 이루었다. 일본은 영일 동맹에 따라 연합국에 가담하였고, 중국도 독일에 선전 포고를 하였다. 결국 1918년 독일에서 혁명이 일어나 새로 수립된 임시 정부가 항복을 선언하면서 이 전쟁은 협상국의 승리로 끝이 났다.

① 5·4 운동이 일어났다.
② 국제 연맹이 창설되었다.
③ 러시아 혁명이 발생하였다.
④ 베르사유 조약이 체결되었다.
⑤ 소비에트 사회주의 공화국 연방이 수립되었다.

026

다음과 같은 사실이 동아시아에 미친 영향으로 옳은 것만을 보기 에서 고른 것은?

> 레닌은 공산당 조직인 코민테른을 조직하고, 제국주의에 반대하여 일어난 각국의 노동 운동과 식민지 해방 운동을 지원하겠다고 선언하였다.

보기

ㄱ. 중국은 상하이를 비롯한 5개 항구를 개방하게 되었다.
ㄴ. 각국의 지식인들을 중심으로 사회주의 사상이 확산되었다.
ㄷ. 일본이 한국의 국권을 강탈한 후 조선 총독부를 수립하였다.
ㄹ. 중국에서 일본의 21개조 요구에 반대하는 5·4 운동이 일어났다.

① ㄱ, ㄴ ② ㄱ, ㄹ ③ ㄴ, ㄷ
④ ㄴ, ㄹ ⑤ ㄷ, ㄹ

027 난이도 상

다음 내용과 관련된 학생들의 발표 내용으로 옳은 것만을 보기 에서 고른 것은?

> 조선 총독 아래에는 정무총감과 경무총감을 두었는데, 경무총감에는 헌병 사령관을 임명하였다. 정무총감은 총독 관방, 총무부, 내무부, 탁지부, 농상공부, 사법부를 모두 관장하였다.

보기

ㄱ. 조선 총독으로 문관이 파견되었습니다.
ㄴ. 정무총감은 행정과 경찰의 업무를 총괄하였습니다.
ㄷ. 일제는 한반도에 대해 직접 통치 방식을 채택했습니다.
ㄹ. 조선 총독은 행정권과 사법권을 장악하고 전권을 행사했습니다.

① ㄱ, ㄴ ② ㄱ, ㄹ ③ ㄴ, ㄷ
④ ㄴ, ㄹ ⑤ ㄷ, ㄹ

028

밑줄 친 '이 시기'에 일제가 시행한 식민 통치의 내용으로 옳은 것은?

> 제시된 사진은 이 시기에 찍은 것으로, 함경북도 경무부와 경성 헌병대 본부 간판이 나란히 걸려 있음을 알 수 있다. 이 시기 일제는 한국의 국권을 강탈한 지 1년 만에 경찰과 헌병을 3배 이상 늘려 한국인을 통제하였다.

① 조선일보, 동아일보의 발생을 허용하였다.
② 정식 법 절차나 재판을 거치지 않고 한국인을 처벌하였다.
③ 일정액 이상의 세금을 낸 사람에게만 선거권을 부여하였다.
④ 지방 제도를 개정하여 일부 지역에서 선거제를 도입하였다.
⑤ 조선 교육령을 고쳐 보통학교의 수업 연한을 6년으로 늘렸다.

029

제시된 법령이 공포되어 실시된 시기의 상황으로 옳은 것은?

- 총독은 육해군 대장으로 천황이 임명한다.
- 조선 주둔 헌병은 치안 유지에 관한 경찰 및 군사 경찰 임무를 담당한다.
- 전국의 행정 구역은 13도로 나누고 그 밑에 부·군·도(島)가 있으며 말단 행정 단위로 읍·면을 둔다.

① 태형 제도를 부활시켜 한국인에게 적용하였다.
② 군용 철도 명목으로 경의선 철도를 부설하였다.
③ 화폐 정리 사업을 실시하여 금융 장악을 시도하였다.
④ 한국인이 발행하는 신문에 대한 기사 검열을 강화하였다.
⑤ 지방 자치를 내세우며 도 평의회와 부·면 협의회를 설치하였다.

030

다음 법령이 적용된 시기에 볼 수 있는 모습으로 옳은 것은?

태형은 매 30 이하일 경우 이를 한 번에 집행하되, 30을 넘을 때마다 횟수를 증가시킨다.
제13조 본령은 조선인에 한해 적용한다.

① 칼을 차고 제복을 입은 교원
② 남산 조선 신궁에 참배하는 친일파
③ 오늘 발행된 만세보를 읽고 있는 청년
④ 관민 공동회에 참석하여 의견을 발표하는 관리
⑤ 일제의 황무지 개간권 요구 반대를 외치는 보안회 회원

031

다음 법령이 적용되던 시기를 배경으로 드라마를 제작할 때 등장할 장면으로 적절한 것은?

제5조 보통 교육은 보통의 지식 기능을 부여하고 특히 국민다운 성격을 함양하며, 일본어를 보급함을 목적으로 한다.
제6조 실업 교육은 농업 · 상업 · 공업 등에 관한 지식과 기능을 가르치는 것을 목적으로 한다.

① 경성 제국 대학 입학식에 참여한 학부모
② 황국 중앙 총상회의 창단식에 참석한 상인
③ 죄를 지은 농민을 벌금형에 처하는 헌병 경찰
④ 임시 토지 조사국 설치를 명령하는 총독부 관리
⑤ 치안 유지법 위반 혐의로 재판받는 독립운동가

032

다음 법령이 제정된 해에 볼 수 있는 모습으로 옳은 것은?

제1조 회사의 설립은 조선 총독의 허가를 받아야 한다.
제5조 회사가 본령 또는 본령에 의한 명령과 허가의 조건에 위반하거나 공공질서 및 선량한 풍속에 반하는 행위를 한 경우에는 조선 총독은 사업의 정지·금지, 지점의 폐쇄 또는 회사의 해산을 명령할 수 있다.

① 치안 유지법이 제정되었다.
② 조선 태형령이 제정되었다.
③ 황국 신민 서사가 발표되었다.
④ 경찰범 처벌 규칙이 제정되었다.
⑤ 군인 출신의 총독이 임명되었다.

033 난이도 상

경찰과 관련된 상황이 다음과 같이 바뀐 배경을 이해하기 위한 탐구 활동으로 적절한 것만을 보기 에서 고른 것은?

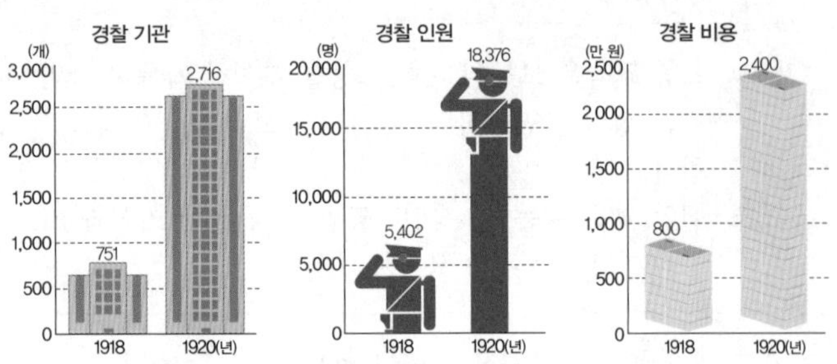

보기

ㄱ. 일제가 내세운 '문화 정치'의 실제 목적을 파악한다.
ㄴ. 3·1 운동 직후 임명된 조선 총독의 연설문을 분석한다.
ㄷ. 한국인의 고등 교육을 제한한 교육령의 내용을 살펴본다.
ㄹ. 학교 교원들까지 칼을 차고 제복을 입게 된 배경을 조사한다.

① ㄱ, ㄴ ② ㄱ, ㄷ ③ ㄴ, ㄷ
④ ㄴ, ㄹ ⑤ ㄷ, ㄹ

034

다음은 어느 학자의 연구 개요이다. (가)에 들어갈 주제로 옳은 것은?

연구 주제: (가)

- 수집한 논문
  - 「문관 총독 임명 사례 연구」
  - 「한글 신문 간행과 기사 삭제 횟수 고찰」
  - 「보통 경찰제와 고등 경찰제에 대한 고찰」
  - 「제2차 조선 교육령에 나타난 유화 조치 연구」

① 무단 통치의 실상
② 민족 말살 통치의 목적
③ 민족 분열 통치의 효과
④ 이른바 문화 정치의 본질
⑤ 헌병 경찰 통치 시기 일제의 탄압

035

다음 대화의 주제로 가장 적절한 것은?

문관 출신도 조선 총독에 임명할 수 있도록 관제를 개혁했지만 문관 총독은 한 명도 임명되지 않았어.

헌병 경찰제 대신 보통 경찰제를 실시하였지만 경찰의 인원과 관서는 대폭 늘어났지.

맞아. 또한 언론의 자유를 일부 인정하였지만 사전 검열, 정간 등으로 통제하였어.

① 무단 통치의 폭력성
② 민족 말살 통치의 목적
③ 3·1 운동이 일어난 배경
④ 이른바 문화 정치의 기만성
⑤ 황국 신민화 정책의 주요 내용

036

밑줄 친 '관제 개정'의 목적으로 가장 적절한 것은?

관제 개정의 취지는 …… 조선인의 임용·대우에 더 많은 고려를 하고자 한다. 요컨대 문화적 제도 혁신으로 조선인을 유도함으로써 조선인의 행복·이익의 증진을 도모하며, 장차 문화의 발달과 민력의 충실을 기해 정치상·사회상의 대우에 있어서도 내지인과 똑같은 취급을 해야 한다는 것이 궁극의 목적이며 이것이 달성되기를 간절히 바란다.

① 우리 청년들을 전쟁터로 끌고 가기 위해
② 우리 민족의 저항 운동을 무력으로 탄압하기 위해
③ 우리 민족의 저항과 국제 여론의 비난을 피하기 위해
④ 제국주의에 반대하는 사회주의 사상을 탄압하기 위해
⑤ 조선 민족을 말살하고 완전한 일본인으로 만들기 위해

정답 및 해설 3쪽

037

다음 법령이 제정된 이후의 상황으로 옳은 것은?

> **제1조** 국체를 변혁하는 것을 목적으로 하는 결사를 조직한 자 또는 결사의 임원, 기타 지도자의 임무에 종사한 자는 사형이나 무기 또는 5년 이상의 징역 또는 금고에 처한다. …… 사유 재산 제도를 부인하는 것을 목적으로 결사를 조직한 자, 결사에 가입한 자 또는 결사의 목적 수행을 위해 행위를 한 자는 10년 이하의 징역 또는 금고에 처한다.

① 회사령이 발표되었다.
② 조선 태형령이 시행되었다.
③ 토지 조사 사업이 실시되었다.
④ 제1차 조선 교육령이 시행되었다.
⑤ 동아일보에 대한 사전 검열을 강화하였다.

038

(가), (나) 법령에 대한 설명으로 옳은 것은?

> (가) 3개월 이하의 징역 또는 구류에 해당하는 사람을 태형에 처할 수 있게 하였고, 이를 감옥 또는 즉결 관서에서 비밀리에 행한다고 규정하였다.
> (나) 사유 재산 제도를 부인할 목적으로 결사를 조직하거나 이에 가입한 경우 10년 이하의 징역 또는 금고형을, 관련된 사람은 7년 이하의 징역 또는 금고형에 처할 수 있도록 하였다.

① (가)– 이른바 문화 정치 시기에 폐지되었다.
② (가)– 사상 전향을 강요하기 위해 제정되었다.
③ (나)– 정식 재판 없이 즉결 처분이 가능하였다.
④ (나)– 3·1 운동 참여자를 처벌하기 위해 제정되었다.
⑤ (가)와 (나)– 한국인에게만 적용되었다.

039

밑줄 친 '이 교육령'의 내용으로 옳지 않은 것은?

> 일제는 이른바 문화 정치를 표방하면서 교육 정책에도 변화를 주어 1922년 이 교육령을 공포하였다.

① 한국인의 대학 설립을 금지하였다.
② 보통학교와 고등 보통학교를 증설하였다.
③ 보통학교의 교육 연한을 6년으로 연장하였다.
④ 보통학교 교원 대상자들에게 사범 교육을 실시하였다.
⑤ 한국인이 다니는 학교의 계통을 일본인 학교와 달리 하였다.

040

다음 방침에 따라 일제가 실시한 식민 통치의 내용으로 옳은 것은?

> 문화적 제도의 혁신에 의하여 조선인을 이끌어서 조선인의 행복·이익의 증진을 도모하며 장차 문화의 발달과 민력(民力)의 충실을 기하고 정치상·사회상의 대우에서 일본인과 동일하게 취급하려는 궁극적 목적을 달성하고자 한다.
> – 사이토 마코토 –

① 기유각서를 체결하였다.
② 토지 조사 사업을 실시하였다.
③ 경찰범 처벌 규정을 제정하였다.
④ 소학교의 명칭을 초등학교로 바꾸었다.
⑤ 도 평의회와 부·면 협의회 등을 설치하였다.

041

(가)에 들어갈 내용으로 가장 적절한 것은?

> 1929년 미국 뉴욕의 증권 거래소에서 주식 가격이 폭락하면서 대공황이 시작되었고, 그 여파는 곧 전 세계로 퍼져 나갔다. 대공황의 영향으로 기업이 파산하고 실업자가 크게 늘어났으며, 세계 무역 규모가 크게 감소하였다. 이에 각국은 대공황을 극복하기 위한 대응에 나섰는데, 일본은 위기를 타개하고자 [(가)]

① 뉴딜 정책을 실시하였다.
② 오스트리아를 병합하였다.
③ 독일에 선전 포고를 하였다.
④ 사회주의 개혁을 단행하였다.
⑤ 만주 사변을 일으켜 만주를 점령하였다.

042

밑줄 친 '전쟁' 중에 있었던 사실로 옳은 것은?

> 치욕의 날로 기억될 어제, 미국은 일본 제국의 해군과 공군에 의해 갑작스럽고 고의적인 공격을 당했습니다. …… 하와이로부터 일본까지의 거리를 볼 때 진주만 공습은 수일, 혹은 수 주 전부터 신중하게 계획된 것임을 알 수 있습니다. …… 하와이 제도에 대한 어제의 공격은 미군 해군과 군사력에 심각한 피해를 입혔습니다. …… 나 루스벨트는 12월 7일에 일본에 의해 벌어진 정당하지 않으며 비열한 공격 이후, 미국과 일본 제국 간에 <u>전쟁</u>이 시작되었음을 의회에서 선언해 줄 것을 요청합니다.

① 만주국이 수립되었다.
② 독일이 폴란드를 침공하였다.
③ 일본군이 난징 대학살을 자행하였다.
④ 미드웨이 해전에서 미국이 승리하였다.
⑤ 소비에트 사회주의 공화국 연방이 수립되었다.

043

밑줄 친 '전단지'가 작성된 시기에 볼 수 있는 모습으로 가장 적절한 것은?

> <u>전단지</u>에는 이른바 애국반을 결성하고, 출생 신고, 혼인 신고 등을 철저히 하여 호적에 등록되지 않은 사람이 없도록 하자는 내용을 담았다.

① 서울 진공 작전을 준비하는 의병
② 지계를 발급하는 지계아문의 관리
③ 황국 신민의 서사를 암송하는 학생
④ 대한국 국제의 제정을 명령하는 황제
⑤ 조선 태형령에 따라 태형에 처해진 주민

044

밑줄 친 '명령'이 적용되던 시기에 볼 수 있는 모습으로 가장 적절한 것은?

> 총독부가 조선인들을 홋카이도나 나가사키 주민들처럼 일본 신민으로 만들기로 결정했다. 학교와 교회의 모든 사람들이 "우리는 일본 제국의 신민입니다."라는 구절을 제창하도록 <u>명령</u>이 떨어졌다. 그러므로 우리는 일본 신민이 되고자 결심하여야만 하고, 그렇지 않으면 유럽이나 미국으로, 아니면 천국으로 이민가야 할 것이다.

① 제복을 입고 칼을 찬 교원
② 회사령 폐지를 반기는 상인
③ 강제로 신사 참배에 동원되는 학생
④ 한국인에게 태형을 집행하는 헌병 경찰
⑤ 경성 제국 대학의 설립식에 참여하는 지식인

045

다음 취지에서 일제가 추진한 정책으로 옳은 것은?

> 내가 늘 역설하는 것은 내선일체는 서로 악수한다든가 외형이 융합한다든가 따위의 그런 미적지근한 것이 아니다. 물이나 기름도 무리하게 뒤섞으면 융합한 것 같이 되나 그래서는 아니 된다. …… 외형이나, 마음이나, 피나, 살이 모두 일체가 되지 않으면 안 된다.

① 치안 유지법을 제정하였다.
② 경성 제국 대학을 설립하였다.
③ 신사에 참배할 것을 강요하였다.
④ 동아일보 등의 창간을 허용하였다.
⑤ 헌병이 경찰 업무를 수행하도록 하였다.

046

일제가 다음과 같은 정책을 추진한 시기에 있었던 일로 옳지 않은 것은?

> 그때 또 사이렌이 울렸다. …… 이 사이렌을 들으면 모두 정결한 곳에 정렬해 정성스러운 마음으로 일왕이 사는 궁성을 향해 허리를 굽혀 절을 해야 한다. 물론 자신이 있던 곳에서 하라고 했다. 방에 있던 자는 방에서, 부엌에서 일하던 자는 부엌에서, 길을 가던 자는 길에서, 어디서나 그 자리에서 하라는 말이다.

① 식량 배급제를 단행하였다.
② 금속 제품을 강제로 공출하였다.
③ 경찰범 처벌 규칙을 제정하였다.
④ 애국반을 두어 한국인을 통제하였다.
⑤ 한국인을 전쟁터에 동원하고자 하였다.

047

다음 상황이 나타난 시기의 사실로 옳은 것은?

> 어느 날 포목점 주인이 내가 있는 앞에서 가게로 들어오는 손님에게 경고하였다. "일본어로만 말하시오. …… 사람들이 경찰에 고발하면 좋지 않은 일이 끊이지 않게 되니까요. 요즈음은 누구도 믿을 수가 없어요. 그 사람이 직접 저지른 죄만을 처벌하는 것이 아니라 죄를 고발하지 않은 다른 사람들도 처벌한답니다." 주민들이 강제로 동원되었던 감시 체제가 전쟁 시기에는 더욱 심해졌다. 그것은 인민들의 분열을 계산한 매우 신중히 고안된 간교한 장치였다.

① 임시 토지 조사국이 설치되었다.
② 대한 제국의 군대가 해산되었다.
③ 경찰범 처벌 규칙이 마련되었다.
④ 조선 사상범 예방 구금령이 적용되었다.
⑤ 관리와 교원들의 제복 착용이 강제되었다.

048 난이도 상

(가)~(다)를 발표된 순서대로 바르게 나열한 것은?

> (가) • 친일 인사가 각 종교 단체 지도자가 되도록 후원한다.
> • 조선인 부호들과 민중을 대립하게 하고, 이들에게 일본 자본을 공급해 친일화한다.
> • 각종 친일 단체를 조직하고 후원한다.
> – 조선 총독부, 『사이토 마코토 문서』
>
> (나) **제4조** 토지 소유자는 조선 총독이 정하는 기간 내에 주소, 성명, 명칭 및 소유지의 소재, …… 결 수를 임시 토지 조사 국장에게 신고해야 한다. 단 국유지는 보관 관청이 임시 토지 국장에게 통지해야 한다. – 조선 총독부, 『조선 총독부 관보』
>
> (다) **제1조** 본 법에서 국가 총동원이란 전시(전쟁에 준하는 사변의 경우를 포함. 이하 동일)에 국방 목적 달성을 위해 국가의 전력을 가장 유효하게 발휘하도록 인적·물적 자원을 통제 운용하는 것을 가리킨다. – 조선 총독부, 『조선 총독부 관보』

① (가) – (나) – (다)
② (가) – (다) – (나)
③ (나) – (가) – (다)
④ (나) – (다) – (가)
⑤ (다) – (나) – (가)

049

(가), (나) 시기에 있었던 사실로 옳은 것만을 보기 에서 고른 것은?

만주국 수립 → (가) → 중국 난징 주민에 대한 학살 시작 → (나) → 일본군의 하와이 진주만 공습

보기

ㄱ. (가)- 신민회의 해체
ㄴ. (가)- 산미 증식 계획 중단
ㄷ. (나)- 국가 총동원법의 제정
ㄹ. (나)- 조선어 학회 사건 발생

① ㄱ, ㄴ ② ㄱ, ㄷ ③ ㄴ, ㄷ
④ ㄴ, ㄹ ⑤ ㄷ, ㄹ

050 난이도 상

다음 자료에 나타난 정책에 대해 학생들이 나눈 대화 내용으로 옳은 것만을 보기 에서 고른 것은?

친족 회의를 통하여 집단적으로 결정한 경우로, 박씨는 정호(우물)에서 탄생되었다는 전통이 있어서 신정(新井)이라고 결정하였다. 어떤 사람은 김해 김씨이기 때문에 김해(金海)라고 이름을 바꾸었다. 죽어서도 월성군과 경주 이씨를 잊지 않으려고 월성군의 월(月)과 본명 이(李)의 두자로 하여 월이(月李)로 한 경우도 있었다.

보기

ㄱ. 이광수 등 친일 세력이 앞장섰어.
ㄴ. 이른바 문화 정치의 일환으로 추진되었어.
ㄷ. 거부하는 경우 자녀의 학교 입학이 거부되었어
ㄹ. 김홍집 내각에서 마련한 법령에 의해 제도화되었어.

① ㄱ, ㄴ ② ㄱ, ㄷ ③ ㄴ, ㄷ
④ ㄴ, ㄹ ⑤ ㄷ, ㄹ

051

다음 사진과 관련된 시기의 상황으로 옳은 것은?

제시된 사진 속 건물의 벽에는 '구리나 철을 남기는 것은 부끄러움을 남기는 것이다.', '결전 앞에 금속류 공출을 앞장서서 실현하자.'라는 표어가 걸려있다.

① 경원선과 호남선이 부설되었다.
② 암태도 소작 쟁의가 전개되었다.
③ 동양 척식 주식회사가 설립되었다.
④ 대한 광복회가 친일파 처단에 나섰다.
⑤ 소학교의 명칭이 국민학교로 변경되었다.

052

(가), (나)가 적용되던 시기에 있었던 사실로 옳은 것만을 보기 에서 고른 것은?

(가) 제○차 조선 교육령
보통학교의 학제를 6년으로 늘리고 학교 수를 일부 증설하였으며, 일본어 교육과 실업 교육을 강화하였다.
(나) 제□차 조선 교육령
조선어를 선택 과목으로 하고 조선어 이외의 모든 교과목의 교수 용어를 일본어로 할 것을 명시하였으나 실질적으로 우리말과 역사 교육이 폐지되었다.

보기

ㄱ. (가)- 헌병 경찰제가 시행되었다.
ㄴ. (가)- 치안 유지법이 제정되었다.
ㄷ. (나)- 경성 제국 대학이 설립되었다.
ㄹ. (나)- 일제가 태평양 전쟁을 도발하였다.

① ㄱ, ㄴ ② ㄱ, ㄷ ③ ㄴ, ㄷ
④ ㄴ, ㄹ ⑤ ㄷ, ㄹ

053

일제가 다음 법령을 제정한 목적으로 가장 적절한 것은?

> **제4조** 정부는 전시에 국가 총동원상 필요할 때에는 칙령이 정하는 바에 따라 제국 신민을 징용하여 총동원 업무에 종사하게 할 수 있다.

① 사회주의자 탄압
② 태평양 전쟁 수행
③ 대한 제국의 외교권 박탈
④ 전쟁에 인력과 물자 동원
⑤ 토지 약탈과 지세 수입 확보

054

다음 자료를 활용한 탐구 활동으로 가장 적절한 것은?

> 평양역에 도착하니 이미 15명의 조선 여성이 끌려와 있었다. 내가 다른 여성들과 함께 기차와 자동차를 타고 처음 끌려간 곳은 중국 난징이었다. …… 일본군은 하루 30명 정도 왔다. 저항을 하면 다락방에 끌려가 매를 맞아야 했다. 하루라도 빨리 도망가고 싶었지만 감시는 엄혹하였다.

① 청일 전쟁 시기 인적 피해의 양상을 파악한다.
② 산미 증식 계획 시기 소작인의 삶을 찾아본다.
③ '남한 대토벌' 작전 당시 체포된 인물을 조사한다.
④ 민족 말살 통치 시기 인적 수탈의 사례를 알아본다.
⑤ 국외에 독립운동 기지가 건설되는 과정을 살펴본다.

055

다음 주장에 동조한 인물들이 전개하였을 활동으로 적절하지 않은 것은?

> 이제야 기다리고 기다리던 징병제라는 커다란 감격이 왔다. 징용 등으로 끌려가 강제 노역에 시달렸다. …… 우리는 아름다운 웃음으로 내 아들이나 남편을 전장으로 보낼 각오를 가져야 한다. …… 이제 진정한 황국 신민으로서의 영광을 누리게 된 것이다.

① 국방헌금의 납부에 앞장섰다.
② 비행기 헌납 기성회를 조직하였다.
③ 입대를 권유하는 시와 그림을 제작하였다.
④ 침략 전쟁을 예찬하는 기고문을 게재하였다.
⑤ 대동아 공영권 주장의 허구성을 비판하였다.

056 난이도 상

다음 규정이 제정된 이후 추진된 일제의 정책에 대한 설명으로 옳은 것은?

> **제2조** 국민학교에서는 항상 다음 각호의 사항에 유의하여 아동을 교육하여야 한다.
> 1. …… 특히 국체에 대한 신념을 공고히 하여 황국 신민이라는 자각에 철저하게 하도록 힘써야 한다.
> 2. …… 충량한 황국 신민의 자질을 얻게 하고, 내선일체 · 신애 협력의 미풍을 기르는 것에 힘써야 한다.

① 징병제를 실시하였다.
② 산미 증식 계획을 수립하였다.
③ 농촌 진흥 운동을 전개하였다.
④ 경성 제국 대학을 설립하였다.
⑤ 황국 신민의 서사를 제정하였다.

STEP 3 서술형 풀어 보기

057

다음을 뒷받침하는 근거를 세 가지 서술하시오.

> 1910년대에 일제는 헌병 경찰 제도를 바탕으로 강압적인 무단 통치를 실시하였다.

058

다음을 보고 물음에 답하시오.

〈일제의 1920년대 통치 정책〉

1. 문관 총독 임명 허용 – (가)
2. 보통 경찰제 실시 – (나)
3. 조선일보, 동아일보 발간 허용 – (다)

(1) 일제가 위의 통치 정책을 실시하게 된 계기를 쓰시오.

( )

(2) (가)~(다)의 허구성을 각각 서술하시오.

[059~060] 다음을 읽고 물음에 답하시오.

> (가) 한국인이 정치에 참여할 수 있다고 선전하며 도 평의회와 부·면 협의회를 설치하였다.
> (나) 한국인에 대한 교육 기회의 확대를 내세우면서 보통학교의 교육 연한을 늘리고 학교 수를 일부 증설하였다.

059

(가), (나)의 실상은 어떠하였는지 각각 서술하시오.

060

(가), (나)의 실시가 민족 운동에 끼친 영향을 서술하시오.

정답 및 해설 7쪽

061

밑줄 친 '새로운 교육령'의 내용을 두 가지 서술하시오.

우리 민족의 거족적인 항일 운동인 3·1 운동을 접한 일제는 '문화 정치'라는 그럴 듯한 말을 내세우며 식민지 정책을 수정할 수밖에 없었고, 교육 정책 역시 수정하였다. 지난 10여 년간 저급하고 차별적인 교육에 대한 한국인의 불만을 잠재우기 위해 조선의 교육을 일본의 교육과 동일하게 만든다는 목표 내세우며 새로운 교육령을 발표하였다.

062

다음을 읽고 물음에 답하시오.

내선일체는 조선 반도 통치 최고의 지도 목표이다. …… 내선일체의 구현이야말로 대동아 신건설의 핵심을 이루는 것이고, 그것이 아니고서는 만주국을 형제국으로 하고 중국과 제휴하는 어떠한 것도 생각할 수 없다.

(1) 자료의 입장에서 일제가 추진한 정책의 명칭을 쓰시오.

( )

(2) 일제가 위 정책을 시행한 목적을 두 가지 서술하시오.

063

다음을 읽고 물음에 답하시오.

1. 우리들은 대일본 제국의 신민입니다.
2. 우리들은 마음을 합하여 천황 폐하에게 충의를 다합니다.
3. 우리들은 인고 단련하여 훌륭하고 강한 국민이 되겠습니다.

(1) 위 자료의 명칭을 쓰시오.

( )

(2) 일제가 위 자료의 암송을 강요한 목적을 서술하시오.

064

다음을 읽고 물음에 답하시오.

1938년 4월 1일에 일본에서 (가) 이/가 제정되었다. 많은 조항을 "정부는 전시에 국가 총동원상 필요할 때는 칙령에 따라 ……."라고 규정하여 의회를 거치지 않고 정부가 자의적으로 법을 시행하도록 하였다. 이 법은 1938년 5월 5일, 식민지인 조선과 타이완에도 시행되었다.

(1) (가) 법의 명칭을 쓰시오.

( )

(2) (가) 법을 근거로 자행된 인적, 물적 자원의 수탈 사례를 서술하시오.

02

I 일제 식민 통치와 민족 운동

경제 구조의 변화와 경제생활

빈출 개념
- 토지 조사 사업의 결과
- 산미 증식 계획의 결과

1 1910년대 일제의 경제 지배 정책

(1) 토지 조사 사업(1910~1918) 자료❶

목적	지세 부과 대상 파악(식민 통치에 필요한 재정 기반 확보), 일본인의 토지 투자 지원
방법	정해진 기한 내 토지 소유자가 직접 신고
결과	• 토지 약탈: 미신고 농토, 대한 제국 정부와 황실 소유지, 마을 문중 공유지 등을 총독부로 편입 ➜ 동양 척식 주식회사, 일본인 지주에게 헐값으로 불하 • 농민 몰락: 농민의 관습상 경작권 상실 ➜ 기한부 계약에 의한 소작농으로 전락, 소작료 부담 가중 • 일본의 지세 수입 증가: 식민지 관료 급여 및 식민 지배 기구 운영비 등으로 사용

(2) 산업의 침탈

① **회사령(1910)** 자료❷
- 목적: 한국인의 기업 설립과 민족 자본의 성장 억제
- 내용: 회사 설립 시 조선 총독의 허가를 받도록 함

② **자원 독점** :

어업령(1911)	조선 총독이 발급한 면허가 있는 어민에게만 어업 활동 허용
삼림령(1911)	• 관습적인 삼림 이용 제한, 삼림 자원 장악 목표 • 임야 조사 사업 실시(1917~1924): 많은 임야가 국유림으로 편입됨
조선 광업령(1915)	광업권에 대한 허가제 실시, 광산을 개발하려는 사람에게 한국인의 토지를 강제로 수용할 수 있는 권리 부여

③ **전매 사업**: 담배, 인삼, 소금 판매 장악

④ **은행 설립**
- 한국은행을 조선은행으로 바꾸고, 조선은행권이라는 화폐 발행.
- 조선 식산 은행을 설립해 산업 개발을 위한 조금 조달에 활용

⑤ **철도와 항만 건설**: 한국의 농산물 자원 반출과 일본 상품의 한국 반입을 쉽게 하려는 의도로 건설 자료❸

2 1920년대 일제의 경제 지배 정책

(1) 산미 증식 계획(1920~1934) 자료❹

① **배경**: 제1차 세계 대전을 계기로 일본의 공업화 진전 ➜ 도시 인구와 노동자 수 증가, 농업 생산력 부족 ➜ 쌀 부족 현상 발생, 부족한 쌀을 한국에서 확보하려 함

② **추진**: 종자 개량, 비료 사용 확대, 농토 개간, 수리 조합 조직 ➜ 일본 내 반발로 중단(1934)

└ 쌀 생산량이 도시 인구 증가에 미치지 못했기 때문이다.

1930년대에 이르러 일본 내 식량 생산이 늘어났기 때문이다. ┘

③ **결과**
- 식량 사정 악화: 쌀 증산량이 계획에 미치지 못함, 일본으로의 이출량 증가 ➜ 국내 곡물 부족 ➜ 만주에서 조·수수·콩 등을 수입하여 보충
- 농민 몰락: 농민이 수리 조합비, 품종 개량비, 비료 대금, 고율의 소작료 부담 ➜ 농가 부채 증가 ➜ 화전민, 도시 빈민, 국외 이주민 증가

Check! 잘 나오는 선지로 개념 확인하기

1 토지 조사 사업에 대한 설명으로 옳지 않은 것을 모두 고르시오.

① 지주의 소유권을 인정하였다.
② 1920년대까지 지속적으로 이어졌다.
③ 소작인의 관습적 경작권을 인정하였다.
④ 일부 한국인들은 대지주로 성장하였다.
⑤ 토지 소유권자가 직접 신고하도록 하였다.
⑥ 동양 척식 주식회사가 설치되는 배경이 되었다.
⑦ 1912년에 토지 조사령이 공포되면서 본격화되었다.
⑧ 황실 소유의 토지를 조선 총독부의 소유지로 만들었다.
⑨ 사업의 결과 조선 총독부의 조세와 지세 총액이 크게 증가하였다.
⑩ 근대적 토지 소유권을 확립하기 위한 것이라는 명분을 내세웠다.

2 산미 증식 계획에 대한 설명으로 옳지 않은 것을 모두 고르시오.

① 제1차 세계 대전 중에 실시되었다.
② 전국 각지에 수리 조합을 설치하였다.
③ 몰락한 농민들은 만주와 연해주 등으로 이주하였다.
④ 쌀 생산량에 따라 일본으로의 이출량을 조정하였다.
⑤ 일본의 공업화로 인한 도시 인구의 증가를 배경으로 하였다.
⑥ 토지 회사나 지주들은 일본으로 쌀을 수출하면서 많은 부를 축적하였다.
⑦ 농민들은 종자 개량비, 비료 대금, 수리 조합비 등의 부담을 지게 되었다.
⑧ 벼 종자 개량, 비료 사용 확대, 밭을 논으로 바꾸는 등의 정책을 펼쳤다.
⑨ 계획이 실시되는 기간에 일본으로 이출되는 쌀의 양은 대체로 감소하였다.

답 1 ②, ③, ⑥
2 ①, ④, ⑨

(2) **산업 침탈**: 제1차 세계 대전 당시 일본이 경제 호황을 누림 ➡ 일본 기업의 한국 진출 지원

회사령 철폐 (1920)	허가제에서 신고제로 전환 ➡ 일본 대기업의 한국 진출 본격화
관세 철폐 (1923)	일본 상품의 한국 수출에 대한 관세 폐지 ➡ 일본 상품이 싼 값에 팔려 한국 기업의 사정 악화
신은행령 발표 (1928)	다수의 한국인 소유 은행이 일본 은행에 합병됨

3 1930년대 일제의 경제 지배 정책

★(1) **병참 기지화 정책**

① **남면 북양 정책**: 경제 불황으로 어려움을 겪던 일본 방직업자들을 지원할 목적 ➡ 한반도 남부에 면화 재배, 북부에 양 사육 강요 ➡ 전국 각지에 일본 자본가들이 세운 직물 공장 증가

② **식민지 공업화**: 일본의 독점 자본이 한국의 중화학 공업과 광업 부분에 집중적으로 진출함 ➡ 북부 지방을 중심으로 대규모 공장 건설, 노동력과 자원 수탈 자료❺

└ 자원이 풍부한 북부 지방에 편중되어 공업 구조의 지역 불균형을 초래하였다.

(2) **물적 자원의 수탈** 자료❻

① **배경**: 일제의 중일 전쟁 도발(1937) ➡ 국가 총동원법 제정(1938)

② **내용**

- 식량 수탈 강화: 군량 마련을 위해 산미 증식 계획 재개, 미곡 공출제·식량 배급제 실시, 조선 증미 계획 수립
- 전쟁 물자 공출: 놋그릇, 놋대야, 수저, 농기구, 교회와 사찰의 종 등 무기를 만들 수 있는 금속 제품 공출
- 각종 세금 부과, 위문 금품과 국방헌금 강요
- 화폐 발행: 침략 전쟁 수행에 필요한 비용 조달 ➡ 대규모 화폐 발행 ➡ 생활필수품의 가격 상승 ➡ 「가격등통제령」 공포 자료❼

4 해외로 이주한 사람들 자료❽

연해주와 중앙아시아	• 연해주는 일본의 영향력이 약해 많은 독립운동가가 활동 • 1937년 소련이 연해주에 살던 한국인 수십만 명을 중앙아시아로 강제 이주시킴 ➡ 오늘날의 '고려인(카레이스키)'
만주	국권 피탈 이후 국내와 가까운 만주에 많은 한국인이 이주하여 한인촌 형성, 독립운동 기지 건설 ➡ 1930년대 일제의 만주 이민 정책으로 이주자 수 증가 ➡ 오늘날 '조선족(재중 동포)'
일본	제1차 세계 대전 이후 일본 경제 호황으로 한국인의 일본 이주 시작 ➡ 1923년 관동 대지진으로 6천여 명의 재일 한인 학살 ➡ 1930년대 이후 일자리를 찾기 위한 이주 및 강제 동원 증가 ➡ 오늘날 '재일 동포'
미주 지역	1900년대 초반 한국인들이 하와이, 미국 서부, 멕시코, 쿠바 등으로 이주 ➡ 대한인 국민회, 재미 한족 연합회 등의 단체 결성

Check! 잘 나오는 선지로 개념 확인하기

3 **1920년대 일제의 산업 침탈에 대한 설명으로 옳은 것을 모두 고르시오.**

① 조선 식산 은행을 설립하였다.
② 임야 조사 사업을 실시하였다.
③ 일본 대기업의 한국 진출이 본격화되었다.
④ 군수품 생산이 증가하면서 물가가 폭등하였다.
⑤ 회사의 설립을 신고제에서 허가제로 전환하였다.
⑥ 일본 상품의 한국 수출에 대한 관세를 폐지하였다.
⑦ 다수의 일본 은행이 한국인 소유 은행에 합병되었다.
⑧ 조선 총독이 발급한 면허가 있는 어민에게만 어업 활동을 허용하였다.

4 **1930년대 일제의 경제 지배 정책에 대한 설명으로 옳은 것을 모두 고르시오.**

① 대규모 화폐 발행으로 물가가 상승하였다.
② 무기를 만들 수 있는 금속 제품을 공출하였다.
③ 광업권에 대한 허가제가 처음으로 시행되었다.
④ 군량 마련을 위해 산미 증식 계획이 재개되었다.
⑤ 북부 지방을 중심으로 대규모 공장이 건설되었다.
⑥ 한반도 남부에 양 사육, 북부에 면화 재배가 강요되었다.

답 3 ③, ⑥
4 ①, ④, ⑤, ⑥

O/X 문제로 9종 교과서 핵심 자료 보기

미래엔, 비상, 천재, 동아, 지학사, 씨마스, 해냄, 리베르

자료 1 토지 조사 사업의 실시(1910~1918)

〈토지 조사령〉

제1조 토지의 조사 및 측량은 본령에 의한다.

제4조 토지 소유자는 조선 총독이 정하는 기간 내에 주소, 성명 또는 명칭 및 소유지의 소재, 지목, 자번호(字番號), 사표(四標), 등급, 지적, 결수(結數)를 임시 토지 조사 국장에게 신고해야 한다. 단, 국유지는 보관 관청이 임시 토지 조사 국장에게 통지해야 한다.

-『조선 총독부 관보』(1912. 8. 13.)

065 일제는 1920년대에 토지 조사 사업을 실시하였다. O/X

066 제4조에 따르면 토지 소유자는 정해진 기간 내에 직접 신고하여야 토지에 대한 소유권을 인정받을 수 있었다. O/X

067 토지 조사 사업의 과정에서 소작농들의 경작권은 대부분 인정받을 수 있었다. O/X

미래엔, 비상, 천재, 지학사, 씨마스, 리베르

자료 2 회사령 실시(1910)

제1조 회사의 설립은 조선 총독의 허가를 받아야 한다.

제4조 회사가 …… 공공질서 및 선량한 풍속에 위반하는 행위를 할 때 조선 총독은 사업의 정지·금지, 지점의 폐쇄 또는 회사의 해산을 명할 수 있다.

- 조선 총독부, 『조선 법령 집람』

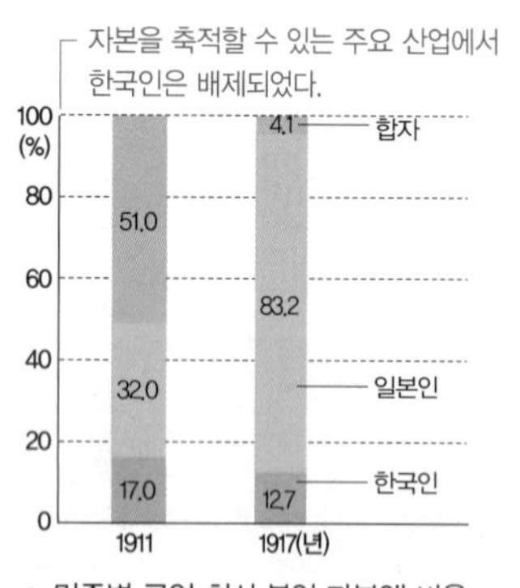

▲ 민족별 공업 회사 불입 자본액 비율

068 1910년대에 회사를 설립할 때에는 반드시 조선 총독의 허가를 받아야만 했다. O/X

069 한국인들은 기업을 설립하는 것이 어려워졌다. O/X

070 공업, 광업 등의 분야에서 한국인들의 자본이 대부분을 차지하게 되었다. O/X

미래엔, 비상, 천재, 동아, 지학사, 씨마스, 해냄

자료 3 일제가 건설한 간선 철도망과 주요 항만

071 일제는 서울을 중심으로 X 자형 간선 철도망을 구축했다. O/X

072 철도와 도로는 한국의 각종 물자를 수탈하는 수단이 되었다. O/X

073 철도망은 남북을 연결하는 기능을 하지는 못했다. O/X

미래엔, 비상, 천재, 동아, 지학사, 씨마스, 해냄, 리베르

자료 4 산미 증식 계획의 실시(1920~1934)

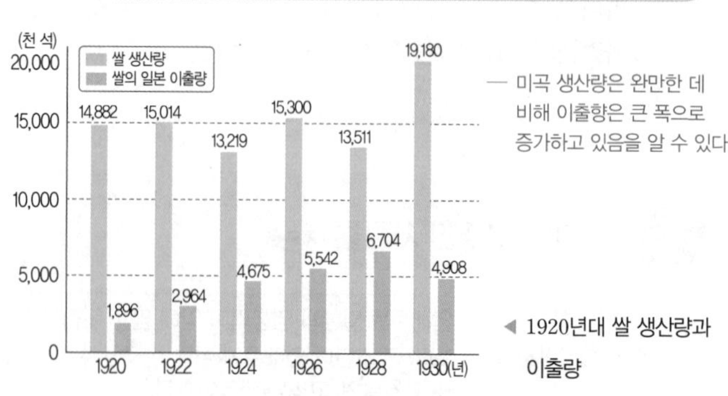

◀ 1920년대 쌀 생산량과 이출량

074 일제는 자국의 식량 문제 해결을 위해 한국에서 쌀 증산 계획을 추진하였다. O/X

075 쌀 생산량은 크게 늘어나지 않았으나, 일제가 한국에서 가져가는 쌀의 양이 계속 늘어나면서 한국의 식량 사정이 매우 악화되었다. O/X

076 쌀 증산 과정에서 발생한 비용은 농민에게 부담되어 농민들의 사정이 어려워졌다. O/X

자료 5 식민지 공업화 정책

미래엔, 동아, 씨마스, 리베르

(%) ■ 남한 지역 ■ 북한 지역

구분	남한 지역	북한 지역
기계·기구 공업	71.6	28.4
식료품 공업	61.1	38.9
방직 공업	83.2	16.8
금속 공업	9.1	90.9
화학 공업	14.0	86.0
가스 전기업	20.4	79.6

(조선 총독부 통계 연보, 1940)

▲ 1940년 한반도 남·북부 지역 공업 생산액 비율

077 일제 강점기 금속·화학 공업은 북한 지역에 집중되었다. ○/✕

078 기계·식료품·방직 공업은 발달하지 않았다. ○/✕

079 일제 강점기 한국의 공업은 식민지적 편재성을 심각하게 드러냈다. ○/✕

자료 6 물적·인적 자원의 수탈

비상

「신고산 타령」을 개작한 「화물차 가는 소리」

신고산이 우루루 화물차 가는 소리에
지원병 보낸 어머니 가슴만 쥐어뜯고요
어랑어랑 어허야
양곡 배급 적어서 콩깻묵만 먹고 사누나
신고산이 우루루 화물차 가는 소리에
정신대 보낸 어머니 딸이 가엾어 울고요
어랑어랑 어허야
풀만 씹는 어미 소 배가 고파서 우누나
신고산이 우루루 화물차 가는 소리에
금붙이 쇠붙이 밥그릇마저 모조리 긁어 갔고요
어랑어랑 어허야
이름 석자 잃고서 족보만 들고 우누나

080 이 노래는 광복의 기쁨을 노래하고 있다. ○/✕

081 이 노래에는 1930년대 이후 일제가 실시한 공출과 배급제에 대한 내용이 담겨 있다. ○/✕

082 일제의 전시 물자 수탈로 한국인의 삶이 궁핍해졌다. ○/✕

자료 7 조선은행권(화폐) 발행고

지학사

(단위: 백만 엔)

1937	1939	1941	1943	1945(년)
280	444	742	1,467	4,338

(일제하 식민지 금융의 구조와 성격에 관한 연구, 1991)

083 일제는 전쟁 물자 구입을 위해 1930년대부터 조선은행권의 발행 규모를 늘려 나갔다. ○/✕

084 일제의 화폐 발행으로 생활필수품의 가격이 급격하게 떨어졌다. ○/✕

085 일제의 정책으로 1930년대 이후에 물가가 안정적으로 유지되었다. ○/✕

자료 8 국외로 떠난 사람들

천재, 지학사, 해냄

1920년대 어려워진 농촌의 사정을 나타내고 있다.

금년은 수확이 많지만 …… 수년간 흉년으로 받지 못했던 소작료, 수리 조합비, 비료 대금 등을 한꺼번에 받아 내겠다고 한다. 그런데 쌀값이 떨어져서 …… 빚 독촉에 견디지 못해 수확량 전부를 채권자에게 넘겨주는 일이 벌어진다.

– 『동아일보』, 1930. 10. 21.

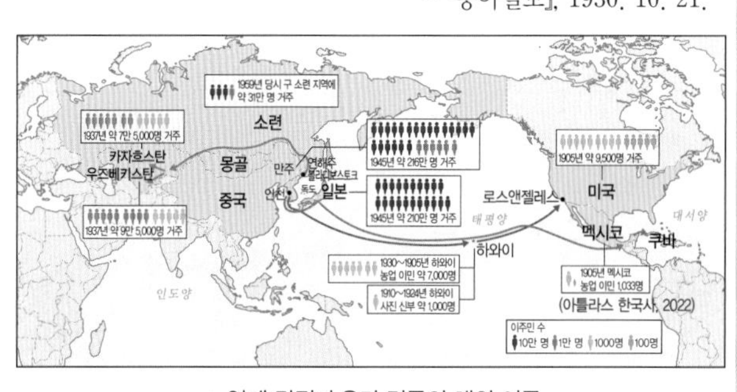

▲ 일제 강점기 우리 민족의 해외 이주

086 1920년대 말 미곡 생산량은 늘었으나, 농민이 부담해야 하는 비용은 줄지 않아 농민의 생활은 더욱 어려워졌다. ○/✕

087 농촌의 사정이 어려워지자 국외로 이동하는 사람이 많아졌다. ○/✕

088 우리 민족은 연해주로 가장 많이 이주하였다. ○/✕

STEP 2 객관식 풀어 보기

[089~090] 다음을 읽고, 물음에 답하시오.

> 제1조 토지의 조사 및 측량은 본령에 의한다.
> 제4조 토지 소유자는 조선 총독이 정하는 기간 내에 주소, 씨명, 명칭 및 소유지의 소재, 지목, 자번호, 사표, 등급, 지적, 결수를 임시 토지 조사 국장에게 신고해야 한다.

089

위 사업이 추진된 시기를 연표에서 옳게 고른 것은?

1904		1910		1920		1929		1940		1945
	(가)		(나)		(다)		(라)		(마)	
러일 전쟁		국권 피탈		청산리 대첩		광주 학생 항일 운동		한국 광복군 창설		8·15 광복

① (가) ② (나) ③ (다) ④ (라) ⑤ (마)

090

위 사업이 실시된 근본적인 목적으로 가장 적절한 것은?

① 식량의 증산
② 경작권 인정
③ 전쟁 물자의 조달
④ 토지 생산력 증대
⑤ 지세의 안정적 확보

091

다음 수행 평가 보고서에 포함될 내용으로 적절하지 않은 것은?

> 과제: 다음과 같은 상황이 나타나는 데 영향을 미친 일제의 식민지 경제 정책을 조사하여 보고서를 제출하시오.
>
> - 1910년 600만 엔 정도였던 조선 총독부의 지세 수입은 1919년에는 1117만 엔에 이르러 2배 이상 증가하였다.
> - 1910년 2,254명 이었던 일본인 농업 경영자 수는 1915년 6,969명으로 3배 가까이 증가하였다.

① 소작농은 경작권을 박탈당하였다.
② 정해진 기간 내에 신고서를 제출하도록 하였다.
③ 공공 기관 토지, 문중 토지 등이 조선 총독부 소유가 되었다.
④ 일제는 농민들의 반발을 무마하기 위해 수리 조합을 조작하였다.
⑤ 일제는 일본인의 토지 투자를 쉽게 할 목적으로 토지 조사 사업을 실시하였다.

092

다음 법령에 따라 추진된 사업의 결과로 옳은 것만을 보기 에서 고른 것은?

> 1. 토지 소유권은 조선 총독 또는 그 권한을 위촉받은 자가 재결·확정한다.
> 2. 소유권의 주장에는 신고주의를 원칙으로 한다.
> 3. 불복자에 대해서는 증거주의를 채택한다.

보기

ㄱ. 많은 농민들이 영세 소작농, 화전민 또는 임금 노동자로 전락하였다.
ㄴ. 관습상의 경작권이나 영구 임대 소작권과 같은 소작 농민의 권리가 인정되었다.
ㄷ. 주로 우리나라 농민이 가지고 있었던 토지가 조선 총독부의 소유로 바뀌었다.
ㄹ. 토지의 매매와 저당을 자유롭게 함으로써 일본인이 쉽게 토지에 투자할 수 있게 되었다.

① ㄱ, ㄴ ② ㄱ, ㄹ ③ ㄴ, ㄷ ④ ㄴ, ㄹ ⑤ ㄷ, ㄹ

093

다음 법령의 시행 결과로 옳은 것은?

> **제1조** 회사 설립은 조선 총독의 허가를 받아야 한다.
> **제2조** 조선 밖에서 설립된 회사가 조선에 본점이나 지점을 둘 때에도 조선 총독의 허가를 받아야 한다.
> **제5조** 회사가 본령 혹은 본령에 기초해 발표된 명령 및 허가의 조건을 위반하거나 또는 공공의 질서 및 선량한 풍속에 반하는 행위를 했을 때에는 조선 총독은 사업의 정지, 금지, 지점의 폐쇄 또는 회사의 해산을 명령할 수 있다.

① 농광 회사가 설립되었다.
② 국채 보상 운동이 전개되었다.
③ 산미 증식 계획이 추진되었다.
④ 조선인의 기업 활동이 억제되었다.
⑤ 근대적 토지 소유권이 확립되었다.

094 난이도 상

다음 그래프와 같은 결과를 가져 온 일제의 정책이 실시된 시기의 상황으로 옳은 것은?

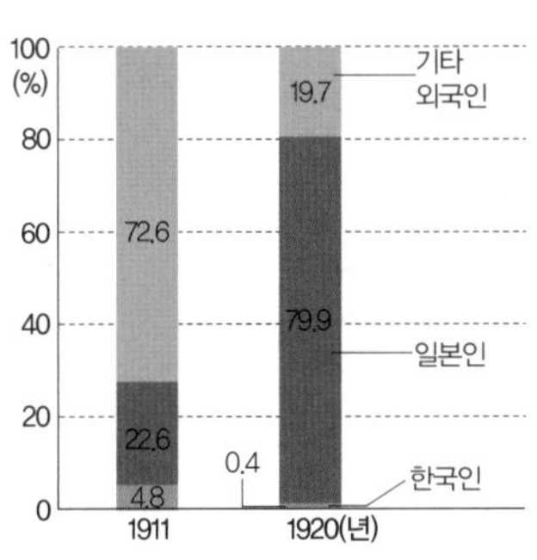

▲ 민족별 회사 불입 자본액

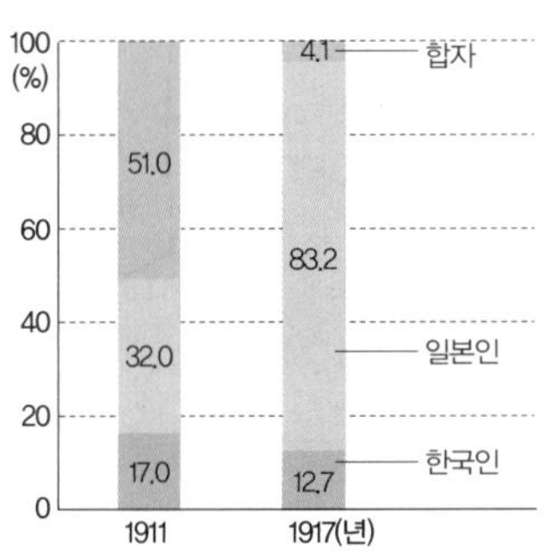

▲ 민족별 광산 생산액

① 총독부가 신은행령을 공포하였다.
② 평양 메리야스 공장이 설립되었다.
③ 일본 상품에 대한 관세가 폐지되었다.
④ 평양에서 조선 물산 장려회가 창립되었다.
⑤ 인삼·소금 등에 대한 전매제가 시행되었다.

095

다음 법령과 관련된 내용으로 적절하지 않은 것은?

> **제1조** 조선 총독이 국토의 보안, 위해의 방지 등 필요하다고 인정할 때에는 삼림을 보안림으로 편입할 수 있다.
> **제2조** 보안림에서는 지방 장관의 허가를 받지 않으면 삼림을 벌채 또는 개간하거나 삼림 부산물을 채취·채굴 또는 방목할 수 없다.
> **제7조** 조선 총독은 조림을 목적으로 국유 삼림을 대부받은 자가 사업에 성공한 경우 그 삼림을 양여할 수 있다.

① 생계를 위한 화전을 금지하였다.
② 한국과 일본 간 관세 철폐로 이어졌다.
③ 많은 사유림이 국유림으로 강제 편입되었다.
④ 일본인이 막대한 임야를 소유할 수 있는 길을 열었다.
⑤ 농민은 연료를 채취할 수 있는 관습적인 권리를 상실하였다.

096

산미 증식 계획을 주제로 쓴 보고서에 포함될 내용으로 옳지 않은 것은?

① 일제는 한반도를 식량 공급지로 만들었다.
② 농민은 부족한 식량을 만주산 잡곡에 의존하였다.
③ 증산량은 목표대로 늘어나지 않았지만 수탈량은 늘어났다.
④ 농민은 증산에 들인 종자 개량비, 수리 시설 개선 비용 등을 부담하였다.
⑤ 농민은 이 정책으로 경작권마저 박탈당한 채 기한부 계약에 의한 소작농으로 전락하였다.

[097~098] 다음을 읽고, 물음에 답하시오.

> 제1차 세계 대전에 연합국의 일원으로 참여한 일제는 전쟁 중에 군수품 등을 팔아 막대한 이익을 챙겼다. 이 과정에서 일본은 급속한 공업화를 이루었고, 이에 따라 많은 농민들이 농촌을 떠나 도시로 이주하였다. 그 결과 쌀값이 급등하여 일본은 일시적인 식량 부족 사태를 맞기에 이르렀다.

097

위와 같은 상황에서 일제가 한반도에서 시행한 정책으로 옳은 것은?

① 산미 증식 계획
② 토지 조사 사업
③ 헌병 경찰 제도
④ 조선 총독부 설치
⑤ 제1차 조선 교육령

098

097번의 정책이 시행된 이후의 사실로 옳은 것만을 보기에서 고른 것은?

보기
ㄱ. 동양 척식 주식회사가 설립되었다.
ㄴ. 한국인의 1인당 쌀 소비량이 감소되었다.
ㄷ. 쌀 유출을 막기 위해 함경도에서 방곡령이 선포되었다.
ㄹ. 늘어난 생산량보다 더 많은 쌀이 일본으로 반출되었다.

① ㄱ, ㄴ
② ㄱ, ㄷ
③ ㄴ, ㄷ
④ ㄴ, ㄹ
⑤ ㄷ, ㄹ

099

밑줄 친 '계획'에 대한 설명으로 옳은 것은?

> 한국사 신문
> 19○○년 ○○월 ○○일
>
> **쌀 증산을 위한 계획 발표**
>
> 조선에서 대대적으로 쌀 생산을 늘리겠다는 조선 총독부의 계획이 발표되었다. 조선 총독부는 본국의 도시에서 쌀 폭동까지 발생하자 이를 해결하기 위해 조선으로 눈길을 돌린 것이다. 쌀 증산을 위해 관개 시설 확보, 종자 개량 및 개간 등의 정책을 추진할 예정이다.

① 농광 회사가 주도하여 추진하였다.
② 추진 과정에서 수리 조합 반대 운동이 일어났다.
③ 러일 전쟁 중에 필요한 물자 조달을 위해 시작되었다.
④ 하와이 노동 이민이 공식적으로 시작되는 배경이 되었다.
⑤ 함경도와 황해도에서 방곡령이 선포되는 결과를 가져왔다.

100 난이도 상

밑줄 친 '이 계획'이 시행되던 시기에 있었던 사실로 옳지 않은 것은?

그림은 이 계획이 시행되던 시기 수리 조합비 부담으로 힘들어하는 농민의 모습을 표현한 것이다.

① 만주사변이 발생하였다.
② 치안 유지법이 제정되었다.
③ 조선 광업령이 공포되었다.
④ 농촌 진흥 운동을 실시하였다.
⑤ 만주에서 생산된 잡곡이 수입되었다.

101

다음 그래프를 보고 학생들이 나눈 대화 내용 중 옳은 것만을 보기 에서 있는 대로 고른 것은?

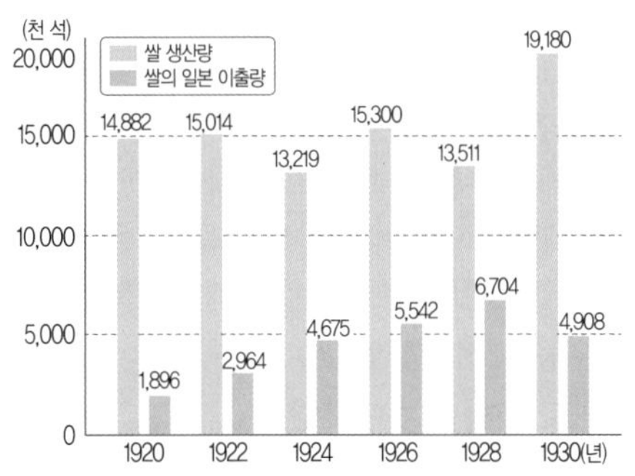

보기

ㄱ. 일본의 식량 사정은 개선되었을 거야.
ㄴ. 쌀의 반출을 통해 지주는 경제적 이익을 얻었을 거야.
ㄷ. 만주에서 수입한 조·수수 등 잡곡의 양이 증가하였을 거야.
ㄹ. 부족한 식량 보충을 위해 식량 배급 제도가 시행되었을 거야.

① ㄱ, ㄴ ② ㄱ, ㄷ ③ ㄴ, ㄷ
④ ㄱ, ㄴ, ㄷ ⑤ ㄴ, ㄷ, ㄹ

102

다음 표를 통해 알 수 있는 변화와 관련된 당시 상황으로 적절하지 않은 것은?

구분 \ 연도	1920	1922	1924	1926	1928	1930
한국인 1인당 쌀 소비량(석)	0.63	0.63	0.60	0.53	0.54	0.45
일본인 1인당 쌀 소비량(석)	1.12	1.10	1.12	1.13	1.13	1.08

① 한국에서의 부족한 식량은 만주산 잡곡으로 대신하였다.
② 산미 증식 계획에 따른 쌀 증산량에 비해 일본으로의 쌀 반출량이 훨씬 많았다.
③ 종자 개량, 수리 시설 개선 비용 등을 떠맡아 농민들의 처지는 더욱 어려워졌다.
④ 일제의 조선 광업령으로 인한 인구 이동으로 농촌의 인력 부족 현상이 심각해졌다.
⑤ 일제는 개간과 수리 시설 개선, 종자 개량 등을 통해 식량 생산을 늘리겠다고 선전하였다.

103

다음 상황에서 일제가 실시한 경제 정책의 결과로 옳은 것은?

> 일본 내 쌀 소비는 연간 약 6,500만 석인데 생산고는 약 5,800만 석을 넘지 못해 해마다 그 부족분을 제국 반도 및 외국의 공급에 의지하는 형편이다. …… 장래 쌀의 공급은 계속 부족해질 것이고, 따라서 지금 미곡의 증수 계획을 수립하여 일본 제국의 식량 문제를 해결하는 데 도움을 주는 것은 진실로 국책상 급무라고 믿는다.

① 지주와 소작농이 줄어들고 자작농이 늘어났다.
② 조선인 1인당 연간 쌀 소비량은 점차 증가하였다.
③ 쌀 생산량이 늘어 조선 농민의 생활이 크게 향상되었다.
④ 쌀 생산량이 늘지 않아 일본으로 이출되는 쌀의 양이 줄어들었다.
⑤ 조선의 부족한 식량은 만주에서 들여오는 잡곡 등으로 대신하였다.

104 난이도 상

(가), (나) 조치 사이 시기에 발생한 사건으로 옳지 않은 것은?

> (가) 한국과 일본 사이의 관세 폐지
> (나) 국가 총동원법 발표

① 치안 유지법이 제정되었다.
② 조선 농지령이 반포되었다.
③ 산미 증식 계획이 전개되었다.
④ 농촌 진흥 운동이 전개되었다.
⑤ 회사령(허가제) 폐지가 발표되었다.

105

밑줄 친 ㉠에 해당하는 일제 식민 정책에 대한 설명으로 옳은 것만을 보기 에서 고른 것은?

> 조선인이 즐겨 먹는 쌀은 남에게 빼앗기고 만주 조밥으로 끼니를 이어야 하며, 의복은 두 벌을 준비할 여유가 없어 단벌로 살아야 하는 가난에 허덕이게 되었다. 아니 이런 생활조차도 유지할 수 있을지가 의문이다. 아마 끝판에는 조밥에서 초근목피로, 셋집에서 천막 생활로 …… 갈수록 더욱 더 가난해지는 원인은 무엇인가? 이것은 모두 ㉠ 조선인의 생활을 무시한 경제 정책에서 생긴 결과가 아니고 무엇인가?

보기

ㄱ. 일본이 부족한 식량을 한반도에서 조달하였다.
ㄴ. 일본인 재정 고문이 화폐 정리 사업을 단행하였다.
ㄷ. 신고제를 내용으로 하는 토지 조사 사업을 실시하였다.
ㄹ. 헌병 경찰이 세금 납부, 위생 등 일상생활을 통제하였다.

① ㄱ, ㄴ ② ㄱ, ㄷ ③ ㄴ, ㄷ
④ ㄴ, ㄹ ⑤ ㄷ, ㄹ

106

다음 자료를 활용한 탐구 주제로 가장 적절한 것은?

| 수산 회사 유형별 숫자 |

기간	회사 유형	회사 숫자
1911.01.01. ~ 1920.03.31.	공동 자본	1
	일본 자본	24
	한국 자본	8
1920.04.01. ~ 1930.12.31.	공동 자본	16
	일본 자본	184
	한국 자본	104

① 남면북양 정책의 결과
② 대한 제국의 식산흥업 정책
③ 회사령의 폐지와 일본 기업의 진출
④ 병참 기지화 정책과 식민지 공업화
⑤ 화폐 정리 사업과 일본의 금융 지배

107

밑줄 친 '이 지역'으로 이주한 사람들에 대한 설명으로 가장 적절한 것은?

> 제1차 세계 대전 이후 일제는 한국인들을 저임금 노동력으로 활용하기 위해 이 지역으로의 이주를 장려하였다. 많은 동포들은 열악한 노동 환경 속에서 고통을 받았고, 관동 대지진이 일어났을 때는 유언비어로 인해 살육을 당하기도 하였다.

① 브나로드 운동을 전개하였다.
② 중앙아시아로 강제 이주당하였다.
③ 징용 등으로 끌려 가 강제 노역에 시달렸다.
④ 독립군의 후원 세력으로 지목되어 참변을 겪었다.
⑤ 대한인 국민회를 조직하고 외교 활동을 전개하였다.

108

(가) 지역에서 있었던 사실로 옳은 것은?

▲ 신부의 모습

> 1900년대 초 정부의 주선으로 (가) (으)로 이민이 시작되었다. 당시 이민자들은 대부분 독신 남성이었기 때문에 한국의 여성과 사진을 교환하여 배우자를 찾았고, 1000여 명의 여성들이 (가) (으)로 이주하였다.

① 신한 청년단이 활동하였다.
② 신흥 무관 학교가 설립되었다.
③ 대한 광복군 정부가 조직되었다.
④ 대조선 국민 군단이 결성되었다.
⑤ 대한 광복회가 군자금을 모급하였다.

109 난이도 상

다음과 같은 변화가 나타난 이유에 대한 학생들의 발표 내용으로 옳은 것은?

> 1931년 물가를 100으로 하였을 때 1935년에는 124, 1940년 직후에는 216, 1945년에는 328을 기록하였다.

① 삼정이정청이 설치되었습니다.
② 화폐 정리 사업이 단행되었습니다.
③ 회사 설립이 허가제로 결정되었습니다.
④ 물산 장려 운동이 전국으로 확산되었습니다.
⑤ 군수품 생산이 증가하면서 물가가 폭등하였습니다.

110

(가) 정책이 끼친 영향으로 가장 적절한 것은?

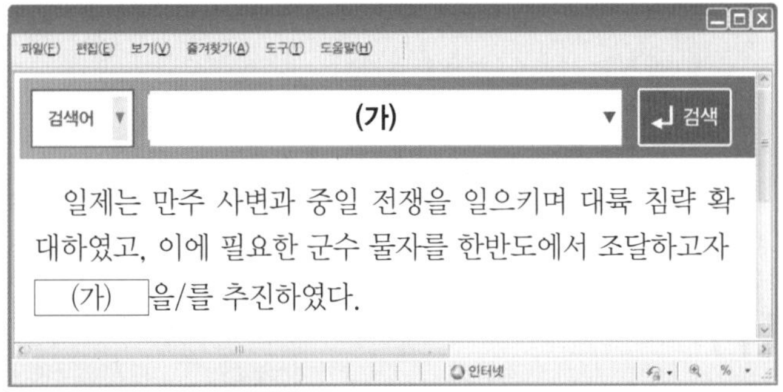

① 방곡령이 선포되었다.
② 회사령이 제정되었다.
③ 수리 조합이 각지에 조직되었다.
④ 일본 상품에 대한 관세가 폐지되었다.
⑤ 한반도 남부와 북부 간의 산업 불균형이 발생하였다.

111

(가)에 들어갈 내용으로 가장 적절한 것은?

> 일제는 (가) 위해 한반도 남부 지방의 농민에게는 면화를 재배하도록 강요하였고, 북부 지방의 농민에게는 양을 사육할 것을 강요하였다. 그 결과 전국 각지에 일본 자본가들이 세운 직물 공장이 늘어났다. 이러한 정책은 한국 농민을 착취하고 농촌 경제를 더욱 피폐하게 만들었다.

① 대한 제국의 광업을 장악하기
② 한국인의 기업 활동을 제한하기
③ 일본 상품에 대한 관세를 폐지하기
④ 일본 방직업자에게 원료를 공급하기
⑤ 일본 내 부족한 쌀을 한국에서 확보하기

112

밑줄 친 '이 법'이 제정된 시기를 연표에서 옳게 고른 것은?

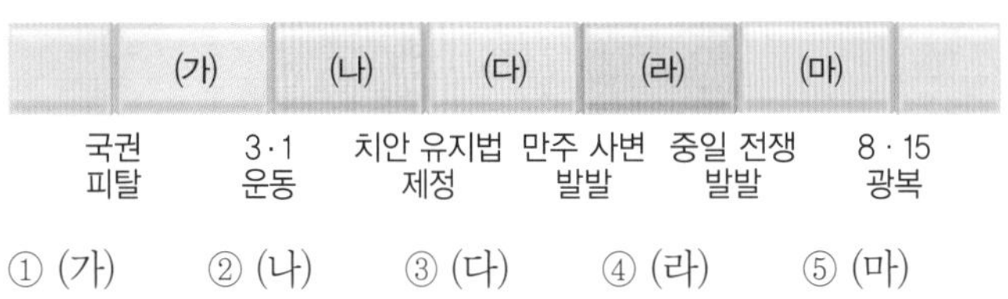

① (가) ② (나) ③ (다) ④ (라) ⑤ (마)

[113~114] 다음을 읽고 물음에 답하시오.

▲ 동양 척식 주식회사

동양 척식 주식회사는 일제가 식민지 농업 경영과 일본인 이주 사업을 위해 1908년 설립한 회사이다. 일제가 1910년부터 1918년까지 실시한 이 사업으로 조선 총독부가 차지한 토지를 넘겨받은 동양 척식 주식회사는 조선 최대의 지주가 되었다.

113

밑줄 친 '이 사업'의 명칭을 쓰고, 일제가 '이 사업'을 실시한 목적을 서술하시오.

114

밑줄 친 '이 사업'이 한국 농민들에게 미친 영향을 두 가지 서술하시오.

115

일제 강점기에 다음과 같은 경제적 변화가 나타난 까닭을 두 가지 서술하시오.

- 1929년 농가 호수 구성비 중 소작농은 45.6%로, 1923년 41.6%에 비해 늘어난 반면 1인당 쌀 소비량은 1,370석으로 1923년 1,517석에 비해 크게 줄었다.
- 약 300평의 논을 소유하고 농사를 짓는 자작농은 쌀 판매 대금으로 19원 39전을 벌었지만, 비료 대금과 수리 조합비로 21원 80전을 지출하였다고 한다. 수입과 지출을 비교하면 2원 41전이 부족하다. 이 조사 자료는 그나마 쌀값이 비쌀 때를 기준으로 작성한 것이다.

[116~117] 다음을 읽고 물음에 답하시오.

제1차 세계 대전에 참전한 일본은 경제적 호황을 누렸다. 전쟁을 통해 자본을 축적한 일본은 한국의 값싼 노동력과 자원을 활용하고자 하였고, 이에 부응하여 조선 총독부는 ㉠ 회사령을 폐지하고 회사 설립 요건을 바꾸었다.

116

밑줄 친 ㉠의 내용을 서술하시오.

117

116번과 같은 변화가 당시 한국 경제에 미친 영향을 서술하시오.

정답 및 해설 12쪽

118

다음 신문 기사에서 밑줄 친 ㉠과 같이 예상한 까닭을 당시 일제의 산업 정책과 연관 지어 서술하시오.

> 고무신의 수요 증가에 따라 양말의 사용이 현저히 증가하고 있어 제조업자가 늘어났다. 그러나 …… 뛰어난 기술과 대량 생산으로 만들어진 일본 상품에 대항할 여력이 없는 상황에서 ㉠ 조선의 제조업자들이 큰 타격을 받을 것으로 예상된다.
>
> – 『동아일보』, 1923

119

다음을 읽고 물음에 답하시오.

> 스탈린은 1937년 이 지역의 한인들을 중앙아시아로 강제 이주시켰다. 강제 이주 과정에서 수많은 사람이 추위와 굶주림으로 희생되었으며, 이주된 한인들은 강제 노동에 시달렸다. 이렇게 중앙아시아에 강제로 내몰린 한인들을 카레이스키(고려인)라고 부른다.

(1) 밑줄 친 '이 지역'이 어디인지 쓰시오.

( )

(2) (1) 지역에 한인들이 이주하게 된 배경을 서술하시오.

120

다음 목적을 달성하기 위해 일제가 추진한 정책을 세 가지 이상 서술하시오.

> 국가 총동원이란 전시에 국방 목적 달성을 위해 국가의 전력을 가장 유효하게 발휘할 수 있도록 인적·물적 자원을 통제하는 것이다.

121

다음 상황이 나타난 배경을 일제의 경제 정책과 관련지어 서술하시오.

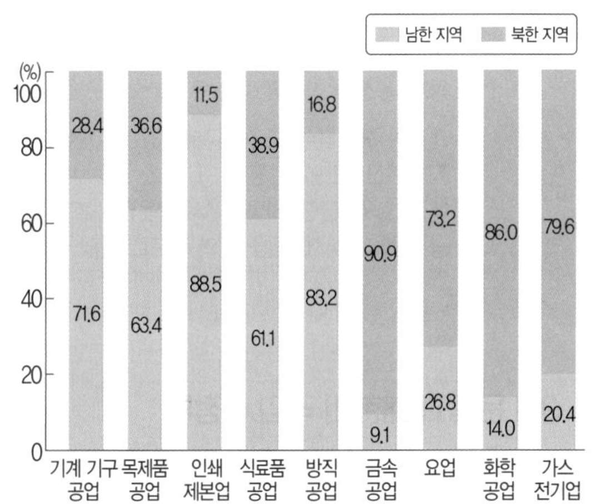

03 민족 운동의 전개와 분화(1)

Ⅰ 일제 식민 통치와 민족 운동

빈출 개념
- 만주와 연해주 지역의 독립 운동
- 3·1 운동의 의의
- 대한민국 임시 정부의 활동

1 1910년대 국내외 민족 운동

(1) 국내 독립운동

구분	내용
독립 의군부 (1912)	• 조직: 의병장 임병찬이 고종의 밀명을 받아 결성 • 목표: 국권 회복, 고종 복위(복벽주의 지향) • 활동: 전국적인 의병 전쟁 준비, 일제에 국권 반환 요구서 발송 계획 ➔ 조직이 발각되어 해체
★대한 광복회 (1915) 자료❶	• 조직: 대구에서 박상진 등의 주도로 의병 계열과 애국 계몽 운동 계열이 모여 결성 • 목표: 공화정 형태의 근대 국가 수립 • 활동: 군대식 조직을 갖추고 군자금 모금, 만주에 무관 학교 설립 노력, 친일파 처단 활동 전개 • 해체: 군자금 모금 중 조직이 발각되어 해체, 김좌진 등 일부 회원들이 만주에서 항일 투쟁 지속
기타	• 기성볼단, 자립단: 교사와 학생들이 결성 • 송죽회: 평양 숭의 여학교 교사와 학생들이 결성, 망명한 독립 운동가 지원 • 조선 국민회: 숭실 학교 졸업생 등이 결성, 미주의 대한인 국민회의 국내 지부 성격, 군자금 모금

★(2) 국외 독립운동 기지 건설 자료❷

지역	내용
북간도	• 용정촌, 명동촌 중심 • 간민회, 서전서숙·명동 학교 설립 • 중광단(➔ 북로 군정서): 대종교 계열, 사관 연성소 설립
서간도	• 삼원보 중심 • 신민회의 활동: 신한민촌, 경학사, 신흥 강습소(➔ 신흥 무관 학교) 설립 • 경학사: 부민단 ➔ 한족회로 발전, 서로 군정서 조직
연해주	• 신한촌 중심 • 권업회: 『권업신문』 발간, 대한 광복군 정부 수립(1914, 정통령 이상설, 부통령 이동휘) ➔ 러시아의 방해로 활동 위축 • 전로 한족회 중앙 총회: 연해주 내 한인 단체 망라 ➔ 대한 국민 의회(1919) • 한인 사회당: 이동휘 중심의 사회주의 정당
중국 관내	• 상하이 중심 • 동제사, 신한 청년당 등 활동
미주	• 대한인 국민회: 미국 본토·하와이·멕시코에 지부 설치 ➔ 만주와 연해주의 독립운동 지원, 『신한민보』 발행 • 대조선 국민군단: 하와이에서 박용만이 조직 • 숭무 학교: 멕시코 한인들의 주도로 설립

2 3·1 운동과 대한민국 임시 정부

(1) 3·1 운동

① 배경 자료❸ 자료❹

구분	내용
국외	레닌의 식민지 해방 운동 지원 선언, 윌슨의 민족 자결주의 제창, 신한 청년당이 파리 강화 회의에 김규식 파견, 대동단결 선언(상하이, 신규식·신채호 등), 대한 독립 선언서(만주 지린성), 2·8 독립 선언(일본, 조선 청년 독립단) 발표
국내	종교계 인사들과 학생들이 만세 시위 계획

Check! 잘 나오는 선지로 개념 확인하기

1 대한 광복회에 대한 설명으로 옳은 것을 모두 고르시오.

① 친일파 처단 활동을 벌였다.
② 105인 사건으로 해체되었다.
③ 공화정의 수립을 목표로 하였다.
④ 전국적인 의병 봉기를 계획하였다.
⑤ '남한 대토벌 작전'으로 타격을 입었다.
⑥ 만주에 무관 학교를 세우려고 하였다.
⑦ 군대식 조직을 갖추고 군자금을 모았다.
⑧ 임병찬 등이 고종의 밀지를 받고 조직하였다.
⑨ 복벽주의 이념에 따라 고종의 복위를 목표로 하였다.
⑩ 김좌진 등은 조직 해체 이후 만주에서 무장 독립 투쟁을 벌였다.

2 만주 지역의 독립운동에 대한 설명으로 옳은 것을 모두 고르시오.

① 간민회가 조직되었다.
② 서로 군정서가 조직되었다.
③ 대한인 국민회가 결성되었다.
④ 블라디보스토크에 신한촌이 만들어졌다.
⑤ 박용만이 대조선 국민군단을 조직하였다.
⑥ 이상설 등이 대한 광복군 정부를 수립하였다.
⑦ 용정촌, 명동촌 등 한인 집단촌을 형성하였다.
⑧ 대종교는 무장 독립 단체인 중광단을 만들었다.
⑨ 신흥 강습소가 세워져 신흥 무관 학교로 발전하였다.
⑩ 이회영, 이상룡 등은 삼원보에 경학사를 조직하였다.

답 1 ①, ③, ⑥, ⑦, ⑩
2 ①, ②, ⑦, ⑧, ⑨, ⑩

② 전개 자료❺

시위 준비	• 연합 전선 형성: 천도교, 기독교, 불교계 대표와 학생 연합 • 기본 원칙 수립: 대중적인 비폭력 운동
전개	• 독립 선언식: 민족 대표 33인이 태화관에서 독립 선언서 낭독, 탑골 공원에서 학생들이 독립 선언식 진행 ➜ 만세 시위 전개, 노동자·농민·상인 등 모든 계층 참여 • 만세 시위의 확산과 변화: 도시에서 농촌으로 확산 ➜ 헌병 경찰과 일본군이 시위를 폭력적으로 진압 ➜ 농민들의 식민 통치 기관 파괴, 무력 투쟁 전개
국외 확산	만주·연해주(대규모 시위 전개), 미국(한인 자유 대회 개최, 시가 행진), 일본 등

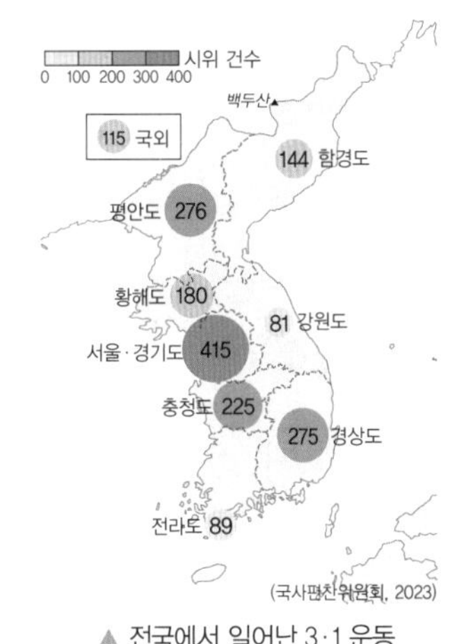

▲ 전국에서 일어난 3·1 운동

③ 의의 자료❺

역사상 최대 규모의 민족 운동	전국 대부분 지역에서 각계각층 참여 ➜ 전 세계에 독립 의지 천명
민족 운동의 역량 통일	민족 운동의 주체 확대, 대한민국 임시 정부 수립의 계기
일제 통치 방식의 변화	무단 통치 ➜ 이른바 문화 정치
아시아 각국의 민족 운동에 영향	중국의 5·4 운동 등 반제국주의 운동 자극

(2) 대한민국 임시 정부

① **수립과 통합**: 대한 국민 의회(연해주), 대한민국 임시 정부(상하이), 한성 정부(국내) ➜ 통합 논의 끝에 상하이에서 대한민국 임시 정부 출범(1919. 9., 삼권 분립의 민주 공화제 채택) 자료❻

② 활동 자료❼

국내외 연결	연통제(비밀 행정 조직망, 정부 문서 등 전달), 교통국(비밀 통신 조직망, 정부 수집과 분석) 조직
자금 모집	독립 공채 발행, 의연금 모금
외교 활동	파리 강화 회의에 독립 청원서 제출(전권 대사 김규식), 구미 위원부 설치(이승만 주도), 극동 인민 대표 회의 참석(이동휘 등)
군사 활동	군무부 설치: 직할 부대로 광복군 사령부·광복군 총영, 육군 주만 참의부 편성(1923)
문화 활동	독립신문 발간(임시 정부의 기관지), 임시 사료 편찬소 설치(『한일 관계 사료집』 발간)

③ 변화

국민 대표 회의 (1923) 자료❽	• 개최 배경: 이승만의 위임 통치 청원서 제출(1919), 연통제와 교통국 기능 마비, 외교 활동의 성과 미약 ➜ 독립운동 방법을 둘러싼 갈등 발생 • 경과: 창조파(새로운 정부 수립), 개조파(기존 임시 정부 개선)의 대립 ➜ 의견 대립이 지속되며 결렬
변화 모색	많은 민족 운동가의 임시 정부 이탈로 임시 정부 침체 ➜ 이승만 대통령 탄핵, 헌법 개정(국무령 중심의 지도 체제 정비)

Check! 잘 나오는 선지로 개념 확인하기

3 3·1 운동에 대한 설명으로 옳은 것을 모두 고르시오.

① 임시 정부 수립의 계기가 되었다.
② 역사상 최대 규모의 민족 운동이다.
③ 5·4 운동의 영향을 받아 전개되었다.
④ 순종의 인산일을 계기로 전개되었다.
⑤ 연통제와 교통국을 바탕으로 전개되었다.
⑥ 무단 통치가 민족 말살 통치로 전환되는 계기가 되었다.
⑦ 일제는 진압 과정에서 화성 제암리 사건 등을 일으켰다.
⑧ 서울에서 시작되어 만주, 연해주 지역까지 확산되었다.

4 대한민국 임시 정부에 대한 설명으로 옳지 않은 것은?

① 독립신문을 발행하였다.
② 최초의 민주 공화제 정부였다.
③ 연통제와 교통국을 조직하였다.
④ 3·1 운동을 계기로 성립되었다.
⑤ 미국에 구미 위원부를 설치하였다.
⑥ 여러 임시 정부를 통합하여 상하이에 수립되었다.
⑦ 민족주의 계열은 참여하였으나 사회주의 계열은 불참하였다.
⑧ 독립운동의 새로운 방향 모색을 위해 국민 대표 회의를 개최하였다.
⑨ 삼권 분립의 원칙에 따라 임시의정원, 국무원, 법원으로 구성되었다.
⑩ 독립운동 자금 마련을 위해 독립 공채를 발행하거나 의연금을 거두었다.

답 3 ①, ②, ⑦, ⑧
4 ⑦

STEP 1 O/X 문제로 9종 교과서 핵심 자료 보기

자료 1 대한 광복회의 활동

미래엔, 동아, 지학사, 씨마스

〈대한 광복회 강령(일부)〉

1. 일반 부호로부터 의연금을 받는 한편, 일본인이 불법 징수한 세금을 압수하여 무장을 준비한다.
2. 남북 만주에 사관 학교를 설치하고, 인재를 양성하여 사관(士官)으로 채용한다.
3. 종래의 의병 및 해산 군인과 만주 이주민을 소집하여 훈련한다.
7. 무력이 완비되는 대로 일본인 섬멸전을 단행하여 최후의 목적을 이룬다.

– 『광복회 부활 취지 급 연혁』, 1945

122 1910년대 국내 항일 운동은 비밀 결사 중심으로 전개되었다. O/X

123 대한 광복회는 실력 양성을 통한 국권 회복을 위해 노력하였다. O/X

124 대한 광복회는 복벽주의를 내세우며 고종을 황제로 복위시키려 하였다. O/X

자료 2 1910년대 국외 독립운동 기지 건설

미래엔, 비상, 천재, 동아, 지학사, 씨마스, 해냄, 리베르

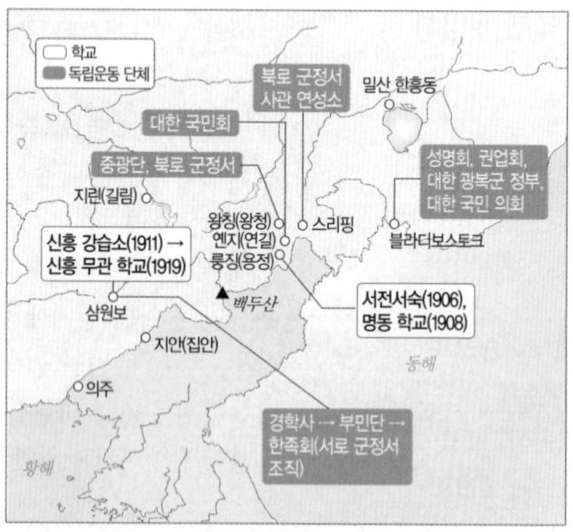

125 국권 피탈 전후로 많은 독립운동가들이 만주와 연해주 일대에 자리를 잡았다. O/X

126 만주와 연해주 일대에는 독립운동 기지가 거의 건설되지 않았다. O/X

127 신흥 강습소는 서간도에 세워졌으며, 신흥 무관 학교로 발전하였다. O/X

자료 3 대동단결 선언(1917)

미래엔, 동아, 지학사, 씨마스, 해냄, 리베르

융희 황제(순종)가 삼보(영토, 인민, 주권)를 포기한 경술년(1910) 8월 29일은 우리 동지가 삼보를 계승한 날이니, …… 우리 동지는 대한국을 완전히 상속한 자이다. 저 황제권 소멸의 때가 즉 민권 발생의 때이고, 구한국의 마지막 날은 즉 신한국 최초의 날이니, 무엇 때문인가. 우리 대한은 역사 이래로 한인(韓人)의 한(韓)이고, 비(非)한인의 한이 아니다. …… 우리는 국가 상속의 대의를 선포하여 해외 동지의 단결을 주장하며 국가적 행동의 진급적 활동을 표방한다.

– 「대동단결 선언문」, 1917

128 대동단결 선언에서는 공화주의를 주장하였다. O/X

129 대동단결 선언은 신규식, 박은식, 신채호 등이 상하이에서 발표하였다. O/X

130 이 선언문에는 독립을 향한 의지와 임시 정부 건설을 주장하는 내용이 담겨 있다. O/X

자료 4 2·8 독립 선언(1919)

미래엔, 비상, 천재, 동아, 지학사, 해냄

1. 우리는 한일 합병이 우리 민족의 자유의사에서 비롯되지 않았으며, 그것이 우리 민족의 생존 발전을 위협하고 동양의 평화를 저해하는 원인이 된다고 생각하므로 독립을 주장하는 것이다.
3. 우리는 만국 평화 회의의 민족 자결주의를 우리 민족에게 적용할 것을 청구한다.
4. 앞의 요구가 실현되지 않을 경우, 우리 민족은 일본에 대하여 영원히 혈전(血戰)을 벌일 것을 선언한다.

131 2·8 독립 선언은 도쿄의 한국인 유학생들이 작성한 것이다. O/X

132 2·8 독립 선언은 민족 자결주의의 영향을 받았다. O/X

133 2·8 독립 선언은 국내의 민족 지도자들에게 큰 자극을 주었다. O/X

미래엔, 비상, 천재, 동아, 지학사, 씨마스, 해냄

자료 5 3·1 운동의 전개와 의의

〈기미 독립 선언서(3·1 독립 선언서)〉

오등(吾等)은 자에 아(我) 조선의 독립국임과 조선인의 자주민임을 선언하노라. …… 금일 우리의 이 거사는 정의, 인도, 생존, 존영을 위하는 민족적 요구이니 오직 자유적 정신을 발휘하는 것이요, 결코 배타적 감정으로 치닫지 말라. 최후의 일인까지 최후의 시간까지 민족의 정당한 의사를 시원하게 발표하라.

134 국내의 민족 지도자들은 대규모 만세 시위를 계획하고 기미 독립 선언서를 발표하였다. ○/✕

135 기미 독립 선언서에는 폭력적인 방법으로 시위를 전개할 것이 선언되어 있다. ○/✕

136 기미 독립 선언서에는 일제에 대한 단순한 보복이 아닌 평화를 회복하고자 하는 의지가 담겨 있다. ○/✕

미래엔, 비상, 천재, 동아, 지학사, 씨마스, 해냄, 리베르

자료 6 대한민국 임시 정부의 성립

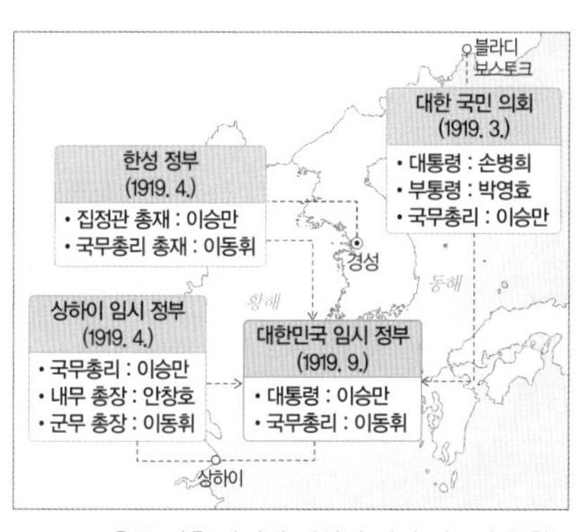

▲ 3·1 운동 이후 각지에 세워진 임시 정부와 통합

제1조 대한민국은 민주 공화제로 함.
제2조 대한민국은 임시 정부가 임시 의정원의 결의에 의해 통치함.
제3조 대한민국의 인민은 남녀 귀천, 빈부의 계급이 없고 일체 평등함.
제10조 임시 정부는 국토 회복 후 만 1개년 내에 국회를 소집함.

– 대한민국 임시 헌장(1919. 4.)

137 3·1 운동 이후 국내외에 여러 개의 임시 정부가 수립되었다. ○/✕

138 대한민국 임시 정부는 민주 공화제를 표방하였다. ○/✕

139 대한민국 임시 정부는 최종적으로 연해주 지역에 자리하였다. ○/✕

미래엔, 비상, 천재, 동아, 지학사, 씨마스, 해냄, 리베르

자료 7 대한민국 임시 정부의 활동

- 연통제: 대한민국 임시 정부의 비밀 행정 조직으로, 정보 보고와 군자금 조달 등을 담당하였다.
- 교통국: 대한민국 임시 정부의 통신 기관으로, 정보 수집과 연락 업무 등을 담당하였다. 만주에 지부를 설치하고, 국내 각 군에 교통국, 각 면에 교통소를 설치하였다.
- 독립 공채: 대한민국 임시 정부는 채권을 발행하고 독립을 이루면 이자와 함께 상환할 것을 약속하였다. 많은 동포가 구입하여 독립 운동 자금 조성에 도움을 주었다.

140 대한민국 임시 정부는 연통제를 실시하여 군자금 조달 및 정부 문서와 명령 등을 전달하였다. ○/✕

141 교통국은 임시 정부의 기관지인 『독립신문』을 만들기 위한 조직이었다. ○/✕

142 독립 공채는 독립운동 자금을 모금하기 위해 발행되었다. ○/✕

비상, 천재, 지학사, 씨마스, 리베르

자료 8 국민 대표 회의의 개최

- **이승만의 위임 통치 청원서**

미국 대통령 각하, …… 우리는 자유를 사랑하는 2천만의 이름으로 각하에게 청원합니다. 각하도 평화 회의에서 우리의 자유를 강력하게 주장하여 참석한 열강들과 함께 한국을 일본의 학정으로부터 벗어나게 하여 주십시오. 장래 완전한 독립을 보증하고 당분간은 한국을 국제 연맹 통치 밑에 두게 할 것을 바랍니다.

– 『한국 독립운동사 자료집 9』, 1978

- **국민 대표 회의 선언문(1923)**

본 국민 대표 회의는 이천만 민중의 공정한 뜻에 바탕을 둔 국민적 대회합으로 최고의 권위를 지녀 …… 독립을 완성하기를 기도하고 이에 선언하노라. …… 본 대표 등은 국민이 위탁한 사명을 받들어 국민적 대단결에 힘쓰며 독립운동이 나아갈 방향을 확립하여 통일적 기관 아래서 대업을 완성하고자 하노라.

– 국회 도서관, 『한국 민족 독립운동 사료』

143 이승만의 위임 통치 청원 사건을 계기로 임시 정부의 개편을 요구하는 움직임이 나타났다. ○/✕

144 국민 대표 회의는 독립운동의 새로운 방향을 모색하기 위해 개최되었다. ○/✕

145 국민 대표 회의는 창조파, 개조파, 고수파의 대립이 이어지다가 극적으로 타협하였다. ○/✕

STEP 2 객관식 풀어 보기

146

독립 의군부에 대한 설명으로 옳은 것만을 보기 에서 고른 것은?

보기

ㄱ. 임병찬이 조직하였다.
ㄴ. 복벽주의 이념을 내세웠다.
ㄷ. 만주 삼원보에 독립운동 기지를 건설하였다.
ㄹ. 공화정 형태의 근대 국가 건설을 추구하였다.

① ㄱ, ㄴ ② ㄱ, ㄷ ③ ㄴ, ㄷ
④ ㄴ, ㄹ ⑤ ㄷ, ㄹ

147

(가)에 들어갈 내용으로 적절한 것은?

1912년 9월 고종의 밀명을 받은 임병찬은 전라남도 순무대장의 이름으로 비밀 결사를 조직하였다. 이 단체는 조선 총독 및 주요 관리에게 국권 반환을 추구하는 요구서를 보냈으며, (가) 을 활동 목표로 하였다. 임병찬은 조직을 전라남북도로 확대하였다. 그러나 단원 김창식이 붙잡힘으로써 조직이 발각되었으며, 주요 임원과 임병찬이 일본 경찰에 잡혀 이 단체는 해체되었다.

① 임시 정부 수립
② 의병 활동을 전개할 것
③ 만주에 무관 학교 설립
④ 사회·경제적 실력 양성
⑤ 국제 사회에 독립을 청원할 것

148

(가) 단체에 대한 설명으로 옳은 것은?

독립 유공자 공적 조서

- 성명: 임병찬
- 훈격(서훈 연도): 독립장(1962)
- 운동 계열: 의병

공적 개요

1. 1906년 2월 최익현과 함께 의병을 일으켜 일본군과 격전하다가 붙잡혀 서울로 압송되어 감금 2년을 선고 받고, 쓰시마섬으로 유배되었다가 1907년에 귀국하였다.
2. 1912년 9월 고종의 비밀 지시로 (가) 전라남도 순무대장에 임명되었다.

① 서울 진공 작전을 전개하였다.
② 국권 반환 요구서를 보낼 계획을 세웠다.
③ 친일파 처단을 위한 행형부를 설치하였다.
④ 공화 정체의 근대 국가 건설을 추구하였다.
⑤ 만주에 무관 학교 설립을 위한 군자금을 모금하였다.

149

대한 광복회에 대한 설명으로 옳은 것은?

① 공화정 수립을 지향하였다.
② 채응언이 주도한 의병 단체이다.
③ 삼원보에 자치 기관인 경학사를 설치하였다.
④ 고종의 비밀 지령으로 의병을 모아 조직하였다.
⑤ 국권 반환 요구서를 조선 총독부에 제출하려 하였다.

150

밑줄 친 '이 단체'에 대한 설명으로 옳지 않은 것은?

> 이 단체의 총사령을 지낸 박상진의 한문 편지가 공개되었다. 이 편지는 박상진이 박시준에게 자신이 보내는 사람에게 군자금을 보내 달라고 정중하게 요청하는 내용과 군자금이 없으면 상당히 어려운 상황에 처한다는 절박한 심정 등이 담겨 있다. 박상진은 판사 등용 시험에 합격해 평양 법원으로 발령이 났으나, 사퇴하고 독립운동에 투신, 만주에서 독립군을 양성하며, 이 단체의 총사령을 맡아 활동하다 체포되어 1921년 교수형을 당했다.

① 공화주의를 지향하였다.
② 숭실 학교 출신 학생들로 구성되었다.
③ 만주에 무관 학교를 설립하려고 하였다.
④ 만주의 독립운동 조직과 연결하여 활동하였다.
⑤ 친일파 처단 및 군자금 마련을 위한 투쟁 활동을 하였다.

151 난이도 상

다음 단체에 대한 설명으로 옳은 것은?

> [조직]
> 총사령: 박상진
> 지휘장: 우재룡, 권영만
>
> [강령]
> 1. 부호의 의연금 및 일본인이 불법 징수하는 세금을 압수하여 무장을 준비한다.
> 2. 남북 만주에 군관 학교를 세워 독립 전사를 양성한다.
> 3. 종래의 의병 및 해산 군인과 만주 이주민을 소집하여 훈련한다.
> 7. 무력이 완비되는 대로 일본인 섬멸전을 단행하여 최후의 목적을 이룬다.

① 공화정 수립을 목표로 대구에서 결성되었다.
② 일제가 조작한 105인 사건으로 탄압받았다.
③ 고종의 비밀 지령으로 의병을 모아 결성하였다.
④ 대한인 국민회 국내 지부로서의 역할을 하였다.
⑤ 마지막 의병 부대로 평안도와 황해도 등지에서 일제에 타격을 주었다.

152

밑줄 친 (가), (나) 이념에 대한 설명으로 옳은 것만을 보기 에서 고른 것은?

> 국권 회복 운동의 이념적 지향은 크게 다음 두 가지로 구분된다. 하나는 (가) 국가를 되찾아 황제를 다시 세우겠다는 것이고, 다른 하나는 (나) 국권 회복 후에 국민에 의해 선출된 대표자가 통치하는 국가를 수립하겠다는 것이다. 이러한 이념적 지향은 점차 후자의 방향이 우세해져 갔다.

보기

ㄱ. 신민회는 (가)를 목표로 삼았다.
ㄴ. 대한 광복회는 (나)를 주장하였다.
ㄷ. 대한민국 임시 정부는 (나)를 헌법에 반영하였다.
ㄹ. (가)는 애국 계몽 운동, (나)는 항일 무장 투쟁을 국권 회복의 주요 방편으로 삼았다.

① ㄱ, ㄴ ② ㄱ, ㄷ ③ ㄴ, ㄷ
④ ㄴ, ㄹ ⑤ ㄷ, ㄹ

153

밑줄 친 ㉠~㉣에 대한 설명으로 옳은 것만을 보기 에서 고른 것은?

> ㉠ 융희 황제가 ㉡ 토지·인민·정치를 포기한 8월 29일은 즉 우리 동지가 이를 계승한 8월 29일이니, 그 동안에 한순간도 숨을 멈춘 적이 없음이라. 우리 동지는 완전한 상속자니 저 황제권의 소멸의 때가 곧 ㉢ 민권 발생의 때요, 구한국 최후의 날은 곧 ㉣ 신한국 최초의 날이니, 무슨 까닭이오. 우리 한(韓)은 먼 과거 이래로 한인의 한(韓)이오, 비한인의 한이 아니라, 한인 간의 주권 수수는 역사상 불문법의 국헌이오, 비한인에게 주권을 양여하는 것은 근본적으로 무효요, 한국의 국민성이 절대 불허하는 바이라. -「대동단결 선언」

보기

ㄱ. ㉠- 을사늑약의 무효를 위해 헤이그에 특사를 파견하였다.
ㄴ. ㉡- 일제에게 강제로 국권을 강탈당한 날이다.
ㄷ. ㉢- 공화주의 수립을 목표로 하였음을 알 수 있다.
ㄹ. ㉣- 대한민국 임시 정부의 수립을 의미한다.

① ㄱ, ㄴ ② ㄱ, ㄷ ③ ㄴ, ㄷ
④ ㄴ, ㄹ ⑤ ㄷ, ㄹ

154

밑줄 친 '이 단체'가 건설한 독립운동 기지로 옳은 것은?

> 이 단체는 일제의 탄압과 방해를 피해 비밀 결사 조직의 형태를 유지하였으나 합법적인 대중 활동에 힘을 쏟았다. 가장 활발하게 전개한 것은 교육 운동이었다. 또한 평양의 대성 학교, 정주의 오산 학교를 비롯한 여러 학교를 세워 청소년에게 신교육과 신사상을 보급하였다.

① 명동촌　② 삼원보　③ 상하이
④ 신한촌　⑤ 용정촌

155

밑줄 친 '이 지역'에서 전개된 독립운동에 대한 설명으로 옳은 것은?

> 이 지역은 두만강과 쑹화강 사이에 있는 땅으로, 청과 조선의 모호한 경계를 확정하기 위해 18세기 무렵 정계비를 세웠다. 19세기 중엽 이래 함경도 주민들이 두만강을 건너 이 지역에 살게 되자 다시 영유권 분쟁이 일어났다. 대한 제국이 수립되고 정부는 이 지역 문제 해결에 적극 나서 현지에 조사단과 관리를 파견하여 우리 주민을 보호하는 데 힘썼다.

① 대한 국민 의회가 수립되었다.
② 자치 기관인 경학사와 부민단이 조직되었다.
③ 명동 학교, 서전서숙 등 교육 기관이 설립되었다.
④ 대한인 국민회가 결성되어 독립운동 자금을 모았다.
⑤ 대조선 국민군단이 조직되어 군사 훈련이 이루어졌다.

156

다음 두 학교가 설립되었던 지역에 대한 설명으로 옳은 것은?

▲ 서전서숙

▲ 명동 학교 유적지

① 대한 독립 선언서가 발표되었다.
② 대한민국 임시 정부가 수립되었다.
③ 대종교도들이 민족 의식 고취에 힘썼다.
④ 신한촌이라는 한인 집단촌이 형성되었다.
⑤ 독립군 양성을 위한 신흥 무관 학교가 있었다.

157

(가) 지역에서 전개된 민족 운동으로 옳은 것만을 보기 에서 있는 대로 고른 것은?

제시된 사진 속 비석은 (가) 의 신한촌 터에 세워져 있는 기념탑이다. 이 탑에는 '신한촌은 선열들의 얼과 넋이 깃들고, 한민족의 피와 땀이 어려 있는 곳'이라는 글이 새겨져 있다.

보기

ㄱ. 한민 학교가 세워졌다.
ㄴ. 한인 사회당이 조직되었다.
ㄷ. 대조선 국민군단이 조직되었다.
ㄹ. 대한 광복군 정부가 수립되었다.

① ㄱ, ㄴ　② ㄱ, ㄷ　③ ㄴ, ㄷ
④ ㄱ, ㄴ, ㄹ　⑤ ㄴ, ㄷ, ㄹ

158

(가), (나) 지역에서 전개된 독립운동으로 옳은 것은?

① (가)- 해조신문, 권업신문 등을 발간하였다.
② (가)- 신흥 강습소를 세워 독립군을 양성하였다.
③ (나)- 서전서숙, 명동 학교 등을 건립하였다.
④ (나)- 한인 자치 기구인 경학사를 결성하였다.
⑤ (가)와 (나)- 대한인 국민회를 중심으로 외교 활동을 전개하였다.

159

(가), (나) 지역에 대한 설명으로 옳은 것은?

> 이달의 호국 인물 – 이범윤
>
> 〈 주요 활동 〉
> - (가) 관리사가 되어 그 지역의 한인들의 생명과 재산을 보호함.
> - 러일 전쟁 이후 (나) (으)로 이주하여 의병 활동 전개함.
> - (나) 최대의 한인 단체인 권업회에 참여함.
> - 신민부가 조직되었을 때 고문으로 추대됨.

① (가)- 경학사가 조직되었다.
② (가)- 명동 학교가 설립되었다.
③ (나)- 중광단이 활동하였다.
④ (나)- 신한 청년당이 결성되었다.
⑤ (가)와 (나)- 서로 군정서가 무장 투쟁을 전개하였다.

[160~161] 다음을 읽고 물음에 답하시오.

> 융희 황제(순종)가 삼보(三寶: 토지, 인민, 정치)를 포기한 경술년(1910) 8월 29일은 우리 동지들이 이를 계승한 8월 29일이니, 그 사이에 순간의 쉼도 없다. 우리 동지들은 주권을 완전히 상속하였으니, 황제권이 소멸한 때가 곧 민권이 발생하는 때요, 구한국 최후의 하루는 곧 신한국 최초의 하루다. ……

160

위 문서의 명칭으로 옳은 것은?

① 2·8 독립 선언서
② 기미 독립 선언서
③ 대동 단결 선언문
④ 대한 광복회 강령
⑤ 대동아 공영 선언

161

위 문서가 발표된 지역에서 있었던 일로 옳은 것은?

① 명동 학교, 서전서숙 등 교육 기관이 설립되었다.
② 신흥 무관 학교가 세워져 독립군 간부를 양성하였다.
③ 대한 광복군 정부가 수립되어 무장 투쟁을 준비하였다.
④ 대한인 국민회가 결성되어 독립운동 자금을 모금하였다.
⑤ 신한 청년당이 결성되어 파리 강화 회의에 대표를 파견하였다.

162

(가) 단체에 대한 설명으로 옳은 것은?

지금부터 1910년대 국외 독립운동에 대한 발표를 시작하겠습니다. 제가 소개할 단체는 (가) 입니다. 이 단체는 권업회가 독립 전쟁의 효과적인 수행을 위해 만든 조직으로 정부의 형태를 갖추었습니다.

① 구미 위원부를 설치하였다.
② 한국 광복군을 창설하였다.
③ 2·8 독립 선언을 발표하였다.
④ 파리 강화 회의에 대표를 파견하였다.
⑤ 이상설, 이동휘를 정·부통령에 선임하였다.

163

다음 가상 일기에 나타난 밑줄 친 '이곳'에서의 민족 운동으로 옳은 것은?

19○○년 ○○월 ○○일

갤릭호를 타고 태평양을 건너 이곳에 온 지도 벌써 10년이 넘었다. 사탕수수 밭에서 제대로 먹지도 못하고 일하는 건 정말 힘들다. 그렇지만 지금은 대한인 국민회가 결성되어 우리의 권리를 지켜주어 안심이 된다. 어서 해방을 맞은 조국으로 돌아가고 싶다.

① 권업회를 세우고 신문을 발행하였다.
② 한인 자치 기관인 경학사를 설치하였다.
③ 대조선 국민군단을 결성하고 군사 훈련을 실시하였다.
④ 서전서숙, 명동 학교를 설립하여 민족 교육을 실시하였다.
⑤ 조선 청년 독립단을 조직하고 2·8 독립 선언서를 발표하였다.

164

밑줄 친 '이곳'에서 있었던 사실로 옳은 것은?

20세기 초에 대한 제국 정부가 공인한 최초의 합법적인 이민단이 첫발을 내딛은 이곳은 이주 노동자들이 사탕수수 농장, 철도 공사장 등에서 일하며 한인 사회를 형성하였다. 하지만 국내의 모집 광고와는 달리 감독관의 채찍까지 맞으며 힘든 노동을 해야만 하였다. 이들은 열악한 환경에서 고된 노동에 시달렸지만, 각종 단체를 설립하여 한국의 독립운동을 지원하였다.

① 명동 학교가 설립되었다.
② 조선 국민회가 조직되었다.
③ 2·8 독립 선언이 발표되었다.
④ 대조선 국민군단이 창설되었다.
⑤ 대한 광복군 정부가 수립되었다.

165

(가)~(마)에 들어갈 내용으로 옳은 것은?

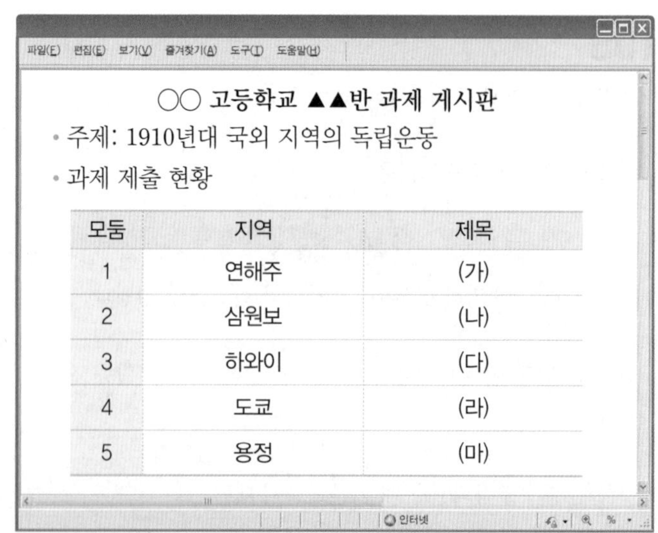

○○ 고등학교 ▲▲반 과제 게시판

- 주제: 1910년대 국외 지역의 독립운동
- 과제 제출 현황

모둠	지역	제목
1	연해주	(가)
2	삼원보	(나)
3	하와이	(다)
4	도쿄	(라)
5	용정	(마)

① (가)- 대한 광복군 정부의 결성
② (나)- 민족 교육에 앞장선 서전서숙
③ (다)- 독립군 양성의 산실 신흥 강습소
④ (라)- 군사 훈련을 감행한 대조선 국민군단
⑤ (마)- 2·8 독립 선언서를 발표한 유학생들의 용기

166

다음 지도의 (가)~(마) 지역에서 일어난 1910년대 민족 운동에 대한 설명으로 옳은 것은?

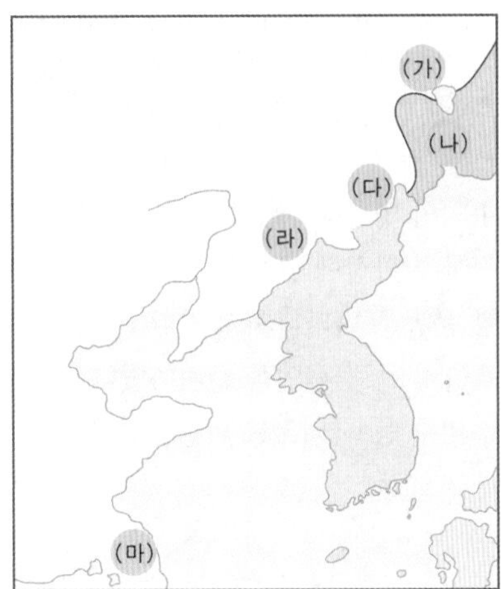

① (가)– 신민회가 삼원보에 자치 기관인 경학사와 부민단을 설립하였다.
② (나)– 이상설과 이동휘를 정·부통령으로 대한 광복군 정부를 수립하였다.
③ (다)– 박장호, 조맹선 등의 의병장을 중심으로 대한 독립단이 조직되었다.
④ (라)– 서전서숙과 명동 학교 등의 학교가 설립되어 민족 교육을 실시하였다.
⑤ (마)– 안창호의 주도로 대한인 국민회가 조직되어 독립운동 자금을 모았다.

167

다음은 어느 국제 회의에서 제시된 평화 원칙을 요약한 것이다. 이 원칙과 관련된 설명으로 옳은 것은?

1. 공개 외교에 의한 평화 조약
5. 식민지 원주민의 이익 존중
13. 발칸 제국의 정치적, 경제적 독립 영토 보전
14. 국제 평화 기구 설치

① 제2차 세계 대전의 뒤처리를 위한 회의에서 언급되었다.
② 이 원칙을 적용해 우리나라의 독립이 기정사실화 되었다.
③ 고종이 헤이그 특사를 파견한 회의에서 채택된 원칙이었다.
④ 우리나라에서 전국적인 만세 시위가 일어나는 계기가 되었다.
⑤ 미국은 이 원칙을 내세워 일본과 러시아의 강화를 중재하였다.

168 난이도 상

다음은 어느 국제 회의에 제출된 보고서이다. 이와 관련된 활동에 대한 설명으로 옳은 것만을 보기 에서 고른 것은?

- 일본을 포함한 열국은 한말에 한국과 체결한 조약에 근거하여 한국의 독립을 보전할 책임이 있다.
- 일본이 사기와 폭력으로 한국을 병합하였으므로 열국은 마땅히 간섭해야 한다.
- 한국민은 일본 침략에 계속 강경한 반항을 해 왔다. 지금도 진행되고 있는 3·1 운동은 전 국민이 궐기하여 국가 독립을 선언한 것이다. 대한민국 임시 정부에는 각계의 지도자가 참여하고 있다.
- 일본의 한국 침략은 대륙 침략으로 무제한 확대될 것이다. 이것은 서구 열강이 가진 동양 이권과 밀접한 관계가 있고 위험이 될 것이다.

보기

ㄱ. 민족 자결주의의 영향을 받았다.
ㄴ. 국제 연맹에 독립 열망을 전달한 것이다.
ㄷ. 신한 청년당이 독립 청원서를 제출하였다.
ㄹ. 국채 보상 운동이 일어나는 계기가 되었다.

① ㄱ, ㄴ ② ㄱ, ㄷ ③ ㄴ, ㄷ
④ ㄴ, ㄹ ⑤ ㄷ, ㄹ

169

다음 선언문에 대한 설명으로 옳은 것은?

3. 우리는 만국 평화 회의에 대해 민족 자결주의를 우리 민족에게 적용하기를 요구한다.
4. 위의 세 가지 요구가 실현되지 않을 경우, 우리 민족은 일본에 대하여 영원히 혈전을 벌일 것을 선언한다.

– 1919. 2. 8. 조선 청년 독립단 대표

① 종교계와 학생의 연합으로 이루어졌다.
② 대한인 국민회의 이승만이 주도하였다.
③ 3·1 운동이 일어나는 계기가 되었다.
④ 고종 황제의 인산일에 선언된 결의문이다.
⑤ 만주 지린성에서 39명의 공동 명의로 발표되었다.

170

(가), (나) 독립 선언에 대한 설명으로 옳지 않은 것은?

> (가) 우리 대한 동족의 남매 및 세계 우방의 동포여! 우리 대한은 완전한 자주독립과 평등 복리를 대대로 자손 만민에게 전하기 위하여 이에 이민족 전제의 확대와 압박을 해탈하고 대한 민주의 자립을 선포한다. …… 독립군아 일제히 봉기하라! 독립군은 천지를 휩쓸라!
>
> – 김교헌, 신규식, 김동삼, 김약연, 김좌진 등 39명
>
> (나) 조선 청년 독립단은 우리 2천만 민족을 대표하야 정의와 자유의 승리를 득한 세계 만국의 앞에 독립을 이룩하기를 선언하노라. …… 우리 민족은 생존의 권리를 위하여 온갖 자유 행동을 취하여 최후의 일인까지 자유를 위한 피를 흘릴지니 …… 우리 민족은 일본에 대하여 영원히 혈전을 선언하리라.
>
> – 최팔용, 윤창석, 김도연, 이종근, 이광수 등 13명

① (가)– 민족 자결주의의 영향을 받았다.
② (가)– 만주에서 독립운동 지도자들이 발표하였다.
③ (나)– 일본에 유학 중이던 청년들이 발표하였다.
④ (나)– 일본과 국제 사회에 한국의 독립을 선언하였다.
⑤ (가)와 (나)– 3·1 운동의 영향을 받아 독립 선언서를 발표하였다.

171

다음 민족 운동의 배경으로 옳은 것만을 보기 에서 고른 것은?

> 1919년 3월 1일 오후 수많은 학생과 시민들이 탑골 공원에 모여들었다. 민족 대표들이 오지 않자 한 학생이 앞으로 뛰어나와 독립 선언서를 낭독하였다.

보기

ㄱ. 일제가 '문화 정치'를 표방하였다.
ㄴ. 대한민국 임시 정부가 수립되었다.
ㄷ. 도쿄 유학생들이 2·8 독립 선언서를 발표하였다.
ㄹ. 미국 대통령 윌슨이 민족 자결주의 원칙을 제시하였다.

① ㄱ, ㄴ　② ㄱ, ㄷ　③ ㄴ, ㄷ　④ ㄴ, ㄹ　⑤ ㄷ, ㄹ

172 난이도 상

다음 노래와 관련 있는 민족 운동에 대한 설명으로 옳지 않은 것은?

> 터졌구나, 터졌구나 조선 독립의 소리 / 10년을 참고 참아 인제 터졌네 / 3천 리 금수강산 2천만 민족 / 살았구나, 살았구나 이 한소리에 / 만만세 조선 독립 만만세

① 민족 자결주의의 영향을 받았다.
② 학생들이 전국적 확산에 공헌하였다.
③ 무력적 저항 운동은 나타나지 않았다.
④ 종교계 대표들이 독립 선언을 준비하였다.
⑤ 간도, 일본, 미주 등 국외로도 확산되었다.

173

(가)에 들어갈 민족 운동에 대한 설명으로 옳은 것은?

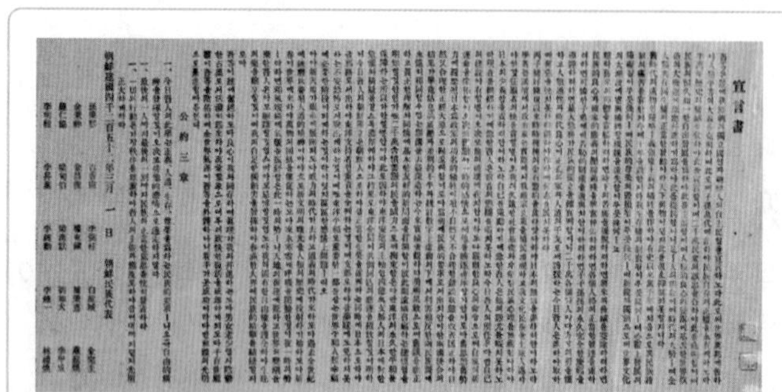

> 제시된 문서는 (가) 당시 우리 민족의 독립 의지를 알리기 위해 작성된 선언서이다. 글의 끝 부분에는 공약 3장과 선언에 참여한 33인의 이름이 적혀 있다.

① 순종 황제의 인산일에 일어났다.
② 중추원 개편을 통한 의회 설립을 추진하였다.
③ 대한민국 임시 정부가 수립되는 계기가 되었다.
④ 대한매일신보의 후원으로 전국적으로 확산되었다.
⑤ 일본인 재정 고문의 일방적인 백동화 사용 금지 조치가 원인이었다.

174

밑줄 친 '의거'에 대한 설명으로 옳지 않은 것은?

> 한인들이 의거를 일으키는 것은 일본의 무도함 때문이다. 일본이 한인의 국가사상 소멸과 독립에 대한 희망을 파괴하려고 시도한 지 십여 년이 되었다. …… 한국인의 이번 독립 운동으로 한인에 대해 더욱 잔혹해졌다. 오직 세계에 일본의 폭력성을 알리는 데 더 큰 의미가 있다. 일본이 비록 이를 감춘다고 할지라도 이미 천하에 드러났으니 이것은 한국인의 한 줄기 희망이다. – 『민국일보』, 1919

① 국내는 물론 국외로까지 확산되었다.
② 대한민국 임시 정부의 지도를 받아 전개되었다.
③ 일제 식민 통치 방식이 바뀌는 결과를 가져왔다.
④ 중국 등지의 반제국주의 운동에 영향을 끼쳤다.
⑤ 농촌으로 확산되면서 무력적 저항 운동으로 변하였다.

175

밑줄 친 단계에서 볼 수 있는 모습으로 적절한 것은?

〈3·1 운동의 전개 과정〉
- 1단계: 주요 도시에서 시위가 점화된 시기
- 2단계: 시위가 전국의 중소 도시를 중심으로 확대된 시기
- 3단계: 시위가 전국의 농촌과 산간벽지로 확산된 시기

① 폭력적 시위가 일어났다.
② 사회주의 세력이 시위에 가담했다.
③ 치안 유지법에 의해 시위가 탄압받았다.
④ 민족 대표 33인이 독립 선언서를 낭독했다.
⑤ 천도교, 기독교, 불교계의 연합 전선이 결성됐다.

176

다음에서 다루고 있는 민족 운동에서 등장한 구호로 가장 적절한 것은?

> 토요일 오후 서울에서 수천 명의 한인들이 집회를 열고 가두를 따라 시위 행진을 거행했다. 그중 몇 백 명은 영구를 모신 궁전 안으로 밀려들어가 고려의 독립을 기원하고 갈구했다. 여학생들도 이 행진에 참가했다. 시위자들은 선언서를 배포하였고 길 옆 행인들을 향해 연설했다. 지방 각 도·군의 백성들도 오늘 서울로 올라와 전 황제의 국장을 지켜보았다. 경찰과 헌병은 강력히 단속을 하여 소요가 일어나지 않도록 예방했다. 이미 몇 백 명을 연행했다고 한다. 일본의 여러 신문들은 교회 학당의 학생들도 각지 소요에 참여했다고 보도하였는데, 그들의 활동이 아주 활발했다고 보도했다. – 중국 ○○신문

① 식민지 교육 제도를 철폐하라!
② 조선인 본위의 교육 제도를 확립하라!
③ 일본인 지주에게 소작료를 바치지 말자!
④ 최후의 일인까지 민족의 정당한 요구를 흔쾌히 발표하라!
⑤ 혁명으로 강도 일본을 징벌함이 곧 우리의 수단임을 선언하노라!

177

다음 신문 기사의 내용과 당시의 상황을 고려하여 3·1 운동에 대하여 분석한 내용으로 적절하지 않은 것은?

> 3·1 운동과 파리 장서 사건 등에 연루된 독립 운동가 117명의 대구 감옥 수감 당시 인적 사항과 행적 등을 자세히 기록한 재소자 신분 카드가 정부 기록 보존소에서 발견되었다. 이 자료에는 이들의 검거 직후부터 출감 때까지의 수형 생활 기록과 신분, 가족 관계, 경력, 종교, 병역 등이 자세히 적혀 있어 3·1 운동을 전후한 독립 운동사를 새롭게 조명할 수 있게 되었다. 특히, 이 자료에는 명망가들 외에도 학생, 농민, 상인, 서당 훈장, 승려, 노동자, 상인 등 이름 없는 사람이 50여 명이나 포함되어 있어 3·1 독립운동이 신분과 연령을 초월한 전 국민적인 저항 운동이었음을 입증하고 있다. – ○○일보

① 거족적인 민족 운동으로 전개되었다.
② 토지 조사 사업으로 손해를 본 농민들이 많이 참여하였다.
③ 정부 관료, 양반 출신 인사들은 3·1 운동에 참여하지 않았다.
④ 일제는 3·1 운동을 진압하기 위해 많은 사람들을 연행하였다.
⑤ 우리 민족은 우리 힘으로 독립을 이루어야 한다는 것을 깨닫게 되었다.

178

다음 지도에 나타난 민족 운동에 참가한 각 계층이 했을 법한 말로 적절한 것만을 보기 에서 고른 것은?

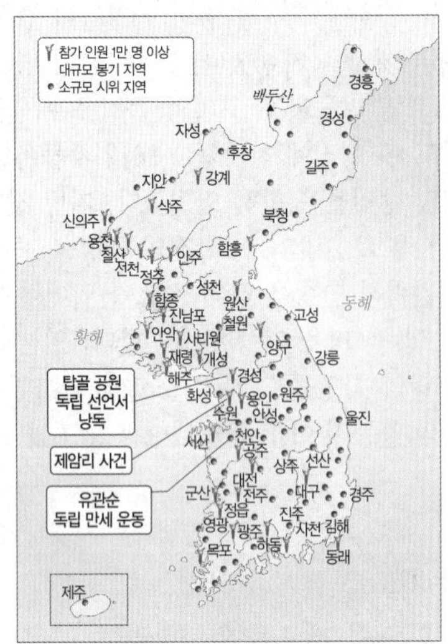

보기

ㄱ. 농민– 일제의 토지 조사 사업으로 우리는 토지 소유권과 경작권을 빼앗겼다. 이에 앞장선 면사무소를 공격하자.

ㄴ. 노동자– 관세 폐지로 공장이 어려워져 덩달아 우리의 형편도 궁핍해 졌다.

ㄷ. 학생과 지식인– 우리의 독립 의지를 세계만방에 고하여야 한다. 민족 자결의 원칙을 천명한 세계 각국이 도와줄 것이다.

ㄹ. 상공업자– 일제는 회사령을 폐지하여 일본 자본의 투자를 용이하게 만들었다. 일본 자본에 대항하기 위해서는 토산품 애용 운동이 필요하다.

① ㄱ, ㄴ ② ㄱ, ㄷ ③ ㄴ, ㄷ ④ ㄴ, ㄹ ⑤ ㄷ, ㄹ

179

다음과 같이 전개된 민족 운동이 끼친 영향으로 옳은 것은?

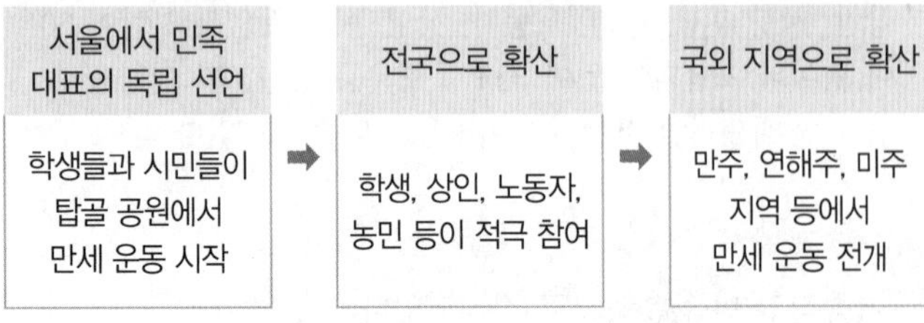

① 대한 광복회가 조직되었다.
② 국채 보상 운동이 전개되었다.
③ 어업령과 삼림령이 제정되었다.
④ 대한민국 임시 정부가 수립되었다.
⑤ 헤이그 만국 평화 회의에 특사가 파견되었다.

180

밑줄 친 '이 운동'의 영향으로 옳지 않은 것은?

> 코리아는 조용한 아침의 나라라는 뜻의 조선이라는 옛 지명으로 다시 일컬어지고 있다. 일본은 코리아에서 어느 정도 근대적인 개혁을 실시했으나 한편 한민족의 정신을 가차 없이 유린했다. 코리아에서는 오랫동안 독립을 위한 항쟁이 계속되어 여러 차례 폭발하였다. 그 가운데서도 중요한 것은 1919년의 <u>이 운동</u>이었다. 한민족, 특히 청년 남녀는 우세한 적에 맞서 용감히 투쟁했다. …… 일본이 한민족을 억압한 것은 역사상 보기 드문 쓰라린 암흑의 일막이다. 코리아에서는 대학을 갓 졸업한 젊은 여성과 소녀가 투쟁에서 중요한 역할을 하고 있다는 사실을 안다면 너도 틀림없이 깊은 감동을 받을 것이다.

① 일제의 통치 방식이 변화되었다.
② 대한민국 임시 정부가 수립되었다.
③ 중국에서 5·4 운동이 전개되었다.
④ 일본에서 2·8 독립 선언서가 발표되었다.
⑤ 민족 운동의 주체가 학생·농민·노동자 등으로 확대되었다.

181

일제가 다음과 같은 대책을 세우게 된 배경으로 옳은 것만을 보기 에서 있는 대로 고른 것은?

> 1. 핵심적 친일 인물을 골라 그 인물로 하여금 귀족, 양반, 유생, 교육가, 종교가에 침투하여 계급과 사정을 참작하여 각종 친일 단체를 조직한다.
> 3. 조선 문제 해결의 성공 여부는 친일 인물을 많이 얻는 데에 있으므로 친일 민간인에게 편의와 원조를 주어 수재 교육의 이름 아래 많은 친일 지식인을 긴 안목으로 채운다.
> 4. 양반 유생 가운데 직업이 없는 자에게 생활 방도를 주는 대가로 이들을 온갖 선전과 민정 염탐에 이용한다. 조선인 부호 자본가에 대해 일·선 자본가의 연계를 추진한다.

보기

ㄱ. 3·1 운동에 대한 무자비한 탄압으로 국제 여론이 악화되었다.

ㄴ. 일제는 무력만으로 한민족을 지배할 수 없다는 것을 깨달았다.

ㄷ. 자국의 쌀 부족에 대응하기 위해 일제는 산미 증식을 꾀하였다.

ㄹ. 사회주의 사상의 영향을 받은 국내의 농민과 노동자들이 단결하였다.

① ㄱ, ㄴ ② ㄱ, ㄹ ③ ㄷ, ㄹ
④ ㄱ, ㄴ, ㄷ ⑤ ㄴ, ㄷ, ㄹ

182

다음은 어느 민족 운동에 대한 외국인의 평가이다. 이 운동을 이해하기 위한 탐구 활동으로 적절한 것은?

> 정의와 휴머니티를 앞세운 한국이 독립 선언을 하였다. 선언문에서 "우리의 독립 선언은 현재의 고통스러운 상처를 없애고 불법적인 일본의 압제에서 벗어나 후손들에게 부끄러운 유산이 아닌 영원한 자유를 물려주기 위함이다. …… 이 투쟁은 일본에 복수하기 위한 것이 아니라 소수의 일본 정치인들이 폭력적인 정책으로 저지른 잘못들을 바로잡기 위함이다." 라고 당당히 외쳤다.

① 민족 자결주의가 끼친 영향을 알아본다.
② 무력적 저항 운동을 지원한 무장 독립군을 찾아본다.
③ 민족 말살 통치에 항거하여 전개된 움직임을 살펴본다.
④ 일제 식민지 요인 암살에 참여한 사람들의 계층을 분석한다.
⑤ 장기적인 독립운동을 위한 실력 양성 운동의 결과를 조사한다.

183

밑줄 친 (가)가 구체화된 사례로 옳은 것만을 보기에서 고른 것은?

> 우리 민족은 일본의 굴레에서 벗어나 혁명 운동을 일으켜 독립을 세계에 선포하고 자결주의를 발표하였다. 혁명 사업이 시작되었으나 경국에 이르지 못함에 이르러서는 반드시 최고 기관인 임시 정부가 있어 국민의 기준이 되고 국교의 지위를 점하여야 되는 것이며, 또한 세계 혁명사의 관례인 것이다. (가) 3월 1일 이후 각처 독립단은 모두 이러한 생각을 갖게 되었다.

보기

ㄱ. 국내에서는 한성 정부 수립을 발표하였다.
ㄴ. 중국에서는 상하이 임시 정부가 세워졌다.
ㄷ. 연해주에서는 대한 광복군 정부가 세워졌다.
ㄹ. 미주 지역에서는 대한인 국민회가 조직되었다.

① ㄱ, ㄴ ② ㄱ, ㄷ ③ ㄴ, ㄷ ④ ㄴ, ㄹ ⑤ ㄷ, ㄹ

184

다음 자료와 관련된 임시 정부에 대한 설명으로 옳은 것은?

> 본 회의는 일반 국민의 의사를 대표하는 기관으로서 바야흐로 한국이 독립을 보게 된 데 즈음하여 전러 한족회 중앙 총회 상설 위원회를 한국 국민 전체의 의사를 대표하는 기구로 정할 수 없음은 유감이나, 제반의 사정에 따라 전 국민을 대표하는 국민 의회를 조직할 수 없으므로 상설 위원회를 임시 국민 의회로 하고 장래 한국이 독립하는 날을 당하여 임시 대통령을 선거하여 대외의 문제, 기타 내정, 외교의 일반을 맡아서 처리할 임시 정부로 하는 데 있다.

① 이승만을 임시 대통령으로 선출하였다.
② 만주 지린성에서 대한 독립 선언서를 발표하였다.
③ 국내에서 결성된 한성 정부의 법통을 계승하였다.
④ 외교 독립 노선에 서 있던 사람들에 의해 수립되었다.
⑤ 3·1 운동 이전부터 전개된 임시 정부 수립을 위한 노력으로 수립되었다.

185

다음은 임시 정부의 통합 과정에서 제출된 안이다. 밑줄 친 ㉠~㉣에 대한 설명으로 옳은 것만을 보기에서 있는 대로 고른 것은?

> • 상하이와 ㉠ 러시아령에서 설립한 정부들을 모두 해체하고 …… ㉡ 국내의 13도 대표가 민족 전체의 대표임을 인정함이다.
> • ㉢ 정부의 위치는 아직 상하이에 둘 것이니 각지의 연락이 비교적 편리하기 때문이다.
> • 정부의 명칭은 ㉣ 대한민국 임시 정부라 할 것이니, 독립 선언 이후에 각지를 원만히 대표하여 설립된 역사적 사실을 알리기 위함이다.

보기

ㄱ. ㉠- 대한 국민 의회를 가리킨다.
ㄴ. ㉡- 한성 정부의 법통을 계승하였음을 알 수 있다.
ㄷ. ㉢- 무장 투쟁 전개에 유리한 지역이었기 때문이다.
ㄹ. ㉣- 복벽주의를 채택하였음을 의미한다.

① ㄱ, ㄴ ② ㄷ, ㄹ ③ ㄱ, ㄴ, ㄷ
④ ㄱ, ㄴ, ㄹ ⑤ ㄴ, ㄷ, ㄹ

186

(가) 정부의 활동으로 옳은 것만을 보기 에서 고른 것은?

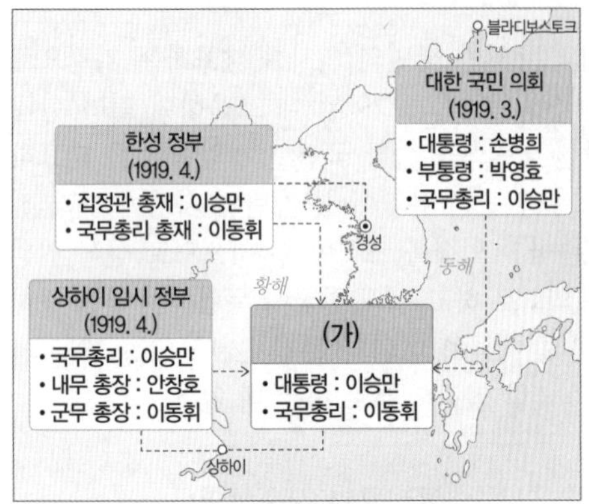

보기

ㄱ. 기관지로 권업신문을 발행하였다.
ㄴ. 미국에 구미 위원부를 설치하였다.
ㄷ. 연통제를 조직하고 교통국을 두었다.
ㄹ. 서전서숙과 명동 학교를 설립하였다.

① ㄱ, ㄴ　② ㄱ, ㄷ　③ ㄴ, ㄷ
④ ㄴ, ㄹ　⑤ ㄷ, ㄹ

187

다음 업무를 수행한 조직에 대한 설명으로 옳지 않은 것은?

1. 변장한 통신원에게 신표를 주어 활동하게 한다.
2. 충용한 청년에게 시위대를 조직하고 시위 운동을 준비하도록 돕는다.
3. 출금한 자의 성명을 바꾸어 사용하도록 한다.
4. 정부 법령, 기타 공문의 전파 계통과 보고 계통을 규정하여 일사불란하게 운용한다.
5. 직원 명부·문서 수발부·구국금 수납부·현금 출납부·각부의 경비 일기장을 관리한다.

① 국민 대표 회의 개최 이후 운영이 중단되었다.
② 국내의 군과 면에 각각 군감, 면감을 두었다.
③ 임시 정부가 독립운동 자금을 조달한 통로였다.
④ 평안도, 함경도, 황해도 등 주로 한강 이북에 설치되었다.
⑤ 임시 정부가 국내 각 도와의 연락 업무를 위해 설치하였다.

188

(가) 정부의 활동으로 옳은 것은?

수 주 전부터 (가) 의 대표단은 파리 강화 회의의 문을 두드리고 있다. 틀림없이 그들의 목소리는 미약할 것이다. 그럼에도 불구하고 한국인들은 윌슨 대통령이 제시한 민족 자결 주의 원칙을 잊지 않고 있다. 일본은 동맹국으로 윌슨 대통령의 14개조 평화 원칙에 통의하였다. 어떤 술책으로 한국이 정의를 요구하는 권리를 거부할 수 있는가?

① 3·1 운동을 주도하였다.
② 최익현 등이 활동하였다.
③ 구미 위원부를 설치하였다.
④ 신흥 무관 학교를 설립하였다.
⑤ 국권 반환 요구서의 제출을 추진하였다.

189

다음 선언문을 발표한 단체의 활동으로 옳은 것만을 보기 에서 있는 대로 고른 것은?

존경하고 경애하는 우리 이천만 동포 국민이여, 만국 원년 3월 1일 우리 대한 민족이 독립 선언함으로부터 남녀노소와 모든 계급과 모든 종파를 물론하고 일치 단결하야 동양의 독일인 일본의 비인도적 폭행하에 극히 공명하게 극히 인욕하게 우리 민족의 독립과 자유를 갈망하는 생각과 정의와 인도를 애호하는 국민성을 표현하지만, 지금 세계의 동정이 우리에게 집중하였도다. 이때를 당하야 본 정부는 전 국민의 위임을 받아 조직되었나니 상하이의 본 정부는 전국과 더불어 전심코 노력하야 임시 헌법과 국제 도덕이 명하는 바를 준수하야 국토 광복과 방기확고의 대사명을 과하기를 이에 선언하노라.

보기

ㄱ. 3·1 운동을 조직적으로 지휘하였다.
ㄴ. 연통제를 두고 국내와 연락을 꾀하였다.
ㄷ. 국제 연맹에 한국의 독립 문제를 제기하였다.
ㄹ. 광복군 사령부를 두고 무장 활동을 전개하였다.

① ㄱ, ㄷ　② ㄱ, ㄹ　③ ㄴ, ㄹ
④ ㄱ, ㄴ, ㄷ　⑤ ㄴ, ㄷ, ㄹ

190

(가)에 대한 설명으로 옳은 것은?

> [(가)]에서 연통제를 발표하였다. 그 대강을 보면, 도에는 독판, 군에는 군감, 면에는 면감 등을 설치하여 임시 지방 행정 기관으로 삼고, [(가)]와/과 연락하여 일본인 통치의 굴레에서 벗어나 우리 자주의 기초를 세우려고 하였다. 그리고 각 항의 조례가 명시되었다. 이 또한 커다란 정치상의 분투였다. 그러나 그들의 사나운 위세와 폭력은 갈수록 더욱 심하여 모든 사람들이 전전긍긍하고 무서워 떨면서 어기지 못하였다. 그러니 연통제의 실행이 어찌 어렵지 않겠는가.

① 국민 대표 회의를 통해 수립되었다.
② 전로 한족회 중앙 총회를 정부 형태로 개편하였다.
③ 한성 정부의 법통을 계승하였고, 인선을 채용하였다.
④ 13도 대표가 국민 대회 취지서를 발표하고 수립하였다.
⑤ 이승만을 국무총리, 안창호를 내무총장으로 선임하였다.

191

밑줄 친 ㉠이 일어나게 된 배경으로 옳은 것만을 [보기]에서 고른 것은?

> 우리들은 오직 과거 수년 간의 경험에 의하여 '국민의 대단결'이라는 절실한 각오 아래 장래를 준비하고, 운동상 일대 기운을 소집함에 이르렀음은 앞날을 위해 크나큰 행운이라고 생각한다. …… 이에 본 주비회는 시세의 움직임과 민중의 요구에 따라 ㉠ <u>과거의 모든 착잡한 문제</u>를 해결하고 미래의 완전하고 확실한 방침을 세워서, 우리들의 독립운동이 다시 통일되어 조직적으로 진행하도록 하고자 한다. 이에 국민 대표 회의 소집 사항도 주비하여 책임을 지고 성립시킨 것이다.

보기

ㄱ. 임시 정부의 외교 활동이 거의 성과가 없었다.
ㄴ. 장정 체결 이후 중국의 내정 간섭이 심하였다.
ㄷ. 헤이그 특사의 활동이 목표를 이루지 못하고 끝났다.
ㄹ. 이승만이 위임 통치 청원서를 국제 연맹에 제출하였다.

① ㄱ, ㄴ　② ㄱ, ㄹ　③ ㄴ, ㄷ
④ ㄴ, ㄹ　⑤ ㄷ, ㄹ

192 난이도 상

밑줄 친 <u>이 시기</u>에 제기된 독립운동가들의 주장으로 옳지 <u>않은</u> 것은?

> <u>이 시기</u>에 대한민국 임시 정부는 대통령이 국정을 총괄하는 체제로 운영되었다. 이후 1925년에 국무령 중심의 내각 책임 지도제로, 1927년에 국무위원 중심제로, 1940년에 주석 지도 체제로, 1944년에 주석·부주석 중심 체제로 개편되었다.

① 이동휘– 독립을 위하여 적극적인 무장 투쟁이 필요하다.
② 이승만– 구미 위원부를 중심으로 외교 활동을 전개해야 한다.
③ 김구– 한국 광복군을 창설하여 독립군 투쟁을 강화해야 한다.
④ 안창호– 임시 정부의 장래를 논의할 국민 대표 회의를 개최해야 한다.
⑤ 신채호– 기존의 임시 정부를 해체하고 독립운동의 새로운 구심점을 만들어야 한다.

193

밑줄 친 '이 회의'에 대한 설명으로 옳은 것은?

> 최초 임시 정부를 조직할 당시 …… 서북 간도는 참화 이래 탄식과 원망하는 소리가 드높다. …… 북경 장면의 인사는 분열을 통탄하고 통일을 촉진하는 단체를 출현시키고 상하이 인사는 개혁의 의(議)를 창도하고 있다. …… 근본적 대개혁으로서 통일적 개조를 꾀하여 독립운동의 신국면을 타개하려고 함에는 민의뿐이므로 노력 분투하지 않으면 안 된다. …… 이에 <u>이 회의</u> 소집을 제창한다.

① 이승만을 탄핵시킬 것을 결정하였다.
② 무너진 연통제를 다시 설치하도록 하였다.
③ 중심지를 만주로 이동시킬 것을 합의하였다.
④ 독립 전쟁론에 입각한 독립운동 전개를 결의하였다.
⑤ 독립운동가들이 창조파와 개조파로 나뉘어 대립하였다.

194

다음과 같은 대립이 있었던 회의에 대한 설명으로 옳은 것은?

> **회의 기록**
>
> 작성 일시: 1923년 ○월 ○일
>
> • ○○○: 임시 정부가 실질적인 사업을 수행하려 했을 때도 준비가 되어 있지 않았으며, 열의도 없고 능력마저 없다는 사실을 드러냈습니다. 때문에 새로운 임시 정부를 수립해야 합니다.
>
> • ▲▲▲: 임시 정부가 많은 결함을 지니고 있음에도 불구하고, 그것은 개별 인사들의 결함에 따른 것일 뿐입니다. 새로운 인사들이 선출된다면 이 정부는 의미를 갖추게 될 것이며, 기관 그 자체는 폐지되지 않을 것입니다.

① 대한민국 임시 헌법을 공포하였다.
② 한성 정부가 성립되는 계기가 되었다.
③ 대한 독립 선언서가 발표되는 결과를 낳았다.
④ 연통제 조직이 와해된 것이 하나의 원인이 되어 개최되었다.
⑤ 각지의 임시 정부를 통합하고 상하이에 청사를 두기로 결정하였다.

195

(가), (나) 주장에 대한 설명으로 옳지 않은 것은?

> (가) 국제적으로 열강이 우리 독립운동에 주목하지 않고 내적으로도 독립운동 단체의 움직임이 위축되고 있는 것은 단체들이 통일되지 못했기 때문이다. 지금 임시 정부는 이러한 사태에 어떠한 대응도 하지 못하고 그저 어딘가에 있다는 말만 듣는 정도이니 다시금 무장 운동을 준비할 책임 있는 독립운동 기관을 하나 세워야 할 것이다.
>
> (나) 우리는 불과 2천만 동포를 통합하지 못하고 무슨 무슨 계열이니 하여 나뉘어 있다. 단체 불통일과 주도권 싸움 때문에 우리 군인들이 이국에서 무장 해제까지 당하고 목숨을 잃었다. 우리 정부는 마치 빈 집과 같아서 이런 사태에 제대로 대응하지 못하고 있다. 그렇다고 해도 지난 5년 동안 활동한 역사가 있으니 이를 없애지 말고 고칠 것은 고쳐서 계속 유지하는 것이 맞다.

① (가)- 이승만이 주창한 독립운동 노선에 반대하였다.
② (가)- 비밀 회의를 통한 새 정부 결성의 기반이 되었다.
③ (나)- 김구, 이동녕 등이 제기하였다.
④ (나)- 임시 헌법의 개정을 통해 정부를 개조하려 하였다.
⑤ (가), (나)- 국민 대표 회의에서 서로 대립하였다.

196

다음과 같은 주장이 등장하게 된 배경으로 옳은 것은?

> 임시 대통령 이승만은 면직시킴. …… 이승만은 외교를 빙자하고 직무지를 떠나 5년 동안 …… 난국 수습과 대업 진행에 하등 성의를 다하지 않았을 뿐 아니라, 허무한 사실을 제조 간포해서 정부의 위신을 손상시키고 민심을 분산시킨 것은 물론 …… 심함에 이르러서는 정부의 행정과 재무를 방해하고, 임시 헌법에 의해, 의정원의 선거에 의해 취임한 임시 대통령으로서 자기의 지위에 불리한 결의라고 해서 의정원의 결의를 부인하고, 한성 조직 운운과 같은 것은 대한민국의 임시 헌법을 근본적으로 부인하는 행위다.

① 국민 대표 회의가 열렸으나 의견 대립으로 결렬되었다.
② 헌정 체제를 국무위원 중심의 집단 지도 체제로 전환하였다.
③ 민주 공화제를 근간으로 하는 대한민국 임시 헌법이 발표되었다.
④ 일제가 화성 제암리를 비롯한 각처에서 만세 운동을 탄압하였다.
⑤ 국내에서 13도 대표가 모여 이동휘를 중심으로 한성 정부를 세웠다.

197

다음 주장이 제기된 회의 이후에 있었던 사실로 옳은 것만을 보기 에서 고른 것은?

> • 임시 정부는 민족의 대표기관이다. 그러니 문제가 있다면 조직과 체제를 개선하여 독립운동 단체의 중심 역할을 하도록 만들어야 한다.
>
> • 임시 정부를 실제 독립운동에 적합하도록 새로운 조직을 만들어야 한다. 상하이의 임시 정부를 개조하여 그 계통을 이어갈 이유는 없다.

보기

ㄱ. 한인 애국단이 조직되었다.
ㄴ. 이승만 대통령이 탄핵되었다.
ㄷ. 대한 국민 의회가 설립되었다.
ㄹ. 연통제와 교통국이 붕괴되었다.

① ㄱ, ㄴ ② ㄱ, ㄹ ③ ㄴ, ㄷ
④ ㄴ, ㄹ ⑤ ㄷ, ㄹ

서술형 풀어 보기

정답 및 해설 21쪽

198

다음을 읽고 물음에 답하시오.

> (가)
>
> 나라를 되찾아 임금을 다시 세워 전제 군주 체제로 돌아가자는 독립운동 이념. 1910년대 고종의 밀지를 받은 임병찬이 (나) 을/를 결성하면서 사상적 기반으로 삼았다.

(1) (가)에 들어갈 용어를 쓰시오.

( )

(2) (나)에 들어갈 단체의 명칭을 쓰고, 활동 내용을 서술하시오.

199

다음을 읽고 물음에 답하시오.

> 1. 부호의 의연 및 일본인이 불법 징수하는 세금을 압수하여 무장을 준비한다.
> 2. 남북 만주에 사관 학교를 설치하여 독립 전사를 양성한다.
> 3. 기존의 의병 및 해산 군인과 만주 이주민을 소집하여 훈련한다.
> 4. 중국, 러시아 등 여러 나라에 의뢰하여 무기를 구입한다.
> 6. 일본인 고관 및 한국인 반역자를 수시 수처에서 처단하는 행형부를 둔다.

(1) 위 강령을 내세운 독립운동 단체의 명칭을 쓰시오.

( )

(2) (1)의 특징과 활동 목표를 서술하시오.

200

다음을 읽고 물음에 답하시오.

> 멀리 내다보는 식견을 갖추고 있던 (가) 동지들은 경술년 한일 합병 늑약이 체결되기 이전부터 국내에서의 활동이 여의치 않을 것임을 예견하고 중국 영토 내에 국권 회복을 위한 근거지 마련에 나섰다. 이에 이회영, 이동녕, 주진수 등은 적당한 지역을 물색하였고 마침내 서간도의 삼원보 지방을 택하였다.

(1) (가) 단체의 명칭을 쓰시오.

( )

(2) (가)의 회원이 국외로 이주한 이후 전개한 활동을 두 가지 서술하시오.

201

다음을 읽고 물음에 답하시오.

> - 러시아 혁명 이후 레닌은 식민지 피압박 민족의 해방 운동을 지원한다고 선언하였다.
> - 미국 대통령 윌슨은 ㉠ 피지배 민족이 자신의 정치적 미래를 스스로 결정할 수 있어야 한다고 주장하였다.

(1) 밑줄 친 ㉠이 가리키는 용어를 쓰시오.

( )

(2) 위의 두 주장이 국내외 독립운동에 미친 영향을 세 가지 서술하시오.

202

다음을 읽고 물음에 답하시오.

> 손병희 등 민족 대표들이 오후 2시에 독립 선언서를 경성 태화관 안에서 발표하였으며 이후 동 대표 여러분은 종로경찰서에 끌려갔다고 한다. 이들이 여러분에게 남긴 말은 다음과 같다. "우리들은 조선을 위하여 우리의 생명을 기꺼이 희생물로 바치고자 하니 우리 신성한 형제들께서는 우리들의 뜻을 관철하여 주시오. …… 한 사람이라도 난폭한 파괴 행동을 하게 되면 그것은 조선을 영원히 구하지 못하게 만들 것이니 대단히 주의하고 절대로 신중함을 지키시오."

(1) 자료에 나타난 민족 운동의 명칭을 쓰시오.

( )

(2) 위 민족 운동이 일어나게 된 배경을 국내와 국외로 구분하여 각각 서술하시오.

203

다음과 같이 3·1 운동의 양상이 변하게 된 까닭을 서술하시오.

> 그 가운데 심한 사람은 미리 낫, 괭이, 몽둥이 등 흉기를 가지고 전투적인 준비를 갖추었다. 미리 훈련받은 정규병과 같은 모습을 띠었다. 이들은 집합하자마자 우선 독립 만세를 소리 높여 외쳐 기세를 올렸다. -『조선 소요 사건 상황』

204

밑줄 친 '독립운동'의 의의를 두 가지 서술하시오.

> 이번 한국의 독립운동은 위대하고 비장하다. 그들은 정확한 이념을 가졌고, 무력이 아니라 민의를 바탕으로 운동을 끌어가는 세계 혁명사의 신기원을 개척하였다.
>
> – 중국 언론사의 평론, 1919. 3.

205

(가)에 들어갈 내용을 서술하시오.

> 3·1 운동 직후 각지의 임시 정부는 곧바로 통합 운동을 시작하였고, 마침내 한성 정부를 계승하면서 상하이의 임시 정부와 대한 국민 의회를 통합한 대한민국 임시 정부가 탄생하였다. 그 위치는 상하이로 정하였는데 그 이유는
>
> (가)

206

다음 헌법을 통해 알 수 있는 대한민국 임시 정부 수립의 의의를 두 가지 서술하시오.

제1조 대한민국은 대한 인민으로 조직한다.
제2조 대한민국의 주권은 대한 인민 전체에 있다.
제4조 대한민국의 인민은 일체 평등하다.
제5조 대한민국의 입법권은 의정원이, 행정권은 국무원이, 사법권은 법원이 행사한다.

– 대한민국 임시 헌법

207

밑줄 친 ㉠~㉢에 해당하는 내용을 각각 서술하시오.

제시된 사진은 대한민국 임시 정부가 상하이에 있을 때 사용한 건물의 모습이다. 이 시기 임시 정부는 ㉠ 국내와의 연결을 위한 활동, ㉡ 외교 활동, ㉢ 무장 활동 등을 전개하였다.

208

다음 청원서의 내용이 알려진 후 나타난 움직임을 서술하시오.

미국 대통령 각하 …… 다음과 같이 공식 청원서를 제출합니다. …… 우리는 2천만의 이름으로 각하에게 청원합니다. 각하도 평화 회의에서 우리의 자유를 강력하게 주장하여 참석한 열강들과 함께 먼저 한국을 일본의 학정으로부터 벗어나게 하여 주십시오. 장래 완전한 독립을 보증하고 당분간은 한국을 국제 연맹 통치 밑에 두게 할 것을 바랍니다.

– 이승만의 위임 통치 청원서, 1919

209

밑줄 친 '대립'의 내용과 그 영향을 서술하시오.

04 민족 운동의 전개와 분화(2)

빈출 개념
- 청산리 대첩 이후의 독립군 활동
- 각 실력 양성 운동의 구호
- 신간회의 결성 배경과 의의

1 국외 무장 독립 투쟁과 의열 투쟁

(1) 무장 독립 투쟁의 전개 자료❶

봉오동 전투 (1920. 6.)	국내 진입 작전 ➜ 대한 독립군(홍범도), 군무 도독부군(최진동), 국민회군(안무) 등 연합 ➜ 봉오동에서 일본군 격퇴
청산리 대첩 (1920. 10.)	훈춘 사건 ➜ 북로 군정서군(김좌진), 대한 독립군(홍범도) 등 연합 ➜ 백운평·완루구·어랑촌·고동하 등지에서 일본군 격퇴

└ 일제는 중국 마적들을 매수하여 이들에게 훈춘 영사관을 습격하도록 하였고, 독립군이 이 사건을 일으켰다고 주장하며 군대를 만주 지역으로 동원하여 독립군을 공격하였다.

(2) 독립군의 시련

간도 참변 (1920)	봉오동 전투·청산리 대첩 패배에 대한 일본군의 보복 ➜ 간도의 한인 마을을 습격하여 초토화
독립군의 이동	간도 참변 이후 밀산부 집결, 대한 독립군단 조직(서일) ➜ 러시아령으로 이동하여 자유시에 집결(1921. 6.)
자유시 참변 (1921)	러시아 적군이 독립군 부대의 무장 해제 요구, 독립군 공격 ➜ 많은 희생자 발생, 일부가 만주로 귀환
미쓰야 협정 (1925)	일제와 만주 군벌이 독립군 체포에 합의 ➜ 동포들의 독립군 지원 감소, 독립군 활동 위축 자료❷

(3) 독립군의 재정비

① **대한 통의부 조직(1922):** 만주 지역 독립운동 단체 통합

② **3부 성립(1920년대 중반)**

구분	참의부	정의부	신민부
관할	지안 일대	남만주	북만주
특징	대한민국 임시 정부 소속	–	러시아에서 귀환한 독립군 중심
공통점	행정 및 군사 조직을 갖춘 공화주의 자치 정부		

③ **3부 통합:** 국민부와 혁신 의회로 재편 자료❸

국민부(남만주)	조선 혁명당 결성, 산하에 조선 혁명군 편성
혁신 의회(북만주)	해체 후 한국 독립당 결성, 한국 독립군 편성

(4) 의열 투쟁의 전개

① **의열단의 결성과 활동**

┌ 개별 투쟁의 한계를 느끼고 조직적인 무장 투쟁으로 노선을 바꾸었다.

배경	3·1 운동 이후 강력한 무장 조직의 필요성 대두 ➜ 김원봉 등이 만주에서 조직
지침	신채호의 「조선 혁명 선언」: 폭력 투쟁을 통한 직접 혁명 추구 ➜ 일제 요인 암살, 기관 파괴 시도 자료❹
활동	• 박재혁: 부산 경찰서에 폭탄 투척(1920) • 김익상: 조선 총독부에 폭탄 투척(1921) • 김상옥: 종로 경찰서에 폭탄 투척(1923) • 나석주: 동양 척식 주식회사와 식산 은행에 폭탄 투척(1926)
변화	• 군사 교육: 김원봉 등 단원들이 중국 황푸 군관 학교 입교 • 군사 양성: 조선 혁명 간부 학교 설립

② **개별 의거:** 강우규(1919, 사이토 총독에게 폭탄 투척), 박열(일본 왕족 암살 기도), 조명하(타이완에서 일본 왕족 습격) 등

Check! 잘 나오는 선지로 개념 확인하기

1 청산리 대첩에 대한 설명으로 옳은 것을 모두 고르시오.

① 한중 연합 작전이 전개되었다.
② 미쓰야 협정의 영향을 받았다.
③ 민족 말살 통치 시기에 벌어졌다.
④ 훈춘 사건이 일어나는 배경이 되었다.
⑤ 독립 전쟁사에서 가장 큰 승리로 기록되었다.
⑥ 자유시 참변 이후 돌아온 독립군이 참여하였다.
⑦ 홍범도, 김좌진 등이 이끄는 부대가 활약하였다.
⑧ 백운평, 완루구, 고동하 등지에서 일본군과 전투를 벌였다.
⑨ 양세봉이 이끄는 조선 혁명군이 영릉가 전투에서 승리하였다.
⑩ 최진동, 안무가 이끄는 부대가 봉오동 계곡에서 일본군을 격퇴하였다.

2 의열단에 대한 설명으로 옳은 것을 모두 고르시오.

① 만주 지린성에서 결성되었다.
② 김원봉의 주도로 결성되었다.
③ 강우규는 조선 총독 사이토를 저격하였다.
④ 김익상, 김상옥 등이 단원으로 활동하였다.
⑤ 조명하는 타이완에서 일본 왕족을 사살하였다.
⑥ 중국 관내에서 민족 혁명당 결성을 주도하였다.
⑦ 조선 총독부 등 식민 지배 기관의 파괴를 추구하였다.
⑧ 해체할 때까지 개인 폭력 투쟁을 일관되게 유지하였다.
⑨ 신채호가 쓴 『조선 혁명 선언』을 활동 지침으로 삼았다.
⑩ 중국 정부의 지원으로 독립군 간부 양성 기관을 만들었다.

답 1 ⑤, ⑦, ⑧
2 ①, ②, ④, ⑥, ⑦, ⑨, ⑩

③ 한인 애국단(1931)의 활동 자료❺

창립	김구가 임시 정부의 활로 모색을 위해 결성
활동	· 이봉창: 도쿄에서 일왕에게 폭탄을 던짐 · 윤봉길: 상하이 훙커우 공원 의거 성공(1932)
의의	임시 정부에 대한 중국 국민당 정부의 지원 계기 마련

2 실력 양성 운동과 민족 유일당 운동

(1) 실력 양성 운동

① 물산 장려 운동 자료❻

배경	· 제1차 세계 대전을 거치면서 일본의 자본주의 발전 ➜ 일본 대기업의 한국 진출 활발 · 한국과 일본 사이의 관세 철폐 움직임
전개	조만식 등이 평양에서 조선 물산 장려회 결성, 서울에서 조선 물산 장려회 조직 ➜ '내 살림 내 것으로' 구호 아래 일본 상품 배격, 국산품 애용과 근검절약 강조, 금주와 금연 운동 전개
한계	경제적 어려움으로 소비자들의 외면, 기업의 생산성 향상으로 이어지지 못함 ➜ 사회주의자들의 비난 ┌ 자본가와 상인의 이익만을 추구하는 운동이라고 비판하였다.

② 민립 대학 설립 운동 자료❼

배경	3·1 운동 이후 민족 역량 강화를 위한 고등 교육의 필요성 제기
전개	조선 교육회를 중심으로 이상재, 이승훈 등이 조선 민립 대학 기성 준비회 결성 ➜ 조선 민립 대학 기성회 출범, '한민족 1천만이 한 사람이 1원씩' 구호 아래 모금 운동 전개
한계	성과 없이 중단, 일제의 경성 제국 대학 설립(1924) ┌ 한국인들의 불만을 무마하기 위한 것이었다.

③ 문맹 퇴치 운동: 언론 기관 주도, 학생들의 적극적인 참여

문자 보급 운동(1929)	조선일보 주도, '아는 것이 힘, 배워야 산다' 표방, 한글 교재 발간
브나로드 운동(1931)	동아일보 주도, 야학 운영(한글 강습), 농촌 계몽 활동 전개

(2) 민족 유일당 운동

① 국내외의 민족 유일당 운동

국외	중국의 제1차 국공 합작의 영향 ➜ 한국 독립 유일당 북경 촉성회 창립(1926), 참의부·정의부·신민부의 통합 운동
국내	· 독립운동 세력 분화: 사회주의와 민족주의 세력으로 분열 · 민족주의 진영의 분열: 이광수 등이 자치 운동 전개 ➜ 비타협적 민족주의 세력의 자각, 자치론 비판 · 사회주의 진영의 약화: 일제의 치안 유지법 제정(1925) ➜ 사회주의 운동 탄압 심화 · 조선 민흥회 결성(1926): 비타협적 민족주의 진영이 일부 사회주의자들과 단결 모색

② 신간회 자료❽

결성	정우회 선언(1926): 사회주의 세력이 비타협적 민족주의 세력과의 제휴 필요성을 강조 ➜ 신간회 창립(1927)
강령	민족 단결, 정치적·경제적 각성 촉구, 기회주의자 배격
활동	· 광주 학생 항일 운동(1929)에 진상 조사단 파견 · 대규모 민중 대회 계획 · 농민·노동 운동, 학생들의 동맹 휴학 등 지원
해소	민중 대회 계획 도중 집행부 대거 구속 ➜ 새 지도부의 노선 변경(타협론자와 제휴 도모), 사회주의 세력 이탈(코민테른의 지시) ➜ 해소 결정(1931)
의의	· 민족 협동 전선 추구: 민족주의 세력과 사회주의 세력 연합 · 국내에서 결성된 일제 강점기 최대의 합법적 사회 단체

Check! 잘 나오는 선지로 개념 확인하기

3 물산 장려 운동에 대한 설명으로 옳지 않은 것을 모두 고르시오.

① 전국적으로 확산되었다.
② 실력 양성 운동의 일환이었다.
③ 사회주의자들의 비판을 받기도 하였다.
④ 민족 산업 보호와 성장을 목표로 하였다.
⑤ 생산력이 향상되면서 큰 성과를 거두었다.
⑥ '내 살림 내 것으로'라는 구호를 내걸었다.
⑦ 서울에서 조선 물산 장려회가 만들어졌다.
⑧ 조만식 등이 평양에서 조선 물산 장려회를 조직하였다.
⑨ '한민족 1천만이 한 사람이 1원씩'이라는 구호를 내세웠다.
⑩ 토산품 애용, 근검저축, 금주, 금연 등의 실천을 강조하였다.

4 신간회에 대한 설명으로 옳지 않은 것은?

① 국내 최대의 항일 운동 단체였다.
② 제1차 국공 합작의 영향을 받았다.
③ 정우회 선언을 계기로 결성되었다.
④ 일제의 감시를 피해 비밀리에 조직되었다.
⑤ 1929년에 일어난 원산 총파업을 지원하였다.
⑥ 코민테른의 노선 변화 등으로 1931년 해소되었다.
⑦ 비타협적 민족주의자들과 사회주의자들이 연대하였다.
⑧ 광주 학생 항일 운동이 일어나자 진상 조사단을 파견하였다.
⑨ 갑산군 화전민 사건에 개입하여 사건의 진상을 밝혔다.
⑩ 정치적·경제적 각성, 기회주의의 부인 등의 강령을 내세웠다.

답 3 ⑤, ⑨
4 ④

STEP 1 O/X 문제로 9종 교과서 핵심 자료 보기

자료 1 1920년대 국외 독립군 부대의 활동

미래엔, 비상, 천재, 동아, 지학사, 씨마스, 해냄, 리베르

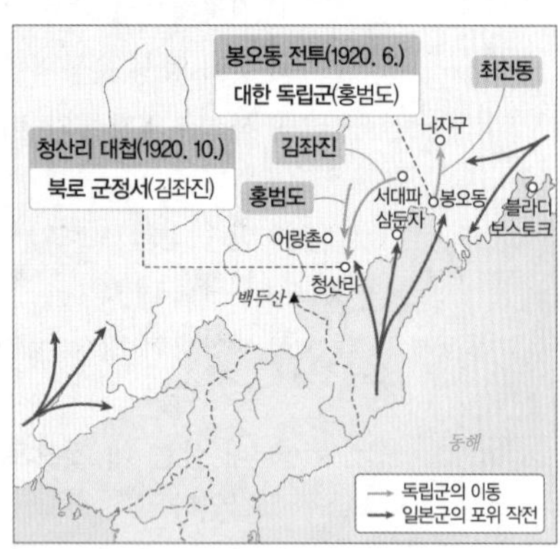

▲ 봉오동 전투와 청산리 대첩의 전개

210 3·1 운동 이후 만주, 연해주 일대의 독립운동 기지를 중심으로 여러 독립군 부대가 조직되었다. O/X

211 봉오동 전투에서 승리한 독립군은 훈춘 사건을 일으켰다. O/X

212 김좌진의 북로 군정서와 홍범도가 이끈 독립군 연합 부대는 청산리 일대에서 일본군에 맞서 큰 승리를 거두었다. O/X

자료 2 미쓰야 협정(1925)

미래엔, 천재, 동아, 지학사, 리베르

> 2. 중국 관헌은 각 현에 명령하여 만주에 거주하는 한국인이 무기를 휴대하고 조선에 침입하는 것을 엄금한다. 범한 자는 이를 체포하여 일본 경찰에 인도한다.
> 3. 조선인 단체를 해산하고 소유한 총기를 수색하여 이를 몰수하고 무장을 해제한다.
> 5. 일본 관헌이 지명하는 불령단 수령을 체포하여 일본 관헌에게 인도한다.
>
> – 독립운동사 편찬 위원회, 『독립운동사 자료집』 10

213 이 협정은 조선 총독부와 만주 군벌 사이에 체결된 것으로, 한국인에 대한 단속을 그 내용으로 한다. O/X

214 이 협정의 체결 이후에도 중국 관헌들은 독립군을 적극적으로 지원하였다. O/X

215 이 협정에 대응하여 독립 운동가들은 3부 통합을 통해 위기를 극복하려 하였다. O/X

자료 3 3부의 성립과 통합

미래엔, 비상, 천재, 동아, 지학사, 씨마스, 해냄, 리베르

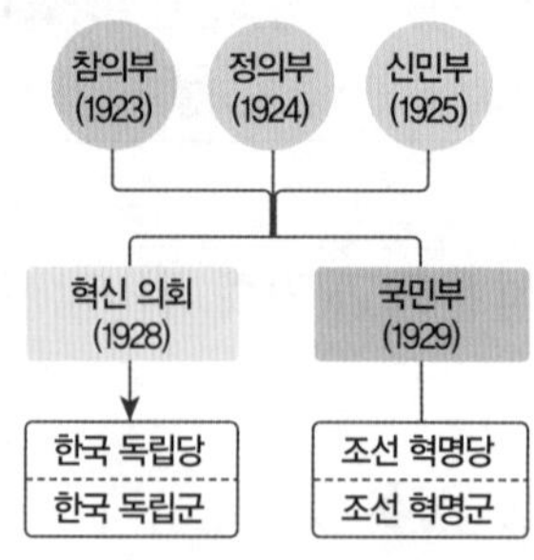

▲ 3부 통합 운동의 전개

216 3부 통합 운동은 1920년대에 전개된 민족 유일당 운동의 영향을 받았다. O/X

217 3부 통합 운동은 통합 방법을 둘러싸고 의견 대립이 발생하였다. O/X

218 3부 통합 운동의 결과 남만주에는 국민부가, 북만주에는 혁신 의회가 성립되었다. O/X

자료 4 조선 혁명 선언(1923)

미래엔, 비상, 천재, 동아, 지학사, 씨마스, 해냄, 리베르

> 강도 일본을 쫓아내려면 오직 혁명으로만 가능하며, 혁명이 아니고는 강도 일본을 쫓아낼 방법이 없는 바이다. …… 민중은 우리 혁명의 대본영(大本營)이다. 폭력은 우리 혁명의 유일한 무기이다. 우리는 민중 속으로 가서 민중과 손을 맞잡아 끊임없는 폭력–암살, 파괴, 폭동으로써 강도 일본의 통치를 타도하고 우리 생활에 불합리한 일체의 제도를 개조해 인류로써 인류를 압박하지 못하며, 사회로써 사회를 박탈하지 못하는 이상적 조선을 건설할지니라.
>
> – 단재 신채호 전집 편찬 위원회, 『단재 신채호 전집 8』

219 조선 혁명 선언은 김원봉의 요청으로 신채호가 작성한 것이다. O/X

220 조선 혁명 선언에서는 민중의 직접 혁명을 비판하고 외교론과 실력 양성 등의 독립운동 방략을 주장하였다. O/X

221 의열단은 조선 혁명 선언을 활동 지침으로 삼아 일제 요인 처단, 식민 통치 기관 파괴 등의 활동을 전개하였다. O/X

자료 5 윤봉길의 의거

미래엔, 비상, 동아, 지학사, 씨마스

• 윤봉길 의사 선서문

나는 참된 정성으로 조국의 독립과 자유를 위하여 한인 애국단의 일원이 되어 …… 적의 장교를 도륙하기로 맹세하나이다.

대한민국 14년(1932) 4월 26일 선서인 윤봉길

한인 애국단 앞

• 윤봉길의 의거에 대한 증언

윤 의사의 의거가 있기 전에는 …… 장제스가 임시 정부를 아무것도 아닌 것으로 알고 동전 한 푼 안 도왔습니다. 윤 의사 의거를 보고서야 장제스가 전적으로 돕기 시작했던 것입니다.

– 김학준, 『혁명가들의 항일 회상』

222 윤봉길은 한인 애국단의 일원으로 의거를 벌였다. ○/✕

223 윤봉길의 의거 이후 상하이 사변이 일어났다. ○/✕

224 윤봉길의 의거를 계기로 중국 국민당 정부가 대한민국 임시 정부를 적극적으로 지원하기 시작하였다. ○/✕

자료 6 물산 장려 운동의 전개

미래엔, 비상, 지학사, 리베르

▲ 경성 방직 주식회사의 국산품 애용 선전 광고

내 살림 내 것으로!

보아라! 우리의 먹고 입고 쓰는 것이 다 우리의 손으로 만든 것이 아니었다. 이것이 세상에 제일 무섭고 위태한 일인 줄을 오늘에야 우리는 깨달았다. 피가 있고 눈물이 있는 형제자매들아, 우리가 서로 붙잡고 서로 의지하여 살고서 볼 일이다.

입어라! 조선 사람이 짠 것을 먹어라! 조선 사람이 만든 것을 써라! 조선 사람이 지은 것을

조선 사람, 조선 것.

– 『신한민보』, 1923. 3. 22.

225 물산 장려 운동은 조만식의 주도로 평양에서 시작되었다. ○/✕

226 물산 장려 운동은 국산품 애용을 통한 민족의 경제적 자립을 목표로 하여, 큰 성공을 거두었다. ○/✕

227 사회주의자들은 물산 장려 운동이 자본가 계급의 이기적인 계급 운동이라고 비판하였다. ○/✕

자료 7 민립 대학 설립 운동과 문맹 퇴치 운동

미래엔, 비상, 천재, 동아, 지학사, 씨마스, 해냄, 리베르

〈조선 민립 대학 기성회 발기 취지서〉

우리의 운명을 어떻게 개척할까? 정치냐, 외교냐, 산업이냐? 물론 이와 같은 일이 모두 필요하도다. 그러나 그 기초가 되고 요건이 되며, 가장 급한 일이 되고 가장 필요한 수단은 교육이다. …… 오늘날 조선인이 세계 문화 민족의 일원으로 남과 어깨를 견주고 우리의 생존을 유지하며 문화의 창조와 향상을 기도하려면, 대학의 설립이 아니고는 다른 방도가 없도다.

– 『동아일보』, 1923. 3. 30.

당시 한국인의 고등 교육 기회는 제한되어 있었다.

▲ 브나로드 운동 포스터

228 일제는 우리 민족에게 보통 교육과 실업 교육을 주로 하였고, 고등 교육의 기회는 거의 주지 않았다. ○/✕

229 이상재 등은 경성에서 조선 민립 대학 기성회를 만들고 민립 대학 설립 운동을 전개하였다. ○/✕

230 민립 대학 설립 운동으로 모금된 자금을 바탕으로 경성 제국 대학이 설립되었다. ○/✕

자료 8 신간회의 결성(1927)

미래엔, 비상, 천재, 동아, 지학사, 씨마스, 해냄, 리베르

• 정우회 선언

우리가 승리를 향해 구체적으로 전진하기 위해서는 현실적으로 가능한 모든 조건을 충분히 이용하지 않으면 아니 될 것이다. 따라서 민족주의적 세력에 대해서는 …… 그것이 타락한 형태로 나타나지 않는 것에 한해서는 적극적으로 제휴하여, 대중의 개량적 이익을 위해 종래의 소극적 태도를 버리고 싸워야 할 것이다.

– 『조선일보』, 1926. 11. 17.

• 신간회 강령

• 우리는 정치·경제적 각성을 촉진함.
• 우리는 기회주의를 일체 부인함.
• 우리는 단결을 공고히 함.

– 『동아일보』, 1927. 1. 20.

231 정우회 선언은 사회주의 세력이 비타협적 민족주의 세력과의 연합을 주장한 내용이다. ○/✕

232 정우회 선언을 계기로 신간회가 해소되었다. ○/✕

233 신간회는 비타협적 민족주의 세력과 사회주의 세력이 연합한 민족 협동 전선 단체이다. ○/✕

234

다음 자료에 나타난 전투에 대한 설명으로 옳은 것은?

> 첫 전투는 10월 21일부터 벌어졌다. 우리 독립군은 이날 일본군을 공격하여 큰 전과를 올린 후, 갑산촌으로 이동하였다. 이후 독립군은 어랑촌에서 일본군을 물리치는 등 10월 26일 새벽까지 일본군과 10여 회의 전투를 벌여 승리를 거두었다.

① 독립 의군부가 활약하였다.
② 서울 진공 작전이 전개되었다.
③ 대한 국민 의회의 지원을 받았다.
④ 독립 전쟁 사상 최대 규모의 승리였다.
⑤ 채응언이 의병 부대를 이끌고 참여하였다.

235

다음 자료를 활용한 탐구 활동으로 가장 적절한 것은?

> 〈전투 일지〉
> - 10월 21일: 백운평에서 이범석 부대가 야스가와의 추격대를 전멸시킴, 완루구에서 홍범도 부대가 일본군을 공격하여 전멸시킴
> - 10월 22일: 김좌진 부대가 천수동에 머물던 일본군 기병대를 전멸시키고, 어랑촌에서 공격해 오는 일본군 부대를 격퇴함
> - 10월 23일: 독립군을 추격해 오던 일본군과 산발적으로 전투를 벌임
> - 10월 25일: 고동하 계곡의 독립군 야영지를 급습한 일본군을 격퇴함

① 3부 통합 운동의 성과를 분석한다.
② 의열단이 전개한 의거 활동을 찾아본다.
③ 간도 참변 이후 전개된 한중 연합 작전을 살펴본다.
④ 대한민국 임시 정부 군무부 직할 부대의 역할을 알아본다.
⑤ 북로 군정서와 대한 독립군 등 독립군 연합 부대의 활약상을 조사한다.

[236~237] 다음을 읽고, 물음에 답하시오.

> 〈전투 전후 아군의 정황 보고〉
> 북로 군정서는 1920년 2월 초부터 사관 연성소를 개설하여 지난 9월 9일에 제1회 졸업식을 거행하고 일변으로 보병을 징집하여 조련을 실현하더니 적의 강경한 교섭으로 인하여 중국 육군의 출동이 두세 번에 이르러 독립군의 해산을 자꾸 재촉함에 독립군은 부득이 영사를 버리고 각 병종으로 전투 서열을 만들어 남진하였다. <u>이곳</u>에서 적군과 전투를 벌여서 다수의 적의 장졸을 살상하고 다행히 아군의 살상이 극소하였다.

236

위의 밑줄 친 '이곳'의 위치를 지도에서 옳게 고른 것은?

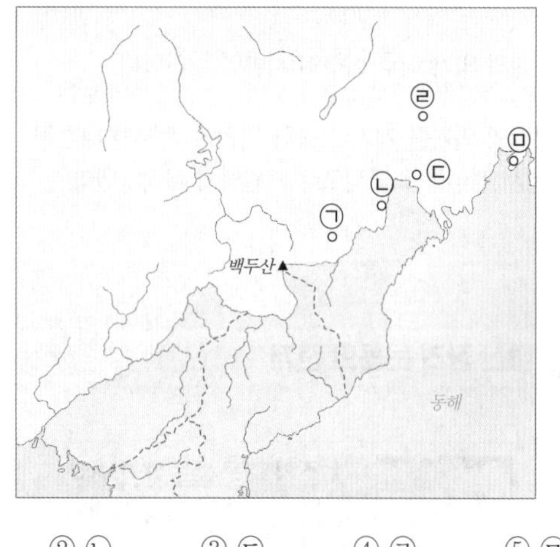

① ㉠　② ㉡　③ ㉢　④ ㉣　⑤ ㉤

237

위 자료에 나타난 전투에 대한 설명으로 옳은 것은?

① 육군 주만 참의부의 부대가 주도하였다.
② 남접과 북접이 연합 작전을 전개하였다.
③ 대한 광복회가 이동하는 과정에서 발생하였다.
④ 새로 결성된 활빈당, 영학당이 전투를 주도하였다.
⑤ 일제의 만주 독립군에 대한 토벌 작전에 대응하여 일어났다.

238

(가)~(라) 사건을 일어난 순서대로 바르게 나열한 것은?

(가) 봉오동 전투	(나) 자유시 참변
(다) 간도 참변	(라) 3부 결성

① (가) - (나) - (다) - (라)
② (가) - (다) - (나) - (라)
③ (나) - (라) - (가) - (다)
④ (나) - (라) - (다) - (가)
⑤ (다) - (가) - (나) - (라)

239

다음 자료에 나타난 사건 이전에 있었던 사실로 옳은 것은?

아군이 매복한 어랑촌 전방 골짜기에 적의 본대가 도착하자, 아군은 좌우 고지에서 맹렬히 사격하였다. 약 20분 만에 300여 명의 적을 사살하였다.

① 신민부가 결성되었다.
② 혁신 의회가 성립되었다.
③ 봉오동 전투가 발생하였다.
④ 미쓰야 협정이 체결되었다.
⑤ 대한 독립군단이 결성되었다.

240 난이도 상

다음 자료에 나타난 사건과 관련된 설명으로 옳은 것은?

1920년 10월 31일 연기가 자욱하게 낀 찬랍파위(용정 인근 마을)에가 보았다. 사흘 전 새벽에 무장한 일본인 일개 대대가 이 기독교 마을을 포위하고 남자라면 늙은이, 어린이를 막론하고 끌어내어 때려죽이고, 때려죽이지 않으면 불타고 있는 집과 짚더미에 던져 타 죽게 하였다. 이 상황을 울지도 못하고, 바라보고 있어야 했던 그들의 아내와 어머니들 가운데는 땅바닥을 긁어 손톱이 뒤집힌 사람들도 있었다.

– 미국인 선교사 마틴의 목격담

① 3부 통합 운동이 전개되는 계기가 되었다.
② 연해주로 이주한 동포들이 당한 시련이었다.
③ 독립군이 밀산부로 이동하는 결과를 가져왔다.
④ 일제와 만주 군벌 사이의 협정 체결로 인한 결과였다.
⑤ 독립군이 러시아 적색군에게 무장 해제를 당한 후에 일어났다.

241

다음 전시에서 볼 수 있는 내용으로 적절하지 않은 것은?

○○ 박물관 특별 전시

△△ 지역의 독립운동과 시련

- 일시: 20□□년 5월 12일~14일
- 전시 소개

제1관 – 민족 교육의 요람 서전서숙의 설립과 활동
제2관 – 빛나는 승리, 청산리여!
제3관 – 간도 참변, 그 참혹함에 대한 기록

① 이상설의 일대기
② 김좌진과 홍범도의 활약상
③ 해조신문 창간호에 실린 내용
④ 훈춘 사건에 대한 기록과 상세 설명
⑤ 청년들이 대종교 교리를 배우는 모습을 재현한 그림

242

다음은 한 학생이 정답을 맞힌 한국사 시험 문제이다. (가)에 들어갈 자료로 가장 적절한 것은?

> 1. 다음 협정이 체결된 배경으로 가장 적절한 것은? (①)
>
> | (가) |
> |---|
>
> ① 독립군이 3부를 설립하였다.
> ② 임시 정부가 건국 강령을 발표하였다.
> ③ 훈춘 사건을 빌미로 일본군이 출동하였다.
> ④ 일제가 만주를 침략하여 만주국을 수립하였다.
> ⑤ 대한 독립군단이 결성되어 자유시로 이동하였다.

① 우리는 기회주의를 일체 배격한다.
② 당분간은 한국을 국제 연맹 통치 밑에 두게 할 것을 바란다.
③ 일본이 지명하는 독립운동 지도자를 체포하여 일본 경찰에 인도한다.
④ 우리는 이에 우리 조선이 독립국임과 조선인이 자주민임을 선언하노라.
⑤ 일본인 고관 및 한국인 반역자를 수시 수처에서 처단하는 행형부를 둔다.

243

(가), (나) 시기 사이에 있었던 사실로 옳은 것은?

> (가) 완루구에서 홍범도 장군은 일본군의 포위 작전을 미리 알아채고 치고 빠지는 전술로 적들을 교란시켰다. 마주 오던 일본군은 우리 부대가 이미 진지를 빠져나간 줄도 모르고 자기편끼리 사격을 퍼부었다. 이 틈에 우리는 적의 후미를 공격해 대승을 거두었다.
> (나) 애초에 약속을 무기를 해제했다가 자유시에 가서 도로 내준다고 해서 무기를 벗어 주었는데, 이곳에 와서는 이 핑계 저 핑계 하고 주지 않았다. 모든 희망은 사라지고 탈주하려는 생각뿐이었다.

① 연해주에서 대한 광복군 정부가 수립되었다.
② 대한 독립군이 봉오동에서 일본군을 격퇴하였다.
③ 북만주 밀산부에서 대한 독립군단이 결성되었다.
④ 미쓰야 협정이 체결되어 독립군 활동이 위축되었다.
⑤ 3부 통합 운동으로 국민부와 혁신 의회가 성립되었다.

[244~245] 다음을 읽고, 물음에 답하시오.

> 2. 중국 관헌은 각 현에 알려 재류 조선인이 무기를 휴대하고 조선에 침입하는 것을 엄금한다.
> 3. 불령선인(일제에 따르지 않는 한국인) 단체를 해산하고 소유한 총기를 수색하여 이를 몰수하고 무장을 해제한다.
> 4. 조선 관헌이 지명하는 불령단 수령을 체포하여 조선 관헌에게 인도한다.

244

위 협정이 체결된 시기를 연표에서 옳게 고른 것은?

1920		1921		1923		1928		1931		1940
청산리 대첩	(가)	자유시 참변	(나)	참의부 결성	(다)	혁신 의회 결성	(라)	만주 사변 발발	(마)	한국 광복군 창설

① (가) ② (나) ③ (다) ④ (라) ⑤ (마)

245

위 협정에 대한 설명으로 옳은 것은?

① 훈춘 사건의 원인이 되었다.
② 의열단 결성에 영향을 주었다.
③ 3부 결성에 대한 일제의 대응이었다.
④ 자유시 참변의 원인으로 작용하였다.
⑤ 대한민국 임시 정부의 활동을 급속히 위축시켰다.

246 난이도 상

(가)~(라)를 일어난 순서대로 바르게 나열한 것은?

> (가) 제2 지대 독립군은 적을 기습하기에 적당한 지형인 백운평 바로 위쪽 골짜기 길목에 잠복하여 6일간 치열한 전투를 펼쳤다.
> (나) '불령선인 단속 방법에 관한 조선 총독부와 봉천성 간의 협정'이 미쓰야와 우진 간에 체결되었다. 내용은 "일제가 지명하는 독립운동 지도자를 체포하여 일본 경찰에 인도한다." 등이었다.
> (다) 3부 통합 논의가 계속되었으나 완전한 통합에는 이르지 못하였고, 북만주에서는 신민부와 참의부를 중심으로하는 혁신 의회가 결성되었다.
> (라) 분산되어 있던 독립군 부대들이 단일한 조직 아래 대일 항전을 전개하려고 조직한 대한 독립군단은 이르쿠츠크파 고려 공산당과 상하이파 고려 공산당 간의 대립으로 분열되었다. 이러한 분열 속에서 독립군들은 무장 해제를 요구하는 적색군의 공격으로 큰 피해를 입었다.

① (가) – (나) – (라) – (다)
② (가) – (다) – (나) – (라)
③ (가) – (라) – (나) – (다)
④ (라) – (가) – (나) – (다)
⑤ (라) – (나) – (가) – (다)

247

밑줄 친 ㉠에 대한 설명으로 옳지 않은 것은?

> 1920년대 중반부터 독립군은 독립 전쟁을 효율적으로 수행하기 위해 서로 힘을 합쳤고, 그 결과 ㉠ 참의부, 정의부, 신민부가 성립하였다.

① 삼권 분립에 기반하였다.
② 민정 조직과 군정 조직을 갖추었다.
③ 미쓰야 협정에 대응하기 위해 결성되었다.
④ 동포 사회를 이끈 공화주의적 자치 정부였다.
⑤ 세금을 거두어 정부를 운영하면서 독립군을 양성하였다.

248 난이도 상

(가)~(라)에 대한 설명으로 옳은 것만을 보기 에서 고른 것은?

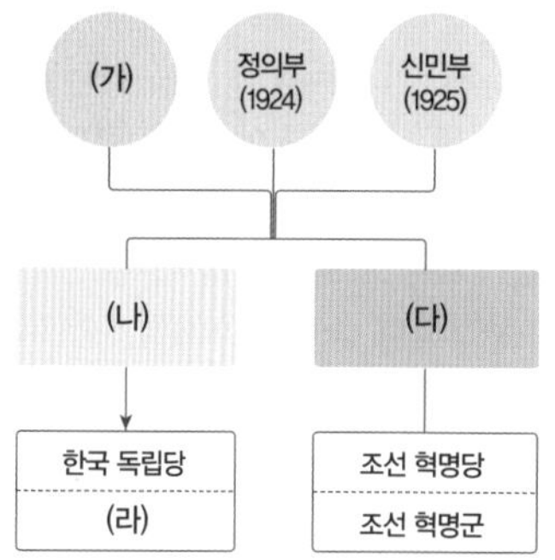

> **보기**
> ㄱ. (가)– 북만주 지역에 수립된 정부이다.
> ㄴ. (나)– 양세봉이 조직을 이끌었다.
> ㄷ. (다)– 미쓰야 협정 이후에 성립되었다.
> ㄹ. (라)– 산하 군대가 쌍성보·대전자령에서 승전하였다.

① ㄱ, ㄴ ② ㄱ, ㄷ ③ ㄴ, ㄷ ④ ㄴ, ㄹ ⑤ ㄷ, ㄹ

249

(가) 독립군 부대에 대한 설명으로 옳은 것은?

> (가) 와/과 중국 의용군은 영릉가의 뒷산에 대기하고 있다가 적을 요격하여 수 시간의 격전이 벌어졌다. 적은 마침내 30여 명의 사상자를 내고 일몰과 함께 세력이 약해졌다. …… 그리하여 영릉가는 드디어 아군에게 점령되었다.

① 만주 사변 당시 일본군과 맞서 싸웠다.
② 민종식의 지휘 아래 세력을 확대하였다.
③ 안무의 국민회군과 함께 일본군을 물리쳤다.
④ 신돌석과 함께 유격전을 펼쳐 전과를 올렸다.
⑤ 국권 반환 요구서를 보내려고 하였으나 실패하였다.

250

(가), (나) 독립군에 대한 설명으로 옳은 것은?

- 일본의 간도 파견군이 한국으로 철수하리라는 첩보를 입수한 (가) 은/는 대전자령에 진을 쳤다. 지청천이 "신호에 따라서만 공격을 개시하라."라는 주의 사항을 하달하였다. 전투는 4~5시간에 걸쳐 치열하게 전개되었다. 다음날 아침 전장을 정리하니 소총 1,500정, 산포와 박격포 10여 문 등 엄청난 물량의 군용품을 노획하였다.
- 우리는 영릉가의 뒷산에 대기하고 있다가 적을 요격하여 수 시간의 격전이 벌어졌다. 적은 마침내 30여 명의 사상자를 내고 일몰과 함께 패퇴하고 말았다. …… 양세봉이 이끄는 (나) 부대가 동문을 깨뜨리고 돌입하였다.

① (가)– 청산리 전투를 승리로 이끌었다.
② (가)– 조선 혁명당 소속의 무장 독립 부대였다.
③ (나)– 자유시 참변으로 세력이 약해졌다.
④ (나)– 대한민국 임시 정부의 요청으로 중국 관내로 이동하였다.
⑤ (가)와 (나)– 한중 연합 작전을 전개하였다.

251

밑줄 친 '이 인물'의 활동으로 옳은 것은?

① 복벽주의를 내세웠다.
② 별기군에서 활동하였다.
③ 광성보에서 항전하였다.
④ 조선 혁명군을 이끌었다.
⑤ 우금치 전투에 가담하였다.

252

(가) 독립군 부대에 대한 설명으로 옳은 것은?

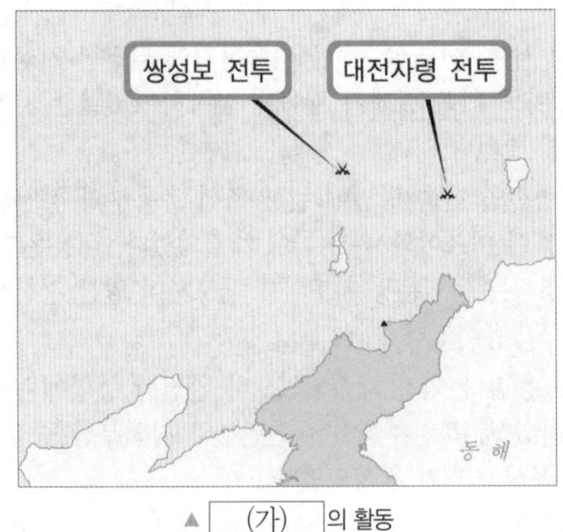

▲ (가) 의 활동

① 황토현에서 관군을 물리쳤다.
② 자유시로 이동하였다가 참변을 당하였다.
③ 을미사변과 단발령을 계기로 봉기하였다.
④ '남한 대토벌 작전'으로 어려움을 겪었다.
⑤ 지도부 대부분이 중국 관내로 이동하였다.

253

밑줄 친 '한국군'에 대한 설명으로 옳은 것은?

1. 한·중 양군은 최악의 상황이 오는 경우에도 장기간 항전할 것을 맹세한다.
2. 중동 철도를 경계선으로 서부 전선은 중국이 맡고 동부 전선은 한국이 맡는다.
3. 전시의 후방 전투 훈련은 한국 장교가 맡고 한국군에 필요한 군수품은 중국군이 공급한다.

① 조선 의용군으로 개편되었다.
② 쌍성보와 대전자령 전투에서 승리하였다.
③ 미쓰야 협정으로 활동에 어려움을 겪었다.
④ 양세봉의 지휘 아래 대일전을 수행하였다.
⑤ 중국 관내에서 결성된 최초의 한인 독립군이었다.

254

다음 자료에 나타난 전투에 대한 설명으로 옳은 것은?

> 1937년 6월 5일 동아일보는 함경남도 보천보의 일본 경찰 주재소와 면사무소 등이 만주의 독립군들에게 공격받았다는 내용을 보도하면서 이들이 일제의 삼엄한 경계를 뚫고 국내에서 항일 무장 투쟁을 전개하였다는 사실을 높이 평가하였다.

① 대한 독립군 등이 참여하였다.
② 3부 통합 운동에 영향을 끼쳤다.
③ 동북 항일 연군의 한인들이 주도하였다.
④ 조선 혁명 간부 학교 설립의 토대가 되었다.
⑤ 2·8 독립 선언문이 발표되는 계기가 되었다.

255

(가) 정당에 대한 설명으로 옳은 것은?

> 중일 전쟁이 일어나자 김구의 한국 국민당과 민족 혁명당에서 이탈한 민족주의 계열의 여러 정당이 독립운동의 역량을 모으기 위해 한국 광복 운동 단체 연합회를 결성하였다. 이후 3개 정당이 합당하여 (가) 을/를 결성하였고, 김구를 위원장에 추대하였다.

① 남만주 지역을 무대로 활동하였다.
② 한국 독립군을 두고 항일 투쟁을 벌였다.
③ 대통령 이승만에 대한 탄핵을 단행하였다.
④ 대한민국 임시 정부의 집권당 역할을 하였다.
⑤ 국무 위원 중심의 집단 지도 체제로 개헌하였다.

256

(가)에 들어갈 내용으로 가장 적절한 것은?

> 1919년 만주에서 결성된 이들은 「조선 혁명 선언」에 근거하여 반제국주의 투쟁을 전개함으로써 무정부주의와 민족 해방 운동을 결합시켰다. 이들은 자본주의 사회 타도와 사유 재산 철폐, 무계급, 무착취 사회 건설을 지향하였고, 자유에 대한 관심과 통치 기구의 폐지를 촉진하는 데 목표를 두었다. 일제 강점기 이들의 초기 투쟁 방법 중 가장 지배적인 것은 (가)

① 군대를 양성해 무장 투쟁에 나서는 것이었다.
② 노동자, 농민의 쟁의 투쟁을 지도하는 것이었다.
③ 만세 운동과 같은 대중 운동을 조직하는 것이었다.
④ 민중의 계몽을 위해 실력 양성 운동을 전개하는 것이었다.
⑤ 일제의 요인 암살과 식민 통치 기관을 파괴하는 것이었다.

257

다음 의거를 주도한 단체에 대한 설명으로 옳은 것만을 보기 에서 고른 것은?

> - 1920.9. 박재혁, 부산 경찰서에 폭탄 투척
> - 1921.9. 김익상, 조선 총독부에 폭탄 투척
> - 1923.1. 김상옥, 종로 경찰서에 폭탄 투척
> - 1924.1. 김지섭, 도쿄 궁성에 폭탄 투척
> - 1926.12. 나석주, 동양 척식 주식회사 및 식산 은행에 폭탄 투척

보기

ㄱ. 무정부주의의 영향을 받아 활동하였다.
ㄴ. 대한민국 임시 정부에 활기를 불어 넣었다.
ㄷ. 중국에서 만든 군사 학교에서 훈련을 받았다.
ㄹ. 중국 관내에서 결성된 최초의 군사 조직이었다.

① ㄱ, ㄴ　② ㄱ, ㄷ　③ ㄴ, ㄷ
④ ㄴ, ㄹ　⑤ ㄷ, ㄹ

258

다음 선언문을 지침으로 삼아 활동한 단체에 대한 설명으로 옳은 것은?

내정 독립이나 참정권이나 자치를 운동하는 자, 누구이냐? 너희들이 '동양 평화', '한국 독립 보전' 등을 담보한 맹약이 먹도 마르지 아니하여 삼천리 강토를 집어먹던 역사를 잊었느냐? …… 이상의 이유에 의거하여 우리는 우리의 생존의 적인 강도 일본과 타협하려는 자나 강도 정치하에서 기생하려는 주의를 가진 자나 다 우리의 적임을 선언하노라. …… 우리는 '외교', '준비' 등의 미몽을 버리고, 민중 직접 혁명의 수단을 취함을 선언하노라.

① 중국 관내의 충칭에서 창설되었다.
② 코민테른의 결의에 의해 해체되었다.
③ 중국 호로군과 연합 작전을 전개하였다.
④ 임시 정부의 침체를 극복하기 위해 결성되었다.
⑤ 조선 혁명 간부 학교를 설립하여 군사 훈련에 힘썼다.

259 난이도 상

(가) 단체의 활동으로 옳은 것만을 보기 에서 있는 대로 고른 것은?

1919년 11월 10일 새벽 후일 왜적들이 오직 그 이름만 들어도 전율하던 (가) 은/는 완전한 결성을 보게 되었다. 단원은 13인, 선거에 의하여 약산 김원봉이 의백, 곧 단장으로 추대되었다.

보기

ㄱ. 1932년 이봉창이 일본 국왕의 폭살을 기도하였다.
ㄴ. 1923년 김상옥이 종로 경찰서에 폭탄을 투척하였다.
ㄷ. 1919년 강우규가 사이토 총독에게 폭탄을 투척하였다.
ㄹ. 1926년 나석주가 동양 척식 주식회사에 폭탄을 투척하였다.

① ㄱ, ㄷ ② ㄱ, ㄹ ③ ㄴ, ㄹ
④ ㄱ, ㄴ, ㄹ ⑤ ㄴ, ㄷ, ㄹ

260

다음 두 자료를 이용한 수업의 주제로 적절한 것은?

▲ 김상옥의 의거를 보도한 신문 기사

강도 일본을 쫓아내려면 오직 혁명으로만 가능하며, 혁명이 아니고는 강도 일본을 쫓아낼 방법이 없는 바이다. …… 민중은 우리 혁명의 대본영이다. 폭력은 우리 혁명의 유일한 무기이다. 우리는 …… 사회로써 사회를 박탈하지 못하는 이상적 조선을 건설할지니라.

① 의열단원들의 활동
② 민족주의 진영의 분열
③ 실력 양성론의 등장 배경
④ 민족 협동 전선 운동의 전개
⑤ 헌병 경찰 통치 시기의 민족 운동

261

밑줄 친 (가)에 따라 이루어진 사실로 옳은 것만을 보기 에서 고른 것은?

우리 단체는 그 동안 김익상, 김상옥 등 초개같이 몸을 던진 여러 열사들의 희생으로 빛나는 성과를 거두었지만 이러한 활동만으로는 독립을 쟁취하기가 어렵습니다. 그 한계를 극복하고 전진하는 길을 찾아야 합니다. 우리가 중국 혁명의 전진 기지인 이 광둥에 옮겨온 이유도 그 때문입니다. 이제 (가) <u>우리 단체는 중국 혁명 세력과 연결하는 한편, 파괴·암살 공작에서 나아가 군사·정치 조직으로 변신해야 합니다.</u>

보기

ㄱ. 러시아의 지원을 받고자 자유시로 이동하였다.
ㄴ. 민족 유일당 건설을 목표로 민족 혁명당을 결성하였다.
ㄷ. 독립군 부대들을 통합하여 대한 독립군단을 조직하였다.
ㄹ. 황푸 군관 학교에서 단원들이 군사 교육을 받도록 하였다.

① ㄱ, ㄴ ② ㄱ, ㄷ ③ ㄴ, ㄷ
④ ㄴ, ㄹ ⑤ ㄷ, ㄹ

262

(가) 단체에 대한 설명으로 옳은 것만을 보기 에서 고른 것은?

삼일당 교회에서 나석주를 추모하는 의식이 거행되었다. 나석주는 (가) 소속으로 지난해 경성에서 동양 척식 주식회사와 조선 식산 은행을 공격한 인물이다. 사건으로 3명이 사망하고 4명이 부상을 입었다. 그는 동시에 2개의 폭탄을 투척했으나 터지지 않았다. 그는 체포되려는 순간 자결하였다.

보기

ㄱ. 브나로드 운동을 전개하였다.
ㄴ. 강우규의 의거를 추진하였다.
ㄷ. 단원들이 황푸 군관 학교에 입소하였다.
ㄹ. 조선 혁명 선언을 활동 지침으로 삼았다.

① ㄱ, ㄴ ② ㄱ, ㄹ ③ ㄴ, ㄷ
④ ㄴ, ㄹ ⑤ ㄷ, ㄹ

263

밑줄 친 '이 단체'의 활동을 알아보기 위한 탐구 활동으로 옳은 것은?

우리 대한민국 임시 정부가 <u>이 단체</u>를 만들어 끝끝내 폭렬한 행동으로 대항하는 것은 우리 손에는 아무런 무기가 없고 사선에서 쫓겨났기 때문에 이 길을 버리고서는 또 다른 길이 없는 까닭이다. 그러므로 한국의 독립이 성공하는 날까지 이런 폭렬한 행동은 절대로 없어지지 않을 것이다.

① 윤봉길의 생애를 조사한다.
② 김상옥의 활동을 알아본다.
③ 조선 혁명 선언의 영향을 파악한다.
④ 대한매일신보의 보도 내용을 분석한다.
⑤ 민족 대표 33인의 조직 과정을 정리한다.

264

다음 사진 속 인물의 활동으로 옳은 것은?

나는 참된 정성으로써 조국의 독립과 자유를 회복하기 위하여, 한인 애국단의 일원이 되어 중국을 침략하는 적의 장교를 도륙하기로 맹세하나이다.

① 의열단 결성에 참여하였다.
② 일왕을 향해 폭탄을 던졌다.
③ 황푸 군관 학교에 입학하였다.
④ 조선 총독부에 의거를 단행하였다.
⑤ 동양 척식 주식회사 폭탄을 던졌다.

265

밑줄 친 '이 단체'에 대한 설명으로 옳은 것은?

강보에 싸인 두 병정에게

너희도 만일 피가 있고, 뼈가 있다면 / 반드시 조선을 위하여 용감한 투사가 되어라. / 태극의 깃발을 높이 드날리고 / 나의 빈 무덤 앞에 찾아와 / 한 잔 술을 부어 놓으라. ……

이 글은 윤봉길이 아들들에게 남긴 편지의 일부이다. <u>이 단체</u>의 일원이었던 윤봉길은 훙커우 공원에서 열린 일제의 상하이 점령 기념 축하식 단상에 폭탄을 던져 많은 일본군 장성과 고관을 살상하였다.

① 김원봉이 조직하였다.
② 조선 혁명 간부 학교를 설립하였다.
③ 조선 혁명 선언을 활동 지침으로 삼았다.
④ 단원을 황푸 군관 학교에 보내 간부로 양성하였다.
⑤ 대한민국 임시 정부에 활력을 불어 넣기 위해 조직되었다.

266

다음 자료와 관련된 운동이 전개된 배경으로 가장 적절한 것은?

> 부자와 빈자를 막론하고 우리가 우리의 손에 산업 권리 생활의 제일 조건을 장악하지 아니하면 우리는 도저히 우리의 생명, 인격, 사회의 발전을 기대하지 못할지니, 우리는 이와 같은 견지에서 우리 조선 사람의 물산을 장려하기 위하여 조선 사람은 조선 사람이 지은 것을 사 쓰고, 조선 사람은 단결하여 그 쓰는 물건을 스스로 제작하여 공급하기를 목적하노라. 이와 같은 각오와 노력 없이 어찌 조선 사람이 그 생활을 유지하고 그 사회가 발전할 수 있으리오.

① 대일 채무가 늘어나 대한 제국의 재정 적자가 심화되었다.
② 방곡령에 대한 배상금 지불로 민중의 생계가 곤란해졌다.
③ 일본과 조선 사이의 무역에서 관세 철폐 움직임이 있었다.
④ 일제가 동양 척식 주식회사를 세운 후 생필품이 부족해졌다.
⑤ 일제가 회사령을 제정하여 조선인의 회사 설립을 억제하였다.

267

다음 민족 운동에 영향을 준 경제 상황으로 적절한 것만을 보기 에서 있는 대로 고른 것은?

> 보아라! 우리의 먹고 입고 쓰는 것이 거의 다 우리의 손으로 만든 것이 아니었다. 이것이 세상에 제일 무섭고 위태한 일인 줄을 오늘에야 우리는 깨달았다. 피가 있고 눈물이 있는 형제자매들아, 우리가 서로 붙잡고 서로 의지하여 살고서 볼 일이다.

보기

ㄱ. 회사령이 폐지되었다.
ㄴ. 화폐 정리 사업이 실시되었다.
ㄷ. 평양 메리야스 공장이 설립되었다.
ㄹ. 일본 상품에 대한 관세 철폐가 추진되었다.

① ㄱ, ㄴ ② ㄱ, ㄷ ③ ㄴ, ㄷ
④ ㄱ, ㄷ, ㄹ ⑤ ㄴ, ㄷ, ㄹ

268

다음 자료와 관련된 민족 운동에 대한 설명으로 옳은 것은?

① 조만식이 주도하였다.
② 여성들이 운동을 주도하였다.
③ 농민, 노동 운동의 일환이었다.
④ 회사령 공포를 배경으로 전개되었다.
⑤ 사회주의 관련 단체들이 후원하였다.

269

다음 노래 가사에 나타난 민족 운동에 대한 설명으로 옳은 것만을 보기 에서 고른 것은?

> 조선의 동무들아 이천 만민아
> 두 발 벗고 두 팔 걷고 나아오너라
> 우리 것 우리 힘 우리 재조(才操)로
> 우리가 만들어서 우리가 쓰자
> 우리가 만들어서 우리가 쓰자

보기

ㄱ. 사회주의 세력의 참여로 활성화되었다.
ㄴ. 평양에서 시작되어 전국으로 확산되었다.
ㄷ. 제국신문, 대한매일신보 등의 적극적인 지원을 받았다.
ㄹ. 일본과 한국 사이의 관세 철폐 움직임에 대응하여 시작되었다.

① ㄱ, ㄴ ② ㄱ, ㄷ ③ ㄴ, ㄷ
④ ㄴ, ㄹ ⑤ ㄷ, ㄹ

270

다음 자료와 관련 있는 실력 양성 운동에 대한 설명으로 옳지 않은 것은?

조선사람조선것
土産獎勵 今日부터實行 自作自給
二千萬民衆의一致合勞로成就할自活運動
行列禁止의憤慨
兩處의大講演
내살림내것으로

① '일본 상품 배척'을 슬로건으로 내세웠기 때문에 초기부터 일제의 탄압을 받았다.
② 국채 보상 운동과 맥락을 같이하는 것으로 1920년에 조만식이 평양에서 시작했다.
③ 시간이 갈수록 일제와 타협하는 민족 개량주의 성격이 드러나 점차 대중의 외면을 받게 되었다.
④ 운동의 전개 과정에서 생필품의 가격이 치솟아 상인이나 자본가에게 이익이 집중되는 현상이 나타났다.
⑤ 민족의 경제적 파탄을 구제하려면 외화를 배척하고 불편하나마 국산품을 사용해야 한다는 취지로 일어났다.

271

다음 구호가 제기된 경제 운동에 대한 설명으로 옳지 않은 것은?

- 남이 만든 상품을 사지 말자. 사면 우리는 점점 못 살게 된다.
- 조선 물산을 팔고 사자, 먹고 입고 쓰자.
- 우리의 원료·자본·기술로 우리의 물품을 만들자.

① 사회주의자들의 참여로 활성화되었다.
② 평양에서 시작되어 전국으로 확산되었다.
③ 일제의 관세 철폐를 계기로 활성화되었다.
④ 상품 가격을 인상시키는 결과를 가져왔다.
⑤ 자작회, 토산품 애용 부인회 등의 지원을 받았다.

272 난이도 상

다음 자료가 발표되었던 시기를 연표에서 옳게 고른 것은?

> 수삼 년 이래 각지에서 향학열이 힘차게 일어나 학교의 설립과 교육 시설이 많아진 것은 실로 우리의 고귀한 자각에서 나온 것이다. 모두가 경하할 일이나 우리에게 아직도 대학이 없다. …… 그러므로 우리는 감히 만천하 동포에게 향하여 민립 대학 설립을 제창하노니, 자매 형제로 모두 와서 성원하라.
>
> – 민립 대학 설립 기성회 발기 취지서

1897		1910		1919		1926		1937		1945
	(가)		(나)		(다)		(라)		(마)	
대한 제국 수립		국권 피탈		3·1 운동		6·10 만세 운동		중일 전쟁		8·15 광복

① (가) ② (나) ③ (다) ④ (라) ⑤ (마)

273

(가) 상황에서 (나) 주장에 입각해 추진한 활동으로 옳은 것은?

(가) 학교 설립 현황

구분	관립	공립	사립
보통학교	2개	641개	38개
고등보통학교	–	7개	14개
실업학교	1개	28개	–
전문학교	5개	–	2개
대학	–	–	–

(나) 조선인이 신사회를 건설하는 데 가장 필요한 것은 각 방면의 전문 지식이다. 전문 지식은 어떻게 얻을 수 있는가? 그것은 오직 교육을 통해서이다.

① 언론사를 중심으로 브나로드 운동을 추진하였다.
② 상공 학교, 광무 학교 등 실업 학교를 증설하였다.
③ 서북 학회를 통해 새로운 교육 보급에 노력하였다.
④ 대학 설립을 위해 전국적인 모금 운동을 전개하였다.
⑤ 대성 학교와 오산 학교를 세워 민족 교육을 실시하였다.

274

다음은 어느 학교 개교식의 참관기 일부이다. 이 학교에 대한 설명으로 옳은 것은?

> 예과와 법문학부, 의학부만 완성하는 데 임시비만 500만 원가량 들었고, 경상비는 매년 40~50만 원이었다. 조선에 있는 10여 개 전문 학교 경상비를 다 합친 금액보다 많았다. 그 엄청난 경비는 물론 조선인의 고혈을 짜내 벌어들이는 세금으로 충당됐다. 그런데 그 학교에서 가르치는 사람 중에서 조선인은 한 사람도 없었다. 168명 학생 중에서 조선인은 고작 44명이었다. 출입문에서 사무원이 주는 그 학교 일람 비슷한 인쇄물을 읽을 때, 나는 이루 말할 수 없는 서글픈 느낌이 전광같이 머리로 지나가는 것을 느낄 수 있었다.

① 교육입국 조서의 정신에 입각하여 설립되었다.
② 일제가 민립 대학 설립 운동에 찬성하여 학교의 설립이 이루어질 수 있었다.
③ 일제 강점기에 최초로 설립된 대학으로 졸업생 다수가 관료로 사회에 진출하였다.
④ 미국 선교사인 아펜젤러에 의해 설립된 학교로, 주시경과 이승만 등을 배출하였다.
⑤ 교육 구국의 이념 아래 설립한 학교로 한국인에 의해 설립된 최초의 근대적 고등 교육 기관이었다.

275 난이도 상

(가), (나) 자료와 관련된 민족 운동에 대한 설명으로 옳지 않은 것은?

> (가) 비록 우리 재화가 남의 재화보다 품질상 또는 가격상으로 개인 경제상 다소 불이익이 있다 할지라도 민족 경제의 이익에 유의하여 이를 애호하며 장려하여 수요하며 구매하지 아니치 못할지라.
> (나) 민중의 보편적 지식은 보통 교육으로 능히 수여할 수 있으나 심원한 지식과 심오한 학리는 고등 교육에 기대하지 아니하면 불가할 것은 설명할 필요도 없거니와 사회 최고의 비판을 구하며 유능한 인물을 양성하려면 최고 학부의 존재가 가장 필요하도다.

① (가)- 사회주의자들로부터 비판을 받았다.
② (가)- 일본 상품의 무관세 움직임에 대응하여 시작되었다.
③ (나)- 전국적인 모금 운동을 전개하였다.
④ (나)- 브나로드 운동과 병행하여 전개되었다.
⑤ (가), (나)- 실력 양성 운동의 일환으로 추진되었다.

276

다음 작품을 통해 추론한 당시의 사회 모습으로 가장 적절한 것은?

> 농민 속으로 가자. 돈이 없으면 없는 대로 몸만 가지고 가자. 가서 가장 가난한 농민이 먹는 것을 먹고, 가장 가난한 농민이 입는 것을 입고, 그리고 가장 가난한 농민이 사는 집에 살면서 가장 가난한 농민의 심부름을 하여 주자. 편지도 대신 써주고, 주재소, 면소에도 대신 다녀주고, 그러면서 글도 가르치고, 소비 조합도 만들어 주고, 이렇게 내 일생을 바치자.
>
> – 이광수, 『흙』

① 한글 교육과 한글 사용이 금지되었다.
② 민립 대학 설립을 위한 모금 운동이 전국으로 확산되었다.
③ 학생과 민족 지도자를 중심으로 농촌 진흥 운동을 전개하였다.
④ 학생들을 중심으로 문맹 퇴치와 생활 개선 운동이 전개되었다.
⑤ 사회주의 계열이 계급 해방을 위해 실력 양성 운동을 전개하였다.

277

다음 자료와 관련된 민족 운동에 대한 설명으로 옳지 않은 것은?

> 학생 여러분, 여러분은 여름 방학에 고향의 동포를 위하여 공헌하지 아니하시렵니까? 가령 글을 모르는 이에게 글을 가르쳐 주고 위생 지식이 없는 이에게 위생 지식을 주고, 이러한 일을 아니하시렵니까? 당신이 일주일만 노력하면 당신의 고향에 문맹이 없어질 것이요, 당신이 일주일만 노력하면 당신의 고향에 위생 사상이 보급될 것입니다.
>
> – 동아일보, 1931

① 언론사를 중심으로 전개되었다.
② 민족 의식의 고취에도 기여하였다.
③ 문맹 퇴치와 생활 개선을 표방하였다.
④ 사회주의 계열의 강한 비판을 받았다.
⑤ 조선어 학회와 청년 학생들이 함께 참여하였다.

278

다음 민족 운동에 대한 설명으로 옳지 않은 것은?

> (1) 학생 계몽대(중학 4·5학년생): 한글 강습, 숫자 강습
> (2) 계몽 별동대(일반인 참가자): 각 지방 종교 단체, 수양 단체, 문화 단체가 주도하는 한글 강습과 숫자 강습
> (3) 학생 기자대: 기행 일기(등산, 여행, 탐험 등에 관한 것), 더위씻기 풍경(피서지, 해수욕·강수욕의 실경 등), 고향 통신, 생활 체험

① 언론사의 주도로 시작되었다.
② '선 실력 양성, 후 독립'을 표방하였다.
③ 미신 타파 등 계몽 활동도 진행되었다.
④ 조선어 학회 등 한글 단체도 참여하였다.
⑤ 일제는 민족 운동 분열의 기회로 보아 묵인하였다.

279

다음 각 주장을 내세운 두 운동의 공통점으로 옳은 것만을 보기 에서 고른 것은?

> • 학생 여러분, 여러분의 고향에는 조선 문자도 모르고 숫자도 모르는 이가 얼마쯤 있는가. 그리고 여러분의 고향 사람들은 얼마나 비위생적 비보건적 상태에 있는가. 여러분은 이 상황을 그대로 보려는가.
> • 지금 조선인에게 가장 필요하고 긴급한 것은 도덕이나 지식 보급밖에 없을 것이다. 전 인구의 2%만 문자를 이해하고, 아동 학령의30%만 취학할 수밖에 없는 지금 상태에서 간단하고 쉬운 문자의 보급은 민족의 최대 긴급사라 할 수 있다.

보기

ㄱ. 언론 기관의 선전과 지원에 의해 확산되었다.
ㄴ. 사립 학교가 전국에 설립되는 계기가 되었다.
ㄷ. 문맹 퇴치와 농촌 계몽을 위한 운동을 전개하였다.
ㄹ. 고등 교육 기관의 설립을 위해 모금 운동을 전개하였다.

① ㄱ, ㄴ ② ㄱ, ㄷ ③ ㄴ, ㄷ
④ ㄴ, ㄹ ⑤ ㄷ, ㄹ

280

다음 주장이 당시 사회에 미친 영향으로 옳은 것만을 보기 에서 고른 것은?

> • 조선 내에서 허용되는 범위에서 일대 정치적 결사를 조직하여야 한다는 것이 우리의 주장이다. – 이광수
> • 민족 백년 대계를 위해 민력을 함양하고 실력을 양성하며, 가슴 깊이 민족 의식을 간직하고 당국의 정책 및 시설의 결점에 대해서는 합법적 수단으로 항쟁함으로써 서서히 정치적 투쟁 훈련을 쌓아야 한다. – 최린

보기

ㄱ. 헌병 경찰 통치에 대한 불만이 고조되었다.
ㄴ. 자치론이 부각되었으나 비판을 불러 일으켰다.
ㄷ. 민족주의 세력이 타협과 비타협으로 분화되었다.
ㄹ. 민립 대학 설립 운동과 물산 장려 운동을 촉발하였다.

① ㄱ, ㄴ ② ㄱ, ㄷ ③ ㄴ, ㄷ
④ ㄴ, ㄹ ⑤ ㄷ, ㄹ

281

다음 주장에 대응하여 나타난 움직임으로 옳은 것만을 보기 에서 고른 것은?

> 일본을 적대시하는 정치 운동은 해외에서나 할 수 있는 일이므로, 조선에서는 허용되는 범위 내에서 일대 정치적 결사를 조직해야 한다.

보기

ㄱ. 조선 물산 장려회를 조직하여 토산품 애용을 강조하였다.
ㄴ. 비타협적 민족주의자들은 사회주의 세력과의 협력을 모색하였다.
ㄷ. 사회주의 세력은 정우회 선언을 통해 민족 협동 전선을 준비하였다.
ㄹ. 조직적으로 민족 지도자를 육성하기 위해 민립 대학 설립 운동을 전개하였다.

① ㄱ, ㄴ ② ㄱ, ㄷ ③ ㄴ, ㄷ
④ ㄴ, ㄹ ⑤ ㄷ, ㄹ

282

다음 어려움을 해결하고자 우리 민족이 전개한 활동으로 옳은 것은?

- 민족주의 계열에서는 물산 장려 운동과 민립 대학 설립 운동 등의실력 양성 운동을 추진했으나 이 과정에서 일부 인사들이 자치론과 참정론 등을 주장하면서 일제와 타협적인 모습을 보였다.
- 사회주의 계열에서는 농민과 노동자들을 규합하여 소작 쟁의와 노동 쟁의를 전개하였으나, 일제의 탄압으로 조직을 유지하기가 어려웠고, 치안 유지법이 제정되어 활동에도 어려움이 많았다.

① 무정부주의를 내세워 이념 대립을 극복하였다.
② 국내 무장 투쟁을 위해 천마산대를 조직하였다.
③ 대한인 국민회를 조직해 외교 활동을 강화하였다.
④ 좌우 합작을 통한 민족 유일당 운동을 전개하였다.
⑤ 임시 정부가 활동 강화를 위해 충칭으로 이동하였다.

283

다음 주장과 관련된 활동으로 옳은 것만을 보기 에서 고른 것은?

우리의 혁명은 러시아 혁명이나 중국 혁명과 같지 않다. 우리에게 불평을 주는 자는 오직 하나이니 곧 일본 제국이다. 우리 민족은 전체적으로 일본국에 대항하는 궤도에 들어섰으니, 혁명 운동에서 민족주의니 사회주의니 하는 분별은 없어야 할 것이다. 이렇게 된다면 우리 운동이 성공한다는 희망을 갖게 될 것이다.

보기

ㄱ. 조선 물산 장려회가 결성되었다.
ㄴ. 민족 협동 단체인 신간회가 창립되었다.
ㄷ. 상하이에서 국민대표 회의가 개최되었다.
ㄹ. 한국 독립 유일당 북경 촉성회가 조직되었다.

① ㄱ, ㄴ　② ㄱ, ㄷ　③ ㄴ, ㄷ
④ ㄴ, ㄹ　⑤ ㄷ, ㄹ

284

다음 취지에 따라 전개된 민족 운동만을 보기 에서 있는 대로 고른 것은?

조선 민족 내부에 있어서도 계급의 이익이 충돌하는 것은 부인할 수 없는 것이므로 조선 민족의 대동단결이 언제까지나 지속되리라는 생각되지 않으나, 두 경향이 연합할 필요가 있다는 것을 인정하지 않을 수 없다. －『조선일보』, 1926

보기

ㄱ. 국민 대표 회의 개최
ㄴ. 신간회와 근우회 결성
ㄷ. 만주에서의 3부 통합 운동
ㄹ. 한국 독립 유일당 북경 촉성회 결성

① ㄱ, ㄴ　② ㄴ, ㄷ　③ ㄷ, ㄹ
④ ㄱ, ㄴ, ㄷ　⑤ ㄴ, ㄷ, ㄹ

285

다음 선언이 직접적인 계기가 되어 일어난 사실로 옳은 것은?

민족주의적 세력에 대하여는 그 부르주아 민주주의적 성질을 명백하게 인식하는 동시에 또 과정적 동맹자적 성질도 충분히 승인하여, 그것이 타락하는 형태로 출현되지 아니하는 것에 한하여는 적극적으로 제휴하여 대중의 개량적 이익을 위하여서도 종례의 소극적 태도를 버리고 분연히 싸워야 할 것이다.

① 민족 유일당 운동이 추진되어 신간회가 창립되었다.
② 고종의 국장일에 학생들이 만세 시위를 전개하였다.
③ 여학교의 설립을 주장하는 여권통문이 발표되었다.
④ 실력 양성과 무장 투쟁을 함께 추구하는 신민회가 조직되었다.
⑤ 임시 정부의 노선 갈등을 해결하기 위해 국민대표 회의가 열렸다.

286 난이도 상

(가) 시기에 있었던 일로 옳은 것만을 보기 에서 고른 것은?

> 일부 민족 운동 단체와 학생들은 순종의 인산일을 기회로 삼아 대규모 만세 시위를 계획하였다. 그 가운데 사회주의자들이 추진한 계획은 일본 경찰에게 사전에 발각되었지만, 조선 학생 과학 연구회를 비롯한 학생들은 예정대로 시위운동을 추진하였다.

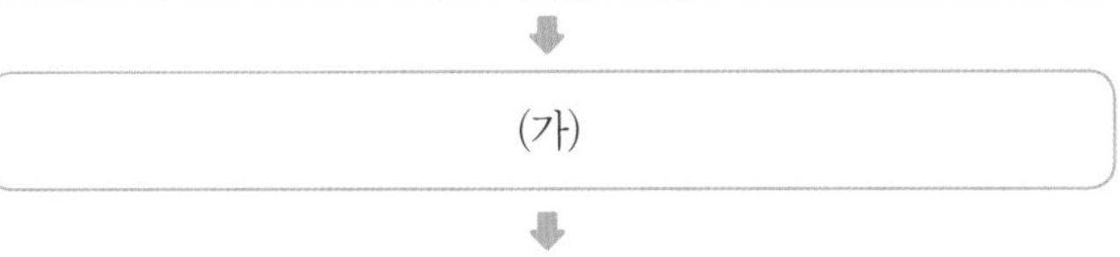

> 회장에 이상재, 부회장에 홍명희를 선출한 이 단체는 정치적 · 경제적 각성의 촉구, 민족의 단결, 기회주의의 배격 등을 강령으로 내세웠다.

보기

ㄱ. 근우회 조직
ㄴ. 정우회 선언 발표
ㄷ. 조선 민흥회 결성
ㄹ. 광주 학생 항일 운동 발생

① ㄱ, ㄴ ② ㄱ, ㄹ ③ ㄴ, ㄷ
④ ㄴ, ㄹ ⑤ ㄷ, ㄹ

287

다음 강령을 표방한 단체에 대한 설명으로 옳은 것은?

> • 우리는 정치적, 경제적 각성을 촉진한다.
> • 우리는 단결을 공고히 한다.
> • 우리는 기회주의를 일체 부인한다.

① 비밀 결사 조직이었다.
② 공화 정체 실현을 주장하였다.
③ 항일 무장 투쟁을 주도하였다.
④ 민족 유일당 운동을 전개하였다.
⑤ 만주와 일본까지 지회를 설치하였다.

288

다음 주장의 결과로 등장한 단체에 대하여 알아보기 위한 탐구 활동으로 옳은 것만을 보기 에서 고른 것은?

> 민족주의 좌익 전선을 형성하여 변동되려는 시국에 대응함이 필요한 것은 지금 조선의 확실한 시대 의식이 되어 있다. 타락을 의미하는 기회주의와 타협 운동이 대중의 목적의식을 마비케 하고 투쟁력을 약화시키며, 따라서 통치자들이 준비하는 어떠한 술책도 감쪽같이 들어맞게 할 걱정이 있는 고로, 비타협적인 민족주의 좌익 전선을 형성함이 꼭 필요한 까닭이다.

보기

ㄱ. 의열 투쟁의 사례를 조사한다.
ㄴ. 정우회 선언이 미친 영향을 분석한다.
ㄷ. 자치론에 대한 비판적 활동을 찾아본다.
ㄹ. 6·10 만세 운동의 후원 단체를 알아본다.

① ㄱ, ㄴ ② ㄱ, ㄷ ③ ㄴ, ㄷ
④ ㄴ, ㄹ ⑤ ㄷ, ㄹ

289

밑줄 친 '이 단체'에 대한 설명으로 옳지 않은 것은?

> 우리 민족은 이 단체의 창립을 열렬히 지지하였고, 이 단체의 본부와 각 지회는 당시 활발하게 전개되고 있던 대중 운동을 주도하거나 지원을 아끼지 않았다. 함경남도 갑산에서 일어난 화전민 추방 반대 운동에 개입하였으며, 광주 지회장은 항일 학생 운동에 자금을 지원하여 학생을 돕고 서울 중앙 본부에 내용을 보고하였다. 이에 중앙 본부에서는 조사단을 광주로 보내어 진상을 조사하고 '사건 보고 대강연회'를 개최하려 하였으나 일본 경찰의 저지로 좌절되었다.

① 한국인 본위의 교육을 실시할 것을 주장하였다.
② 타협적 민족주의자들의 자치권 획득 운동을 배격하였다.
③ 독립운동의 방향을 모색하려는 국민대표 회의를 개최하였다.
④ 노동 쟁의, 소작 쟁의, 동맹 휴학 등의 대중 운동을 지도하였다.
⑤ 계급 투쟁을 강조하는 코민테른의 노선 변화가 해체의 주요 원인으로 작용하였다.

290

(가) 단체의 활동을 알아보기 위한 탐구 활동으로 가장 적절한 것은?

> 사회주의 운동이 일제의 탄압과 검거에 부딪쳐 침체 상태에 빠지게 되었으나, 도리어 이것이 민족주의와 제휴를 빚어내는 촉진제가 되어 마침내 민족 단일당으로 (가) 이/가 창립되었다. …… 그러나 단체 내에서 사회주의 세력의 융성은 민족주의와의 대립을 격화시켰고, 이러한 대립은 마침내 (가) 의 해소로 이어졌다.

① 김구의 생애를 조사한다.
② 6·10 만세 운동을 주도한 단체를 알아본다.
③ 최남선, 최린 등이 전개한 활동을 파악한다.
④ 코민테른의 방침 변화가 끼친 영향을 분석한다.
⑤ 민립 대학 설립 운동이 추진된 배경을 살펴본다.

291

밑줄 친 '이 단체'가 활동한 시기에 볼 수 있는 모습으로 가장 적절한 것은?

> • 갑: 이 단체는 민족 협동 전선 운동의 일환으로 조직되었어.
> • 을: 또한 이 단체는 전국 각지에 140여 개의 지회를 만들고 4만여 명의 회원을 확보하여 일제 강점기 최대 규모의 민족 운동 단체로 성장하였어.

① 잡지 근우를 편집하는 근우회 회원
② 정우회 선언을 발표하는 사회주의자
③ 순종의 국장일에 만세를 부르는 학생 단체
④ 조선 민흥회 창립식 상황을 취재하는 신문 기자
⑤ 조선 민립 대학 기성회 창립 총회에 참석한 지식인

292

다음 기사의 제목으로 가장 적절한 것은?

> 1928년에 열린 코민테른 6차 대회에서는 식민지 민족 해방 운동에서 민족 부르주아는 큰 역할을 할 수 없다고 결론 내리고, 이들과 투쟁해야 한다는 '계급 대 계급' 전술을 내걸었다. 코민테른과 산하 조직에서는 민족 개량주의 성격의 단체가 걷게 될 길은 결국 자치주의의 길밖에 없기 때문에 새 집행부의 우경화를 받아들일 수 없다고 주장하였다. 결국 이 단체는 전체 대의원 76명 중 찬성 43, 반대 3, 기권 30으로 해산되고 말았다.

① 신간회 해소
② 회사령 철폐
③ 조선 형평사 해소
④ 대한 광복회 해체
⑤ 조선 물산 장려회 해체

293

(가)의 주장을 배경으로 결성된 단체에서 (나)의 주장이 나타나게 된 배경을 옳게 설명한 것은?

> (가) 민족주의적 세력에 대하여는 …… 그것이 타락되지 않는 한 적극적으로 제휴하여 …… 싸워야 할 것이다.
> (나) 해소 투쟁의 전개는 우익 민족주의자의 정체 폭로와 노동 주체의 강대화에 기반해야 한다. 우익 민족주의자의 정체는 이상의 우리의 해소 이론에 의해 폭로되었으리라고 믿는다.

① 중국에서 제1차 국공 합작이 이루어졌다.
② 사회 진화론에 입각한 실력 양성 운동이 활성화되었다.
③ 일부 비타협적 민족주의자들이 조선 민흥회를 조직하였다.
④ 치안 유지법이 제정되면서 일제의 극심한 탄압을 받게 되었다.
⑤ 조직 내에서 타협적인 합법 운동을 강조하는 인물들이 등장하였다.

294

다음 연표의 (가) 시기 만주 지역의 독립군들과 동포들이 겪었던 일을 제시된 두 사건을 중심으로 서술하시오.

1920. 6.	1920. 10.	(가)	1925	1931
봉오동 전투	청산리 대첩		3부 통합 노력	만주 사변

간도 참변, 자유시 참변

295

다음 표는 1920년대 만주와 간도 일대에 성립한 독립군 정부를 정리한 것이다. 이를 보고 물음에 답하시오.

정부	관할 지역	특징
(가)	지안 일대	대한민국 임시 정부의 산하 기관이었다.
(나)	남만주	–
(다)	북만주	러시아에서 귀환한 독립군들이 주도하여 설립하였다.

(1) (가)~(다) 정부의 명칭을 각각 쓰시오.

(가): (　　　　), (나): (　　　　), (다): (　　　　)

(2) (가)~(다) 정부의 공통점을 두 가지 서술하시오.

296

밑줄 친 '통합 운동'의 결과를 서술하시오.

1925년 일제는 독립군 탄압을 위해 만주 군벌과 미쓰야 협정을 맺었다. 이에 따라 만주의 동포 사회를 이끌던 3부의 활동은 크게 위축되었다. 이러한 상황을 타개하기 위해 사회주의 세력까지 참여한 가운데 통합 운동이 전개되었다.

297

다음을 읽고 물음에 답하시오.

지청천이 이끄는 (가) 은/는 항일 중국군과 함께 대일 항전을 전개하기로 합의하였다. 당시 쌍성보는 전략적 요충지였기 때문에 일본군 주력 부대가 지키고 있었다. 한중 연합군은 쌍성보를 공격하기로 계획하였고, 쌍성보 인근에 집결하여 일본군과 격전을 벌였다.

(1) (가)에 들어갈 독립군 부대의 명칭을 쓰시오.

(　　　　)

(2) 위와 같은 한중 연합 작전이 전개된 배경을 일제의 침략 전쟁과 관련지어 서술하시오.

298

다음을 보고 물음에 답하시오.

▲ 김원봉

목숨을 아끼지 않는 열혈 지사를 규합하여, 적의 군주 이하 각 대관과 일체의 관공리를 암살하자. 적의 일체 시설물을 파괴하자. 동포들의 애국심을 환기하고, 배일사상을 고취하여, 일대 민중적 폭력을 일으키도록 하자. 끊임없는 폭력만이 강도 일본의 통치를 타도하고, 마침내는 조국 광복의 대업을 성취할 수 있다.

(1) 위 주장에 따라 활동한 단체의 명칭을 쓰시오.
( )

(2) (1) 단체의 활동 내용을 두 가지 서술하시오.

299

밑줄 친 이 '의거'가 대한민국 임시 정부에 끼친 영향을 서술하시오.

제시된 사진은 윤봉길이 이 의거를 앞두고 촬영한 것이다. 홍커우 공원에서 단행한 이 의거는 일본뿐만 아니라 전 세계를 놀라게 하였다.

[300~301] 다음을 읽고, 물음에 답하시오.

(가) '내 살림 내 것으로', '조선 사람 조선 것'
(나) '한민족 1천만이 한 사람이 1원씩'
(다) '아는 것이 힘, 배워야 산다.'

300

(1) (가)~(다) 구호를 내세운 민족 운동의 명칭을 각각 쓰시오.
(가): ( )
(나): ( )
(다): ( )

(2) (가)~(다) 운동의 전개 과정을 각각 서술하시오.

301

(가)~(다) 운동이 갖는 공통적인 의의와 한계를 서술하시오.

[302~303] 다음을 읽고 물음에 답하시오.

그러면 우리가 앞으로 어떻게 할까? …… 먼저 대혁명당이 조직되는 데 있습니다. 그렇지 않으면 될 수 없는 것은 무슨 까닭일까? 김가는 김가, 이가는 이가, 각각 제 조건대로 나아가는 까닭에 될 수 없습니다. 그런즉 이것을 다 총괄하여 김가든지 이가든지 일제히 대혁명당의 자격을 가지고 활동하는 것이 조직적 혁명체가 되는 것입니다. …… 우리는 각각 그 정신과 주의와 장단은 따지지 말고 대혁명당을 조직하도록 합하여야 하겠습니다. 각각 협의한 주의와 생각은 버리고 저 민중을 끌어 동일한 방향으로 나가야 할 것입니다.

– 안창호의 주장, 1926

302

위 주장의 핵심 내용을 한 줄로 서술하시오.

303

위와 같은 주장이 등장하게 된 대내외적 배경을 서술하시오.

304

다음을 읽고 물음에 답하시오.

사회주의 세력은 1926년 비타협적 민족주의자와 연합하여 함께 독립을 위해 싸울 것을 내세운 이 선언을 계기로 노동자, 농민 계급을 위한 투쟁보다는 일본 제국주의의 타도를 독립운동의 목적으로 정하고 스스로 조직을 해체하였다.

(1) 밑줄 친 '이 선언'의 명칭을 쓰시오.

(　　　　　　)

(2) 밑줄 친 '이 선언'이 민족 운동에 미친 영향을 서술하시오.

305

다음을 읽고 물음에 답하시오.

(가) **회원 모집**

[가입 대상] 농민, 노동자, 상인, 직공 누구라도 환영

[가입 절차] 가입을 원하는 분이 직접 작성한 입회 원서 제출

* 여성분들은 자매단체 근우회 동시 활동 가능

(1) (가)에 들어갈 단체를 쓰시오.

(　　　　　　)

(2) (가) 단체의 결성 의의를 서술하시오.

306

다음과 같은 논쟁이 일어나게 된 배경과 그 결과를 서술하시오.

- 갑: 신간회는 민중 혁명을 가로막고 있습니다. 이제 다른 길을 모색해야 합니다.
- 을: 안 됩니다. 민족 운동과 계급 운동은 그 협동 전선을 계속 유지해야 합니다.

05 사회·문화의 변화와 대중운동

빈출 개념
- 1920~30년대 농민 · 노동 운동의 변화
- 6 · 10 만세 운동의 의의

1 사회 모습의 변화

(1) 식민지 근대화와 생활 양식의 변화

철도는 운행 시간이 규칙적이고 정확했기 때문이다.

식민지 도시와		기차역·항만 주변 도시 성장, 도시 인구 증가(농촌 인구의 도시 집중), 일본인과 한국인의 거주지 분리(북촌·남촌), 도시 빈민층(토막민) 증가 자료❶
교통의 발달		철도 도선 확대(X자형 간선 철도망 완성) ➔ 철도 이용객 증가, 근대적 시간관념 형성
생활 양식의 변화	의	서양식 복장 보편화, 중일 전쟁 후 작업의 효율성을 내세워 국민복(남성)과 몸뻬(여성) 착용 강요
	식	서양식 음식 소비 확대, 일제의 수탈로 식량 부족
	주	문화 주택과 개량 한옥 등장, 대부분 초가집, 토막

(2) 산업 구조와 농촌의 변화

산업 구조의 변화	회사령 철폐 이후 일본 기업 진출 활발, 중일 전쟁 이후 군수 공업과 중화학 공업 발달 ➔ 일본인의 기술 독점, 한국인 노동자에 대한 차별 심화(저임금, 장시간 노동)
농촌의 변화	토지 조사 사업과 산미 증식 계획으로 농민층 몰락, 1930년대 초 일제의 농촌 진흥 운동 전개·조선 농지령 제정 ➔ 농촌 경제와 농민의 몰락 지속

빈곤의 책임을 농민에게 돌리며 '노력하면 잘 살 수 있다.'라는 식의 정신 개조만을 강요하였다.

2 다양한 사회 운동

(1) **사회 운동의 활성화**: 3·1 운동 직후 민족의식 고양, 사회주의 사상의 영향 ➔ 농민, 노동자, 청년, 여성 운동 활발히 전개

★(2) **농민 운동과 노동 운동**

시기	농민 운동 자료❷	노동 운동 자료❸
1920년대	• 생존권 투쟁: 소작료 인하, 소작권 이동 반대 • 주요 사건: 암태도 소작 쟁의(1923), 조선 농민 총동맹 결성(1927)	• 생존권 투쟁: 노동 조건 개선, 임금 인상 요구 • 주요 사건: 조선 노동 총동맹 결성(1927), 원산 총파업(1929)
1930년대	사회주의 진영과 연대한 비합법적 농민 조합 중심으로 전개, 제국주의 타도·식민지 지주제 철폐 주장 ➔ 항일 민족 운동으로 발전	사회주의 진영과 연대한 비합법적 노동조합을 중심으로 노동 쟁의 전개 ➔ 계급 해방 운동과 항일 민족 운동으로 발전

국외 노동 단체들과의 국제 연대가 이루어졌다.

(3) **청년·학생 운동**: 청년회·독서회 중심, 조선 청년 총동맹 창립 자료❹

★① **6·10 만세 운동(1926)**

배경	일제의 수탈과 식민지 교육 정책에 대한 불만 고조, 사회주의 세력의 성장
주도	사회주의 계열과 학생들이 추진, 천도교 계열의 지원 ➔ 사회주의 계열의 계획은 사전에 발각되어 무산
전개	순종의 인산일(장례일)에 학생들이 서울에서 만세 시위 전개
영향	민족주의계와 사회주의계 연대의 계기 마련, 학생 운동이 대중적 차원의 항일 민족 운동으로 발전

Check! 잘 나오는 선지로 개념 확인하기

1 1920년대 농민 운동에 대한 설명으로 옳은 것을 모두 고르시오.
① 암태도 소작 쟁의가 일어났다.
② 농촌 진흥 운동으로 이어졌다.
③ 혁명적 농민 조합이 주도하였다.
④ 조선 농지령 제정에 반대하였다.
⑤ 조선 농민 총동맹이 결성되었다.
⑥ 사회주의의 영향을 받아 발전하였다.
⑦ 국가 총동원법이 제정되어 징용이 이루어졌다.
⑧ 농민들은 지주에게 소작료 인하 등을 요구하였다.
⑨ '노동자와 농민이 주인인 세상을 만들자' 등의 급진적 구호를 내걸었다.
⑩ 산미 증식 계획으로 농민의 삶이 어려워지면서 활발해졌다.

2 6·10 만세 운동에 대한 설명으로 옳은 것을 모두 고르시오.
① 순종의 장례일에 만세 시위가 계획되었다.
② 학생들이 장례 행렬 사이로 시위를 전개하였다.
③ 민족 유일당의 결성에 대한 공감대가 마련되었다.
④ 한국 학생과 일본 학생 사이의 충돌이 발단이 되었다.
⑤ 신간회가 전국적인 대중 운동으로 확산시키려 하였다.
⑥ '동양 척식 주식회사를 철폐하라'는 구호가 제기되었다.
⑦ 시위는 이듬해까지 지속되었고, 만주와 일본까지 확산되었다.
⑧ 만세 시위 계획은 사전에 발각되어 많은 사람이 체포되었다.
⑨ 사회주의 계열과 민족주의 계열 및 학생들이 연합하여 준비하였다.
⑩ 3·1 운동 이후 학생들의 주도로 이루어진 최대 규모의 민족 운동이었다.

답 1 ①, ⑤, ⑥, ⑧, ⑩
2 ①, ②, ③, ⑥, ⑧, ⑨

② 광주 학생 항일 운동(1929)

배경	6·10 만세 운동 이후 학생 운동의 조직화, 일제의 한국인 학생에 대한 민족 차별
전개	광주에서 일본 남학생이 한국 여학생 희롱 ➜ 한·일 학생 간 충돌 발생 ➜ 전국적 규모의 항일 투쟁으로 확산(신간회의 지원)
의의	3·1 운동 이후 최대 규모의 항일 민족 운동

(4) **여성 운동** 자료⑤

목표	여성 교육을 통한 계몽 및 여성 해방
여성 단체	· 조선 여자 교육회, 조선 여자 동우회 등 결성 · 근우회(1927): 여성 운동계의 민족 유일당(신간회의 자매단체), 잡지 『근우』 발간·강연회 개최 ➜ 여성 해방 및 여성의 권익 향상에 기여, 신간회가 해소되면서 함께 해체

(5) **소년 운동**: 천도교 소년회 결성(방정환) ➜ 어린이날 제정(1922), 잡지 『어린이』 발간, 어린이에 대한 인격적 대우 강조

(6) **형평 운동** 자료⑥

배경	신분제 폐지 이후에도 백정에 대한 사회적 차별 지속
전개	진주에서 조선 형평사 창립(1923) ➜ 백정의 인권 운동 전개, 각 사회 운동 단체와 협력(파업, 소작 쟁의 등에 참여)

3 민족 문화 수호 운동

조선 총독부는 사전 편찬이 치안 유지법에 위배된다며 회원들을 대거 검거하였다.

국어		· 조선어 연구회(1921): 『한글』 간행, '가갸날' 제정 · 조선어 학회(1931): 한글 맞춤법 통일안·표준어 제정, 『우리말 큰사전』 편찬 시도 ➜ 조선어 학회 사건(1942)을 계기로 강제 해산
한국사 자료⑦	민족주의 사학	· 박은식: 민족 '혼' 강조, 『한국통사』와 『한국독립운동지혈사』 등 저술 · 신채호: 민족 고유의 정신 강조, 『조선상고사』와 『조선사연구초』 등 저술 · 정인보, 문일평 등: 조선학 운동 전개
	사회 경제 사학	백남운: 세계사의 보편적 발전 법칙에 입각한 한국사 연구, 『조선사회경제사』 저술
	실증 사학	진단 학회(1934): 이병도·손진태 중심, 고증을 통한 객관적인 역사 연구 강조, 『진단 학보』 발간
교육		일제의 식민지 우민화 교육 정책 ↔ 민족 교육 운동 전개(사립 학교, 야학, 개량 서당 설립 등)
언론		언론 활동 금지(1910년대) ➜ 1920년대 이후 조선일보, 동아일보, 잡지 『삼천리』 등 발간 ➜ 일제의 탄압(기사 삭제, 정간, 폐간)
종교		· 불교: 사찰령 폐지 운동 전개, 불교 개혁 노력 · 천도교: 잡지 『개벽』, 『신여성』 발간, 대중 운동 전개 · 대종교: 만주에서 중광단 조직 ➜ 항일 무장 투쟁 전개 · 천주교: 만주에서 의민단 조직 ➜ 항일 무장 투쟁 전개 · 개신교: 사회사업, 교육 활동과 신사 참배 거부 운동 전개 · 원불교: 박중빈 창시, 새 생활 운동 전개
문예		· 문학: 1920년대 신경향파 문학 ➜ 1930년대 저항 문학(이육사, 윤동주 등) 자료⑧ · 예술: 토월회(신극 공연), 나운규의 영화 「아리랑」 개봉(1926), 안익태의 「애국가」 작곡, 전통 회화와 서양화(이중섭 등) 발달

Check! 잘 나오는 선지로 개념 확인하기

3 형평 운동에 대한 설명으로 옳지 않은 것을 모두 고르시오.

① 신분제 폐지를 요구하였다.
② 전국적인 모금 운동을 벌였다.
③ 1931년부터 학생 계몽대를 만들었다.
④ 백정에 대한 평등한 대우를 요구하였다.
⑤ 전국 각지에 조선 형평사 지사가 세워졌다.
⑥ 경남 진주에서 조선 형평사가 창립되었다.
⑦ 일제는 경성 제국 대학을 설립하여 무마하려고 하였다.
⑧ 파업, 소작 쟁의 등과 연합한 항일 운동으로 발전하였다.
⑨ 여름 방학에 고향으로 돌아가는 학생들과 함께 전개하였다.
⑩ 언론과 사회주의 계열의 지지로 전국적인 운동으로 발전하였다.

4 일제 강점기 한국사 관련 연구 활동에 대한 설명으로 옳은 것을 모두 고르시오.

① 일제의 식민 사관에 대항하기 위한 학문적 움직임이었다.
② 신채호는 『이순신전』, 『을지문덕전』 등을 지었다.
③ 박은식은 『동명왕실기』, 『천개소문전』 등을 남겼다.
④ 조선사 편수회는 한국사를 왜곡한 『조선사』를 편찬하였다.
⑤ 박은식은 『한국통사』, 『한국독립운동지혈사』를 저술하였다.
⑥ 진단 학회는 『진단 학보』를 발행하여 실증적 연구 방법을 알려 나갔다.
⑦ 민족주의 사학을 계승한 정인보, 안재홍 등은 조선학 운동을 전개하였다.
⑧ 백남운은 『조선사회경제사』를 저술하여 식민 사관의 정체성론을 반박하였다.
⑨ 신채호는 『독사신론』을 저술하여 민족주의 역사 서술의 기본 틀을 제시하였다.
⑩ 신채호는 고대사 연구에 주력하여 『조선상고사』, 『조선사연구초』 등을 남겼다.

답 3 ①, ②, ③, ⑦, ⑨
4 ①, ③, ④, ⑤, ⑥, ⑦, ⑧, ⑩

STEP 1 O/X 문제로 9종 교과서 핵심 자료 보기

자료 1 식민지 도시화의 문제점
지학사, 씨마스

• **도시 빈민의 처지**

언덕 비탈을 의지하여 오막살이들이 생선 비늘같이 들어박힌 개복동, 그중에서도 상상 꼭대기에 올라앉은 납작한 토담집, 방이라야 안방 하나, 건넌방 하나, 단 두 개분인 것을 명님이네가 도통 오 원에 집주인한테서 세를 얻어 가지고, 건넌방은 따로 먹곰보네한테 이 원씩 받고 세를 내주었다. 대지가 일곱 평 네 홉이니, 안방 세 식구, 건넌방 세 식구, 도합 여섯 사람에 일곱 평 네 홉인 것이다. …… 방 안은 불을 처질러 놓아서, 퀴퀴한 빈취(貧臭)가 더운 기운에 섞여 물큰 치닫는다. – 채만식, 『탁류』

• **북촌과 남촌**

경성 전체의 상가를 보면 남북의 양촌으로 그 경계선이 분명하게 된 지 오랜 일이다. …… 일본 사람이 진을 치고 있는 남촌 상가의 구역이 조선인 상점의 집 합처인 북촌으로 확대되어 간다는 말이다. …… 따라서 조선 사람들의 상점은 동대문, 서대문 쪽으로 밀리며 그 수가 줄어들 뿐이라는 결과를 나타내고 있다. – 『삼천리』, 1931. 2. 1.

307 대다수 도시에서는 한국인과 일본인의 거주 지역이 구분되지 않았다. O/X

308 남촌은 도로 시설과 은행, 백화점 등 근대적 도시의 모습을 갖추었다. O/X

309 도시 외곽에는 일자리를 찾아온 사람들이 모여 빈민촌을 형성하였다. O/X

자료 2 농민 운동의 전개
미래엔, 비상, 동아, 지학사, 씨마스, 리베르

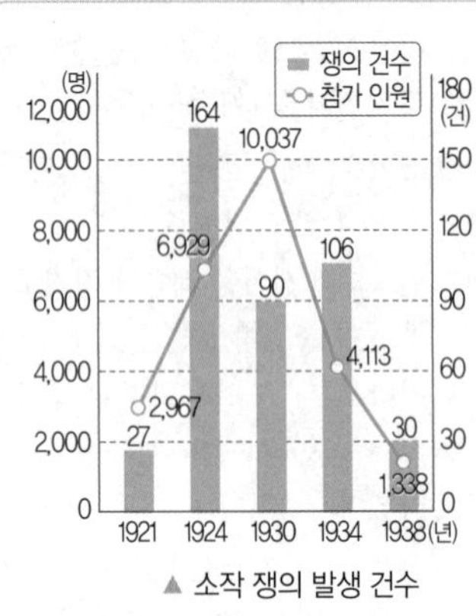

▲ 소작 쟁의 발생 건수

1930년경부터 쟁의 형태가 차츰 전투적으로 변해 갔다. 그것은 단순히 경작권 확보를 위해서가 아니라 …… 농민 야학, 강습소 등을 개설하여 계급적 교육을 실시하고, …… 단체를 조직하여 지주에 대한 투쟁이 점차 정치 투쟁화하는 경향이 생겼다. – 『조선민족독립운동비사』

310 1920년대 농민들은 소작료 인하 등을 주장하며 쟁의를 일으켜 지주와 대립했다. O/X

311 대표적인 소작 쟁의로는 암태도 소작 쟁의가 있다. O/X

312 1930년대 이후에는 소작 쟁의가 거의 일어나지 않았다. O/X

자료 3 노동 운동의 전개
미래엔, 비상, 천재, 동아, 씨마스, 리베르

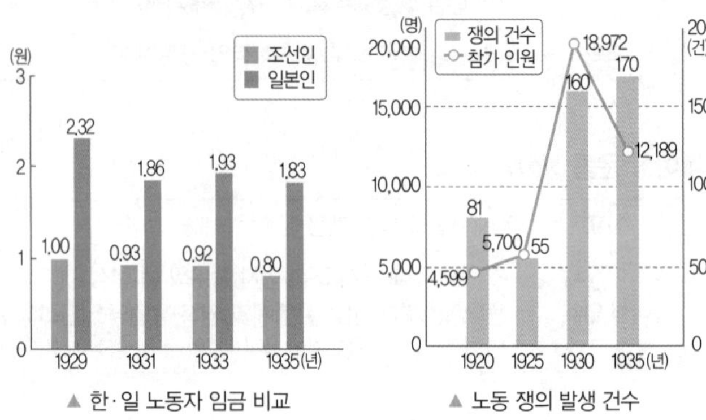

▲ 한·일 노동자 임금 비교 ▲ 노동 쟁의 발생 건수

313 일제 강점기 한국의 노동자들은 일본인 노동자와 동일한 임금을 받았다. O/X

314 노동 쟁의의 성격은 점차 생존권 투쟁에서 일제의 식민 통치에 반대하는 정치적 성격을 띠게 되었다. O/X

315 노동 쟁의는 1910년대에 가장 활발히 전개되었다. O/X

자료 4 6·10 만세 운동과 광주 학생 항일 운동의 의의
미래엔, 비상, 천재, 동아, 지학사, 씨마스, 해냄, 리베르

• **6·10 만세 운동 당시 격문(1926)**

대한 독립 만세! 대한 독립운동가여 단결하라!
일체의 납세를 거부하자!
일본 물화를 배척하자!
일본인 공장의 직공은 총파업하라!
일본인 지주에게 소작료를 바치지 말자!

• **광주 학생 항일 운동 당시 격문(1929)**

학생, 대중이여 궐기하라! 우리의 슬로건 아래로!
검거된 학생들을 즉시 우리 손으로 탈환하자.
경찰의 교내 침입을 절대 반대한다.
언론·출판·집회·결사·시위의 자유를 획득하자.
조선인 본위의 교육 제도를 확립하라.
식민지적 노예 교육 제도를 철폐하라.

316 6·10 만세 운동을 계기로 민족 협동 전선을 만들 수 있다는 공감대가 형성되었다. O/X

317 6·10 만세 운동은 3·1 운동 이후 최대 규모의 항일 민족 운동이었다. O/X

318 신간회의 지원으로 광주 학생 항일 운동이 전국으로 확대되었다. O/X

자료 5 근우회 창립 취지문

동아

회고하여 보면 과거의 조선 여성 운동은 분산되어 있었다. 그것에는 통일된 조직이 없었고 통일된 지도 정신도 없었고, 통일된 항쟁이 없었다. 고로 그 운동은 효과를 충분히 내지 못하였다.

우리는 운동상 실천으로부터 배운 것이 있으니 우리가 진실로 우리 자치를 위하여 우리 사회를 위하여 분투하려면 우리는 우선 조선 자매 전체의 역량을 강고히 단결하여 운동을 전반적으로 전개하지 아니하면 아니 된다.

일어나라, 오너라, 단결하자, 분투하자 조선의 자매들아! 미래는 우리 것이다.

– 『동아일보』, 1927. 5. 21.

319 근우회는 민족주의 세력과 사회주의 세력의 연대로 만들어졌다. O/X

320 근우회는 여성 교육, 조혼 폐지, 임금 차별 철폐 등을 주장하였다. O/X

321 근우회는 신민회의 자매 단체였다. O/X

자료 6 형평 운동

비상, 천재, 동아, 지학사, 리베르

공평은 사회의 근본이고 애정은 인류의 본령이다. 그러한 까닭으로 우리는 계급을 타파하고 모욕적 칭호를 폐지하며 교육을 장려하여, 우리도 참다운 인간이 되는 것을 기하자는 것이 우리의 주장이다. 지금까지 조선의 백정은 어떠한 지위와 압박을 받아 왔는가? …… 직업의 구별이 있다고 한다면, 금수의 생명을 빼앗는 자는 우리만이 아니다.

– 조선 형평사 설립 취지문(1923)

322 백정들은 신분제 폐지 이후 아무런 차별 대우를 받지 않았다. O/X

323 조선 형평사는 백정들이 중심이 되어 진주에서 만들어진 단체이다. O/X

324 조선 형평사의 활동으로 호적이나 학적부에 표기하던 신분 표시가 사라지게 되었다. O/X

자료 7 민족주의 사학과 사회 경제 사학

비상, 미래엔, 천재

- 옛사람이 이르기를, 나라는 없어질 수 있으나 역사는 없어질 수 없다고 하였으니, 그것은 나라는 형체이고 역사는 정신이기 때문이다. 이제 나라의 형체는 허물어졌으나, 정신만이라도 오로지 남아 있을 수 없단 말인가. – 박은식, 『한국통사』

- 우리 조선의 역사적 발전의 전 과정은 가령, 지리적 조건, 인종학적 골상, 문화 형태의 외형적 특징 등 다소의 차이는 인정되더라도, 외관적인 소위 특수성은 다른 문화 민족의 역사적 발전 법칙과 구별되어야 하는 독자적인 것이 아니며, 세계사적·일원론적인 역사 법칙에 의하여 다른 제 민족과 거의 동일한 발전 과정을 거쳐 온 것이다. – 백남운, 『조선사회경제사』

325 일제의 식민 사관에 맞서 민족주의 사학과 사회 경제 사학이 발전하였다. O/X

326 박은식은 민족정신으로 혼을 강조하였다. O/X

327 백남운은 한국이 고대 사회 수준에 정체해 있다고 주장하였다. O/X

자료 8 저항 문학과 친일 문학

미래엔, 비상, 천재, 지학사

- **이상화, 「빼앗긴 들에도 봄은 오는가」**
  지금은 남의 땅, 빼앗긴 들에도 봄은 오는가? / 나는 온몸에 햇살을 받고 / 푸른 하늘 푸른 들이 맞붙은 곳으로 / 가르마 같은 논길을 따라 꿈속을 가듯 걸어만 간다. / 그러나 지금은 들을 빼앗겨 봄조차 빼앗기겠네.

- **노천명, 「님의 부르심을 받들고서」**
  남아면 군복에 총을 메고 / 나라 위해 전장에 나감이 소원이리니 / 이 영광의 날 / 나도 사나이었다면, 나도 사나이었다면 / 귀한 부르심을 입는 것을 …… 이제 아시아의 큰 운명을 걸고 / 우리의 숙원을 뿜으려 / 저 영미(英美)를 치는 마당에랴. / 영문으로 들라는 우렁찬 나팔 소리 ……

328 한용운과 이상화 등은 일제 식민 통치에 대한 저항 의식을 문학으로 표현하였다. O/X

329 중일 전쟁 이후 일본의 침략 전쟁을 찬양하는 문인들이 늘어났다. O/X

330 일제 강점기에는 계몽적 성격의 문학만이 유행하였다. O/X

STEP 2 객관식 풀어 보기

331

다음 자료에 나타난 시기에 볼 수 있는 모습으로 적절한 것만을 보기 에서 고른 것은?

> 경성 전체의 상가를 보면 남북의 양촌으로 그 경계 선이 분명하게 된 지 오랜 일이다. …… 일본 사람이 진을 치고 있는 남촌 상가의 구역이 조선인 상점의 집합처인 북촌으로 확대되어 간다는 말이다. …… 따라서 조선 사람들의 상점은 동대문, 서대문쪽으로 밀리며 그 수가 줄어들 뿐이라는 결과를 나타내고 있다.

보기

ㄱ. 경인선 개통식에 참여하는 관리
ㄴ. 라디오에서 대중가요를 듣는 여성
ㄷ. 한성 전기 회사에서 근무하는 미국인
ㄹ. 서양식 옷차림을 하고 쇼핑을 즐기는 모던 보이

① ㄱ, ㄴ ② ㄱ, ㄹ ③ ㄴ, ㄷ
④ ㄴ, ㄹ ⑤ ㄷ, ㄹ

332

다음 대화의 소재가 된 교통수단에 대한 학생들의 발표 내용으로 적절하지 않은 것은?

① 대전, 신의주 등이 대도시로 성장하였어.
② 일제가 침략 전쟁을 확대할 때 활용되었어.
③ 서대문과 청량리 구간에 최초로 개통되었어.
④ 각종 자원을 수탈하는 수단으로 이용되었어.
⑤ 러일 전쟁 중 경부선과 경의선이 부설되었어.

333

밑줄 친 '이 영화'가 처음 개봉한 시기의 상황으로 옳은 것만을 보기 에서 고른 것은?

> <u>이 영화</u>의 주인공 영진은 자신의 여동생을 희롱하는 일제의 앞잡이를 살해한 것을 계기로 온전한 정신을 되찾았다. 그러나 곧 경찰에 잡혀가게 된다. 그는 마을 사람들에게 "이 몸이 삼천리강산에 태어났기에 미쳤고, 사람을 죽였습니다. 저는 갱생의 길을 가는 것이오니 눈물을 거두어 주십시오."라고 말하였다.

보기

ㄱ. 국내 1인당 쌀 소비량이 줄어들었다.
ㄴ. 농촌 진흥 운동으로 농민층이 통제당하였다.
ㄷ. 함경선 개통을 계기로 한반도에 X자형 간선 철도망이 완성되었다.
ㄹ. 남자는 국민복, 여자는 '몸뻬'라는 일바지를 입도록 강요당하였다.

① ㄱ, ㄴ ② ㄱ, ㄷ ③ ㄴ, ㄷ
④ ㄴ, ㄹ ⑤ ㄷ, ㄹ

334

다음 정책이 실시된 배경으로 가장 적절한 것은?

> - 일제는 사회 교화, 농촌 진흥, 자력갱생을 강조하였다. 특히, 춘궁 농가의 식량 문제를 해결하고 농가 부채를 근절하려 하였다.
> - 일제는 소작권의 기한을 3년, 7년 이상으로 하고 부·군·도에 소작 위원회를 두고 지주가 마름과 같은 소작지 관리인을 둘 경우 그 인물의 적부를 소작 위원회의 의견에 따라 판단하게 하였다.

① 조선 태형령이 제정되었다.
② 토지 조사 사업이 실시되었다.
③ 암태도 소작 쟁의가 발생하였다.
④ 일제가 황무지 개간권을 요구하였다.
⑤ 대공황 이후 농촌 경제가 피폐해졌다.

335 난이도 상

다음 그래프의 (가), (나) 시기와 관련된 설명으로 옳지 않은 것은?

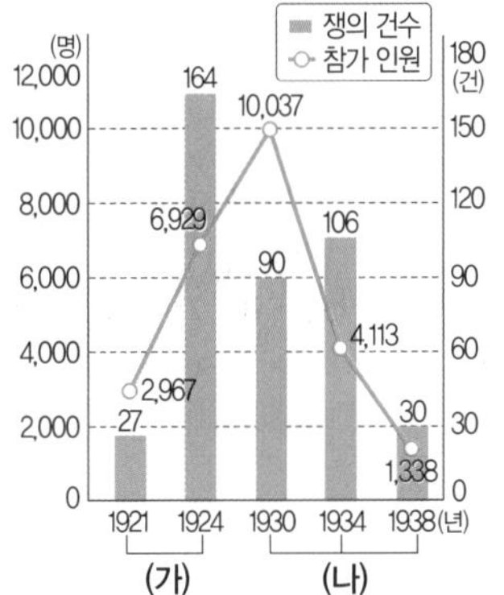

◀ 소작 쟁의 발생 건수와 참가 인원

① (가) 시기의 대표적 쟁의로는 암태도 소작 쟁의가 있다.
② (가) 시기에 일제는 농촌 진흥 계획을 발표해 농민의 불만을 무마하려고 했다.
③ (나) 시기에는 투쟁 방법이 점차 폭력화되는 지역이 증가하였다.
④ (나) 시기의 쟁의는 일제에 저항하는 민족 운동의 성격을 띠었다.
⑤ (나)의 1930년 무렵에 참가 인원이 급증한 것은 조선 농민 총동맹의 조직과 관련이 있다.

336

다음 내용에서 추론할 수 있는 사실로 적절한 것만을 보기 에서 고른 것은?

> 1930년경부터 쟁의 형태가 차츰 전투적으로 변해 갔다. 그것은 단순히 경작권 확보를 위해서가 아니라 …… 농민 야학, 강습소 등을 개설하여 계급적 교육을 실시하고, …… 단체를 조직하여 지주에 대한 투쟁이 점차 정치 투쟁화하는 경향이 생겼다.
>
> -『조선민족독립운동비사』

보기

ㄱ. 소작 쟁의의 성격이 고율 소작료에 반대하는 생존권 투쟁으로 변했을 것이다.
ㄴ. 비합법적 조직인 혁명적 농민 조합을 중심으로 농민 운동이 전개되었을 것이다.
ㄷ. 조선 농민 총동맹이 결성된 것을 계기로 전국 각지에 농민 조합이 조직되었을 것이다.
ㄹ. 농민 운동은 농민의 토지 소유와 더불어 일본 제국주의 타도를 투쟁 목적으로 삼았을 것이다.

① ㄱ, ㄴ ② ㄱ, ㄷ ③ ㄴ, ㄷ
④ ㄴ, ㄹ ⑤ ㄷ, ㄹ

337

일제가 시행한 (가), (나) 정책과 관련된 설명으로 옳은 것은?

> (가) 이것을 실시하는 목적은 지세의 부담을 공평하게 하고 지적을 명확히 하여 그 소유권을 보호하고, 그 매매·양도를 간편하고 신속하게 함으로써 토지의 개량 및 이용을 자유롭게 하고 또 그 생산력을 증진시키려는 것으로서 조선의 긴요한 시설이하는 것은 말할 필요도 없다. …… 토지를 유일한 생산의 근원으로 하는 조선에서는 토지의 권리를 확실히 하여 지세의 부담을 공평하게 함으로써 토지의 생산력을 증진시킬 필요가 특히 절실하다.
>
> (나) 전 조선 군수 회의도 지난 21일로써 끝나고 오늘 22일에 농촌 지도 정신과 그것에 관한 실제적 지도 요항을 총독부의 실행 안으로 발표하였다 한다. …… 세별하면 농촌의 지위와 농촌 진흥의 도정, 자력갱생의 급무, 농업의 본질, 농민의 의도, 농민의 사명, 영농의 기조 등으로 되어 있다. …… 제5장은 진흥책의 수립인데 이것은 위원회의 설치와 심의 연구와 계획 수립 및 계획의 실행 독려 등으로 구분되어 있다.

① (가)- 제1차 세계 대전 직후 쌀 부족을 해결하고자 하였다.
② (가)- 함경도와 황해도에서 방곡령이 선포되는 결과를 가져왔다.
③ (나)- 농민층이 몰락하고 소작 쟁의가 격화된 것이 배경이 되었다.
④ (나)- 쌀의 증산량보다 이출량의 비중이 더 높아 농민들이 몰락하였다.
⑤ (가), (나)- 헌병 경찰 통치 시기에 농업 생산력 향상을 위해 실시되었다.

338

다음 연극의 배경이 되는 시기에 있었던 사실로 옳은 것은?

> **연극으로 만나는 ○○○ 소작 쟁의**
> - 장소: 전라남도 신안군 암태도, 목포
> - 등장인물: 문재철(지주), 서태석(소작인 회장), 박복영(청년 회장), 춘보(소작농), 만석(암태도로 도망 온 소리꾼)

① 거족적인 3·1 운동이 전개되고 있었다.
② 일제가 교원들의 제복 착용을 강요하였다.
③ 동아일보 주도로 브나로드 운동이 전개되었다.
④ 조선 농민 총동맹이 전국 농민 운동을 주도하였다.
⑤ 사회주의 사상이 유입되어 민족 운동에 영향을 주었다.

339

다음 표는 연도별 노동 쟁의를 정리한 것이다. (가) 시기의 변화 원인을 알아보기 위한 탐구 활동으로 가장 적절한 것은?

시기	1912	1915	1918	1921 (가)	1924 (가)	1927 (가)
쟁의 건수(건)	6	9	50	36	43	94

① 회사령 폐지가 끼친 영향을 분석한다.
② 물산 장려 운동이 끼친 경제적 효과를 알아본다.
③ 비합법적 노동조합의 확산이 끼친 영향을 찾아본다.
④ 자치론의 확산이 식민지 경제 정책에 미친 영향을 살펴본다.
⑤ 함경도 등 한반도 북쪽 지역의 공업 시설 확충 사례를 조사한다.

340

다음 사건과 관련된 설명으로 옳은 것은?

> 영국인이 경영하는 라이징 선 석유회사의 일본인 간부들이 조선인 노동자를 멸시·구타하는 등 민족 차별을 하자, 이에 노동자들은 폭행에 대한 항의와 함께 처우 개선 등을 요구하는 파업을 일으켰다. 회사 측이 노동자들의 요구를 수락하는 협정을 체결함으로써 9월 28일 이 파업은 일단락되었으나 이후 3개월이 지나도록 회사 측이 약속을 이행하지 않자, 노동자들은 이 지역 노동 연합회를 중심으로 총파업을 단행했다.

① 일본에서 동조 파업이 일어나기도 했다.
② 이 사건을 계기로 전국의 노동자들이 총파업에 나섰다.
③ 물산 장려 운동을 이끌었던 세력이 이 사건을 주도하였다.
④ 이 사건을 계기로 일제는 노동 운동의 자유를 보장하게 되었다.
⑤ 파업을 통해 노동자의 요구 조건을 관철하는 데 성공한 사건이었다.

341

다음 그림에 나타난 사건에서 제기되었을 구호 내용으로 적절하지 않은 것은?

① 회사령을 철폐하라!
② 8시간 노동제를 실시하라!
③ 최저 임금 제도를 확립하라!
④ 노동자에 대한 대우를 개선하라!
⑤ 노동자의 단체 계약권을 보장하라!

342

(가), (나) 운동에 대한 설명으로 옳은 것만을 보기 에서 고른 것은?

> (가) 고율 소작료, 불안정한 소작권, 농촌 경제의 파탄, 식민지 수탈 정책 등을 배경으로 일어났다.
> (나) 노동자 수 증가, 값싼 임금, 열악한 노동 조건 등을 배경으로 전개되었다.

보기

ㄱ. (가)는 일제의 산미 증식 계획 실시로 주춤해졌다.
ㄴ. (나)를 주도한 계층이 물산 장려 운동을 추진하였다.
ㄷ. (나)는 1910년대 전반기에는 활발하게 일어나지 않았다.
ㄹ. (가), (나)는 1920년대에 사회주의 사상의 영향을 받아 활기를 띠었다.

① ㄱ, ㄴ　② ㄱ, ㄷ　③ ㄴ, ㄷ　④ ㄴ, ㄹ　⑤ ㄷ, ㄹ

[343~344] 다음을 읽고, 물음에 답하시오.

(가) 전라남도 신안군 암태도에서 시작된 소작 쟁의는 지주에 대항하여 일어났다. 지주는 소작인들의 요구를 무시하고 경찰을 동원하여 협박하기까지 하였다. 급기야 소작 농민들은 목포로 나가 법원 마당에서 단식 투쟁을 전개하였다.

(나) 원산에서 일본인 간부의 조선인 노동자 구타 사건이 발단이 되어 총파업이 일어났다. 그러나 자본가와 일제 경찰의 방해 공작으로 파업은 4개월 만에 중단되었다.

343

(가), (나) 사건에 대한 설명으로 옳은 것만을 보기 에서 고른 것은?

보기

ㄱ. (가)– 조선 농민 총동맹이 주도하였다.
ㄴ. (가)– 참여 농민의 소작료를 낮추는 성과를 거두었다.
ㄷ. (나)– 국외 노동 단체의 지지를 받았다.
ㄹ. (나)– 조선 노동 공제회 창립의 계기가 되었다.

① ㄱ, ㄴ ② ㄱ, ㄷ ③ ㄴ, ㄷ
④ ㄴ, ㄹ ⑤ ㄷ, ㄹ

344

(가), (나) 사건이 일어난 시기 사이에 볼 수 있는 모습으로 적절한 것은?

① 조선 농지령을 알리는 총독부 관리
② 제복과 칼을 착용한 채 수업을 하는 교사
③ 회사령으로 인해 공장 설립이 불허된 자본가
④ 총독부에 토지 소유권을 신고하기 위해 서 있는 지주
⑤ 쌀 증산에 필요한 비용이 전가되어 힘들어하는 소작농

345

난이도 상

(가), (나) 시기에 전개된 쟁의에 대한 설명으로 옳은 것만을 보기 에서 고른 것은?

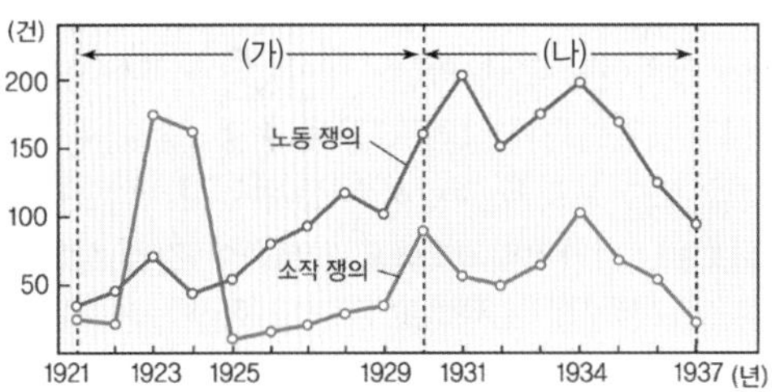

보기

ㄱ. (가)– 일제는 소작 쟁의에 대한 대응으로 농촌 진흥 운동을 추진하였다.
ㄴ. (나)– 노동 쟁의 발생은 일제의 대륙 침략 정책과 관련이 있다.
ㄷ. (나)– 점차 일제를 타도하려는 정치 투쟁적 성격이 강해졌다.
ㄹ. (가), (나)– 쟁의는 전국적인 농민·노동 운동 단체의 주도로 전개되었다.

① ㄱ, ㄴ ② ㄱ, ㄷ ③ ㄴ, ㄷ
④ ㄴ, ㄹ ⑤ ㄷ, ㄹ

346

다음 행동 강령을 제시한 단체의 활동으로 옳은 것만을 보기 에서 있는 대로 고른 것은?

- 인신매매 금지
- 조혼 폐지 및 결혼의 자유
- 일체 봉건적 인습 및 미신 타파
- 여성에 대한 사회적·법률적 일체 차별 철폐
- 부인 노동의 임금 차별 철폐 및 산전 산후 임금 지불

보기

ㄱ. 남녀 평등을 요구하였다.
ㄴ. 노동 운동에 적극 개입하였다.
ㄷ. 강연회를 통해 여성 계몽에 앞장섰다.
ㄹ. 여성의 사회적 지위 향상을 추구하였다.

① ㄱ, ㄴ ② ㄴ, ㄹ ③ ㄱ, ㄴ, ㄷ
④ ㄴ, ㄷ, ㄹ ⑤ ㄱ, ㄴ, ㄷ, ㄹ

347

(가) 단체에 대한 설명으로 옳은 것만을 보기 에서 고른 것은?

> 지난 3일 전남 광주에서 일어난 고보학생 대 중학생의 충돌사건에 대하여 종로에 있는 (가) 본부에서는 제19회 중앙상무집행위원회의 결의로 장성·송정·광주 세 지회에 대하여 긴급 조사 보고를 지령하는 동시에 사태의 진전을 주시하고 있던 바, 지난 8일 밤 중요 간부들이 긴급 상의한 결과, 사건 내용을 철저히 조사하고 구금된 학생들의 석방도 교섭하기 위하여 중앙집행위원장 허헌, 서기장 황상규, 회계 김병로 세 최고 간부를 광주까지 특파하기로 하고 9일 오전 10시 특급 열차로 광주에 향하게 하였다더라.

보기

ㄱ. 정우회 선언에 영향을 받아 결성되었다.
ㄴ. 코민테른의 노선 전환 등을 배경으로 해소되었다.
ㄷ. 대성 학교와 오산 학교를 세워 민족 교육을 전개하였다.
ㄹ. 순종의 인산일에 일어난 민족 운동에 진상 조사단을 파견하였다.

① ㄱ, ㄴ ② ㄱ, ㄷ ③ ㄴ, ㄷ
④ ㄴ, ㄹ ⑤ ㄷ, ㄹ

348

다음 자료에 나타난 민족 운동에 대한 설명으로 옳은 것은?

> 1926년 6월 10일 돈화문에서 홍릉까지 수많은 인파가 길가에 늘어선 가운데 순종의 장례 행렬이 단성사 앞에 이르렀다. 이때 중앙고보생 30~40명이 이선호의 선창으로 조선 독립 만세를 외치며 격문 1,000여 매를 살포하였다. 수백 명의 학생이 태극기를 흔들며 만세를 부르자 모여 있던 군중들도 이에 동조하였다. 서울 시내 여덟 곳에서 일어난 이 날의 만세 시위로 210여 명의 학생이 검거되었다.

① 중국의 5·4 운동에 영향을 주었다.
② 대한민국 임시 정부가 수립되는 결과를 가져왔다.
③ 사회주의 세력과 민족주의 세력이 함께 추진하였다.
④ 일본 남학생의 한국 여학생 희롱 사건이 발단이었다.
⑤ 일제가 이른바 문화 정치를 실시하는 계기가 되었다.

349

밑줄 친 '이 운동'에 대한 설명으로 옳은 것만을 보기 에서 있는 대로 고른 것은?

> 이 운동은 3·1 운동의 계속이었다. 그 위력과 지구성은 3·1 운동보다 많이 떨어졌으나 그 정신만은 일치하였다. 물론 객관적 정세의 불리와 내부의 조직 기술과 투쟁력 부족으로 인하여 이 운동도 일시 퇴수(退守)치 아니치 못하게 되었으나 우리 전쟁 사상에 있어서 3·1 운동 다음으로 중요한 의의를 가졌다. 그러므로 3·1 정신을 계속하여 악전고투하고 있는 우리는 이것을 기념치 아니 할 수 없으며 그 기념을 기념답게 기념하려면 조국 광복과 민족 해방을 위하여 우리 자신이 남보다 먼저 최전선에서 왜적을 충살(衝殺)하기를 더욱 굳게 결심할 것이다. 혁명 동지여 이날을 어찌 무심히 지내랴.
>
> – 한국 국민당, 대한민국 18년

보기

ㄱ. 지방에서 시작된 항일 시위는 점차 확산되어 서울에서도 발생하였다.
ㄴ. 학생 운동이 대중적 차원의 항일 민족 운동으로 발전하는 계기가 되었다.
ㄷ. 일제의 삼엄한 경비 아래서도 학생들이 격문을 뿌리면서 가두 시위를 벌였다.
ㄹ. 일부 민족 운동 단체와 학생들이 순종의 인산일에 맞추어 사전에 시위를 계획하였다.

① ㄱ, ㄴ ② ㄱ, ㄹ ③ ㄷ, ㄹ
④ ㄱ, ㄴ, ㄷ ⑤ ㄴ, ㄷ, ㄹ

350

밑줄 친 '이 운동'과 관련된 격문으로 옳지 않은 것은?

> 제2차 공산당 조직은 이 운동으로 탄로가 났다. 이 운동에 고려 공산청년회 책임비서 권오설이 1926년 격문과 전단을 인쇄·살포하려다 사전에 발각되었다. 그것이 계기가 되어 권오설, 강달영을 비롯한 전국 1백 여 명의 당원이 검거되어 82명에게 실형이 언도됨으로써 제2차 공산당 조직은 사실상 해체되었고, 권오설은 고문 후유증으로 옥사하였다.

① 일본 물화를 배척하자!
② 8시간 노동제를 실시하라!
③ 보통학교의 용어를 조선어로!
④ 동양 척식 주식회사를 철폐하라!
⑤ 식민지적 노예 교육 제도를 철폐하라!

351

다음은 어느 학생이 수업 시간에 정리한 노트 필기의 내용이다. (가)~(라)에 해당하는 내용으로 옳은 것만을 보기 에서 고른 것은?

운동의 전개

1. 배경: 청년층을 중심으로 한 사회주의 수용, (가)
2. 준비 과정: 조선 공산당원과 천도교 간부의 만남, 조선 학생 과학 연구회의 학생 지도, (나)
3. 시위 형태: (다)
4. 의의: 일본 제국주의 타도 표방, (라)

보기

ㄱ. (가)- 식민지 차별 교육에 대한 반감
ㄴ. (나)- 신간회 중앙 본부의 지원
ㄷ. (다)- 격문 살포, 만세 시위
ㄹ. (라)- 전국적 학생 시위로 발전

① ㄱ, ㄴ ② ㄱ, ㄷ ③ ㄴ, ㄷ
④ ㄴ, ㄹ ⑤ ㄷ, ㄹ

352

밑줄 친 '사건'과 관련된 민족 운동에 대한 설명으로 옳은 것만을 보기 에서 고른 것은?

이번 국왕의 장례일에 일어난 사건으로 기소된 학생에 한하여는 경성 제국 대학에 입학을 시키지 아니하고, 경기도 학무과로부터 시내 각 중등학교에 대하여 사건에 관계되었던 학생들에게 적절한 조치를 하라는 지시가 발송되었음을 어제 보도하였다. 어제에 이어 오늘 오전 11시경에는 도 학무과 당국에서 시내 중앙 고등 보통학교, 배재 고등 보통학교, 중동 학교 등 여러 사립 중등학교 교장을 전부 도청으로 불러놓고 그동안 학생에게 훈련을 못시켰다는 말을 비롯하여, 이번 사건과 관련된 학생 전부에게는 퇴학 또는 무기 정학, 유기 정학 등 가혹한 처벌을 단행하라고 명령했다고 한다. 이에 궁지에 빠진 각 학교 당국에서는 어쩔 수 없이 일요일부터 수십 명 학생에게 무서운 조치를 내리게 되었다.

보기

ㄱ. 신간회 중앙 본부가 진상 조사단을 파견하였다.
ㄴ. 일제가 이른바 문화 정치를 실시하는 배경이 되었다.
ㄷ. 순종의 장례식을 이용하여 만세 시위를 계획하였다.
ㄹ. 국내에서 민족 유일당 운동이 전개되는 계기가 되었다.

① ㄱ, ㄴ ② ㄱ, ㄷ ③ ㄴ, ㄷ
④ ㄴ, ㄹ ⑤ ㄷ, ㄹ

353

다음은 어느 항일 운동 당시 제작된 격문이다. 이를 토대로 당시의 상황을 추론한 것으로 옳지 않은 것은?

- 횡포한 총독 정치를 구축하고 일제를 타도하자.
- 학교의 용어는 조선어로
- 학교장은 조선인이어야 한다.
- 동양 척식 주식회사를 철폐하자.
- 일본인 물품을 배격하자.
- 8시간 노동제를 실시하라.
- 동일 노동의 동일 임금
- 일본인 지주의 소작료는 주지 말자.

① 일본인 교사가 한국 학생들을 차별하였다.
② 일본 자본의 진출로 민족 자본이 위기를 맞았다.
③ 학교에서 한국어와 한국 역사를 가르치지 않았다.
④ 일본인에 비해 한국인 노동자는 낮은 임금을 받았다.
⑤ 청년 지식인층을 중심으로 사회주의 사상이 널리 유포되었다.

354

다음 시위에 대한 설명으로 옳은 것은?

- 종로 3가 단성사 앞에서 국장 행렬이 통과한 뒤 동양누(東洋樓) 앞에 도열해 있던 중앙고보생 30~40명이 만세를 고창하면서 격문서 약 1,000여 장과 태극기 30여 장을 살포함
- 대여가 지나자마자 관수교 부근에서 연희 전문 학생 등 50여 명이 격문서를 살포하며 만세를 제창함
- 3명의 청년이 경성 사범 학교 앞에서 격문 1,000여 장을 살포하며 만세를 고창, 만세 시위를 주도하던 조선 학생 과학 연구회 간부 박두종이 현장에서 일경에 체포됨

① 2·8 독립 선언에 자극을 받았다.
② 민족 협동 전선 운동으로 이어졌다.
③ 명성 황후 시해에 반발하여 일어났다.
④ 광주에서 시작되어 전국으로 확산되었다.
⑤ 대한민국 임시 정부 수립에 영향을 주었다.

355 난이도 상

(가), (나)와 관련된 민족 운동의 공통점으로 옳은 것만을 보기 에서 고른 것은?

(가)– 대한 독립 만세! 조선은 조선인의 조선이다! 횡포한 총독 정치의 지옥으로부터 벗어나자!
일체의 납세를 거부하자! 일본 물화를 배척하자! 조선인 관리는 일체 퇴직하라!
일본인 공장의 직공은 총파업하라! 일본인 지주에게 소작료를 바치지 말자!

(나)– 오늘 우리의 이번 거사는 정의, 인도와 생존과 영광을 갈망하는 민족 전체의 요구이니, 오직 자유의 정신을 발휘할 것이오, 결코 배타적인 감정으로 정도에 벗어난 잘못을 저지르지 말라.
최후의 한 사람까지 최후의 일각까지 민족의 정당한 의사를 시원하게 발표하라.
모든 행동은 가장 질서를 존중하며, 우리의 주장과 태도를 어디까지나 떳떳하고 정당하게 하라.

보기

ㄱ. 대한 제국 황제의 인산일을 이용해 전개되었다.
ㄴ. 전개 과정에서 학생들이 주도적인 역할을 하였다.
ㄷ. 일제의 식민지 지배 정책이 바뀌는 계기가 되었다.
ㄹ. 민족주의 계열과 사회주의 계열이 함께 추진하였다.

① ㄱ, ㄴ ② ㄱ, ㄷ ③ ㄴ, ㄷ ④ ㄴ, ㄹ ⑤ ㄷ, ㄹ

356

밑줄 친 '이 운동'에 대한 설명으로 옳은 것만을 보기 에서 고른 것은?

이 운동이 잘 조직된 학생 운동으로 진전될 수 있었던 이유는 성진회와 같은 항일 학생 비밀 결사가 있었기 때문이었다. 일제의 보도 통제 속에서도 봉기는 십시간에 들판의 불길처럼 번져 방방곡곡에서 거세게 타올랐다. 이듬해 3월까지 5개월여 동안 전문 학교 4개교를 포함, 149개교 5만 4000여 명의 학생들이 일제의 탄압에 굴하지 않고 동맹 휴학과 시위 투쟁을 전개하였다.

보기

ㄱ. 자립단, 송죽회가 주도하였다.
ㄴ. 신간회가 진상 조사단을 파견하였다.
ㄷ. 민족 대표 33인이 독립을 선언하였다.
ㄹ. 일제의 차별 정책에 대한 저항이었다.

① ㄱ, ㄴ ② ㄱ, ㄷ ③ ㄴ, ㄷ ④ ㄴ, ㄹ ⑤ ㄷ, ㄹ

357

(가) 운동에 대한 설명으로 옳은 것은?

1929년 6~7월경 광주 지역 간 학교에서 조직된 독서회를 총괄하는 중앙 본부가 이곳에서 결성되었다. 독서회 중앙 본부는 11월 3일 시위로 본격화된 (가) 이/가 조직적으로 전개되는 데 주도적인 역할을 하였다.

① 순종의 장례일을 맞아 가두 시위를 벌였다.
② 일제의 제1차 조선 교육령 발표에 반발하였다.
③ 신간회 중앙 본부가 진상 조사단을 파견하였다.
④ 일제의 무단 통치를 완화시키는 계기가 되었다.
⑤ 일제가 조작한 105인 사건으로 큰 타격을 입었다.

358

(가), (나) 항일 운동에 대한 설명으로 옳은 것은?

(가) 순종의 인산일을 기해 추진된 만세 운동으로 전개 과정에서 학생들이 주도적인 역할을 담당함
(나) 한·일 학생 간의 충돌에서 비롯된 항일 운동으로 시위와 동맹 휴학이 전국에서 진행됨

① (가)– 대한민국 임시 정부가 수립되는 배경이 되었다.
② (가)– 국내에서 민족 유일당 운동이 전개되는 계기가 되었다.
③ (나)– 2·8 독립 선언이 결정적 원인이 되었다.
④ (나)– 중국의 5·4 운동에 영향을 주었다.
⑤ (가), (나)– 일제가 이른바 문화 정치를 실시하는 계기가 되었다.

[359~360] 다음을 읽고, 물음에 답하시오.

> (가) 창립 취지문
>
> 인류 사회는 많은 불합리를 생산하는 동시에 그 해결을 우리에게 요구하여 마지않는다. 여성 문제는 그 중의 하나이다. 세계인은 이 요구에 응하여 분연하게 활동하고 있다. …… 우리 자체를 위하여, 우리 사회를 위하여 분투하려면 우선 조선 자매 전체의 역량을 공고히 단결하여 운동을 전반적으로 전개하지 아니하면 아니 된다. 일어나라! 오너라! 단결하라! 분투하자! 조선의 자매들아! 우리의 것이다.

359

(가) 단체로 옳은 것은?

① 근우회
② 조선 여성 동우회
③ 대한 애국 부인회
④ 조선 여자 교육 협회
⑤ 조선 여자 기독교 청년회[YWCA]

360

359번의 단체에 대한 설명으로 옳은 것은?

① 3·1 운동에 주도적으로 참여하였다.
② 조선 여자 청년회 결성에 영향을 주었다.
③ 통감부의 감시와 탄압을 받아 해산되었다.
④ 신간회와 연계하여 민족 운동을 전개하였다.
⑤ 근대적 여성 교육을 위해 이화 학당을 세웠다.

361

다음 자료와 관련된 사회 운동에 대한 설명으로 옳은 것은?

> 공평은 사회의 근본이고 애정은 인류의 본령이다. 그러한 까닭으로 우리는 계급을 타파하고 모욕적 칭호를 폐지하며 교육을 장려하여, 우리도 참다운 인간이 되는 것을 기하자는 것이 우리의 주장이다. 지금까지 조선의 우리는 어떠한 지위와 압박을 받아 왔는가? 과거를 회상하면 종일 통곡하고도 피눈물을 금할 수 없다. …… 직업의 구별이 있다고 한다면 금수의 생명을 빼앗는 자는 우리만이 아니다.

① ‘선 실력 양성, 후 독립’을 내세웠다.
② 사회 진화론을 바탕으로 전개되었다.
③ 전 민족이 이 운동을 적극 지지하였다.
④ 양반 중심의 신분제가 폐지되는 계기가 되었다.
⑤ 특정 계층의 사회적 차별과 자녀 교육 문제의 해결을 촉구하였다.

362

(가)에 들어갈 내용으로 적절한 것만을 보기에서 있는 대로 고른 것은?

> <수행 평가 보고서>
>
> ○○ ○○○의 활동과 역사적 의미
>
> 1. 창립 배경: 사회적 편견과 차별
> 2. 명칭의 의미: 저울처럼 평등한 사회를 만들려는 운동
> 3. 운동 방침: 청년·여성·학생·소년회 등과 협력하여 파업이나 소작 쟁의 등에 참여
> 4. 활동 내용: (가)
> 5. 성격 변화: 이념적 갈등과 일제의 탄압으로 순수한 경제적 이익 향상 운동으로 전환

보기

ㄱ. 도축 거부 동맹 파업 추진
ㄴ. 자녀의 일반 학교 입학 운동
ㄷ. 호적의 신분 표시 삭제 운동
ㄹ. 인신매매 및 공창 폐지 운동

① ㄱ, ㄴ　② ㄴ, ㄷ　③ ㄱ, ㄴ, ㄷ
④ ㄴ, ㄷ, ㄹ　⑤ ㄱ, ㄷ, ㄹ

363

(가), (나)와 관련된 단체에 대한 설명으로 옳은 것은?

(가)

▲ 기관지 「근우」

(나)

▲ 형평 운동 포스터

① (가)– 비밀 결사 조직이었다.
② (가)– 신민회의 자매단체였다.
③ (나)– 신분제 폐지를 주장하였다.
④ (나)– 6·10 만세 운동 이전에 설립되었다.
⑤ (가)와 (나)– 민족 유일당 운동의 일환으로 결성되었다.

364

다음 자료를 보고 학생들이 나눈 대화 내용으로 옳지 않은 것은?

① 갑: 계몽 운동의 일환이었어.
② 을: 천도교 교리의 영향을 받았어.
③ 병: 천도교 소년회가 주도하여 제정했어.
④ 정: 당시 방정환이 어린이의 인권 보호를 위해 노력했지.
⑤ 무: 이를 기념하기 위해 소년이라는 잡지가 발간되었어.

365

(가) 인물의 활동으로 옳은 것은?

(가) (1899~1931)의 일생

- 1916년: 선린 상업학교 중퇴, 조선 총독부 토지 조사국에 취직했다가 곧 사직
- 1917년: 손병희의 딸과 결혼하여 손병희에게서 많은 도움을 받음, 어린이 운동에 관심을 보임
- 1920년: 일본 도쿄에서 유학, 아동 예술과 아동 심리학을 연구함
- 1921년: 귀국하여 천도교 소년회 조직, 자녀에 대한 부모의 각성을 촉구하기 위해 전국을 돌며 강연
- 1931년: 사망

① 어린이날 제정 및 소년 운동 참여
② 평등 사회를 위한 조선 형평사 조직
③ 여성 민족 협동 전선을 위한 근우회 조직
④ 야학 운동 및 조선 청년 총동맹 창립 주도
⑤ 6·10 만세 운동 참여 및 학생 운동과 연계

366

(가)~(마) 중 적절하지 않은 것은?

파일(F) 편집(E) 보기(V) 즐겨찾기(A) 도구(T) 도움말(H)

카페 역사사랑 댓글 이벤트 1탄!

다음 조건에 맞춰 댓글을 달아 주세요. 이벤트에 참여하신 분께 태극기 배지를 드립니다.

- 주제: 사회·경제적 민족 운동
- 시기: 3·1 운동 ~ 광주 학생 항일 운동
- 방법: 주제와 관련된 해당 시기의 구호를 찾아 댓글 달기

↳ (가) 배우자! 가르치자! 다 함께 브나로드!
↳ (나) 여성에 대한 사회적·법률적 일체 차별 철폐!
↳ (다) 음식물은 식염, 설탕 등을 제외하고 조선인 물산을 사용하자!
↳ (라) 직업의 구별이 있다면, 금수의 생명을 빼앗는 자 우리만이 아니다!
↳ (마) 동포에게 대학 설립을 제창하니, 한민족 1천만이 한 사람이 1원씩!

인터넷

① (가) ② (나) ③ (다) ④ (라) ⑤ (마)

367

밑줄 친 '이 단체'에 대한 설명으로 옳지 않은 것은?

이 단체는 조선어 연구회가 확대 개편된 것으로, 최현배, 이윤재 등을 중심으로 하였다. 이 단체는 언론과 협조해 한글을 연구하였으며, 일제의 탄압으로 1942년에 해산되었다.

① 한글 맞춤법 통일안을 제정하여 발표하였다.
② 문맹 퇴치를 위해 한글 교재를 편찬·보급하였다.
③ 한글날을 제정하고 한글 대중화에 이바지하였다.
④ 표준어의 사정, 외래어 표기법의 통일안을 마련하였다.
⑤ 우리말 큰사전 편찬을 시도하였다가 일제의 탄압을 받았다.

368

다음은 한글 연구 단체의 변천 과정을 정리한 것이다. (가) 단체의 활동으로 옳은 것만을 보기 에서 고른 것은?

국문 연구소 → (가) → 조선어 학회

보기

ㄱ. 한글 맞춤법 통일안을 제정하였다.
ㄴ. 우리말 큰사전을 편찬하려고 하였다.
ㄷ. 가갸날을 제정해 한글 대중화에 노력하였다.
ㄹ. 기관지 한글을 간행해 한글 연구 심화에 기여하였다.

① ㄱ, ㄴ ② ㄱ, ㄹ ③ ㄴ, ㄷ
④ ㄴ, ㄹ ⑤ ㄷ, ㄹ

369

밑줄 친 '이 단체'에 대한 설명으로 옳은 것은?

○○일보

제 △△호 ○○○○년 ○○월 ○○일

민족이 하나 된 '말모이 작전'은 무엇인가?

일제 강점기 세상에 쓰이는 모든 조선말을 모으려는 말모이 작전이 펼쳐졌다. 전국 각지의 사람들은 자신이 쓰고 있는 말을 적어 보냈고, 이를 전달받은 이 단체는 각 지역에서 쓰이는 어휘를 비교·분석한 후 정리하였다. 이 사업은 일제의 탄압으로 위기를 겪었으나, 광복 후 발견된 일부 원고를 바탕으로 1957년『우리말 큰사전』이 간행되면서 결실을 맺었다.

① 기관지로 진단 학보를 발행하였다.
② 지석영, 주시경 등이 중심이 되어 설립하였다.
③ 한글 강습 교재를 만들어 문맹 퇴치 운동에 참여하였다.
④ 개벽, 신여성 등의 잡지를 간행하여 민족의식을 높였다.
⑤ 신교육 운동의 일환으로 민립 대학 설립 운동에 앞장섰다.

370

(가) 법령이 제정된 시기를 연표에서 옳게 고른 것은?

조선어 학회 사건의 진상 발표

우리 조선어 학회에 계신 여러분들이 3년 동안 고초를 겪고 혹은 최후의 희생을 당하게 된 소위 '조선어 학회 사건'의 진상을 한글날을 기하여 밝히고자 한다. …… 함남 홍원 경찰서에서는 이윤재 등 11명을 검거하고 취조하던 중 …… 수십 명을 검거하였었다. 죄명은 (가) 위반이라고 붙이고 어학회가 국체 변혁을 목적으로 하는 결사라 하여 죄를 구성시키려 억지로 혹독한 고문을 시작하였다.

–『매일신보』

1910		1912		1919		1931		1937		1945
	(가)		(나)		(다)		(라)		(마)	
조선 총독부 설치		토지 조사령 공포		3·1 운동		만주 사변		중일 전쟁		8·15 광복

① (가) ② (나) ③ (다) ④ (라) ⑤ (마)

371

다음 자료와 관련된 사건에 대한 설명으로 옳은 것만을 보기 에서 고른 것은?

> 일제는 일본말을 사용하는 시대에 한글을 연구·보급하는 것은 조선 문화의 향상과 민중에게 민족의식을 높여 조선 독립을 꾀하는 것이라고 해석하여 마음대로 회원들을 잡아 고문하였다. 이때 한징 등이 옥사하였다.

보기

ㄱ. 치안 유지법이 적용되었다.
ㄴ. 국문 연구소 폐쇄의 원인이 되었다.
ㄷ. 우리말 큰사전 편찬 중단의 계기가 되었다.
ㄹ. 이를 계기로 학교에서의 한국어 교육이 금지되었다.

① ㄱ, ㄴ ② ㄱ, ㄷ ③ ㄴ, ㄷ
④ ㄴ, ㄹ ⑤ ㄷ, ㄹ

372

다음 글을 발표한 단체에 대한 설명으로 옳지 않은 것은?

> 우리는 세종대왕의 창의적 정신과 스승 주시경의 희생적 노력을 체득하여, 신중히 고려하고 엄밀히 처리하여 이 통일안을 만들었다. 이는 결코 일개인의 독단적 의사로 만든 것과는 달라서, 학리적 기초 위에서 다수의 의견을 종합하여 이루었다. 즉 위원 18인 중에도 그 연구 태도와 맞춤법에 대한 문법적 견해가 각기 달라 의견이 불일치한 때가 많아서, 토의 중에는 피차 격론도 있었다. 이러한 것을 모두 조화하고 절충하여 가장 합리적으로 성안한 것이니, 이러한 의미에서 통일안이란 이름이 더욱 적당하다.

① 가갸날을 제정하였다.
② 잡지 한글을 간행하였다.
③ 한글 표준화에 기여하였다.
④ 우리말 큰사전 편찬을 시도하였다.
⑤ 한글 원본을 제작하여 문자 보급 운동을 지원하였다.

373

다음은 한국사 수업 시간에 판서한 내용이다. (가)에 들어갈 인물의 활동으로 적절한 것은?

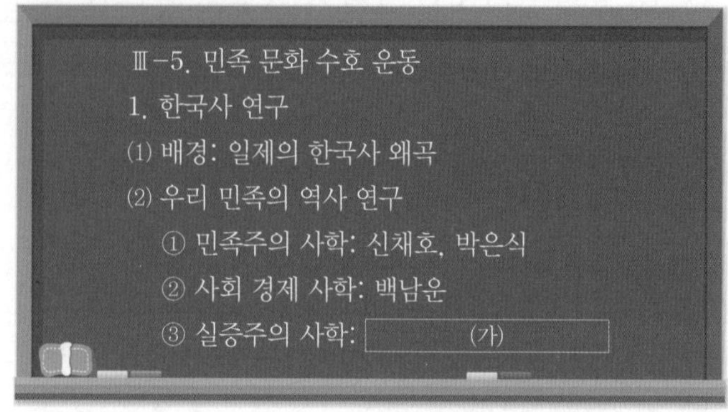

① 청구 학회 조직 ② 낭가 사상 연구
③ 진단 학보 발간 ④ 조선 광문회 결성
⑤ 조선사회경제사 저술

374

다음 활동을 전개한 인물이 쓴 역사서로 옳은 것은?

> 을사늑약 이후 고구려를 높이 평가하는 『동명왕실기』 등을 남겼으며, 신문과 잡지에 역사와 관련된 논설을 발표하여 민중의 역사의식을 일깨웠다.

① 독사신론
② 조선상고사
③ 조선사연구초
④ 조선사회경제사
⑤ 한국독립운동지혈사

정답 및 해설 40쪽

375

다음 자료와 관련된 내용으로 옳은 것은?

> 우리 민족은 맨손으로 일어섰고, 한국 독립운동에 있어 붉은 피로 독립을 구하여 하나의 새로운 역사를 열었다. 1919년에서 1920년 이후로는 이러한 움직임이 더욱 치열하게 계속되었다. 3·1 운동 이후 우리 민족은 남녀노소와 안과 밖, 멀고 가까움을 가리지 않고 전체로 활동하고, 일치단결하여 움직이며, 물불을 가리지 않고 뛰어들고 수많은 죽음도 사양하지 않았다. 지난날에는 이토 히로부미를 저격한 자가 안중근 한 사람이었으나, 오늘날에는 수백의 안중근이 있다. 지난날에는 이완용을 칼로 찌른 자가 이재명 한 사람이었으나, 오늘날에는 수백의 이재명이 나왔다. 이에 세계 각 민족이 비로소 우리 민족의 독립 자격을 인정하였다. 지금 우리 민족은 독립의 가치를 전개하였다. 결코 외래의 기회가 아닌즉 이미 운동은 전개된 것이다.

① 유물 사관의 영향을 받았다.
② 청구 학회에서 발표한 글이다.
③ 박은식이 쓴 한국통사의 일부 내용이다.
④ 정인보, 안재홍도 유사한 역사관을 가지고 역사를 서술하였다.
⑤ 한국사의 발전을 서양 역사의 틀에 끼워 맞추려는 한계를 보인다.

376

다음 글을 작성한 인물에 대한 설명으로 옳은 것은?

> 혁명의 길을 파괴부터 개척할지니라. …… 우리가 일본 세력을 파괴하려는 것의 첫째는 이민족의 통치를 파괴하자 함이다. …… 둘째는 특권 계급을 파괴하자 함이다. …… 셋째는 경제 약탈제도를 파괴하고자 함이다. …… 넷째는 사회적 불평등을 파괴하자 함이다. …… 우리 2천만 민중은 일치하여 폭력 파괴의 길로 나아갈 것이다.

① 조선상고사를 집필하였다.
② 의열단의 활동을 이끌었다.
③ 윤봉길의 의거를 주도하였다.
④ 이토 히로부미를 처단하였다.
⑤ 대한 광복회의 총사령에 추대되었다.

377

(가), (나) 글을 작성한 인물에 대한 설명으로 옳은 것만을 보기 에서 고른 것은?

> (가) 역사란 무엇이뇨? 인류 사회의 아(我)와 비아(非我)의 투쟁이 시간부터 발전하여 공간부터 확대하는 심적 활동의 상태의 기록이니, 세계사라면 세계 인류의 그리되어 온 상태의 기록이며, 조선사라면 조선 민족의 그리되어온 상태의 기록이니라.
>
> (나) 옛 사람이 이르기를 나라는 없어질 수 있으나, 역사는 없어질 수 없다고 하였으니, 그것은 나라는 형체이고 역사는 정신이기 때문이다. 이제 한국의 형체는 허물어졌으나, 정신만이라도 오로지 남을 수 없는 것인가? 이것이 『한국통사』를 저술하는 까닭이다.

보기

ㄱ. (가)- 『독사신론』을 저술하여 민족주의 역사학의 지표를 제시하였다.
ㄴ. (가)- 한국사가 세계사의 보편적 발전 법칙에 입각하여 발전하였음을 강조하였다.
ㄷ. (나)- 민족의 '혼'이 담겨 있는 민족사의 중요성을 강조하였다.
ㄹ. (나)- 일제의 청구 학회에 대항하기 위해 진단 학회를 조직하여 활동하였다.

① ㄱ, ㄴ　② ㄱ, ㄷ　③ ㄴ, ㄷ
④ ㄴ, ㄹ　⑤ ㄷ, ㄹ

378

다음 글을 저술한 역사학자와 관련된 설명으로 옳은 것은?

> 우리 조선의 역사적 발전의 전 과정은 가령 지리적 조건, 인종학적 골상, 문화 형태의 외형적 특징 등 다소의 차이는 인정되더라도, 외관적인 소위 특수성은 다른 문화 민족의 역사적 발전 법칙과 구별되어야 하는 독자적인 것이 아니며, 세계사적·일원론적인 역사 법칙에 의하여 다른 제 민족과 거의 동일한 발전 과정을 거쳐 온 것이다. 그 발전 과정의 빠름과 느림, 각 분화의 특수한 모습의 짙고 옅음은 결코 본질적인 특수성이 아니다.

① 민족의 얼을 강조하였다.
② 식민 사관의 정체성 이론을 극복하는 데 이바지하였다.
③ 한국독립운동지혈사를 저술해 독립운동 과정을 정리하였다.
④ 일제의 청구 학회에 대응하기 위해 진단 학회 조직을 주도하였다.
⑤ 개별적인 사실의 고증을 중시하는 역사 연구 방법론을 수용하였다.

379

(가)에 들어갈 이론의 내용으로 가장 적절한 것은?

> 백남운은 유물 사관 입각하여 한국사를 세계사적 보편성 위에 체계화시키려고 하였다. 유물 사관은 사회주의에 기초한 역사관으로, 역사 발전의 원동력을 물질적인 생산력과 생산 관계의 변화로 보았다. 이에 맞춰 삼국 시대, 신라 통일 이후부터 조선 시대까지, 개항 이후로 나누어 생산 수단이 점차 발전하였음을 밝혔다. 이로써 그는 봉건제가 결여되어 있다는 일제 식민 사학의 (가) 에 전면적인 의문을 제기했다.

① 일본이 4세기 후반 한반도 남부 지방을 지배했다.
② 한국의 역사는 주변 외세의 간섭과 힘에 의해 좌우되었다.
③ 조선 왕조의 멸망은 우리 민족의 분열주의에 그 원인이 있다.
④ 한국은 반도 국가로서 외세의 침탈을 받을 수밖에 없는 지리적 위치에 있다.
⑤ 한국의 역사는 왕조만 바뀌었을 뿐, 사회적·경제적으로는 아무런 발전이 없었다.

380

밑줄 친 '나'에 대한 설명으로 옳은 것은?

> 나의 『조선경제사』의 기도(企圖)는 사회의 경제적 구성을 기축으로 대체로 다음과 같은 제 문제를 취급하려 하였다.
> 제1. 원시 씨족 공산체의 태양(態樣)
> 제2. 삼국의 정립 시대의 노예 경제
> 제3. 삼국 시대 말기경부터 최근세에 이르기까지의 아시아적 봉건 사회의 특질
> 제4. 아시아적 봉건 국가의 붕괴 과정과 자본주의 맹아 형태
> 제5. 외래 자본주의 발전의 일정과 국제적 관계
> 제6. 이데올로기 발전의 총 과정

① 조선학 운동을 전개하였다.
② 식민 사관의 정체성론을 극복하는 데 기여하였다.
③ 대한민국 임시 정부 제2대 대통령에 취임하였다.
④ 의열단의 활동 지침인 조선 혁명 선언을 작성하였다.
⑤ 문헌 고증을 통해 객관적으로 역사를 서술하려 하였다.

381

다음은 두 학자의 가상 대화이다. (가), (나) 학자에 대한 설명으로 옳은 것은?

(가)

> 우리 민족의 역사는 다른 민족의 역사적 발전 과정과 거의 같은 궤도로 발전하였습니다. 그 발전 과정의 빠름과 느림, 그리고 정도의 차이는 결코 본질적인 특수성이 아닙니다.

(나)

> 역사를 서술할 때 민족을 주체로 하지 않는다면 무정신의 역사입니다. 조선의 역사는 조선과 다른 민족 간의 투쟁이 시간과 공간 속에서 발전한 것입니다.

① (가)– (나)와 달리 경제적 변화에 주목하였다.
② (가)– 독사신론을 저술하여 민족주의 사관의 기초를 마련하였다.
③ (나)– 대한민국 임시 정부 대통령으로 활동하였다.
④ (나)– 실증주의 사학을 추구한 진단 학회를 조직하였다.
⑤ (가)와 (나)– 정약용의 여유당전서 간행 사업을 전개하였다.

382

다음 주장과 관련된 역사 연구의 태도로 옳은 것은?

> 역사 연구의 임무는 민족의 구체적인 생활의 실상과 그 진전의 정세를 실증적으로 파악하여, 역사로서 그것을 구성하는 데에 있는 것이다. 따라서 그 연구의 과정에서도, 무슨 일반적인 법칙이나 공식만을 미리 가정하여 그것을 어떤 민족의 생활에 억지로 연결시키는 방법을 취하여서는 안 된다.

① 교훈적인 역사를 서술해야 한다.
② 계몽 사학의 전통을 계승해야 한다.
③ 민족이 주체가 되는 역사를 서술해야 한다.
④ 유물 사관에 입각하여 역사를 서술해야 한다.
⑤ 객관적 사실에 근거하여 역사를 연구해야 한다.

383

다음 주장에 동조하는 역사가들의 활동으로 옳은 것은?

조선인은 다른 식민지에 있어서의 야만적이고 반(半)개화된 민족과 달라서, 독서 문화에 있어서 문명인에 떨어지는 바가 없다. 예로부터 많은 사서가 존재하고, 또 새로이 저작되는 바도 적지 않다. 그러나 전자는 독립 시대의 저술로서 현대와의 관계를 결하여 다만 독립국의 옛 꿈을 떠올리게 하는 폐단이 있으며, 후자는 근대 조선에 있어서의 청·일, 러·일의 세력 경쟁을 서술하여 조선의 나아갈 바를 말하여, …… 이들 서적이 인심을 어지럽히는 해독은 참으로 말할 수 없는 바 있다.

① 민족 혼이 살아 있는 역사 연구를 강조하였다.
② 한국사의 이해에 있어서 주체적 인식을 강조하였다.
③ 조선사 편수회에서 조선사라는 자료집을 편찬하였다.
④ 고대사 연구를 통해 민족의 고유한 문화 전통을 정리하였다.
⑤ 사회 경제 사학에 입각하여 한국사의 발전 법칙을 연구하였다.

384

밑줄 친 ㉠~㉣을 반박할 수 있는 근거로 옳은 것만을 보기 에서 고른 것은?

- 조선사의 서술에 있어 주체성은 최대한 부정되어야 할 요소이다.
- ㉠ 타율성과 ㉡ 정체성을 최대한 강조하고 한국 고대사의 기점을 최대로 낮게 잡아 조선 역사의 후진성을 강조하여야 한다.
- 3~5세기의 ㉢ 임나일본부를 부각하여 서술하고 신라 및 백제가 일본의 식민지였음을 강조하여야 한다. 한편, 조선인의 ㉣ 당파성을 부각시켜 조선인이 조선의 역사를 볼 때 부끄럽고 참혹하여 일본의 식민지됨을 자랑스럽게 여기도록 하여야 할 것이다.

– 『조선사』 편찬 요지

보기

ㄱ. ㉠– 조선은 새로운 왕이 즉위할 때마다 중국에 사절을 파견하였다.
ㄴ. ㉡– 조선 후기에 상공업이 발달하면서 자본주의의 모습이 등장하였다.
ㄷ. ㉢–『일본서기』에는 고대 한·일 관계가 자세히 기록되어 있다.
ㄹ. ㉣– 붕당 정치는 정치 세력 간의 상호 비판과 공존 체제를 이루었다.

① ㄱ, ㄴ ② ㄱ, ㄷ ③ ㄴ, ㄷ ④ ㄴ, ㄹ ⑤ ㄷ, ㄹ

385

다음 문화 활동에 대한 설명으로 옳은 것은?

- 안재홍, 정인보, 문일평이 중심이 되어 추진되었다.
- 1930년대 중반에 민족 문화 운동의 일환으로 진행되었다.
- 조선의 언어, 역사, 문학을 연구하는 것으로 더욱 구체화되었다.

① 가갸날을 제정하는 배경이 되었다.
② 조선사 편수회 설치의 계기가 되었다.
③ 여유당전서를 간행하면서 제창되었다.
④ 원각사를 설립하여 은세계를 공연하였다.
⑤ 신경향파 문학이 대두하는 배경이 되었다.

386

(가) 종교의 활동으로 옳은 것은?

(가) 은/는 1909년 나철에 의해 단군교라는 이름으로 창시되었다. 단군교는 민족의식의 함양을 도모하고 조선을 독립 국가로 존속시키는 것을 목표로 하였다. 그러나 정훈모의 친일 행위로 인해 종단에 내분이 일어나자 일제의 탄압을 예상하여 1910년 단군교의 교명을 바꾸었다.

① 개벽과 신여성 등의 잡지를 발간하였다.
② 중광단의 무장 항일 투쟁을 주도하였다.
③ 위정척사를 내세워 영남 만인소를 올렸다.
④ 배재 학당을 세워 신학문 보급에 기여하였다.
⑤ 경향신문을 발행하여 민중 계몽에 기여하였다.

387

다음 잡지를 발간한 종교 단체에 대한 설명으로 옳은 것은?

종합 월간지로, 일제는 창간호의 표지에 호랑이가 들어간 것부터 문제를 삼아 이 잡지를 탄압하였다. 이러한 언론 탄압 속에서도 민중의 자주 의식과 독립 정신을 고취하는 데 크게 기여하였다.

① 신사 참배 거부 운동을 주도하였다.
② 청년·여성·소년 운동을 전개하였다.
③ 중광단과 북로 군정서군을 후원하였다.
④ 의민단을 조직하여 무장 투쟁에 나섰다.
⑤ 단군 신앙을 근대 신앙으로 발전시켰다.

388

(가), (나) 종교의 공통점으로 옳은 것만을 보기 에서 있는 대로 고른 것은?

일제 강점기 종교계의 활동

1. (가)
   (1) 민중 계몽을 위해 『개벽』, 『신여성』 등 간행
   (2) 보성 학원과 동덕 학원 운영
   (3) 제2의 독립 만세 운동 계획
2. (나)
   (1) 문화 운동·농촌 계몽 활동 전개
   (2) 신사 참배 거부 운동 전개

보기

ㄱ. 사립 학교를 세워 구국 교육 운동을 전개하였다.
ㄴ. 일제 말 일부 인사들이 친일 활동을 벌이기도 하였다.
ㄷ. 3·1 운동을 주도하여 많은 민족 대표들을 배출하였다.
ㄹ. 청을 통해 유입되어 농민을 중심으로 신자가 급증하였다.

① ㄱ, ㄴ　② ㄴ, ㄷ　③ ㄷ, ㄹ
④ ㄱ, ㄴ, ㄷ　⑤ ㄴ, ㄷ, ㄹ

389

(가), (나) 종교에 대한 설명으로 옳은 것은?

- 일제의 식민 통치라는 암울한 현실을 이겨내기 위해 종교에 의지하려는 사람들이 증가하였다. 총독부에서는 사찰령과 포교 규칙 등 법령을 제정하여 종교계를 통제하였지만, 종교계에서는 이를 극복하고 여러 민족 운동을 전개하였다. 특히 (가) 은/는 친일화 정책에 대항하여 일부 승려들이 정교 분리와 사찰 자치를 주장하고, 사찰령 폐지 운동을 전개하였다.
- (나) 은/는 우리의 삼신 시조를 믿는 종교로 가장 오래되었다. 옛 역사에서 말하기를 "단군이 인간을 널리 이롭게 하기 위하여 하늘로부터 이 세상에 내려오셨다."고 하였다. 또한 우리 풍속에 삼신의 명에 따라 남자, 여자 자식이 태어난다고 하고, 이에 보답하여 제사를 지내며, 오사(五事)·오계(五戒)가 대대로 전수되어 왔다.

① (가)– 의민단을 결성하여 청산리 전투에 참전하였다.
② (가)– 박중빈이 창시하여 생활 개선 운동을 전개하였다.
③ (나)– 서일을 단장으로 만주에서 중광단을 조직하였다.
④ (나)– 어린이 등의 잡지를 발간하여 소년 운동을 주도하였다.
⑤ (가)와 (나)– 이화 학당, 배재 학당을 세워 신학문 보급에 기여하였다.

390

다음과 같은 활동이 전개되던 시기의 사회 모습으로 적절하지 <u>않은</u> 것은?

한규설과 이상재 등이 조직한 조선 교육회는 기관지인 『신교육』을 발간하고 한글 강습회를 개최하는 등 계몽적 차원의 교육 운동을 전개하였고, 한민족 본위의 교육을 실현하고자 민립 대학 설립 운동을 전개하였다.

① 학교에서 한국어를 배우는 철수
② 4년 만에 보통학교를 졸업하는 상희
③ 홍난파가 만든 봉선화를 부르는 지수
④ 한용운의 님의 침묵을 암송하는 지현
⑤ 학교 대신 개량 서당에서 공부하는 민철

391

다음 활동이 전개되던 시기의 문화계 동향으로 옳은 것은?

> 도쿄의 한국인 유학생들이 중심이 되어 결성된 토월회가 민중 계몽을 주장하며 신극 운동을 전개하였다.

① 신소설 금수회의록이 발표되었다.
② 조선 영화령이 제정되어 민족 영화가 탄압받았다.
③ 문학의 사회적 실천을 강조한 신경향파가 활동하였다.
④ 국문 연구소가 설립되어 한글 문자 체계를 정리하였다.
⑤ 신극 운동이 일어나 은세계 등이 원각사에서 공연되었다.

392

밑줄 친 '새로운 문학'이 처음 등장한 시기에 볼 수 있는 모습으로 적절하지 않은 것은?

> 백조파와 창조파의 낭만주의와 자연주의의 경향을 비판하면서 사회주의 경향의 새로운 문학이 등장하였다. 원래 경향 문학은 작품을 통하여 종교적·도덕적·정치적인 사상을 주장하여 민중을 일정한 방향으로 유도하려는 데 목적을 둔 문학을 뜻하는데, 이와 같은 개념에 신(新)을 덧붙인 것이다.

① 안익태의 애국가를 듣고 있는 시민들
② 홍난파의 봉선화를 따라 부르는 어린이들
③ 한용운의 님의 침묵을 낭송하고 있는 학생
④ 나운규의 아리랑을 보고 눈물을 흘리는 관객
⑤ 신극을 어떻게 알릴지 논의하는 토월회 회원들

393

다음 시가 발표된 시기의 문화계 동향으로 가장 적절한 것은?

> 지금은 남의 땅– 빼앗긴 들에도 봄은 오는가?
> ……
> 입술을 다문 하늘아 들아
> 내 맘에는 내 혼자 온 것 같지를 않구나.
> 네가 끌었느냐 누가 부르더냐 답답워라 말을 해다오.
> ……
> 그러나 지금은 들을 빼앗겨 봄조차 빼앗기겠네.

① 윤동주의 서시가 발표되었다.
② 원각사에서 은세계가 공연되었다.
③ 이광수가 매일신보에 무정을 연재하였다.
④ 최남선이 해에게서 소년에게를 발표하였다.
⑤ 신경향파 작가들이 카프(KAPF)를 결성하였다.

394 난이도 상

(가)~(라)는 일제 강점기의 문학과 예술에 관한 내용이다. 이를 시기순으로 바르게 나열한 것은?

> (가) 이광수는 소설 『무정』을 발표하였다. 무정은 신문학을 총결산하고 소설 문학의 새로운 역사를 개척하는 작품이었다. 작품에 담긴 자유 연애 사상은 당시 사람들에게 큰 충격을 주었다.
> (나) 일본 도쿄 유학생들이 조직한 토월회가 발족되면서 본격적인 신극 운동이 일어나게 되었다. 토월회는 계몽을 목표로 남녀평등, 봉건적 유교 사상의 비판, 일제에 대한 저항을 주제로 하여 국내 순회 공연을 가졌다.
> (다) 일제는 문화, 예술 분야에 대한 통제를 강화하여 조선 문인 협회, 조선 음악가 협회, 조선 연극 협회 등을 조직하여 침략 전쟁과 식민 통치의 찬양에 이용하였다.
> (라) 미국과 독일에서 활동하던 안익태가 코리아 환상곡을 작곡하였다. 그는 코리아 환상곡 끝에 애국가 합창을 넣었다.

① (가) – (나) – (다) – (라)　② (가) – (나) – (라) – (다)
③ (나) – (가) – (다) – (라)　④ (나) – (라) – (가) – (다)
⑤ (라) – (가) – (나) – (다)

395

다음을 읽고 물음에 답하시오.

> • 재판장: 피고는 6월 10일 국장이 지나갈 때 격문을 뿌리며 만세를 불렀는가?
> • 피고: 그렇소.
> • 재판장: 그것은 무슨 목적으로 불렀는가?
> • 피고: 그것은 세 살 난 아이라도 다 알이니 구태여 물을 필요도 없는 줄 아오.
> – 동아일보, 1926. 11.

(1) 위 재판의 대상이 된 민족 운동을 쓰시오.
( )

(2) (1) 운동의 의의를 두 가지 서술하시오.

396

다음을 읽고 물음에 답하시오.

> 일본 학생들이 나주역으로 향하는 통학 기차에서 한국 여학생을 희롱하였다. 모습을 보고 분노한 박준채는 일본 남학생에게 잘못을 따졌고 싸움이 붙었다.

⬇

> 일본 경찰과 학교 측은 시비를 공정히 따지지 않고, 일본 학생을 일방적으로 두둔하였다. 이에 학생들은 민족 차별이라며 분노하였다.

> 광주 지역의 학생들은 독서회 조직을 중심으로 격문을 뿌리며 대규모 시위를 벌였다.

(1) 밑줄 친 '시위'에 해당하는 민족 운동을 쓰시오.
( )

(2) (1) 운동에서 요구한 사항 두 가지와 (1)의 의의를 서술하시오.

397

다음과 같은 생활 모습이 확산된 이유를 식민지 근대화와 연결하여 서술하시오.

> 반쯤 쓰러진 초막에 토굴같이 컴컴한 방. 집안 세간이라고는 귀 떨어진 냄비 한 개, 깨진 항아리 한 개, 쭈그러진 양철 대야 한 개, 석유 상자 하나, 일가의 전 재산을 다 팔아도 오십 전도 못 될 듯하다. …… 십오 세 된 손자 하나를 데리고 초막에서 괴로운 세월을 보내는데, 그 손자가 양철 쓰레기통을 주워다가 그럭저럭 실낱같은 목숨을 이어 간다고 한다.
> –『조광』, 1937–

398

밑줄 친 '이 정책'의 추진 배경과 그 결과를 서술하시오.

399

다음 표는 일제 강점기의 소작 쟁의 발생 상황을 정리한 것이다. (가), (나) 시기 쟁의의 성격을 비교하여 서술하시오.

시기	(가) 1920년	(가) 1925년	(나) 1930년	(나) 1933년
쟁의 건수	15건	11건	93건	66건
참가 인원	4,140명	2,646명	10,037명	2,492명

400

다음을 읽고 물음에 답하시오.

1929년 ○○월 ○○일

작년에 있었던 라이징 선 석유 회사 사건으로 본격적인 파업이 시작되었다. 노동자들은 회사 측이 말로는 사과를 하고 일본인 감독 파면, 열악한 노동 조건 개선 등을 약속해 놓고 전혀 지키지 않았다고 말했다. 오히려 노동자들을 탄압한다고 한다. 내가 만난 한 노동자는 이제 지역 내 모든 노동자들이 참여하는 대규모 총파업을 할 계획이라고 한다. 일제가 가만히 있지 않을 텐데 노동자들의 안전이 걱정이다.

(1) 위 가상 일기의 배경이 된 사건을 쓰시오.

( )

(2) (1) 사건의 결과와 의의를 서술하시오.

401

다음 사건이 일어난 시기 노동 운동의 특징을 두 가지 서술하시오.

평양 고무 공장 노동자 강주룡은 회사가 일방적으로 노동자들의 임금을 깎겠다고 통보하자 다른 노동자들과 함께 파업을 주도하였고, 을밀대 지붕 위에 올라가 투쟁 의지를 보였다.

402

다음을 읽고 물음에 답하시오.

일제 강점기 이 계층은 학교에서 다른 학생들과 함께 수업을 받을 수 없었고, 다른 계층과 떨어져 집단으로 거주하였다. 관공서에 제출하는 서류에도 신분을 반드시 표시해야 하였다. 일제는 이들의 호적에 '도한'이라고 적거나 붉은 점을 찍어 다른 계층과 구별하였다.

(1) 밑줄 친 '이 계층'이 1923년에 전개한 사회 운동의 명칭을 쓰시오.

( )

(2) (1)의 내용을 서술하시오.

403

다음을 읽고 물음에 답하시오.

- 결성: 1927년 5월
- 목표: 조선 여자의 공고한 단결과 지위 향상
- 활동: 기관지 발행, 농민 운동과 학생 운동 지원, 도쿄와 간도 지역에 지회 설치, 여성 해방에 대한 인식을 확산시키기 위한 강연회 개최

(1) 위 내용에 해당하는 여성 단체의 명칭을 쓰시오.
( )

(2) (1) 단체의 결성 배경과 특징을 서술하시오.

404

다음을 읽고 물음에 답하시오.

첫째, 어린이를 재래의 윤리적 압박으로부터 해방하여 그들에 대한 인격적 대우를 허락하게 하라.
둘째, 어린이를 재래의 경제적 압박으로부터 해방하여 만 14세 이하의 그들에 대한 무상, 유상 노동을 폐지하게 하라.
셋째, 어린이들이 고요히 배우고 즐거이 놀기에 족한 각양의 가정, 사회적 시설을 행하게 하라.

– 소년 운동 선언, 1923

(1) 위 선언을 발표한 단체를 쓰시오.
( )

(2) (1) 단체가 제시된 선언에 따라 한 활동 내용을 세 가지 서술하시오.

405

다음을 읽고 물음에 답하시오.

(가)	(나)
• 손병희가 친일 세력을 몰아내고 동학을 개칭 • 3·1 운동 당시 다수의 인사가 민족 대표로 참여	• 나철은 전통적인 단군 신앙을 토대 창시 • 국외 무장 독립 전쟁에 기여

(1) (가), (나) 종교의 명칭을 쓰시오.
(가) ( ), (나) ( )

(2) 일제 강점기 위 종교가 전개한 활동을 각각 쓰시오.

406

다음을 읽고 물음에 답하시오.

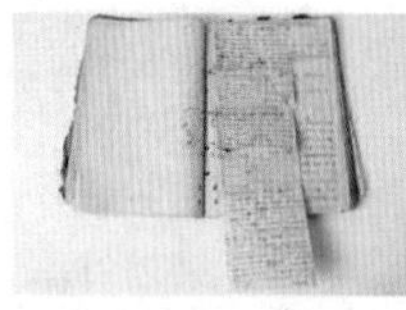
▲ 『우리말 큰사전』 원고

(가) 은/는 문맹 퇴치 운동에 필요한 문자 보급 교재를 만들어 지원하였고, 한글 맞춤법 통일안과 표준어, 외래어 표기법을 제정하였다. 또한 『우리말 큰사전』을 편찬하기 위해 여러 지역의 단어를 수집하는 등 노력하였으나, 이 사건으로 뜻을 이루지 못하고 일제의 탄압을 받아 해체되었다.

(1) (가)에 들어갈 단체를 쓰시오.
( )

(2) 밑줄 친 '이 사건'의 내용을 서술하시오.

407

다음과 같은 역사관에 맞선 역사 연구의 경향과 그 내용을 세 가지 서술하시오.

> 아시아 대륙의 중심에 가까이 부착된 이 반도는 정치적으로도 문화적으로도 반드시 대륙의 여파를 받음과 동시에, 또 주변 위치 때문에 항상 그 본류로부터 벗어나 있었다. 여기서 한국사의 두드러진 특징인 부수성*이 말미암은 바가 이해될 것이다. -『조선사개설』
>
> * 부수성: 주가 되는 것에 붙어 따르는 성질

408

(가)에 들어갈 내용을 두 가지 서술하시오.

> ◎ 일제 강점기 대중문화 발전
> - 미술: 이중섭이 소를 소재로 그림 제작
> - 음악: 축음기와 음반의 보급으로 대중가요 확산
> - 문학: 『창조』, 『폐허』, 『백조』 등의 잡지 등장
> - 공연: (가)
> - 스포츠: 야구, 축구 등 구기 종목 인기

06 독립 국가 건설 노력

빈출 개념
- 1930년대 중국 관내 항일 투쟁
- 국내외의 건국 준비 노력

1 항일 전선 통합 노력과 무장 투쟁

(1) 한중 연합 작전의 전개

① **배경**: 만주 사변(1931) 후 만주국 수립 ➔ 중국 내 항일 감정 고조

★② **내용** 자료❶

한국 독립군(지청천)	· 중국 호로군과 연합 · 쌍성보, 사도하자, 대전자령 전투에서 활약
조선 혁명군(양세봉)	· 중국 의용군과 연합 · 영릉가, 흥경성 전투에서 활약

③ **결과**: 일본군의 대토벌 작전 ➔ 중국군과 독립군의 활동 위축 ➔ 조선 혁명군의 일부는 동북 항일 연군, 한국 독립군의 일부는 중국 관내로 이동하여 대한민국 임시 정부에 합류

(2) 중국 관내의 항일 투쟁 자료❷ 자료❸

★① **민족 혁명당**: 한국 독립당, 조선 혁명당, 의열단 등 민족주의와 사회주의의 진영 포괄(중국 관내에서 결성된 최대 규모의 통일 전선) ➔ 조소앙, 지청천 등 민족주의 계열 이탈 ➔ 조선 민족 전선 연맹 결성(1937)

② **한국 국민당(1935)**: 대한민국 임시 정부 인사들이 창당 ➔ 중국 관내의 민족주의 계열 단체 통합 ➔ 한국 광복 운동 단체 연합회 결성(1937)

임시 정부 해체에 반대하며 민족 혁명당에 참여하지 않았다.

③ **조선 의용대(1938)**: 조선 민족 전선 연맹의 산하 부대, 일부 대원이 화북으로 이동 ➔ 조선 의용대 화북 지대 결성(1941, 호가장 전투와 반소탕전 참전), 김원봉 등 지도부는 한국 광복군에 합류(1942) 자료❹

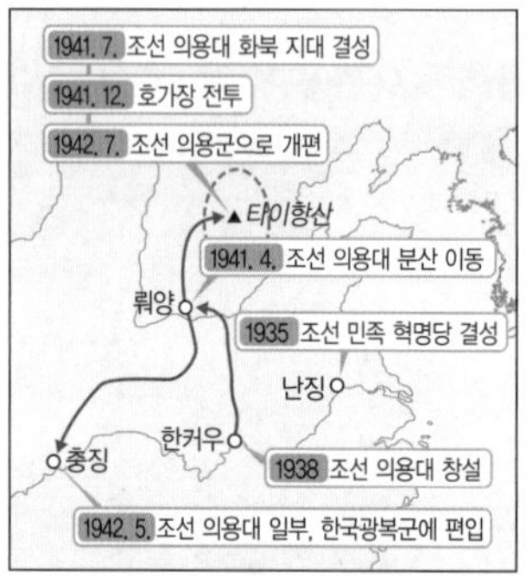

▲ 조선 의용대의 성립과 분화

(3) 만주 지역의 항일 유격 투쟁

① **배경**: 1920년대 만주 지역에 한인 농민 이주 증가, 사회주의 사상 전파 ➔ 1930년대 공산주의자의 항일 운동 본격화

② **활동**

동북 인민 혁명군(1933)	만주의 항일 유격대가 중국 공산당 유격대와 연합 ➔ 자치 정부 수립, 토지 개혁 등 실시
동북 항일 연군(1936)	· 동북 인민 혁명군을 개편 · 반일 세력 결집을 위해 민족을 초월한 무장 세력 통합 시도 · 일부 한인 유격대의 조국 광복회 결성(➔ 일제 행정 기관 파괴 1937년의 보천보 전투) ➔ 이후 일제의 공격으로 타격을 입고 소련으로 이동

Check! 잘 나오는 선지로 개념 확인하기

1 1930년대 국외 독립군의 활동에 대한 설명으로 옳지 않은 것을 모두 고르시오.
① 만주 사변을 계기로 한중 연합이 활성화되었다.
② 조선 혁명군은 북만주 지역에서 활약하였다.
③ 한국 독립군의 일부는 1930년대 중반 이후 중국 관내로 이동하였다.
④ 조선 혁명군의 일부는 동북 항일 연군에 가담하였다.
⑤ 양세봉이 중국 의용군과 함께 영릉가 전투, 흥경성 전투에서 승리하였다.
⑥ 일본군의 공세로 타격을 입은 동북 항일 연군은 대부분 만주로 이동하였다.
⑦ 지청천이 중국 호로군과 함께 쌍성보 전투, 사도하자 전투 등에서 승리하였다.
⑧ 지청천 등 한국 독립군 일부는 한국 광복군 창설에 참여하였다.
⑨ 동북 항일 연군 내의 한인 유격대는 조국 광복회를 결성하였다.

2 민족 혁명당에 대한 설명으로 옳지 않은 것을 모두 고르시오.
① 중국 관내에서 조직되었다.
② 만보산 사건으로 어려움을 겪었다.
③ 조직 내부의 갈등으로 조소앙, 지청천 등이 탈당하였다.
④ 민족주의 계열과 사회주의 계열이 연합하였다.
⑤ 민주 공화국 수립, 토지 국유화 등을 강령으로 내세웠다.
⑥ 김구 등 임시 정부 세력은 참여하지 않았다.
⑦ 동북 항일 연군으로 확대·개편되었다.
⑧ 함경남도 일대의 경찰 주재소와 면사무소 등 일제 통치 기구를 파괴하였다.
⑨ 중일 전쟁 이후 조선 민족 전선 연맹으로 통합되었다.

답 1 ②, ⑥
2 ②, ⑦, ⑧

2 국내외의 건국 준비 활동

(1) **대한민국 임시 정부의 재정비** — 1940년 이후 정당, 정부 군대를 갖추어 대한민국 임시 정부의 위상이 높아졌다.

① **한국 독립당 결성(1940)**: 우익 계열의 한국 국민당, 한국 독립당, 조선 혁명당 합당 ➜ 김원봉의 조선 민족 혁명당 합류(1942)

② **체제 정비**: 집단 지도 체제 ➜ 주석 중심의 단일 지도 체제 마련

★③ **한국 광복군 창설(1940)**: 충칭에서 조직(총사령 지청천), 조선 의용대의 합류로 전력 강화 ➜ 임시 정부의 대일 선전 포고 후 미얀마·인도 전선 참여, 미국 전략 정보국[OSS]과 함께 국내 진공 작전 계획(일제의 항복으로 작전 취소) 자료⑤ 자료⑥

④ **건국 강령 발표**: 조소앙의 삼균주의 반영(민주 공화정 수립 강조) 자료⑦

★(2) **국내외의 건국 준비 노력**

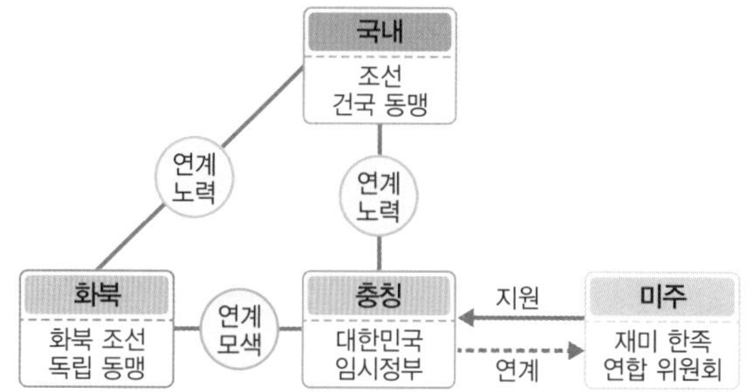

▲ 1940년대 국내외 주요 독립운동 단체

화북 조선 독립 동맹 (1942)	화북 지방에서 사회주의 계열이 조직함, 조선 의용군 창설(1942), 건국 강령 발표(보통 선거에 의한 민주 공화국 수립, 토지 분배 등 명시)
조선 건국 동맹 (국내, 1944)	여운형 등이 조직한 비밀 결사, 전국 조직망·농민 동맹·군사 위원회 설치, 강령 발표(민주 국가 건설 등 명시)
재미 한족 연합 위원회 (1941)	• 미주 지역에서 한인 동포들이 조직함 ➜ 의연금 모금, 한인 국방 경위대 창설, 대한민국 임시 정부가 미국의 승인을 얻도록 힘씀. • 미군과 함께 국내 진공 작전인 냅코(NAPKO) 작전 계획, 실행에 옮기지는 못함

(3) **국제 사회의 움직임**: 제2차 세계 대전 전후 처리 논의 목적

카이로 회담(1943)	• 미국, 중국, 영국의 3국 정상이 이집트 카이로에서 개최 • '한국민의 노예 상태에 유념하여 적절한 시기에 한국이 자유롭고 독립적으로 될 것을 결의'하는 내용을 포함한 선언문 발표(카이로 선언)
얄타 회담 (1945)	• 미국, 영국, 소련의 3국 정상이 얄타에서 개최 • 패전국과 해방국에서 민주 세력에 의한 임시 정부의 구성, 자유선거 실시라는 원칙 마련
포츠담 회담(1945)	• 독일 항복 이후 연합국 대표가 포츠담에 모여 회담 • 전후 독일 처리 문제와 일본과의 전쟁 방안 논의 • 일본에 무조건 항복 촉구, 카이로 선언의 모든 조항 이행 강조, 일본의 주권이 4개 섬과 연합국이 결정하는 작은 섬에 국한된다는 내용 포함 ➜ 한국의 독립 재확인

(4) **일본의 항복**: 1945년 8월 15일에 일본이 무조건 항복 선언 ➜ 우리 민족은 광복을 맞이함

Check! 잘 나오는 선지로 개념 확인하기

3 한국 광복군에 대한 설명으로 옳지 않은 것을 모두 고르시오.

① 중국 충칭에서 창설되었다.
② 지청천을 총사령관으로 삼았다.
③ 중국 국민당 정부의 지원을 받아 1938년 조직되었다.
④ 조선 의용대의 일부가 합류하여 전력이 강화되었다.
⑤ 선전 활동, 공작 활동, 일본군 포로 심문 등의 임무를 수행하였다.
⑥ 조선 혁명 군사 정치 간부 학교 졸업생을 중심으로 하였다.
⑦ 태평양 전쟁 발발 이후 연합군과 합동 작전을 전개하였다.
⑧ 호가장 전투, 반소탕전 등에 참가하여 전과를 올렸다.
⑨ 조선 의용대 화북 지대로 개편하였다.
⑩ 미국 전략 정보국[OSS]와 협력하여 국내 진공 작전을 추진하였다.

4 조선 독립 동맹에 대한 설명으로 옳은 것을 모두 고르시오.

① 삼균주의를 강령으로 삼았다.
② 중국의 화북 지방에서 결성되었다.
③ 한국인 사회주의자들을 중심으로 조직되었다.
④ 민주 공화국 수립, 남녀평등권 확립 등을 담은 건국 강령을 발표하였다.
⑤ 워싱턴에 외교 위원회를 설치하고 미 국무부에 임시 정부 승인을 요청하였다.
⑥ 김준엽과 장준하가 학도병이었다가 탈출하여 합류하였다.
⑦ 한인 국방 경비대를 조직하여 무장 독립 전쟁을 준비하였다.
⑧ 군사 조직으로 조선 의용군을 편성하였다.
⑨ 영국군의 요청으로 미얀마·인도 전선에 공작대를 파견하였다.
⑩ 태평양 전쟁이 발발하자 대일 선전 포고를 하였다.

답 3 ①, ②, ④, ⑤, ⑦, ⑩
4 ②, ③, ④, ⑧

1 O/X 문제로 9종 교과서 핵심 자료 보기

자료 1 1930년대의 국외 무장 투쟁

미래엔, 비상, 천재, 동아, 지학사, 리베르

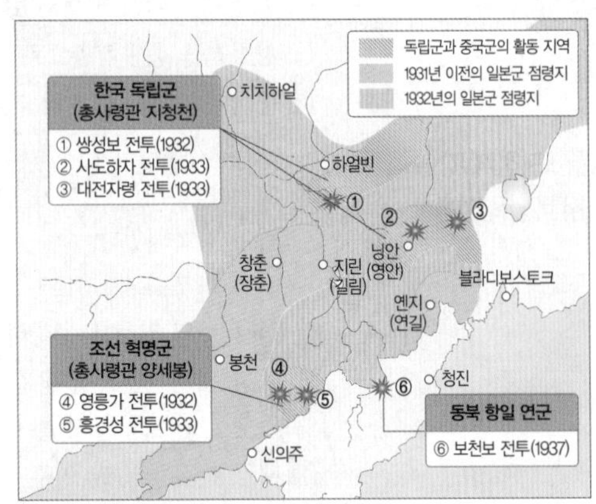

- **한국 독립군과 중국군의 합의(1931)**
  - 한중 양군은 최악의 상황이 오는 경우에도 장기간 항전할 것을 맹세한다.
  - 중동 철도를 경계선으로 서부 전선은 중국이 맡고, 동부 전선은 한국이 맡는다.
  - 전시의 후방 전투 훈련은 한국 장교가 맡고, 한국군에 필요한 군수품 등은 중국군이 공급한다.

– 한국 광복군 사령부, 『광복 2』

- **조선 혁명군과 중국군의 합의(1932)**
  - 중국과 한국 양국 군민은 한마음 한뜻으로 일제에 대항하여 싸우고, 인력과 물자는 서로 나누어 쓰며, 합작의 원칙 아래 국적과 관계없이 그 능력에 따라 항일 공작을 나누어 맡는다.

– 한국 광복군 사령부, 『광복 4』

409 1930년대 초의 국외 무장 투쟁은 한중 연합 작전을 중심으로 이루어졌다. O/X

410 일제가 만주 사변을 일으킨 이후 만주 일대는 사실상 일제의 점령 지역이 되었다. O/X

411 한국 독립군은 중국 의용군과 연합하여 여러 전투에서 일본군을 격퇴하였다. O/X

412 조선 혁명군은 지청천을 총사령관으로 하여 쌍성보 전투 등에서 승리를 거두었다. O/X

413 동북 항일 연군은 만주 각지의 동북 인민 혁명군을 재편성하여 조직되었다. O/X

414 조선 의용대는 국내로 들어와 보천보에서 일제의 통치 기구를 파괴하는 등의 활동을 전개하였다. O/X

자료 2 조선 민족 혁명당의 설립

천재, 동아

1935년 7월 5일, 우리는 중국의 수도 난징에서 5개당을 통합하여 전체 민족을 대표하는 유일한 정당인 (조선) 민족 혁명당을 창립하였습니다. 이는 10여 년 이래 조선 혁명 통일 운동의 최대 성과일 뿐만 아니라, 해외 독립당의 혁명 전통의 찬란한 역사를 촉진하고 계승하는 요소이기도 합니다. (조선) 민족 혁명당 설립의 목적은 일본 제국주의를 전복시키는 것이며, 이 목표를 달성하기 위하여 전 민족의 힘을 결집하여 한중 연합 항일 전선을 구축하였습니다.

– 창립 8주년 기념 선언문(1943)

415 일제가 만주를 점령한 이후 독립운동 단체들은 중국 관내로 이동하여 연합하였다. O/X

416 조선 민족 혁명당을 중심으로 조선 민족 전선 연맹이 결성되었다. O/X

417 민족 혁명당은 중국 관내 최대 규모의 통일 전선 정당이었다. O/X

자료 3 항일 연합 전선의 형성

지학사

한국 국민당(1935)
김구

조선 민족 혁명당(1935)
- 의열단(김원봉)
- 조소앙
- 지청천

- 한국 독립당(조소앙)
- 조선 혁명당(지청천)

한국 광복 운동 단체 연합회

조선 민족 전선 연맹(1937)

한국 독립당(1940)

418 대한민국 임시 정부를 고수하자는 입장을 갖고 있던 김구는 조선 민족 혁명당에 참여하지 않았다. O/X

419 김구는 한국 독립당을 이끌고 한중 연합 작전을 주도하였다. O/X

420 조선 민족 혁명당은 중일 전쟁 이후 한국 광복 운동 단체 연합회를 결성하였다. O/X

정답 및 해설 45쪽

미래엔, 비상, 천재, 동아, 지학사, 씨마스, 해냄, 리베르

자료 4 조선 의용대와 조선 의용군의 활동

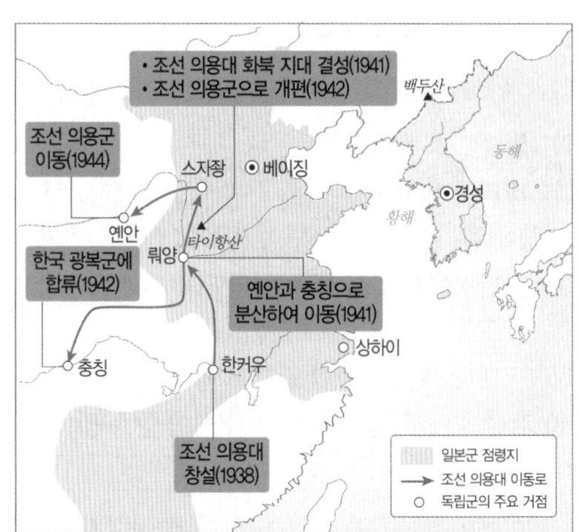

421 조선 민족 전선 연맹은 중국 국민당 정부의 지원으로 조선 의용대를 창설하였다. ○/✕

422 조선 의용대의 대부분은 충칭으로 이동하여 한국 광복군에 합류하였다. ○/✕

423 조선 의용대 화북 지대는 호가장 전투, 반소탕전 등에서 큰 성과를 거두었다. ○/✕

비상, 동아, 지학사, 씨마스, 해냄, 리베르

자료 5 한국광복군의 활동

• **한국광복군 선언문(1940)**

대한민국 임시 정부는 대한민국 원년(1919)에 정부가 공포한 군사 조직법에 따라 …… 중화민국 영토 내에서 광복군을 조직하고 …… 공동의 적인 일본 제국주의자들을 타도하고자 연합군의 일원으로 항전을 계속한다.

– 국사편찬위원회, 『대한민국 임시 정부 자료집 10』

• **「대한민국 임시 정부의 대일 선전 성명서」(1941. 12. 10.)**

1. 한국 국민은 반침략 전선에 가담하여 그 일원이 되었다. 이에 추축국을 상대로 선전 포고한다.
2. 강제 합병 조약과 일체의 불평등 조약은 모두 무효임을 거듭 선포한다.

424 충칭에 자리잡은 대한민국 임시 정부는 중국 국민당 정부의 지원을 받아 한국광복군을 창설하였다. ○/✕

425 대한민국 임시 정부는 일본이 태평양 전쟁을 일으키자 대일 선전 포고문을 발표하였다. ○/✕

426 한국광복군은 실제 전선에는 파견되지 않았다. ○/✕

미래엔, 동아, 지학사

자료 6 한국광복군의 국내 진공 작전

• **국내 진공 작전 계획**

1단계: 중국 관내를 기지로 삼고 …… 미국과 제휴하여 작전을 준비한다.

2단계: 광복군의 일부 부대는 미군과 함께 상륙 작전을 전개하고, 주력 부대는 만주 지역에서 일본군과의 전투에 참여한다.

3단계: 압록강을 건너 국내로 진입한다. 그 직후 …… 전면적 혈전을 벌여 일본의 모든 침략 세력을 완전히 소탕한다.

– 지청천 외, 『한국 독립당의 군사 정책에 관한 제의』, 1945. 3. 17.

• **국내 진공 작전의 무산**

왜적이 항복한다 하였다. 아! 왜적이 항복! …… 천신만고 끝에 수년 동안 애를 써서 참전할 준비를 한 것도 다 허사이다. 시안과 푸양에서 훈련을 받은 우리 청년들에게 여러 가지 비밀무기를 주어 산둥에서 미국 잠수함에 태워 본국으로 들여보내어 국내의 중요한 곳을 파괴하거나 점령한 뒤에, 미국 비행기로 무기를 운반할 계획까지도 미국 육군부와 다 약속이 되었던 것을 한번 해 보지도 못하고 왜적이 항복하였으나 …….

– 김구, 『백범일지』

427 한국광복군은 미국 전략 정보국[OSS]과 함께 국내 진공 작전을 준비하였다. ○/✕

428 국내 진공 작전은 성공적으로 실행되어 일제의 항복에 영향을 주었다. ○/✕

429 국내 진공 작전은 사회주의 계열의 인사들이 중심이 되어 추진하였다. ○/✕

미래엔, 비상, 천재, 동아, 지학사, 씨마스, 해냄, 리베르

자료 7 대한민국 임시 정부의 건국 강령(1941)

제3장 건국

2. 정치, 경제, 교육의 민주적 시설로 실제상 균형을 도모하며 ……
4. 보통 선거에는 만 18세 이상 남녀로 선거권을 행사하되 신앙, 교육, 거주 연수, 사회 출신, 재정 상황 등을 분별하지 아니한다.
6. 대생산 기구의 공구와 수단을 국유로 하고 …… 공용적 주요 건물과 산업은 국유로 하고 소규모 및 중등 기업은 사영으로 한다.

– 국사편찬위원회, 『대한민국 임시 정부 자료집』

430 대한민국 임시 정부는 1941년에 대한민국 건국 강령을 발표하였다. ○/✕

431 대한민국 건국 강령은 복벽주의를 기초로 하였다. ○/✕

432 건국 강령에는 독립을 달성한 후 세우고자 하는 새로운 국가의 모습이 잘 드러나 있다. ○/✕

STEP 2 객관식 풀어 보기

433

(가) 정당에 대한 설명으로 옳은 것만을 보기 에서 고른 것은?

> 일제의 만주 점령으로 무장 투쟁이 어려워지자, 대부분의 독립군이 중국 관내로 이동하였다. 흩어져 있던 중국 관내의 독립 운동 단체들은 민족의 역량을 모아 항일 투쟁에 나서야 한다는 데 뜻을 합쳤다. 그 결과 1935년 난징에서 김원봉이 주도하고 민족주의와 사회주의 계열의 여러 단체가 손잡아 (가) 이/가 결성되었다.

보기

ㄱ. 김구 세력이 참여하였다.
ㄴ. 한인 애국단을 조직하였다.
ㄷ. 지청천, 조소앙 등이 이탈하였다.
ㄹ. 조선 민족 전선 연맹으로 이어졌다.

① ㄱ, ㄴ ② ㄱ, ㄷ ③ ㄴ, ㄷ
④ ㄴ, ㄹ ⑤ ㄷ, ㄹ

434

밑줄 친 '그'에 대한 설명으로 옳은 것만을 보기 에서 고른 것은?

> 그는 일본 육군 사관학교를 졸업한 후 만주로 망명하여 신흥 무관 학교에서 활동하였고, 대한 독립군단 조직에 참여하였다. 김좌진이 저격당한 후에는 한국 독립당 창당에 참여하였고, 한국 독립군을 조직하고 항일 투쟁에 나섰다.

보기

ㄱ. 민족 혁명당 조직에 참여하였다.
ㄴ. 김옥균 등과 함께 정변을 일으켰다.
ㄷ. 한국 광복 운동 단체 연합회를 결성하였다.
ㄹ. 유인석 등과 함께 의병 운동을 전개하였다.

① ㄱ, ㄴ ② ㄱ, ㄷ ③ ㄴ, ㄷ
④ ㄴ, ㄹ ⑤ ㄷ, ㄹ

435 난이도 상

(가)에 들어갈 내용으로 옳은 것은?

> • 성명: 오광심
> • 생몰: 1910~1976
> • 주요 생애
> 1935년 난징에서 조선 민족 혁명당의 부녀부 차장으로 활동
> 1936년 대한 애국 부인회 간부로 활동
> 1940년 충칭에서 결성된 한국 혁명 여성 동맹에 참여, (가)

① 원각사에서 창극 공연 주도
② 국채 보상 운동 당시 가락지 헌납
③ 북촌 여성들과 함께 여권 통문 발표
④ 한국 광복군 총사령부의 여군으로 참여
⑤ 민족 유일당 운동을 전개하여 근우회 창립

436

다음 서약문이 작성된 시기에 볼 수 있는 모습으로 가장 적절한 것은?

> 〈서 약 문〉
> 본인은 …… 각항을 준수하옵고 만일 이를 어기는 행위가 있으면 군의 엄중한 처분을 감수할 것을 이에 서약하나이다.
> 1. 조국 광복을 위하야 헌신하고 일체를 희생하겠음
> 2. 대한민국 건국 강령을 충실히 따르겠음
> 3. 임시 정부를 적극 옹호하고 법령을 절대 준수하겠음
> 4. 공약과 기율을 엄수하고 장관 명령에 절대 복종하겠음

① 3부 통합 운동을 전개하는 민족 지도자
② 민족 혁명당 결성 사실을 알리는 신문 기자
③ 중앙아시아로 강제 이주 당하는 연해주 동포
④ 동양 척식 주식회사에 폭탄을 던지는 의열단원
⑤ 미국 전략 정보국의 지원 아래 특수 훈련을 받는 국내 정진군

437

(가)에 들어갈 내용으로 옳은 것은?

〈독립운동가 인물 조사 카드〉

(앞면)

- 윤세주 등과 함께 의열단 조직
- 민족 혁명당 결성 주도
- 조선 의용대 창설
- (가)

(뒷면)

① 신간회 결성 주도
② 조선 건국 동맹 창설
③ 조선사회경제사 저술
④ 대한민국 임시 정부 합류
⑤ 연해주에서 중앙아시아로 강제 이주

438

다음 자료와 관련된 독립군 부대에 대한 설명으로 옳은 것만을 보기 에서 고른 것은?

이번 전쟁에서 조선 민족 내지 동방의 모든 약소민족은 마땅히 중국의 입장에 서서 모든 힘을 다하여 중국의 항전을 지원해야 한다. …… 우리의 진정한 적인 일본 파시스트 군벌을 타도함으로써 동아의 영구적인 평화를 실현해야 한다. 용감한 중국의 형제들과 손을 잡고 …… 항일 전선을 향해 용감히 전진하자!

– 성립 선언문(1938)

보기

ㄱ. 산하 기관으로 참의부를 설치하였다.
ㄴ. 중국 국민당의 지원을 받아 조직되었다.
ㄷ. 간도 참변 이후 북만주 밀산으로 이동하였다.
ㄹ. 조선 민족 전선 연맹 산하 군대로 창설되었다.

① ㄱ, ㄴ　② ㄱ, ㄷ　③ ㄴ, ㄷ
④ ㄴ, ㄹ　⑤ ㄷ, ㄹ

439

밑줄 친 '이 부대'에 대한 설명으로 옳은 것만을 보기 에서 고른 것은?

1935년 난징에서 민족 혁명당이 창당되었다. 민족 혁명당은 민족주의 계열과 사회주의 계열이 만든 중국 관내 최대 규모의 통일 전선 정당이었다. 하지만 김구 등은 임시 정부의 약화를 우려하여 참가하지 않았고, 의열단 계열이 주도권을 잡자 민족주의 세력의 일부가 이탈하였다. 중일 전쟁이 일어나자 다른 단체를 통합하여 조선 민족 전선 연맹을 결성하였고, 중국 국민당 정부의 지원을 받아 <u>이 부대</u>를 창설하였다.

보기

ㄱ. 중국 호로군과 함께 한중 연합 작전을 전개하였다.
ㄴ. 중국 관내에서 결성된 최초의 한인 무장 부대였다.
ㄷ. 옌안을 근거지로 활동하며 건국 강령을 발표하였다.
ㄹ. 부대의 일부는 충칭에 있는 한국 광복군에 합류하였다.

① ㄱ, ㄴ　② ㄱ, ㄷ　③ ㄴ, ㄷ
④ ㄴ, ㄹ　⑤ ㄷ, ㄹ

440

다음과 같이 이동한 독립군 부대에 대한 설명으로 옳은 것은?

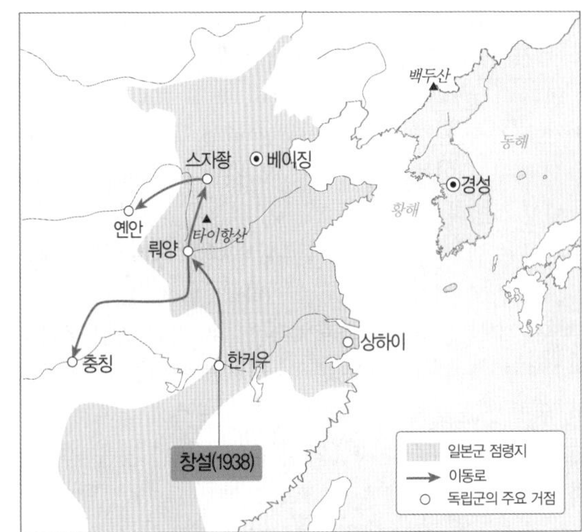

① 중광단과 사관 양성소를 설치하였다.
② 청산리 일대에서 일본군을 격파하였다.
③ 중국 관내 최초의 한국인 무장 부대였다.
④ 미쓰야 협정으로 활동에 어려움을 겪었다.
⑤ 민정 기관과 군정 기관을 갖춘 자치 정부였다.

441

다음 결정이 내려진 배경으로 옳은 것은?

> **〈○○ ○○○ 확대 간부 회의 결정 사항〉**
> 1. 조선 동포 다수 거주 지역인 화북과 만주로 진출
> 2. 부대 자체 무장화를 통한 항일 대오의 건립
> 3. 근거리에 기반한 전투 공작으로 변경

① 적극적인 항일 투쟁을 펼치고자 하였다.
② 일제가 훈춘 사건에 병력을 동원하였다.
③ 국민대표 회의가 성과 없이 결렬되었다.
④ 개별적인 의열 투쟁의 한계를 절감하였다.
⑤ 중국 공산당이 동북 인민 혁명군을 조직하였다.

442 난이도 상

(가), (나) 군사 조직에 대한 설명으로 옳은 것은?

> • 중국에서 활동하고 있는 우리 조선 혁명자들은 이 정의로운 전쟁에 직접 참가하고, 중국 항전을 조국 독립 쟁취의 기회로 삼기 위해 '조선 민족 전선 연맹'의 기치 아래 일치 단결하여 (가) 을/를 조직하였다. …… 우리는 식민지 노예가 되기를 원하지 않는 천백만 조선 동포의 민족적 각성을 일깨우고 이들을 (가) 의 깃발 아래 결집하기 위해 노력할 것이다.
>
> • 대한민국 임시 정부는 대한민국 원년에 정부가 공포한 군사 조직법에 의거하여 …… (나) 을/를 조직하고 …… 공동의 적인 일본 제국주의자들을 타도하기 위해 연합군의 일원으로 항전을 계속한다. …… 우리는 한중 연합 전선에서 우리 스스로의 부단한 투쟁을 감행하여 동아시아를 비롯한 아시아 민중의 자유와 평등을 쟁취할 것을 약속하는 바이다.

① (가)– 영국군의 요청으로 인도·미얀마 전선에 투입되었다.
② (가)– 국내 정진군을 편성하여 국내 진공 작전을 계획하였다.
③ (나)– 중국 관내에서 최초로 조직된 한인 무장 부대였다.
④ (나)– 호가장 전투, 반소탕 전투에서 일본군에 승리하였다.
⑤ (가)와 (나)– 중국 국민당 정부의 지원을 받아 활동하였다.

443

(가), (나)의 활동을 전개한 부대에 대한 설명으로 옳은 것은?

> (가) 때는 해동 무렵이어서 얼음이 풀린 소자강은 수심이 깊었다. 하지만 이 강을 건너지 못하면 영릉가로 쳐들어갈 수 없었다. …… 양세봉 사령은 전사들에게 소자강을 건너라고 명령하고 나서 자기부터 먼저 강물에 뛰어들었다.
> – 봉화
>
> (나) 대전자령의 공격은 이천만 대한 인민을 위하여 원수를 갚는 것이다. 총알 한 개 한 개가 우리 조상 수천수만의 영혼(英魂)이 보우하여 주는 피의 사자(使者)이니, 제군은 단군의 아들로 굳세게 용감히 모든 것을 희생하고 만대 자손을 위하여 최후까지 싸우라.
> – 지청천 장군 어록비

① (가)– 한국 독립당의 군사 조직이었다.
② (가)– 중국 의용군과 연합 작전을 전개하였다.
③ (나)– 옌안을 근거지로 활동하며 건국 강령을 발표하였다.
④ (나)– 조선 혁명 간부 학교의 졸업생을 중심으로 창설되었다.
⑤ (가)와 (나)– 대한민국 임시 정부의 정규군으로 충칭에서 창설되었다.

444

다음 내용을 뒷받침하는 사례를 학습하기 위한 탐구 활동으로 적절하지 않은 것은?

> 일본군이 점령한 우리 마을에 조선 의용군이 침투하였다는 소식을 들었다. 그들은 의기양양하였으며 용기가 있었다. 그들 중 한 대원이 대원이 담장에 '중·한 양 민족이 연합하여 일본 강도를 타도하자!'는 내용을 쓰고 있었다.

① 조선 의용대의 활동 사례를 조사한다.
② 한국 광복군의 창설 경위를 정리한다.
③ 13도 창의군의 붕괴 배경을 알아본다.
④ 조선 혁명군의 활동 지역을 살펴본다.
⑤ 한국 독립군이 참여한 전투 내용을 분석한다.

445

(가) 군사 조직에 대한 설명으로 옳은 것은?

> 오늘 이범석 장군과 대화를 가졌습니다. 다음은 이 장군의 발언 내용입니다.
> 1. 이글 프로젝트는 김구 주석과 지청천 장군의 승인을 받았습니다.
> 2. [(가)] 제3 지대장 김학규도 그가 통솔하는 부대가 OSS와 함께 이글 프로젝트에 포함되기를 강력히 바라고 있습니다.

① 대전자령 전투에서 승리하였다.
② 조국 광복회 결성을 주도하였다.
③ 인도·미얀마 전선에 파견되었다.
④ 미쓰야 협정으로 큰 피해를 입었다.
⑤ 국민당 정부의 지원을 받아 한커우에서 창설되었다.

446

밑줄 친 '이 부대'에 대한 설명으로 옳은 것은?

> 나는 3·1 운동 이후 중국에 망명하여 활동하였습니다. 비행기를 타고 조선 총독부를 폭파하는 것이 소원이었습니다. 중국 국민당의 군인으로 만주 사변과 중일 전쟁 때 활약하였습니다. 이후 대한민국 임시 정부에 참여하여 이 부대의 비행대 편성에 기여하였습니다.

① 인도·미얀마 전선에 병력을 파견하였다.
② 호가장 전투에 참여하여 성과를 거두었다.
③ 연해주를 무대로 군사 훈련을 실시하였다.
④ 해산 군인의 합류로 전투력을 강화하였다.
⑤ 명동 학교를 설립하고 민족 교육에 나섰다.

447

(가) 독립군 부대에 대한 설명으로 옳은 것은?

> 500명 이상의 일본군 병력이 새벽에 타이항산의 마을을 포위하였다. 동이 트자마자 전투가 벌어졌다. [(가)]은/는 병력이 거의 20분의 1밖에 안 되는 상황에서도 격렬하게 저항하여 일본군 태반을 사살하고 포위망을 풀었다. …… "옛날 이 마을에서 [(가)]이/가 일본군과 싸운 전투를 기억하시는지요?" "기억하다마다요. 조선 군인들은 참 용감했소."

① 국민부에 의해 조직되었다.
② 조선 의용군으로 개편되었다.
③ 봉오동 전투에서 승리하였다.
④ 고부 농민 봉기를 주도하였다.
⑤ 서일을 총재로 하여 성립되었다.

448

다음과 같이 근거지를 옮긴 단체에 대한 설명으로 옳지 않은 것은?

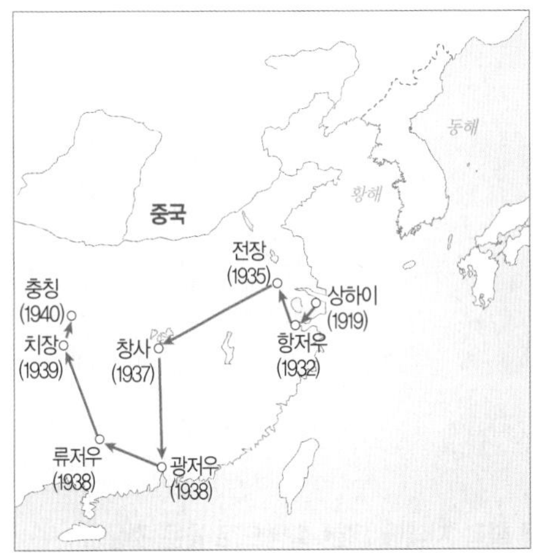

① 반소탕전에 참전하였다.
② 한국 국민당을 창당하였다.
③ 연통제와 교통국을 설치하였다.
④ 박은식을 대통령으로 추대하였다.
⑤ 연합국에 가담하여 대일 선전 포고를 하였다.

449

(가) 인물의 활동으로 옳은 것은?

> 1900년 서울에서 태어난 [(가)] 은/는 고등학교를 다니다가 중국으로 망명하여 운남 육군강무학교 기병과를 수석으로 졸업하였다. 만주 신흥 무관 학교를 거쳐 북로 군정서 연성대장으로 청산리 전투 등 항일 투쟁을 이끌었다. 1923년에는 연길에서 고려 혁명군을 창설하고 기병사령이 되어 군사 교육을 강화하였다.

① 대한 광복회를 조직하여 친일파를 처단하였다.
② 중국 국민당과 협력하여 조선 의용대를 결성하였다.
③ 의열단의 활동 강령인 조선 혁명 선언을 작성하였다.
④ 한국 광복군 지휘관으로 국내 진공 작전을 준비하였다.
⑤ 대한 독립군을 지휘하여 봉오동 전투를 승리로 이끌었다.

450

조선 의용대 화북 지대에 대한 설명으로 옳은 것은?

① 한인 국방 경비대를 조직하였다.
② 대한 국민 의회의 설립을 주도하였다.
③ 백산 상회로부터 자금 지원을 받았다.
④ 영국군과 연합하여 항일 투쟁을 전개하였다.
⑤ 중국 공산당의 팔로군과 연합 전선을 형성하였다.

451 난이도 상

(가) 지역에 대한 설명으로 옳은 것은?

> 나는 김구의 명을 받아 옌안으로 파견되었어요. 김두봉을 만나 통일 전선을 우리가 자리하고 있던 [(가)] 에서 결정하자고 제의했더니 찬성했어요. 자기가 [(가)] (으)로 가겠다는 겁니다. 다른 간부들도 모두 찬성이었어요. 그때는 일제의 패망이 얼마 남지 않았음을 확신할 수 있었을 때였으니까 우리가 하루 빨리 뭉쳐 해방을 대비해야 한다는 생각을 쉽게 가질 수 있던 때였습니다.

① 한국 광복군이 창설되었다.
② 신민부의 관할 구역이었다.
③ 나석주가 의거를 감행하였다.
④ 자치 기관인 경학사가 활동하였다.
⑤ 이상설, 이준, 이위종이 특사로 파견되었다.

452

다음 성명이 발표된 시기를 연표에서 옳게 고른 것은?

> 우리는 삼천만 한인과 정부를 대표하여 …… 여러 나라가 일본에 대해 전쟁을 선포한 것이 일본을 격퇴시키고 동아시아를 재건하는 가장 유효한 수단이 됨을 축하하며, 이에 특히 다음과 같이 성명한다.
> 1. 한국의 전체 인민은 현재 이미 반침략 전선에 참가하였으니, 하나의 전투 단위가 되어 추축국(독일·이탈리아·일본)에 전쟁을 선언한다.

1937		1938		1939		1940		1941		1942
	(가)		(나)		(다)		(라)		(마)	
중일 전쟁 발발		국가 총동원법 제정		국민 징용령 공포		동아일보 폐간		태평양 전쟁 발발		조선 독립 동맹 결성

① (가) ② (나) ③ (다) ④ (라) ⑤ (마)

453

밑줄 친 ㉠의 배경으로 옳은 것은?

> 19○○년 ○○월 ○○일
>
> 이 작전은 늘 내가 꿈에 그리던 것이었다. 이와 관련해 우리 한국 광복군에게 맡겨진 임무는 잠수함이나 낙하산으로 한반도에 침투해 정보 송신을 하는 것은 물론, 일본군 시설 파괴 등이었다. 마침내 특별 대기령이 떨어졌고 모두는 들떴다. 두려움보다는 조국의 광복을 위해 제대로 싸울 수 있다는 기쁨 때문이었다. 그러나 ㉠ 실행하지 못하였다.

① 일제의 만주 점령으로 실패하였기 때문이다.
② 105인 사건으로 조직이 와해되었기 때문이다.
③ 일제의 항복으로 작전이 취소되었기 때문이다.
④ 양세봉 사후 군대의 세력이 위축되었기 때문이다.
⑤ 고종의 조칙에 따라 부대가 해산되었기 때문이다.

454

(가) 단체에 대한 설명으로 옳은 것은?

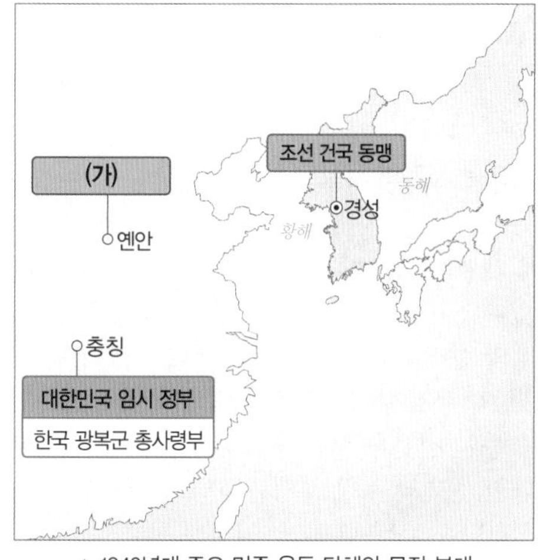

▲ 1940년대 주요 민족 운동 단체와 무장 부대

① 권업회를 모체로 결성되었다.
② 중국 국민당의 지원을 받았다.
③ 미국 전략 정보국과 연합하였다.
④ 김두봉이 위원장으로 활동하였다.
⑤ 구미 위원부를 두고 외교 활동에 나섰다.

455

(가)~(마) 시기에 전개된 대한민국 임시 정부의 활동에 대한 설명으로 옳은 것은?

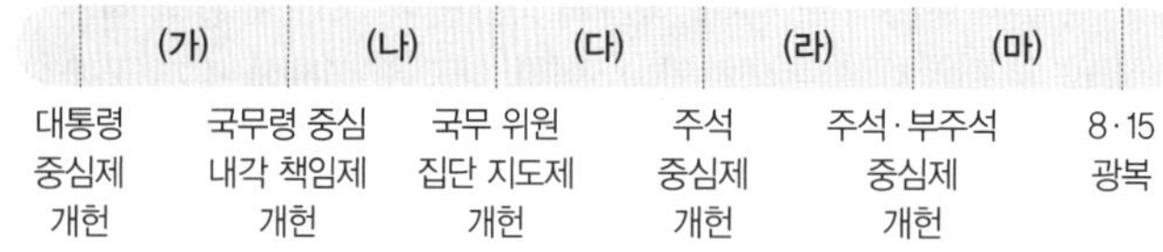

① (가)– 옌안에서 조선 의용군을 창설하였다.
② (나)– 파리 강화 회의에 독립 청원서를 제출하였다.
③ (다)– 국민대표 회의에서 독립운동의 방향을 논의하였다.
④ (라)– 조소앙의 삼균주의에 바탕을 둔 건국 강령을 발표하였다.
⑤ (마)– 김원봉의 조선 의용대가 한국 광복군으로 흡수되어 통합되었다.

456 난이도 상

(가), (나) 강령을 읽고 학생들이 나눈 대화 내용으로 옳은 것만을 보기 에서 고른 것은?

> (가) 삼균 제도를 골자로 한 헌법을 실시한다. …… 전국의 토지와 생산 기관의 국유화가 완성되고, 전국의 학령 아동 전체가 고등 교육의 무상 교육이 완성되고, 보통 선거 제도를 구속없이 완전히 실시한다.
>
> (나) • 전 국민의 보통 선거에 의한 민주 정권을 수립한다.
> • 대규모 기업을 국영화하며, 농민에게 토지를 나누어 준다.
> • 국민의 의무 교육 제도를 실시하고 국가가 교육비를 부담한다.

보기

ㄱ. (가)는 대한민국 임시 정부가 발표하였어.
ㄴ. (가), (나)는 모두 민주 공화국 수립을 지향하였어.
ㄷ. 조선 혁명 선언은 (가)의 주장에 영향을 받아 작성되었어.
ㄹ. 국민대표 회의 당시 개조파는 (나)의 주장에 동조하였어.

① ㄱ, ㄴ　② ㄱ, ㄷ　③ ㄴ, ㄷ
④ ㄴ, ㄹ　⑤ ㄷ, ㄹ

457

밑줄 친 '이 선언'에 대한 설명으로 옳은 것은?

> 독일이 항복하자, 주요 국가의 대표들이 모여 유럽의 전후 처리 문제에 대해 논의하였다. 이때 미국을 비롯한 일부 국가들의 대표들은 모여 일본의 무조건 항복과 2년 전에 발표된 이 선언의 모든 조항이 이행되어야 한다는 선언을 별도로 발표하였다.

① 신간회가 창립되는 계기가 되었다.
② 한국의 독립을 연합국이 최초로 보장하였다.
③ 민중의 직접 혁명에 따른 독립을 모색하였다.
④ 일본 유학생들의 독립 선언 발표에 영향을 주었다.
⑤ 국제 연맹에 한국 위임 통치를 요청하는 내용이 담겼다.

458

다음 선언에 대한 설명으로 옳은 것만을 보기 에서 고른 것은?

> 3대국은 한국민의 노예 상태에 유의하여 적당한 시기(혹은 적당한 절차)에 한국을 자주 독립시킬 것을 결의한다. 이를 위해 3대 동맹국은 일본과 교전 중인 여러 국가와 협조하여 일본의 무조건적인 항복을 받아 내는 데 필요한 중대하고도 장기적인 작전을 계속할 것이다.

보기

ㄱ. 소련의 대일전 참전이 합의되었다.
ㄴ. 일본에 원자 폭탄이 투하되는 계기가 되었다.
ㄷ. 연합국의 전후 처리 논의 과정에서 발표되었다.
ㄹ. 미국, 영국, 중국 대표의 회담 결과 이루어졌다.

① ㄱ, ㄴ　② ㄱ, ㄷ　③ ㄴ, ㄷ
④ ㄴ, ㄹ　⑤ ㄷ, ㄹ

459

밑줄 친 '이 단체'에 대한 설명으로 옳은 것은?

> 1944년에 국내에서 조직된 이 단체는 여운형의 주도로 일제의 통치 질서에 타격을 가하고 광복을 준비하기 위해 노력하였다.

① 정우회 선언을 발표하였다.
② 전국 곳곳에 지방 조직을 두었다.
③ 주석 중심의 지도 체제를 갖추었다.
④ 행동 준승 9개 항으로 활동에 어려움을 겪었다.
⑤ 국제법상 교전 단체로 인정해 줄 것을 요구하였다.

460

다음 글이 발표된 시기의 사실로 옳은 것은?

> 눈앞에 세계정세의 발전은 우리 혁명에 절대 유리하게 나타나고 있다. …… 미·영·소·중 등 각 동맹국 간의 합작 단결로 전쟁의 승리는 매우 뚜렷이 드러나고 있다. 우리들은 각 혁명 단체, 각 무장 대오, 전체 전사 및 국내외 동포와 더불어 전민족적 통일 전선을 더욱 공고히 확대하면서 일본 제국주의자에 대한 전면적 무장 투쟁을 적극 전개하여 최대한 힘쓸 것을 결심한다.

① 조선 노농 총동맹이 조직되었다.
② 한국 독립 유일당 북경 촉성회가 결성되었다.
③ 민족 협동 전선 조직으로 조선 민흥회가 구성되었다.
④ 일부 사회주의자들의 주장에 따라 신간회가 해소되었다.
⑤ 대한민국 임시 정부가 조선 독립 동맹과 연대를 모색하였다.

서술형 풀어 보기

정답 및 해설 51쪽

461

다음을 읽고 물음에 답하시오.

중국에서 활동하고 있는 우리 혁명가들은 이 정의로운 전쟁에 직접 참가하고, 나아가 중국 항전 중에 조국의 독립을 쟁취해야 할 것이다. 조선 민족 전선 연맹의 기치 아래 일치단결하고 (가) 을/를 조직한 것이다. 우리는 식민지 노예가 되기를 원하지 않는다. 천백만 조선 동포는 (가) 의 깃발 아래 결집해야 할 것이다.

(1) (가)에 들어갈 독립군 부대의 명칭을 쓰시오.

( )

(2) (가) 독립군 부대의 변천을 서술하시오.

462

다음을 읽고 물음에 답하시오.

한국 독립당이 내세우는 주의는 과연 어떤 것인가. 그것은 개인과 개인, 민족과 민족, 국가와 국가가 균등한 생활을 하게 하는 주의이다. 개인과 개인이 균등하게 하는 길은 무엇인가. 그것은 정치의 균등화요, 경제의 균등화요, 교육의 균등화이다.

(1) 위 자료를 작성한 인물을 쓰시오.

( )

(2) 위 주장이 끼친 영향을 서술하시오.

463

다음 강령을 발표한 단체의 활동을 세 가지 서술하시오.

- 각인 각파를 대동단결하여 거국일치로 일본 제국주의 세력을 몰아내고 조선 민족의 자유와 독립을 회복할 일
- 건설 부면에 있어서 일체의 시행을 민주주의적 원칙에 의거하고 특히 노농 대중의 해방에 치중할 일 – 1944

464

다음을 읽고 물음에 답하시오.

(가) 이/가 열린다는 소식을 들은 김구 등 대한민국 임시 정부의 요인들은 1943년 12월에 열릴 회담에 참석할 예정이던 중국의 장제스를 만나 자신들의 요구 사항을 전달하였다. 장제스는 한국 혁명 동지들이 단결하고 협조해야 한다고 답변하였다.

(1) (가) 회담의 명칭을 쓰시오.

( )

(2) (가) 회담의 참여국과 주요 결정 사항을 서술하시오.

대단원 정리하기

465

다음 자료에 나타난 시기에 볼 수 있는 모습으로 가장 적절한 것은?

> 윤영안과 김사환은 개성 사세국 출장소 건축 공사에서 역부로 종사하는 터이더니 본월 19일에는 웃통을 벗어 버리고 노동을 하다가 행순 순사에게 발견되어 태형 10대씩에 처했다더라.

① 제복을 입고 칼을 찬 교사
② 도 평의회에 참석하는 친일파
③ 경성 제국 대학에 다니는 학생
④ 국민학교에서 수업을 받는 어린이
⑤ 최익현의 의병 부대에 합류하는 농민

466

(가) 통치 시기 있었던 사실로 옳은 것은?

東亞日報

自由黨左派 勞働黨과 接近

刊行物一切 外人監理禁止

露獨通商

日印通商條約 破棄運動勃起 日本綿業界의 威脅

> 일제의 (가) 시기 발행된 신문이다. 일제는 한국어 신문의 발간을 허용하였지만, 엄격하게 사전 검열을 시행하여 식민 통치에 비판적인 기사는 삭제하였다.

① 통감부가 설치되었다.
② 징병제가 시행되었다.
③ 신사 참배가 강요되었다.
④ 헌병 경찰제가 시행되었다.
⑤ 치안 유지법이 제정되었다.

467

다음 상황이 나타난 배경으로 가장 적절한 것은?

> 수리 조합의 조합비는 지주가 부담하는데, 그 일부 혹은 전부를 소작인에게 전가하기 위하여 소작료를 6~7할로 올리는 풍습이 유행하고 있다. …… 이는 수확량의 반을 소작료로 내던 종래의 관습과 다를 뿐만 아니라 …… 소작인의 수입이 종래의 절반보다 적은 이유이다.

① 중일 전쟁이 발발하였다.
② 남면 북양 정책이 시행되었다.
③ 산미 증식 계획이 실시되었다.
④ 쌀과 금속의 공출이 증가하였다.
⑤ 동양 척식 주식회사가 설립되었다.

468

(가) 통치에 대한 설명으로 옳은 것만을 보기 에서 고른 것은?

> (가) 시기 일제는 애국반을 만들어 한국인의 생활을 통제하였다. 1939년 초에 애국반의 수가 31만여 개에 달하였고, 각호를 대표하는 애국반원의 수는 425만여 명에 이르렀다. 일제는 애국반을 활용하여 조선 총독부의 정책을 홍보하고 주민을 통제하는 한편, 전쟁에 필요한 물자와 노동력을 동원하였다.

보기

ㄱ. 조선 태형령을 시행하였다.
ㄴ. 내선일체와 일선동조론을 내세웠다.
ㄷ. 문관 출신을 조선 총독으로 임명하였다.
ㄹ. 황국 신민 서사를 강제로 외우게 하였다.

① ㄱ, ㄴ ② ㄱ, ㄷ ③ ㄴ, ㄷ
④ ㄴ, ㄹ ⑤ ㄷ, ㄹ

469

(가) 단체에 대한 설명으로 옳은 것은?

박상진은 법률학을 배운 뒤 평양 법원의 판사로 발령받았다. 그러나 그는 조선 총독부의 관리는 되지 않겠다며 사임하고 독립운동에 뛰어들었다. (가) 총사령으로 활동하던 박상진은 일제에 체포되어 모진 고문과 옥고를 치렀고, 사형을 선고받아 37세의 나이로 생을 마감하였다.

① 대동단결 선언을 발표하였다.
② 대종교도가 중심이 되어 결성되었다.
③ 파리 강화 회의에 대표를 파견하였다.
④ 국권 반환 요구서의 제출을 추진하였다.
⑤ 공화정 형태의 국민 국가 수립을 목표로 하였다.

470

(가) 지역에서 있었던 사실로 옳은 것은?

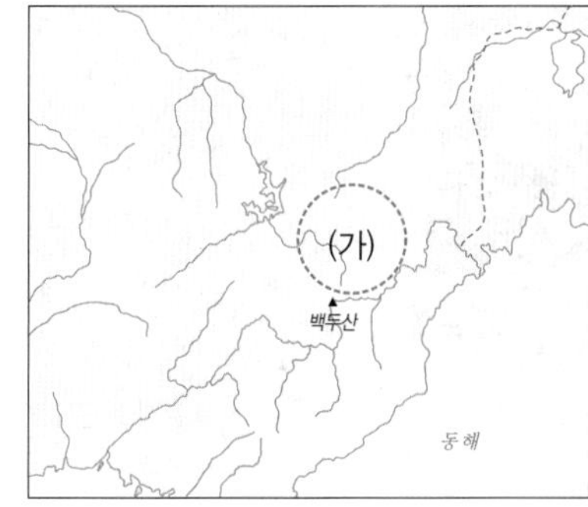

① 신한촌이 형성되었다.
② 명동 학교가 설립되었다.
③ 신한청년단이 조직되었다.
④ 신흥 강습소가 설립되었다.
⑤ 대한인 국민회가 창설되었다.

471

밑줄 친 '정부'의 활동으로 옳은 것은?

반만년 역사의 권위를 의지하고 이천만 민중의 성충을 합해서 민족의 오래도록 변함없는 자유 발전을 위해서 조직된 대한민국의 인민을 대표한 임시 의정원은 국민의 뜻을 구체화해서 원년 4월 11일에 발포한 10개 조의 임시헌장을 기본 삼아 본 임시헌법을 제정해서 공리를 환하게 밝혀 공익을 증진하고 국방 및 내치를 준비하여 <u>정부</u>의 기초를 단단히 하는 보장이 되게 하노라.

① 복벽주의를 내세웠다.
② 구미 위원부를 설치하였다.
③ 손병희가 대통령에 추대되었다.
④ 기미 독립 선언서를 발표하였다.
⑤ 자유시 참변으로 피해를 입었다.

472

다음은 (가) 회의에서 제기된 개조파의 주장이다. (가) 회의가 개최된 배경으로 적절한 것만을 보기 에서 고른 것은?

임시 정부가 특별한 행동으로 자신의 진가를 보여 주지 못했으며, 많은 결점을 지니고 있음에도 불구하고, 그것은 임시 정부에서 근무하는 개별적 인사들의 결함에 따른 것일 뿐, 전체 정부 기관 그 자체를 비난해서는 안 된다.

보기

ㄱ. 치안 유지법이 제정되었다.
ㄴ. 이승만 대통령이 탄핵되었다.
ㄷ. 연통제와 교통국이 붕괴되었다.
ㄹ. 외교 활동의 성과가 부진하였다.

① ㄱ, ㄴ ② ㄱ, ㄷ ③ ㄴ, ㄷ
④ ㄴ, ㄹ ⑤ ㄷ, ㄹ

473

(가), (나) 시기 사이에 있었던 사실로 옳은 것은?

(가) 북간도에 주둔한 아군 700여 명이 북로 사령부 소재지인 왕칭현 봉오동을 향하여 행군할 때 불의에 같은 지점을 향하는 적군 300여 명을 발견한지라. 군을 지휘하는 홍범도, 최진동 두 장군은 적을 공격하여 급히 사격으로 적에게 120여 명의 사상자를 내게 하였고, 적이 달아남에 따라 즉시 추격하였다.

(나) 중국 관리는 각 현에 알려 재류 한국인이 무기를 휴대하고 조선에 침입하는 것을 엄히 금한다. 어긴 자는 체포하여 조선 관리(일제의 군경)에게 인도한다.
불령선인* 단체를 해산하고 소유한 총기를 수색하여 몰수하고 무장을 해제한다.

*불령선인: 일제에 따르지 않는 조선인(한국인)

① 중광단이 조직되었다.
② 참의부가 성립되었다.
③ 3부 통합 운동이 전개되었다.
④ 동북 항일 연군이 무장 투쟁을 전개하였다.
⑤ 조선 혁명군이 영릉가에서 일본군을 물리쳤다.

474

다음 선언을 강령으로 삼은 단체의 활동으로 옳은 것은?

강도 일본이 우리의 국호를 없이 하며, 우리의 정권을 빼앗으며, 우리의 생존적 필요조건을 다 박탈하였다. …… 민중은 우리 혁명의 대본영이다. 폭력은 우리 혁명의 유일한 무기이다. 우리는 민중 속으로 가서 민중과 손을 맞잡아 …… 인류로서 인류를 압박하지 못하며, 사회로써 사회를 박탈하지 못하는 이상적 조선을 건설할지니라.

① 이봉창이 도쿄에서 의거를 일으켰다.
② 조명하가 타이완에서 일본 왕족을 처단하였다.
③ 이재명이 명동 성당 앞에서 이완용을 습격하였다.
④ 나석주가 동양 척식 주식회사에 폭탄을 투척하였다.
⑤ 강우규가 남대문역에서 조선 총독을 향해 폭탄을 던졌다.

475

다음 운동에 대한 설명으로 옳은 것은?

보아라! 우리의 먹고 입고 쓰는 것이 다 우리의 손으로 만든 것이 아니었다. 이것이 세상에 제일 무섭고 위태한 일인 줄을 오늘에야 우리는 깨달았다. 피가 있고 눈물이 있는 형제자매들아, 우리가 서로 붙잡고 서로 의지하여 살고서 볼 일이다.
입어라! 조선 사람이 짠 것을. 먹어라! 조선 사람이 만든 것을. 써라! 조선 사람이 지은 것을. 조선 사람, 조선 것

① 신간회 결성의 계기가 되었다.
② 통감부의 탄압으로 실패하였다.
③ 고종의 인산일 즈음에 일어났다.
④ 조선일보와 동아일보가 주도하였다.
⑤ 일부 사회주의 세력의 비판을 받았다.

476

(가)에 들어갈 내용으로 가장 적절한 것은?

▲포스터
▲문자 보급 교재

① 신민회의 창설
② 자치 운동의 확산
③ 농촌 계몽 운동의 전개
④ 민립 대학 설립 운동의 과정
⑤ 제1차 조선 교육령의 주요 내용

477

(가) 단체에 대한 설명으로 옳은 것은?

> 소시민의 개량주의적 정치 집단으로 변질한 현재의 (가) 은/는 무산 계급의 투쟁욕 성장에 장애가 되고 있다. 노동자 투쟁과 농민 투쟁을 강력하게 펼치기 위해서는 (가) 을/를 해소하고 노동자는 노동조합에, 농민은 농민조합에 돌아가서 투쟁해야 한다.

① 6·10 만세 운동을 주도하였다.
② 조선 혁명 간부 학교를 설립하였다.
③ 창조파의 이탈로 세력이 위축되었다.
④ 고종의 강제 퇴위 반대 운동을 전개하였다.
⑤ 기회주의 일체 부인 등의 강령을 내걸었다.

478

(가) 운동에 대한 설명으로 옳은 것은?

> 학생 대중이여! 최후까지 우리의 슬로건을 지지하라! 그리고 궐기하자! 싸우자! 굳세게 싸우자!
> 1. 검거자를 즉시 우리 손으로 탈환하자.
> 2. 교내에 경찰의 침입을 절대 반대한다.
>
> [해설] (가) 당시 제기된 구호이다. 나주역에서 학생들 간의 다툼이 발단이 된 (가) 은/는 광주 지역을 넘어 전국적으로 확산되었다.

① 신간회의 지원을 받았다.
② 3부 성립의 배경이 되었다.
③ 정우회 선언 발표에 영향을 주었다.
④ 대한매일신보 등 언론 기관이 참여하였다.
⑤ 시일야방성대곡이 작성되는 계기가 되었다.

479

(가), (나) 시기 사이에 있었던 사실로 옳은 것은?

> (가) 오랫동안 맹렬히 싸워 오던 암태도 소작 문제는 일단락을 마쳤다는데, …… 지주 문재철 씨는 소작인회의 요구인 4할을 승낙하는 동시에 이천 원을 소작인회에 기부하기로 되었더라.
>
> (나) 원산 노동 연합회에 각 방면으로부터 격려하는 전보와 금품이 들어온다 함은 매일 보도한 바와 같다. …… 재일본 조선 노동 총동맹에서도 지난 7일 긴급 위원회를 열고 정신적으로 원조함은 물론이고 물질적으로도 응원하겠다고 하여 회원들이 3원을 모아 부쳤다.

① 조선어 학회가 조직되었다.
② 조선학 운동이 전개되었다.
③ 브나로드 운동이 추진되었다.
④ 물산 장려 운동이 시작되었다.
⑤ 조선 농민 총동맹이 결성되었다.

480

다음 취지문을 발표한 단체에 대한 설명으로 옳은 것은?

> 공평은 사회의 근본이고, 애정은 인간의 본성이다. 계급을 타파하고 모욕적 칭호를 폐지하며 교육을 권장하여 우리도 참다운 인간이 되고자 하는 것이 본사의 주된 뜻이다. 지금까지 조선의 백정은 어떤 지위와 어떤 압박을 받아 왔던가.

① 진주에서 조직되었다.
② 잡지 어린이를 발행하였다.
③ 관민 공동회에 참여하였다.
④ 민족 혁명당에 참여하였다.
⑤ 신분제가 폐지되는 결과를 이끌어 내었다.

481

(가) 종교에 대한 설명으로 옳은 것은?

일제 강점기에 아이들의 지위는 매우 열악하였다. 교육의 기회를 갖기 어려웠고, 낮은 임금으로 장시간 노동에 시달리기도 하였다. 이에 방정환을 중심으로 (가) 소년회가 조직되어 본격적으로 소년 운동을 전개하였다. 방정환은 아이들을 존중하고 독립된 사회 구성원으로 인정하는 뜻에서 '어린이'라는 말을 사용하였다.

① 나철이 창시하였다.
② 진단 학회를 조직하였다.
③ 개벽, 신여성 등의 잡지를 발간하였다.
④ 의민단을 조직하여 무장 투쟁을 전개하였다.
⑤ 한용운을 중심으로 일본의 통제에 저항하였다.

482

밑줄 친 '우리 군'의 활동으로 옳은 것은?

대전자령의 양쪽은 우뚝 서 있어 그 절벽은 기어 올라갈 수 없는 험악한 골짜기였다. …… 지청천 장군은 우리 군 500명만 선발대로 하고 중국군 2,000명과 혼성하여 교전을 맡기로 하였다. …… 제일 높은 곳에 우리 주력군을 두고, 중간과 아래에 우리 군 백여 명과 중국군을 배치하여 일본군의 후방이 이 고개의 중간을 넘었을 때 일시에 공격하기로 하였다.

① 13도 창의군에 가담하였다.
② 조선 의용군으로 개편되었다.
③ 쌍성보 전투에서 승리하였다.
④ 한일 신협약 체결 직후 해산되었다.
⑤ 홍범도의 대한 독립군과 연합 작전을 펼쳤다.

483

밑줄 친 '이 단체'의 결성 시기를 연표에서 옳게 고른 것은?

만주 사변 이후 일제의 감시와 탄압이 거세어지면서 만주 지역에서 독립운동을 이어가기가 어려워지자 많은 단체들이 중국 관내로 이동하였다. 이들은 노선의 차이를 뛰어넘어 여러 독립운동 단체를 통합하고자 노력하였다. 그 결과 그 결과 중국 난징에서 한국 독립당, 의열단, 신한 독립당, 조선 혁명당, 대한 독립당 등 5개 단체가 통합하여 이 단체를 결성하였다.

	(가)		(나)		(다)		(라)		(마)	
치안 유지법 제정		신간회 결성		윤봉길 의거		조선 의용대 창설		태평양 전쟁 발발		일제 패망

① (가) ② (나) ③ (다) ④ (라) ⑤ (마)

484

(가), (나) 시기 사이에 있었던 사실로 옳은 것만을 보기 에서 고른 것은?

(가) 3대 연합국은 한국 인민의 노예 상태에 유념하여 한국이 적절한 시기에 자유롭게 독립할 것을 결의한다.
(나) 카이로 선언은 이행될 것이며, 일본의 주권은 혼슈, 홋카이도, 규슈, 시코쿠 및 연합국이 결정할 여러 작은 섬에 국한된다.

보기

ㄱ. 얄타 회담이 개최되었다.
ㄴ. 조선 건국 동맹이 조직되었다.
ㄷ. 조선 독립 동맹이 결성되었다.
ㄹ. 대일 선전 성명서가 발표되었다.

① ㄱ, ㄴ ② ㄱ, ㄷ ③ ㄴ, ㄷ
④ ㄴ, ㄹ ⑤ ㄷ, ㄹ

서술형 문제

485

다음을 읽고 물음에 답하시오.

> **제1조** 토지의 조사 및 측량은 이 명령에 따른다.
> **제4조** 토지의 소유자는 조선 총독이 정하는 기간 내에 그 주소, 성명·명칭 및 소유지의 소재, 지목, 자번호, 사방의 경계, 등급, 지적, 결수를 임시 토지 조사 국장에게 신고하여야 한다.

(1) 위 법령에 따라 본격적으로 시행된 사업의 명칭을 쓰시오.
( )

(2) 일제가 위 사업을 시행한 목적을 두 가지 서술하시오.

486

다음을 읽고 물음에 답하시오.

> 요즘 여러분께서 일제히 가게 문을 닫는 일을 단행하신 것에 대해서 저희들은 매우 감격하고 있습니다. …… 오늘날 우리가 부르짖는 것은 자유를 달라 말하는 것입니다. 그리고 여기서의 자유는 미국 대통령 윌슨 씨가 제창한 민족 자결주의로부터 말미암은 것입니다. …… 여러분! 분발해 일어납시다. 우리는 무력은 가지고 있지 않지만 용기는 가지고 있습니다.

(1) 자료에 나타난 민족 운동을 쓰시오.
( )

(2) 위 민족 운동이 끼친 영향을 두 가지 서술하시오.

487

다음을 읽고 물음에 답하시오.

> 훙커우 공원에서는 일왕의 생일과 상하이 사변의 승리를 축하하는 기념식이 열렸다. ○○○은/는 일본 국가가 끝날 무렵 폭탄을 투척하였다. 커다란 폭음과 함께 파편이 사방으로 날았다. 단상에 있던 상하이 파견 군사령관 시라카와 요시노리 대장을 비롯하여 7명은 모두 쓰러졌고 행사장은 아수라장이 되었다.

(1) 위 의거를 주도한 단체를 쓰시오.
( )

(2) 위 의거가 끼친 영향을 두 가지 서술하시오.

488

다음을 읽고 물음에 답하시오.

> 대한민국 임시 정부는 대한민국 원년에 정부가 공포한 군사 조직법에 의거하여 중화민국 총통의 특별 허락으로 중화민국 영토 내에서 (가) 을/를 조직하고 대한민국 22년 9월 17일 (가) 총사령부를 창설함을 선언한다. (가) 은/는 중화민국 국민과 합작하여 우리 두 나라의 독립을 회복하고 자 공동의 적인 일본 제국주의자들을 타도하기 위하여 연합군의 일원으로 항전을 계속한다.

(1) (가) 군사 조직의 명칭을 쓰시오.
( )

(2) 위 군사 조직의 활동을 두 가지 서술하시오.

대한민국의 발전

내 교과서 맞춤 목차

한국사2 867제	미래엔	비상교육	천재교육	동아출판
01 대한민국 정부 수립	1. 냉전 체제와 대한민국 정부 수립	1. 냉전 체제와 대한민국 정부 수립	1. 8·15 광복과 대한민국 정부 수립	1. 8·15 광복과 대한민국 정부 수립
02 6·25 전쟁과 남북 분단의 고착화	2. 6·25 전쟁과 남북 분단의 고착화	2. 6·25 전쟁과 남북 분단의 고착화	2. 6·25 전쟁과 남북 분단의 고착화	2. 6·25 전쟁과 남북 분단의 고착화
03 민주화를 위한 노력	3. 민주화를 위한 노력	3. 민주화를 위한 노력	3. 민주화를 위한 노력	3. 민주주의의 시련과 민주화 운동
04 문화 변동과 일상생활	4. 산업화의 성과와 사회·문화의 변화	4. 산업화의 성과와 사회·환경 문제 ~ 5. 문화 변동과 일상생활	4. 산업화의 성과와 영향 ~ 5. 일상생활의 변화와 대중문화의 성장	4. 산업화와 사회·경제 및 일상의 변화

지학사	씨마스	해냄에듀	리베르스쿨	한국학력평가원
1. 냉전 체제와 대한민국 정부 수립	1. 냉전 체제와 대한민국 정부 수립	주제12~주제14	1. 냉전 체제와 대한민국 정부 수립	1. 냉전 체제와 대한민국 정부 수립
2. 6·25 전쟁과 남북 분단의 고착화	2. 6·25 전쟁과 남북 분단의 고착화	주제15~주제17	2. 6·25 전쟁과 남북 분단의 고착화	2. 6·25 전쟁과 남북 분단의 고착화
3. 민주화를 위한 노력	3. 민주화를 위한 노력	주제18~주제22	3. 민주화를 위한 노력	3. 민주화를 위한 노력
4. 산업화의 성과와 사회·환경 문제 ~ 5. 문화 변동과 일상생활	4. 경제 성장과 사회 변화 ~ 5. 문화 변동과 일상생활	주제23	4. 산업화의 성과와 사회·환경 문제 ~ 5. 문화 변동과 일상생활	4. 산업화의 성과와 사회·환경 문제 ~ 5. 문화 변동과 일상생활

01

Ⅱ 대한민국의 발전

대한민국 정부 수립

빈출 개념
- 모스크바 3국 외상 회의의 결정과 반응
- 대한민국 정부 수립 과정
- 제헌 국회의 활동

1 광복 이후 통일 정부 수립을 위한 노력

(1) 냉전 체제의 형성과 동아시아의 변화

① 냉전 체제의 형성
- 국제 연합[UN] 창설(1945): 전후 국제 평화 도모
- 미·소 대립: 소련의 공산주의 정권 지원, 미국의 트루먼 독트린과 마셜 플랜 발표 등 ➜ 미국 중심의 자본주의 진영과 소련 중심의 공산주의 진영 간 대립 심화

② 동아시아의 변화: 중화 인민 공화국 수립(1949), 극동 위원회의 일본 관리

(2) 광복과 분단

① 광복(1945. 8. 15.): 지속적인 독립운동과 연합군 승리의 결과

② 38도선 설정: 미국의 제의에 따라 북위 38도선을 임시 경계선으로 설정 ➜ 남쪽에 미군, 북쪽에 소련군 주둔 자료❷

③ 미·소 군정의 실시: 미군정(직접 통치), 소군정(간접 통치) 실시

(3) 광복 직후 남한의 정세

① 조선 건국 준비 위원회: 조선 건국 동맹 재편, 치안 유지와 건국 준비 작업 착수 ➜ 조선 인민 공화국 선포 자료❶

(조선 건국 동맹: 광복 직전에 여운형을 중심으로 국내에서 조직된 단체이다.)

② 여러 정치 세력의 대립

한국 민주당	송진우·김성수 중심, 지주·자본가 등 참여, 대한민국 임시 정부 지지, 미군정과 긴밀한 관계 유지
독립 촉성 중앙 협의회	이승만 중심, 한국 민주당과 관계 유지
한국 독립당	김구 중심, 대한민국 임시 정부의 핵심 정당
조선 공산당	박헌영 중심, 남조선 노동당으로 개편

(4) 모스크바 3국 외상 회의와 미소 공동 위원회

★① 모스크바 3국 외상 회의 (1945년 모스크바에서 미국, 영국, 소련의 외무 장관이 한반도 문제 등을 논의하였다.)
- 결정 사항: 한반도에 임시 민주주의 정부 수립, 최고 5년간의 신탁 통치, 미소 공동 위원회 설치 등 자료❸
- 국내 반응: 우익은 반탁 운동 전개, 좌익은 회의의 결정 사항 총체적 지지로 입장 선회

② 미소 공동 위원회

제1차 (1946. 3.)	임시 민주 정부 수립에 포함시킬 협의 대상을 둘러싼 미국과 소련의 대립 ➜ 무기 휴회
제2차 (1947. 5.)	미국과 소련의 대립 지속 ➜ 결렬

(5) 좌우 합작 운동 자료❹

① 배경: 제1차 미소 공동 위원회 결렬, 이승만의 정읍 발언(남한만의 단독 정부 수립 주장)

② 전개: 김규식, 여운형의 주도로 좌우 합작 위원회 결성 ➜ 좌우 합작 7원칙 발표(임시 정부 수립, 토지 개혁, 친일파 처벌 등) ➜ 좌우 의견 충돌, 여운형이 암살되면서 중단

Check! 잘 나오는 선지로 개념 확인하기

1 조선 건국 준비 위원회에 대한 설명으로 옳지 않은 것을 모두 고르시오.

① 광복 직후에 조직되었다.
② 조선 건국 동맹을 기반으로 하였다.
③ 대한민국 임시 헌장을 발표하였다.
④ 국내에서 여운형 등을 중심으로 조직되었다.
⑤ 전국에 지부를 조직하고 치안대를 설치하였다.
⑥ 미군정의 인정을 받았다.
⑦ 좌익 세력과의 갈등으로 일부 우익 세력이 이탈하였다.
⑧ 미군이 한반도에 진주하기 전 조선 인민 공화국 수립을 선포하였다.

2 좌우 합작 위원회에 대한 설명으로 옳은 것을 모두 고르시오.

① 좌우 합작 7원칙을 발표하였다.
② 남한만이라도 단독 정부를 수립해야 한다고 주장하였다.
③ 여운형과 김규식 등 중도 세력이 주도하였다.
④ 한반도 문제가 유엔 총회에 넘겨진 후 결성되었다.
⑤ 김구, 이승만, 조선 공산당 등이 참여하였다.
⑥ 최고 5년간의 신탁 통치 실시를 제안하였다.
⑦ 여운형이 암살된 후 활동이 사실상 중단되었다.
⑧ 토지 개혁, 친일파 처벌 문제 등에서 좌익과 우익의 의견이 충돌하였다.

답 1 ③, ⑥
2 ①, ③, ⑦, ⑧

2 대한민국 정부의 수립

(1) 남북 협상 자료⑤

① **배경**: 제2차 미소 공동 위원회 결렬 이후 미국이 한반도 문제를 유엔에 이관 ➡ 유엔 총회에서 총선거 실시 결정, 유엔 한국 임시 위원단 파견, 소련의 입북 거부 ➡ 유엔 소총회에서 가능한 지역에 한하여 선거 실시 결정

② **전개**: 김구와 김규식 등이 북한 지도부에 회담 제안 ➡ 남북 주요 정당·사회단체 대표자 회의, 남북 정치 지도자 회의 개최(1948. 4.) ➡ 실패

★(2) 대한민국 정부 수립 과정

① **5·10 총선거(1948. 5. 10.)**: 남한만의 총선거(만 21세 국민이 참여한 우리나라 최초의 민주주의 선거), 김구·김규식 등 중도 세력 불참 ➡ 제헌 국회 구성(임기 2년)

② **대한민국 정부 수립**: 제헌 헌법 제정(1948. 7. 17.) ➡ 제헌 국회에서 간접 선거로 이승만을 대통령으로 선출, 대한민국 정부 수립 선포(1948. 8. 15.) 자료⑦

└ 대한민국이 민주 공화국이며 국민에게 주권이 있음을 밝혔다.

(3) 단독 정부 수립을 둘러싼 갈등

① **제주 4·3 사건**: 3·1절 기념 대회 가두 시위에서 경찰의 발포로 사상자 발생 ➡ 책임자 처벌 등을 요구하며 총파업 전개, 강경 진압 ➡ 제주도의 좌익 세력, 일부 주민들이 단독 선거 반대, 통일 정부 수립을 주장하며 무장봉기 ➡ 미군정과 이승만 정부가 봉기를 진압하는 과정에서 다수의 민간인 희생 자료⑥

② **여수·순천 10·19 사건**: 제주 4·3 사건 진압 명령에 반발하여 여수 주둔 군대 내 좌익 세력 등이 무장봉기 ➡ 여수·순천 점령 ➡ 진압 과정에서 민간인 희생

★(4) 제헌 국회의 활동 자료⑧

① **친일파 처벌 노력**

- 내용: 반민족 행위 처벌법 제정(1948. 9.) ➡ 반민족 행위 특별 조사 위원회(반민 특위) 구성 ➡ 반민족 행위자 조사·구속
- 결과: 이승만 정부의 비협조, 국회 프락치 사건, 경찰의 반민 특위 사무실 습격, 법 개정으로 활동 기간 축소 ➡ 성과 미흡

② **농지 개혁 추진**

- 내용: 농지 개혁법 제정(1949) ➡ 한 가구당 최대 3정보 허용, 유상 매입·유상 분배의 원칙 수립 ➡ 개혁 실시(1950)
- 결과: 지주제 폐지, 농민 중심의 토지 소유 확립 등

③ **귀속 재산 처리**: 귀속 재산 처리법 제정(1949) ➡ 농지를 제외한 나머지는 민간에 불하, 불하 과정에서 특정 기업에 특혜

(5) 북한 정권의 수립

① **북조선 임시 인민 위원회**: 주요 산업 국유화, 무상 몰수·무상 분배의 토지 개혁 단행

② **조선 민주주의 인민 공화국 수립**: 최고 인민 회의에서 대의원 선출, 헌법 공포, 김일성을 수상으로 선출 ➡ 조선 민주주의 인민 공화국 수립 선포(1948. 9. 9.)

Check! 잘 나오는 선지로 개념 확인하기

3 **5·10 총선거에 대한 설명으로 옳지 않은 것을 모두 고르시오.**

① 19세 이상 모든 국민에게 투표권을 주었다.
② 보통·평등·직접·비밀 선거 원칙에 따라 치러졌다.
③ 김구, 김규식 등은 선거에 참여하지 않았다.
④ 유엔 한국 임시 위원단의 감시 아래 실시되었다.
⑤ 임기 2년의 제헌 국회 의원이 선출되었다.
⑥ 남조선 노동당 등 좌익 세력은 선거 반대 투쟁을 벌였다.
⑦ 6·25 전쟁 이후에 실시되었다.
⑧ 우리나라 최초의 민주주의 선거였다.
⑨ 제주도에서는 3개 선거구 중 2곳에서 무효 처리되었다.

4 **반민족 행위 특별 조사 위원회에 대한 설명으로 옳은 것을 모두 고르시오.**

① 제헌 국회가 제정한 법률에 따라 설치되었다.
② 위원회의 활동에도 불구하고 친일파 청산이 제대로 이루어지지 못하였다.
③ 친일 협의자를 체포·조사하였다.
④ 이승만 정부의 적극적인 지원을 받았다.
⑤ 조사에 참여한 국회 의원들을 간첩 혐의로 체포한 사건이 발생하였다.
⑥ 반민족 행위 처벌법이 개정되면서 위원회의 활동은 약화되었다.
⑦ 임시 정부 수립에 관한 협의에 참여할 단체를 두고 대립하였다.

답 3 ①, ⑦
4 ①, ②, ③, ⑤, ⑥

STEP 1 O/X 문제로 9종 교과서 핵심 자료 보기

자료 1 조선 건국 준비 위원회(건준)의 강령

미래엔, 동아, 천재, 지학사, 씨마스

1. 우리는 완전한 독립 국가의 건설을 기함.
2. 우리는 전 민족의 정치적, 사회적 기본 요구를 실현할 수 있는 민주주의 정권의 수립을 기함.
3. 우리는 일시적 과도기에 있어서 국내 질서를 자주적으로 유지하며 대중 생활의 확보를 기함.

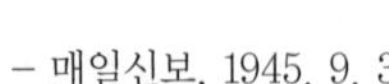

– 매일신보, 1945. 9. 3.

▲ 여운형

489 여운형은 안재홍 등과 함께 조선 건국 동맹을 바탕으로 조선 건국 준비 위원회(건준)를 조직하였다. O/X

490 조선 건국 준비 위원회는 전국 각지에 지부를 두고 치안대를 설치하여 질서를 유지하였다. O/X

491 일부 사회주의 세력이 탈퇴한 이후 조선 건국 준비 위원회는 조선 인민 공화국을 선포하였다. O/X

자료 2 미국과 소련의 한반도 분할 점령

동아, 천재, 지학사, 씨마스, 해냄

1. 북위 38도 이남의 조선 영토와 조선 인민에 대한 통치의 전 권한은 당분간 본관의 권한하에서 시행된다.
2. …… 중요한 사업에 종사하는 자는 별도의 명령이 있을 때까지 종래의 정상적인 기능과 의무를 수행하고 모든 기록과 재산을 보존·보호하여야 한다.

–「태평양 미 육군 총사령관 맥아더 포고령」 제1호, 1945. 9. 9.

▲ 미군정의 통치

조선 사람들이여! 기억하라! 행복은 당신들의 손안에 있다. 당신들은 자유와 독립을 찾았다. 이제는 모든 것이 죄다 당신들에게 달렸다. 붉은 군대는 조선 인민이 자유롭게 창조적 노력에 착수할 만한 모든 조건을 지어 주었다.

–「소련 극동군 제25군 사령관 포고문」 제1호, 1945. 8. 25.

▲ 소련군의 통치

492 광복 직후 북위 38도선을 기준으로 이북 지역에는 소련군이, 이남 지역에는 미군이 주둔하였다. O/X

493 군정을 선포한 미군은 대한민국 임시 정부와 조선 인민 공화국을 모두 인정하였다. O/X

494 소련군은 자신들에게 우호적인 정부를 수립하고자 직접 통치의 방식을 취하였다. O/X

자료 3 모스크바 3국 외상 회의의 결정 사항

미래엔, 비상, 천재, 지학사, 씨마스, 해냄, 리베르

1. 조선을 독립국으로 재건설하고, 민주주의 원칙 위에서 발전하게 하며, 일본이 남긴 잔재들을 청산하기 위해 조선 민주주의 임시 정부를 수립한다.
2. 조선 임시 정부를 수립하고자 …… 남조선 미군 사령부 대표들과 북조선 소련군 사령부 대표들로 공동 위원회를 조직한다.
3. 공동 위원회는 …… 5년 이내를 기한으로 하는 조선에 대한 4개국 신탁 통치 협약을 작성하는 것이다. …… 미·소·영·중 정부의 공동 심의를 받아야 한다.

– 동아일보, 1945. 12. 30.

495 1945년 12월에 미국, 영국, 소련의 외무 장관들은 회의에서 한반도 문제 등을 논의하였다. O/X

496 모스크바 3국 외상 회의에서는 한반도에 민주주의 임시 정부 수립, 최대 5년간 신탁 통치에 관한 협약 작성이 결정되었다. O/X

497 우익 세력은 처음에는 신탁 통치에 반대하다가 회의 결정에 대한 총체적 지지로 입장을 바꾸었다. O/X

자료 4 이승만의 정읍 발언과 좌우 합작 운동

비상, 미래엔, 동아, 씨마스, 리베르

이제 우리는 무기 휴회된 미소 공동 위원회가 재개될 기색도 보이지 않으며 통일 정부를 고대하나 여의케 되지 않으니 남방(남쪽)만이라도 임시 정부 혹은 위원회 같은 것을 조직하여 38 이북에서 소련이 철퇴하도록 세계 공론에 호소하여야 될 것이니 여러분도 결심하여야 될 것이다.

– 서울신문, 1946. 6. 5.

▲ 이승만의 정읍 발언

1. 모스크바 3국 외상 회의의 결정에 따라 남북의 좌우 합작으로 민주주의 임시 정부를 수립할 것
2. 미소 공동 위원회의 속개를 요청하는 공동 성명을 발표할 것
3. 토지는 몰수, 유조건 몰수, 체감 매상 등으로 농민에게 무상으로 분배하고, 중요 산업을 국유화할 것
4. 친일파, 민족 반역자를 처단할 조례를 제정할 것

– 동아일보, 1946. 10. 8.

▲ 좌우 합작 7원칙

498 제1차 미소 공동 위원회가 무기 휴회된 후 이승만은 남한만이라도 임시 정부를 수립해야 한다고 주장하였다. O/X

499 여운형과 김규식 등 중도 세력은 소련군의 지원을 받아 좌우 합작 위원회를 조직하였다. O/X

500 좌우 합작 7원칙은 좌우익 모두의 지지를 받았다. O/X

자료 5 남북 협상

미래엔, 비상, 동아, 천재

한국이 있어야 한국 사람이 있고 한국 사람이 있고야 민주주의도 공산주의도 또 무슨 단체도 있을 수 있는 것이다 …… 나는 통일된 조국을 건설하려다 38선을 베고 쓰러질지언정, 일신의 구차한 안일을 위하여 단독 정부를 세우는 데는 협력하지 않겠다.

– 조선일보, 1948. 2. 12.

▲ 김구의 '삼천만 동포에게 읍고함'

1. 남과 북에서 외국 군대는 즉시 철수해야 한다.
2. 외국군 철수 후 제 남북은 내전과 무질서를 반대한다.
3. 남북 정당 사회단체 협의회를 소집하여 임시 정부를 수립하고 총선거를 통해 입법 기관을 선출한 다음 헌법을 제정하고 통일 정부를 수립한다.
4. 남한의 단독 선거를 반대한다.

▲ 남북 협상 공동 성명(요약)

501 제2차 미소 공동 위원회가 결렬되자 소련은 한국 문제를 유엔에 이관하였다. ○/✕

502 남한만의 단독 선거가 결정되자 김구와 김규식 등은 남북 협상을 추진하였다. ○/✕

503 남북 협상은 남북에서 각각 단독 정부를 수립하는 절차가 진행되면서 성과를 거두지 못하였다. ○/✕

자료 6 제주 4·3 사건

미래엔, 비상, 동아, 천재, 리베르

아매도 사격 직전에 기절해면 쓰러진 모양입니다. 깨난 보니 자기 우에 죽은 살마이 여럿이 포개져 덮여 있었댄 허는 걸 보민. …… 그때 발세 그 아지망은 정신이 어긋나 버린 거라 마씸.

▲ 현기영, 『순이삼촌』

제1조 (목적)
이 법은 제주 4·3 사건의 진상을 규명하고 이 사건과 관련된 희생자와 그 유족들의 명예를 회복시켜 줌으로써 인권 신장과 민주 발전 및 국민 화합에 이바지함을 목적으로 한다.

▲ 제주 4·3 사건 진상 규명 및 희생자 명예 회복에 관한 특별법

504 제주도의 좌익 세력 등이 단독 정부 수립 반대를 내세우며 무장봉기를 일으켰다. ○/✕

505 제주도에서 일어난 봉기를 진압하는 과정에서 수만 명의 민간인이 희생되었다. ○/✕

506 이승만 정부가 제주도 출동 명령을 내리자 여수 군부대의 좌익 세력 등이 반발하였다. ○/✕

자료 7 제헌 헌법

미래엔, 비상, 천재, 지학사

제1조 대한민국은 민주 공화국이다.
제2조 대한민국의 주권은 국민에게 있고 모든 권력은 국민으로부터 나온다.
제8조 모든 국민은 법률 앞에 평등하며 성별, 신앙 또는 사회적 신분에 의하여 정치적 · 경제적 · 사회적 생활의 모든 영역에 있어서 차별을 받지 아니한다.

507 5·10 총선거는 만 21세 이상 국민이 참여한 우리나라 최초의 민주주의 선거였다. ○/✕

508 제헌 국회는 헌법에 따라 국회에서 간접 선거로 이승만을 대통령으로 선출하였다. ○/✕

509 제헌 헌법은 대한민국 정부가 대한민국 임시 정부의 법통을 계승한 민주 공화국임을 밝혔다. ○/✕

자료 8 제헌 국회의 활동

천재, 지학사, 씨마스, 해냄

1. 일본 정부와 통모해 한일 합병에 적극 협력한 자, 한국의 주권을 침해하는 조약이나 문서에 조인 또는 모의한 자
2. 일본 정부로부터 작위를 받은 자 또는 일본 제국 의회 의원이었던 자
3. 일본 치하 독립운동가나 그 가족을 악의로 살상·박해한 자 또는 이를 지휘한 자
4. 개인적 영달을 위해 일제에 협력한 자

▲ 반민족 행위 처벌법에 규정된 반민족 행위자

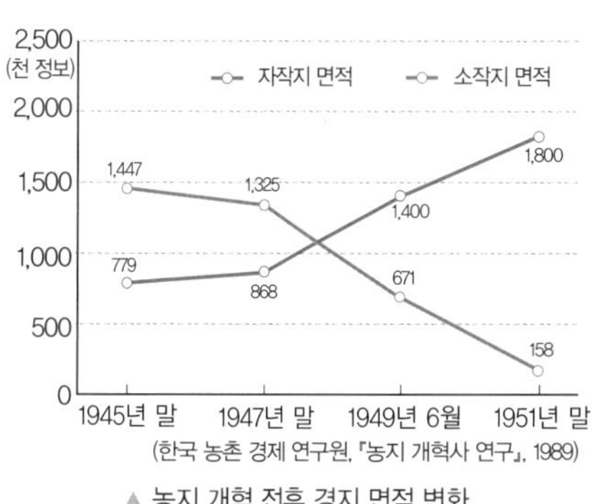

(한국 농촌 경제 연구원, 『농지 개혁사 연구』, 1989)

▲ 농지 개혁 전후 경지 면적 변화

510 제헌 국회가 제정한 반민족 행위 처벌법(반민법)에 따라 반민족 행위 특별 조사 위원회가 구성되었다. ○/✕

511 이승만 대통령은 반민족 행위 특별 조사 위원회(반민 특위)의 활동을 적극적으로 지원하였다. ○/✕

512 농지 개혁은 무상 매수·무상 분배 방식으로 실시되었다. ○/✕

STEP 2 객관식 풀어 보기

513

다음 선언이 끼친 영향으로 적절하지 않은 것은?

> 나는 지중해 지역에서 공산주의 사상 침투에 방벽적 역할을 하고 있는 그리스, 터키 양국에 대하여 4억 달러의 차관을 부여할 것과 미국이 군사 고문을 두 나라에 파견할 것을 의회가 승인하여 주기를 바란다. – 미국 대통령(1947)

① 코민포름 결성
② 마셜 플랜 추진
③ 국제 연합 창설
④ 북대서양 조약 기구 결성
⑤ 동유럽 경제 상호 원조 회의 조직

514

(가)에 들어갈 사건으로 옳은 것만을 보기 에서 고른 것은?

> 유럽의 냉전은 …… 미국과 치열한 군비 경쟁을 부추겼다. 미국의 국방 예산은 대폭 증가하였고, 소련도 핵무기 개발에 박차를 가하였다. 냉전이 세계적으로 확산되면서 아시아에서는 (가) 와/과 같은 전쟁이 일어나기도 하였다.

보기

ㄱ. 국공 내전	ㄴ. 러일 전쟁
ㄷ. 청일 전쟁	ㄹ. 베트남 전쟁

① ㄱ, ㄴ ② ㄱ, ㄹ ③ ㄴ, ㄷ
④ ㄴ, ㄹ ⑤ ㄷ, ㄹ

515

다음 연설이 나오게 된 배경으로 옳은 것은?

> 어제 엔도가 나를 불러 "과거 두 민족이 합하였던 것이 조선에 잘못됐던가는 다시 말하고 싶지 않다. 오늘날 나누는 때에 서로 좋게 나누는 것이 좋겠다. 오해로 피를 흘리고 불상사를 일으키지 않도록 민중을 지도하여 주기를 바란다."라고 하였습니다. 나는 다섯 가지 조건을 요구하였습니다. …… 우리가 지난날의 아프고 쓰리던 것을 이 자리에서 다 잊어버리고 이 땅에다 합리적·이상적 낙원을 건설하여야 합니다.

① 평양에서 남북한 지도자 회의가 열렸다.
② 사이토 총독이 부임하여 시정 방침을 발표하였다.
③ 국내외 독립운동의 결과 8·15 광복을 맞이하였다.
④ 중도 세력을 중심으로 좌우 합작 위원회가 결성되었다.
⑤ 모스크바 3국 외상 회의에서 한국 문제 등을 논의하였다.

516 난이도 상

다음 선언과 강령을 발표한 단체의 활동으로 옳지 않은 것은?

> 본 준비 위원회는 우리 민족을 진정한 민주주의적 정권으로 재조직하기 위한 새 국가 건설의 준비 기관인 동시에 모든 진보적 민주주의적 제 세력을 집결하기 위하여 각계 계층에 완전히 개방된 통일 기관이요, 결코 혼잡한 협동 기관은 아니다.
> 1. 우리는 완전한 독립 국가의 건설을 기함
> 2. 우리는 전 민족의 정치적, 사회적 기본 요구를 실현할 수 있는 민주주의 정권의 수립을 기함
> 3. 우리는 일시적 과도기에 있어서 국내 질서를 자주적으로 유지하며 대중 생활의 확보를 기함

① 좌우 합작 7원칙을 발표하였다.
② 조선 인민 공화국 수립을 선포하였다.
③ 좌우 합작 형태로 조직되어 민중의 지지를 받았다.
④ 광복 직후 국내 질서를 자주적으로 유지하는 데 기여하였다.
⑤ 민족의 역량을 하나로 모아 독립 국가를 건설하려는 목적으로 설립되었다.

517

(가)에 들어갈 조직에 대한 설명으로 옳은 것은?

조선 건국 동맹 → (가) → 조선 인민 공화국 선포

① 지주와 기업가 출신들이 중심이 되어 조직하였다.
② 일제의 패망에 대비하여 건국 강령을 발표하였다.
③ 친일파 처벌을 위한 특별법에 근거하여 활동하였다.
④ 광복 직후 국내 각 지역의 행정과 치안을 담당하였다.
⑤ 미군정이 남한의 유일한 합법적인 통치 기구로 인정하였다.

518

밑줄 친 '발표'가 있었던 시기를 연표에서 옳게 고른 것은?

하지 중장이 이끄는 미군이 인천에 상륙하였다. 미군은 서울로 입성한 직후 조선 총독부로부터 모든 권한을 넘겨받았다. 조선 총독부 건물에는 일장기 대신 성조기가 걸렸다. 서울에 들어온 미군은 포고령을 발표하여 북위 38도선 이남 영토와 조선 인민에 대한 통치권을 행사할 것임을 알리고, 미군정의 명령에 복종할 것을 요구하였다.

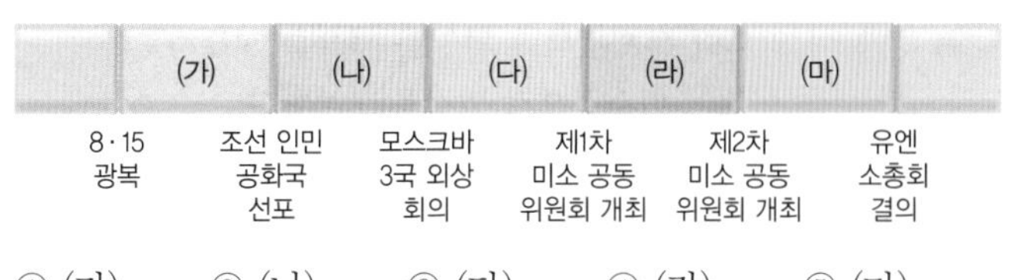

① (가) ② (나) ③ (다) ④ (라) ⑤ (마)

519

다음 조치의 결과로 옳은 것만을 보기 에서 고른 것은?

제1조 북위 38도 이남의 조선 영토와 조선 인민에 대한 통치의 전 권한은 당분간 나의 권한하에서 시행한다.
제3조 점령군에 대한 모든 반항 행위 또는 공공 안녕을 교란하는 행위를 감행하는 자에 대해서는 용서 없이 엄벌에 처할 것이다.

보기

ㄱ. 조선 건국 준비 위원회가 각 지역의 치안을 담당하였다.
ㄴ. 대한민국 임시 정부 요인들이 개인 자격으로 귀국하였다.
ㄷ. 조선 인민 공화국에 참여한 세력이 위축되기 시작하였다.
ㄹ. 38도선을 경계로 남쪽에 미군이, 북쪽에 소련군이 들어왔다.

① ㄱ, ㄴ ② ㄱ, ㄷ ③ ㄴ, ㄷ
④ ㄴ, ㄹ ⑤ ㄷ, ㄹ

520

밑줄 친 ㉠~㉤에 대한 설명으로 옳지 않은 것은?

본관은 조선인이 오랫동안 노예처럼 지내 온 사실과 ㉠ 적당한 시기에 조선을 해방 독립시킨다는 결정을 명심하고 있다. …… 이에 따라 다음과 같이 점령에 관한 조건을 공포한다.
제1조 조선 ㉡ 북위 38도선 이남 지역과 주민에 대한 ㉢ 모든 행정권은 당분간 본관의 권한하에서 실행한다.
제2조 정부 공동 단체 또는 기타 명예 직원과 고용인 또는 공익 사업, 공중 위생을 포함한 공공 사업에 종사하는 직원과 고용인은 유급 무급을 불문하고, 또 기타 제반 중요한 직업에 종사하는 자는 별도의 명령이 있을 때까지 ㉣ 종래의 직무에 종사하고 또한 모든 기록과 ㉤ 재산을 보존하고 보관해야 한다.

① ㉠- 카이로 회담에서 처음 결정되었다.
② ㉡- 미국의 제의로 획정되었다.
③ ㉢- 일제의 정부 수립 활동을 부정하였다.
④ ㉣- 친일파 처단이 어려워지는 결과를 가져왔다.
⑤ ㉤- 귀속 재산을 처리하려는 강력한 의지를 표명한 것이다.

521

다음은 어느 인물의 연보이다. (가)에 들어갈 내용으로 옳은 것은?

1944년 조선 건국 동맹 결성
1945년 조선 건국 준비 위원회 조직
1946년 (가)
1947년 서울 혜화동에서 피살

① 한국 민주당 창당
② 5·10 총선거에 참여
③ 정읍에서 남한만의 단독 정부 수립 주장
④ 미군정의 지원으로 좌우 합작 위원회 조직
⑤ 남북 제 정당 사회단체 대표자 연석 회의 참석

522

(가) 정당에 대한 설명으로 옳은 것은?

미군의 한반도 진주 소식이 알려지자 보수적인 우익 세력은 송진우, 김성수, 조병옥 등을 중심으로 (가) 을/를 결성하였다. 이들은 미군정의 지속적인 지원과 탄탄한 경제력을 바탕으로 군정 고문, 지방 관리, 경찰 등의 요직을 차지하며 정치적 영향력을 확대하였다.

① 정읍 발언을 발표하였다.
② 신탁 통치 반대 운동을 전개하였다.
③ 조선 건국 준비 위원회 결성을 주도하였다.
④ 모스크바 3국 외상 회의 결정에 찬성하였다.
⑤ 김구, 김규식과 함께 남북 협상에 참여하였다.

523

다음 성명서를 발표한 단체에 대한 설명으로 옳은 것은?

우리는 해외에서 돌아오는 대한민국 임시 정부를 맞이하여 완전한 자유 독립 정부가 되도록 지지하고 육성하지 않으면 안 될 것이다. '인민 공화국' 운운하며 정부를 참칭하고 국제적으로 승인된 우리 임시 정부를 부인하는 무리가 있다면 어찌 3천만 민중이 용납할 바이랴.

① 좌우익 인사들이 함께 결성하였다.
② 대한민국 정부 수립에 참여하였다.
③ 삼균주의에 기초하여 토지 국유화를 주장하였다.
④ 전국적으로 치안대를 조직하여 질서를 유지하였다.
⑤ 미군정의 후원을 받아 좌우 합작 운동을 주도하였다.

524

1945년 12월에 열린 모스크바 3국 외상 회의의 결정 내용으로 옳은 것만을 보기 에서 고른 것은?

보기

ㄱ. 한국민의 노예적 상태에 유의하여 적당한 절차를 거쳐 한국을 자주독립시킨다.
ㄴ. 최고 5개년에 걸친 한국의 신탁 통치 문제를 미·소·영·중의 공동 심의에서 다룬다.
ㄷ. 한국을 독립 국가로 재건하고 민주적 발전을 이룰 수 있도록 임시 민주주의 정부를 수립한다.
ㄹ. 한국이 일본의 통제로부터 완전한 자유를 획득하도록 신탁 통치 이전에 한시적으로 민정을 실시한다.

① ㄱ, ㄴ ② ㄱ, ㄷ ③ ㄴ, ㄷ
④ ㄴ, ㄹ ⑤ ㄷ, ㄹ

525

다음은 광복 후 우리나라의 문제 해결을 위한 국제 회의의 결정을 요약한 것이다. (가)에 들어갈 내용으로 옳은 것은?

> • 조선을 독립 국가로 재건설하며 민주주의 국가로 발전시키는 동시에, 가혹한 일본의 조선 통치 잔재를 빨리 청산하기 위해 조선에 임시 민주주의 정부를 수립한다.
> • (가)
> • 이들의 역할은 조선 인민의 정치적, 경제적, 사회적 진보와 민주주의의 발전 및 독립 국가 수립을 도와줄 방안을 만드는 것이다. 또, 조선 임시 정부 및 민주주의 단체를 참여시키도록 한다.

① 대한민국 임시 정부를 승인하는 방안을 논의한다.
② 미국과 소련이 공동으로 참여하는 위원회를 설치한다.
③ 한반도 통일 정부를 구성하는 구체적 절차를 논의한다.
④ 정부 수립을 논의하기 위해 좌우 합작 위원회를 설치한다.
⑤ 일본 군대를 무장 해제한 후 미·소 양국 군대 철수를 논의한다.

526

모스크바 3국 외상 회의 직후의 국내 상황으로 옳은 것만을 보기 에서 고른 것은?

> **보기**
> ㄱ. 좌우의 대립이 격화되었다.
> ㄴ. 제주 4·3 사건이 발생하였다.
> ㄷ. 미소 공동 위원회가 설치되었다.
> ㄹ. 유엔 감시 아래 남북한 총선거가 실시되었다.

① ㄱ, ㄴ ② ㄱ, ㄷ ③ ㄴ, ㄷ
④ ㄴ, ㄹ ⑤ ㄷ, ㄹ

527

다음 선언이 발표된 시기를 연표에서 옳게 고른 것은?

> 동포여!
> 8·15 이전과 이후 피차의 과오와 마찰을 청산하고서 우리 정부 밑에 모이자. 그리하여 그 지도하에 3천만의 총역량을 발휘하여 신탁 관리제를 배격하는 국민운동을 전개하여 자주 독립을 완전히 획득하기까지 3천만 전 민족의 피 한 방울까지라도 흘려서 싸우는 항쟁을 개시하자.

1945. 8.		1945. 12.		1946. 3.		1947. 5.		1947. 11.		1948. 5.
	(가)		(나)		(다)		(라)		(마)	
8·15 광복		모스크바 3국 외상 회의		제1차 미소 공동 위원회		제2차 미소 공동 위원회		유엔 한국 임시 위원단 내한		5·10 총선거

① (가) ② (나) ③ (다) ④ (라) ⑤ (마)

528 난이도 상

다음 자료와 관련된 정치 활동에 대한 설명으로 옳은 것만을 보기 에서 고른 것은?

> 우리가 반대하는 의사의 내용은 외래 세력의 우리 내정 간섭에 대한 배격이다. 연합국에 대하여 장래 아국과의 우호 관계와 세계 평화를 위하여 우리나라를 즉시 독립 국가로 인정해 달라는 것이다.

> **보기**
> ㄱ. 김구와 한국 민주당이 적극적으로 나섰다.
> ㄴ. 모스크바 회의의 신탁 통치 결정에 반발한 것이다.
> ㄷ. 반미 운동으로 연결되면서 미군정의 탄압을 받았다.
> ㄹ. 좌익 세력이 참여하면서 민중의 지지를 얻게 되었다.

① ㄱ, ㄴ ② ㄱ, ㄷ ③ ㄴ, ㄷ
④ ㄴ, ㄹ ⑤ ㄷ, ㄹ

529

다음 주장을 펼친 세력에 대한 설명으로 옳은 것은?

> 모스크바 3국 회담의 결정은 조선을 위하여 가장 정당한 것이라고 우리는 인정한다. 문제의 5년 기한은 그 책임이 3국 회의에 있는 것이 아니라 사실은 우리 민족 자체의 결정, 장구한 일본 지배의 해독과 민족적 분열에 있다고 우리는 반성하지 않으면 안 된다. …… 카이로 회담이 조선 독립을 적당한 시기에 준다는 것인데, 이 적당한 시기라는 것이 이번 회담에서 5년 이내로 규정된 것이다.

① 반탁 운동을 반소·반공 운동으로 발전시켰다.
② 소련에 의해 임시 정부 참여 세력으로 분류되었다.
③ 남북한에 각각 단독 정부를 수립할 것을 제시하였다.
④ 모스크바 협정의 주된 결정이 신탁 통치에 있다고 보았다.
⑤ 미군정이 실시되면서 조선 건국 준비 위원회에서 탈퇴하였다.

530

(가)에 대한 설명으로 옳은 것만을 보기 에서 고른 것은?

> [(가)]의 역할은 조선인의 정치적·경제적·사회적 진보와 민주주의 발전 및 조선 독립 국가 수립을 도와줄 방안을 만드는 것이다. [(가)]은/는 미·영·소·중 4국 정부가 최고 5년 기간의 4개국 통치 협약을 작성하는 데 공동으로 참작할 수 있는 제안을 조선 임시 정부와 협의하여 제출해야 한다.

보기

ㄱ. 미국, 영국, 소련, 중국 대표로 구성되었다.
ㄴ. 한반도 문제를 유엔에 상정할 것을 결정하였다.
ㄷ. 미국, 영국, 소련 3국 외무 장관의 합의에 따라 설치되었다.
ㄹ. 임시 정부 수립을 위한 협의 대상 선정 문제 때문에 결렬되었다.

① ㄱ, ㄴ ② ㄱ, ㄷ ③ ㄴ, ㄷ
④ ㄴ, ㄹ ⑤ ㄷ, ㄹ

531

다음 위원회에 대한 설명으로 옳은 것은?

> • 임시 정부 구성을 원조할 목적으로 …… 위원회를 설치한다. 그 위원회는 조선의 민주주의 정당 및 사회단체와 협의하여야 한다.
> • 우리 위원회는 조선을 독립 국가로 재건설하며 …… 조선에서 일본이 오랫동안 통치함으로 생긴 참담한 결과를 가급적 속히 청산한다는 결정을 지지한다.

① 신탁 통치 실시에 반대하였다.
② 김규식과 여운형이 주도하였다.
③ 모스크바 3국 외상 회의의 결정에 따라 설치되었다.
④ 친일파 처벌을 위한 특별법에 근거하여 활동하였다.
⑤ 조선 인민 공화국을 선포하고 조직을 인민 위원회로 개편하였다.

532

㉠에 들어갈 내용으로 옳은 것은?

> • 갑: 제1차 미소 공동 위원회가 무기 휴회된 이후의 정치 상황은 어떻게 전개되었니?
> • 을: 좌익과 우익의 대립이 커지고 남북 분단의 가능성이 높아졌어.
> • 병: 그래서 여운형과 김규식이 중심이 되어 ____㉠____

① 국민 대표 회의를 개최하였어.
② 민족 유일당 운동을 전개하였어.
③ 좌우 합작 위원회를 결성하였어.
④ 독립 촉성 중앙 협의회를 조직하였어.
⑤ 반민족 행위 특별 조사 위원회를 발족하였어.

533

다음 대화와 관련된 단체에 대한 설명으로 옳은 것은?

- 김규식: 남북을 통한 좌우 합작으로 민주주의 임시 정부를 수립합시다.
- 여운형: 그럼요. 토지를 개혁하여 농민에게 분배하고 중요 산업은 국유화해서 살길도 찾아가지요.

① 김구 및 이승만 세력은 참여하지 않았다.
② 모스크바 3국 외상 회의 결정으로 설치되었다.
③ 친일파 처벌에 대해서는 유보적 입장을 취하였다.
④ 제2차 미소 공동 위원회가 결렬되면서 구성되었다.
⑤ 미·소 양군 철수, 남북 지도자 협상에 따른 총선거를 주장하였다.

534 난이도 상

㉠에 해당하는 내용으로 옳지 않은 것은?

〈신문 만평으로 보는 현대사〉

▲ 여운형 ▲ 김규식

위 그림은 여운형과 김규식이 주도한 합작 운동을 극좌 세력과 극우 세력이 방해하는 상황을 나타내고 있다. 두 인물의 주도로 결성된 위원회는 좌익 세력의 주장 5가지와 우익 세력의 주장 8가지를 절충하여 ㉠ 7개의 원칙을 만들었다.

① 미소 공동 위원회를 속개할 것
② 민족 반역자를 처단할 조례를 제정할 것
③ 좌우 합작으로 민주주의 임시 정부를 수립할 것
④ 언론, 집회, 결사, 출판, 교통, 투표의 자유를 보장할 것
⑤ 무상 몰수·무상 분배 원칙에 따라 토지 개혁을 실시할 것

535

광복 이후 발표된 다음 원칙의 (가)에 들어갈 내용으로 옳은 것만을 보기 에서 고른 것은?

- 조선의 민주 독립을 보장한 모스크바 3국 외상 회의 결정에 의하여 남북을 통한 좌우 합작으로 민주주의 임시 정부를 수립할 것
- 미소 공동 위원회 속개를 요청하는 공동 성명을 발표할 것
- (가)

보기

ㄱ. 유엔 소총회의 결의에 따라 총선거를 실시할 것
ㄴ. 외국군 철수 후 남북은 내전과 무질서에 반대할 것
ㄷ. 토지 개혁에 있어 몰수, 유상 매수 등의 조건을 따를 것
ㄹ. 친일 반민족 행위자 처리는 새로 구성할 입법 기구에서 심의 결정할 것

① ㄱ, ㄴ ② ㄱ, ㄷ ③ ㄴ, ㄷ
④ ㄴ, ㄹ ⑤ ㄷ, ㄹ

536

다음 원칙을 둘러싼 당시 각 정치 세력의 입장에 대한 설명으로 옳은 것만을 보기 에서 고른 것은?

3. 토지 개혁에 있어 몰수, 유조건 몰수, 체감 매상 등으로 토지를 농민에게 무상으로 나누어 주며, 주요 산업을 국유화할 것
4. 친일파 및 민족 반역자를 처리할 조례를 본 합작 위원회에서 입법 기구에 제안하여 입법 기구로 하여금 심리 결정하여 실시케 할 것

보기

ㄱ. 이승만은 정부 수립을 앞당기자며 이 원칙에 적극 찬성하였다.
ㄴ. 조선 공산당은 유상 몰수는 지주를 위한 것이라며 반대하였다.
ㄷ. 김구는 이 원칙에 반대하며 남북 정치 지도자 회담을 제안하였다.
ㄹ. 한국 민주당은 토지를 무상으로 분배하면 국가 재정이 파탄날 것이라며 반대하였다.

① ㄱ, ㄴ ② ㄱ, ㄷ ③ ㄴ, ㄷ
④ ㄴ, ㄹ ⑤ ㄷ, ㄹ

537

밑줄 친 ㉠의 결과를 가져온 내용으로 보기 어려운 것은?

> 1946년 5월 미소 공동 위원회는 결실을 거두지 못하고 무기한 휴회되었다. 일부 정치 지도자들은 좌우 대립을 극복하고 통일 정부를 수립하기 위해서 좌우 합작 위원회를 구성하였다. 그러나 좌익과 우익이 각각 내세운 합작 조건은 ㉠ 좌우 합작을 가로막았다.

① 미소 공동 위원회 속개를 요청한다.
② 미군정의 입법 기구 창설을 반대한다.
③ 토지의 유상 몰수와 무상 분배를 반대한다.
④ 미군정은 정권을 인민 위원회로 즉시 이양하여야 한다.
⑤ 친일파 민족 반역자는 즉각적으로 완전히 배제하여야 한다.

538

(가), (나) 시기 사이에 있었던 사실로 옳은 것만을 보기 에서 고른 것은?

> (가) 1946년 5월 9일 소련 대표 스티코프 이하 수행원 일동이 평양으로 귀환하였다. 4월 27일 하지 중장의 성명을 계기로 우익 정당 단체들이 공위에 참여할 뜻을 표명하였고, 이에 따라 미국 측은 지난 7일 남한에서 공동 성명 제7호에 서명할 단체로 우익 21개, 좌익 4개 정당 단체를 결정하였다.
> (나) 1947년 10월 18일 미소 공위 제62차 본회의에서 미국 측 수석 대표 브라운은 유엔에서 한국 문제 토론이 끝날 때까지 공위 업무의 중단을 제의하였다. 이에 대해 소련 측 수석 대표 스티코프는 소련 대표단의 서울 철수를 발표하고 일행 50명은 평양을 떠났다.

보기

ㄱ. 평양에서 김구 등의 남북 지도자 회의가 개최되었다.
ㄴ. 유엔 소총회에서 남한만의 총선거 실시를 가결하였다.
ㄷ. 이승만은 정읍에서 남한만의 단독 정부 수립을 주장하였다.
ㄹ. 여운형과 김규식을 중심으로 좌우 합작 위원회가 조직되었다.

① ㄱ, ㄴ ② ㄱ, ㄷ ③ ㄴ, ㄷ
④ ㄴ, ㄹ ⑤ ㄷ, ㄹ

539

(가), (나) 인물에 대한 설명으로 옳은 것은?

> (가) 이제 우리는 무기 휴회된 미소 공동 위원회가 재개될 기색도 보이지 않으며, 통일 정부를 고대하나 여의치 않게 되었으니 남쪽만이라도 임시 정부 혹은 위원회 같은 것을 조직하여 38도선 이북에서 소련이 철퇴하도록 세계 공론에 호소하여야 한다.
> (나) 현실에 있어서 나의 유일한 염원은 3천만 동포와 손을 잡고 통일된 조국의 달성을 위하여 공동 분투하는 것뿐이다. 이 육신을 조국이 필요로 한다면 당장에라도 제단에 바치겠다. 나는 통일된 조국을 건설하려다 38도선을 베고 쓰러질지언정 일신에 구차한 안일을 취하여 단독 정부를 세우는 데에는 협력하지 아니하겠다.

① (가)– 신한청년당의 대표로 파리 강화 회의에 독립 청원서를 제출하였다.
② (가)– 대한민국 임시 정부의 초대 대통령으로 임시 정부를 마지막까지 이끌었다.
③ (나)– 한국광복군 창립에 기여하고, 한국 독립당을 이끌었다.
④ (나)– 조선 건국 준비 위원회를 조직하여 각 지역의 치안과 행정을 담당하였다.
⑤ (가)와 (나)– 민족 통합을 위해 친일파 처벌에 반대하였다.

540

(가)에 들어갈 내용으로 옳은 것은?

[한국사 퀴즈 대회 대본]

• 사회자: 역사 인물 알아 맞히기입니다. 총 다섯 단계의 힌트를 드릴 것인데요. 단계에 따라 획득 점수가 달라집니다.

1단계	2단계	3단계	4단계	5단계
독립 운동가	한인 애국단 조직	임시 정부 주석	개인 자격으로 귀국	(가)

① 남북 협상 추진
② 5·10 총선거 참여
③ 조선 혁명 선언 집필
④ 북로 군정서 총사령관
⑤ 대한민국 정부 초대 대통령

541

다음 선언문이 발표된 배경으로 가장 적절한 것은?

> 이 길은 오직 남북 협상에 있다. 남북 통일을 지상 과제로 한 정치적 합작에 있다. …… 자주독립을 달성할 때까지 후속을 위촉한 3·1 선언의 고사를 인용하거니와 '최후의 일각까지 최후의 일인까지' 남북 협상의 태도를 추진하여 통일 국가의 수립을 기필하자.

① 미국은 한반도 문제를 유엔에 상정하였다.
② 유엔 소총회에서 남한만의 단독 선거가 결정되었다.
③ 여운형과 김규식이 좌우 합작 위원회를 조직하였다.
④ 여수·순천에서 군대 내 좌익 세력이 무장봉기를 일으켰다.
⑤ 이승만이 정읍에서 남한만의 단독 정부 수립을 주장하였다.

542

다음 성명서가 발표된 시기를 연표에서 옳게 고른 것은?

> 2. 남북 제 정당 사회단체 지도자는 우리 강토에서 외국 군대가 철거한 이후에 내전이 발생될 수 없다는 것을 확인하며, 또한 그들은 통일에 대한 조선 인민의 소망에 배치되는 어떠한 무질서의 발생도 허용하지 않을 것이다.
> 4. 천 만여 명 이상을 망라한 남조선 제정당 사회단체들이 남조선 단독 선거를 반대하느니만큼 유권자 수의 절대 다수가 반대하는 남조선 단독 선거는 …… 기만에 불과한 선거가 될 뿐이다.

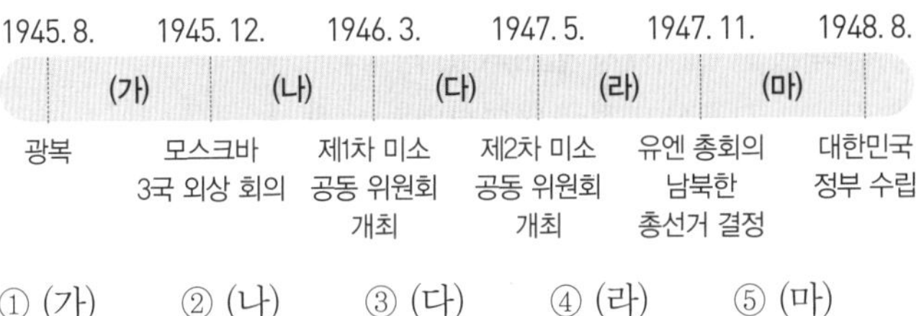

① (가) ② (나) ③ (다) ④ (라) ⑤ (마)

543

다음 다큐멘터리 구성안의 '장면2'에 들어갈 내용의 제목으로 가장 적절한 것은?

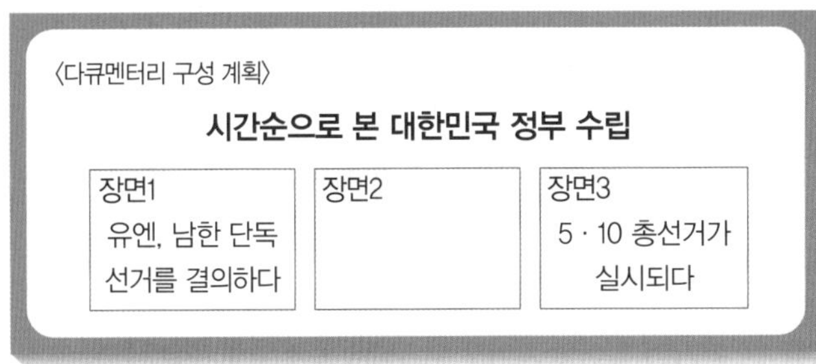

① 조선 인민 공화국을 선포하다
② 여수·순천 10·19 사건이 일어나다
③ 모스크바 3국 외상 회의가 개최되다
④ 대한민국 임시 정부 요인이 돌아오다
⑤ 김구와 김규식이 남북 협상을 전개하다

544 난이도 상

(가) 시기에 있었던 사실로 옳지 않은 것은?

> 유엔은 신탁 통치를 거치지 않고 한국을 독립시키며 유엔 한국 임시 위원단의 감시 아래 인구 비례에 따라 총선거를 실시하여 통일 정부를 수립하자는 미국의 상정안을 가결시켰다.

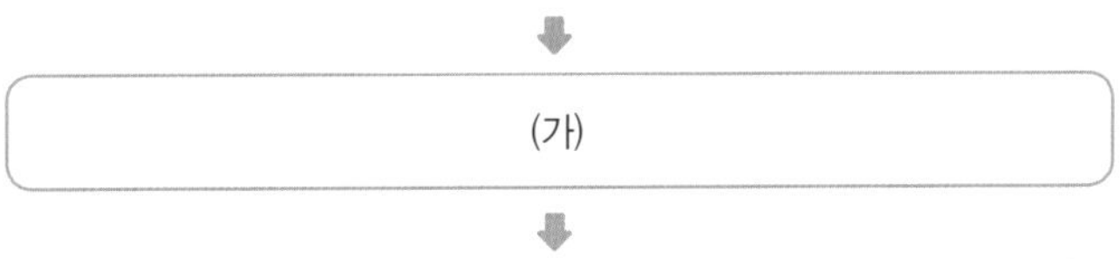

① 김구와 김규식은 남북 협상을 시도하였다.
② 국군 내의 좌익 세력이 여수와 순천을 점령하였다.
③ 대한민국 임시 정부의 법통을 계승한 헌법이 제정되었다.
④ 소련은 유엔 한국 임시 위원단의 북한 방문을 거부하였다.
⑤ 제주도에서 좌익 세력의 주도로 단독 정부 수립에 반대하는 봉기가 일어났다.

[545~546] 다음을 읽고 물음에 답하시오.

19△△년 3월 1일 경찰의 발포 사건을 기점으로 하여 경찰과 서북 청년회의 탄압에 대한 저항과 단선·단정 반대를 기치로 19△△년 4월 3일 남로당 제주도당 무장대가 봉기한 이래 19△△년 9월 21일 한라산 금족 지역이 전면 개방될 때까지 제주도에서 발생한 무장대와 토벌대 간의 무력 충돌과 토벌대의 진압 과정에서 수많은 주민이 희생당한 사건이다.

545

밑줄 친 '봉기'가 일어난 시기를 연표에서 옳게 고른 것은?

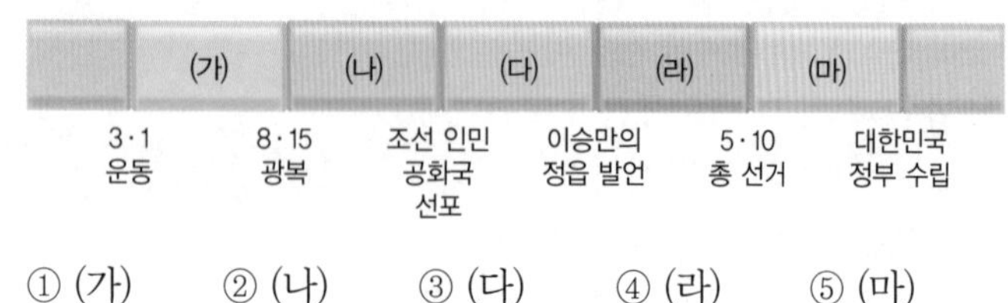

① (가) ② (나) ③ (다) ④ (라) ⑤ (마)

546

위 사건에 대한 탐구 활동으로 가장 적절한 것은?

① 국군 내 좌익 세력이 점령한 지역을 알아본다.
② 우금치 전투에서 벌어진 사건의 경과를 찾아본다.
③ 암태도 농민들이 지주에게 요구한 사항을 분석한다.
④ 원산 노동자들이 총파업을 감행한 배경을 살펴본다.
⑤ 단독 정부 수립에 대한 반발로 일어난 사건들을 조사한다.

547

(가)~(라)를 일어난 순서대로 바르게 나열한 것은?

(가) 8·15 광복 (나) 대한민국 정부 수립
(다) 미소 공동 위원회 개최 (라) 유엔 한국 임시 위원단 내한

① (가) - (나) - (다) - (라) ② (가) - (다) - (라) - (나)
③ (나) - (다) - (라) - (가) ④ (나) - (라) - (다) - (가)
⑤ (다) - (나) - (가) - (라)

548

다음 구호를 내세운 선거에 대한 설명으로 옳은 것은?

총선거 5월 10일! 총선거로 독립문은 열린다!
기권은 국민의 수치, 투표는 애국민의 의무!

① 남북한 전 지역에서 실시되었다.
② 김구와 김규식이 적극 참여하였다.
③ 제헌 국회 의원을 선출하는 선거였다.
④ 좌우 합작 위원회의 주도로 실시되었다.
⑤ 미소 공동 위원회의 결정으로 실시되었다.

549

밑줄 친 '총선거'에 대한 설명으로 옳지 않은 것은?

> 이번 우리 총선거의 대성공을 모든 우방들이 칭찬하기에 이른 것은 우리 애국 남녀가 단순한 애국심으로 각각 직책을 다한 연고입니다. …… 지나간 40년 동안 잃어버린 세월을 다시 회복해서 세계 문명국에 경쟁할 것이니 나의 사랑하는 3천만 남녀는 이날부터 더욱 분투 용진해서 날로 새로운 백성을 이룸으로써 새로운 국가를 만년 반석 위에 세우기로 결정합니다.

① 제헌 국회 의원을 뽑는 선거였다.
② 유엔 소총회의 결의에 따라 이루어졌다.
③ 유엔 한국 임시 위원단의 감시하에 치러졌다.
④ 김구 등 남북 협상파 세력이 적극 참여하였다.
⑤ 제주 4·3 사건이 전개되는 상황에서 이루어졌다.

550 난이도 상

다음 가상 게시판의 (가)에 들어갈 제목으로 적절하지 않은 것은?

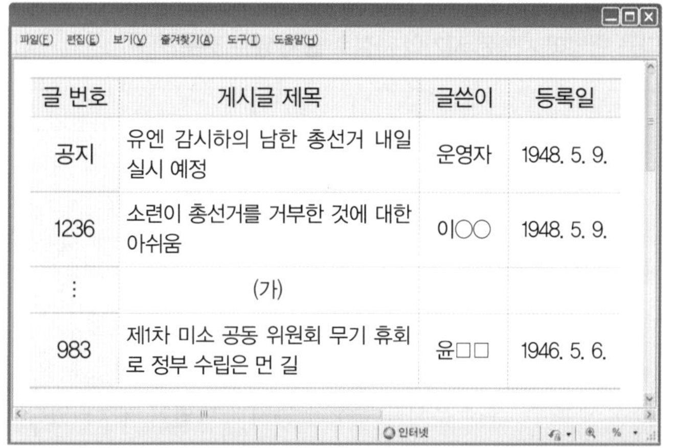

파일(F) 편집(E) 보기(V) 즐겨찾기(A) 도구(T) 도움말(H)

글 번호	게시글 제목	글쓴이	등록일
공지	유엔 감시하의 남한 총선거 내일 실시 예정	운영자	1948. 5. 9.
1236	소련이 총선거를 거부한 것에 대한 아쉬움	이○○	1948. 5. 9.
⋮	(가)		
983	제1차 미소 공동 위원회 무기 휴회로 정부 수립은 먼 길	윤□□	1946. 5. 6.

① 김구, 남북 협상을 위해 38도선을 넘어
② 여운형과 김규식, 좌우 합작 7원칙 발표
③ 제2차 미소 공동 위원회에 한 가닥 희망
④ 이승만, 정읍에서 남한만의 단독 정부 수립 주장
⑤ 자주독립 국가의 건설, 조선 건국 준비 위원회 탄생

551

밑줄 친 ㉠~㉤에 대한 설명으로 옳지 않은 것은?

> 1948년 ㉠ 5월 10일에 남한만의 총선거가 실시되었다. ㉡ 사회주의 세력의 반대에도 불구하고 5·10 총선거에 의해 국회가 구성되었다. 그리고 헌법에 따라 ㉢ 대통령에 이승만, 부통령에 이시영을 선출하였다. 북한에서도 그해 9월에 조선 민주주의 인민 공화국을 선포함으로써 ㉣ 일시적으로 설정되었던 38도선이 국경선으로 고정되었다. 대한민국 정부는 1948년 12월에 ㉤ 민주적인 절차에 의하여 수립된 한반도 내의 유일한 합법 정부임을 승인받았다.

① ㉠– 김구·김규식 등의 남북 협상파는 참여하지 않았다.
② ㉡– 여수·순천 10·19 사건이 대표적인 예이다.
③ ㉢– 초대 대통령은 간접 선거에 의해 선출되었다.
④ ㉣– 소련군의 남하를 저지하기 위해 미국이 제안하였다.
⑤ ㉤– 유엔 총회의 인정을 받아 대외적인 정통성을 확보하였다.

552

다음 두 가상 일기의 시기 사이에 들어갈 내용으로 가장 적절한 것은?

19△△년 △월 △일	19○○년 ○월 ○일
유엔 총회에서 인구 비례에 따라 총선거를 실시하여 통일 정부를 수립하자는 미국의 상정안이 가결되었다.	국회에서 헌법에 따라 간접 선거로 대통령에 이승만, 부통령에 이시영을 선출하였다.

① 미군이 한반도 북부 지역을 점령하였다.
② 미국이 직접 통치를 위한 군정청을 설치하였다.
③ 여운형이 조선 총독으로부터 행정권을 이양받았다.
④ 송진우와 김성수를 중심으로 한국 민주당이 결성되었다.
⑤ 대한민국 임시 정부의 법통을 계승한 민주 공화제의 헌법을 제정하였다.

553

(가) ~ (마) 시기에 있었던 사실로 옳지 않은 것은?

1945. 12.		1946. 5.		1947. 8.		1947. 11.		1948. 5.		1948. 8.
	(가)		(나)		(다)		(라)		(마)	
모스크바 3국 외상 회의		제1차 미소 공동 위원회 휴회		제2차 미소 공동 위원회 결렬		유엔 총회 한국 문제 결의		5·10 총선거		대한민국 정부 수립

① (가)- 신탁 통치 반대 운동이 대대적으로 시작되었다.
② (나)- 좌우 합작 위원회는 좌우 합작 7원칙을 발표하였다.
③ (다)- 이승만은 정읍에서 남한만의 단독 정부 수립을 주장하였다.
④ (라)- 김구는 선거 불참을 발표하고 남북 협상을 주도하였다.
⑤ (마)- 국회는 삼권 분립의 대통령 중심제 헌법을 제정하였다.

554

밑줄 친 '정책'의 내용으로 옳지 않은 것은?

> 김일성은 신탁 통치 문제를 계기로 신탁 통치에 반대하는 우파 지도자 조만식을 제거하였으며, 북조선 임시 인민 위원회가 결성되자 그 위원회의 위원장이 되었다. 임시 인민 위원회는 사회주의 체제를 강화하기 위한 정책을 추진하였다. 이로 인해 북한의 지주, 자본가, 종교인들이 큰 타격을 입었고, 이들은 38도선을 넘어 남한의 반공 세력을 형성하였다.

① 8시간 노동제를 규정한 노동법을 제정하였다.
② 인민군을 창설하여 군사적 기반을 마련하였다.
③ 산업, 교통, 운수, 체신, 은행 등을 국유화하였다.
④ 무상 몰수, 무상 분배의 토지 개혁을 실시하였다.
⑤ 남녀의 동등한 권리를 인정하는 법률을 제정하였다.

555

(가), (나) 시기 사이에 있었던 사실로 옳은 것은?

> (가) 1946년 2월, 북조선 임시 인민 위원회가 출범한 뒤 사회주의 체제의 기초를 마련하려는 노력을 기울였다.
> (나) 1947년 2월, 북조선 임시 인민 위원회가 북조선 인민 위원회로 개편된 이후 단독 정부 수립을 위한 준비를 진행하였다.

① 모스크바 3국 외상 회의가 개최되었다.
② 조선 민주주의 인민 공화국의 수립이 선포되었다.
③ 남북한 주요 정당·사회단체 연석 회의가 열렸다.
④ 소련이 유엔 한국 임시 위원단의 북한 입국을 거부하였다.
⑤ 북한에서 무상 몰수, 무상 분배의 토지 개혁이 단행되었다.

556

다음 헌법이 시행된 시기의 사실로 옳지 않은 것은?

> **제1조** 대한민국은 민주 공화국이다.
> **제53조** 대통령과 부통령은 국회에서 무기명 투표로써 각각 선거한다.
> **제55조** 대통령과 부통령의 임기는 4년으로 한다. 단 재선에 의하여 1차 중임할 수 있다.

① 여수 부대의 좌익 세력 등이 무장봉기를 일으켰다.
② 유상 매수, 유상 분배를 규정한 농지 개혁법이 제정되었다.
③ 일제가 남긴 재산 처리를 위한 귀속 재산 처리법이 제정되었다.
④ 친일파 청산을 위한 반민족 행위 특별 조사 위원회가 활동하였다.
⑤ 김구와 김규식이 38도선을 넘어 평양을 방문하여 북한 지도부와 회담을 가졌다.

557 난이도 상

다음과 같이 구성된 국회의 활동으로 옳은 것만을 보기 에서 고른 것은?

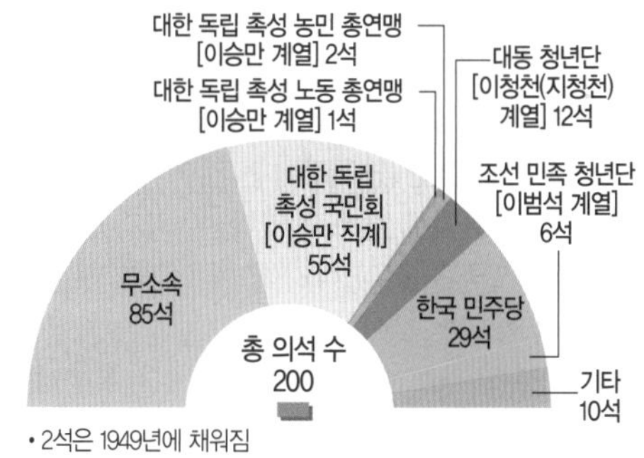

보기

ㄱ. 유상 매수, 유상 분배를 규정한 농지 개혁법을 제정하였다.
ㄴ. 직무를 소홀히 한 이승만을 탄핵하고 박은식을 대통령으로 올렸다.
ㄷ. 반민족 행위자를 처벌하기 위한 반민족 행위 처벌법을 제정하였다.
ㄹ. 헌법을 개정하여 대통령제를 국무령 중심의 내각 책임제로 바꾸었다.

① ㄱ, ㄴ ② ㄱ, ㄷ ③ ㄴ, ㄷ
④ ㄴ, ㄹ ⑤ ㄷ, ㄹ

558

다음에서 설명하는 국회의 활동으로 옳지 않은 것은?

원래 전체 의석은 200석이었으나 제주 4·3 사건으로 제주도의 두 곳에서 선거가 무효화되었기 때문에 198명으로 구성되었다. 이후 1949년에 두 석이 추가되었다.

① 농지 개혁법을 제정하였다.
② 대통령으로 이승만을 선출하였다.
③ 대한민국 건국 강령을 발표하였다.
④ 민주 공화국임을 명시한 헌법을 제정하였다.
⑤ 친일파 청산을 위한 반민족 행위 처벌법을 제정하였다.

559

밑줄 친 '헌법'을 제정한 국회의 활동으로 옳은 것만을 보기 에서 고른 것은?

유구한 역사와 전통에 빛나는 우리들 대한국민은 기미년 3·1 운동으로 대한민국을 건립하여 …… 우리들의 정당, 또 자유로이 선거된 대표로서 구성된 국회에서 단기 4281년 7월 12일 헌법을 제정한다.

보기

ㄱ. 남북 협상을 추진하였다.
ㄴ. 한국광복군을 창설하였다.
ㄷ. 반민족 행위 특별 조사 위원회를 설치하였다.
ㄹ. 지주들에게 지가 증권을 발급하는 법률을 제정하였다.

① ㄱ, ㄴ ② ㄱ, ㄷ ③ ㄴ, ㄷ
④ ㄴ, ㄹ ⑤ ㄷ, ㄹ

560

다음 선거에 따라 구성된 국회를 주제로 한 탐구 활동으로 적절한 것만을 보기 에서 고른 것은?

- 보통·평등·직접·비밀 선거 원칙에 따라 치러진 우리나라 최초의 민주주의 선거이다.
- 200명의 의원을 선출하는데 933명이 출사표를 던져, 대략 4.6대 1의 경쟁률을 보였다.

보기

ㄱ. 헌법에 반영된 3·1 운동의 정신을 찾아본다.
ㄴ. 국회의 대통령 선출 권한의 의미를 파악한다.
ㄷ. 6·25 전쟁이 국회 활동에 끼친 영향을 알아본다.
ㄹ. 대통령 직선제 개헌안을 통과시킨 배경을 조사한다.

① ㄱ, ㄴ ② ㄱ, ㄷ ③ ㄴ, ㄷ
④ ㄴ, ㄹ ⑤ ㄷ, ㄹ

561

밑줄 친 '이 국회'에 대한 설명으로 옳은 것은?

> 우리는 민족의 공선에 의하여 신성한 사명을 띠고 국회 의원 자격으로 이에 모여 우리의 직무와 권위를 행할 것이니 먼저 헌법을 제정하고 대한 독립 민주 정부를 재건설하려는 것입니다. …… 이 국회에서 건설되는 정부는 …… 임시 정부의 계승이니 이날이 29년 만의 민국의 부활일임을 우리는 이에 공포하며 민국 연호는 기미년에서 기산할 것이요, 이 국회에서 탄생되는 민국 정부는 완전히 한국 전체를 대표한 중앙 정부임을 공포하는 바입니다.
>
> – 대한민국 30년 5월 31일, 국회 의장

① 4년 임기로 운영되었다.
② 일본에 선전 포고를 하였다.
③ 김구를 주석으로 선출하였다.
④ 반민족 행위 처벌법을 제정하였다.
⑤ 200명의 국회 의원으로 시작하였다.

562

다음 법에 대한 설명으로 옳은 것은?

> **제1조** 일본 정부와 통모하여 한일 합병에 적극 협력한 자, 한국의 주권을 침해하는 조약 또는 문서에 조인한 자와 모의한 자는 사형 또는 무기 징역에 처하고, 그 재산과 유산의 전부 혹은 2분의 1 이상을 몰수한다.
>
> **제3조** 일본 치하 독립운동자나 그 가족을 악의로 살상 · 살해한 자 또는 이를 지휘한 자는 사형, 무기 또는 5년 이상의 징역에 처하고, 그 재산의 전부 혹은 일부를 몰수한다.

① 국민의 지지를 얻지 못한 한계가 있었다.
② 정부의 적극적인 태도로 성과를 이루었다.
③ 일제 잔재를 청산하기 위해 제헌 국회에서 제정되었다.
④ 국회에서 개정안이 통과되면서 법의 적용 기간이 늘어났다.
⑤ 남북 협상 세력은 민족의 분열을 우려하여 이 법에 반대하였다.

563

밑줄 친 '특위'에 대한 설명으로 옳은 것만을 보기 에서 고른 것은?

> 법률이 국회에서 통과하였다 하더라도 헌법 정신에 위반되면 그 법을 적용할 수 없다고 생각한다. …… 국회에서는 치안 혼란을 선동하고 있다. 즉, 경찰을 체포하여 경찰의 동요를 일으킴은 치안의 혼란을 조장하는 것이다. 특위의 몇몇 사람은 그러한 일을 고의로 행하고 있다. 우리가 공산당과 싸우는 것은 그들이 조국을 남의 나라에 예속시키려는 반역 행위를 하기 때문에 싸우는 것이다. 과거에 친일한 자를 한꺼번에 숙청하였으면 좋을 것인데 지나간 군정 3년 동안에 못한 것을 지금에 와서 단행하면 앞으로 우리나라가 해 나갈 일에 여러 가지로 지장이 많을 것이다.

보기

ㄱ. 김규식, 여운형의 주도로 결성되었다.
ㄴ. 농지 개혁법의 제정 등을 결정하였다.
ㄷ. 반민족 행위자 조사 활동을 주도하였다.
ㄹ. 제헌 국회가 제정한 법률에 따라 구성되었다.

① ㄱ, ㄴ ② ㄱ, ㄷ ③ ㄴ, ㄷ
④ ㄴ, ㄹ ⑤ ㄷ, ㄹ

564

다음 대화의 소재가 된 단체에 대한 설명으로 옳지 않은 것은?

① 일부 경찰이 사무실을 습격하였다.
② 이승만 대통령의 적극적인 지원을 받았다.
③ 소속 국회 의원 일부가 간첩 혐의로 구속되었다.
④ 정부가 공소 시효를 단축시켜 활동에 제약이 있었다.
⑤ 반민족 행위자에 대한 적절한 처벌을 하지 못하고 해체되었다.

565

다음과 같은 재판 기록이 남을 수 있었던 배경으로 적절한 것만을 보기 에서 고른 것은?

- 피고: 박흥식
- 죄명: 반민법 제4조 7항 및 제7조
- 범죄 사실: 피고인은 명색 없는 일개 지방인으로 단기 4259년(1926) 상경하여 선일 직물 주식회사를 창설 …… 상업계, 경찰계 군부에 이르기까지 광범위한 친일을 하였을 뿐만 아니라 식민지 착취 기관 동양 척식 주식회사 감사를 위시, 유수한 중요 회사의 중역으로 일하였다.

보기

ㄱ. 친일파 청산을 요구하는 국민 감정이 고조되었다.
ㄴ. 제헌 국회에서 반민족 행위 처벌법이 제정되었다.
ㄷ. 이승만 정부가 반민 특위를 적극적으로 지원하였다.
ㄹ. 6·25 전쟁 후에도 반민 특위가 해체되지 않고 활동하였다.

① ㄱ, ㄴ ② ㄱ, ㄷ ③ ㄴ, ㄷ
④ ㄴ, ㄹ ⑤ ㄷ, ㄹ

566

다음 법령과 관련된 설명으로 옳지 않은 것은?

제5조 정부는 다음에 의하여 농지를 매수한다.
1. 다음의 농지는 정부에 귀속한다.
(가) 법령 및 조약에 의하여 몰수 또는 국유로 된 농지
(나) 소유권의 명의가 분명하지 않은 농지
2. 다음의 농지는 본법 규정에 의거 정부가 매수한다.
(가) 농가가 아닌 자의 농지
(나) 자경하지 않는 자의 농지
(다) 본법 규정의 한도를 초과하는 부분의 농지
제12조 농지의 분배는 1가당 총 경영 면적 3정보를 초과하지 못한다.

① 미군정 시기에 제정되어 시행되었다.
② 유상 매입·유상 분배의 형태로 진행되었다.
③ 법령의 시행 후 자작 농지의 비율이 늘어났다.
④ 토지 대금으로 지주들에게 지가 증권을 교부하였다.
⑤ 전통적인 지주 소작 관계가 붕괴되는 데 영향을 주었다.

567 난이도 상

다음 표는 남북한에서 추진된 토지 개혁을 정리한 것이다. 이와 관련된 설명으로 옳은 것만을 보기 에서 고른 것은?

구분	북한	남한
실시 시기	1946. 3.	1950. 3.
실시 원칙	무상 몰수, 무상 분배	유상 매입, 유상 분배
소유 상한	5정보	3정보
분배 총 면적	95만 정보	55만 정보
분배 농가 총 호수	68만	180만
분배 결과	평균 호당 4,500평 소유	평균 호당 1,000평 소유

보기

ㄱ. 남북한은 토지 개혁으로 자영농이 증가하였다.
ㄴ. 남북한은 경자유전의 원칙에 따라 토지를 분배하였다.
ㄷ. 남한의 개혁이 늦춰지면서 개혁 대상 농지가 북한보다 많아졌다.
ㄹ. 북한은 토지 국유제를 실시하여 사회주의 경제 체제를 확립하였다.

① ㄱ, ㄴ ② ㄱ, ㄷ ③ ㄴ, ㄷ
④ ㄴ, ㄹ ⑤ ㄷ, ㄹ

568

다음 그래프에 나타난 변화의 원인으로 옳은 것만을 보기 에서 있는 대로 고른 것은?

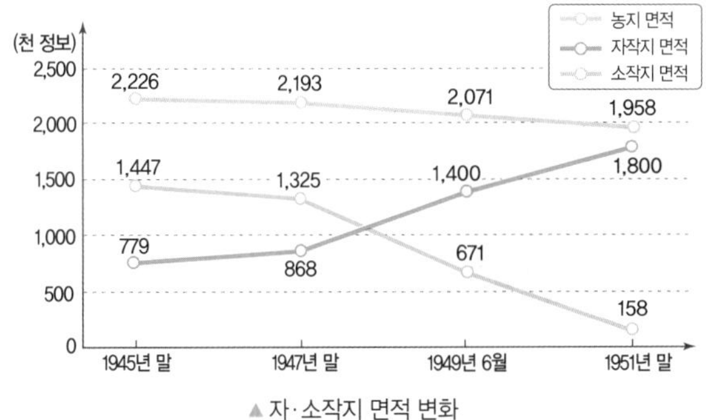

▲ 자·소작지 면적 변화

보기

ㄱ. 미군정청이 귀속 농지를 농민들에게 매각하였다.
ㄴ. 지주들이 농지 개혁 전에 소작지를 헐값에 팔았다.
ㄷ. 농민들이 지주의 소유지를 몰수해서 재분배하였다.
ㄹ. 정부가 지주의 토지를 매입해서 농민에게 유상으로 분배하였다.

① ㄱ, ㄷ ② ㄴ, ㄷ ③ ㄴ, ㄹ
④ ㄱ, ㄴ, ㄹ ⑤ ㄱ, ㄷ, ㄹ

STEP 3 서술형 풀어 보기

569

다음을 읽고 물음에 답하시오.

> 지하에게
> 지금 조국은 일대 혼란에 빠졌네. 얼마 전 이 회의의 결정 내용이 신문을 통해 전해졌기 때문이지. 너도나도 뛰어나와 각자의 주장을 펼치고 있는데, 내가 알아보니 결정 내용 중 미국·영국·중국·소련이 최대 5년간 우리나라를 신탁 통치한다는 내용이 혼란을 가져온 결정적 원인인 듯하네. 모든 결정 사항이 전해진 후에는 좌익과 우익의 대립이 격해지고 있어 정말 안타깝다네. 광복의 기쁨이 채 가시기도 전에 자네에게 이런 소식을 전하게 되어 슬퍼.
> 곧 만나기를 바라며 서울에서 민석 씀

(1) 밑줄 친 '이 회의'를 쓰시오.
( )

(2) 위 가상 편지를 쓴 인물이 말한 좌익과 우익의 대립 내용을 서술하시오.

570

다음을 보고 물음에 답하시오.

- 회의명: (가)
- 회의 개최 일시: 1946년 3월
- 회의 장소: 덕수궁 석조전
- 회의 개최 목적: 한국의 임시 민주 정부 수립을 논의하기 위함

(1) (가)에 들어갈 회의를 쓰시오.
( )

(2) (가) 회의의 진행 과정과 결과를 서술하시오.

571

(가)에 들어갈 위원회의 결성 배경과 활동 내용을 서술하시오.

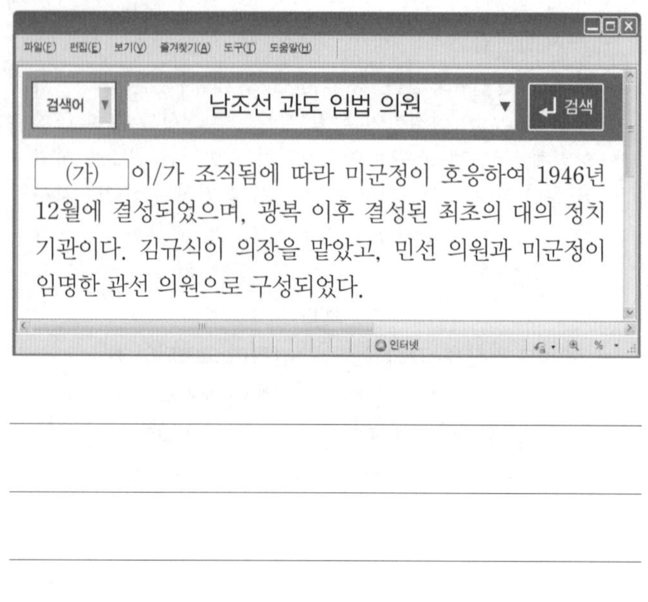

(가) 이/가 조직됨에 따라 미군정이 호응하여 1946년 12월에 결성되었으며, 광복 이후 결성된 최초의 대의 정치 기관이다. 김규식이 의장을 맡았고, 민선 의원과 미군정이 임명한 관선 의원으로 구성되었다.

572

김구가 다음 활동을 전개한 이유를 당시 상황과 연관 지어 서술하시오.

제시된 사진은 김구 일행이 북한으로 건너가기 위해 38도선 앞에 선 모습이다. 이 무렵 김구는 "38도선을 베고 쓰러질지언정 단독 정부를 세우는 데는 협력하지 않겠다."라며 통일 정부 수립에 강한 의지를 드러냈다.

573

밑줄 친 '총선거'의 특징을 세 가지 서술하시오.

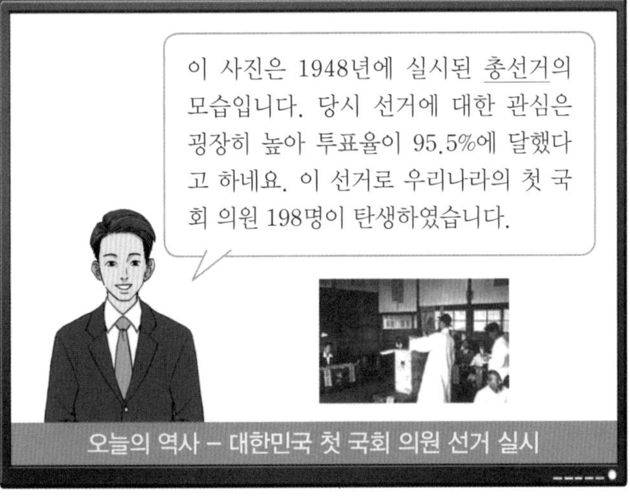

574

(가), (나) 헌법의 명칭을 각각 쓰고, 두 헌법의 공통점을 두 가지 서술하시오.

(가) 존경하고 경애하는 우리 이천만 동포 국민이여, 민국 원년 삼월 일일 우리 대한 민족이 독립 선언함으로부터 …… 최후의 일인까지 투쟁할지어다.

제1조 대한민국은 민주 공화제로 함

제2조 대한민국은 임시 정부가 임시 의정원의 결의에 의하여 이를 통치함

제3조 대한민국의 인민은 남녀 귀천과 빈부의 계급이 없고 일체 평등함

(나) 유구한 역사와 전통에 빛나는 우리들 대한국민은 기미년 3 · 1 운동으로 대한민국을 건립하여 …… 국회에서 단기 4281년 7월 12일 이 헌법을 제정한다.

제1조 대한민국은 민주 공화국이다.

제2조 대한민국의 주권은 국민에게 있고 모든 권력은 국민으로부터 나온다.

제3조 대한민국의 국민되는 요건은 법률로써 정한다.

575

반민 특위의 활동이 다음과 같이 종결된 이유를 서술하시오.

친일파 청산을 위해 활동을 개시한 지 몇 개월 만에 해체되었으며, 682건의 친일 행위를 조사하는 데 그쳤다. 재판을 받은 사람 가운데 실형을 선고받은 자는 이광수, 최남선 등 12명에 불과하였고, 대부분은 감형되거나 형 집행 정지로 풀려났다.

576

다음 법령의 내용과 남한의 농지 개혁법과의 공통점과 차이점을 각각 서술하시오.

〈북조선 토지 개혁에 대한 법령(1946. 3. 5.)〉

제3조 몰수하여 무상으로 농민의 소유로 분여하는 토지는 아래와 같다.

ㄱ. 한 농호에 5정보 이상 가지고 있는 조선인 지주의 소유지

ㄴ. 스스로 경작하지 않고 전부 소작 주는 소유자의 토지

ㄷ. 면적과 관계없이 계속해서 소작 주는 모든 토지

ㄹ. 5정보 이상을 소유한 성당, 사원 기타 종교 단체의 소유지

Ⅱ 대한민국의 발전

02 6·25 전쟁과 남북 분단의 고착화

빈출 개념
- 6·25 전쟁의 전개 과정
- 6·25 전쟁의 피해
- 이승만 정부의 장기 집권

1 6·25 전쟁

(1) 배경

① **남한**: 미군 일부 철수, 애치슨 선언 발표(1950. 1.) 자료❶
　└ 미국의 태평양 지역 방위선에서 한국과 타이완이 제외되었다.

② **북한**: 인민군 창설, 소련의 최신 무기 지원 ➜ 국방력 강화, 전쟁 계획

★(2) 전개 자료❷

전쟁 초기	북한군의 남침(1950. 6. 25) ➜ 서울 함락 ➜ 유엔군 참전 ➜ 낙동강 전선까지 후퇴
전선 변화	인천 상륙 작전(1950. 9. 15.) ➜ 서울 수복(1950. 9. 28.) ➜ 압록강 유역까지 북진 ➜ 중국군 참전 ➜ 서울 재함락 ➜ 1·4 후퇴 ➜ 국군과 유엔군의 서울 재수복
전선 교착	38도선 부근에서 공방전 ➜ 이승만 정부의 반공 포로 석방 ➜ 정전 협정 체결(1953. 7. 27.)

(3) 영향

① **인적 피해**: 수백만 명의 군인과 민간인 희생(국민 보도 연맹 사건, 거창 양민 학살 사건 등), 이산가족과 전쟁고아 발생 자료❸

② **물적 피해**: 사회 기반 시설과 산업 시설 대부분 파괴, 국토 황폐화

③ **남북 분단 고착화**: 이념 대립과 적대감 고조

④ **한미 상호 방위 조약 체결**(1953. 10.): 미군의 남한 주둔 허용
　└ 동아시아에서 미국의 영향력이 강화되었다.

2 6·25 전쟁 이후 남북한의 변화

(1) 남한

★① **정치** 자료❹

- 발췌 개헌(1952): 제2대 국회 의원 선거에서 중도 세력 대거 진출 ➜ 계엄령을 선포하고 대통령 직선제 개헌안 통과
- 사사오입 개헌(1954): 이승만 정부의 장기 집권을 목적으로 개헌 당시 대통령에 한해 중임 제한 철폐 내용이 담긴 개헌안 제출 ➜ 사사오입(반올림)의 원리를 적용하여 통과 선언
- 독재 체제의 강화: 진보당 사건(1958), 국가 보안법 개정, 경향신문 폐간 등
　└ 제3대 정·부통령 선거에서 선전한 조봉암에게 간첩 혐의 등을 씌워 사형시키고 진보당을 해산하였다.

② **경제**: 미국의 경제 원조 ➜ 삼백 산업 발달, 국내 농산물 가격 폭락, 유상 차관 도입으로 경제 상황 악화

③ **사회**: 인구의 도시 집중, 촌락 공동체 의식 약화, 초등 의무 교육 실시, 미국의 대중문화 유행

(2) 북한

① **정치**: 6·25 전쟁 이후 김일성의 반대 세력 숙청(8월 종파 사건) ➜ 김일성 중심의 독재 체제 강화

② **경제**: 전후 복구 3개년 계획과 천리마 운동 실시, 집단 농장 운영 ➜ 사회주의 경제 체제 확립
　└ 대중의 노동력을 동원하여 생산력을 높이려 하였으나, 자본 투자와 기술 혁신이 이루어지지 않아 한계에 부딪혔다.

Check! 잘 나오는 선지로 개념 확인하기

1 6·25 전쟁에 대한 설명으로 옳지 않은 것은?

① 박정희 정부 시기에 일어났다.
② 북한은 소련으로부터 전차, 비행기 등 군사적 지원을 받았다.
③ 북한의 기습적인 남침으로 발발하였다.
④ 인천 상륙 작전으로 국군과 유엔군이 전세를 역전하였다.
⑤ 중국의 국공 내전에 참가하였던 조선 의용군 등이 인민군에 편입되었다.
⑥ 국군과 유엔군은 서울을 되찾았으나 1951년 1월에 북한군에 다시 빼앗겼다.

2 사사오입 개헌에 대한 설명으로 옳은 것을 모두 고르시오.

① 대통령 직선제 개헌이 핵심이었다.
② 이승만 대통령의 장기 집권을 위한 술책이었다.
③ 정부가 부산 일대에 비상계엄을 선포하고 통과시켰다.
④ 개헌 이후 치러진 대통령 선거에서 무소속의 조봉암이 선전하는 데 영향을 미쳤다.
⑤ 개정된 헌법에 따라 치러진 선거에서 이승만이 대통령에 당선되었다.
⑥ 진보당을 해산시키기 위한 것이었다.
⑦ 개헌안은 처음에 1표 차이로 부결되었다가 사사오입 논리에 따라 통과되었다.

답 1 ①
2 ②, ④, ⑤, ⑦

O/X 문제로 9종 교과서 핵심 자료 보기

정답 및 해설 65쪽

자료 1 애치슨 선언

미래엔, 비상, 지학사

▲ 애치슨 라인

이 방위선은 알류샨 열도에서 일본을 거쳐 오키나와, 필리핀 군도로 이어진다. …… 기타 태평양 지역은 …… 군사적 공격에서 안전을 보장할 수 없다는 점을 명백히 밝힌다.

577 1950년 1월 미국의 국무 장관 애치슨은 미국의 태평양 지역 방위선에 한국과 타이완을 포함한다고 발표하였다. O/X

578 애치슨 선언으로 북한은 미국이 한반도의 전쟁에 개입하지 않을 것이라 판단하였다. O/X

579 북한은 소련과 중국의 지원을 받으며 남침 계획을 세우고 전쟁을 준비하였다. O/X

자료 2 6·25 전쟁

동아, 천재, 지학사, 씨마스, 리베르

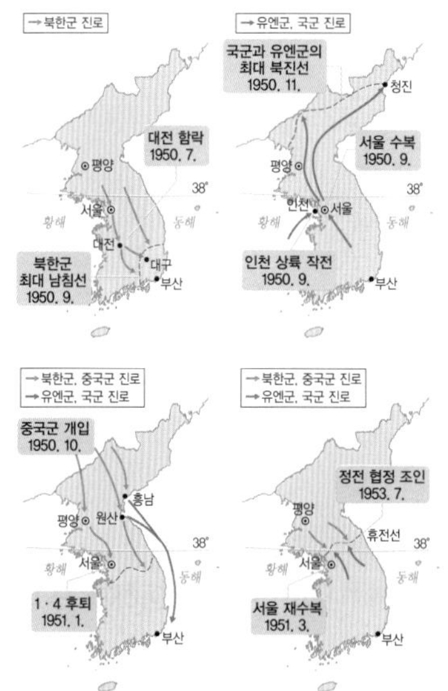

▲ 6·25 전쟁의 전개 과정

580 1950년 6월 25일 새벽에 북한군이 38도선을 넘어 남침을 강행하면서 전쟁이 발발하였다. O/X

581 국군과 유엔군은 인천 상륙 작전을 전개하여 전세를 역전하고 압록강 유역까지 진격하였다. O/X

582 소련군의 참전으로 국군과 유엔군은 다시 서울을 빼앗기고 남쪽으로 후퇴하였다. O/X

자료 3 6·25 전쟁의 피해

동아, 천재, 씨마스

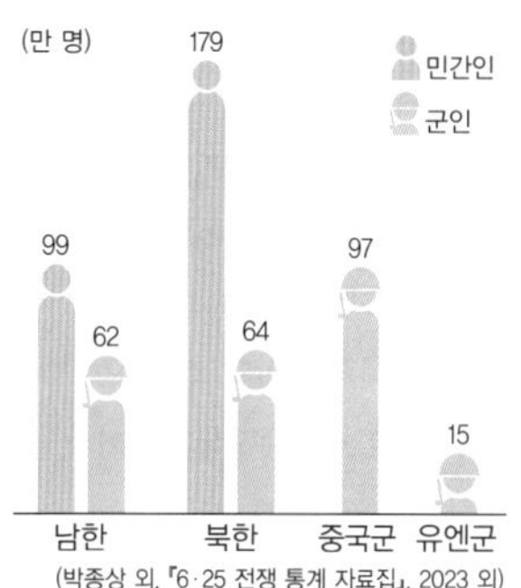

(박종상 외, 『6·25 전쟁 통계 자료집』, 2023 외)

▲ 6·25 전쟁의 인명 피해

(경찰) 지서에서 야경꾼이 와 보도 연맹 가입자 모이라고 해. 거기 가면 보도 연맹 탈퇴해 줄 거라고 오라고 해. 우리는 모르고 갔어. 죽을 거라고는 생각도 안 했어. 그런데 모이니깐 우짠 판인지 쏴 죽이는 판이여.

– 진양군 정촌면의 보도 연맹원 정영식의 구술

583 6·25 전쟁으로 수백만 명의 군인과 민간인이 희생되었고, 수많은 전쟁고아와 이산가족이 생겼다. O/X

584 6·25 전쟁 발발 직후 군과 경찰은 수만 명의 국민 보도 연맹 가입자들을 집단 학살하였다. O/X

자료 4 이승만 정부의 장기 집권

미래엔, 동아, 해냄

제31조 입법권은 국회가 행한다. 국회는 민의원과 참의원으로써 구성한다.
제53조 대통령과 부통령은 국민의 보통·평등·직접·비밀 투표에 의하여 각각 선거한다. 국회 폐회 중에 대통령과 부통령을 선거할 때에는 그 선거 보고를 받기 위하여 양원의 의장은 국회의 집회를 공고하여야 한다.

▲ 발췌 개헌(1952)

제55조 1항 대통령과 부통령의 임기는 4년으로 한다. 단 재선에 의하여 1차 중임할 수 있다. 대통령이 궐위된 때에는 부통령이 대통령이 되고 잔임 기간 중 재임한다.
부칙 이 헌법 공포 당시의 대통령에 대하여는 제55조 1항 단서의 제한을 적용하지 아니한다.

▲ 사사오입 개헌(1954)

585 6·25 전쟁 중에 임시 수도 부산에서 공포 분위기 속에 대통령 간선제 개헌안이 통과되었다. O/X

586 자유당은 개헌 당시 대통령에 한하여 연임 횟수 제한을 없애는 개헌안을 사사오입(반올림)의 논리로 통과되었다고 발표하였다. O/X

587 이승만 정부는 조봉암에게 간첩 혐의 등을 씌워 사형에 처하게 하고 진보당을 해산하였다. O/X

STEP 2 객관식 풀어 보기

588

다음 대화와 관련된 전쟁의 배경으로 가장 적절한 것은?

- 김일성: 마오쩌둥 동지는 중국 혁명만 완성되면 우리를 돕고, 필요한 경우 병력도 지원하겠다는 말을 여러 차례 했습니다.
- 스탈린: 완벽한 전쟁 준비가 필수입니다. 이동 전투 수단을 기계화해야 합니다. 이와 관련된 귀하의 요청을 모두 들어주겠습니다.

① 경향신문이 폐간되었다.
② 인천 상륙 작전이 실행되었다.
③ 미국이 애치슨 선언을 발표하였다.
④ 한미 상호 방위 조약이 체결되었다.
⑤ 이승만 정부가 내각 책임제로 헌법을 개정하였다.

589

다음은 어느 전쟁을 둘러싼 각 국가들의 입장이다. (가)~(라) 국가와 관련된 설명으로 옳지 않은 것은?

(가) 만주의 안전을 확보한다.
(나) 공산주의의 확산을 저지한다.
(다) 남한 공산화로 통일을 완수한다.
(라) 자유 대한 수호하고 통일로 나아간다.

① (가)가 (나)에 제안하여 휴전 협상이 시작되었다.
② (가)의 참전으로 유엔군의 최대 북진선이 무너졌다.
③ (나)와 (라)는 전쟁 후 상호 방위 조약을 체결하였다.
④ (나)의 애치슨 선언은 (다)의 전쟁 준비에 영향을 끼쳤다.
⑤ (라)는 (다)의 체제에 반대하는 포로들을 석방하였다.

590 난이도 상

(가)~(라)를 일어난 순서대로 바르게 나열한 것은?

(가) 중국군의 이른바 신정 공세로 인해 국군과 유엔군은 서울을 빼앗기고 평택-삼척선으로 후퇴하여 그곳에 새로운 방어선을 구축하였다.
(나) 유엔군 사령관 리지웨이는 소련의 제의를 받아들여 북한과 중국에 정전 회담을 제안하였다. 이것이 수용되어 개성에서 정전 회담이 열렸다.
(다) 북한군의 진격로를 차단하기 위해 한강 인도교와 한강 철교가 폭파되었다. 이로 인해 당시 한강 이북에 있던 각 부대의 퇴로와 서울 시민의 피란길이 막혔다.
(라) 스트러블 해군 제독의 지휘 아래 8개국 261척의 함정 등 대규모 선단이 집결하였다. 새벽 5시부터 상륙 부대가 배 20척에 나누어 타고 인천 상륙을 감행하였다.

① (가) - (나) - (다) - (라)
② (가) - (나) - (라) - (다)
③ (나) - (가) - (다) - (라)
④ (다) - (나) - (라) - (가)
⑤ (다) - (라) - (가) - (나)

591

6·25 전쟁 중 (가)에서 (나)로 전선이 이동하게 된 배경으로 가장 적절한 것은?

(가) 국군이 낙동강 전선까지 후퇴하였다.
(나) 국군과 유엔군이 압록강변까지 진격하였다.

① 소련이 공식적으로 전쟁에 참여하였다.
② 이승만 정부가 반공 포로를 석방하였다.
③ 중국군이 전면적으로 전쟁에 개입하였다.
④ 국군과 유엔군이 인천 상륙 작전을 계기로 반격하였다.
⑤ 미국이 태평양 방위선에서 한국과 타이완을 제외하였다.

592

6·25 전쟁 중 보도된 신문 기사의 제목이 (가)에서 (나)로 바뀐 배경으로 가장 적절한 것은?

(가)

한국사 신문

국군과 유엔군,
압록강 물을 수통에 담다!

(나)

한국사 신문

국군과 유엔군, 결국 평택
인근에 방어선을 형성하다!

① 중국군이 압록강을 넘어 투입되었다.
② 인천 상륙 작전으로 전세가 역전되었다.
③ 이승만 정부가 반공 포로를 석방하였다.
④ 주한 미군 병력이 남한에서 철수하였다.
⑤ 미국이 태평양 지역 방위선에서 한국을 제외하였다.

593

(가)에 들어갈 내용으로 옳은 것은?

인천 상륙 작전으로 전세를 뒤집은 국군과 유엔군은 압록강 연안의 초산으로 진격하였다.

⬇

(가)

⬇

수많은 사람이 국군을 따라 남한으로 피란하였는데, 특히 흥남 철수 작전에서는 약 10만 명의 피란민이 같이하였다.

① 정전에 반대하는 범국민적 시위가 전개되었다.
② 중국군이 전쟁에 개입하여 북한을 지원하였다.
③ 애치슨이 미국의 태평양 지역 방위선을 발표하였다.
④ 국군과 유엔군이 낙동강 방어선을 지키기 위해 혈전을 벌였다.
⑤ 국군과 유엔군은 수도 서울을 재수복하고, 38도선 부근에 다시 이르렀다.

[594~595] 다음을 보고 물음에 답하시오.

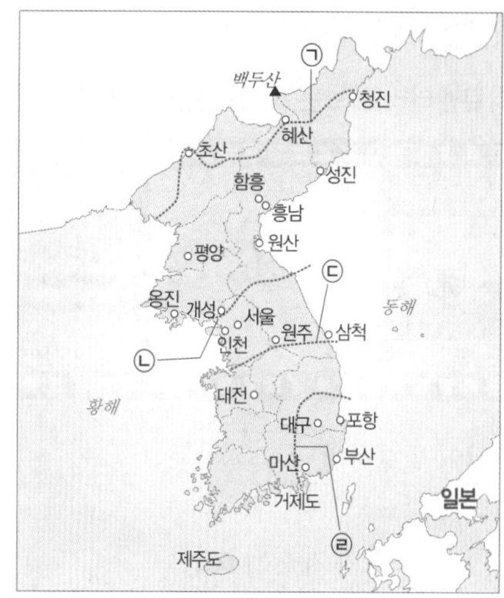

594

㉠~㉣을 전쟁이 진행된 순서대로 바르게 나열한 것은?

① ㉠ - ㉡ - ㉣ - ㉢
② ㉢ - ㉠ - ㉡ - ㉣
③ ㉢ - ㉣ - ㉠ - ㉡
④ ㉣ - ㉠ - ㉢ - ㉡
⑤ ㉣ - ㉢ - ㉠ - ㉡

595

㉠~㉣ 전선과 관련된 설명으로 옳지 않은 것은?

① 국군과 유엔군이 ㉠에 이르자 중국군이 개입하였다.
② ㉡은 소련의 제안으로 시작된 정전 협정의 결과 확정된 휴전선이다.
③ 전쟁 직전에도 ㉢ 부근에서 남북 간 무력 충돌이 빈번히 일어났다.
④ 북한군이 ㉣에 이르자 미군을 비롯한 유엔군이 참전하였다.
⑤ 국군과 유엔군은 ㉣의 방어선을 돌파하기 위해 인천 상륙 작전을 감행하였다.

596

(가) 시기에 있었던 사실로 옳은 것은?

〈다큐멘터리로 보는 6·25 전쟁의 전개 과정〉

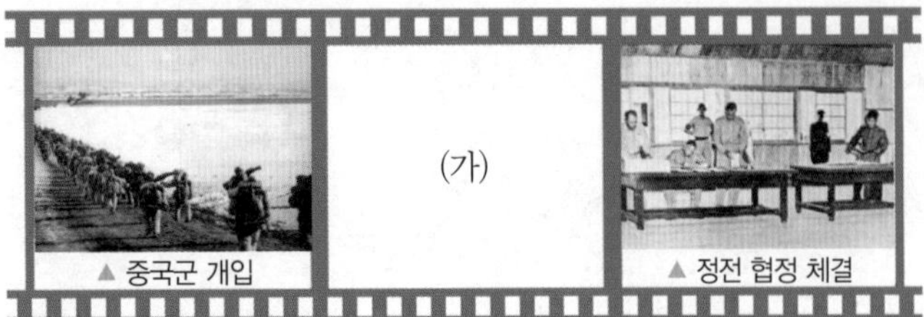

▲ 중국군 개입 ▲ 정전 협정 체결

① 진보당 사건이 발생하였다.
② 애치슨 선언이 발표되었다.
③ 한미 상호 방위 조약이 체결되었다.
④ 대통령 직선제 개헌안이 통과되었다.
⑤ 인천 상륙 작전으로 전세가 역전되었다.

597

밑줄 친 '이 전쟁'에 대한 설명으로 옳지 않은 것은?

제시된 사진은 이 전쟁으로 폐허가 된 서울의 모습을 촬영한 것이다. 동족상잔의 비극이 불러온 참혹함이 얼마나 컸는지를 잘 보여 준다.

① 유엔군이 참전하였다.
② 38도선 획정의 계기가 되었다.
③ 북한의 남침으로 전쟁이 시작되었다.
④ 중국군의 개입으로 서울이 다시 함락되었다.
⑤ 한국이 불참한 가운데 정전 협정이 체결되었다.

598

다음 조약에 대한 설명으로 옳은 것만을 보기 에서 고른 것은?

쌍방에 막대한 고통과 유혈을 초래한 한국에서의 충돌을 정지시키기 위하여, …… 정전을 확립할 목적으로, 아래의 조항에 기재된 정전 조건과 규정을 접수하며 또 그 제약과 통제를 받는 데 각자 공동 상호 동의한다. 이 조건과 규정들의 의도는 순전히 군사적 성질에 속하는 것이며 이는 오직 한국에서의 교전 쌍방에만 적용한다.

보기

ㄱ. 미국의 애치슨 선언에 영향을 주었다.
ㄴ. 포로 송환 문제를 둘러싸고 체결이 지연되었다.
ㄷ. 미국과 소련의 군정이 종식되는 결과를 가져왔다.
ㄹ. 군사 분계선을 확정하고 비무장 지대를 설정하였다.

① ㄱ, ㄴ ② ㄱ, ㄷ ③ ㄴ, ㄷ
④ ㄴ, ㄹ ⑤ ㄷ, ㄹ

599

다음 조약의 체결 배경을 알아보기 위한 탐구 주제로 가장 적절한 것은?

제2조 무력 공격에 위협을 받는다고 인정할 때는 서로 협력한다.
제4조 상호적 합의에 의하여 미합중국의 육군, 해군과 공군을 대한민국의 영토 내와 그 부근에 배치하는 권리를 대한민국은 이를 허락하고 미합중국은 이를 수락한다.

① 미군의 주둔과 미군정의 성립
② 여수·순천 10·19 사건의 발생
③ 한국광복군의 국내 진공 작전 추진
④ 국가 총동원법의 제정과 인적·물적 수탈
⑤ 정전 협정에 대한 이승만 정부의 반대와 미국의 대응

600

밑줄 친 '이 전쟁'에 대한 설명으로 옳은 것만을 보기 에서 고른 것은?

- 갑: 이 전쟁으로 남한은 생산 시설의 42%가 파괴되고, 곳곳에 61만 7,000여 명의 고아들이 거리에서 굶주림과 추위에 떨었죠.
- 을: 북한도 전력의 74%, 연료 공업의 89%, 화학 공업의 77%가 감소하면서 경제적 피해가 매우 컸습니다.

보기

ㄱ. 남북 분단이 고착화되는 계기가 되었다.
ㄴ. 브라운 각서를 통해 미국의 경제적 지원을 약속받았다.
ㄷ. 김일성이 반대파를 제거하여 독재 체제를 다지는 기반이 되었다.
ㄹ. 전통문화가 복구되고 촌락 공동체 의식이 강화되는 데 기여하였다.

① ㄱ, ㄴ ② ㄱ, ㄷ ③ ㄴ, ㄷ
④ ㄴ, ㄹ ⑤ ㄷ, ㄹ

601

(가)~(마) 시기에 일어난 사실을 옳게 연결한 것은?

1945		1946		1947		1948		1949		1950
	(가)		(나)		(다)		(라)		(마)	
8·15 광복		미소 공동 위원회 개최		유엔 한국 임시 위원단 구성		대한민국 정부 수립		김구 피살		6·25 전쟁

① (가)– 이승만의 정읍 발언
② (나)– 김규식과 여운형의 좌우 합작 운동 추진
③ (다)– 반민 특위 구성과 활동 시작
④ (라)– 통일 정부 구성을 위한 남북 협상
⑤ (마)– 한미 상호 방위 조약 체결

[602~603] 다음을 읽고 물음에 답하시오.

북한군은 전쟁 개시 3일 만에 서울을 점령하였고, 약 2개월 후에는 낙동강 일대로 진격하였다. 그러나 국군과 유엔군의 인천 상륙 작전으로 전세가 역전되었다. 북쪽으로 진격하던 국군과 유엔군은 중국군의 개입으로 다시 후퇴하였고, 북위 38도선 부근에서 공방전이 이어졌다. 2년여 동안 진행되던 정전 협상이 타결되었고, 남과 북에 엄청난 정신적·물질적 피해를 남긴 채 전쟁은 마무리되었다.

602

밑줄 친 '전쟁'의 결과로 옳은 것은?

① 비무장 지대가 설정되었다.
② 애치슨 선언이 발표되었다.
③ 반민족 행위 처벌법이 제정되었다.
④ 북위 38도선을 경계로 한반도가 분단되었다.
⑤ 조선 민주주의 인민 공화국 수립이 선포되었다.

603 난이도 상

밑줄 친 '전쟁' 이후 국내외 정세 변화에 대한 설명으로 옳은 것만을 보기 에서 고른 것은?

보기

ㄱ. 농지 개혁법이 제정되었다.
ㄴ. 제주 4·3 사건이 일어났다.
ㄷ. 한국과 미국의 동맹이 강화되었다.
ㄹ. 전쟁 특수로 인해 일본의 경제가 성장하였다.

① ㄱ, ㄴ ② ㄱ, ㄷ ③ ㄴ, ㄷ
④ ㄴ, ㄹ ⑤ ㄷ, ㄹ

604

(가) 정당에 대한 설명으로 옳은 것은?

> 전쟁 직전 치러진 제2대 국회 의원 선거에서 이승만 정부에 비판적인 후보들이 대거 당선되었다. 이에 이승만과 (가) 은/는 대통령 간선제를 유지하면 대통령 당선이 어렵다고 판단하고, 직선제 개헌을 시도하였다.

① 사사오입 개헌을 주도하였다.
② 5대 대선 무렵 비밀리에 창당되었다.
③ 대통령 후보가 6·29 민주화 선언을 발표하였다.
④ 이승만 계열의 정당으로 제헌 국회부터 활동하였다.
⑤ 대통령의 3회 연임을 허용하는 3선 개헌을 추진하였다.

605

다음과 같은 선거 결과가 나타난 이후의 사실로 옳은 것은?

정당	득표 수	득표율(%)	의석 수
무소속	4,397,287	62.9	126
민주 국민당	683,910	9.8	24
대한 국민당	677,173	9.7	24
국민회	423,153	6.8	24
대한 청년당	227,539	3.3	10
기타	425,613	5.3	12
계	6,834,675	97.8	210

① 반민족 행위 특별 조사 위원회가 구성되었다.
② 북한에서 무상 몰수·무상 분배의 토지 개혁이 단행되었다.
③ 미소 공동 위원회가 미국과 소련의 의견 차이로 결렬되었다.
④ 모스크바에서 미국, 영국, 소련의 외무 장관이 한국 문제를 논의하였다.
⑤ 이승만 정부는 계엄령을 선포하고 대통령 직선제 개헌안을 통과시켰다.

606

밑줄 친 '헌법'에 대한 설명으로 옳지 않은 것은?

> 대한민국 정부 수립 이후 첫 번째로 개정된 헌법이 7월 7일에 공포되었습니다. 이 개헌의 주요 내용은 정·부통령 직선제 채택입니다.

① 계엄령 아래에서 통과되었다.
② 6·25 전쟁 중 부산에서 공포되었다.
③ 국회의 형태를 양원제로 규정하였다.
④ 국회에서 토론 없이 표결에 부쳐져 통과되었다.
⑤ 개헌 당시 대통령에 한하여 중임 제한을 철폐하였다.

607

다음과 같은 헌법 개정의 결과로 옳은 것은?

> 개헌안에 대한 국회 표결 결과, 재적 의원 203명, 재석 의원 202명, 찬성 135표, 반대 60표, 기권 7표였다. 이것은 헌법 개정에 필요한 의결 정족수(재적 의원의 3분의 2 이상)인 136표에 1표가 부족한 135표 찬성이므로 부결된 것이었다. 그러나 자유당 간부회는 재적 의원 203명의 3분의 2는 135.333 … 이므로 이를 사사오입하면 135명이 개헌 정족수가 된다고 주장하였다. 이들은 이 주장을 자유당 의원 총회에서 채택하고, 국회에서 야당 의원들이 퇴장한 가운데 '번복 가결 동의안'을 상정하여 통과시켰다.

① 국회 의원의 임기가 6년으로 정해졌다.
② 정부 형태가 내각 책임제로 바뀌게 되었다.
③ 대통령이 국회 의원의 3분의 1을 추천하게 되었다.
④ 임기 7년 단임의 대통령 간접 선거를 실시하게 되었다.
⑤ 헌법 개정 당시 대통령에 한해 중임 제한이 철폐되었다.

[608~609] 다음을 읽고 물음에 답하시오.

(가) **제31조** 입법권은 국회가 행한다. 국회는 민의원과 참의원으로써 구성한다.
제53조 대통령과 부통령은 국민의 보통, 평등, 직접, 비밀 투표에 의하여 각각 선거한다.
부칙 이 헌법은 공포한 날로부터 시행한다. 단, 참의원에 관한 규정과 참의원의 존재를 전제로 한 규정은 참의원이 구성된 날로부터 시행한다.

(나) **제55조** 대통령과 부통령의 임기는 4년으로 한다. 단, 재선에 의하여 1차 중임할 수 있다.
부칙 이 헌법 공포 당시의 대통령에 대하여는 제55조 제1항 단서의 제한을 적용하지 아니한다.

608 난이도 상

(가), (나) 헌법에 대한 설명으로 옳은 것만을 보기 에서 고른 것은?

보기
ㄱ. (가)- 정부 형태를 내각 책임제로 규정하였다.
ㄴ. (가)- 6·25 전쟁 중에 임시 수도 부산에서 공포되었다.
ㄷ. (나)- 계엄하에서 국회 의원의 기립 표결로 통과되었다.
ㄹ. (나)- 헌법 개정 당시 대통령의 중임 제한을 철폐하였다.

① ㄱ, ㄴ ② ㄱ, ㄷ ③ ㄴ, ㄷ
④ ㄴ, ㄹ ⑤ ㄷ, ㄹ

609

(가), (나) 개헌 시기 사이에 있었던 사실로 옳은 것은?

① 경향신문이 폐간되었다.
② 농지 개혁이 추진되었다.
③ 진보당 사건이 발생하였다.
④ 제2대 대통령 선거가 실시되었다.
⑤ 반민족 행위 특별 조사 위원회가 설치되었다.

610

다음 선거에 따라 나타난 정치 상황으로 옳은 것만을 보기 에서 고른 것은?

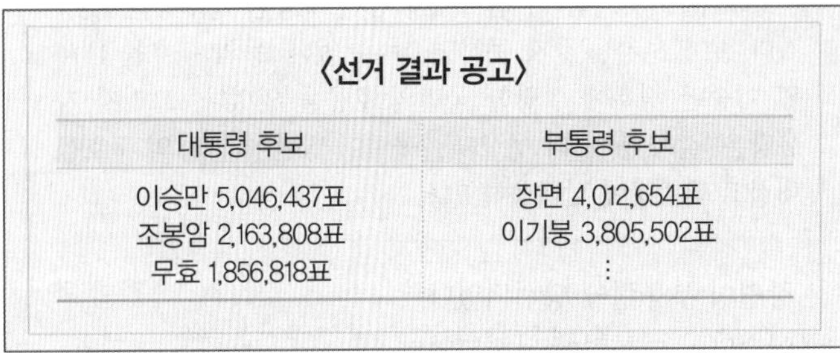

〈선거 결과 공고〉

대통령 후보	부통령 후보
이승만 5,046,437표 조봉암 2,163,808표 무효 1,856,818표	장면 4,012,654표 이기붕 3,805,502표 ⋮

보기
ㄱ. 진보당 해산
ㄴ. 사사오입 개헌
ㄷ. 국가 보안법 개정
ㄹ. 정전 협정 반대 시위

① ㄱ, ㄴ ② ㄱ, ㄷ ③ ㄴ, ㄷ
④ ㄴ, ㄹ ⑤ ㄷ, ㄹ

611

(가) 정부 시기에 있었던 사실로 옳은 것만을 보기 에서 고른 것은?

조봉암이 이 선거를 "투표에 이기고 개표에 진 선거"라고 표현했을 만큼 부정이 심하였다. 조봉암은 선거에서 패하기는 했지만, 정치적 위상은 크게 높아졌다. 이에 명실상부한 (가) 의 최대 경쟁자로 떠올랐다. 이에 (가) 정부는 조봉암을 간첩 혐의로 체포하고, 그를 중심으로 만들어진 진보당을 해산시켰다. 그리고 조봉암이 간첩이라는 증거가 없었음에도 결국 그는 서대문 형무소에서 사형을 당하였다.

보기
ㄱ. 경향신문이 폐간되었다.
ㄴ. 제헌 헌법이 공포되었다.
ㄷ. 국회 프락치 사건이 일어났다.
ㄹ. 좌우 합작 7원칙이 발표되었다.

① ㄱ, ㄴ ② ㄱ, ㄷ ③ ㄴ, ㄷ
④ ㄴ, ㄹ ⑤ ㄷ, ㄹ

612 난이도 상

밑줄 친 '이 선거'에 대한 설명으로 옳지 않은 것은?

> 1956년에 치러진 이 선거에서 당시 야당인 민주당은 '못살겠다 갈아 보자', '갈지 못하면 살 수 없다' 등의 구호를 내세워 이승만 정부에 실망한 국민의 호응을 얻었다. 그러자 자유당은 '갈아 봤자 더 못산다', '구관이 명관이다' 등의 구호를 내걸고 민주당에 맞대응하였다.

① 장면이 부통령에 당선되었다.
② 이승만이 대통령에 당선되었다.
③ 발췌 개헌에 따라 선거가 치러졌다.
④ 혁신 정당인 진보당의 후보가 선전하였다.
⑤ 야당 대통령 후보가 선거 유세 기간에 사망하였다.

613

다음 표는 광복 당시 북한의 주요 정치 세력을 정리한 것이다. (가), (나)에 대한 설명으로 옳은 것은?

구분	대표 인물	주요 활동
소련계	허가이	중앙아시아 강제 이주 한인들과 소련 공산당에서 활동
연안계	김두봉	(가)
만주계	김일성	동북 항일 연군의 일원으로 활동
민족주의계	조만식	(나)

보기

ㄱ. (가)– 중국 공산당과 연계하여 항일 투쟁을 전개하였다.
ㄴ. (가)– 보천보 지역을 습격하여 일본 군경에게 타격을 입혔다.
ㄷ. (나)– 조선 민주당을 조직하여 신탁 통치에 반대하였다.
ㄹ. (나)– 1950년대 반종파 투쟁에서 패배하여 몰락하였다.

① ㄱ, ㄴ ② ㄱ, ㄷ ③ ㄴ, ㄷ
④ ㄴ, ㄹ ⑤ ㄷ, ㄹ

614

다음과 같이 북한 관련 내용을 조사할 때 제시된 소제목이 들어갈 위치로 옳은 것은?

> • 조사 목적: 통일 시대를 대비하기 위한 북한 역사 이해
> • 조사 목록
> 1장(1945~1948): (가)
> 2장(1953~1960): (나)
> 3장(1961~1970): 주체의 시대 (다)
> 4장(1971~1990): 모습을 드러낸 우리식 사회주의 (라)
> 5장(1991~현재): 위기의 북한, 새로운 선택 (마)

소제목
• 땅도 공장도 집단 소유로
• 수령의 권력에 도전하다
• 천리마를 탄 기세로

① (가) ② (나) ③ (다) ④ (라) ⑤ (마)

615

(가)에 들어갈 내용으로 적절한 것만을 보기 에서 고른 것은?

> 6·25 전쟁 이후 북한은 소련과 중국 등의 지원을 받아 전후 복구 사업에 나섰다. 소련은 10억 루블에 달하는 대규모 자금을 지원하였고, 북한에 주둔한 중국 군대는 전후 복구 사업에 동원되었다. 전후 복구 3개년 계획이 추진되었고, 어느 정도 전쟁 전의 수준으로 경제가 회복되었다. 이에 북한은 본격적인 사회주의 경제 건설에 나서며 (가)

보기

ㄱ. 천리마 운동을 전개하였다.
ㄴ. 귀속 재산을 민간에 매각하였다.
ㄷ. 농지를 협동농장 소유로 전환하였다.
ㄹ. 유상 매수·유상 분배 방식으로 농지 개혁을 단행하였다.

① ㄱ, ㄴ ② ㄱ, ㄷ ③ ㄴ, ㄷ
④ ㄴ, ㄹ ⑤ ㄷ, ㄹ

616

다음을 보고 물음에 답하시오.

(1) 위 지도에 표시된 태평양 지역 방위선을 일컫는 명칭을 쓰시오.

( )

(2) **(1)** 방위선 설정이 배경이 되어 일어난 전쟁을 쓰고, 한반도와 주변국에 미친 영향을 세 가지 서술하시오.

617

다음을 읽고 물음에 답하시오.

> 63. 제12항을 제외한 본 (가) 의 일체 규정은 1953년 7월 27일 22:00시부터 효력을 발생한다.
> 1953년 7월 27일 10:00시에 한국 판문점에서 영문, 한국문 및 중국문으로써 작성한다. 이 3개 국어의 각 협정 본문은 동등한 효력을 가진다.

(1) (가) 협정의 명칭을 쓰시오.

( )

(2) (가) 협정의 주요 내용을 두 가지 서술하시오.

618

밑줄 친 ㉠, ㉡ '개헌'의 명칭과 주요 내용을 각각 쓰시오.

> (가) 임시 수도인 부산 일대에 계엄령이 선포되고 다음 날부터 헌병대는 정부에 비판적인 국회 의원들을 국제 공산당이라는 혐의로 체포하기 시작하였다. 군을 앞세운 위협에 결국 국회는 굴복하였고 거의 만장일치로 ㉠ 개헌안을 통과시켰다.
> (나) 11월 27일 국회에서 표결이 이루어진 결과 재적 203명 중 찬성 135표, 반대 60표, 기권 7표, 결석 1표가 나왔고 1표 차이로 부결되었다. 하지만 정부는 반올림을 하면 135명이므로 부결이 아니라 가결이라고 주장하였고, 11월 29일 자유당은 단독으로 국회를 열어 ㉡ 개헌안의 가결을 다시 선포하였다.

619

밑줄 친 '대중 운동'의 목적과 추진 과정에서 드러난 한계를 서술하시오.

> 북한은 전후 복구를 위해 3개년 계획을 시작하였고, 얼마 지나지 않아 경제 개발 5개년 계획을 추진하면서 '천리마를 탄 기세로 생산력을 높이자'는 대중 운동을 전개하였다.

03 민주화를 위한 노력

Ⅱ 대한민국의 발전

빈출 개념
- 4·19 혁명의 배경, 전개, 의의
- 박정희 정부의 정책
- 5·18 민주화 운동과 6월 민주 항쟁

1 4·19 혁명과 민주주의의 시련

(1) 4·19 혁명(1960) 자료❶

이승만 정부와 자유당은 대통령에 이승만, 부통령에 이기붕을 당선시키기 위해 대대적인 부정을 저질렀다.

배경	사회적·경제적 불안, 이승만 정부의 장기 집권, 3·15 부정 선거
전개	3·15 부정 선거 규탄 시위 ➜ 경찰의 무차별 발포 ➜ 마산 앞바다에서 김주열의 시신 발견 ➜ 고려대 학생들의 부정 선거 규탄 시위(4. 18.) ➜ 학생들과 시민들의 대규모 시위(4. 19.) ➜ 계엄령 선포 ➜ 대학교수단 시위(4. 25.) ➜ 이승만 대통령 사임(4. 26.)
결과	허정 과도 정부 수립 ➜ 헌법 개정(내각 책임제, 양원제 국회)
의의	학생과 시민이 이승만 독재 정권을 타도한 민주주의 혁명

(2) 장면 내각

① **성립**: 총선거에서 민주당 압승(대통령 윤보선, 국무총리 장면)

② **활동**

- **정치·경제**: 지방 자치제 최초 실시, 경제 개발 5개년 계획안 마련
- **사회**: 노동조합 결성, 통일 운동 전개(중립화 통일론, 남북 협상론 등 제기)

③ **한계**: 민주당 내 대립 격화, 부정 축재자와 3·15 부정 선거 책임자 및 친일파 처벌 미비, 시민들의 요구 수용 미흡

(3) 5·16 군사 정변과 박정희 정부

① **5·16 군사 정변**: 박정희 중심의 군인들이 정변 주도 ➜ '혁명 공약' 발표(반공과 경제 개발 강조, 민정 이양 약속), 비상계엄 선포 ➜ 국가 재건 최고 회의 주도(모든 정당과 사회단체 해산, 지방 자치제 중단, 중앙정보부 설치 등) 자료❷

② **박정희 정부**

- 성립: 대통령 중심제로 개헌 ➜ 민주 공화당 창당 후 박정희가 선거에 출마하여 대통령에 당선
- 한일 국교 정상화 자료❸

배경	한·미·일 안보 체제 강화를 위한 미국의 요구, 경제 개발을 위한 자금 마련
전개	한일 회담 ➜ 6·3 시위(1964) 등 국교 정상화 반대 시위 전개(굴욕적 대일 외교 반대) ➜ 휴교령 비상과 계엄령 선포, 군대를 동원하여 시위 탄압 ➜ 한일 협정 체결(1965)
결과	일본으로부터 경제 개발 자금 확보, 한·미·일 동맹 강화, 과거사 문제 미해결(식민 지배에 대한 사죄·독도 문제 등)

- 베트남 파병 자료❹

배경	미국의 요청 ➜ 브라운 각서 체결(1966, 한국군의 현대화와 경제 발전을 위한 기술·차관 제공 약속)
성과	미국의 차관 제공, 외화 획득, 미국 수출 상품의 관세 인하 등 ➜ 베트남 특수, 한미 동맹 강화
영향	파병 군인의 희생, 고엽제 후유증 피해, 베트남 양민 학살 및 라이따이한(한국·베트남 혼혈인) 문제 발생

- 3선 개헌(1969): 국가 안보 강화, 경제 개발을 내세워 대통령의 3회 연임 허용 개헌 ➜ 대통령 선거에서 박정희의 3선 성공

Check! 잘 나오는 선지로 개념 확인하기

1 4·19 혁명에 대한 설명으로 옳지 않은 것은?

① 3·15 부정 선거가 원인이 되었다.
② 장면을 부통령으로 당선시키기 위한 부정 선거가 계기가 되었다.
③ 1960년 대통령 선거 당일에 마산에서 부정 선거 규탄 시위가 열렸다.
④ 이승만 대통령은 결국 물러났다.
⑤ 마산 시위 과정에서 실종된 김주열 학생이 숨진 채 발견되었다.
⑥ 내각 책임제를 주요 내용으로 하는 개헌의 계기가 되었다.
⑦ 대학교수 200여 명이 시국 선언을 발표하고 가두 시위를 벌였다.
⑧ 학생과 시민의 힘으로 독재 정권을 무너뜨린 민주주의 혁명이다.

2 박정희 정부에 대한 설명으로 옳은 것을 모두 고르시오.

① 혁명 공약을 발표하였다.
② 국무총리에 장면을 앉혔다.
③ 지방 자치제를 최초로 실시하였다.
④ 한일 협정을 체결하였다.
⑤ 4·19 혁명의 결과로 수립되었다.
⑥ 미국의 요청으로 베트남 전쟁에 파병하였다.
⑦ 대통령의 3회 연임을 허용하는 개헌을 추진하였다.
⑧ 반공 체제를 강화하고 경제 개발과 사회 안정을 내세웠다.

답 1 ②
2 ④, ⑥, ⑦, ⑧

2 유신 체제의 붕괴와 민주화를 위한 노력

(1) 유신 체제의 성립과 붕괴

① **성립**: 냉전 체제 완화로 정치적 위기, 7·4 남북 공동 성명 발표(1972) ➡ '한국적 민주주의' 표방, 국회 해산 ➡ 유신 헌법 통과(1972)

② **내용** 자료❺

- 장기 독재 추구: 대통령의 임기 6년 규정, 통일 주체 국민 회의에서 간접 선거로 대통령 선출
- 대통령 권한 강화: 대통령에게 국회 해산권, 계엄 선포권, 긴급 조치권, 국회 의원 3분의 1 임명권 등 부여

③ **저항과 탄압**: 긴급 조치 발동, 민주화 운동 탄압(김대중 납치, 제2차 인민 혁명당 사건 조작) ➡ 저항 지속(3·1 민주 구국 선언 발표, 언론 자유 수호 투쟁 전개 등)

④ **붕괴**: 1978년 총선거에서 야당 성장, 제2차 석유 파동으로 인한 경제 위기, 인권 탄압에 따른 여론 악화 ➡ YH 무역 사건, 부마 민주 항쟁(1979. 10.) ➡ 정권 내부의 갈등 발생 ➡ 박정희 대통령 사망(10·26 사태)

비판의 목소리를 높이는 김영삼이 국회 의원에서 제명되자 그의 정치적 근거지인 부산과 마산 일대에서 유신 반대 시위가 일어났다.

★(2) 5·18 민주화 운동(1980) 자료❻

배경	전두환 중심의 신군부 세력이 정권 장악(12·12 사태) ➡ 민주화 시위(서울의 봄) ➡ 신군부의 비상계엄 전국 확대, 정치 활동 금지, 국회와 대학 폐쇄
경과	광주에서 학생들의 계엄령 철폐와 신군부 퇴진 요구 시위 발생(5. 18.) ➡ 계엄군의 폭력적인 진압 ➡ 시민들이 무기를 탈취하여 시민군 조직 ➡ 무력으로 시민군 진압
의의	• 1980년대 민주화 운동의 토대 마련, 아시아 각국의 민주화 운동에 영향 • 관련 기록물이 유네스코 세계 기록 유산에 등재

(3) 전두환 정부

사회 정화를 구실로 설치되어 많은 사람을 끌고 가 군사 훈련과 강제 노역을 하게 하였다.

① **성립**: 신군부의 국가 보위 비상 대책 위원회 설치 ➡ 삼청 교육대 설치, 통일 주체 국민 회의에서 전두환 대통령 선출 ➡ 헌법 개정(7년 단임의 대통령 간선제) ➡ 전두환이 대통령으로 선출

② **정책** 자료❼

- 강압 정책: 정치 활동 규제, 언론 통제(보도 지침), 민주화 운동 탄압
- 유화 정책: 해외여행 자유화, 야간 통행금지 해제, 중·고생 두발과 교복 자율화, 프로 스포츠 육성 등

★(4) 6월 민주 항쟁(1987) 자료❽

① **배경**: 전두환 정부의 강압적 통치, 박종철 고문치사 사건(1987), 4·13 호헌 조치(대통령 간선제 고수)

② **경과**: 민주 헌법 쟁취 국민운동 본부 결성, 시민들의 참여로 직선제 개헌·전두환 정권 퇴진 운동 전개 ➡ 시위 과정에서 이한열의 최루탄 피해 ➡ 전국 주요 도시에서 민주화 시위 전개(6월 민주 항쟁)

③ **결과**: 여당의 대통령 후보인 노태우가 6·29 민주화 선언 발표 ➡ 대통령 직선제 개헌

④ **의의**: 다양한 계층이 참여하여 민주주의를 이루어 냄, 평화적 정권 교체의 길을 엶, 여러 분야에서 민주화 운동이 활발해지는 계기가 됨

Check! 잘 나오는 선지로 개념 확인하기

3 5·18 민주화 운동에 대한 설명으로 옳은 것을 모두 고르시오.

① 신군부의 계엄령 전국 확대에 반발하였다.
② 유신 체제가 사실상 끝나는 계기가 되었다.
③ 신군부는 탱크와 헬기를 동원하여 시민군을 진압하였다.
④ 수습 과정에서 박정희 대통령이 김재규의 총에 맞아 사망하였다.
⑤ 관련 기록물이 세계 기록 유산으로 등재되었다.
⑥ 부산과 마산의 유신 반대 시위에 영향을 주었다
⑦ 신군부는 공수 부대를 투입하여 시위를 벌이던 학생들을 무력으로 진압하였다.

4 6월 민주 항쟁에 대한 설명으로 옳지 않은 것은?

① 대통령 직선제 개헌을 이끌어 냈다.
② 전두환 정부의 강압적인 통치에 맞서 일어났다.
③ 박종철 고문치사 사건의 진상 규명을 요구하였다.
④ 6·29 민주화 선언이 발표되는 계기가 되었다.
⑤ 4·13 호헌 조치에 반발하여 일어났다.
⑥ 시민들은 호헌 철폐와 독재 타도를 외치며 시위를 전개하였다.
⑦ 김주열의 사망 사건을 계기로 시위가 전국적으로 확산되었다.
⑧ 민주 헌법 쟁취 국민운동 본부는 직선제 개헌과 정권 퇴진 운동을 벌였다.

답 3 ①, ③, ⑤, ⑦
4 ⑦

STEP 1 O/X 문제로 9종 교과서 핵심 자료 보기

자료 1 4·19 혁명

미래엔, 지학사, 씨마스, 리베르

1. 마산, 서울, 기타 각지의 학생 데모는 주권을 빼앗긴 국민의 울분을 대신하여 궐기한 학생들의 순진한 정의감의 발로이며 부정과 불의에 항거하는 민족정기의 표현이다.
2. 이 데모를 공산당의 조종이나 야당의 사주로 보는 것은 고의의 왜곡이며 학생들 정의감의 모독이다.
5. 3·15 선거는 부정 선거이다. 공명선거에 의하여 정·부통령 선거를 다시 하라. - 동아일보, 1960. 4. 26.

▲ 대학교수단 시국 선언문

1. 국민이 원한다면 대통령직을 사임하겠다.
2. 3·15 정 ·부통령 선거에 많은 부정이 있었다 하니 선거를 다시 하도록 지시하였다.
3. 선거로 인연한 모든 불미스러운 것을 없애게 하기 위하여 이미 이기붕 의장에게 공직에서 완전히 물러나도록 하였다.
4. 내가 이미 합의를 준 것이지만 만일 국만이 원한다면 내각 책임제 개헌을 하겠다. -「대통령 기록관」, 1960. 4. 26.

▲ 이승만의 사임 성명

620 이승만 정부와 자유당은 정·부통령 선거에서 대대적인 부정을 저질렀다. O/X

621 부정 선거에 항의하는 시위가 확산하는 가운데 대학 교수들도 이승만의 퇴진을 요구하였다. O/X

622 이승만은 대통령 자리에서 물러나겠다는 성명을 발표하고 미국으로 망명하였다. O/X

자료 2 5·16 군사 정변

미래엔, 비상, 동아, 천재

첫째, 반공을 국시의 제일의(第一義)로 삼고, 지금까지 형식적이고 구호에만 그친 반공 태세를 재정비 강화할 것입니다.
넷째, 절망과 기아선상에서 허덕이는 민생고를 시급히 해결하고, 국가 자주 경제 재건에 총력을 경주할 것입니다.
여섯째, 이와 같은 우리의 과업이 성취되면, 참신하고도 양심적인 정치인들에게 언제든지 정권을 이양하고 우리들 본연의 임무에 복귀할 준비를 갖추겠습니다. - 중앙방송, 1961. 5. 16.

623 1961년 5월 16일 박정희를 비롯한 군인 세력이 정변을 일으켜 정권을 장악하였다. O/X

624 군사 정변 세력은 국가 재건 최고 회의를 설치하고 모든 정당과 사회단체를 해산하였다. O/X

625 대통령 중심제로 헌법을 고친 이후 혁명 공약에 따라 박정희는 대통령 선거에 출마하지 않았다. O/X

자료 3 한일 협정 체결

비상, 동아, 천재, 씨마스

제1조 양국 간에 외교 및 영사 관계를 수립한다. 양국은 대사급 외교 사절을 지체 없이 교환한다. 양국은 또한 양국 정부가 합의하는 장소에 영사관을 설치한다.
제2조 1910년 8월 22일 및 그 이전에 대한 제국과 대일본 제국 간에 체결된 모든 조약 및 협정이 이미 무효임을 확인한다.

▲ 한일 기본 조약

제1조 일본국은 대한민국에 대하여
(a) 3억 불과 동등한 …… 무상으로 제공한다.
(b) 2억 불과 동등한 …… 차관을 …… 행한다.
제2조 1. 양 체약국은 양 체약국 및 그 국민(법인을 포함함)의 재산, 권리 및 이익과 양 체약국 및 그 국민 간의 청구권에 관한 문제가 …… 완전히 그리고 최종적으로 해결된 것이 된다는 것을 확인한다.

▲ 청구권·경제 협력에 관한 협정

626 장면 정부는 경제 개발에 필요한 자금을 마련하고자 일본과의 관계 개선에 나섰다. O/X

627 학생과 시민들은 굴욕적인 한일 회담에 반대하는 시위를 벌였다. O/X

628 한일 협정은 일본의 식민 지배에 대한 사죄와 배상을 받아 내지 못한 한계가 있다. O/X

자료 4 베트남 파병

비상, 동아, 지학사, 씨마스

- 한국군의 현대화를 위하여 미국은 앞으로 수년 동안에 많은 장비를 제공한다.
- 미국은 파병된 한국군에 필요한 장비를 제공한다.
- 파병된 한국군에 필요한 보급 물자와 장비 등을 한국에서 구매한다.
- 수출을 진흥시키기 위한 모든 분야에서 한국에 대한 기술 원조를 강화한다.
- 한국의 경제 발전을 지원하기 위해 1억 5천만 불 이외의 추가 차관을 제공한다. -『한국 외교 관계 자료집』

629 박정희 정부는 베트남의 요청에 따라 베트남에 국군을 파병하였다. O/X

630 베트남 파병으로 벌어들인 외화는 경제 성장에 큰 도움이 되었다. O/X

631 베트남 전쟁에 참여한 많은 사람이 고엽제 피해를 입었다. O/X

자료 5 유신 체제

비상, 천재, 씨마스, 해냄

제40조 제1항 통일 주체 국민 회의는 국회 의원 정수의 3분의 1에 해당하는 수의 국회 의원을 선거한다.
제2항 제1항의 국회 의원 후보자는 대통령이 일괄 추천하며, 후보자 전체에 대한 찬반 투표에 부쳐 당선을 결정한다.
제53조 제2항 대통령은 제1항의 경우에 필요하다고 인정할 때에는 이 헌법에 규정되어 있는 국민의 자유와 권리를 잠정적으로 정지하는 긴급 조치를 할 수 있고, 정부나 법원의 권한에 관하여 긴급 조치를 할 수 있다.
제59조 제1항 대통령은 국회를 해산할 수 있다.

632 박정희 대통령은 1972년 10월 비상계엄을 선포하고 새로운 헌법을 제정하였다. ○/✕

633 유신 헌법에 따르면 대통령은 국민의 직접 선거로 선출되고 임기는 5년이었다. ○/✕

634 유선 체제에 맞서 개헌 청원 100만 인 서명 운동이 일어나고 3·1 민주 구국 선언이 발표되었다. ○/✕

자료 6 5·18 민주화 운동

미래엔, 지학사, 씨마스, 해냄

우리는 왜 총을 들 수밖에 없었는가. 그 대답은 너무나 간단합니다. 너무나 무자비한 만행을 더 이상 보고 있을 수만 없어서 너도 나도 총을 들고 나섰던 것입니다. …… 계엄 당국은 18일 오후부터 공수 부대를 대량 투입하여 시내 곳곳에서 학생, 젊은이들에게 무차별 살상을 자행하였으니 …… 너무나 경악스러운 또 하나의 사실은 20일 밤부터 계엄 당국은 발포 명령을 내려 무차별 발포를 시작하였다는 것입니다.

▲ 광주 시민군의 궐기문

635 1980년 5월 18일 아침 광주에서 계엄 철폐와 신군부 퇴진을 요구하는 시위가 발생하였다. ○/✕

636 계엄군의 무자비한 진압에 대항하여 시민들은 무기를 탈취하여 시민군을 조직하였다. ○/✕

637 5·18 민주화 운동의 결과 전두환을 비롯한 신군부가 퇴진하였다. ○/✕

자료 7 전두환 정부의 정책

미래엔, 비상

1. 검찰이 발표한 조사 결과 내용만 보도할 것
2. 사회면에서 취급할 것(크기는 재량에 맡김.)
3. 검찰 발표 전문은 꼭 실어 줄 것
4. 자료 중 '사건의 성격'에서 제목을 뽑아 줄 것
5. 이 사건의 명칭을 '성추행'이 라고 하지 말고 '성 모욕 행위'로 할 것
6. 발표 외에 독자적인 취재 보도 내용 불가
7. 시중에 나도는 반체제 측의 고소장 내용은 일체 보도하지 말 것

▲ 부천 경찰서 성 고문 사건 관련 보도 지침(1986. 7. 17.)

638 전두환은 7년 단임의 대통령 간선제를 주요 내용으로 하는 개헌을 단행하였다. ○/✕

639 전두환 정부는 야간 통행금지를 실시하고 교복 자율화 등을 추진하였다. ○/✕

640 전두환 정부 시기에는 보도 지침으로 언론을 통제하였다. ○/✕

자료 8 6월 민주 항쟁

미래엔, 비상, 씨마스

본인은 …… 임기 중 개헌이 불가능하다고 판단하고 현행 헌법에 따라 내년 2월 25일 본인의 임기 만료와 더불어 후임자에게 정부를 이양할 것을 천명하는 바입니다. …… 이와 함께 본인은 평화적인 정부 이양과 서울 올림픽이라는 양대 국가 대사를 성공적으로 치르기 위해서 국론을 분열시키고 국력을 낭비하는 소모적인 개헌 논의를 지양할 것을 선언합니다.

– 전두환 특별 담화, 1987. 4. 13.

▲ 4·13 호헌 조치

첫째, 여야 합의하에 조속히 대통령 직선제 개헌을 하고 새 헌법에 의한 대통령 선거를 통해 1988년 2월 평화적 정부 이양을 실현토록 해야 하겠습니다. …… 셋째, 자유 민주주의적 기본 질서를 부인한 반국가 사범이나 살상·방화·파괴 등으로 국기를 흔들었던 극소수를 제외한 시국 관련 사범들은 석방해야 합니다.

– 민주 정의당 대표 노태우, 1987. 6. 29.

▲ 6·29 민주화 선언(일부)

641 시민들의 직선제 요구에 전두환 정부는 4·13 호헌 조치를 발표하여 이를 수용하였다. ○/✕

642 여당의 대통령 후보였던 노태우가 직선제 개헌 등의 내용을 담은 선언을 발표하였다. ○/✕

643 6·29 민주화 선언에 따라 5년 단임의 대통령 직선제 개헌이 이루어졌다. ○/✕

STEP 2 객관식 풀어 보기

644

다음 상황에서 치러진 선거에 대한 설명으로 옳은 것은?

> 자유당에 맞서 야당 대통령 후보인 조병옥이 갑작스럽게 사망하면서 이승만은 단독 후보로서 당선이 확실시되었다. 그러나 이미 80대인 이승만에게 문제가 생겼을 경우 부통령을 누가 맡을 것인지가 이 선거에서의 관심사로 떠올랐다.

① 6·25 전쟁 중에 실시되었다.
② 발췌 개헌이 이루어진 직후 실시되었다.
③ 진보당 사건이 일어나는 계기가 되었다.
④ 마산 시민들의 반정부 시위를 촉발시켰다.
⑤ 사사오입 개헌이 이루어지는 배경이 되었다.

645

다음 자료와 관련된 사건의 결과로 옳은 것만을 보기 에서 고른 것은?

> **〈선거 지시 비밀 지령〉**
> 1. 4할 사전 투표: 유령 유권자 표, 기권 표 등 그 지역의 4할 정도씩 투표 시작전에 기표하여 미리 넣어 둘 것
> 2. 3인조 또는 5인조 공개 투표: 3인조 또는 5인조로 팀을 편성하여, 조장이 조원의 기표 상황을 확인한 후 투표함에 넣도록 할 것
> 3. 완장 부대 활용: 완장을 착용시켜 투표소 부근의 분위기를 조성하여 심리적인 압박을 줄 것
> 4. 야당 참관인 축출: 야당 참관인을 매수하여 투표 참관을 포기시키거나, 적당한 구실을 만들어 투표소 밖으로 축출할 것

보기

ㄱ. 유신 헌법이 제정되었다.
ㄴ. 장면 내각이 성립되었다.
ㄷ. 4·19 혁명이 발생하였다.
ㄹ. 사사오입 개헌이 이루어졌다.

① ㄱ, ㄴ ② ㄱ, ㄷ ③ ㄴ, ㄷ
④ ㄴ, ㄹ ⑤ ㄷ, ㄹ

646

다음은 어느 민주화 운동의 전개 과정을 정리한 것이다. (가), (나) 시기에 일어난 사실로 옳은 것만을 보기 에서 고른 것은?

> 3월 15일, 마산 시민들이 부정 선거를 규탄하는 시위를 벌였다.

⬇ (가)

> 4월 19일, 서울 종로 거리에서 학생들이 대대적으로 시위를 벌였다.

⬇ (나)

> 4월 26일, 이승만이 사임 성명을 발표하였다.

보기

ㄱ. (가)– 허정 과도 내각이 정국을 수습하였다.
ㄴ. (가)– 김주열의 시체가 마산 앞바다에서 발견되었다.
ㄷ. (나)– 대학교수단이 시국 선언문을 발표하였다.
ㄹ. (나)– 정부는 민주화 운동을 탄압하기 위해 국가 보안법을 개정하였다.

① ㄱ, ㄴ ② ㄱ, ㄷ ③ ㄴ, ㄷ
④ ㄴ, ㄹ ⑤ ㄷ, ㄹ

647

(가), (나)는 이승만 대통령이 발표한 내용이다. (가), (나) 시기 사이에 있었던 사실로 옳은 것은?

> (가) 지금 듣기로는 마산 폭동이 정돈이 되어서 철모르고 덤비던 사람들이 정신을 차려 거반 정돈이 되어 가게 된 것은 마산에 사는 동포들에 대해서만이 아니라 전 국민을 위하여 잘되는 것이라고 생각하는데, 대내외에서 들어오는 소식은 마산에서 일어난 폭동은 공산당이 들어와 뒤에서 조종한 혐의가 있다는 것이다.
> (나) 보고를 들으면 우리 사랑하는 청소년 학도들을 위시해서 우리 애국애족하는 동포들이 내게 몇 가지 결심을 요구하고 있다 하니 내가 아래서 말하는 바대로 할 것이며, …… 국민이 원한다면 대통령직을 사임하겠다.

① 이승만 정부는 진보당을 탄압하였다.
② 정부에 비판적인 경향신문이 폐간되었다.
③ 마산 앞바다에서 실종된 김주열의 시체가 떠올랐다.
④ 이승만 정부와 자유당이 선거에서 대대적인 부정을 저질렀다.
⑤ 서울 시내 대학교수들이 시국 선언문을 발표하고 시위를 벌였다.

648

밑줄 친 '학생 데모'에 대한 설명으로 옳은 것은?

> 1. 마산, 서울, 기타 각지의 학생 데모는 주권을 빼앗긴 국민의 울분을 대신하여 궐기한 학생들의 순진한 정의감의 발로이며 부정과 불의에 항거하는 민족정기의 표현이다.
> 4. 현 정부와 집권당은 그 책임을 지고 속히 물러가라.

① 내각 책임제 개헌을 요구하였다.
② 대통령이 물러나는 결과를 가져왔다.
③ 서울에서 시작하여 전국으로 확산되었다.
④ 군인들이 무력 진압하면서 사건이 확대되었다.
⑤ 대통령의 3회 연임 제한 규정 철폐를 비난하였다.

649

다음 선언문이 발표된 민주화 운동에 대한 설명으로 옳은 것은?

> 민주주의와 민중의 공복이며 중립적 권력체인 관료와 경찰은 민주를 위장한 가부장적 전제 권력의 하수인으로 발 벗었다. …… 나이 어린 학생 김주열의 참시를 보라! 그것은 가식 없는 전제주의 전횡의 발가벗은 나상밖에 아무것도 아니다.

① 허정 과도 정부 성립의 배경이 되었다.
② 신군부의 비상계엄 확대에 반대하여 일어났다.
③ 여성 노동자들이 신민당사에서 농성을 전개하였다.
④ 관련 기록물이 유네스코 세계 기록 유산으로 등재되었다.
⑤ 부산과 마산 등지에서 유신 철폐를 외치는 시위가 벌어졌다.

650

밑줄 친 '시위'의 결과로 옳은 것은?

> 미국 정부는 비민주적으로 행해진 3월 15일의 선거와 이후 사태에 심히 우려하고 있다. 미국은 시위가 대중 분노의 반영이므로 대중의 신뢰를 회복하지 않으면 공산주의자들이 선전할 좋은 기회를 제공하게 될 것이라고 생각한다.

① 자유당이 창당되었다.
② 장면이 부통령에 취임하였다.
③ 이승만 대통령이 사임하였다.
④ 대통령 직선제가 실시되었다.
⑤ 국민 방위군 사건이 일어났다.

651 난이도 상

다음 헌법이 적용된 시기에 있었던 사실로 옳은 것은?

> **제53조** 대통령은 양원 합동 회의에서 선거하고 재적 국회 의원 3분의 2 이상의 투표를 얻어 당선된다. …… 대통령은 정당에 가입할 수 없으며 대통령직 외에 공직 또는 사직에 취임하거나 영업에 종사할 수 없다.
> **제70조** 국무총리는 국무 회의를 소집하고 의장이 된다. 국무총리는 …… 필요한 사항에 관하여 국무 회의의 의결을 거쳐 국무원령을 발할 수 있다. 국무총리는 국무원을 대표하여 의안을 국회에 제출하고 행정 각 부를 지휘 감독한다.

① 학생과 시민들이 이승만 정부를 무너뜨렸다.
② 법률에 의해 친일파 청산과 농지 개혁이 추진되었다.
③ 대학생들 사이에 한반도 중립화 통일론이 대두하였다.
④ 미국의 요청으로 베트남에 비전투 부대를 파견하였다.
⑤ 동아일보 기자들이 언론 자유 수호 선언을 발표하였다.

652

다음과 같이 국회가 구성되었던 시기의 사실로 옳은 것은?

구분	민주당	사회 대중당	한국 사회당	자유당	무소속	기타	총 의석수
민의원	175석	4석	1석	2석	49석	2석	233석
참의원	31석	1석	1석	4석	20석	1석	58석

① 내각 책임제와 지방 자치제가 실시되었다.
② 베트남 파병과 한일 국교 정상화가 이루어졌다.
③ 반민족 행위자 처벌법과 농지 개혁법이 공포되었다.
④ 야간 통행금지가 해제되고 프로 야구가 출범하였다.
⑤ 시험을 보지 않고 중학교에 진학하는 제도가 실시되었다.

653

밑줄 친 '현 정부'에 대한 설명으로 옳은 것은?

> **국토 건설 사업의 지연과 정치인들의 반성**
> 경제 제일주의를 표방한 현 정부의 가장 핵심적인 건설 및 구호 계획이라고 할 수 있는 국토 건설 사업은 추가 경정 예산의 성립 및 미국의 잉여 농산물 도입 등의 난제에 봉착한 것으로 알려졌다. …… 국토 건설 사업의 예산 통과가 국회에서 답보하고 있을 뿐만 아니라 국토 건설의 계획 및 그 요원 배치에서도 혼란상을 드러내고 있다.
> – ○○일보

① 5·16 군사 정변을 주도했던 세력이다.
② 12·12 사태를 일으켜 정권을 장악하였다.
③ 평화적인 선거를 통해 여야 간의 정권 교체를 이루었다.
④ 집권당의 내부 분열로 강력한 지도력을 발휘하지 못하였다.
⑤ 군인들이 중심이 된 국가 보위 비상 대책 위원회를 설치하였다.

654

다음의 공약을 제시한 세력의 활동으로 옳은 것은?

> 1. 반공을 제1의 국시로 삼고, 반공 태세를 재정비·강화한다.
> 2. 미국 등 자유 우방과 유대를 돈독히 한다.
> 4. 민생고를 시급히 해결하고 국가 자주 경제 재건에 총력을 기울인다.
> 5. 공산주의와 대결할 수 있는 실력의 배양에 전력을 집중한다.
> 6. 이와 같은 과업이 성취되면 참신하고도 양심적인 정치인들에게 언제든지 정권을 이양하고 우리들 본연의 임무에 복귀할 준비를 한다.

① 진보당 탄압
② 경향신문 폐간
③ 중앙정보부 설치
④ 농지 개혁법 제정
⑤ 국가 보위 비상 대책 위원회 조직

655

밑줄 친 '이 기구'에서 추진한 정책으로 옳은 것은?

> 일부 군인들은 정변을 일으켜 정권을 장악하고 전국에 비상계엄을 선포하였으며, 이 기구를 구성하여 군정을 실시하였다.

① 언론사 통폐합
② 해외여행 자율화
③ 삼청 교육대 운영
④ 지방 자치제 최초 실시
⑤ 정치인들의 정치 활동 금지

정답 및 해설 72쪽

656

밑줄 친 '본인'에 대한 설명으로 옳은 것만을 보기 에서 고른 것은?

> 본인은 군사 혁명을 일으킨 책임자로서 이 중대한 시기에 처하여 일으킨 혁명의 결말을 맺어야 할 역사적 책임을 통감하면서 2년에 걸친 군사 혁명의 진정 종지부를 찍고 혁명의 악순환이 없는 조국 재건을 위해 항구적 국민 혁명의 대오 제3 공화국의 민정에 참여할 것을 결심하였다.

보기

ㄱ. 야간 통행금지 해제 등 유화적 조치를 발표하였다.
ㄴ. 미국과 동맹을 강화하는 상호 방위 조약을 체결하였다.
ㄷ. 민주 공화당의 대통령 후보로 나와 대통령에 당선되었다.
ㄹ. 남북 대화와 평화 통일을 구실로 10월 유신을 선포하였다.

① ㄱ, ㄴ ② ㄱ, ㄷ ③ ㄴ, ㄷ
④ ㄴ, ㄹ ⑤ ㄷ, ㄹ

657

다음 주장을 내세운 시위가 전개된 시기를 연표에서 옳게 고른 것은?

> 국제 협력이라는 미명 아래 우리 민족의 치떨리는 원수 일본 제국주의를 수입, 대미 의존적 반신불수의 한국 경제를 이중 예속의 철쇄로 속박하는 것이 조국 근대화로 가는 첩경이라고 기만하는 반민족적 음모를 획책하고 있다.

1948		1960		1961		1963		1972		1980
	(가)		(나)		(다)		(라)		(마)	
5·10 총선거		4·19 혁명		5·16 군사 정변		민정 이양		유신 헌법 제정		5·18 민주화 운동

① (가) ② (나) ③ (다) ④ (라) ⑤ (마)

658 난이도 상

다음 자료의 발표 이후에 일어난 사실로 옳은 것은?

> **제1조** 양국 간의 외교 및 영사 관계를 수립한다. 양국은 대사급 외교 사절을 지체 없이 교환한다. 양국은 또한 양국 정부가 합의하는 장소에 영사관을 설치한다.
> **제2조** 1910년 8월 22일 및 그 이전에 대한 제국과 대일본 제국 간에 체결된 모든 조약 및 협정이 이미 무효임을 확인한다.

① 6·3 시위가 전개되었다.
② 중앙정보부를 설치하였다.
③ 닉슨 독트린이 발표되었다.
④ 국가 재건 최고 회의가 설치되었다.
⑤ 진보당 사건으로 조봉암이 처형되었다.

659

다음 회담에 관한 설명으로 옳지 않은 것은?

> 1965년 6월 22일 양국 외무 장관이 협정문에 서명함으로써 막을 내렸다. …… 이 협정에 대해 한편에서는 한국의 근대화와 경제 발전을 위한 종자돈을 마련했다는 점에서 긍정적 평가를 한다. 그러나 다른 한편에서는 실리에 급급한 나머지 과거 청산의 명분과 기회를 희생시켰다는 부정적인 평가를 내리기도 한다.

① 한반도에서 냉전이 완화되는 계기가 되었다.
② 한국은 식민 통치에 대한 사죄를 받아 내지 못했다.
③ 한국은 약 3억 달러의 자금을 무상으로 제공받았다.
④ 한국 경제의 대일 의존도가 높아지는 계기가 되었다.
⑤ 회담 내용이 알려지면서 전국적인 반대 시위가 발생하였다.

660

다음 두 외교적 합의가 이루어진 시기를 연표에서 옳게 고른 것은?

- 베트남에 파병하는 추가 병력에 대한 필요한 장비를 제공하는 한편, 증파에 따르는 모든 추가적 경비를 부담한다.
- 일본이 3억 달러의 무상 자금과 2억 달러의 장기 저리 정부 차관 및 3억 달러 이상의 상업 차관을 제공하기로 약속한다.

1948		1961		1972		1980		1987		1997
	(가)		(나)		(다)		(라)		(마)	
정부 수립		5·16 군사 정변		10월 유신		5·18 민주화 운동		6월 민주 항쟁		IMF 구제 금융 신청

① (가) ② (나) ③ (다) ④ (라) ⑤ (마)

661

다음 개헌에 대한 설명으로 옳은 것은?

대통령 3선 연임 허용, 대통령에 대한 탄핵 소추 결의 요건 강화, 국회 의원의 국무총리 및 국무 위원 겸직 허용 등을 골자로 한 개헌안을 통과시키기 위해 여당인 공화당은 일요일 새벽 2시, 국회 본회의에서 점거 농성을 벌이던 야당 의원들을 피해, 국회 제3 별관에 몰래 모여 찬성 122표, 반대 0표로 개헌안을 변칙 통과시켰다. 이후 개헌안은 국민 투표에서 총 유권자의 77.1% 참여에 65.1%의 찬성을 얻어 확정되었다.

① 이른바 발췌 개헌이라 불린다.
② 대통령에게 긴급 조치권을 부여하였다.
③ 진보당 사건이 일어나는 계기가 되었다.
④ 5·18 민주화 운동을 진압한 후 이루어졌다.
⑤ 박정희 정부의 장기 집권 의도가 반영되었다.

662

(가), (나) 발표 시기 사이에 있었던 사실로 옳은 것만을 보기 에서 고른 것은?

(가) 은인자중하던 군부는 드디어 새벽을 기해서 일제히 행동을 개시하여 국가의 행정·입법·사법의 3권을 완전히 장악하고 이어 군사 혁명 위원회를 조직하였습니다. 군부가 궐기한 것은, 부패하고 무능한 현 정권과 기성 정치인들에게 이 이상 더 국가와 민족의 운명을 맡겨 둘 수 없다고 단정하고 백척간두에서 방황하는 조국의 위기를 극복하기 위한 것입니다.

(나) 나는 국민적 정당성을 대표하는 대통령으로서 나에게 부여된 역사적 사명에 충실하기 위해 부득이 정상적인 방법이 아닌 비상조치로써 남북 대화의 적극적인 전개와 주변 정세의 급변하는 사태에 대처하기 위한 우리 실정에 가장 알맞은 체제 개혁을 단행해야겠다는 결심을 하기에 이르렀습니다.

보기

ㄱ. 시위 군중의 일부가 경무대로 향하자 경찰이 총격을 가하였다.
ㄴ. 미국이 닉슨 독트린을 발표하면서 냉전의 완화 조짐이 나타났다.
ㄷ. 정부는 유신 체제 반대 운동에 대응하여 긴급 조치를 발표하였다.
ㄹ. 남한과 북한이 평화 통일 원칙에 합의한 7·4 남북 공동 성명이 발표되었다.

① ㄱ, ㄴ ② ㄱ, ㄷ ③ ㄴ, ㄷ
④ ㄴ, ㄹ ⑤ ㄷ, ㄹ

663

밑줄 친 '헌법 개정안'의 내용으로 옳지 않은 것은?

우리는 또한 현행 헌법하에서 정치 체제가 가져다준 국력의 분산과 낭비를 지양하고 이를 조직화하여 능률의 극대화를 기하며 민주주의의 한국적 토착화를 가능케 하는 유신적 개혁을 단행하는 것만이 국가의 안전과 조국의 평화적 통일을 기약하는 길임을 확신한다. 이에 <u>헌법 개정안</u>을 마련하여 주권자인 국민 총의의 결정을 거쳐 민족 중흥의 역사적 과업을 성취하는 기반을 다지고자 한다.

① 대통령의 출마 제한을 철폐한다.
② 대통령의 임기를 7년으로 늘린다.
③ 대통령에게 긴급 조치권을 부여한다.
④ 대통령이 국회 의원의 3분의 1을 추천한다.
⑤ 통일 주체 국민 회의에서 대통령을 선출한다.

664

다음 헌법이 시행된 시기에 있었던 사실로 옳지 않은 것은?

> **제53조** 대통령은 천재지변 또는 중대한 재정·경제상의 위기에 처하거나, 국가의 안전 보장 또는 공공의 안녕질서가 중대한 위협을 받을 우려가 있어, 신속한 조치를 할 필요가 있다고 판단할 때에는 내정·외교·국방·경제 등 국정 전반에 걸쳐 필요한 긴급 조치를 할 수 있다.

① 제2차 인혁당 사건이 발생하였다.
② 3·1 민주 구국 선언이 발표되었다.
③ 제4차 경제 개발 5개년 계획이 추진되었다.
④ 통일 주체 국민 회의에서 대통령을 선출하였다.
⑤ 남북한 당국자가 7·4 남북 공동 성명을 발표하였다.

665 난이도 상

다음과 같은 대통령 선출 방식이 시행될 때 일어난 사실로 옳은 것은?

구분	후보	재적 대의원	참석 대의원	찬성 표	반대 표	기권
8대	박정희	2,359	2,359	2,357	0	2
9대	박정희	2,581	2,578	2,577	0	1

① 국가 보안법이 개정되었다.
② 4·13 호헌 조치를 발표하였다.
③ 5·18 민주화 운동이 전개되었다.
④ 7·4 남북 공동 성명이 발표되었다.
⑤ 부정 선거에 반발하여 마산에서 시위가 발생하였다.

666

(가)에 들어갈 조치가 시행되었던 시기에 볼 수 있는 모습으로 가장 적절한 것은?

> ○○○ 씨는 유신 체제를 비판하였다가 (가) 와/과 반공법을 위반한 혐의로 유죄를 선고받고 복역하였다. 그는 2009년에 재심을 청구하였고, 2010년에 대법원에서 무죄를 선고받았다. 대법원 재판부는 " (가) 1호는 국회의 입법 절차에 따라 만들어진 법률이 아니어서 위헌 여부에 대한 심사권이 대법원에 속한다. 당시 유신 헌법상의 발동 요건조차 갖추지 않았고 한계를 벗어나 국민의 기본권을 침해했기 때문에 위헌이다."라고 밝혔다.

① 언론 자유 수호 투쟁을 벌이는 기자
② 부산에서 발췌 개헌안에 반대하는 국회 의원
③ 농지 개혁법에 따라 토지를 매수하는 공무원
④ 교복 자율화 조치에 따라 사복을 입고 등교하는 학생
⑤ 반민족 행위 특별 조사 위원회의 해산에 분노하는 시민

667

3·1 민주 구국 선언이 발표된 시기의 정치 상황으로 옳은 것만을 보기 에서 고른 것은?

> **보기**
> ㄱ. 대통령이 국회 의원의 3분의 1을 추천하였다.
> ㄴ. 근대화를 표방하여 민주 공화당이 창당되었다.
> ㄷ. 헌법 개정을 요구하는 민주화 운동이 일어났다.
> ㄹ. 대통령 선거인단이 7년 단임의 대통령을 선출하였다.

① ㄱ, ㄴ　② ㄱ, ㄷ　③ ㄴ, ㄷ
④ ㄴ, ㄹ　⑤ ㄷ, ㄹ

668

다음 진술을 통해 알 수 있는 사건이 일어난 시기에 있었던 사실로 옳지 않은 것은?

> 우리는 더욱더 잘 사는 나라를 기대하며 열심히 일해 왔습니다만 뜻하지 않은 지난 3월 30일 폐업 공고에 놀라지 않을 수 없었습니다. …… 저희 근로자들이 신민당에 나올 수밖에 없었던 것은 회사, 노동청, 은행이 모두 문제를 해결할 수 없다기에 오갈 데 없었기 때문입니다. 악덕한 기업주가 기숙사를 철폐하여 밥은 물론 수돗물마저 먹을 수 없을 뿐 아니라 6일 새벽 4시경 여자들만 잠자고 있는 기숙사 문을 부수고 우리 근로자들을 끌어내려 하였습니다.

① 부마 민주 항쟁
② 한일 기본 조약 체결
③ 박정희 대통령의 피살
④ 김영삼 의원의 국회 의원 제명
⑤ 제2차 석유 파동과 기업 경영 부실

669

(가)~(라)를 발표된 순서대로 바르게 나열한 것은?

> (가) 일본에의 예속으로 직행하는 매국의 한일 굴욕 회담을 전면 중지하라. 농민, 노동자, 소시민의 피눈물을 밟고 서서 홀로 살쪄 가는 매판성 악덕 재벌을 처형하고 몰수하라.
> (나) 베트남 공화국에 파견되는 추가 병력에 필요한 장비를 제공하며, 또한 베트남 파견 추가 병력에 따르는 일체의 추가적 원화 경비를 부담한다.
> (다) 우리는 이를 보고만 있을 수 없어 여야의 정치적인 전략이나 이해를 넘어 이 나라의 먼 앞길을 내다보면서 '민주 구국 선언'을 선포하는 바이다.
> (라) 대통령은 …… 신속한 조치를 할 필요가 있다고 판단할 때에는 내정·외교·국방·경제 등 국정 전반에 걸쳐 필요한 긴급 조치를 할 수 있다.

① (가) - (나) - (다) - (라) ② (가) - (나) - (라) - (다)
③ (가) - (라) - (나) - (다) ④ (나) - (가) - (다) - (라)
⑤ (나) - (가) - (라) - (다)

670

다음 가상 일기의 내용과 관련된 사건에 대한 설명으로 옳은 것은?

> 19○○년 12월 ○○일
>
> 정승화 참모총장이 신군부 세력에게 피습당하였다. 그 소식은 총장 공관에 전화를 걸었을 때 공관의 경호 대위가 다급하게 정 총장님이 피습당했다고 말하여 알게 되었다. 군의 핵심 책임자가 죽었으니 앞으로의 상황은 한 치 앞을 알 수 없게 되었다.

① 박정희 대통령이 김재규에게 피살되었다.
② 신군부가 5·18 민주화 운동을 무력 진압하였다.
③ 국가 보위 비상 대책 위원회가 사회 통제를 강화하였다.
④ 정변을 일으킨 군인들이 군사 혁명 위원회를 조직하였다.
⑤ 신군부 세력이 지휘 계통을 무시하고 계엄 사령관을 체포하였다.

671

다음 민주화 운동이 일어나게 된 원인으로 옳은 것은?

> 우리는 왜 총을 들 수밖에 없었는가? 그 대답은 너무나 간단합니다. 너무나 무자비한 만행을 더 이상 보고 있을 수만 없어서 너도 나도 총을 들고 나섰던 것입니다. …… 시민 여러분! 우리 시민군은 온갖 방해에도 불구하고 여러분의 안전을 끝까지 지킬 것입니다. 또한 협상이 올바른 방향대로 진행되면 우리는 즉각 총을 놓겠습니다.

① 3·15 부정 선거에 항의하는 시위가 확산되었다.
② 신군부 세력이 비상계엄을 전국으로 확대하였다.
③ 김영삼 신민당 총재가 국회에서 제명 처리되었다.
④ YH 무역의 노동자들이 신민당사에서 농성을 하였다.
⑤ 대학생 박종철이 고문으로 사망하는 사건이 발생하였다.

672

다음 주장을 내세운 민주화 운동에 대한 설명으로 옳은 것은?

> 과도 정부는 모든 피해를 보상하고 즉각 물러나라!
> 무력 탄압만 계속하는 명분 없는 계엄령을 즉각 해제하라!
> 정부와 언론은 이번 광주 의거를 허위 조작, 왜곡 보도하지 말라!

① 한일 국교 정상화에 반대하여 일어났다.
② 김영삼 국회 의원이 제명당한 것에 반발하였다.
③ 3·15 부정 선거에 항의하는 시위에서 비롯되었다.
④ 관련 기록물이 유네스코 세계 기록 유산으로 등재되었다.
⑤ 3·1 민주 구국 선언을 통해 긴급 조치 철폐 등을 요구하였다.

673

다음의 시위를 무력으로 진압한 후 등장한 정부에 대한 설명으로 옳지 않은 것은?

> 광주에서는 비상계엄 확대에 저항하는 대학생들의 시위가 계속되었다. 계엄군이 시위를 무차별 진압함으로써 많은 대학생들이 부상을 당하였다. 계엄군의 무자비한 진압에 분노한 시민들이 거리로 쏟아져 나오면서 시위는 확대되었다. 시위 군중들은 가까운 경찰서나 파출소에 보관되어 있던 소총으로 무장하고, 시민군을 조직하여 광주 시내에서 계엄군을 몰아내었다.

① 12·12 사태로 붕괴되었다.
② 보도 지침을 내려 언론을 통제하였다.
③ 사회 정화를 내세워 삼청 교육대를 운영하였다.
④ 대중의 관심을 돌리기 위해 프로 야구를 창설하였다.
⑤ 국민의 불만을 회유하기 위해 해외여행을 자율화하였다.

674 난이도 상

(가) 조직이 통치하던 시기에 일어난 사실로 옳은 것은?

> 신군부는 전두환을 상임 위원장으로 하는 (가) 을/를 설치하여 국정을 장악하였다. (가) 은/는 사회 정의를 명분으로 반대 세력을 억압하고 삼청 교육대를 만들어 공포 분위기를 조성하였다.

① 최규하 대통령이 물러났다.
② 부마 민주 항쟁이 일어났다.
③ 야간 통행금지가 전면 해지되었다.
④ 5·18 민주화 운동이 폭력적으로 진압되었다.
⑤ 민주 공화당이 창당되고, 개헌안이 제출되었다.

675

(가)~(마)에 대한 설명으로 옳은 것은?

구분	주요 개헌 내용
(가) 1차 개헌(1952)	직접 선거를 통해 대통령 선출
(나) 2차 개헌(1954)	개헌 당시 대통령에 한해 중임 제한 철폐
(다) 6차 개헌(1969)	대통령의 3선 허용
(라) 7차 개헌(1972)	통일 주체 국민 회의에서 임기 6년의 대통령 선출
(마) 8차 개헌(1980)	선거인단에 의해 임기 7년의 단임제 대통령 선출

① (가)– 국민들의 민주화 열망을 반영한 개헌이다.
② (나)– 4·19 혁명이 개헌의 계기가 되었다.
③ (다)– 대통령에게 긴급 조치권이 부여되었다.
④ (라)– 대통령의 입법부와 사법부 통제가 가능하였다.
⑤ (마)– 개헌 직후 민간인 출신 대통령이 선출되었다.

[676~677] 다음을 읽고 물음에 답하시오.

> 우리는 이 땅에 민주 헌법이 서고 민주 정부가 확고히 수립될 때까지 지칠 줄 모르게 이 운동을 전개해 나갈 뿐만 아니라 그렇게 되었을 때 동장에서부터 대통령까지 국민들의 손으로 뽑게 될 수 있을 때에도 그 소중한 국민 주권을 신성하게 행사할 것임을 온 국민의 이름으로 결의한다.

676

위 선언문이 발표된 사건에서 제기된 구호로 옳은 것은?

① 부정 선거 책임자를 즉시 처벌하라!
② 명분 없는 계엄령을 즉각 철폐하라!
③ 사죄와 배상 없는 경제 협력 웬 말이냐!
④ 국민 합의 배신하는 호헌 주장 철회하라!
⑤ 긴급 조치 철폐하고 민주 인사 석방하라!

677

위 사건이 가져온 결과로 옳은 것만을 보기 에서 있는 대로 고른 것은?

보기

ㄱ. 박정희 정부가 출범하였다.
ㄴ. 국민이 대통령을 직접 선출하였다.
ㄷ. 7년 단임의 대통령 개헌이 이루어졌다.

① ㄱ ② ㄴ ③ ㄱ, ㄴ
④ ㄱ, ㄷ ⑤ ㄱ, ㄴ, ㄷ

678

(가), (나)와 관련된 민주화 운동에 대한 설명으로 옳지 않은 것은?

> (가) 이번 4·19 참사는 우리 학생 운동 사상 최대의 비극이요, 이 나라 정치적 위기를 초래한 중대 사태이다.
> (나) 4월 13일 전두환 정권이 독재 헌법을 옹호한 것은 우리나라의 건국 정신과 국민의 요청인 민주화를 부정하는 것이기에 무효이다. 이를 위해 민주 헌법을 만들기 위한 국민 행동을 전개한다.

① (가)– 이승만 정부가 붕괴하고 민주당 내각이 수립되었다.
② (가)– 3·15 부정 선거를 규탄하는 항의 시위가 계기가 되었다.
③ (나)– 간접 선거로 7년 단임의 대통령을 선출하게 되었다.
④ (나)– 독재 정권의 장기 집권 의도에 대한 국민적 반발이었다.
⑤ (가)와 (나)– 독재 정권을 타도하여 민주주의 발전에 기여하였다.

679

(가) ~ (라)를 일어난 순서대로 바르게 나열한 것은?

(가) 4·19 혁명	(나) 6월 민주 항쟁
(다) 부마 민주 항쟁	(라) 5·18 민주화 운동

① (가) – (나) – (다) – (라) ② (가) – (다) – (라) – (나)
③ (나) – (다) – (라) – (가) ④ (나) – (라) – (다) – (가)
⑤ (다) – (나) – (가) – (라)

정답 및 해설 75쪽

680

다음과 같이 헌법 개정이 이루어진 배경으로 가장 적절한 것은?

> 제39조 ① 대통령은 대통령 선거인단에서 무기명 투표로 선거한다.
> 제40조 ① 대통령 선거인단은 국민의 보통 · 평등 · 직접 · 비밀 선거에 의하여 선출된 대통령 선거인으로 구성한다.

⬇

> 제67조 ① 대통령은 국민의 보통 · 평등 · 직접 · 비밀 선거에 의하여 선출한다.

① 5·16 군사 정변으로 장면 내각이 붕괴되었다.
② 부정 선거 규탄 시위가 확산되면서 이승만이 물러났다.
③ 4·13 호헌 조치에 반대하는 시위가 전국에서 일어났다.
④ 7·4 남북 공동 성명 발표 이후 남북 관계가 변화하였다.
⑤ 신군부가 5·18 민주화 운동을 진압하고 실권을 장악하였다.

681

다음 표는 우리나라 헌법의 개정 과정을 정리한 것이다. (가)~(마)에 대한 설명으로 옳지 않은 것은?

(가) 제헌 헌법(1948. 7.)	대통령 간선제, 1회 중임 가능(임기 4년)
제1차 개헌(1952. 7.)	정·부통령 직선제로 전환
제2차 개헌(1954. 11.)	개헌 당시 대통령에 한해 중임 제한 철폐
(나) 제3차 개헌(1960. 6.)	의원 내각제(양원제)
제4차 개헌(1960. 11.)	3·15 부정 선거 관련자 처벌 소급 입법
제5차 개헌(1962. 12.)	대통령 중임제, 단원제
제6차 개헌(1969. 10.)	대통령 간선제, 중임 제한 폐지(임기 6년)
(다) 제7차 개헌(1972. 10.)	대통령 간선제, 단임제(임기 7년)
(라) 제8차 개헌(1980. 10.)	대통령 간선제, 단임제(임기 7년)
(마) 제9차 개헌(1987. 10.)	대통령 직선제, 단임제(임기 5년)

① (가)– 대통령과 부통령을 국회에서 선출하였다.
② (나)– 민주당의 주도로 허정 과도 내각에서 추진한 개헌이다.
③ (다)– 대통령이 국회 의원의 3분의 1을 선출할 수 있게 되었다.
④ (라)– 통일 주체 국민 회의에서 대통령을 선출하였다.
⑤ (마)– 국민들의 직선제 개헌 요구를 수용해 이루어졌다.

682 난이도 상

다음은 우리나라 대통령 선출 방식의 변천을 나타낸 것이다. (가)~(다)에 들어갈 내용으로 옳지 않은 것은?

선출 방식	직선제	간선제	직선제	간선제
개헌 시기	1952년	1960년	1962년	1972년
주요 특징	(가)	(나)	국민 투표를 통해 확정	(다)

① (가)– 부산에서 계엄령 아래 통과
② (나)– 허정 과도 정부 시기에 공포
③ (다)– 대통령에게 긴급 조치권 부여
④ (가)와 (나)– 국회의 양원제 규정
⑤ (나)와 (다)– 국회에서 대통령 선출

683

밑줄 친 '이 조치'를 발표한 정부에 대한 설명으로 옳은 것은?

> 국민 합의를 배신한 이 조치는 무효임을 전 국민의 이름으로 선언한다. …… 국가의 미래요 소망인 꽃다운 젊은이를 야만적인 고문으로 죽여 놓고 그것도 모자라 뻔뻔스럽게 국민을 속이려 했던 현 정권에게 국민의 분노가 무엇인지를 분명히 보여 주고, 국민적 여망인 개헌을 일방적으로 파기한 이 조치를 철회시키기 위한 민주 장정을 시작한다.

① 경향신문을 폐간하였다.
② 베트남에 국군을 파병하였다.
③ 해외여행 자율화를 발표하였다.
④ 선거에서 대대적인 부정을 저질렀다.
⑤ 대통령의 권한을 강화한 유신 헌법을 제정하였다.

684

다음을 읽고 물음에 답하시오.

김주열의 죽음, 고려대학교 학생 습격 등에 분노한 학생과 시민들은 대규모 시위에 나섰다. 서울에서만 학생과 시민 10만여 명이 가담하였다. 시위대가 경무대로 향하자 경찰이 발포를 시작했고, 야간까지 서울 곳곳에서 유혈 사태가 벌어졌다. 부산과 광주 등에서도 격렬한 시위와 경찰의 발포가 있었다. 서울·부산·광주를 비롯한 몇몇 도시에 비상계엄이 선포되면서 시위는 일단 진정되는 듯 보였지만 대학교수단 시국 선언문 발표 이후 다시 격화되었다.

(1) 자료에 나타난 민주화 운동의 명칭을 쓰시오.

( )

(2) 위의 민주화 운동이 일어난 배경을 <u>두 가지</u> 서술하시오.

685

다음을 읽고 물음에 답하시오.

34년 전의 <u>이 운동</u>은 젊은 청년 학도들이 권력의 부정과 불의에 항거하여 국민의 자유와 권리를 지키고자 궐기했던 자유 민주주의 수호 운동이요, 온 국민의 호응과 지지 속에 민권이 승리를 거둔 위대한 민주 시민 혁명이었습니다.

– 민주화 운동 기념사, 1994

(1) 밑줄 친 '이 운동'을 쓰시오.

( )

(2) 밑줄 친 '이 운동'의 결과와 의의를 서술하시오.

686

다음은 한 학생이 정리한 노트 필기이다. 읽고 물음에 답하시오.

(가) **시기의 상황**

1. 다양한 사회적 요구
   (1) 학생: 학도 호국단 폐지
   (2) 교사: 교원 노동조합의 합법화 요구
2. 통일에 대한 논의 활발: 일부 대학생들과 진보 정당들은 북한에 남북 학생 회담 개최 제의
3. 결과: <u>다양한 요구가 제대로 수용되지 못함</u>

(1) (가)에 들어갈 정부를 쓰시오.

( )

(2) 밑줄 친 결과가 나타나게 된 이유를 서술하시오.

687

㉠에 해당하는 시위를 일컫는 명칭을 쓰고, 시위가 일어난 이유와 결과를 서술하시오.

미국의 한일 국교 정상화 요구 등에 따라 일본과 국교 정상화가 추진되었고, 중앙정보부장 김종필과 일본 외무대신 오히라가 비밀리에 합의하였다. 이에 대해 1964년 ㉠ <u>학생과 시민들은 한일 회담에 반대하는 시위</u>를 전개하였다.

688

다음 상황이 전개된 대내외적 배경과 이를 통해 성립한 체제의 실상을 서술하시오.

박정희 대통령은 북한과 평화 통일 원칙에 합의한 7·4 남북 공동 성명을 발표한 이후 불법적으로 국회를 해산하고 10월 유신을 단행하였다.

690

다음을 읽고 물음에 답하시오.

〈기억해야 할 현대사 1, (가) 〉 대본

- 사회자: 1980년 신군부는 계엄 포고령을 내려 사회를 혼란스럽게 하는 불량배들을 검거하겠다고 발표하였습니다. 실제로 4만 명 가까이 되는 사람들이 사회 정화를 명분으로 (가) 에서 교육을 받았죠. 박사님 그 '교육'이라는 것이 무엇인가요?
- 박사: 군대식 훈련이 대부분이었고, 이 과정에서 많은 가혹 행위가 있었습니다. 더군다나 불량배가 아닌 사람이 잡혀 온 경우도 많았죠. 이 기관은 통일 주체 국민 회의를 통해 성립된 (나) 시기에도 계속 운영되었습니다.
- 사회자: 매우 강압적인 정책이었네요. 그런데 (나) 시기 유화 정책이라는 것을 실시했다고 하던데 그 내용과 목적은 무엇인가요?

(1) (가), (나)에 들어갈 내용을 각각 쓰시오.

(가): (   )
(나): (   )

(2) 사회자의 마지막 질문에 대한 적절한 답변을 서술하시오.

689

다음 민주화 운동의 의의를 두 가지 서술하시오.

1980년 광주에서 계엄령 철폐와 신군부 퇴진을 요구하는 시위가 일어나자 신군부는 공수 부대를 투입해 시민들을 무자비하게 진압하였다.

691

다음 행동 강령을 내세운 민주화 운동을 쓰고, 그 결과를 서술하시오.

국민 대회 때 소형 태극기를 지참합시다. 국민 합의 배신하는 호헌 주장 철회하라! 민주 헌법 쟁취하여 민주 정부 수립하자!
– 민주 헌법 쟁취 국민운동 본부

Ⅱ 대한민국의 발전

04 문화 변동과 일상생활

빈출 개념
- 경제 개발 5개년 계획의 특징
- 산업화에 따른 사회 변화
- 언론의 탄압과 그에 대한 저항

1 정부 주도의 경제 개발과 산업화

(1) 원조 경제의 발달

① **배경**: 6·25 전쟁으로 산업 시설과 생산 기반 대부분 파괴, 식량과 생필품 부족

② **이승만 정부의 전후 복구 노력**: 미국의 경제 원조에 힘입어 추진, 삼백 산업 발달, 복구 사업 시작 자료❶

(삼백 산업: 제분, 제당, 면방직 공업을 의미한다.)

③ **한계**: 국내 농산물 가격 폭락으로 농촌 경제 타격, 특정 기업에 혜택 집중, 미국의 무상 원조 축소에 경제 위기 발생

★(2) 경제 개발 5개년 계획: 정부 주도의 성장 우선, 수출 주도형 정책

① **제1, 2차 경제 개발 5개년 계획(1962~1971)** 자료❷

구분	내용
추진	외국 자본 도입(한일 국교 정상화, 베트남 파병, 서독에 광부와 간호사 파견)으로 자금 확보 ➔ 노동 집약적 경공업(가발, 신발 등)과 기간 산업(시멘트, 정유 등) 육성, 대규모 산업 단지와 수출 자유 지역 조성, 경부 고속 국도 개통(1970) ➔ 고도성장 이룩, 수출 증가
한계	정경 유착 발생, 외채 증가로 한국 경제의 대외 의존도 심화

② **제3, 4차 경제 개발 5개년 계획(1972~1981)** 자료❸

구분	내용
추진	수출 주도형 중화학 공업 집중 육성(철강·화학·조선 등), 대규모 중화학 공업 단지 조성 ➔ 고도성장 지속, 수출액 100억 달러 돌파(1977) ➔ '한강의 기적'이라 불림
위기	• 제1차 석유 파동(1973): 중동 건설 사업을 통해 벌어들인 외화로 극복 • 제2차 석유 파동(1978): 중화학 공업에 대한 중복 투자 ➔ 경제 성장률 감소

(3) 1980년대의 경제 상황

① **전두환 정부의 정책**
- 정부 주도의 성장 우선 정책 부분적 수정, 민간 부문 참여 확대
- 중화학 공업의 중복 투자 조정, 부실기업 정리

② **3저 호황**: 1980년대 후반 세계적인 저금리, 저유가, 저달러의 환경 속에 경제가 크게 성장

③ **기술 집약 산업 성장**: 자동차, 기계, 철강, 반도체 등

④ **우루과이 라운드**: 선진 자본주의 국가들의 자유 무역 촉진 ➔ 농산물을 비롯한 시장과 자본 개방 움직임

(4) 경제 성장 과정의 문제점 자료❹

① 대외 의존도 심화, 외채 급증 ➔ 국제 경제 상황에 큰 영향을 받음

② 8·3 조치 등 기업을 지원하는 정책 추진 ➔ 재벌 중심의 산업 구조 형성, 정경 유착 발생

(8·3 조치: 기업에 채무를 조정해 주고 상환을 유예해 주었다.)

③ 대규모 산업 시설을 영남 지방에 집중적으로 건설 ➔ 지역 간 격차 발생

④ 성장 위주의 정책 ➔ 빈부 격차 심화, 도시와 농촌 간 소득 격차 발생

⑤ 경제 성장에 집중한 산업화 ➔ 오염 물질 배출, 수질 오염, 대기 오염 등 환경 문제 대두

Check! 잘 나오는 선지로 개념 확인하기

1 경제 개발 5개년 계획에 대한 설명으로 옳은 것을 모두 고르시오.

① 박정희 정부 시기에 추진되었다.
② 장면 정부가 초안을 마련하였다.
③ 정부 주도로 분배를 우선하였다.
④ 수출 중심의 경제 정책이었다.
⑤ 제1, 2차에서는 중화학 공업을 육성하였다.
⑥ 제3, 4차에서는 노동 집약적 경공업이 성장하였다.
⑦ 정책 추진 과정에서 정경 유착이 발생하였다.
⑧ 제1, 2차 석유 파동으로 위기를 겪었다.

2 1980년대 경제 상황에 대한 설명으로 옳은 것을 모두 고르시오.

① 경부 고속 국도가 개통되었다.
② 포항 종합 제철 공장이 지어졌다.
③ 면방직, 제분, 제당 등 삼백 산업이 발달하였다.
④ 미국의 농산물이 대량으로 들어왔다.
⑤ 중화학 공업에 과잉 투자가 이루어졌다.
⑥ 저유가, 저달러, 저금리의 3저 호황을 맞았다.
⑦ 자동차, 반도체 등 기술 집약적 산업이 성장하였다.
⑧ 영남 지방에 대규모 중화학 공업 단지가 세워졌다.

답 1 ①, ②, ④, ⑦, ⑧ 2 ⑥, ⑦

2 산업화에 따른 사회, 문화 변동

(1) 사회의 변화

도시	• 산업화로 도시 인구 급증 ➜ 도시 재정비, 생활 양식 변화 • 여러 도시 문제 발생, 도시 빈민 증가, 광주 대단지 사건(1971) • 정부는 대중교통 확장, 고속 국도 건설, 쓰레기 소각장 설치 등 추진 └ 서울에서 경기도 광주(성남)로 이주된 철거민들이 정부에 항의하며 시위를 벌였다.
농촌 자료❺	• 저곡가 정책으로 도농 간 소득 격차 심화 • 새마을 운동(1970) 전개 ➜ 농촌 생활 환경 개선 도모, 근면·자조·협동 정신 강조 • 전남 함평 고구마 피해 보상 운동 등 농민 운동 전개 • 1980년대 외국 농산물 수입 개방 반대 운동 전개
노동 자료❻	저임금 정책으로 노동 환경 악화 ➜ 전태일 분신 사건(1970) 이후 노동조합 설립 활발, 노동 운동 확산
교육	국가주의 교육 실시 ➜ 양적 발전, 교육열 상승 ➜ 입시 경쟁 과열 ➜ 중학교 무시험 추첨제, 고교 평준화 실시 ➜ 과외 전면 금지, 대학 졸업 정원제 시행, 대학 수학 능력 시험 제도 도입
환경	• 1960년대 경제 개발이 추진되면서 여러 가지 환경 문제 발생 • 1980년대에 본격적으로 환경 문제 대두 • 온산병 사태(1985), 낙동강 페놀 오염 사태(1991) • 환경 보전법 제정, 환경청 설치

(2) 일상 생활의 변화

① 아파트와 같은 공동 주택 증가, 소비 수준과 교육 수준 상승

② 1980년대 컬러텔레비전과 전화기가 대부분 가정에 보급

③ 밀가루 음식 소비 증대, 가공 식품 발달, 외식업 성장

④ 가족계획 사업 추진으로 출산율 하락, 대가족에서 핵가족으로 변화

(3) 대중 매체의 보급과 대중문화 발달

① 대중 매체의 보급

• 4·19 혁명 이후 신문 발행 허가제 폐지 ➜ 신문사 증가, 언론 기능 강화

• 1960년대 라디오 보급, 1970년대 이후 텔레비전 보급 시작, 1980년대 컬러텔레비전 보급 ➜ 대중문화 확산 자료❼

② 언론 탄압과 그에 대한 저항

• 언론 탄압

이승만 정부	경향신문 폐간
박정희 정부	언론 통폐합, 정부에 비판적인 기자 활동 제한, 동아일보 백지 광고 사태 등
전두환 정부	언론사 통폐합, 보도 지침 하달

└ 동아일보 기자들이 자유 언론 수호 투쟁을 벌이자 중앙정보부의 압력으로 광고가 무더기로 해약되면서 광고란이 빈 채 발행되었다.

• 저항: 자유 언론 실천 선언 등 자유 언론 수호 운동 전개 ➜ 6월 민주 항쟁 이후 언론의 자유 확대

③ 대중문화 발달

• 1960년대: 영화 산업 발달

• 1970년대: 박정희 정부의 문화·예술 검열 강화(장발과 미니스커트 단속, 금지곡 지정, 영화 사전 검열), 텔레비전 드라마, 통기타와 청바지 등 청년 문화 유행 자료❽

• 1980년대: 상업적 프로 스포츠 발달, 민중 문화 활동 전개, 서울 올림픽 대회(1988) 개최

Check! 잘 나오는 선지로 개념 확인하기

3 새마을 운동에 대한 설명으로 옳은 것을 모두 고르시오.

① 장면 정부 시기에 시작되었다.
② 제1차 경제 개발 계획 과정에서 실시되었다.
③ '근면, 자조, 협동'을 강조하였다.
④ 경부 고속 국도 개통을 추진하였다.
⑤ 도시와 농촌의 소득 격차가 커지는 상황을 개선하고자 하였다.
⑥ 농촌의 주택 개량, 도로와 전기 시설 확충 등을 추진하였다.
⑦ 두 차례 석유 파동으로 경제적 타격을 입은 후에 추진되었다.
⑧ 농촌 소득 증대 사업을 지원하는 방식으로 바뀌었다.

4 전두환 정부의 언론과 대중문화 통제에 대한 설명으로 옳은 것을 모두 고르시오.

① 경향신문을 폐간하였다.
② 언론사를 통폐합하였다.
③ 장발과 미니스커트를 단속하였다.
④ 동아일보에 광고를 싣지 못하게 했다.
⑤ 보도 지침을 하달하였다.
⑥ 신문 발행을 허가제로 바꾸었다.

답 3 ③, ⑤, ⑥, ⑧
4 ②, ⑤

1 O/X 문제로 9종 교과서 핵심 자료 보기

자료 1 전후 경제 복구 정책
미래엔, 지학사, 씨마스

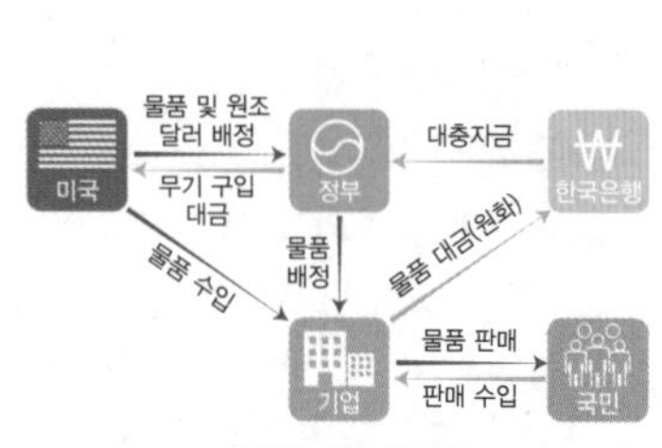

▲ 대충자금 흐름도

연도	1946	1949	1952	1955	1958	1961
(만 달러)	4,950	11,651	16,133	23,671	32,127	19,925

(『경제 통계 연보』, 2018)

▲ 미국의 경제 원조 추이

692 이승만 정부는 미국의 경제 원조를 받아 전후 복구에 나섰다. O/X

693 1950년대에는 제분, 제당, 면방직 공업을 의미하는 삼백 산업을 중심으로 공업이 발달하였다. O/X

694 미국에서 값싼 농산물이 들어오면서 국내 농산물 가격이 높아졌다. O/X

자료 2 제1, 2차 경제 개발 계획
미래엔, 천재, 지학사, 씨마스

▲ 경부 고속 국도 개통

▲ 수출 100억 달러 달성 기념 아치

▲ 100억 불 수출 기념 우표

695 제1차 경제 개발 5개년 계획에 따라 석유 화학, 조선, 철강 등 중화학 공업이 성장하였다. O/X

696 박정희 정부는 경부 고속 국도를 건설하는 등 사회 간접 자본을 확충하였다. O/X

697 제1, 2차 경제 개발 5개년 계획으로 한국 경제는 빠르게 성장하였고 대외 의존도가 낮아졌다. O/X

자료 3 제3, 4차 경제 개발 계획과 3저 호황
비상, 천재, 지학사

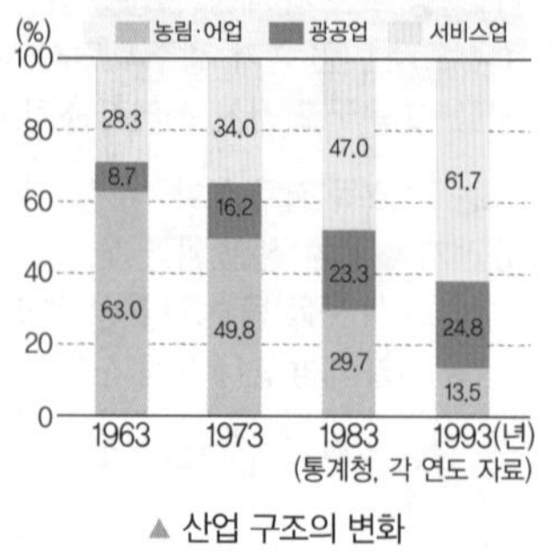

▲ 산업 구조의 변화

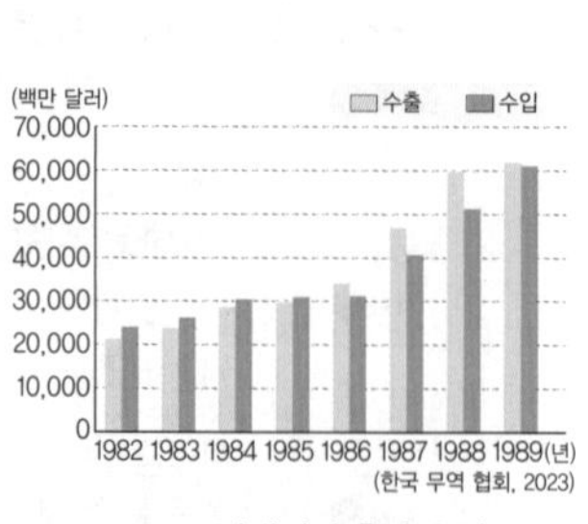

▲ 1980년대의 수출과 수입

698 제3, 4차 경제 개발 계획으로 경공업이 크게 성장하여 공업 구조에서 중화학 공업을 앞서게 되었다. O/X

699 1970년대 일어난 제1, 2차 석유 파동으로 한국 경제는 어려움을 겪었다. O/X

700 1980년대 중반 저유가, 저달러, 저금리의 3저 호황 속에 한국 경제는 크게 성장하였다. O/X

자료 4 경제 성장 과정의 문제점
미래엔, 비상, 지학사, 씨마스

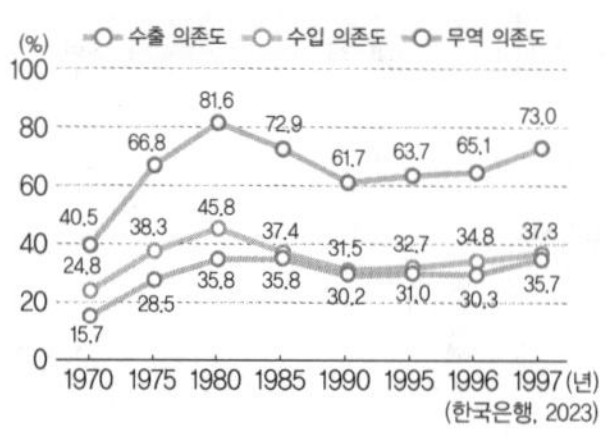

▲ 한국의 무역 의존도 변화

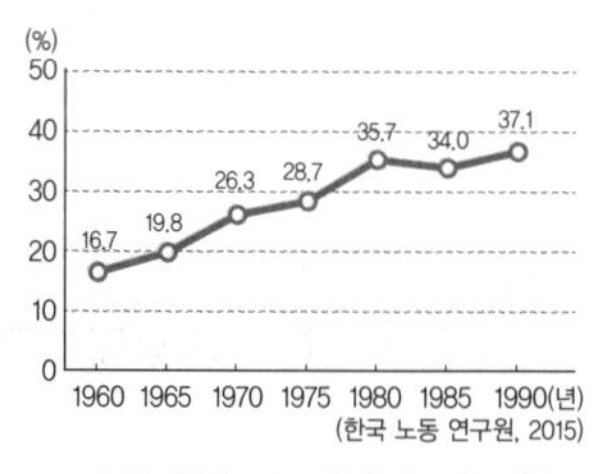

▲ 소득 상위 10% 집단의 소득 비중

> 모든 기업은 1972년 8월 2일 현재 보유하는 모든 사채를 정부에 신고해야 한다. 모든 사채는 1972년 8월 3일 자로 월 1.35 %, 3년 거치 5년 분할 상환으로 조정한다.

▲ 8·3 긴급 경제 조치

701 경제 성장 과정에서 외국에 대한 경제 의존도가 높아졌다. O/X

702 경제 성장과 함께 분배를 우선시하여 빈부 격차가 작아지는 결과가 나타났다. O/X

703 정부의 8·3 조치 등 기업 지원 정책으로 일부 기업이 재벌로 성장하였다. O/X

자료 5 농촌의 변화

동아, 지학사, 리베르, 씨마스

▲ 농촌 인구의 변화

▲ 새마을 운동

"농협은 왜 우리를 기만하는가?", "썩은 고구마를 보상하라!", "내 고구마를 사 주시오." 농협의 창구에서 타들어 가는 입술을 깨물며 보상을 요구하였던 농민들의 목마른 외침은 두 돌을 몇 달 남겨 두지 않은 지금까지 계속되고 있다. 그동안 함평 고구마 사건으로 피해를 본 농민들은 끓어오르는 울분을 억누르면서 농협의 정당한 보상을 꾸준히 요구해 왔지만 농협은 더욱 기승을 더해 농민을 무시하고 무성의한 답변으로 일관해 왔다.

– 한국 가톨릭 농민회, 『활동 사례집』 제2집

▲ 함평 고구마 사건

704 산업화 과정에서 농촌의 인구는 점점 늘어났다. O/X

705 박정희 정부는 농촌 환경 개선과 소득 증대를 목표로 새마을 운동을 추진하였다. O/X

706 함평 고구마 사건은 국가의 불합리한 정책에 맞선 농민 운동이었다. O/X

자료 6 노동 운동

미래엔, 천재, 지학사, 씨마스, 리베르

대통령 각하, 저희들은 근로 기준법의 혜택을 조금도 못 받으며 …… 90% 이상이 평균 연령 18세의 여성입니다. …… 또한 2만여 명 중 40%를 차지하는 시다공은 평균 연령이 15세의 어린이들로서 …… 일반 공무원의 평균 근무 시간이 1주 45시간인 데 비해, 15세의 어린 시다공은 1주 98시간의 고된 작업에 시달립니다. …… 저희들의 요구는 …… 1일 15시간의 작업 시간을 1일 10시간~12시간으로 단축해 주십시오. 1개월 휴일 2일을, 일요일마다 휴일로 쉬기를 희망합니다. …… 절대로 무리한 요구가 아님을 맹세합니다. 인간으로서 최소한의 요구입니다.

▲ 전태일이 작성한 탄원서

707 산업화 시기 노동자들은 저임금과 장시간 노동에 시달렸다. O/X

708 전태일이 근로 기준법 준수를 외치며 분신한 사건을 계기로 노동 운동이 활성화되었다. O/X

709 YH 무역 사건은 여성 노동자들이 생존권 보장을 요구하며 일으킨 노동 운동이다. O/X

자료 7 대중문화의 발달

천재, 지학사, 해냄, 리베르

▲ 우리나라 최초의 국산 텔레비전

▲ 프로야구 개막식

710 1960년대부터 우리나라에는 텔레비전이 널리 보급되었다. O/X

711 1980년부터 컬러텔레비전이 보급되기 시작하면서 더욱 다양한 볼거리가 제공되었다. O/X

712 박정희 정부의 유화 정책으로 프로 야구, 프로 축구 등 상업적 스포츠가 출범하였다. O/X

자료 8 금지와 단속

미래엔, 비상, 동아, 천재

거짓말이야(불신 조장)
아침 이슬(방송 부적격)
작은 연못(이유 불명)
왜 불러(가사 저속)
고래사냥(퇴폐)
영시의 이별(통행금지 위반 조장)
미인(미풍양속 위배)
무정한 배(왜색)

▲ 동아일보 백지 광고 사태

▲ 미니스커트 단속

▲ 장발 단속

713 1970~1980년대에 많은 대중가요가 금지곡으로 지정되었다. O/X

714 유신 체제 시기에 언론 탄압에 맞서 일부 기자들이 자유 언론 수호 투쟁을 전개하였다. O/X

715 1980년대 청년 문화가 유행하자 정부는 장발과 미니스커트를 단속하였다. O/X

716

다음과 같은 경제 상황이 국내에 끼친 영향으로 옳지 않은 것은?

> 6·25 전쟁 중 구호 물자를 통해 제공되던 미국의 경제 원조는 전쟁이 끝난 후에도 계속되었다. 주로 식료품, 의료품과 같은 생활필수품과 면방직, 설탕, 밀가루와 같은 소비재 산업의 원료에 집중되었다.

① 농산물 가격이 떨어졌다.
② 국내의 밀 생산이 축소되었다.
③ 공업 부문의 불균형이 심해졌다.
④ 이른바 삼백 산업이 성장하였다.
⑤ 기업들이 시설재에 주로 투자하였다.

717

다음 그래프를 보고 추론할 수 있는 내용으로 적절한 것만을 보기 에서 고른 것은?

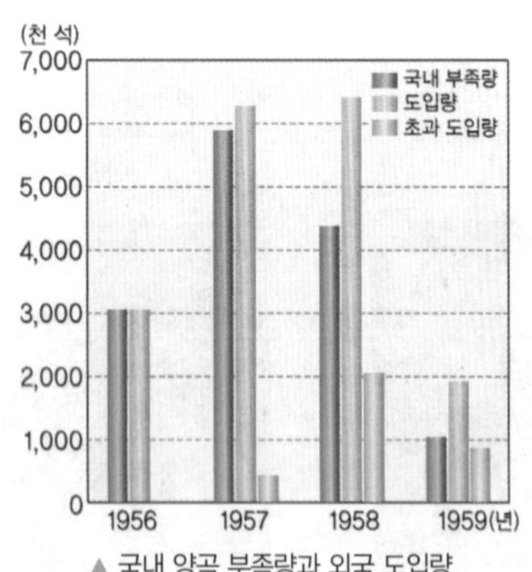

▲ 국내 양곡 부족량과 외국 도입량

보기

ㄱ. 공업화와 자립 경제가 이루어지게 되었다.
ㄴ. 한국인들은 전쟁으로 인한 기아 상태에서 벗어났다.
ㄷ. 곡가가 안정되면서 수출 주도형 공업이 성장하게 되었다.
ㄹ. 외국 농산물의 대량 도입으로 우리나라 농촌 경제가 큰 타격을 입었다.

① ㄱ, ㄴ　② ㄱ, ㄷ　③ ㄴ, ㄷ
④ ㄴ, ㄹ　⑤ ㄷ, ㄹ

718

(가), (나) 시기 사이에 있었던 사실로 옳지 않은 것은?

> (가) 토지 소유의 상한을 3정보로 정하고 그 이상의 농지를 소유한 지주로부터 농지를 유상으로 매입하여 농민에게 유상으로 분배하는 농지 개혁법이 제정되었다.
> (나) 정부가 외자를 도입하여 수출 산업을 적극 육성한 결과 수출액이 처음으로 100억 달러를 돌파하였다.

① 포항 종합 제철이 설립되었다.
② 경부 고속 국도가 개통되었다.
③ 제1차 경제 개발 5개년 계획이 수립되었다.
④ 3저 호황 현상에 힘입어 경제 위기를 극복하였다.
⑤ 제1차 석유 파동으로 경제가 일시적으로 침체되었다.

719 난이도 상

다음 경제 개발 계획이 추진된 시기에 나타난 사실로 옳은 것은?

> 정부는 제○차 경제 개발 5개년 계획을 추진하면서 수출 주도형의 성장 전략을 펴 나갔다. 그 결과 국민 총생산(GNP)은 연평균 10% 내외로 성장하였으며, 특히 제조업은 연평균 20% 이상 성장하였다. 이러한 성장은 저임금 노동력과 외국 자본 도입에 기반을 둔 수출 산업의 신장에 힘입은 것이다. 주요 수출 품목은 섬유, 합판, 가발 등이었다. 이 시기에 추진된 경공업 중심의 성장 전략은 이후 중화학 공업에 중점을 둔 경제 개발 계획과는 대비된다.

① YH 무역 사건을 비롯한 노동 운동이 일어났다.
② 전태일 사건으로 노동 문제에 관심이 높아졌다.
③ 원조 물자를 가공하는 삼백 산업이 발달하였다.
④ 자본의 전면 개방과 부실기업 정리가 추진되었다.
⑤ 저금리, 저유가, 저달러의 3저 호황이 지속되었다.

720

다음 표를 보고 알 수 있는 한국 경제의 특징으로 옳은 것만을 보기 에서 고른 것은?

	1962	1964	1966	1968	1970	1971(년)
1인당 GNP	239	272	307	348	408	437
경제 성장률(%)	4.1	8.9	11.9	12.1	7.6	9.4
경상 수지 (백만 달러)	-292.0	-221.0	-250.6	-440.3	-622.5	-847.5
무역 수지	-367.0	-285.0	-419.5	-836.0	-922.0	-1,046
수출	54.8	119.1	253.7	486	882	1,132
수입	421.8	404.1	673.2	1,322	1,804	2,178
무역 외 수지	75.0	64.0	168.9	213.5	299.5	198.5

보기

ㄱ. 경제의 대외 의존도가 심화되었다.
ㄴ. 수출 증대가 경제 성장의 동력이었다.
ㄷ. 경제의 급성장으로 자립 경제를 이룩하였다.
ㄹ. 미국의 원조로 무역 수지가 흑자를 유지하였다.

① ㄱ, ㄴ ② ㄱ, ㄷ ③ ㄴ, ㄷ
④ ㄴ, ㄹ ⑤ ㄷ, ㄹ

721

다음 두 사진 자료를 활용한 탐구 활동의 주제로 가장 적절한 것은?

▲ 포항 종합 제철 준공

▲ 100억 달러 수출 기념 우표

① 1980년대의 경제 변화
② 장면 내각의 경제 정책
③ 1950년대 미국의 경제 원조
④ 중화학 공업 중심의 고도성장
⑤ 제1차 경제 개발 5개년 계획의 추진

722

(가)에 들어갈 내용으로 가장 적절한 것은?

1973년 제4차 아랍-이스라엘 전쟁이 발생하자, 석유 수출국 기구[OPEC]는 원유 가격을 대폭 인상하였다. 그 결과 세계 경제는 커다란 혼란에 빠지게 되었다. 우리나라 경제도 인플레이션과 경제 불황에 직면하였으나 (가) 등에 힘입어 경제 불황을 극복할 수 있었다.

① 우루과이 라운드 타결
② 3저 호황으로 인한 무역 수지 개선
③ 중동 건설 사업 진출로 인한 외화 유입
④ 금융 시장 개방에 따른 외국 자본의 유입
⑤ 미국의 원조 물자를 기반으로 한 삼백 산업의 성장

723

다음 도로를 완공한 정부 시기에 있었던 사실로 옳은 것은?

서울과 부산을 잇는 우리나라 최초의 고속 국도로, 대전·대구·울산 등을 연결하였고, 전국을 일일생활권으로 묶는 역할을 하였다.

① 삼청 교육대가 설치되었다.
② 광주 대단지 사건이 일어났다.
③ 우루과이 라운드가 타결되었다.
④ 3저 호황으로 수출이 크게 늘어났다.
⑤ 미국의 원조에 힘입어 삼백 산업이 발달하였다.

724 난이도 상

(가), (나) 시기에 나타난 사회 모습으로 옳은 것만을 보기 에서 고른 것은?

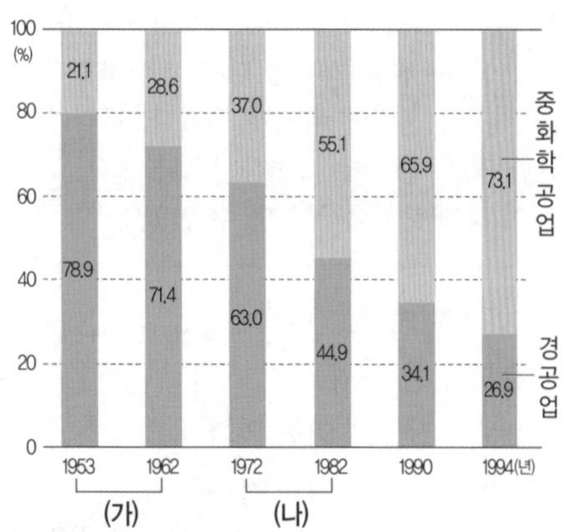

보기

ㄱ. (가)- 이중 곡가제가 실시되었다.
ㄴ. (가)- 상업적 프로 스포츠가 시작되었다.
ㄷ. (나)- 의료 보험 제도가 시작되었다.
ㄹ. (나)- 경부 고속 국도가 개통되었다.

① ㄱ, ㄴ ② ㄱ, ㄷ ③ ㄴ, ㄷ
④ ㄴ, ㄹ ⑤ ㄷ, ㄹ

725

다음 사진전에 추가로 전시할 사진의 제목으로 가장 적절한 것은?

▲ 한일 국교 정상화 ▲ 서독에 광부 파견

① 베트남 파병 ② 삼백 산업 발달
③ 6·29 민주화 선언 ④ 경부 고속 국도 개통
⑤ 수출액 100억 달러 달성

726

다음 두 노래가 등장했던 시기의 사회 모습으로 옳지 않은 것은?

(가) 초가집도 없애고 마을 길도 넓히고 / 푸른 동산 만들어 알뜰살뜰 다듬세 / 살기 좋은 내 마을 우리 힘으로 만드세
(나) 긴 밤 지새우고 / 풀잎마다 맺힌 / 진주보다 더 고운 아침 이슬처럼 / 내 맘에 설움이 알알이 맺힐 때 / 아침 동산에 올라 작은 미소를 배운다

① 과외가 금지되고 대학 입학 본고사가 폐지되었다.
② 근면, 자조, 협동을 내세운 새마을 운동이 시작되었다.
③ 청바지, 통기타 등으로 상징되는 청년 문화가 등장하였다.
④ 중화학 공업 정책에 따라 남성 노동자의 비율이 늘어났다.
⑤ 종교계와 대학생을 중심으로 유신 반대 운동이 전개되었다.

727

(가) 시기의 경제 상황으로 옳은 것은?

연도	경제 성장률(%)	유가(달러/배럴)	금리(정부채, %)	엔(달러) 환율
1981	7.2	35.5	23.6	219.6
1984	10.4	29.0	14.3	250.3
1985	7.7	27.7	13.5	160.0
1986	11.2	15.1	11.5	200.1
1987	12.5	17.7	12.4	123.4
1988	11.9	14.7	13.0	124.9
1989	7.0	16.7	14.7	144.0
1990	9.8	20.9	15.0	134.6

(가): 1986~1989

① 삼백 산업이 발달하였다.
② 농지 개혁법이 제정되었다.
③ 베트남 특수로 수출이 증대되었다.
④ 제1차 경제 개발 5개년 계획이 추진되었다.
⑤ 저유가, 저달러, 저금리의 상황이 전개되었다.

728

다음과 같은 운동이 전개된 시기에 있었던 사실로 옳지 않은 것은?

> 마을 발전의 단계를 기초 마을, 자조 마을, 자립 마을로 구분하고 농업 용수 보급률, 농가당 연간 소득을 높이기 위해 환경 개선 사업을 벌였다. 목표는 8년 안에 모든 마을을 자립 마을로 만드는 것이었고, 이를 위해 정부 지원을 확대하였다.

① 농촌 인구가 도시로 이동하였다.
② 국민 의식 개혁 운동이 전개되었다.
③ 농·축산물 수입이 전면 개방되었다.
④ 지붕 개량이 대대적으로 이루어졌다.
⑤ 농촌의 소득 증대를 위한 사업이 실시되었다.

729

(가)에 들어갈 내용으로 가장 적절한 것은?

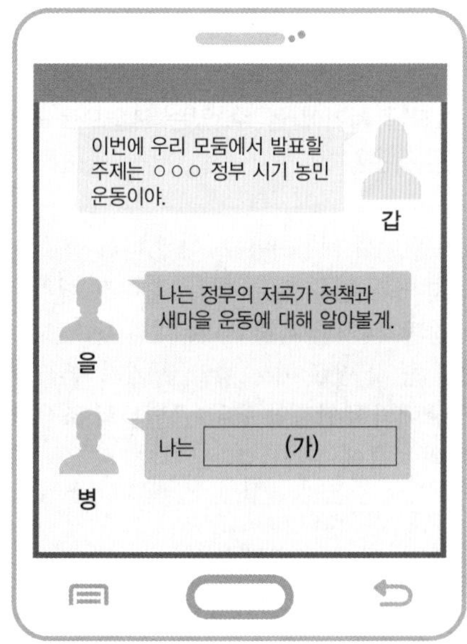

① 함평 고구마 사건에 대해 조사할게.
② 암태도 소작 쟁의의 결과를 조사할게.
③ 농지 개혁법 시행에 대한 반응을 조사할게.
④ 우루과이 라운드 협상 반대 운동을 조사할게.
⑤ 미국이 제공한 잉여 농산물의 분배 현황을 조사할게.

730

다음과 같은 글이 작성되었던 시기의 상황으로 적절한 것은?

> 존경하는 대통령 각하! …… 저희들은 근로 기준법의 혜택을 조금도 못 받으며, 더구나 2만여 명을 넘는 종업원의 90% 이상이 평균 연령 18세의 여성입니다. 또한 2만여 명 중 40%를 차지하고 있는 보조공들은 평균 연령 15세의 어린이들입니다. 이들은 전부가 다 영세민들의 자제이며, 굶주림과 어려운 현실을 이기려고 하루에 90원 내지 100원의 급료를 받으며 1일 15시간씩 일합니다.

① 경부 고속 국도가 개통되었다.
② 우루과이 라운드가 발표되었다.
③ 수출액 100억 달러를 돌파하였다.
④ 밀가루, 설탕, 면직물의 삼백 산업이 발달하기 시작하였다.
⑤ 농지 개혁법의 시행으로 공장 근로자 모집에 문제가 발생하였다.

731

다음 사건이 끼친 영향으로 가장 적절한 것은?

> 당국의 무성의와 업주들의 외면으로 엉망인 근로 조건이 개선되지 않은 채 말썽이 거듭되어 오던 서울 평화 시장 상가 등에서 끝내 이에 항의하는 분신자살까지 일어났다. 13일 낮 1시 35분경 처우 개선 등을 위해 투쟁해 오던 평화·통일·동일 상가의 피복 제조 종업원 8천여 명의 친목 단체인 삼동회 회장 전태일 씨(23세)가 회원 10여 명과 함께 업주들의 불성실한 태도에 항의, 국민은행 평화지점 앞에서 농성을 벌이다가 "근로 기준법을 지켜 주고 내 죽음을 헛되이 하지 말라."라는 유언을 남기고 분신자살하였다. – ○○일보

① 유신 체제의 몰락을 가져왔다.
② 사무직 노동자들의 노동 운동이 확산되었다.
③ 지식인과 종교계가 노동 운동에 참여하게 되었다.
④ 노동자의 단체 교섭권과 단체 행동권이 확대되었다.
⑤ YH 무역이 일방적으로 사업장 폐쇄 조치를 단행하였다.

732

다음 두 현상을 분석하여 한국의 경제 상황을 설명한 내용으로 옳은 것만을 보기 에서 고른 것은?

- 한국의 연평균 경제 성장률은 1961~1970년까지 9.2%, 10.2%, 10.4%를 기록하였고, 이후 1995년까지 대외 악재에도 7% 밑으로 떨어지지 않았다. 이는 같은 시기 미국, 일본의 성장률에 비해 평균 3배 이상 많은 수치였다.
- 한국의 제조업 생산직 노동자들의 근무 시간은 1970년부터 1990년까지 50시간을 웃돌았다. 이는 영국, 미국, 일본 노동자들의 노동 시간이 대체로 40시간 정도인 것과 대비된다.

보기

ㄱ. 노동자의 장시간 노동이 일상화되었다.
ㄴ. 경제 성장에 따라 도·농 간의 격차가 줄었다.
ㄷ. 1960~70년의 짧은 기간에 고도성장을 이루었다.
ㄹ. 분배 위주의 경제 정책으로 소득 격차가 완화되었다.

① ㄱ, ㄴ ② ㄱ, ㄷ ③ ㄴ, ㄷ
④ ㄴ, ㄹ ⑤ ㄷ, ㄹ

733 난이도 상

다음 자료에 나타난 사건이 일어난 시기를 연표에서 옳게 고른 것은?

이번 사건은 깊이 그리고 넓게 전개되고 있는 이 나라 노동자들의 한 맺힌 인간 선언과 최소한의 생존권 주장의 외형적 표출이었다. 이러한 인간 선언은 저임금을 기초로 한 수출 제일주의라는 반민중적 경제 성장 정책이 노동자에 대한 비인간적인 처우를 강요하고 있는 데서 나온다. YH 무역의 김경숙양의 직접적인 사인은 의혹에 싸여 있으나 본질적으로 반노동자적 경제 성장 정책과 부패 특권의 경제 체제가 비극적 죽음을 초래하게 한 것이다.

	(가)		(나)		(다)		(라)		(마)	
발췌 개헌 단행		4·19 혁명		제1차 경제 개발 5개년 계획		3선 개헌 단행		유신 헌법 제정		10·26 사태

① (가) ② (나) ③ (다) ④ (라) ⑤ (마)

734

(가)에 들어갈 내용으로 적절한 것만을 보기 에서 고른 것은?

산업화가 진행되면서 농촌 인구가 대거 도시로 이주하였다. 도시로 많은 사람이 몰려들면서 주거난이 발생하였고, 도시의 변두리와 산비탈에 '판자촌', '달동네' 등으로 불리는 빈민촌이 형성되었다. 정부는 주택난을 해결하기 위해 서울과 인근 지역에 대규모 아파트 단지를 세우는 등 도시 정비에 착수하였고, 이 과정에서 (가)

보기

ㄱ. 문화 주택이 곳곳에 들어섰다.
ㄴ. 광주 대단지 사건 등이 일어났다.
ㄷ. 와우 아파트 붕괴 참사가 발생하였다.
ㄹ. 청계천을 기준으로 북촌과 남촌으로 거주 공간이 나뉘었다.

① ㄱ, ㄴ ② ㄱ, ㄷ ③ ㄴ, ㄷ
④ ㄴ, ㄹ ⑤ ㄷ, ㄹ

735

다음 자료에 나타난 시기에 볼 수 있는 모습으로 적절한 것만을 보기 에서 고른 것은?

「경범죄 처벌법」이 개정되었다. 이에 따라 함부로 휴지·담배꽁초를 버리거나 침을 뱉는 행위, 술주정 행위, 유언비어 유포 행위, 장발·비천한 복장 착용, 비밀 댄스 교습 행위 및 그 장소 제공 행위, 암표 매도 행위, 새치기 행위, 출입 금지 구역이나 장소에의 무단출입 행위, 폭발물의 조작·장난 행위 등이 경범죄의 종류에 추가되었다.

보기

ㄱ. 남북 학생 회담 개최를 지지하는 학생
ㄴ. 청바지를 입고 통기타를 연주하는 청년
ㄷ. 야간 통행금지 위반으로 끌려가는 시민
ㄹ. 진보당 정당 등록 취소에 분노하는 당원

① ㄱ, ㄴ ② ㄱ, ㄷ ③ ㄴ, ㄷ
④ ㄴ, ㄹ ⑤ ㄷ, ㄹ

736

(가)에 들어갈 내용으로 적절한 것만을 보기 에서 있는 대로 고른 것은?

1. 산업화에 따른 문화 변동
(1) 대중문화의 전개 양상
① 1960년대– 라디오와 영화가 주도
② 1970년대– 장발과 청바지, 통기타 등 청년 문화 유행
③ 1980년대– (가)

보기
ㄱ. 컬러텔레비전 방송 시작
ㄴ. 프로야구 등 상업 스포츠 출범
ㄷ. 「아침 이슬」 등을 금지곡으로 지정

① ㄱ　② ㄷ　③ ㄱ, ㄴ
④ ㄴ, ㄷ　⑤ ㄱ, ㄴ, ㄷ

737

다음 선언문이 발표된 배경으로 가장 적절한 것은?

우리는 오늘날 우리 사회가 처한 미증유의 난국을 극복할 수 있는 길이 언론의 자유로운 활동에 있음을 선언한다. 민주 사회를 유지하고 자유 국가를 발전시키기 위한 기본적인 사회 기능인 자유 언론은 어떠한 구실로도 억압할 수 없으며 어느 누구도 간섭할 수 없다는 것임을 선언한다.
- 신문, 방송, 잡지에 대한 어떠한 외부 간섭도 우리의 일치된 단결로 강력히 배제한다.
- 기관원의 출입을 엄격히 거부한다.
- 언론인의 불법 연행을 일절 거부한다. 만약 어떠한 명목으로라도 불법 연행이 자행되는 경우 그가 귀사할 때까지 퇴근하지 않기로 한다.

– 언론 자유 실천 선언문

① 정부에 비판적인 경향신문이 폐간되었다.
② 권력 기관에 의한 보도 지침이 하달되었다.
③ 정부에 비판적인 기자의 활동을 제한하였다.
④ 언론 기본법으로 언론 통제의 틀을 만들었다.
⑤ 정의 사회 건설을 구실로 언론을 통폐합하였다.

738

다음과 같은 광고문이 신문에 실린 배경으로 가장 적절한 것은?

- 동아! 너마저 무릎 꿇는다면 진짜로 이민 갈 거야.
- 약혼했습니다. 우리 2세가 태어날 때 아들이면 '동아'로, 딸이면 '성아'(여성동아)로 이름을 짓기로 했습니다.

① 언론사들의 상업주의가 극심하였다.
② 신문 발행에 대한 허가제가 실시되었다.
③ 신군부가 언론 기관의 통폐합을 단행하였다.
④ 정부에 비판적인 경향신문 등이 폐간되었다.
⑤ 정부가 유신 독재 반대 운동 기사를 실은 신문사를 탄압하였다.

739

다음 상황이 나타난 시기에 볼 수 있는 모습으로 적절한 것은?

제시된 사진은 광고란이 비어 있는 동아일보의 모습이다. 당시 동아일보 기자들이 정부의 언론 정책에 맞서 언론의 자유를 주장하자, 정부의 압력을 받은 광고주들이 무더기로 광고를 해약하는 사태가 벌어졌다.

① 서울 올림픽을 관람하는 외국인
② 장발을 한 사람을 단속하는 경찰
③ 프로 야구 개막식을 중계하는 방송인
④ 대학 졸업 정원제 안내문을 읽고 있는 대학생
⑤ 제2차 경제 개발 5개년 계획을 발표하는 공무원

STEP 3 서술형 풀어 보기

[740~741] 다음을 읽고 물음에 답하시오.

〈6 · 25 전쟁 직후 한국 경제의 상황〉

정전 협정 이후 이승만 정부는 미국의 경제 원조를 바탕으로 전후 복구에 힘썼다.

금액	GNP	정부 예산	전체 투자
265백만 달러	13.1%	59.0%	120.6%

▲ 1953~1960년까지의 연평균 원조 규모

이러한 미국의 경제 원조는 주로 밀과 면화 등 농산물과 소비재에 집중되었다.

740

위 자료에 나타난 원조를 토대로 이루어진 경제 발전 내용을 서술하시오.

741

위 자료에 나타난 원조와 0740의 상황이 국내 농가에 미친 영향을 서술하시오.

742

다음과 같은 공업 구조의 변화가 나타난 배경을 경제 개발 계획과 연관 지어 서술하시오.

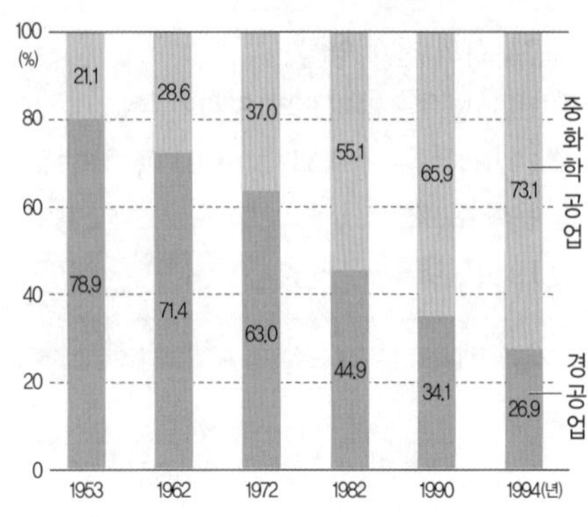

743

다음 그래프를 통해 알 수 있는 우리나라 경제 성장 과정의 특징을 서술하시오.

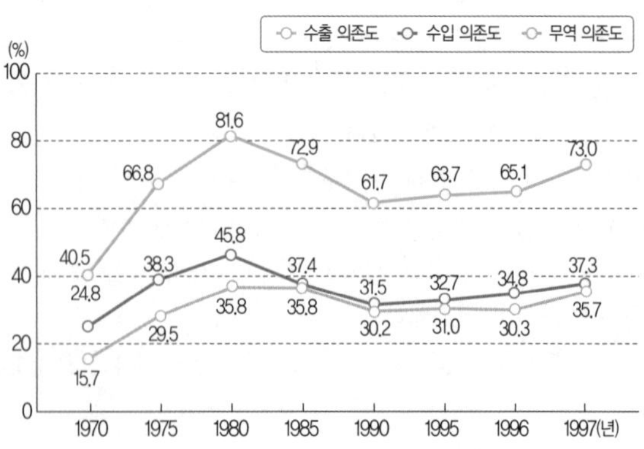

744

다음을 읽고 물음에 답하시오.

▲ (가) 의 모습

산업화로 도시와 농촌 간의 소득 격차가 더욱 벌어지고 농촌의 인구도 감소하였다. 이에 박정희 정부는 (가) 을/를 추진하였는데, 이는 농촌에서 시작된 후 여러 도시와 직장으로 확대되면서 '근면·자조·협동'을 강조하는 국민 의식 개혁으로까지 이어졌다.

(1) (가)에 들어갈 농촌 운동의 명칭을 쓰시오.

( )

(2) (가) 운동의 성과와 한계를 서술하시오.

745

(가) 인물을 쓰고, 그의 주장을 간략히 서술하시오.

1970년 11월 13일 서울 청계천 평화 시장의 재단사 (가) 이/가 몸을 불살라 22세의 짧은 생애를 마감하였다. 이 사건은 이후 노동 운동이 본격화하는 데 큰 영향을 주었다.

746

다음 상황에 대한 정부의 대응을 두 가지 서술하시오.

1970년대 중화학 공업 시설이 크게 늘면서 각종 산업 폐기물이 무방비로 유출되었고 환경 오염이 사회 문제로 대두하였다. 강에서 기형 물고기가 잡히고 철새 도래지에서 새들이 폐사하는 일이 여기저기에서 발생하였다.

747

밑줄 친 '사회 문제'의 내용을 두 가지 서술하시오.

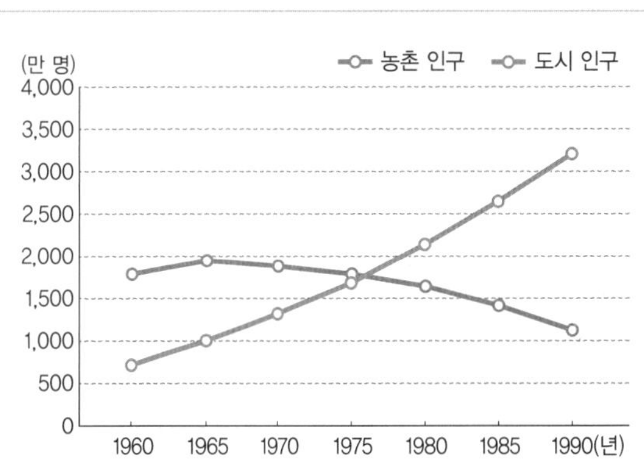

위 그래프는 산업화 이후 도시 인구의 급격한 증가와 농촌 인구의 꾸준한 감소 양상을 보여 준다. 1975년 도시의 인구가 농촌의 인구를 앞질렀으며 1990년에는 3천만 명을 훌쩍 뛰어넘었다. 그러나 급격한 도시 인구 증가는 여러 가지 사회 문제를 야기하였다.

STEP 4

대단원 정리하기

748

다음 강령을 발표한 단체에 대한 설명으로 옳은 것은?

> • 우리는 완전한 독립 국가 건설을 목표로 함.
> • 우리는 전 민족의 정치적·경제적·사회적 기본 요구를 실현할 수 있는 민주주의 정권 수립을 목표로 함.

① 남북 협상을 추진하였다.
② 5·10 총선거에 불참하였다.
③ 이승만의 주도로 성립되었다.
④ 미소 공동 위원회의 속개를 요구하였다.
⑤ 조선 인민 공화국의 수립을 선포하였다.

749

(가) 위원회가 결렬된 이후의 상황으로 옳은 것만을 보기 에서 고른 것은?

> 1946년 3월 20일 시작된 (가) 은/는 협의 대상 자격 문제로 곧 교착 상태에 들어갔다. 소련은 모스크바 합의에 따른 신탁 통치를 공개적으로 반대한 어떠한 단체와도 협의하는 데 반대하였다. 좌익 단체는 반탁에서 총체적 지지로 입장을 바꾸었기 때문에 소련이 지적한 협의 대상 배제 단체는 대부분 우익 단체들이었다.

보기

> ㄱ. 카이로 회담이 개최되었다.
> ㄴ. 좌우 합작 7원칙이 발표되었다.
> ㄷ. 송진우 등이 한국 민주당을 조직하였다.
> ㄹ. 이승만이 정읍에서 단독 정부 수립을 주장하였다.

① ㄱ, ㄴ　　② ㄱ, ㄷ　　③ ㄴ, ㄷ
④ ㄴ, ㄹ　　⑤ ㄷ, ㄹ

750

(가), (나) 시기 사이에 있었던 사실로 옳은 것은?

> (가) 유엔 한국 임시 위원단이 한국 전역 선거의 감시를 진행시킬 것과 만일 그것이 불가능하다면 위원단이 접근할 수 있는 한의 한국 내 지역의 선거 감시를 진행시킬 것이 필요하다.
> (나) 국회 의원 선거는 지난 10일 시작되었다. 유엔 한국 임시 위원단은 선거 감시를 위해 각 도에 감시단을 파견하였으며, 30명에 가까운 외국 신문 기자가 선거 상황을 보도하려고 방문하였다.

① 헌법이 제정되었다.
② 미군정이 성립하였다.
③ 여운형이 암살당하였다.
④ 김구와 김규식이 평양을 방문하였다.
⑤ 모스크바 3국 외상 회의가 개최되었다.

751

다음 법률을 제정한 국회에 대한 설명으로 옳은 것은?

> 제1조 일본 정부와 통모하여 한일 합병에 적극 협력한 자, 한국의 주권을 침해하는 조약 또는 문서에 조인한 자와 이를 모의한 자는 사형 또는 무기 징역에 처하고, 그 재산과 유산의 전부 혹은 1/2 이상을 몰수한다.
> 제3조 일제 치하 독립운동가나 그 가족을 악의로 살상, 박해한 자 또는 이를 지휘한 자는 사형, 무기 또는 5년 이상의 징역에 처하고, 그 재산의 전부 혹은 일부를 몰수한다.

① 양원제로 구성되었다.
② 발췌 개헌안을 통과시켰다.
③ 자유당이 다수당을 차지하였다.
④ 이승만을 대통령으로 선출하였다.
⑤ 대통령의 3회 연임을 허용하는 개헌안을 가결하였다.

752

(가) 전쟁 시기에 있었던 사실로 옳은 것은?

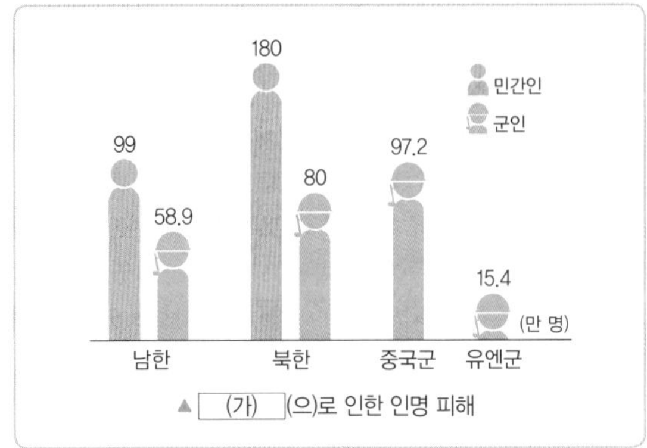

① 천리마 운동이 시작되었다.
② 애치슨 선언이 발표되었다.
③ 인천 상륙 작전이 전개되었다.
④ 남북 학생 회담이 추진되었다.
⑤ 한미 상호 방위 조약이 체결되었다.

753

(가), (나) 개헌 사이에 있었던 사실로 옳은 것은?

> (가) 제53조 대통령과 부통령은 국민의 보통·평등·직접·비밀 투표에 의하여 각각 선거한다.
> (나) 제55조 1항 대통령과 부통령의 임기는 4년으로 한다. 단 재선에 의하여 1차 중임할 수 있다.
> 부칙 이 헌법 공포 당시의 대통령에 대하여는 제55조 1항 단서의 제한을 적용하지 아니한다.

① 진보당 사건이 일어났다.
② 정전 협정이 체결되었다.
③ 농지 개혁법이 제정되었다.
④ 장면이 부통령에 당선되었다.
⑤ 허정 과도 정부가 수립되었다.

754

(가)에 들어갈 내용으로 가장 적절한 것은?

> 미국의 대한 경제 원조는 한국의 국방력 강화와 사회 안정에 초점을 두고 진행되었다. 이러한 목표 아래 미국은 한국의 물가 상승 억제와 같이 직접적인 경제적 안정을 도모할 수 있는 소비재와 잉여 농산물 등의 원조에 집중하였다. 이에 따라
> (가)

① 삼백 산업이 발전하였다.
② 산미 증식 계획이 추진되었다.
③ 경제 개발 5개년 계획이 시작되었다.
④ 개인 소유의 농지를 협동조합의 소유로 하였다.
⑤ 남쪽에는 면화 재배, 북쪽에는 양의 사육이 강요되었다.

755

다음 선언문이 발표된 민주화 운동의 결과로 옳은 것은?

> 1. 학생 데모는 주권을 빼앗긴 울분을 대신하여 궐기한 학생들의 순진한 정의감의 발로이며 부정과 불의에 항거하는 민족정기의 표현이다.
> 5. 3·15 선거는 부정 선거이다. 공명선거에 의하여 정·부통령 선거를 다시 실시하라.

① 제헌 국회가 구성되었다.
② 중앙정보부가 설치되었다.
③ 민청학련 사건이 일어났다.
④ 신군부 세력이 비상계엄을 전국으로 확대하였다.
⑤ 내각 책임제를 골자로 하는 헌법 개정이 단행되었다.

756

밑줄 친 '이 정부'에 대한 설명으로 옳은 것은?

① 반공 포로를 석방하였다.
② 6·3 시위를 진압하였다.
③ 긴급 조치권을 발동하였다.
④ 브라운 각서를 체결하였다.
⑤ 5·16 군사 정변으로 붕괴되었다.

757

밑줄 친 '우리'에 대한 설명으로 옳은 것은?

> 첫째, 반공을 국시의 제일의(第一義)로 삼고, 지금까지 형식적이고 구호에만 그친 반공 태세를 재정비 강화할 것입니다. 여섯째, 이와 같은 우리의 과업이 성취되면, 참신하고도 양심적인 정치인들에게 언제든지 정권을 이양하고 우리들 본연의 임무에 복귀할 준비를 갖추겠습니다.

① 반탁 운동을 전개하였다.
② 국가 보안법을 제정하였다.
③ 부산 정치 파동을 일으켰다.
④ 해외여행 자율화를 추진하였다.
⑤ 국가 재건 최고 회의를 설치하였다.

758

(가) 정부에 대한 설명으로 옳은 것만을 보기 에서 고른 것은?

> 중앙 선거 관리 위원회가 창설되고 처음으로 치러진 대통령 선거에서 (가) 후보는 '새 일꾼에 한 표 주어 황소같이 부려 보자'는 구호 아래 제1차 경제 개발 5개년 계획 추진, 수출 진흥, 공명선거 거듭 보장, 정치 풍토 개선 등을 공약으로 내걸었다. 이에 맞서 윤보선 후보는 '군정으로 병든 나라 민정으로 바로잡자'는 구호를 내걸고 경쟁을 벌였다. 선거는 박빙의 양상으로 전개되었고 (가) 후보가 15만 6천여 표 차이로 승리하였다.

보기

ㄱ. 한일 협정을 체결하였다.
ㄴ. 베트남에 국군을 파견하였다.
ㄷ. 초등학교의 의무 교육제를 도입하였다.
ㄹ. 국가 보위 비상 대책 위원회를 설치하였다.

① ㄱ, ㄴ ② ㄱ, ㄷ ③ ㄴ, ㄷ
④ ㄴ, ㄹ ⑤ ㄷ, ㄹ

759

다음 결의문이 발표된 시기를 연표에서 옳게 고른 것은?

> 1. 민주 역사에 씻지 못할 반역적 오점인 3선 개헌을 저지함은 우리 군민의 여망이며 7백당원의 사명임에 결사적 항쟁을 각오하여 투쟁한다.
> 2. 우리는 3선 개헌을 저지하기 위하여 중앙당의 지시에 따라 범국민적 투쟁 대열을 정비하여 소기의 목적을 달성한다.

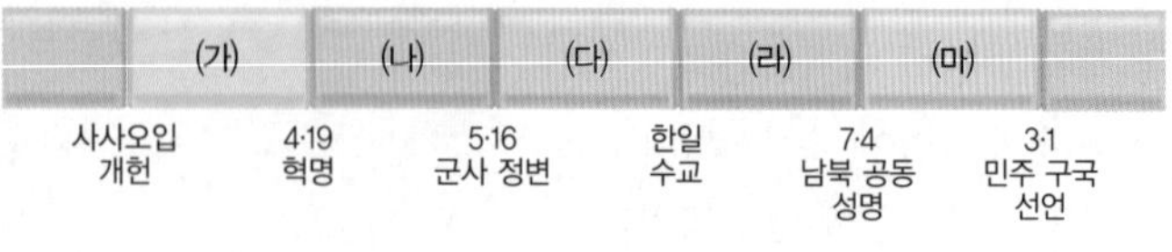

① (가) ② (나) ③ (다) ④ (라) ⑤ (마)

760

(가)에 들어갈 내용으로 가장 적절한 것은?

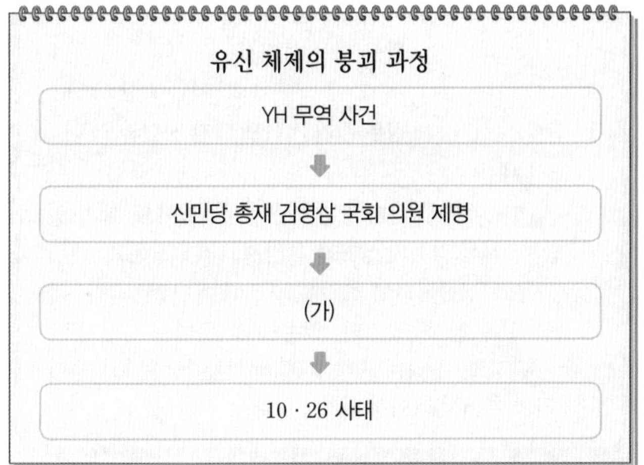

① 서울의 봄
② 부마 민주 항쟁
③ 제2차 인혁당 사건
④ 동아일보 백지 광고 사태
⑤ 개헌 청원 100만 인 서명 운동

761

(가) 세력에 대한 설명으로 옳은 것은?

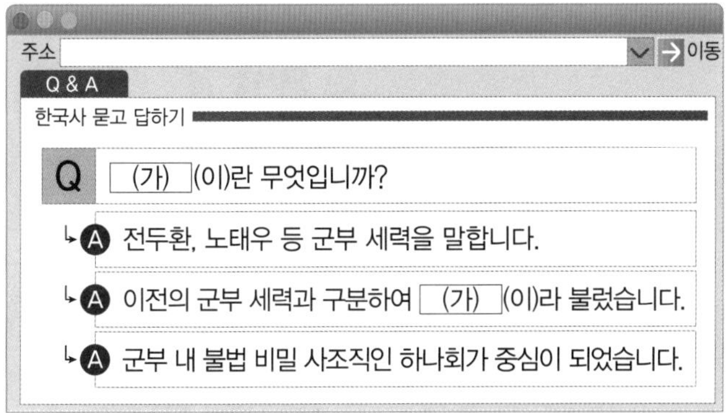

① 12 · 12 사태를 일으켰다.
② 민주 공화당을 창당하였다.
③ 한일 국교 정상화를 추진하였다.
④ 귀속 재산 처리법을 제정하였다.
⑤ 대통령 직선제 개헌을 단행하였다.

762

다음 자료에 나타난 민주화 운동에 대한 설명으로 옳은 것만을 보기 에서 고른 것은?

> 우리는 왜 총을 들 수밖에 없었는가? 그 대답은 너무 간단합니다. 너무나 무자비한 만행을 더 이상 보고 있을 수만 없어서 너도나도 총을 들고 나섰던 것입니다. …… 계엄 당국은 발포 명령을 내려 무차별 발포를 시작했다는 것입니다. 이 고장을 지키고자 이 자리에 모이신 민주 시민 여러분! 그런 상황에 우리가 할 수 있는 일은 무엇이겠습니까?

보기

ㄱ. 전개 과정에서 이한열이 사망하였다.
ㄴ. 일부 시민이 무기를 탈취하여 시민군을 조직하였다.
ㄷ. 시위대가 경무대로 향하자 경찰이 총격을 가하였다.
ㄹ. 관련 기록물이 유네스코 세계 기록 유산으로 등재되었다.

① ㄱ, ㄴ ② ㄱ, ㄷ ③ ㄴ, ㄷ
④ ㄴ, ㄹ ⑤ ㄷ, ㄹ

763

(가) 정부 시기에 있었던 사실로 옳은 것은?

> (가) 정부 시기 부산 지역 대학생들은 미국이 12 · 12 군사 반란 및 5 · 18 민주화 운동 탄압을 용인하였다며 미국 문화원에 방화하였다. 서울, 대구 등지에서도 미국 문화원에 대한 방화와 점거가 이어졌다.

① 8 · 3 조치를 단행하였다.
② 제1차 석유 파동을 극복하였다.
③ 고교 평준화 제도가 도입되었다.
④ 대학 졸업 정원제를 시행하였다.
⑤ 중학교 무시험 추첨제가 시작되었다.

764

다음 발표가 끼친 영향으로 적절한 것만을 보기 에서 고른 것은?

> 대통령은 13일 현행 헌법으로 내년 2월 정부를 이양하겠다고 발표하였다. 또한 대통령은 "본인은 평화적인 정부 이양과 서울 올림픽이라는 대사를 성공적으로 치르기 위해서 국론을 분열시키고 국력을 낭비하는 소모적인 개헌 논의를 지양할 것을 선언한다."라고 말하였다.

보기

ㄱ. 삼청 교육대가 설치되었다.
ㄴ. 6·10 국민 대회가 개최되었다.
ㄷ. 박종철 고문치사 사건이 일어났다.
ㄹ. 민주 헌법 쟁취 국민운동 본부가 결성되었다.

① ㄱ, ㄴ ② ㄱ, ㄷ ③ ㄴ, ㄷ
④ ㄴ, ㄹ ⑤ ㄷ, ㄹ

765

다음 자료에 나타난 민주화 운동의 결과로 옳은 것만을 보기 에서 고른 것은?

> 남대문 시장 골목에 모여 있던 학생들이 서울시 경찰청 건너편 도로로 뛰쳐나오면서, 시위대는 1천여 명으로 늘었다. 이들은 '호헌 책동 분쇄하고 민주 개헌 쟁취하자' 등의 구호를 외치며 지나가는 시내버스 안으로 유인물을 던져 넣기도 하였다.

보기

ㄱ. 유신 체제가 붕괴되었다.
ㄴ. 6·29 민주화 선언이 발표되었다.
ㄷ. 민주당이 참의원과 민의원의 다수를 차지하였다.
ㄹ. 대통령 직선제를 골자로 하는 개헌이 이루어졌다.

① ㄱ, ㄴ ② ㄱ, ㄷ ③ ㄴ, ㄷ
④ ㄴ, ㄹ ⑤ ㄷ, ㄹ

766

(가) 정부 시기에 있었던 사실로 옳지 않은 것은?

> **탐구 활동 보고서**
>
> △학년 △반 ○○○
>
> 1. 주제: (가) 정부 시기 서독으로 간 사람들
> 2. 조사 내용
>   - 시청 공무원을 하다가 간호사를 지원했어요. 제가 열심히 일해 가족의 생계를 책임지고 싶었거든요.
>   - 광부로 선발되려고 학력을 낮추어 지원했습니다. 광산 일은 안 해 봤지만, 많은 돈을 준다는 사실이 감사했지요. 우리는 지하 1,000m 깊은 땅속으로 들어가 하루 8시간 이상 일했습니다.

① 프로 야구가 출범하였다.
② 전태일 분신 사건이 일어났다.
③ 광주 대단지 사건이 일어났다.
④ 장발과 미니스커트를 단속하였다.
⑤ 서울 지하철 1호선이 개통되었다.

767

(가) 시기 경제 상황에 대한 설명으로 옳은 것은?

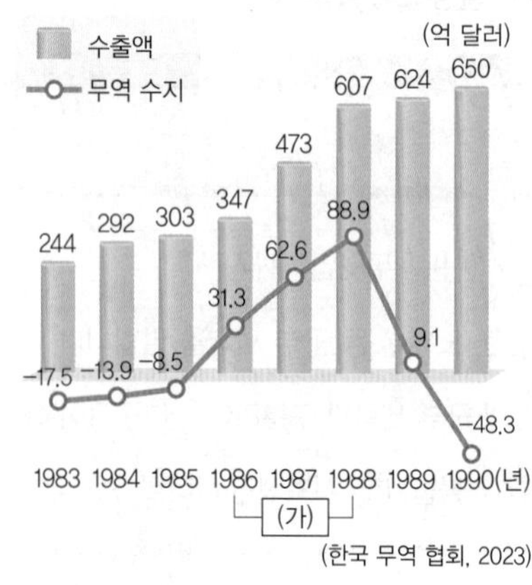

(한국 무역 협회, 2023)

① 새마을 운동이 시작되었다.
② 경부 고속 국도가 개통되었다.
③ 제2차 석유 파동으로 어려움을 겪었다.
④ 3저 호황 속에 무역 수지가 개선되었다.
⑤ 최초로 수출액 100억 달러를 달성하였다.

서술형 문제

768

다음을 보고 물음에 답하시오.

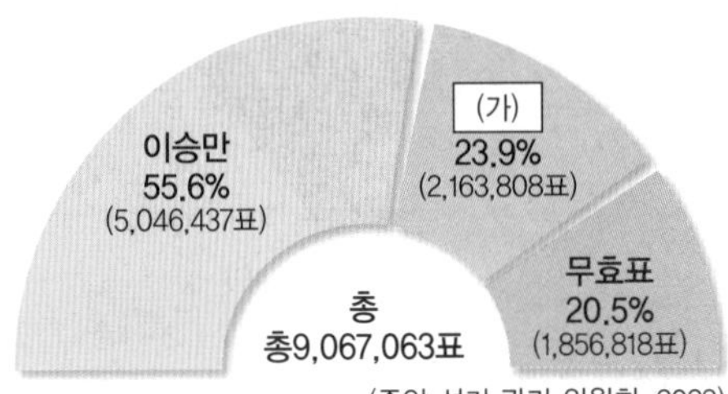

(중앙 선거 관리 위원회, 2023)

▲ 제3대 대통령 선거 결과

무효표의 상당수는 신익희를 추모하는 표였다.

(1) (가)에 들어갈 인물을 쓰시오.

( )

(2) 위 선거 이후 이승만 정부가 독재를 강화하기 위해 시행한 조치를 세 가지 서술하시오.

769

밑줄 친 '헌법 개정'의 내용을 세 가지 서술하시오.

> 11월 21일 실시한 국민 투표에서 국회 의원 선거권자 과반수의 투표와 투표자 과반수의 찬성으로 확정된 헌법 개정을 국무 회의의 심의를 거쳐 이에 공포한다.
>
> 1972년 12월 27일
>
> 대통령 박정희

770

다음을 읽고 물음에 답하시오.

> 오늘 시련으로 얼룩졌던 구시대를 청산하고 창조와 개혁과 발전의 기치 아래 새 시대를 꽃피우는 제5 공화국의 영광스러운 관문 앞에 모였습니다. …… 7년이란 본인의 임기 동안에 그 모든 것을 다 이루어 놓겠다고 나는 장담하지 않습니다. 그 대신 시작이 반이라는 말을 나는 상기하고자 합니다. 시작을 튼튼하게 해 놓으면 성공은 시간 문제인 것입니다.

(1) 위의 취임사를 발표한 대통령을 쓰시오.

( )

(2) 위 대통령이 재임한 시기에 추진된 정책을 강압책과 유화책으로 나누어 서술하시오.

771

(가), (나)에 들어갈 내용을 각각 서술하시오.

> **독재 정권의 언론 통제**
>
> 1) 이승만 정부– 경향신문 폐간 등
>
> 2) 박정희 정부– (가)
>
> 3) 전두환 정부– (나)

오늘날의 대한민국

내 교과서 맞춤 목차

한국사2 867제	미래엔	비상교육	천재교육	동아출판
01 6월 민주 항쟁 이후 민주화 과정	1. 6월 민주 항쟁 이후 민주화 과정	1. 6월 민주 항쟁 이후 민주화 과정	1. 시민 사회의 성장과 민주주의의 성숙	1. 6월 민주 항쟁 이후 민주화 과정
02 외환 위기의 극복과 사회, 문화 변동~한반도 분단 극복과 동아시아의 평화를 위한 노력	2. 외환 위기 극복과 사회·문화 변동 ~ 3. 한반도 분단 극복과 동아시아 평화를 위한 노력	2. 외환 위기의 극복과 사회·문화 변동 ~ 3. 한반도 분단 극복과 동아시아의 평화를 위한 노력	2. 외환 위기의 극복과 사회·문화 변동 ~ 3. 남북 화해와 동아시아의 평화를 위한 노력	2. 외환 위기 극복과 사회·문화의 변동 ~ 3. 한반도 분단과 동아시아 갈등 극복 노력

지학사	씨마스	해냄에듀	리베르스쿨	한국학력평가원
1. 6월 민주 항쟁 이후 민주화 과정	1. 6월 민주 항쟁 이후 민주화 과정	주제24~주제25	1. 6월 민주 항쟁 이후 민주화 과정	1. 6월 민주 항쟁 이후 민주화 과정
2. 외환 위기의 극복과 사회·문화 변동 ~ 3. 한반도 분단 극복과 동아시아의 평화를 위한 노력	2. 외환 위기의 극복과 사회·문화 변동 ~ 3. 한반도 분단 극복과 동아시아의 평화를 위한 노력	주제26~주제30	2. 외환 위기의 극복과 사회·문화 변동 ~ 3. 한반도 분단 극복과 동아시아의 평화를 위한 노력	2. 외환 위기의 극복과 사회·문화 변동 ~ 3. 한반도 분단 극복과 동아시아의 평화를 위한 노력

01

Ⅲ 오늘날의 대한민국

6월 민주 항쟁 이후 민주화 과정

빈출 개념
- 노태우 정부의 정책
- 김영삼 정부의 정책
- 김대중 정부의 정책

1 민주주의 진전

노태우 정부	• 여소 야대 정국 형성 ➡ 국회의 제5 공화국 청문회 개최로 정부와 여당 위축 ➡ 3당 합당으로 민주 자유당 창당 자료❶ • 부분적인 지방 자치제 실시, 서울 올림픽 대회 개최(1988), 언론 기본법 폐지, 북방 외교, 남북한 동시 유엔 가입(1991) (북방 외교: 냉전 체제가 해체되는 상황에서 소련, 중국 등 사회주의 국가와 수교하였다.)
김영삼 정부 자료❷	• 하나회 해체, 금융 실명제 실시, 고위 공직자 재산 등록 의무화, 지방 자치제 전면 실시, '역사 바로 세우기' 진행 ('역사 바로 세우기': 조선 총독부를 해체하였고, 12·12 사태 및 5·18 민주화 운동 진압 관련자를 처벌하였다.) • 외환 위기로 국제 통화 기금[IMF]의 금융 지원을 받음
김대중 정부	• 헌정 사상 최초 여야 간 평화적 정권 교체로 탄생 • 기업의 구조 조정·외국 자본 유치 ➡ 외환 위기 극복 • 대북 화해 협력 정책(햇볕 정책) 추진 ➡ 제1차 남북 정상 회담 개최
노무현 정부	• 대북 화해 협력 정책 계승, 수도권 소재 주요 공공 기관의 지방 이전 추진 • 권위주의 청산 노력, 과거사 정리 사업 추진 (과거사 정리 사업 추진: 친일 반민족 행위 진상 규명 위원회와 진실·화해를 위한 과거사 정리 위원회를 조직하였다.)
이명박 정부	• 실용주의 표방 ➡ 자유 무역 협정[FTA] 확대, 기업 활동의 규제 완화 등 추진, G20 서울 정상 회의 개최 • 미국산 쇠고기 수입, 4대강 살리기 사업 추진 과정에서 시민 사회와 갈등
박근혜 정부	• 대한민국 최초의 여성 대통령 정부 • 일자리 중심의 창조 경제, 안전과 통합의 사회 등을 목표로 내세움 • 세월호 참사의 부실한 대응, 역사 교과서 국정화 추진 등으로 비판을 받음 • 민간인 국정 농단 사건 등으로 시민들의 촛불 집회 참여 ➡ 탄핵 소추안 가결 ➡ 대통령직에서 파면 ➡ 대통령 선거 조기 시행 자료❸
문재인 정부	소득 주도 성장, 남북 화해 협력과 한반도 비핵화 등 추진

2 시민 사회의 성장

(1) **지방 자치제**: 지방 자치법 전면 개정 ➡ 광역·기초 의회 의원 선거(1991), 광역·기초 자치 단체장 선거(1995) 시행 자료❹

(지방 자치제: 지역 주민이 직접 선출한 자치 단체장과 지방 의회가 해당 지역의 일을 처리하는 제도이다.)

(2) **노동 운동**

① 6월 민주 항쟁을 계기로 확산 ➡ 노동자 대투쟁 전개, 노동조합 결성

② 전국 민주 노동조합 총연맹(민주 노총) 조직(1995), 노사정 위원회 구성

(3) **농민 운동**

① 추곡 수매가 인상, 농산물 제값 받기 운동 등 전개 ➡ 전국 농민회 총연맹 조직

② 우루과이 라운드 협상 타결 ➡ 농산물 수입 자유화 반대 운동 전개

(우루과이 라운드: '관세 및 무역에 관한 일반 협정[GATT]' 체제를 확대·재편하기 위한 다자간 무역 협상으로, 세계 무역 기구[WTO] 설립으로 이어졌다.)

(4) **인권 개선**: 국가 인권 위원회 설립(2001), 국민연금 제도 실시, 의료 보험 확대, 국민 기초 생활 보장법 제정, 호주제 폐지(2008)

(5) **시민 참여**: 환경 운동 연합, 녹색 연합 등 단체를 조직하여 활동, 비정부 기구[NGO] 참여

Check! 잘 나오는 선지로 개념 확인하기

1 노태우 정부에 대한 설명으로 옳은 것을 모두 고르시오.

① 긴급 조치를 발동하였다.
② 금 모으기 운동에 힘입어 외환 위기를 극복하였다.
③ 국가 보안법을 제정하였다.
④ 남북 정상 회담을 개최하였다.
⑤ 통일 주체 국민 회의를 설치하였다.
⑥ 한일 국교 정상화를 추진하였다.
⑦ 지방 자치제를 전면적으로 실시하였다.
⑧ 여소 야대 정국에서 3당 합당을 추진하였다.
⑨ '역사 바로 세우기'를 진행하여 12·12 사태 관련자 등을 처벌하였다.
⑩ 언론 기본법을 폐지하여 언론의 자유를 확대하였다.

2 지방 자치제에 대한 설명으로 옳지 않은 것은?

① 풀뿌리 민주주의라고 불린다.
② 5·16 군사 정변으로 사실상 중단되었다.
③ 지역 주민이 직접 선출한 자치 단체장과 지방 의회가 해당 지역의 일을 처리하는 제도이다.
④ 1972년 유신 헌법에 따라 부활하였다.
⑤ 1987년 6월 민주 항쟁의 결과 개정된 헌법에 다시 규정되었다.
⑥ 김영삼 정부 시기에 전면 시행되었다.
⑦ 우리나라 제헌 헌법에 규정되어 있다.

답 1 ⑧, ⑩
2 ④

STEP 1 O/X 문제로 9종 교과서 핵심 자료 보기

정답 및 해설 86쪽

자료 1 노태우 정부 시기 3당 합당

미래엔, 동아, 해냄

정당	의석	비율
민주 정의당	125석	41.8%
평화 민주당	70석	23.4%
통일 민주당	59석	19.7%
신민주 공화당	35석	11.7%
기타 및 무소속	10석	3.3%

(중앙 선거 관리 위원회, 1988.)

▲ 제13대 국회 의원 선거 결과

민주 정의당, 통일 민주당, 신민주 공화당 → 민주 자유당

▲ 3당 합당

772 야당의 분열로 여당 후보인 노태우가 낮은 득표율로 대통령에 당선되었다. O/X

773 노태우 정부는 여소 야대의 어려움에서 벗어나기 위해 3당 합당을 추진하여 민주 정의당을 창당하였다. O/X

774 노태우 정부는 냉전 체제가 해체되는 국제 정세 속에 북방 외교를 추진하여 사회주의 국가와 수교하였다. O/X

자료 2 금융 실명제 실시

동아, 지학사, 해냄

저는 헌법에 의거하여 금융 실명 거래 및 비밀 보장에 관한 대통령 긴급 명령을 반포합니다. …… 이 시간 이후 모든 금융 거래는 실명으로만 이루어집니다. 금융 실명제가 실시되지 않고는 이 땅의 부정부패를 원천적으로 봉쇄할 수가 없습니다. 정치와 경제의 검은 유착을 근원적으로 단절할 수 없습니다. …… 금융 실명제가 정착된다면 정치인, 기업인, 공무원 등 모든 국민이 자신들의 부에 대하여 떳떳하고 정당해질 것입니다.

– 김영삼 대통령, 「금융 실명제 실시 관련 담화문」(1993)

775 김영삼 정부는 경제 정의 실현과 국민 경제의 건전한 발전을 위해 금융 실명제를 실시하였다. O/X

776 김영삼 정부 시기에 과거사 정리를 위해 진실·화해를 위한 과거사 정리 위원회를 조직하였다. O/X

777 김영삼 정부는 대한민국 정부 수립 이후 최초로 선거를 통한 여야 정권 교체로 출범하였다. O/X

자료 3 헌법 재판소의 탄핵 결정문

동아, 지학사, 해냄

우리와 우리 자손이 살아가야 할 대한민국은 인간의 존엄과 가치를 존중하고 국민의 기본권을 최대한 보장함으로써, 국민 모두가 자유롭고 평등하며 안전하고 풍요로운 가운데 행복한 삶을 영위하는 나라이다. 그런데 이 사건 심판 청구를 기각한다면 …… 위법 행위가 있다 하더라도 우리 사회가 이를 용인해야 하고 이에 따른 정경 유착 등 정치적 폐습은 확대·고착될 우려가 있다.

778 박근혜 정부는 국제 통화 기금의 지원금을 조기에 상환하였다. O/X

779 민간인에 의한 국정 농단 의혹이 언론에 알려지자 이에 분노한 시민들이 촛불 집회에 나섰다. O/X

780 2017년 3월 헌법 재판소가 국회의 탄핵 소추안을 인용하면서 박근혜 대통령은 파면되었다. O/X

자료 4 지방 자치제의 발전

동아, 천재, 씨마스

연도	내용
1948년	제헌 헌법에 지방 자치 규정
1952년	최초의 지방 의회 선거
1961년	5·16 군사 정변으로 중단
1972년	유신 헌법에서 통일까지 지방 의회 유보
1987년	개정 헌법에 지방 자치 다시 규정
1991년	지방 의회 선거 실시
1995년	지방 자치 단체장 선거와 지방 의회 선거 동시 실시

781 지방 자치제는 지역 주민이 직접 선출한 자치 단체장과 지방 의회가 해당 지역의 일을 처리하는 제도이다. O/X

782 5·16 군사 정변으로 지방 자치 제도는 사실상 중단되었다. O/X

783 1991년에 지방 자치 단체장 선거와 지방 의회 선거가 동시에 치러지면서 지방 자치제가 전면적으로 시행되었다. O/X

STEP 2 객관식 풀어 보기

784

다음과 같은 상황에서 일어난 사실로 옳은 것은?

> **한국사 신문**
>
> ○○○○년 ○○월 ○○일
>
> **여소 야대 정국 형성**
>
> 작년 대통령 선거에서 야당의 분열로 노태우 후보가 대통령에 당선될 수 있었다. 그러나 이번에 치러진 선거에서 야당의 약진이 뚜렷하게 나타났다. 여당인 민주 정의당을 제외한 야당 3당의 의석수를 합하면 절반 이상을 차지한다. 이에 노태우 대통령이 이끄는 여당은 정국 운영에 많은 어려움을 겪을 것으로 예상된다.

① 이전 정부에 대해 청문회를 실시하였다.
② 야당 탄압을 목적으로 국가 보안법을 개정하였다.
③ 긴급 조치권을 발동하여 민주화 요구를 탄압하였다.
④ 한국적 민주주의를 내세워 헌법 개정안을 제시하였다.
⑤ 민주화 요구를 받아들여 지방 자치제를 전면 실시하였다.

785

다음의 선언문을 발표한 인물이 집권한 시기의 상황으로 옳지 않은 것은?

> 첫째, 여야 합의하에 조속히 대통령 직선제 개헌을 하고 새 헌법에 의한 대통령 선거를 통해 88년 2월 평화적 정부 이양을 실현토록 해야겠습니다.
>
> 둘째, 직선제 개헌이라는 제도의 변경뿐만 아니라, 이의 민주적 실천을 위하여 자유로운 출마와 공정한 경쟁이 보장되어 국민의 올바른 심판을 받을 수 있는 내용으로 대통령 선거법을 개정하여야 한다고 봅니다.

① 서울과 평양에서 7·4 남북 공동 성명이 발표되었다.
② 북방 외교를 추진하여 소련, 중국 등과 수교하였다.
③ 남북 관계의 진전으로 남북한이 동시에 유엔에 가입하였다.
④ 제5 공화국 청문회가 실시되어 전두환 전 대통령이 출석하였다.
⑤ 여소 야대 정국을 극복하기 위한 3당 합당을 통해 민주 자유당이 창당되었다.

786

밑줄 친 '이 정부'가 실시한 정책으로 옳은 것만을 보기 에서 있는 대로 고른 것은?

> 이 정부는 이른바 '역사 바로 세우기'를 실시하여 신군부의 뿌리가 되었던 군대 내의 사조직을 없애 군대가 정치적 중립을 지킬 수 있도록 하였다. 이후 전두환, 노태우 두 전직 대통령을 반란 및 내란죄와 뇌물 수수죄로 기소하여 재판장에 세웠다. 그리고 일제가 경복궁의 일부를 부수고 지은 조선 총독부의 옛 청사를 철거하였다.

보기

ㄱ. 금융 실명제
ㄴ. 공직자의 재산 등록제
ㄷ. 지방 자치제의 전면 실시
ㄹ. 농어촌 고리채 정리법 제정

① ㄱ, ㄴ
② ㄱ, ㄷ
③ ㄱ, ㄴ, ㄷ
④ ㄱ, ㄷ, ㄹ
⑤ ㄱ, ㄴ, ㄷ, ㄹ

787

다음 개혁을 추진하였던 정부의 활동으로 옳은 것은?

> 정부는 대통령 긴급 명령으로 모든 금융 거래를 실제 거래자 이름으로 하는 금융 실명제를 전격적으로 도입하였다. 금융 실명제는 자금의 흐름을 한눈에 파악하여 세금을 정확하게 부과하고, 불법 자금의 유통을 막아 금융 거래의 투명성을 기하는 것을 목적으로 하였다.

① 한일 협정을 체결하였다.
② 3당 합당으로 민주 자유당을 창당하였다.
③ 지방 의회와 지방 자치 단체장 선거를 실시하였다.
④ 6·29 민주화 선언 이후 직선제 개헌을 추진하였다.
⑤ 계엄령을 선포하고 대통령 직선제 개헌안을 통과시켰다.

788 난이도 상

밑줄 친 '정부' 시기에 일어난 사실로 옳은 것은?

> 오늘은 이 땅에서 처음으로 민주적 정권 교체가 실현되는 자랑스러운 날입니다. 또한 민주주의와 경제를 동시에 발전시키려는 정부가 마침내 탄생하는 역사적 순간이기도 합니다.

① 국민연금 제도가 시행되었다.
② 6·29 민주화 선언이 발표되었다.
③ 국민 기초 생활 보장법이 제정되었다.
④ 지방 자치 제도가 전면적으로 실시되었다.
⑤ 북방 외교를 통해 사회주의 국가와 외교 관계를 맺었다.

789

(가), (나) 정부에 대한 설명으로 옳은 것만을 보기 에서 고른 것은?

> (가) 출범하면서부터 대통령의 재산 공개와 정치 자금 안 받기 선언을 시작으로 과감한 민주화 조치와 개혁을 실시하였다. 또한 시장 개방 정책을 추진하면서 경제 개발 협력 기구[OECD]에 가입하였다.
> (나) 민주주의와 시장 경제의 균형 발전, 국제 통화 기금[IMF] 관리 체제의 조기 극복 등을 천명하였다. 이를 실현하기 위하여 국정 전반의 개혁, 경제 난국의 극복, 국민 화합의 실현, 법과 질서의 수호 등을 국가적 과제로 제시하였다.

보기

ㄱ. (가)– 부동산 실명제와 금융 실명제를 실시하였다.
ㄴ. (가)– 북방 외교에 나서 동유럽의 사회주의 국가와 수교하였다.
ㄷ. (나)– 대북 화해 협력 정책의 일환으로 남북 정상 회담을 열었다.
ㄹ. (가), (나)– 5·18 민주화 운동에 대한 국회 청문회를 개최하였다.

① ㄱ, ㄴ ② ㄱ, ㄷ ③ ㄴ, ㄷ
④ ㄴ, ㄹ ⑤ ㄷ, ㄹ

790

(가)~(라) 시기의 경제 상황으로 옳은 것만을 보기 에서 고른 것은?

(가)	(나)	(다)	(라)
제1~4차 경제 개발 5개년 계획 추진	3저 호황으로 무역 흑자 기록	금융 실명제 실시	기업·금융·공공·노동의 4대 부문 개혁 추진

보기

ㄱ. (가)– 농지 개혁을 처음 실시하였다.
ㄴ. (나)– 베트남 파병으로 경기가 활성화되었다.
ㄷ. (다)– 경제 협력 개발 기구[OECD]에 가입하였다.
ㄹ. (라)– 국제 통화 기금[IMF]의 관리 체제를 극복하였다.

① ㄱ, ㄴ ② ㄱ, ㄷ ③ ㄴ, ㄷ
④ ㄴ, ㄹ ⑤ ㄷ, ㄹ

791

(가) 정부에 대한 설명으로 옳은 것은?

> · (가) 정부 시기 북한 관련 정책
> – 남북 정상 회담 개최
> – 금강산 관광 시작

① 한일 국교 정상화를 추진하였다.
② 북한과 함께 유엔에 가입하였다.
③ 우리나라 최초의 여성 대통령 정부이다.
④ 3당 합당을 추진해 민주 자유당을 창당하였다.
⑤ 헌정 역사상 최초로 여야 간 평화적 정권 교체로 탄생하였다.

792

(가), (나) 정부 시기 사이에 있었던 사실로 옳은 것은?

- (가) 은/는 행정 중심 복합 도시인 세종시를 건설하는 등 국가의 균형 발전을 추구하였으며, 대북 화해 협력 정책을 추진하여 제2차 남북 정상 회담을 개최하였다.
- (나) 은/는 세월호 참사 당시 부실 대응으로 국민의 반발을 샀으며, 측근의 국정 농단 문제로 대규모 촛불 집회가 개최되는 등 국민적 저항에 부딪혔다.

① 서울 올림픽이 개최되었다.
② G20 정상 회의가 개최되었다.
③ 금 모으기 운동이 전개되었다.
④ 세계 무역 기구[WTO]가 출범하였다.
⑤ 고위 공직자 재산 공개를 의무화하였다.

793 난이도 상

(가)에 들어갈 내용으로 가장 적절한 것은?

1. 유급 휴가를 실시한다(3일).
4. 작업 전 체조는 각 부서 자율적으로 하며, 중식 시간 체조는 1시에 하되 강요하지 않는다.
7. 두발에 대해서도 자율화한다.

자료는 6월 민주 항쟁 직후 전개된 노동자 대투쟁에서 제기된 요구 사항이다. 노동자 대투쟁은 약 석 달간 이어졌고, 그 결과 (가)

① YH 무역 사건이 일어났다.
② 근로 기준법이 제정되었다.
③ 노사정 위원회가 설치되었다.
④ 전태일 분신 사건으로 이어졌다.
⑤ 전국적으로 노동조합이 결성되었다.

794

다음 상황이 나타난 배경으로 가장 적절한 것은?

동국대학교에서 전국 농민 대회가 개최되었다. 농민들과 학생, 시민 등 2만여 명이 참가한 이날 대회에서 "농가 소득의 40%를 차지하는 쌀 시장을 개방하는 것은 600만 농민들의 생명줄을 끊는 것이다."라고 선언한 뒤 새로 취임하는 김영삼 대통령에게 취임식 전에 쌀 시장 개방을 반대한다는 분명한 입장을 요구하는 결의문을 채택하였다.

① 삼백 산업이 발전하였다.
② 외환 위기가 발생하였다.
③ 새마을 운동이 시작되었다.
④ 우루과이 라운드 협상이 진행되었다.
⑤ 함평 고구마 피해 보상 운동이 전개되었다.

795

밑줄 친 '활동'의 사례로 적절한 것만을 보기 에서 있는 대로 고른 것은?

6월 민주 항쟁 이후 민주화 열기 속에 사회 각 분야에서 다양한 시민 단체들이 등장하였다. 이들 단체는 인권, 경제, 정치, 사회 등 다양한 분야에서 <u>활동</u>을 전개하여, 정부와 기업 등을 감시하고 견제하는 세력으로 역할을 하였으며 시민 사회의 성장과 민주주의 발전의 기반이 되었다.

보기

ㄱ. 국가 인권 위원회가 조직되었다.
ㄴ. 한국 공해 문제 연구소가 설립되었다.
ㄷ. 참여 연대가 재벌 개혁을 촉구하였다.

① ㄴ ② ㄷ ③ ㄱ, ㄴ
④ ㄱ, ㄷ ⑤ ㄱ, ㄴ, ㄷ

796

다음을 읽고 물음에 답하시오.

바야흐로 본격적인 지방 자치 시대의 막이 오른 것입니다. 5·16 군사 정변으로 중단되었던 지방 자치를 우리는 34년에 걸친 끈질긴 투쟁으로 되찾았습니다. 저는 임기 중에 지방 자치를 전면 부활시킨 데 대해 무한한 보람과 긍지를 느낍니다.

(1) 위 담화를 발표한 정부를 쓰시오.

( )

(2) 위 정부의 활동을 두 가지 서술하시오.

797

다음을 읽고 물음에 답하시오.

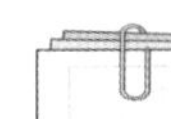

■ 역사 속 오늘 ■

이날은 우리나라가 국제 통화 기금[IMF]으로부터 빌렸던 차입금 195억 달러 전액을 당초 예정보다 3년 일찍 상환하면서 경제 주권을 회복한 날이다. 금 모으기 운동 등 국민의 노력과 (가) 의 정책이 어우러져 우리나라는 IMF 조기 졸업을 이룰 수 있었다.

(1) (가) 정부를 쓰시오.

( )

(2) 밑줄 친 '정책'의 내용을 두 가지 서술하시오.

798

밑줄 친 '다양한 활동'의 사례를 두 가지 서술하시오.

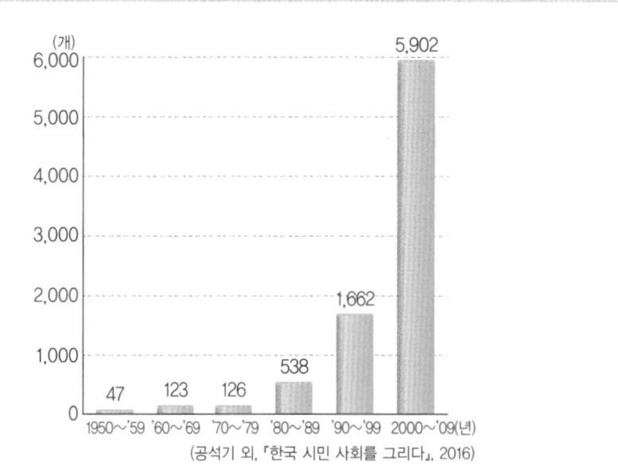

자료는 연도별 시민 단체 설립 수를 나타낸 그래프이다. 6월 민주 항쟁 이후 많은 시민 단체가 등장하면서, 정부의 정책을 비판하고 시민 사회의 요구를 관철하려는 다양한 활동이 전개되었다.

799

밑줄 친 '노동 운동'의 내용을 두 가지 서술하시오.

6월 민주 항쟁의 결과 노태우 대통령 후보가 직선제 개헌과 평화적 정부 이양, 김대중의 사면 복권 등을 내용으로 하는 6·29 민주화 선언을 발표하였다. 독재 정권이 국민들의 힘에 굴복하자 사회 각계각층에서는 그동안 억눌려 왔던 민주화 욕구가 폭발하였다. 특히 열악한 노동 환경 속에서 장시간 노동을 감수해 왔던 노동자들은 적극적인 노동 운동을 전개하였다.

02

Ⅲ 오늘날의 대한민국

외환 위기의 극복과 사회, 문화 변동 ~ 한반도 분단 극복과 동아시아의 평화를 위한 노력

빈출 개념
- 외환 위기의 발생 배경과 극복
- 북한의 정치, 경제 변화
- 시기별 남북 공동 성명

1 세계화와 외환 위기 극복

(1) 세계화

① 관세 및 무역에 관한 일반 협정[GATT] ➜ 세계 무역 기구[WTO] 출범으로 상품, 서비스, 자본의 이동 활발

② 우리나라도 농산물 시장 개방, 경제 협력 개발 기구[OECD] 가입, 상품과 자본 시장 개방 등 신자유주의 정책 본격화

★(2) 외환 위기의 발생과 극복 자료❶

① **발생**: 대기업의 무분별한 사업 확장, 아시아 금융 위기로 외환 자금 이탈, 외환 보유고 급감 ➜ 외환 위기 발생(1997)

② **극복**: 국제 통화 기금[IMF]의 긴급 구제 금융 지원 ➜ 강도 높은 구조 조정, 외국 자본 유치 노력, 부실 금융 기관·대기업 통폐합, 공기업의 민영화, 정리 해고제와 파견 근로제 도입, 금 모으기 운동 등 전개 ➜ 국제 통화 기금의 지원금 조기 상환(2001)

(3) 외환 위기 이후 경제 상황 자료❷

① **자유 무역 협정[FTA] 확대**: 칠레를 시작으로 미국, 유럽 연합[EU] 등과 체결

② 반도체, 휴대 전화, 디스플레이 등 첨단 산업 육성

③ 대외 의존도 심화, 기업과 산업 간의 격차 해결 필요

2 사회, 문화 변동

★(1) 사회 양극화 자료❸

배경	외환 위기 극복 과정에서 대량 해고 ➜ 다수의 실업자 발생, 비정규직 노동자 증가 ➜ 고용 불안, 정규직과 비정규직 간 격차 심화 ➜ 중산층 감소
확산	빈부 격차, 기업 간 격차, 지역 간 격차로 확대 ➜ 교육 기회와 주거 지역의 불평등 문제 발생
대응	국민 기초 생활 보장법 제정·고용 보험 제도 적용 대상 확대 등 복지 제도 확대, 기초 연금 제도 마련, 최저 임금 인상 등

└ 대도시와 농촌 간에 의료, 교육, 문화 등의 분야에서 격차가 커지고 있다.

(2) 다문화 사회 자료❸

① **배경**: 이민, 망명, 결혼, 노동, 유학 등으로 외국인 거주 증가, 북한 이탈 주민 증가

② **문제**: 서로 다른 문화에서 비롯된 갈등, 이주민에 대한 편견과 차별 등

③ **대응**: 다문화 교육 시행, 정책적 지원 실시, 북한 이탈 주민법 제정 등

(3) 저출생·고령화 사회 자료❹

① **저출생**: 양질의 일자리 부족, 주거 마련과 자녀 양육에 드는 비용 증가 → 청년들의 결혼과 출산 기피 현상 → 출산율 하락

② **고령화**: 경제 성장, 의료 기술 발달로 기대 수명 연장 → 전체 인구에서 65세 이상 고령자가 차지하는 비율 급속히 증가

③ **영향**: 총인구 감소, 노동력 감소, 세대 간 갈등과 노인 빈곤 등 사회 문제 증가

④ **대응**: 보조금 지급 등 출산 장려 정책 시행, 노인 복지 제도 강화, 일자리 확충 노력

Check! 잘 나오는 선지로 개념 확인하기

1 김영삼 정부 시기 경제 상황으로 옳은 것을 모두 고르시오.

① 포항 종합 제철소가 완공되었다.
② 기업들이 중동 건설 사업에 진출하기 시작하였다.
③ 금융 실명제가 실시되었다.
④ 경제 협력 개발 기구[OECD]에 가입하였다.
⑤ 3저 호황이 본격화되었다.
⑥ 신자유주의 경제 정책이 추진되었다.
⑦ 수출 100억 달러를 처음으로 달성하였다.
⑧ 의류, 가발, 신발 등 노동 집약적 경공업이 집중적으로 육성되었다.
⑨ '한강의 기적'이라 불리는 고도성장을 이룩하였다.
⑩ 국제 통화 기금[IMF]의 긴급 자금 지원을 받았다.

2 사회 양극화에 대한 설명으로 옳은 것을 모두 고르시오.

① 대기업과 중소기업 사이의 격차가 작아졌다.
② 다수의 실업자가 발생하고 비정규직 노동자가 증가하였다.
③ 대도시와 농촌 간에 지역 격차가 좁아지고 있다.
④ 정규직과 비정규직 노동자 간의 임금 차이가 늘어났다.
⑤ 부의 대물림으로 계층 간 소득 격차가 더욱 커지고 있다.
⑥ 문제 해소를 위해 국민 기초 생활 보장법이 제정되었다.

답 1 ③, ④, ⑥, ⑩
2 ②, ④, ⑤, ⑥

Check! 잘 나오는 선지로 개념 확인하기

3 한반도 분단 극복과 동아시아의 평화를 위한 노력

(1) 북한의 변화

① 정치

- 사회주의 헌법 제정(1972): 주체사상의 통치 이념화, 국가 주석제 도입 ➜ 김일성 유일 지배 체제 확립
- 3대 권력 세습 체제 확립: 김일성 ➜ 김정일(주석제 폐지, 선군 정치 표방) ➜ 김정은

② 경제

외국의 자본과 기술을 직접 도입할 수 있게 하였다.

- 인민 경제 개발 6개년 계획 등 1970년대 경제 개발 계획의 연이은 실패 ➜ 합작 회사 경영법(합영법) 제정(1984), 나진·선봉 자유 경제 무역 지대 설치(1991), 고난의 행군 강조, 금강산 해로 관광 사업 시작(1998)
- 2000년대 이후 부분적으로 시장 경제 요소 도입(7·1 조치, 2002), 경제특구 지정(신의주 등)
- 핵 실험, 미사일 발사 반복 등 도발 ➜ 국제 사회의 제재

★(2) 남북 간의 통일 노력

박정희 정부	닉슨 독트린(1969) 발표 이후 화해 분위기 조성 ➜ 남북 적십자 회담 개최, 7·4 남북 공동 성명 발표(1972, 자주·평화·민족 대단결의 통일 원칙 명시) ➜ 남북 조절 위원회 설치 자료 6
전두환 정부	민족 화합 민주 통일 방안 제시(1982), 이산가족 고향 상봉·예술 공연단 교환(1985)
노태우 정부	남북 고위급 회담 개최, 남북한 유엔 동시 가입, 남북 기본 합의서·한반도 비핵화 공동 선언 채택(1991)
김영삼 정부	• 북한의 핵 확산 금지 조약(NPT) 탈퇴 ➜ 남북 관계 악화 • 한민족 공동체 건설을 위한 3단계 통일 방안 제시(1994, 화해와 협력 ➜ 남북 연합 ➜ 통일 국가 완성)
김대중 정부	'햇볕 정책' 추진 ➜ 소 떼 방북, 금강산 관광 사업 시작, 최초의 남북 정상 회담 개최(6·15 남북 공동 선언 발표) 자료 7
노무현 정부	• 김대중 정부의 대북 정책 계승 ➜ 개성 공단 사업 시작, 경의선·동해선 철도 연결 • 제2차 남북 정상 회담 개최(2007) ➜ 10·4 남북 공동 선언 발표
이명박, 박근혜 정부	북한의 핵 실험 및 장거리 미사일 발사 시험, 천안함 폭침 사건, 연평도 포격 사건 등으로 남북 관계 냉각
문재인 정부	• 평창 동계 올림픽 개막식에서 남북 선수단 공동 입장(2018) • 제3차 남북 정상 회담 개최 ➜ 한반도의 평화와 번영, 통일을 위한 판문점 선언(4·27 판문점 선언) 발표 • 북미 정상 회담 개최, 이후 입장 차이로 관계 경색

북한의 김정은 국무 위원장과 미국의 트럼트 대통령이 싱가포르와 하노이에서 만났다.

(3) 동아시아의 갈등과 평화 모색

① 동아시아의 갈등 자료 8

일본	• 독도 영유권 주장: 국제 사법 재판소에 독도 문제 제소 시도, '다케시마의 날' 제정 • 역사 왜곡: 왜곡된 역사 교과서 발행(한국 식민 지배 정당화, 침략 전쟁 미화), 정치인들의 야스쿠니 신사 참배, 일본군 '위안부'와 강제 징병·징용에 대한 사과 및 배상 거부 등
중국	동북공정: 고조선, 부여, 고구려, 발해의 역사를 모두 중국사의 일부로 간주 ➜ 자국 역사 교과서에 반영하는 등 왜곡 지속
영토 갈등	• 쿠릴 열도(북방 4도): 러시아와 일본 간에 갈등 • 센카쿠 열도(댜오위다오): 중국, 타이완, 일본 간에 갈등

② 갈등 해결을 위한 노력: 한·중·일 공동 역사 교재 편찬 등 ➜ 공동의 역사 인식 마련을 위한 노력 지속, 활발한 교류 전개

3 북한의 경제 상황으로 옳지 않은 것을 모두 고르시오.

① 합작 회사 경영법(합영법)을 제정하였다.
② 미국의 원조를 기반으로 경제 성장을 이루었다.
③ 신의주 등지에 경제특구를 설치하였다.
④ 7·1 경제 관리 개선 조치를 실시하였다.
⑤ 나진·선봉 자유 경제 무역 지대를 설치하였다.
⑥ 소련의 해체 등으로 국제 교류가 줄어 수출입이 타격을 받았다.
⑦ 제1차 경제 개발 5개년 계획을 추진하였다.
⑧ '고난의 행군'이라는 경제적인 어려움을 겪었다.
⑨ 6개년 계획을 수립하여 공업 생산력을 증대를 꾀하였다.
⑩ 무상 매수, 무상 분배에 기초한 토지 개혁을 완수하였다.

4 김대중 정부 시기 남북 관계에 대한 설명으로 옳은 것을 모두 고르시오.

① 남북 조절 위원회를 설치하였다.
② 7·4 남북 공동 성명을 발표하였다.
③ 남북 기본 합의서를 채택하였다.
④ 10·4 남북 공동 선언을 채택하였다.
⑤ 최초로 남북 정상 회담을 개최하였다.
⑥ 한반도 비핵화 선언을 발표하였다.
⑦ 남북한이 유엔에 동시 가입하였다.
⑧ 최초의 남북 이산가족 상봉이 이루어졌다.
⑨ 평창 동계 올림픽에서 남북 선수단이 공동으로 입장하였다.
⑩ 6·15 남북 공동 선언을 발표하였다.

답 3 ②, ⑦
4 ⑤, ⑩

STEP 1 O/X 문제로 9종 교과서 핵심 자료 보기

자료 1 외환 위기
미래엔, 씨마스, 리베르

- IMF로부터 적절한 규모의 자금 지원
- 부실 금융 기관 구조 조정 및 인수, 합병 제도 마련
- 외국 금융 기관의 국내 자회사 설립 허용
- 외국인 주식 취득을 종목당 50%까지 확대
- 노동 시장의 유연성을 높임

– 국가 기록원, 1997

▲ IMF 대기성 차관 협약을 위한 양해 각서안

최근 한국 경제는 대기업 연쇄 부도에 따른 대외 신인도 하락으로 국제 금융 시장에서 단기 자금 만기 연장의 어려움 등 외화 차입의 곤란으로 일시적인 유동성 부족 사태에 직면하게 되었습니다. …… 정부는 금융 시장의 안정이 확고히 정착되게 하기 위해 …… 국제 통화 기금[IMF] 자금 지원을 요청하기로 하였습니다.

– 동아일보, 1997. 11. 22.

▲ 국제 통화 기금 지원 요청 발표문(1997)

800 1997년 김영삼 정부는 국제 통화 기금[IMF]에 긴급 구제 금융을 요청하여 긴급 자금을 지원받았다. O/X

801 노무현 정부는 외환 위기를 극복하고자 구조 조정을 실시하고 외국 자본 유치에 힘썼다. O/X

802 국민은 자발적으로 금 모으기 운동에 동참하여 외환 위기 극복에 힘을 보탰다. O/X

자료 2 한국 경제의 변화
미래엔, 동아, 씨마스

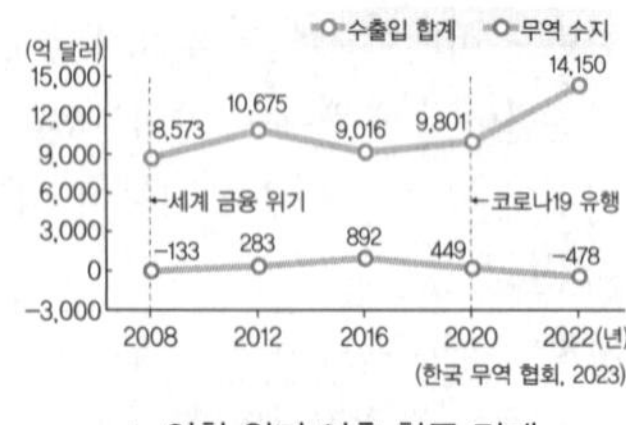

▲ 외환 위기 이후 한국 경제

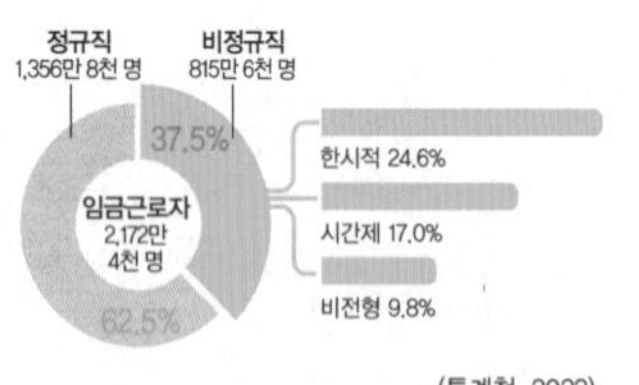

▲ 정규직과 비정규직 규모 및 비중

803 2000년대 이후 우리나라는 정보 기술(IT)에 기반한 전자·통신 등 첨단 산업이 크게 발달하였다. O/X

804 노동 개혁으로 정리 해고제 및 파견 근로제가 도입되면서 비정규직 노동자가 증가하였다. O/X

805 우리나라는 칠레를 시작으로 미국, 유럽 연합[EU] 등 여러 국가와 자유 무역 협정[FTA]을 체결하였다. O/X

자료 3 사회의 변화
미래엔, 비상, 지학사, 리베르

▲ 정규직과 비정규직의 월평균 임금 격차

▲ 다문화 가정 출생아 수와 전체 출생아에서 다문화 가정이 차지하는 비율

806 외환 위기 이후 소득 격차가 크게 벌어지면서 소득의 양극화가 심화되었다. O/X

807 정부는 다양한 복지 정책을 시행하고 최저 임금 인상, 저소득층 세금 감면 등의 양극화 완화를 위한 정책을 시행하고 있다. O/X

808 외국인 노동자가 늘어나고, 다문화 가정이 증가하면서 여러 인종, 언어, 문화적 배경이 다른 사람들이 함께 어울려 사는 다문화 사회가 되었다. O/X

자료 4 저출생·고령화 문제
미래엔, 비상, 천재, 지학사

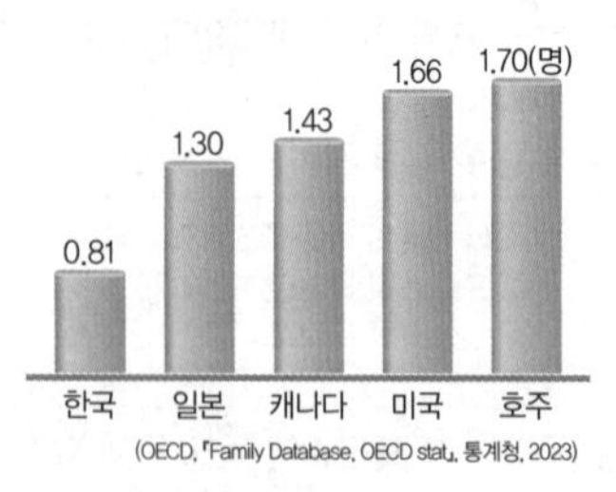

▲ 주요 국가별 합계 출생율(2021)

▲ 고령 인구 비율(2023)

809 가치관이 바뀌고 양육 및 교육비 부담이 낮아지면서 결혼과 출산을 기피하는 현상이 늘어났다. O/X

810 우리나라는 2017년에 고령 인구가 14%를 넘기며 고령 사회에 진입하였다. O/X

811 정부는 출산 장려 정책을 펼치고 노인 복지 제도를 확충하는 등 저출생·고령화 문제를 해결하고자 노력을 기울이고 있다. O/X

자료 5 한류 열풍

비상, 동아

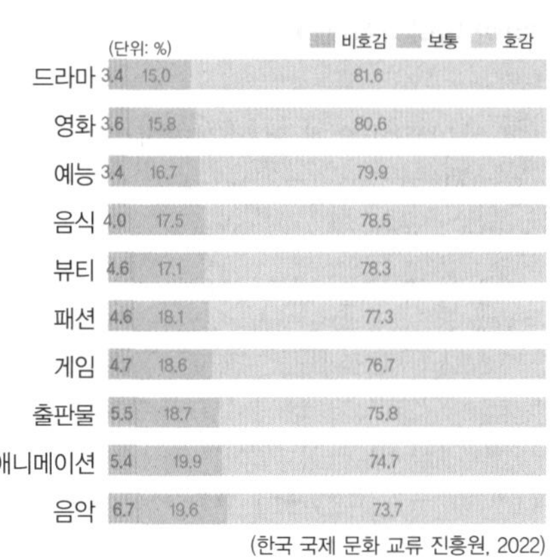

▲ 한류 콘텐츠에 대한 호감도

812 우리나라의 드라마가 미국에 수출되면서 '한류' 문화가 형성되기 시작하였다. ○/✕

813 오늘날 전 세계적으로 한국의 드라마, 영화, 음악 등이 인기를 얻고 있다. ○/✕

814 우리나라의 문화는 2000년대 들어 사회 관계망 서비스[SNS], 온라인 동영상 서비스[OTT] 등을 통해 세계 곳곳으로 전파되고 있다. ○/✕

자료 6 7·4 남북 공동 성명

미래엔, 비상, 천재, 지학사, 씨마스, 리베르

> 첫째, 통일은 외세에 의존하거나 외세의 간섭을 받음이 없이 자주적으로 해결해야 한다.
> 둘째, 통일은 서로 상대방을 반대하는 무력행사에 의거하지 않고 평화적 방법으로 실현해야 한다.
> 셋째, 사상과 이념, 제도의 차이를 초월해 우선 하나의 민족으로서 민족적 대단결을 도모해야 한다.

▲ 7·4 남북 공동 성명(1972)

815 냉전 체제가 강화되는 국제 정세 속에 남북한은 7·4 남북 공동 성명을 발표하였다. ○/✕

816 7·4 남북 공동 성명은 통일의 기본 원칙인 자주·평화·민족 대단결을 담고 있다. ○/✕

817 박정희 정부 시기에 남북한이 유엔에 동시 가입하고 남북 기본 합의서를 채택하였다. ○/✕

자료 7 6·15 남북 공동 선언

미래엔, 천재, 지학사, 씨마스, 해냄, 리베르

> 1. 남과 북은 나라의 통일 문제를 그 주인인 우리 민족끼리 서로 힘을 합쳐 자주적으로 해결해 나가기로 했다.
> 2. 남과 북은 나라의 통일을 위한 남측의 연합제 안과 북측의 낮은 단계의 연방제 안이 서로 공통성이 있다고 인정하고 앞으로 이 방향에서 통일을 지향해 나가기로 했다.
> 4. 남과 북은 경제 협력을 통해 민족 경제를 균형적으로 발전시키고 사회·문화·체육·보건·환경 등 제반 분야의 협력과 교류를 활성화해 서로의 신뢰를 다져 나가기로 했다.

818 분단 이후 처음으로 2000년에 남북 정상 회담이 개최되었다. ○/✕

819 6·15 남북 공동 선언 발표 이후 이산가족 상봉이 이루어지고, 남북 간 교역도 확대되었다. ○/✕

820 김대중 정부의 대북 정책을 계승한 이명박 정부는 2007년 제2차 남북 정상 회담을 열었다. ○/✕

자료 8 독도

미래엔, 동아, 씨마스, 해냄

> 일본을 점령한 연합국 최고 사령관이 독도를 일본의 관할 대상에서 제외한다는 내용의 지령을 발표하여 독도가 한국의 영토임을 분명히 함.

▲ 연합국 최고 사령관 각서 제677호

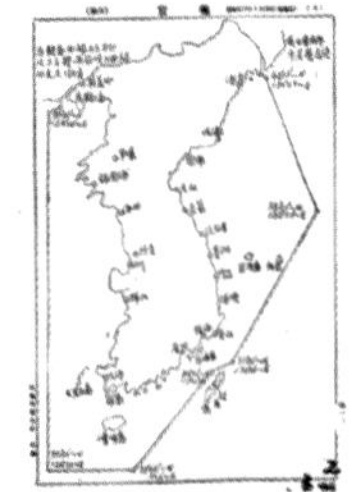

▲ 인접 해양에 대한 주권에 관한 선언에 첨부된 부속 지도

821 일본은 청일 전쟁 중이던 1905년에 독도를 시마네현에 불법으로 편입하였다. ○/✕

822 연합국 최고 사령부는 연합국 최고 사령관 각서 677호에서 울릉도, 독도, 제주도 등이 일본 영토에서 제외된다고 규정하였다. ○/✕

823 이승만 정부는 인접 해양에 대한 주권에 관한 선언에서 '평화선'이라는 개념을 제시하여 독도가 우리 영토임을 분명히 하였다. ○/✕

824 난이도 상

다음 연설이 이루어진 시기를 연표에서 옳게 고른 것은?

> 21세기를 눈앞에 두고 세계는 지금 새로운 질서가 펼쳐지고 있습니다. 새해와 더불어 WTO 체제가 출범하며 나라와 나라 사이에, 지역과 지역 사이에 치열한 무한 경쟁이 벌어지는 시대가 온 것입니다. 올해 정부는 물론 모든 국민이 세계화를 본격적으로 추진하는 해가 되어야 할 것입니다.

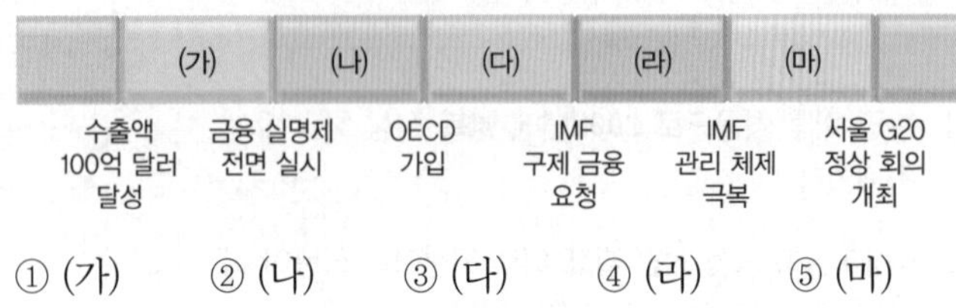

① (가) ② (나) ③ (다) ④ (라) ⑤ (마)

825

다음 취임사와 함께 출범한 정부 시기의 경제 상황으로 옳은 것은?

> 오늘 우리는 그렇게도 애타게 바라던 문민 민주주의 시대를 열기 위하여 이 자리에 모였습니다. …… 저는 14대 대통령 취임에 즈음하여, 새로운 조국 건설에 대한 시대적 소명을 온몸으로 느끼고 있습니다.

① 새마을 운동이 추진되기 시작하였다.
② 제1차 석유 파동으로 석유 가격이 급등하였다.
③ 처음으로 연간 수출액 100억 달러가 달성되었다.
④ 유상 매수, 유상 분배의 농지 개혁법이 제정되었다.
⑤ 외환 위기로 국제 통화 기금에 자금 지원을 요청하였다.

826

다음과 같은 상황이 나타나게 된 배경으로 옳은 것은?

> 금융 회사와 기업들이 유래 없는 시련과 변화를 겪은 한 해였다. 부실 은행이 정리되었고 살아남은 은행들은 10~40%씩 인원을 줄였다. 기업 구조 조정 한파는 더욱 혹독하였다. 2만여 중소 기업이 부도를 냈고 250개 기업이 통·폐합되었다. 기업의 연쇄 부도와 구조 조정으로 2%대를 유지하던 실업률이 올해 들어 최고 7.6%까지 뛰어올랐고, 실업자는 예년의 3~4배인 160여만 명 안팎으로 폭증하였다. 실업 대란 속에서 정부는 재계, 노동계 대표와 함께 노사정 위원회를 구성하여, 실업 대책 마련과 노조의 정치 활동을 보장하는 대신 정리 해고를 합법화하였다.

① 제2차 석유 파동으로 세계 경제 불황이 심화되었다.
② 소비재 공업 생산의 기반이었던 무상 원조가 급감하였다.
③ 경제 개발 계획 추진을 위해 무리하게 차관을 도입하였다.
④ 3저 호황 국면이 사라지면서 수출 부진의 어려움에 빠졌다.
⑤ 대외 금융 시장 불안 등으로 외환 보유고가 크게 부족해졌다.

827

다음 결정이 내려진 시기의 상황으로 옳은 것만을 보기 에서 고른 것은?

> 최근 한국 경제는 대기업 연쇄 부도에 따른 대외 신인도 하락으로 국제 금융 시장에서 단기 자금 만기 연장의 어려움 등 외화 차입의 곤란으로 일시적인 유동성 부족 사태에 직면하게 되었습니다. …… 정부는 금융 시장의 안정이 확고히 정착되게 하기 위해 …… 국제 통화 기금[IMF]에 자금 지원을 요청하기로 하였습니다.

보기

ㄱ. 경제 개발 계획이 추진되었다.
ㄴ. 금 모으기 운동이 전개되었다.
ㄷ. 수출액 100억 달러를 달성하였다.
ㄹ. 강도 높은 구조 조정이 전개되었다.

① ㄱ, ㄴ ② ㄱ, ㄷ ③ ㄴ, ㄷ
④ ㄴ, ㄹ ⑤ ㄷ, ㄹ

828

(가) 시기에 닥친 경제적 사건이 이후 한국 경제에 끼친 영향을 추론한 내용으로 가장 적절한 것은?

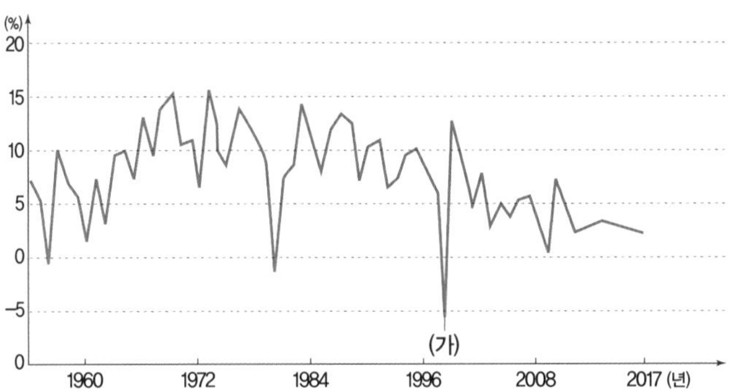

① 신자유주의 정책이 약화되었을 것이다.
② 대기업에 대한 규제가 강화되었을 것이다.
③ 일부 재벌에 경제력이 더욱 집중되었을 것이다.
④ 정규직과 비정규직의 차별이 완화되었을 것이다.
⑤ 복지 정책 강화로 소득 불평등이 약화되었을 것이다.

829

밑줄 친 ㉠이 끼친 영향으로 적절한 것만을 보기 에서 고른 것은?

자유 무역 협정[FTA]은 국가 간의 자유로운 무역 활동을 위해 무역 장벽을 완화하거나 제거하는 협정이다. 외환 위기 이후 정부는 2004년 칠레를 시작으로 2023년까지 약 60개국과 ㉠ 자유 무역 협정[FTA]을 체결하였다.

보기

ㄱ. 금융 실명제가 실시되었다.
ㄴ. 우리나라의 수출 시장이 확대되었다.
ㄷ. 세계 경기 변동에 큰 영향을 받게 되었다.
ㄹ. 경제 협력 개발 기구[OECD]에 가입하였다.

① ㄱ, ㄴ ② ㄱ, ㄷ ③ ㄴ, ㄷ
④ ㄴ, ㄹ ⑤ ㄷ, ㄹ

830

다음 그래프와 같은 추이가 나타나게 된 배경으로 적절하지 않은 것은?

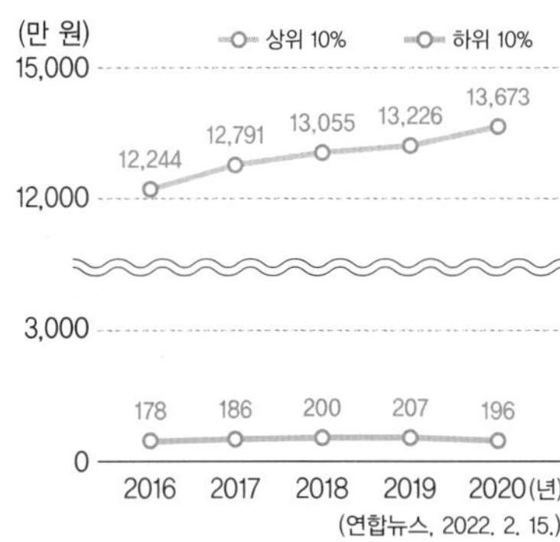

▲ 소득 상하위 10%의 1인당 연평균 통합 소득

① 교육 격차가 심화되었다.
② 부의 대물림이 나타났다.
③ 부동산 가격이 급등하였다.
④ 두 차례 석유 파동이 발생하였다.
⑤ 비정규직 노동자 비율이 증가하였다.

831

다음 법과 같은 취지에서 시행된 정책으로 적절한 것만을 보기 에서 있는 대로 고른 것은?

제1조 이 법은 생활이 어려운 자에게 필요한 급여를 행하여 이들의 최저 생활을 보장하고 자활을 조성하는 것을 목적으로 한다.

제3조 ① 이 법에 의한 급여는 수급자가 자신의 생활 유지·향상을 위하여 그 소득·재산·근로 능력 등을 활용하여 최대한 노력하는 것을 전제로 이를 보충·발전시키는 것을 기본 원칙으로 한다.

보기

ㄱ. 8·3 조치가 단행되었다.
ㄴ. 기초 연금법이 제정되었다.
ㄷ. 최저 임금제가 확대 시행되었다.

① ㄱ ② ㄷ ③ ㄱ, ㄴ
④ ㄴ, ㄷ ⑤ ㄱ, ㄴ, ㄷ

832

교사의 질문에 대한 학생의 답변으로 적절한 것만을 보기 에서 고른 것은?

보기

ㄱ. 신경향파 문학이 등장하였습니다.
ㄴ. 국제결혼의 빈도가 늘어났습니다.
ㄷ. 정부가 국풍 81을 개최하였습니다.
ㄹ. 외국인 노동자의 수가 증가하였습니다.

① ㄱ, ㄴ ② ㄱ, ㄷ ③ ㄴ, ㄷ
④ ㄴ, ㄹ ⑤ ㄷ, ㄹ

833

(가)에 들어갈 내용으로 가장 적절한 것은?

① 사회 양극화가 해소되었어.
② 외국인 노동자의 유입이 감소하였어.
③ 출산율이 떨어지고 급격하게 고령화가 진행되었지.
④ 가족 구성의 형태가 핵가족에서 대가족으로 바뀌었어.
⑤ 장발, 청바지 등으로 대표되는 청년 문화가 유행하였어.

834 난이도 상

(가)~(마) 시기 북한의 상황으로 옳은 것은?

1948		1950		1972		1984		1994		2000
	(가)		(나)		(다)		(라)		(마)	
북한 정권 수립		6·25 전쟁 발발		사회주의 헌법 제정		합영법 제정		김일성 사망		제1차 남북 정상 회담

① (가)– 토지 개혁과 주요 산업 국유화를 추진하였다.
② (나)– 남로당계, 연안파, 소련파 등이 숙청되었다.
③ (다)– 외국 자본 유치와 합작 기업 운영이 시도되었다.
④ (라)– 주체사상이 사회 이념으로 공식화되고 주석제가 도입되었다.
⑤ (마)– 주체사상을 유일 사상으로 체계화하는 작업이 시도되었다.

835

다음 헌법이 제정된 시기 북한의 상황으로 옳은 것만을 보기 에서 고른 것은?

제89조 조선 민주주의 인민 공화국의 주석은 국가의 수반이며 조선 민주주의 인민 공화국 국가 주권을 대표한다.
제90조 조선 민주주의 인민 공화국 주석은 최고 인민 회의에서 선거한다. 조선 민주주의 인민 공화국 주석의 임기는 4년으로 한다.

보기

ㄱ. 공업 생산력 증대를 위해 6개년 계획을 진행하였다.
ㄴ. 김정일이 김일성의 공식적인 후계자로서 전면에 나섰다.
ㄷ. 자본과 기술 도입을 위해 합작 회사 경영법을 제정하였다.
ㄹ. 주체사상을 유일 사상으로 체계화하는 작업이 추진되었다.

① ㄱ, ㄴ ② ㄱ, ㄹ ③ ㄴ, ㄷ
④ ㄴ, ㄹ ⑤ ㄷ, ㄹ

836

다음은 사회주의 체제의 붕괴에 대한 북한의 대응을 보여 주는 글이다. ㉠에 들어갈 내용으로 가장 적절한 것은?

> 북한은 소련과 동유럽 사회주의 몰락의 원인으로 '제국주의자와 반동들의 책동'을 들었다. 즉, 서방 국가들이 사회주의 국가에 침투하여 인민의 의식을 마비시키고, 반사회주의자들을 부추겨 혼란을 조성시켰다는 것이다. 사회주의 붕괴로 충격을 받은 북한 지도부는 그 같은 몰락을 피하기 위하여 ______㉠______

① 천리마 운동과 3대 혁명 운동을 시작하였다.
② 사회주의 헌법을 제정하고 주석제를 신설하였다.
③ 농업 협동화 정책을 통해 사회주의 경제 체제를 강화하였다.
④ 북한 체제의 우수성을 선전하고 제한적으로 경제를 개방하였다.
⑤ 김일성 개인숭배에 비판적인 연안파와 소련파를 숙청하여 권력을 강화하였다.

837

북한이 다음과 같은 경제법을 제정한 배경으로 보기 <u>어려운</u> 것은?

> • 신합영법은 우리나라와 세계 여러 나라들 사이의 경제 기술 협력과 교류를 확대 발전시키는 데 이바지한다.
> • 개인 소유는 공민들의 개인적이며 소비적인 목적을 위한 소유이다. …… 합법적인 경리 활동을 통하여 얻은 수입도 개인 소유에 속한다.

① 자연재해로 인해 식량 부족이 심화되었다.
② 에너지와 원자재 부족으로 공장 가동률이 떨어졌다.
③ 민간 주도의 자본주의 시장 경제 체제가 확립되었다.
④ 경제 침체가 계속되어 폐쇄적인 체제를 유지하기 어려워졌다.
⑤ 동유럽 사회주의 국가들의 몰락으로 교역 상대국이 감소하였다.

838

다음 주장이 제기된 정부 시기에 있었던 사실로 옳은 것은?

> 한국 전선에서 이 순간 총성은 멈췄습니다. 그러나 그것은 현명치 못한 정전 협정 때문에 잠시 멈춰 있을 뿐이며 적들은 이 기회를 이용하여 힘을 키우고 있습니다. 이제 제네바 회담이 예상했던 대로 아무 결과 없이 결렬되었으니 정전의 폐기를 선언할 때입니다.

① 평화 통일 주장이 제기되었다.
② 남북 학생 회담이 추진되었다.
③ 7·4 남북 공동 성명이 발표되었다.
④ 판문점에서 남북의 정상이 만남을 가졌다.
⑤ 남북 예술 공연단 교환 방문이 이루어졌다.

839

밑줄 친 '공동 성명'에 대한 설명으로 옳은 것은?

> • 사회자: 이번 7월에 합의된 <u>공동 성명</u>의 내용을 어떻게 평가할 수 있을까요?
> • 북한 전문가: 이 성명은 평화적·자주적 통일의 여건을 갖추어 나아가는 데 있어 결정적인 이정표가 될 것입니다.

① 닉슨 독트린 발표에 영향을 받아 체결되었다.
② 남북한 이산가족들의 고향 방문이 이루어졌다.
③ 남북은 화해와 불가침, 교류 협력에 합의하였다.
④ 남북한의 유엔 동시 가입과 호혜 평등의 원칙에 합의하였다.
⑤ 남측의 연합제 안과 북측의 낮은 단계의 연방제 안에서 통일 방향의 공통점을 찾았다.

[840~841] 다음을 보고 물음에 답하시오.

> 쌍방은 조국 통일을 촉진시키기 위하여 다음과 같은 문제들에 완전한 견해의 일치를 보았다. 첫째, 통일은 외세에 의존하거나 외세의 간섭을 받음이 없이 자주적으로 해결하여야 한다.

840

위 발표에서 남북이 합의한 내용으로 옳은 것은?

① 한반도 비핵화 선언
② 경제 교류·협력 실시
③ 남북 화해·불가침 천명
④ 이산가족·친척 방문단 교환
⑤ 민족 대단결의 통일 원칙 수립

841

위 성명을 발표한 정부의 통일 노력으로 옳은 것은?

① 개성 공단 조성에 합의하였다.
② 남북 조절 위원회를 구성하였다.
③ 남북 기본 합의서를 채택하였다.
④ 금강산 해로 관광 사업을 개시하였다.
⑤ 경의선 철도 연결 사업을 시작하였다.

842

다음 표는 남북한의 통일 노력과 관련된 주요 내용을 정리한 것이다. (가)~(라)에 대한 설명으로 옳은 것만을 보기 에서 고른 것은?

1970년대	• 남한: 평화 통일 3원칙 발표 • 북한: 고려 연방제 통일 방안 정립 • 합의 사항: (가) 7·4 남북 공동 성명
1980년대	• 남한: 한민족 공동체 통일 방안 발표 • 북한: (나) 고려 민주 연방 공화국 통일 방안 정립
1990년대	• 남한: (다) 민족 공동체 건설을 위한 3단계 통일 방안 제시 • 합의 사항: (라) 남북 기본 합의서 채택

보기

ㄱ. (가)− 정치적으로 남북한의 독재 체제 강화에 이용되었다.
ㄴ. (나)− 남한의 북방 외교로 외교적 고립이 심해지자 제창되었다.
ㄷ. (다)− 남북 연합이라는 과도 단계를 설정하였다.
ㄹ. (라)− 북한의 핵 개발을 동결하는 대가로 중유 지원을 약속하였다.

① ㄱ, ㄴ ② ㄱ, ㄷ ③ ㄴ, ㄷ ④ ㄴ, ㄹ ⑤ ㄷ, ㄹ

843

(가), (나) 시기 사이에 있었던 일로 옳은 것만을 보기 에서 고른 것은?

(가)

▲ 남북 기본 합의서 채택

(나)

▲ 김대중 대통령 평양 방문

보기

ㄱ. 7·4 남북 공동 성명이 발표되었다.
ㄴ. 한반도 비핵화 공동 선언이 발표되었다.
ㄷ. 남한 정부가 북한에 경수로 발전소 건설을 제안하였다.
ㄹ. 개성 공단이 설치되는 등 경제적인 교류가 활성화되었다.

① ㄱ, ㄴ ② ㄱ, ㄷ ③ ㄴ, ㄷ ④ ㄴ, ㄹ ⑤ ㄷ, ㄹ

844 난이도 상

다음 성명이 발표된 정부 시기에 이루어진 통일 노력으로 옳은 것은?

> 두 나라의 가입 신청은 안보리에서 만장일치로 채택됐다. …… 남북한 유엔 동시 가입은 한반도에서 긴장을 완화하고 서로 간의 신뢰 구축 증진을 위한 분위기를 조성할 것이며, 서로의 공통점을 확인하고 통일에의 장애를 극복해 나가는 적절한 대화의 장을 제공할 것이다.
>
> – 안보리 의장 권고 결의 채택 성명

① 금강산 관광이 시작되었다.
② 10·4 남북 공동 선언이 채택되었다.
③ 최초로 이산가족 상봉이 이루어졌다.
④ 남북한이 개성 공단 조성에 합의하였다.
⑤ 한반도 비핵화 공동 선언이 발표되었다.

845

남북 기본 합의서에 대한 설명으로 옳은 것은?

① 서울과 평양을 비밀리에 상호 방문한 뒤 발표하였다.
② 자주·평화·민족 대단결의 통일 3대 원칙에 최초로 합의하였다.
③ 남측의 연합제 안과 북측의 낮은 단계의 연방제 안에 공통성이 있다고 인정하였다.
④ 민족 내부의 교류로서 물자 교류, 합작 투자 등 경제 교류와 협력을 실시하기로 하였다.
⑤ 역사상 처음으로 열린 남북 정상 회담이 통일 실현에 중대한 의의가 있다고 평가하였다.

846

다음 글의 제목으로 가장 적절한 것은?

> 2000년 6월 평양에서 김대중 대통령과 김정일 국방 위원장 간의 정상 회담이 열렸다. 이 회담에서 남북 정상은 남북한 간 대화와 협력만이 분단의 심화를 막고 공동 번영하며 평화 통일을 이룬다는 점에서 의견을 같이하였다.

① 남북한은 특수 관계, 기본 합의서 서명
② 남북 관계의 새로운 진전, 남북 공동 성명
③ 통일에 한 걸음 더 나아가다, 6·15 공동 선언
④ 이제 핵의 위험은 사라지다, 비핵화 공동 선언
⑤ 이제는 북한 땅에 갈 수 있다, 금강산 관광의 시작

847

다음 합의문에 따라 이루어진 일로 옳은 것은?

> 2. 남과 북은 나라의 통일을 위한 남측의 연합제 안과 북측의 낮은 단계의 연방제 안이 서로 공통성이 있다고 인정하고 앞으로 이 방향에서 통일을 지향해 나가기로 하였다.
> 3. 남과 북은 8·15에 즈음하여 흩어진 가족, 친척 방문단을 교환하며 비전향 장기수 문제를 해결하는 등 인도적 문제를 조속히 풀어 나가기로 하였다.
> 4. 남과 북은 경제 협력을 통하여 민족 경제를 균형적으로 발전시키고 사회, 문화, 체육, 보건, 환경 등 제반 분야의 협력과 교류를 활성화하여 서로의 신뢰를 다져 나가기로 하였다.

① 개성 공단이 착공되었다.
② 두만강 경제특구가 건설되었다.
③ 금강산 관광 사업이 시작되었다.
④ 한반도 비핵화 선언이 발표되었다.
⑤ 남북한이 동시에 유엔에 가입하였다.

848

남북 교류 과정에서 발표된 (가), (나)에 대한 설명으로 옳은 것은?

> (가) 통일 3대 원칙 규정, 남북 인사들의 비밀 접촉을 통해 합의됨
> (나) 남한의 연합제 안과 북한의 낮은 단계의 연방제 안의 공통성 인정, 정상 회담의 결과로 채택됨

① (가)– 남북 조절 위원회 설치를 합의하였다.
② (가)– 남북한 당사자 간 공식적으로 합의된 최초의 문서이다.
③ (나)– 금강산 관광에 합의한다는 내용을 담았다.
④ (나)– 남북한이 유엔에 동시 가입하는 근거가 되었다.
⑤ (나)– 분단 이후 최초로 이산가족이 상봉의 계기를 마련하였다.

849

(가) ~ (라) 정부의 통일 노력으로 옳은 것만을 보기 에서 고른 것은?

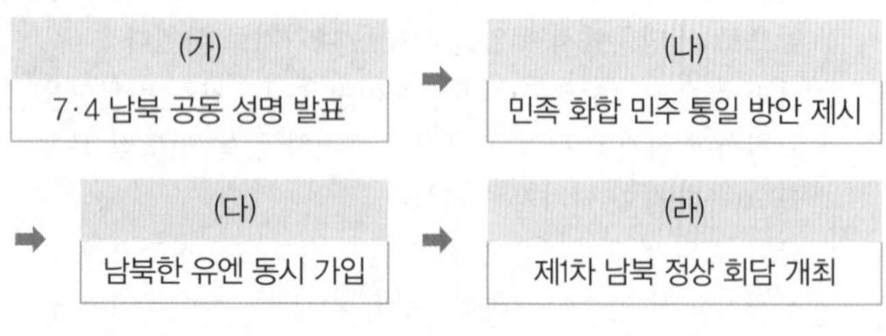

보기
ㄱ. (가)– 이산가족 고향 방문단의 교환 방문을 이루었다.
ㄴ. (나)– 통일 논의를 위한 남북 조절 위원회를 설치하였다.
ㄷ. (다)– 불가침 원칙을 담은 남북 기본 합의서를 채택하였다.
ㄹ. (라)– 경제 협력을 위한 개성 공단 조성에 합의하였다.

① ㄱ, ㄴ ② ㄱ, ㄷ ③ ㄴ, ㄷ
④ ㄴ, ㄹ ⑤ ㄷ, ㄹ

850 난이도 상

(가), (나) 시기에 있었던 사실로 옳지 않은 것은?

> 사상과 이념, 제도의 차이를 초월하여 우선 하나의 민족으로서 민족적 대단결을 도모하여야 한다.

↓ (가)

> 남과 북은 …… 쌍방 사이의 관계가 나라와 나라 사이의 관계가 아닌 통일을 지향하는 과정에서 잠정적으로 형성된 특수 관계라는 것을 인정하고, …… 다음과 같이 합의하였다.

↓ (나)

> 남과 북은 나라의 통일을 위한 남측의 연합제 안과 북측의 낮은 단계의 연방제 안이 서로 공통성이 있다고 인정하고, 앞으로 이 방향에서 통일을 지향시켜 나가기로 하였다.

① (가)– 남과 북은 유엔 동시 가입을 이루었다.
② (가)– 이산가족 고향 방문이 이루어졌다.
③ (나)– 남북 정상 회담이 추진되었으나 성사되지 못하였다.
④ (나)– 경의선이 복구되고, 개성 공단이 설치되었다.
⑤ (나)– 남한 관광객들이 금강산을 방문하기 시작하였다.

851

다음 선언을 발표한 정부의 통일 노력으로 옳은 것은?

> 1. 남과 북은 6·15 공동 선언을 고수하고 적극 구현해 나간다.
> 5. 남과 북은 민족 경제의 균형적 발전과 공동의 번영을 위해 경제 협력 사업을 공리 공영과 유무 상통의 원칙에서 적극 활성화하고 지속적으로 확대 발전시켜 나가기로 하였다.
> 6. 남과 북은 민족의 유구한 역사와 우수한 문화를 빛내기 위해 역사, 언어, 교육, 과학 기술, 문화 예술, 체육 등 사회 문화 분야의 교류와 협력을 발전시켜 나가기로 하였다.
> 7. 남과 북은 인도주의 협력 사업을 적극 추진해 나가기로 하였다.

① 남북 조절 위원회를 구성하였다.
② 남북 기본 합의서를 채택하였다.
③ 남북한이 유엔에 동시 가입하였다.
④ 제2차 남북 정상 회담을 성사시켰다.
⑤ 금강산 해로 관광 사업을 시작하였다.

852

(가)~(라)를 일어난 순서대로 바르게 나열한 것은?

(가) 남북 기본 합의서를 발표하였다.
(나) 10·4 남북 공동 선언을 채택하였다.
(다) 평화 통일 3대 기본 원칙에 합의한 7·4 남북 공동 성명을 발표하였다.
(라) 남북한 통일 국가 안의 일부 공통성을 인정한 6·15 남북 공동 선언을 채택하였다.

① (가)-(다)-(나)-(라) ② (가)-(라)-(나)-(다)
③ (나)-(라)-(다)-(가) ④ (다)-(가)-(라)-(나)
⑤ (다)-(라)-(가)-(나)

853

(가)에 들어갈 내용으로 가장 적절한 것은?

학습 주제: ○○가 우리 땅인 이유
모둠별 토의 질문
1모둠: 이승만 정부가 발표한 평화선 선언의 내용은 무엇일까?
2모둠: 일본의 『은주시청합기』에는 어떤 내용이 담겨 있을까?
3모둠: 대한 제국에서 발표한 「칙령 제41호」의 의미는 무엇일까?
4모둠: (가)

① 병인양요와 신미양요가 일어난 곳은 어느 지역일까?
② 연합국 최고 사령관 각서 제677호의 내용은 무엇일까?
③ 대한 제국의 이범윤이 관리사로 파견된 지역은 어디일까?
④ 백두산정계비에 기록된 조선 영토의 경계는 어떻게 될까?
⑤ 러시아의 남하에 맞서 영국이 불법 점령한 조선 영토는 어디일까?

854

밑줄 친 '노력'에 해당하는 것으로 옳은 것만을 보기 에서 고른 것은?

오늘날 동아시아는 20세기의 침략, 식민 지배, 전쟁으로 물든 대립을 끝내고 미래 지향적인 협력과 평화의 시대를 열어야 하는 과제를 안고 있다. 한국, 중국, 일본 3국은 이를 해결하기 위해 꾸준한 노력을 펼치고 있다.

보기
ㄱ. 다케시마의 날이 제정되었다.
ㄴ. 중국에서 동북공정이 추진되었다.
ㄷ. 일본에서 고노 담화가 발표되었다.
ㄹ. 한·중·일 공동 역사 교재가 제작되었다.

① ㄱ, ㄴ ② ㄱ, ㄷ ③ ㄴ, ㄷ
④ ㄴ, ㄹ ⑤ ㄷ, ㄹ

855

밑줄 친 내용을 주제로 한 다큐멘터리를 만들 때 포함될 장면으로 적절한 것은?

1995년 8월 15일, 당시 일본의 무라야마 총리는 다음과 같은 담화를 발표하였다. "우리 일본의 식민지 통치와 침략은 많은 국가들, 특히 아시아 각국의 인민에게 커다란 손해와 고통을 주었습니다. …… 패전 50주년을 맞이하는 오늘 우리 일본은 심각한 반성의 입장에서 편협한 민족주의를 반대하고 책임 있는 국제 사회의 일원으로서 국제적인 협조를 해야 합니다." 그러나 일부 정치인들은 무라야마의 담화에 담긴 의미를 훼손하는 활동을 여전히 하고 있다.

① 야스쿠니 신사에 참배하는 일본 총리
② 군국주의의 부활을 반대하는 일본 시민
③ 강제 징용 피해자 배상에 반대하는 일본 학자
④ 우익 역사 교과서의 검정 통과를 지지하는 일본 교사
⑤ 일본군 '위안부'에 대한 사과 및 배상을 거부하는 일본 정치인

3 서술형 풀어 보기

정답 및 해설 94쪽

856

밑줄 친 '경제적 위기'가 나타난 원인을 서술하시오.

이제 우리 국민이 …… 경제적 위기를 완전히 졸업하게 되었습니다. …… 30대 기업 중 절반 이상이 문을 닫거나 해체되거나 주인이 바뀌었습니다. …… 수많은 근로자들이 구조 조정으로 실업의 고통을 감내해야 했습니다.

857

밑줄 친 '공동 성명'의 내용과 그 의의를 서술하시오.

냉전 체제가 완화되면서 남북 관계에도 변화가 일어났다. 1971년 남북 적십자 회담이 열렸고, 이어서 남북의 특사들이 비밀리에 서로 오고간 결과 서울과 평양에서 공동 성명을 발표하였다.

858

다음 내용을 발표한 대통령이 펼친 대북 정책의 특징과 성과를 서술하시오.

저는 오늘부터 2박 3일 동안 평양을 방문합니다. 민족을 사랑하는 뜨거운 가슴과 현실을 직시하는 차분한 머리를 가지고 방문길에 오르고자 합니다. …… 저의 평양길이 정치·경제·문화·관광 등 모든 분야에서 교류와 협력이 크게 실현되는 계기가 되기를 바랍니다.

859

밑줄 친 '이곳'의 명칭을 쓰고, 다음 내용을 반박하는 근거를 세 가지 서술하시오.

우리 일본은 러일 전쟁 중에 주인 없는 땅인 이곳을 우리의 영토로 편입하였다. 일본이 제2차 세계 대전에서 패배하면서 전후 처리 과정 중에 한국이 불법적으로 점령한 후 아직까지 돌려주지 않고 있다.

대단원 정리하기

정답 및 해설 95쪽

860

다음 자료를 활용한 탐구 활동으로 가장 적절한 것은?

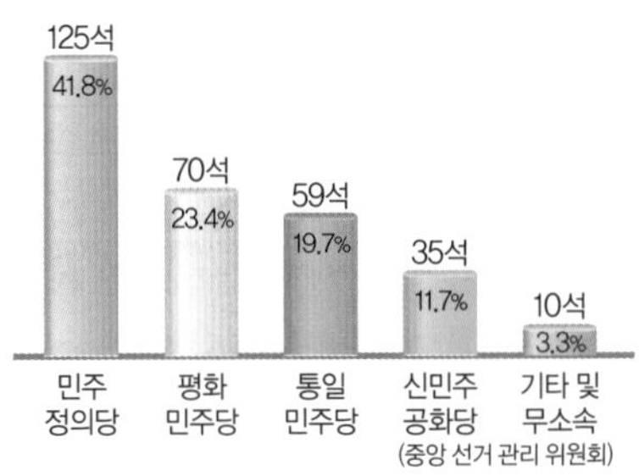

▲ 제13대 국회 의원 선거 결과

① 민주 자유당의 창당 배경을 알아본다.
② 촛불 집회가 일어난 원인을 분석한다.
③ 노무현 정부 시기에 추진된 정책을 찾아본다.
④ 총선 시민 연대의 낙선 운동 결과를 살펴본다.
⑤ 외환 위기 이후 정치 상황의 변화를 조사한다.

861

(가) 정부에 대한 설명으로 옳은 것은?

> **조선 총독부 철거되다**
>
> (가) 정부는 '역사 바로 세우기'를 추진하면서 일제 식민 잔재 청산 작업에 나서 과거 조선 총독부 건물을 철거하고 경복궁 복원에 나섰다.

① 북방 외교를 추진하였다.
② G20 정상 회의를 개최하였다.
③ 금융 실명제를 전면 실시하였다.
④ 세월호 참사에 적절하게 대응하지 못하였다.
⑤ 행정 중심 복합 도시인 세종시를 건설하였다.

862

밑줄 친 '이 정부' 시기에 있었던 사실로 옳은 것은?

이 정부는 최초로 선거를 통한 평화적 정권 교체로 출범하였어.

맞아. 그리고 이 정부는 대북 화해 협력 정책을 전개하여 남북 관계가 개선되었어.

① 4대강 정비 사업이 시행되었다.
② 남북한이 유엔에 동시 가입하였다.
③ 개성 공단 건설 사업이 추진되었다.
④ 지방 자치제가 전면적으로 실시되었다.
⑤ 미국과 자유 무역 협정[FTA]을 체결하였다.

863

밑줄 친 '이 운동'이 일어난 배경으로 가장 적절한 것은?

> 모 방송국에서 시작한 캠페인이 계기가 되어 전국민적으로 이 운동이 전개되었다. 부모의 등에 업혀 온 코흘리개 아이부터 백발의 어르신까지 수백만의 국민이 결혼반지와 돌 반지, 금메달, 금으로 된 십자가 등을 들고 나왔고, 이 운동에 동참하기 위해 길게 줄을 늘어서기도 하였다. 그렇게 온 국민이 모은 금이 석 달 동안 227톤에 달하였다.

① 새마을 운동이 전개되었다.
② 우루과이 라운드가 타결되었다.
③ 경제 협력 개발 기구[OECD]에 가입하였다.
④ 국제 통화 기금[IMF]의 자금 지원을 받았다.
⑤ 저유가, 저금리, 저달러로 경제가 호황을 맞았다.

정답 및 해설 95쪽

864

(가)에 들어갈 내용으로 적절한 것만을 보기 에서 고른 것은?

보기

ㄱ. 합영법의 제정
ㄴ. 천리마 운동 전개
ㄷ. 나진·선봉 자유 경제 무역 지대 설치
ㄹ. 토지와 생산 수단의 협동농장 소유로 전환

① ㄱ, ㄴ ② ㄱ, ㄷ ③ ㄴ, ㄷ
④ ㄴ, ㄹ ⑤ ㄷ, ㄹ

865

(가), (나) 시기 사이에 있었던 사실로 옳은 것은?

(가)
통일의 3대 원칙 합의
오늘 서울과 평양에서 동시에 통일의 3대 원칙을 발표하였다. 이번 성명 발표는 남북한 당국자가 비밀리에 상호 방문한 결과라고 한다.

(나)
금강산 관광 시작
오늘부터 금강산 관광이 시작되었다. 오후 5시 44분에 강원 동해항을 출발한 유람선은 내일 새벽 6시 북한의 장전항에 도착한다.

① 판문점 선언이 발표되었다.
② 연평도 포격 사건이 일어났다.
③ 남북 기본 합의서가 발표되었다.
④ 6·15 남북 공동 선언이 발표되었다.
⑤ 제2차 남북 정상 회담이 개최되었다.

서술형 문제

866

다음을 보고 물음에 답하시오.

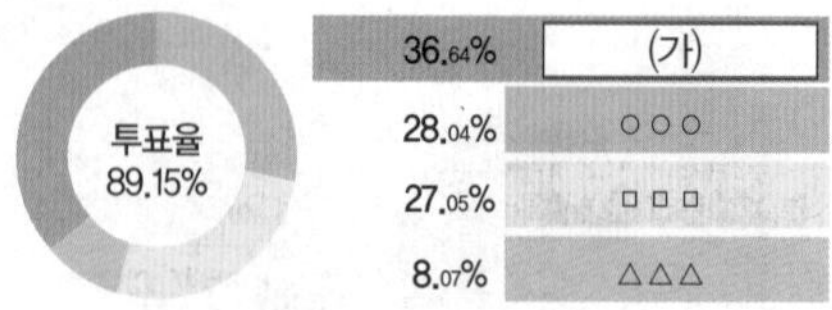

▲ 대한민국 제13대 대통령 선거 결과

(1) (가) 인물을 쓰시오.

( )

(2) (가) 정부의 정책을 세 가지 서술하시오.

867

(가) 시기 경제 상황에 대해 서술하시오.

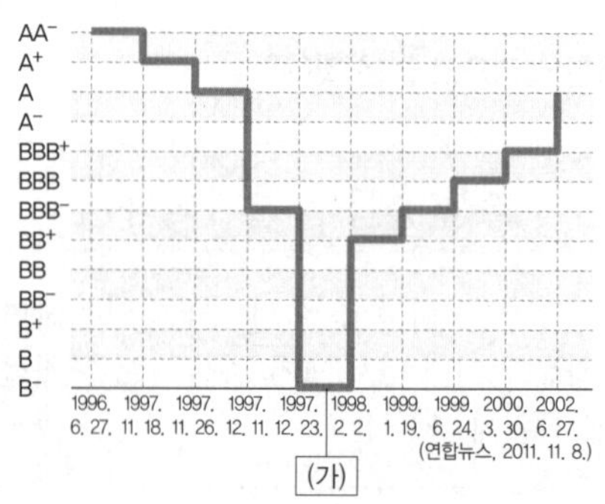

▲ 대한민국의 국가 신용 등급 변화

MEMO

MEMO

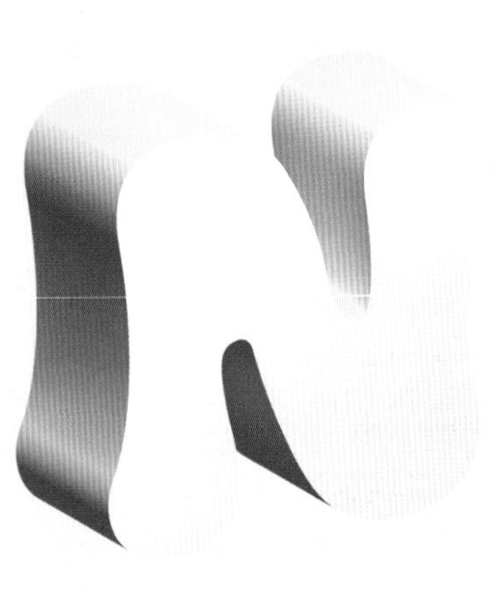

메가스터디 N제

한국사2 867제

정답 및 해설

정답 및 해설

I 일제 식민 통치와 민족 운동

01 제국주의 질서와 일제의 식민 통치 정책

STEP 1 O/X 문제로 교과서 핵심 자료 보기 10~11쪽

001 O	002 O	003 X	004 O	005 X	006 O
007 O	008 O	009 X	010 X	011 O	012 O
013 X	014 O	015 X	016 O	017 O	018 O
019 O	020 O	021 X	022 X	023 O	024 O

STEP 2 객관식 풀어 보기 12~19쪽

025 ③	026 ④	027 ⑤	028 ②	029 ①	030 ①
031 ③	032 ⑤	033 ①	034 ④	035 ④	036 ③
037 ⑤	038 ①	039 ①	040 ⑤	041 ⑤	042 ④
043 ③	044 ③	045 ③	046 ③	047 ④	048 ③
049 ③	050 ②	051 ⑤	052 ④	053 ④	054 ④
055 ⑤	056 ①				

025 제1차 세계 대전 답 ③

깊이있는 **정답풀이**

추론 TIP 제1차 세계 대전과 러시아 혁명
사라예보 사건 → 제1차 세계 대전 발발 → 러시아 혁명 → 파리 강화 회의 개최 → 베르사유 조약 체결

오스트리아·헝가리 제국의 황태자 부부가 사라예보를 방문하던 중 세르비아 청년에게 암살당하였다. 이후 오스트리아·헝가리 제국은 세르비아에 굴욕적인 조약 체결을 요구하였고, 세르비아가 이를 거부하자 선전 포고를 하면서 제1차 세계 대전이 일어났다. 제1차 세계 대전이 막바지에 이르렀을 때 러시아에서 혁명이 일어나 차르의 전제 정치가 무너졌다.

개념잡는 **오답풀이**

① 5·4 운동은 1919년에 일어났다.
② 국제 연맹은 1920년에 창설되었다.
④ 베르사유 조약은 1919년에 체결되었다.
⑤ 소비에트 사회주의 공화국 연방(소련)은 1922년에 수립되었다.

026 1910년대의 동아시아 답 ④

깊이있는 **정답풀이**

레닌은 1917년 '민족 자결의 원칙'을 선언하여 억압받는 민족의 정치적 독립을 주장하였고, 1919년에는 코민테른을 조직하고 식민지 해방 운동을 지원하겠다고 약속하였다. 이는 한국을 비롯한 여러 식민지 국가에 사회주의 사상이 확산되는 계기가 되었고, 한국의 3·1 운동과 중국의 5·4 운동이 일어나는 데 영향을 주었다.

개념잡는 **오답풀이**

ㄱ. 중국은 영국과의 제1차 아편 전쟁(1840~1842)에서 패한 후 상하이를 비롯한 5개 항구를 개방하고 영국에 홍콩을 넘겨주었다.
ㄷ. 일본은 1910년 한일 병합 조약을 체결하여 한국의 국권을 강탈한 후 식민 통치의 최고 기관으로 조선 총독부를 세웠다.

027 조선 총독부의 설치 답 ⑤

깊이있는 **정답풀이**

일제는 한국의 국권을 강탈한 이후 내내 직접적인 식민지 통치 방식을 유지하였다. 일제는 식민 통치의 중추 기관으로 조선 총독부를 설치하고 모든 권한을 총독에게 집중시켰다. 조선 총독은 일본 내각의 통제를 받지 않고 일본 국왕에 직속되어 행정·입법·사법권 및 군대 통솔권 등을 장악하고 한국에서 막강한 권력을 행사하였다. 총독의 바로 아래에는 행정을 담당하는 정무총감과 치안을 담당하는 경무총감이 있었고, 총독부의 주요 관리는 거의 일본인이 차지하였다.

개념잡는 **오답풀이**

ㄱ. 조선 총독으로 문관이 파견된 적은 없다.
ㄴ. 정무총감은 조선 총독 아래에서 행정 사무를 총지휘하였으며, 경찰 업무는 경무총감이 담당하였다.

028 무단 통치의 내용 답 ②

깊이있는 **정답풀이**

자료의 사진은 헌병 경찰의 모습과 칼을 차고 있는 교사의 모습으로 밑줄 친 '이 시기'는 1910년대 헌병 경찰 통치 시기에 해당한다. 일제는 국권을 강탈한 후 치안 확보를 구실로 헌병 경찰 제도를 시행하였다. 헌병 경찰 제도란 군대의 경찰인 헌병이 경찰을 지휘하며 일반 경찰 업무까지 맡도록 한 제도였다. 헌병 경찰은 경찰의 일반 업무는 물론 검사 사무 대리, 범죄의 즉결 처분, 민사 소송 조정, 산림 감시, 징세 사무 협조 등 일반 행정 사무까지 도맡아 처리하였다. 이들은 범죄 즉결례, 경찰범 처벌 규칙에 따라 정식 법 절차나 재판을 거치지 않고도 한국인에게 벌금을 물리거나 구류 등을 처하였다. 그리고 갑오개혁 때 비인간적 처벌이라 하여 폐지되었던 태형마저 부활시켰다. 헌병 경찰제 확립에 따라 일제는 전국 곳곳에 경찰 관서와 헌병 기관을 거미줄처럼 설치하여 한국인을 감시하였다.

개념잡는 **오답풀이**

① 일제는 1920년대 언론의 자유를 표방하며 조선일보, 동아일보의 발행을 허용하였다.
③, ④ 1920년대 일제는 지방 제도를 개정하고 도 평의회와 부·면 협의회 등을 설치하여 일부 지역에 선거제를 도입하였다. 그러나 일제에 일정 금액 이상의 세금을 낸 극히 일부 지역의 상층 자본가들에게만 선거권이 주어졌다.
⑤ 1922년 개정된 제2차 조선 교육령에 따라 보통학교의 수업 연한이 4년에서 6년으로 늘어났다.

029 헌병 경찰 통치 시기의 상황 답 ①

깊이있는 **정답풀이**

제시된 법령은 모두 헌병 경찰 통치 시기에 제정된 것이다. 이 시기 헌병 경찰은 일반 경찰의 업무를 담당하면서 범죄 즉결례, 경찰범 처벌 규칙에 따라 정식 법 절차나 재판을 거치지 않고 한국인에게 벌금을 물리거나 구류에 처할 수 있었으며, 조선 태형령에 따라 마음대로 태형을 가할 수도 있었다.

개념잡는 오답풀이

② 경의선은 러일 전쟁 중에 부설하였고, 1906년에 전구간 개통되었다.
③ 화폐 정리 사업은 1905년 메가타의 주도로 실시되었다.
④, ⑤ 1920년대 문화 통치 시기의 사실이다.

030 조선 태형령 답 ①

깊이있는 정답풀이

제시된 자료는 조선 태형령으로, 1910년대 헌병 경찰 통치 시기에 시행된 법률이다. 1910년대 일제는 식민 통치 조직의 개편과 함께 치안 확보라는 구실로 헌병 경찰 제도를 시행하였다. 헌병 경찰은 경찰뿐만 아니라 일반 행정 업무까지도 관여하였는데, 이들은 범죄 즉결례, 경찰범 처벌 규칙에 따라 정식 법 절차나 재판을 거치지 않고도 한국인을 처벌할 수 있었으며, 태형을 가할 수도 있었다. 한편, 이 시기에는 학교의 교원도 칼과 제복을 착용한 채 수업에 임하도록 하였다.

개념잡는 오답풀이

② 남산 신궁은 1925년에 신축되었다. 1930년대 이후에는 황국 신민화 정책에 따라 신사 참배가 의무화 되었다.
③ 만세보는 국권 피탈 이전인 1906년에 창간된 신문이다.
④ 관민 공동회는 1898년에 독립 협회의 주도로 개최된 민중 집회로, 당시 박정양 내각의 관리들이 참석하였다.
⑤ 1904년에 결성된 보안회는 러일 전쟁을 빌미로 일제가 황무지 개간권을 요구하자 이에 반대하는 시위를 벌여 요구를 저지하는 데 성공하였다.

031 제1차 조선 교육령 답 ③

깊이있는 정답풀이

제시된 자료는 1911년에 발표된 제1차 조선 교육령이다. ③ 일제는 1910년대에 헌병이 경찰을 지휘하며 일반 경찰의 업무까지 담당하는 헌병 경찰 제도를 실시하였다. 이 시기에 헌병 경찰은 정식 재판 절차 없이 즉결 처분을 내릴 수 있었다.

개념잡는 오답풀이

① 경성 제국 대학은 일본인의 고등 교육과 일제에 협력할 지식인 육성 등을 위해 1924년 일제에 의해 만들어졌다.
② 서울의 시전 상인들이 1898년에 조직한 황국 중앙 총상회는 외국 상인의 불법적인 상업 활동을 막고 상권을 수호하는 운동에 나섰다.
④ 일제는 1910년 임시 토지 조사국을 설치하고 1912년 토지 조사령을 공포하여 본격적으로 토지 조사 사업을 실시하였다.
⑤ 일제는 1925년에 제정된 치안 유지법을 이용하여 항일 민족 운동에 대한 감시와 탄압을 강화하였다.

032 무단 통치의 특징 답 ⑤

깊이있는 정답풀이

제시된 법령은 1910년에 제정된 회사령(1910)이다. 일제는 1910년 한국의 국권을 강탈하고 식민 통치의 최고 기구로 조선 총독부를 설치하고, 같은 해 10월에 초대 총독으로 데라우치 마사타케를 임명하였다.

개념잡는 오답풀이

① 1925년 일제는 독립운동가와 사회주의자를 탄압하기 위해 치안 유지법을 제정하였다.
② 일제는 1912년에 조선 태형령을 제정해 한국인에게만 태형을 적용하였다.
③ 1930년대 이후 일제는 한국인의 민족의식을 말살하여 전쟁에 동원하기 위해 황국 신민 서사를 강제로 외우게 하는 등 황국 신민화 정책을 실시하였다.
④ 경찰범 처벌 규칙은 1912년에 만들어졌다.

033 보통 경찰 제도의 실시 배경 답 ①

깊이있는 정답풀이

제시된 자료는 1919년을 전후하여 변화한 경찰 기관 및 경찰 인원, 경찰 비용을 비교한 도표이다. 3·1 운동으로 국내외 여론이 악화되자 일제는 헌병 경찰에 의한 무단 통치 대신 이른바 문화 정치라는 새로운 지배 정책을 실시하였다. 제3대 조선 총독인 사이토 마코토는 한국인의 문화 창달과 민력 증진을 꾀하겠다고 하며, 한국인의 언론·출판·집회·결사의 자유 허용, 한국인 경영의 한국 신문 간행 허용 등을 약속하였다. 그러나 이것은 한국인의 불만을 달래려는 일제의 기만적인 술책이었다. 이른바 문화 정치 시기에 헌병 경찰 제도는 보통 경찰제로 바뀌었으나, 경찰 기관의 수와 비용 등은 늘어나 탄압과 감시는 오히려 더욱 심해졌다. 그리고 일제는 배후에 친일파를 육성하여 우리 민족을 분열시키고자 하였다.

개념잡는 오답풀이

ㄷ. 일제는 제1차 조선 교육령을 공포하여(1911) 한국인에게는 주로 기술 교육과 실업 교육을 실시하였고, 고등 교육의 기회는 거의 부여하지 않았다.
ㄹ. 1910년대 일제는 일반 관리뿐만 아니라 학교 교원들까지 제복을 입히고 칼을 차게 하여 위압적인 분위기를 조성하였다.

034 이른바 문화 정치의 정책 답 ④

깊이있는 정답풀이

일제는 3·1 운동을 계기로 한반도에 이른바 문화 정치를 실시한다고 선전하였다. 그리고 문관 총독 임명 가능, 보통 경찰제로의 전환, 한글 신문 간행 허용, 교육 기회 확대를 선전하였다. 그러나 일제는 오히려 경찰력을 강화하여 우리 민족의 독립 운동을 교묘히 탄압하면서 친일파를 양성하는 등 민족의 분열을 주도하였다.

개념잡는 오답풀이

①, ⑤ 1910년대 일제는 헌병 경찰을 앞세운 무단 통치를 실시하여 한국인을 억압하였다.
② 일제는 1930년대에 침략 전쟁을 확대하면서 민족 말살 정책을 폈다.
③ 표면상으로 한국인의 자유와 문화를 존중하는 듯한 민족 분열 통치의 효과로는 이광수 등과 같은 자치론자들의 등장을 들 수 있는데, 제시된 자료는 이러한 내용과 관련이 없다.

035 이른바 문화 정치의 기만성 답 ④

깊이있는 정답풀이

3·1 운동 일제는 이른바 문화 정치를 실시하였다. 헌병 경찰제를 폐지하고 언론의 자유를 일부 인정하는 등 유화적인 모습을 보였으나, 실상은 우리 민족의 저항을 무마하고 식민 통치에 협력하는 친일 세력을 키워 식민지 지배 체제를 공고히 하려는 기만적인 통치 방식에 불과하였다.

개념잡는 오답풀이

① 무단 통치 시기 일제는 헌병 경찰제, 조선 태형령 등을 실시하여 폭력적이고 강압적으로 우리 민족을 억압하였다.
② 일제는 한국인의 민족의식을 말살하여 침략 전쟁에 동원하고자 민족 말살 통치를 실시하였다.
③ 일제의 무단 통치에 대한 반발, 고종의 서거, 민족 자결주의의 대두 등을 배경으로 3·1 운동이 일어났다.
⑤ 일제는 일선 동조론, 내선일체 등을 내세우며 황국 신민화 정책을 추진하였다.

036 이른바 문화 정치의 실질적 목적 답 ③

깊이있는 정답풀이

제3대 조선 총독인 사이토 마코토는 이른바 문화 정치를 내세웠으나, 이것은 무단 통치 시기에 일어난 3·1 운동 등 민족의 저항 운동을 막고, 국제 여론의 비난을 피하기 위한 기만적인 술책에 불과하였다.

037 치안 유지법의 제정 답 ⑤

깊이있는 정답풀이

제시된 법령은 1925년 일제가 제정한 치안 유지법이다. 일제는 3·1 운동 이후 이른바 문화 정치를 내세웠지만, 한편으로는 우리나라에 보급된 사회주의 사상을 통제하기 위해 치안 유지법을 제정·공포하였다. 이 법을 시행하면서 사회주의자뿐만 아니라 많은 독립운동가를 검거하였다. 한편 이 시기 일제는 조선일보, 동아일보 등 신문의 발간을 허용하였지만 사전 검열을 통해 언론을 억압하였다.

개념잡는 오답풀이

① 회사령은 회사를 설립할 경우에 조선 총독의 허가를 받도록 규정한 법령으로, 1910년에 제정되었다.
② 한국인에 한해 태형을 시행하는 조선 태형령은 1912년에 제정되었다.
③ 토지 조사 사업은 1910년대에 실시되었다.
④ 제1차 조선 교육령은 보통학교의 수업 연한을 4년으로 단축한 법령으로, 1911년에 제정되었다.

038 조선 태형령과 치안 유지법 답 ①

깊이있는 정답풀이

(가)는 1912년에 시행된 조선 태형령으로, 1920년대에 폐지되었다. 일제는 1910년대 헌병 경찰 통치(무단 통치)를 실시하며 위압적인 분위기를 조성하였다. (나)는 1925년에 시행된 치안 유지법이다. 치안 유지법은 사회주의 운동과 항일 민족 운동을 탄압하기 위해 제정되었다.

개념잡는 오답풀이

② 조선 태형령은 한국인을 강압적으로 통치하기 위해 제정되었다.
③ 즉결 처분권은 1910년대 헌병 경찰이 가지고 있었던 권한이다.
④ 치안 유지법은 사회주의 운동 세력의 확장과 항일 민족 운동을 탄압하기 위해 제정되었다.
⑤ (가) 조선 태형령은 한국인에게만 적용하였지만, (나) 치안 유지법은 일본인에게도 적용하였다.

039 제2차 조선 교육령 답 ①

깊이있는 정답풀이

밑줄 친 '이 교육령'은 제2차 조선 교육령이다. 일제는 제2차 조선 교육령에서 보통학교의 수업 연한을 4년에서 6년으로 연장하였으며, 한국인이 다니는 학교와 일본인이 다니는 학교의 계통과 명칭을 구분하고 차별하였다.

① 제2차 조선 교육령에 대학의 설치를 규정함으로써 원칙적으로는 한국인의 대학 설립을 허용하였다.

040 이른바 문화 정치 시기의 일제의 정책 답 ⑤

깊이있는 정답풀이

문화적 제도의 혁신에 의해 조선인의 행복과 이익의 증진을 도모한다는 사이토 마코토의 방침을 통해 1920년대에 시행된 이른바 문화 정치에 관한 것임을 알 수 있다. 일제는 한국인을 지방 행정에 참여하게 하겠다고 선전하며 도 평의회와 부·면 협의회 등을 설치하였다.

개념잡는 오답풀이

① 일제는 1909년 기유각서를 체결하여 한국의 사법권을 박탈하였다.
② 일제는 1910년대 토지 조사 사업을 실시하였다.
③ 일제는 1910년대 헌병 경찰 제도와 경찰범 처벌 규정 등을 활용하여 무단 통치를 실시하였다.
④ 일제는 1941년 소학교의 명칭을 초등학교로 바꾸었다.

041 만주 사변 답 ⑤

깊이있는 정답풀이

1929년 대공황이 발생하자 이탈리아에서는 무솔리니의 파시스트당이 자본가의 지지를 얻어 정권을 잡았으며, 독일에서는 히틀러의 나치당이 총선거를 통해 권력을 잡았다. 1931년 일본은 만주를 전면적으로 침략하여 괴뢰 국가인 만주국을 세웠다.

개념잡는 오답풀이

① 뉴딜 정책은 미국에서 실시되었다.
② 독일은 오스트리아를 병합하였다.
③ 독일이 소련과 불가침 협정을 맺고 폴란드를 침공하자, 영국, 프랑스가 독일에 선전 포고를 하여 제2차 세계 대전이 시작되었다.
④ 1917년 러시아 혁명이 일어나자 레닌이 이끄는 혁명 정부는 토지 사유 폐지, 주요 시설 국유화 등 사회주의 개혁을 단행하였다.

042 태평양 전쟁 답 ④

깊이있는 정답풀이

추론 TIP 일본의 진주만 공습 → 미국의 선전 포고 → 태평양 전쟁

> 치욕의 날로 기억될 어제, 미국은 일본 제국의 해군과 공군에 의해 갑작스럽고 고의적인 공격을 당했습니다. …… 하와이로부터 일본까지의 거리를 볼 때 진주만 공습은 수일, 혹은 수 주 전부터 신중하게 계획된 것임을 알 수 있습니다. …… 하와이 제도에 대한 어제의 공격은 미군 해군과 군사력에 심각한 피해를 입혔습니다. …… 나 루스벨트는 12월 7일에 일본에 의해 벌어진 정당하지 않으며 비열한 공격 이후, 미국과 일본 제국 간에 전쟁이 시작되었음을 의회에서 선언해 줄 것을 요청합니다.

일본은 대공황에 따른 경제 위기에서 벗어나기 위해 1931년에 만주 사변을 일으켜 만주를 점령하고 괴뢰 국가인 만주국을 세웠다. 또한 1937년에는 중일 전쟁을 일으키고 대동아 공영권 건설을 명분으로 내세워 동남아시아를 침략하였다. 이에 미국 등은 석유 수출을 중단하는 등 일본을 제재하였다. 그러자 일본은 하와이의 진주만을 기습 공격하여 태평양 전쟁을 일으켰다. 태평양 전쟁 초기에는 일본이 유리하였으나, 미드웨이 해전에서 미국이 승리하며 전세가 역전되었다.

개념잡는 **오답풀이**

① 만주국은 1932년에 일본에 의해 수립되었다.
② 독일은 1939년 폴란드를 침공하였다.
③ 일본군에 의한 난징 대학살은 1937년에 자행되었다.
⑤ 소비에트 사회주의 공화국 연방(소련)은 1922년에 수립되었다.

043 1930년대 후반 이후의 사회 상황 답 ③

깊이있는 **정답풀이**

제시문은 출생 신고, 혼인 신고 등을 철저히 하여 호적에 등록되지 않은 사람이 없도록 하자는 내용을 담은 애국반 관련 전단지에 대한 설명이다. ③ 일제는 1937년 황국 신민 서사를 제정하여 학교를 비롯한 각종 행사에서 이를 암송하도록 하였다. 이는 한국인의 민족성을 말살하려는 것이었다.

개념잡는 **오답풀이**

① 1907년 결성된 13도 창의군이 이듬해 서울 진공 작전을 전개하였다.
② 대한 제국은 근대적인 토지 제도와 지세 제도를 확립하고, 개혁 정책 추진에 필요한 재정을 충당하기 위해 양전 사업과 지계 발급 사업을 실시하였다. 이를 위해 양지아문과 지계아문이 설치되었다.
④ 1899년 대한 제국이 전제 군주정이라는 내용을 담은 대한국 국제가 반포되었다.
⑤ 조선 태형령은 1912년에 제정되었고, 3·1 운동 이후 폐지되었다.

044 민족 말살 통치 시기의 모습 답 ③

깊이있는 **정답풀이**

총독부가 조선인을 일본 신민으로 만들고자 한다는 점, "우리는 일본 제국의 신민입니다."라는 구절을 제창한 점 등을 통해 밑줄 친 '명령'이 황국 신민 서사를 강제로 암송하라는 명령임을 알 수 있다. 민족 말살 통치 시기 일제는 황국 신민 서사의 암송, 신사 참배, 궁성 요배 등을 강요하였다.

개념잡는 **오답풀이**

① 무단 통치 시기 일제는 교원 등에게 제복을 입고 칼을 차게 하였다.
② 회사령은 1920년에 폐지되었다.
④ 헌병 경찰 제도와 조선 태형령은 무단 통치 시기에 시행되었다.
⑤ 일제는 1924년 경성 제국 대학을 설립하였다.

045 민족 말살 통치의 양상 답 ③

깊이있는 **정답풀이**

1930년대 이후 일제는 내선일체를 내세우면서 황국 신민 서사의 암송을 강요하였고, 아침마다 일본 국왕이 있는 도쿄를 향해 감사의 절을 하는 궁성 요배도 강요하였다. 또한 전국 곳곳에 신사를 세우고 참배를 거부하는 사람을 탄압하였다.

개념잡는 **오답풀이**

① 일제는 1925년 사회주의자나 독립운동가의 처벌을 위해 치안 유지법을 제정하였다.
② 민립 대학 설립 운동이 일어나자 일제는 한국인의 교육열을 무마하기 위해 1924년 경성 제국 대학을 설립하였다.
④ 일제는 1920년 이른바 문화 정치의 일환으로 동아일보, 조선일보 등의 창간을 허용하였다.
⑤ 1910년대 일제는 헌병으로 하여금 경찰 업무를 수행하도록 하였다. 이를 토대로 강압적인 통치를 자행하였는데, 이를 무단 통치라고 한다.

046 민족 말살 통치 시기의 사회상 답 ③

깊이있는 **정답풀이**

일제는 침략 전쟁을 확대하면서 한국인의 정신을 지배하여 전쟁에 동원하려 하였다. 이를 위해 일제는 황국 신민을 양성한다는 목표 아래 황국 신민 서사를 강제로 암송하게 하였고, 전국 각지에 신사를 세우고 매월 1일을 애국일로 정해 신사 참배를 의무화하였으며, 매일 아침 일왕이 있는 일본 도쿄의 궁성을 향해 허리 숙여 절을 하는 궁성 요배를 하게 하였다. 또한 이 시기 일제는 국가 총동원법(1938)을 만들어 모든 자원을 통제할 수 있도록 했다. 일제는 군수품을 만들기 위해 금속 제품을 강제로 공출하였고, 미곡 공출제와 식량 배급제를 단행하여 식량을 수탈하였다. ③ 경찰범 처벌 규칙은 1912년에 만들어졌다.

047 민족 말살 통치 시기의 사회상 답 ④

깊이있는 **정답풀이** 추론 TIP 일본어로만 말하시오 → 민족 말살 통치 시기

> 어느 날 포목점 주인이 내가 있는 앞에서 가게로 들어오는 손님에게 경고하였다. "일본어로만 말하시오. …… 사람들이 경찰에 고발하면 좋지 않은 일이 끊이지 않게 되니까요. 요즈음은 누구도 믿을 수가 없어요. 그 사람이 직접 저지른 죄만을 처벌하는 것이 아니라 죄를 고발하지 않은 다른 사람들도 처벌한답니다." 주민들이 강제로 동원되었던 감시 체제가 전쟁 시기에는 더욱 심해졌다. 그것은 인민들의 분열을 계산한 매우 신중히 고안된 간교한 장치였다.

일제는 침략 전쟁을 확대하면서 한국의 인적·물적 자원을 동원하고자 국민 정신 총동원 운동을 전개하였다. 이를 통해 지원병이나 국방 헌금 등을 독려하고, 일본식 성명 사용을 강요하였다. 또한 전국적으로 조직된 반상회(애국반)를 통해 일장기 게양, 신사 참배, 일본어 상용, 애국 저금 등을 강요하였다. ④ 일제는 독립운동을 철저히 탄압하고자 1941년 조선 사상범 예방 구금령을 제정하여 형기를 마친 독립운동가라도 다시 구금할 수 있게 하였다.

개념잡는 **오답풀이**

① 일제는 1910년 임시 토지 조사국을 설치한 후 토지 조사 사업을 진행하였다.
② 1907년 한·일 신협약의 비밀 부수 각서에 따라 대한 제국의 군대가 해산되었다.
③, ⑤ 일제는 헌병 경찰 제도를 실시하면서 1912년 경찰범 처벌 규칙을 마련하여 한국인의 자유를 억압하였다. 또한 관리와 교원들에게 제복을 입게 하고 칼을 차게 하는 등 공포 분위기를 조성하였다.

1등급 가이드

일제는 1930년대 후반에 한국어를 선택 과목으로 두었고, 1940년대 초반부터는 한국어 교육을 금지하는 등 일본어 사용을 강제하였습니다. 이 내용을 정확하게 알고 있지 못한다면 정확한 답을 고르는 데 어려움을 겪을 수 있습니다. 일제가 추진한 민족 말살 정책의 내용과 사례들을 정리해 둔다면 문제 풀이에 도움이 되겠네요.

048 일제 강점기 각 시기의 정책 비교 답 ③

깊이있는 정답풀이

(가)는 1921년에 조선 총독 사이토 마코토가 식민 통치의 방향을 밝힌 글이고, (나)는 1912년에 발표된 토지 조사령이다. (다)는 1938년에 공포된 국가 총동원법의 내용이다. 따라서 발표된 순서대로 나열하면 (나) – (가) – (다)이다.

049 1930년대 이후의 사회 상황 답 ③

깊이있는 정답풀이

ㄴ. 제1차 세계 대전 이후 일본에서는 산업화가 급속히 진행되고 도시 인구가 늘면서 쌀 부족 현상이 벌어졌다. 일제는 이를 해결하기 위해 한국에서 산미 증식 계획을 추진하였다. 그러나 1930년대 이르러 일본에서 식량 생산이 늘어나 쌀값이 하락하자, 1934년 산미 증식 계획을 중단하였다.

ㄷ. 1937년 중일 전쟁을 일으킨 일제는 침략 전쟁에 필요한 인적·물적 자원 수탈을 위해 1938년 국가 총동원법을 제정하였다.

개념잡는 오답풀이

ㄱ. 신민회는 1911년 일제가 날조한 105인 사건으로 국내 조직이 와해되어 사실상 해체되었다. 그러나 신민회에 참여하였던 애국지사들은 이후 국내외에서 활발하게 독립운동을 전개하였다.

ㄹ. 조선어 학회는 한글 맞춤법 통일안을 제정하고 사전을 편찬하려 하였다. 일제는 이러한 한글 연구를 민족 운동으로 여기고 1942년 조선어 학회 사건을 조작하였다.

050 일본식 성명 강요 답 ②

깊이있는 정답풀이

추론 TIP 잊지 않으려고 '월이'로 바꾼다 → 강요에 따른 개명 → 일본식 성명 강요(창씨개명)

> 친족 회의를 통하여 집단적으로 결정한 경우로, 박씨는 정호(우물)에서 탄생되었다는 전통이 있어서 신정(新井)이라고 결정하였다. 어떤 사람은 김해 김씨이기 때문에 김해(金海)라고 이름을 바꾸었다. 죽어서도 월성군과 경주 이씨를 잊지 않으려고 월성군의 월(月)과 본명 이(李)의 두자로 하여 월이(月李)로 한 경우도 있었다.

ㄱ. 일제는 1940년 한국인의 성과 이름마저도 일본식으로 바꾸게 하는 창씨개명을 시행하였다. 당시 이광수와 같은 친일파들은 창씨개명에 앞장섰다.

ㄷ. 일제는 창씨개명에 심혈을 기울였고, 시행 6개월 만에 창씨 호수가 약 80%에 달하였다. 이는 일제가 창씨개명을 하지 않은 한국인에게 식량 배급을 하지 않고, 자녀들을 학교에 보낼 수 없게 하였기 때문이었다.

개념잡는 오답풀이

ㄴ. 이른바 문화 정치는 1919년 3·1 운동을 계기로 일제가 추진한 기만적인 민족 분열책을 말한다.

ㄹ. 1894년 김홍집 내각이 수립되어 갑오개혁을 추진하였다. 이 때 신분제 폐지 등이 이루어졌다.

051 1940년대의 사회 상황 답 ⑤

깊이있는 정답풀이

공출은 1939년부터 본격화되었다. 또한 일본은 1941년 태평양 전쟁 이후 미국·영국과 본격적으로 대립하였다. 따라서 자료는 1940년대의 상황을 나타내고 있다. 이 시기 일제는 한국인을 전쟁에 동원하기 위해 민족 말살 통치를 추진하였고, 그 일환으로 소학교의 명칭도 황국 신민 학교라는 뜻의 국민학교로 바꾸었다.

개념잡는 오답풀이

① 경원선과 호남선은 1914년에 부설되었다.

② 암태도 소작 쟁의는 1923년 전라남도 신안군의 암태도에서 전개된 농민 운동이다.

③ 1908년 일제는 동양 척식 주식회사를 세워 한국의 막대한 토지와 자원을 차지하였다.

④ 대한 광복회는 1915년에 결성되어 독립 전쟁을 목표로 군대식 조직을 갖추고, 군관 학교 설립을 추진하였다.

052 제2차와 제3차 조선 교육령 답 ④

깊이있는 정답풀이

추론 TIP 제1차 조선 교육령(1911) → 제2차 조선 교육령(1922) → 제3차 조선 교육령(1938) → 제4차 조선 교육령(1943)

> (가) 제○차 조선 교육령
> 보통학교의 학제를 6년으로 늘리고 학교 수를 일부 증설하였으며, 일본어 교육과 실업 교육을 강화하였다.
> (나) 제□차 조선 교육령
> 조선어를 선택 과목으로 하고 조선어 이외의 모든 교과목의 교수 용어를 일본어로 할 것을 명시하였으나 실질적으로 우리말과 역사 교육이 폐지되었다.

(가)에서 보통학교의 학제가 6년이 되었다는 점을 통해 1922년에 발표된 제2차 조선 교육령임을 알 수 있고, (나)에서 조선어를 선택 과목으로 하였다는 것을 통해 1938년에 발표된 제3차 조선 교육령임을 알 수 있다. 치안 유지법은 1925년에 제정되었으며, 태평양 전쟁은 1941년에 발발하였다.

개념잡는 오답풀이

ㄱ. 헌병 경찰제는 1910년대에 실시되었으며, 3·1 운동을 계기로 보통 경찰제로 바뀌었다.

ㄷ. 경성 제국 대학은 1924년에 일제에 의해 설립되었다.

053 국가 총동원법의 제정 목적 답 ④

깊이있는 정답풀이

1937년 중일 전쟁을 일으킨 일제는 이듬해 국가 총동원법을 제정하였다. 국가 총동원법에 따라 일제는 일본과 조선 등 식민지에서 인적·물적 자원을 수탈하여 전쟁에 동원하였다.

개념잡는 **오답풀이**

① 일제는 1925년 치안 유지법을 제정하여 사회주의자를 탄압하였다.
② 태평양 전쟁은 국가 총동원법이 제정된 이후인 1941년에 발발하였다.
③ 일제는 을사늑약을 강제로 체결하여 대한 제국의 외교권을 박탈하였다.
⑤ 일제는 토지 약탈과 지세 수입 확보를 위해 1910년대에 토지 조사 사업을 실시하였다.

054 민족 말살 통치 시기 인적 수탈 답 ④

깊이있는 **정답풀이**

조선 여성이 평양역에서 중국 난징으로 끌려간 점, 일본군의 감시를 받으며 생활한 점 등을 통해 자료는 1930년대 이후 민족 말살 통치 시기 '군 위안부'로 끌려간 여성과 관련된 것임을 알 수 있다.

개념잡는 **오답풀이**

① 청일 전쟁은 1894년에 발발하였다.
② 산미 증식 계획 당시 높은 소작료와 증산 비용의 부담으로 많은 소작인들이 몰락하여 화전민이나 토막민으로 전락하였으며, 만주나 연해주 등 국외로 이주하기도 하였다.
③ 1909년 일제는 호남 의병을 토벌하기 위해 '남한 대토벌' 작전을 전개하였다.
⑤ 1910년대 만주와 연해주 등지에서 많은 독립운동 기지가 건설되었다.

055 친일파의 활동 답 ⑤

깊이있는 **정답풀이**

제시된 자료는 친일파 김활란이 징병제에 찬성하며 쓴 글이다. 김활란은 징병제가 실시되어 한국인도 황국 신민의 영광을 누리게 되었다고 감격하였다. 이 시기 친일파들은 친일 단체의 간부 등으로 활동하면서 국방헌금 납부, 침략 전쟁 예찬, 학도병 지원 권유, 비행기 헌납 등에 나섰다.

⑤ 이 시기 일제는 자신들의 침략 전쟁을 대동아 공영권을 내세워 정당화하려 하였다. 따라서 이 주장을 비판하는 것은 친일파의 활동으로 보기 어렵다.

056 국민학교 규정 답 ①

깊이있는 **정답풀이**

제시된 규정은 일제가 1941년 공포한 국민학교 규정으로 소학교의 명칭을 '황국 신민 학교'라는 뜻의 국민학교로 바꾸었다. ① 태평양 전쟁을 일으킨 일제는 대외 침략에 한국인을 동원하기 위해 1944년 징병제를 실시하였다.

개념잡는 **오답풀이**

② 산미 증식 계획은 1920~1934년에 추진되었고, 이후 1938년에 재개되었다.
③ 농촌 진흥 운동은 1932~1940년에 전개되었다.
④ 경성 제국 대학은 1924년에 설립되었다.
⑤ 황국 신민 서사는 1937년에 제정되었다.

STEP 3 서술형 풀어 보기 20~21쪽

057 무단 통치의 내용

✔모범답안 전국 곳곳에 배치된 헌병과 경찰이 즉결 처분권을 통해 태형 등의 형벌을 가하였다. 학교 교원들까지 제복을 입히고 칼을 차게 하여 공포 분위기를 조성하였다. 또한 언론·출판·집회·결사의 자유를 박탈하여 한국인이 발행하는 거의 모든 신문을 폐간하였고, 정치 단체와 학회를 해산시켰다.

채점 기준	수준
헌병과 경찰의 즉결 처분권 행사, 태형 적용, 공포 분위기 조성, 한국인이 발행하는 신문 폐간, 정치 단체와 학회 해산 중 세 가지 이상 서술한 경우	상
위 내용 중 두 가지를 서술한 경우	중
위 내용 중 한 가지만 서술한 경우	하

058 이른바 문화 정치의 허구성

(1) 답 3·1 운동
(2) ✔모범답안 (가): 문관 총독은 식민 통치가 끝날 때까지 한 번도 임명된 적이 없다.
(나): 경찰 인원, 경찰 관서의 수, 경찰 비용이 모두 증가하였다.
(다): 검열을 통해 기사를 삭제하는 경우가 많았고, 심지어 압수하거나 정간·폐간하였다.

채점 기준	수준
(가)~(다)에 해당하는 일제 통치 정책의 기만성을 정확히 서술한 경우	상
(가)~(다) 중 두 가지에 해당하는 내용을 서술한 경우	중
(가)~(다) 중 한 가지에 해당하는 내용만 서술한 경우	하

059 이른바 문화 정치의 실상

✔모범답안 (가): 도 평의회와 부·면 협의회는 의결권이 없었고, 그마저도 일본인이나 친일 인사로 구성되었다.
(나): 학교 수가 많이 부족하고 학비가 비쌌기 때문에 한국인의 취학률은 일본인에 비해 낮았다.

채점 기준	수준
(가), (나)의 실상을 제시된 내용과 같이 모두 서술한 경우	상
(가), (나)의 실상 중 한 가지만 서술한 경우	하

060 민족 분열 통치의 영향

✔모범답안 제한된 자유를 허용하여 일제 협력자를 양성하였고, 이에 동조한 사람들이 민족 개조론이나 자치론 등을 내세워 일제와 타협하려 하면서 민족 운동의 분열을 초래하였다.

채점 기준	수준
일제 협력자 양성, 민족 개조론과 자치론 등의 등장으로 민족 운동 분열 초래를 모두 서술한 경우	상
위 내용 중 한 가지만 서술한 경우	하

061 제2차 조선 교육령의 내용 파악

✔모범답안 보통학교의 교육 연한을 4년에서 6년으로 늘렸고, '3면 1교' 정책을 내세워 보통학교를 증설하였다. 또한 고등 교육 기관으로 대학을 설립하였다.

채점 기준	수준
제2차 조선 교육령의 내용을 두 가지 서술한 경우	상
제2차 조선 교육령의 내용을 한 가지만 서술한 경우	하

062 황국 신민화 정책의 목적 파악

(1) 답 황국 신민화 정책

(2) ✔모범답안 일제는 황국 신민화 정책을 통해 한국인의 민족의식을 말살하고자 하였고, 이를 통해 한국인을 침략 전쟁에 효율적으로 동원하고자 하였다.

채점 기준	수준
황국 신민화 정책의 목적을 두 가지 모두 서술한 경우	상
위의 내용 중 한 가지만 서술한 경우	하

063 민족 말살 통치의 목적 파악

(1) 답 황국 신민 서사

(2) ✔모범답안 일제는 한국인을 일본 국왕의 충성스러운 백성으로 만들고 전쟁에 동원하고자 황국 신민 서사의 암송을 강요하였다. 이는 곧 우리 민족의 민족성을 말살하고자 하는 것이었다.

채점 기준	수준
민족 말살, 황국 신민화, 전쟁 동원을 모두 포함하여 서술한 경우	상
위 내용 중 두 가지를 서술한 경우	중
위 내용 중 한 가지만 서술한 경우	하

064 국가 총동원법의 사례 파악

(1) 답 국가 총동원법

(2) ✔모범답안 인적 수탈로는 지원병제, 징병제 등을 시행하여 한국인을 전쟁에 동원하였고, 징용령에 따라 전쟁에 필요한 노동력을 수탈하였으며, 여성들도 일본군 '위안부'로 동원하였다. 물적 수탈로는 식량 통제를 위해 배급제를 시행하였으며, 미곡·금속류의 공출제도 시행하였다.

채점 기준	수준
국가 총동원법을 근거로 자행된 인적, 물적 자원의 수탈 사례를 모두 서술한 경우	상
위의 내용 중 한 가지만 서술한 경우	하

02 경제 구조의 변화와 경제생활

STEP 1 O/X 문제로 교과서 핵심 자료 보기 24~25쪽

065 X	066 O	067 X	068 O	069 O	070 X
071 O	072 O	073 X	074 O	075 O	076 O
077 O	078 X	079 O	080 X	081 O	082 O
083 O	084 O	085 X	086 O	087 O	088 X

STEP 2 객관식 풀어 보기 26~31쪽

089 ②	090 ⑤	091 ④	092 ②	093 ④	094 ⑤
095 ②	096 ⑤	097 ①	098 ④	099 ②	100 ③
101 ④	102 ④	103 ⑤	104 ⑤	105 ②	106 ③
107 ③	108 ④	109 ⑤	110 ⑤	111 ④	112 ⑤

089 토지 조사 사업의 실시 답 ②

깊이있는 **정답풀이**

제시된 자료의 '토지의 조사 및 측량', '조선 총독이 정하는 기간 내에'라는 내용을 통해 1910년대에 실시된 토지 조사 사업과 관련된 법령임을 알 수 있다. 토지 조사 사업은 기한부 신고제로 기한 내에 신고하지 않은 많은 토지가 몰수되었다. 몰수된 토지는 동양 척식 주식회사를 통해 일본인에게 헐값에 불하되었다. 이로 인해 지주의 수가 증가하였고 소작농들의 관습적인 경작권을 인정하지 않아 농민들이 몰락하는 계기가 되었다.

090 토지 조사 사업의 목적 답 ⑤

깊이있는 **정답풀이**

국권 강탈 직후 일제는 토지 조사령을 마련하고 토지 조사 사업에 나섰다. 일제는 이 사업이 지세 부담을 공정히 하고, 근대적 토지 소유권을 확립하는 것이라 선전하였으나 실제로는 근대적 토지 소유권을 법적으로 확정하여 지세를 안정적으로 확보하는 데 그 목적이 있었다. 또한, 토지의 매매와 저당을 자유롭게 함으로써 일본인이 쉽게 토지를 차지할 수 있게 만들고자 하였다.

개념잡는 **오답풀이**

① 일제는 1920년부터 식량 증산을 위해 산미 증식 계획을 실시하였다.
② 토지 조사 사업으로 농민들의 경작권은 부정되었다.
③ 일제는 본격적으로 침략 전쟁에 나서면서 국민 총동원법을 제정(1938)하는 등 전쟁 물자 조달을 위해 한국인을 착취하였다.
④ 토지 조사 사업은 토지의 생산력을 높이기 위한 것이 아닌 토지의 소유 관계를 조사하는 사업이었다.

091 토지 조사 사업의 내용 답 ④

깊이있는 **정답풀이**

일제는 국권 침탈 직후 지세의 확보와 일본인의 토지 투자를 용이하게 하려는 목적으로 1910년부터 1918년까지 토지 조사 사업을 실시하였다. 이를 위해 정해진 기간 내에 신고서를 제출하도록 하였는데 미신고된 토지는 조선 총독부의 소유로 빼앗았다. 이로써 우리 농민은 소유권은 물론 경작권마저도 박탈당하여 생활이 더욱 어려워졌다. 많은 농민들이 생계를 유지하기 위해 화전민이 되거나 만주, 연해주, 일본 등지로 이주하였다.

④ 수리 조합은 일제가 1920년대 산미 증식 계획을 추진하면서 저수지나 제방을 만들기 위해 조직한 것이다.

092 토지 조사 사업의 결과 　답 ②

깊이있는 정답풀이

제시된 자료는 1912년에 공포된 토지 조사령이다. 조선 총독부는 토지 조사 사업을 추진하여 토지 소유권자가 조선 총독이 정한 기간 안에 토지를 신고하도록 규정하고 신고되지 않은 토지는 무주지로 여겨 총독부의 소유로 하였다. 토지 조사 사업의 결과 조선 총독부는 식민지 통치에 필요한 재정적 기반을 안정적으로 확보하고, 토지의 매매와 저당을 자유롭게 함으로써 일본인이 쉽게 토지에 투자할 수 있는 기반을 마련할 수 있었다. 이에 반해 우리나라 소작 농민은 몰락하여 더욱 어려운 처지에 놓이게 되었다.

개념잡는 오답풀이

ㄴ. 지주의 소유권만 인정하고, 나머지 관습상의 경작권이나 영구 임대 소작권은 인정하지 않았다.

ㄷ. 농민의 토지 중 일부 미신고된 토지를 빼앗긴 경우도 있었으나 대부분은 왕실과 관아의 토지, 마을과 문중의 토지, 황무지나 미개간지 등이 국유지로 편입되어 총독부 소유가 되었다.

093 회사령 실시의 결과 　답 ④

깊이있는 정답풀이

'회사 설립은 조선 총독의 허가'를 통해 제시된 자료의 법령은 회사령임을 알 수 있다. 일제는 1910년 회사령을 공포하여 회사 설립을 허가제로 제한하고 한국인의 회사 설립을 억제하였으며, 한국 민족 자본의 성장을 억압하고자 하였다. 그 결과 전기, 철도, 금융 등의 사업은 일본 기업이 장악하였다.

개념잡는 오답풀이

① 농광 회사는 일본의 토지 침탈에 맞서, 개간 사업을 목적으로 설립된 근대적 농업 회사로, 1904년에 설립되었다.

② 1907년 일제의 차관 강요에 맞서 국채 보상 기성회를 중심으로 국채 보상 운동이 일어났다.

③ 일제가 조선을 식량 공급 기지로 만들기 위해 시행했던 산미 증식 계획은 1920년부터 1934년까지 실시되었다.

⑤ 대한 제국은 근대적 토지 소유권 확립을 위해 양전·지계 사업을 실시하였다.

094 1910년대 일제의 경제 정책 　답 ⑤

깊이있는 정답풀이

추론 TIP 공업, 광산 등 주요 산업에서 일본 자본이 크게 증가함 → 회사령 실시(1910)의 결과

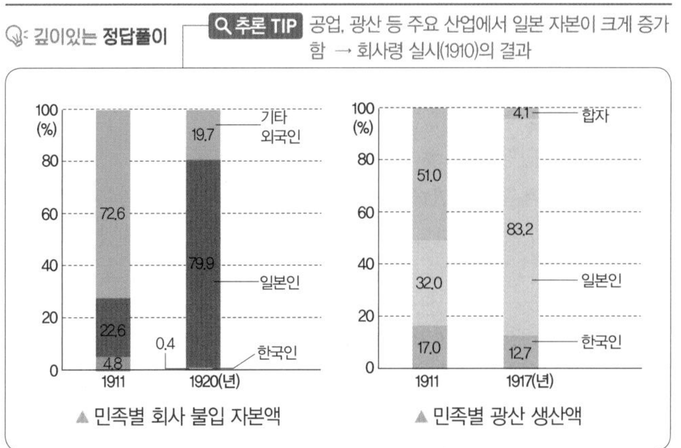

▲ 민족별 회사 불입 자본액 　▲ 민족별 광산 생산액

⑤ 일제는 1910년대에 어업령·광업령·은행령 등의 법령을 제정하여 경제 활동을 허가제로 전환하고, 인삼·담배·소금 등에 대해 전매제를 실시함으로써 민족 자본의 성장 가능성을 차단하였다.

개념잡는 오답풀이

① 1928년 신은행령이 제정되어 다수의 한국 은행이 일본 은행에 합병되었다.

② 회사령이 폐지된 이후에 평양 메리야스 공장이 설립되었다.

③ 1923년에 일본 상품에 대한 관세가 폐지되었다.

④ 1920년 8월 평양에서 조만식 등이 중심이 되어 조선 물산 장려회를 조직하여 물산 장려 운동을 시작하였다.

1등급 가이드

회사령은 1910년대 일제의 식민지 통치 방식과 경제 수탈 방식을 묻는 자료로 매우 자주 이용되고 있습니다. 때문에 1910년대 일제의 경제 수탈 정책이었던 토지 조사 사업 등을 잘 정리해 두어야 합니다. 한편, 신은행령은 광업령, 어업령, 삼림령 등과는 달리 1920년대 공포되었다는 점을 함정으로 활용할 수 있으니 주의해 주세요.

095 삼림령의 제정 　답 ②

깊이있는 정답풀이

제시된 자료는 1910년대 일제가 제정한 삼림령의 일부이다. 일제는 임업 부문에서 삼림령에 따른 임야 조사 사업을 실시하였다. 그 결과 우리 민족은 연료 채취권 등을 박탈당하였고, 조선 총독부와 일본인에게 산림에 대한 소유권이 넘어가게 되었다.

② 삼림령은 1910년대에 제정된 것이므로 1923년에 단행된 한국과 일본 간 관세 철폐와는 관련이 없다.

096 산미 증식 계획 　답 ⑤

깊이있는 정답풀이

제1차 세계 대전 중 일본은 전쟁 물자를 팔아 막대한 이익을 챙겼다. 그러나 이 과정에서 많은 농민들이 도시의 일자리를 찾아 농촌을 떠났다. 따라서 쌀값이 급등하여 식량 부족 사태를 맞기에 이르렀다. 이에 일제는 모자란 쌀을 한국에서 확보할 목적으로 산미 증식 계획을 추진하였다.

⑤ 토지 조사 사업으로 많은 농민들이 경작권을 박탈당한 채 기한부 계약에 의한 소작농으로 전락하였다.

097 산미 증식 계획의 배경 　답 ①

깊이있는 정답풀이

1910년대 제1차 세계 대전을 거치면서 일제는 급속한 공업화를 이루었다. 그러나 이촌향도 현상으로 농업이 상대적으로 피폐해지면서 식량 부족 현상이 나타났다. 이에 일제는 자신들의 안정적인 식량 공급지 확보를 위하여 1920년부터 한반도에서 산미 증식 계획을 시행해 식량을 증산하고자 하였다.

개념잡는 오답풀이

②, ③, ④, ⑤ 1910년 한국을 병합한 일제는 조선 총독부를 설치하고 헌병 경찰 제도를 실시하여 한국인을 억압하였다. 또한 토지 조사 사업을 실시하여 식민지 수탈 체제를 확립하고자 하였다. 나아가 제1차 조선 교육령을 실시하여 한국인의 교육 기회를 제한하였다.

098 산미 증식 계획의 영향 답 ④

깊이있는 **정답풀이**

1920년대 일제는 공업의 발달과 도시 인구의 증가로 식량 생산이 부족하게 되자 이를 해결하기 위해 한반도를 식량 공급 기지로 만드는 산미 증식 계획을 실행하였다. 산미 증식 계획으로 품종 개량이나 수리 시설 확대 등의 사업이 진행되었지만 곡식 증산량은 목표치를 밑돌았다. 하지만 수탈은 계획대로 진행되어 국내에서는 식량 부족을 겪게 되었다. 결국 국내 식량 사정이 악화되었고, 만주에서 잡곡을 수입해 보충하였다. 산미 증식 계획은 일부 친일 지주들에겐 토지를 싼값에 사들여 재산을 늘릴 수 있는 계기가 되었고 이에 지주들을 향한 농민들의 불만이 쌓이게 되었다.

개념잡는 **오답풀이**

ㄱ. 동양 척식 주식회사는 1908년 일제가 한국을 경제적으로 수탈하기 위해 세웠다.
ㄷ. 함경도에 방곡령이 선포된 것은 1889년이다.

099 산미 증식 계획의 추진 과정 답 ②

깊이있는 **정답풀이**

조선에서 쌀 생산을 늘리겠다는 조선 총독부의 발표를 통해 밑줄 친 '계획'이 산미 증식 계획임을 알 수 있다. 조선 총독부는 1920년대 일본의 쌀값이 폭등하자, 국내에서 쌀 생산을 증가시켜 일본으로 수출하는 산미 증식 계획을 추진하였다. 일제가 산미 증식 계획을 추진하면서 늘어난 쌀 생산량보다 더 많은 쌀을 일본으로 수탈하여 국내에서 쌀이 귀해지고 쌀 가격이 폭등하였다. 또한 수리 조합비 등 각종 비용이 농민에게 전가되어 농민들의 고통이 심해지자 농민들은 광대한 수리 조합 반대 운동을 전개하고 소작인 조합을 중심으로 소작료 인하, 소작권 이전 반대 운동을 일으켰다. 그러나 농민들은 더욱 몰락하여 화전민이 되거나 국외로 이주하였다.

개념잡는 **오답풀이**

① 일제의 황무지 침탈에 맞서 1904년에 농광 회사가 설립되었다.
③ 일제는 1904년 러일 전쟁을 일으킨 후 한일 의정서를 체결해 대한 제국의 군사 기지를 마음대로 사용하고자 하였다.
④ 1901년 함경도 지역을 휩쓴 가뭄과 홍수 때문에 1903년 하와이 이민이 공식적으로 시작되었다.
⑤ 1876년 강화도 조약 체결 이후 일본이 무제한으로 양곡을 유출하자 이를 막기 위해 1890년대에 방곡령이 선포되었다.

100 산미 증식 계획 시기의 사실 답 ③

깊이있는 **정답풀이**

농민이 수리 조합비 부담으로 힘들어하는 모습을 통해 밑줄 친 '이 계획'이 산미 증식 계획임을 알 수 있다. 일제는 자국의 식량 부족을 해결하기 위해 1920년부터 산미 증식 계획을 추진하였다(~1934). ③ 조선 광업령은 1915년에 공포되었다.

개념잡는 **오답풀이**

① 만주사변은 1931년에 발발하였다.
② 치안 유지법은 1925년에 제정되었다.
③ 일제는 농민 운동의 확산을 막기 위해 1932년부터 농촌 진흥 운동을 실시하였다.
⑤ 산미 증식 계획의 결과 한국의 식량 사정이 악화되었고, 일제는 만주에서 잡곡을 수입하여 부족한 식량을 충당하였다.

101 1920년대 쌀 이출량의 증가 답 ④

깊이있는 **정답풀이**

1920년부터 시행한 산미 증식 계획의 결과 일제는 증산된 양보다 더 많은 양의 쌀을 일본으로 반출하여 일본의 식량 사정은 개선되었지만 한국인의 식량 사정은 더욱 악화되었다. 일제가 시행한 산미 증식 계획의 결과 지주 중에는 쌀을 판매하여 큰 이득을 보는 사람도 있었다. 산미 증식 계획으로 한국인의 식량 사정은 더욱 악화되었으며 한국인은 만주에서 수입한 조·수수 등 잡곡으로 생계를 유지하였다.

개념잡는 **오답풀이**

ㄹ. 일제는 부족한 식량을 보충한다며 만주에서 잡곡을 대량으로 수입하였다. 식량 배급 제도는 1940년대에 시행되었다.

1등급 가이드

산미 증식 계획은 1920년대 일제의 경제 수탈과 관련하여 자주 출제되는 요소입니다. 산미 증식 계획의 결과 한국의 농촌 사회와 농업 구조, 농민의 지위 등이 어떻게 변화되었는지 꼼꼼하게 정리해 두세요.

102 1920년대 쌀 소비량 추이 답 ④

깊이있는 **정답풀이**

일제는 토지 개간과 수리 시설 확충, 종자 개량 등을 통해 식량 생산을 대폭 늘려 일본으로 많은 쌀을 가져간다는 목표를 내세웠다. 증산량은 크게 늘지 않았으나 그럼에도 불구하고 일제는 계획대로 쌀을 가져갔다. 종자 개량, 수리 시설 개선 비용 등을 떠맡게 된 농민들은 더욱 어려운 처지가 되었다.

④ 일제는 1910년 회사령을 실시하여 한국인의 기업 설립을 억제하였고, 이어 조선 광업령을 공포하여 한국의 광물을 착취하였다. 조선 광업령은 광업의 진흥과는 거리가 있는 정책으로 이로 인해 농촌의 인력이 부족해졌다고 보기 어렵다.

103 산미 증식 계획의 결과 답 ⑤

깊이있는 **정답풀이**

1910년대 일본의 급격한 산업화로 인해 도시 인구가 증가하자, 부족한 식량을 식민지 조선에서 충당하기 위해 산미 증식 계획을 실시하였다. 산미 증식 계획 결과 쌀 생산은 늘었지만, 증산량보다 더 많은 양의 쌀이 일본으로 유출되었고, 한국인의 1인당 쌀 소비량은 감소하였다. 일제는 한국의 부족한 식량을 보충하기 위해 만주에서 잡곡을 수입하였다.

개념잡는 **오답풀이**

①, ③ 쌀 증산에 드는 비용을 농민에게 전가하여 조선 농민의 생활 수준이 하락하고, 소작농이 증가하였다.
② 조선인의 1인당 연간 쌀 소비량은 감소하였다.
④ 산미 증식 계획으로 쌀 생산량은 목표만큼 늘지 않았지만 일본으로 이출되는 쌀의 양은 해마다 늘어 일본은 예정대로 쌀을 가져갔다.

104 1923~1938년 사이의 사건 파악 답 ⑤

깊이있는 **정답풀이**

(가) 한국과 일본 사이에 부과되던 관세는 1923년에 폐지되었다. (나) 국

가 총동원법은 1938년에 발표되었다. ⑤ 일제는 일본 기업의 한국 진출을 돕기 위해 1920년 회사령을 폐지하고 회사 설립을 신고제로 바꾸었다.

개념잡는 **오답풀이**

① 치안 유지법은 1925년에 제정되었다.
② 일제는 1934년 조선 농지령을 제정하여 농촌 경제를 안정시키려고 하였다.
③ 산미 증식 계획은 1920년부터 1934년까지 전개되었다.
④ 조선 총독부는 농민 운동의 확산을 막고자 1932년부터 농촌 진흥 운동을 실시하였다. 일제는 이를 통해 춘궁 퇴치, 부채 근절 등을 목표로 내세우며 가마니 짜기 등을 권장하였다.

105 일제의 경제 수탈 정책 답 ②

깊이있는 **정답풀이**

국권을 빼앗은 일제의 농촌 경제 침탈로 몰락하는 농민이 증가하고, 농민의 생계 유지는 더욱 어려워졌다. 1910년대 일제의 토지 조사 사업으로 우리 농민은 경작권마저 박탈당하고 많은 소작농이 기한부 계약에 의한 소작농으로 전락하였다. 또 제1차 세계 대전 후 일제는 모자란 쌀을 한국에서 확보할 목적으로 산미 증식 계획을 세웠다. 토지 개간과 수리 시설 확충, 종자 개량 등을 통해 식량 생산을 대폭 늘려 일본으로 쌀을 가져가고 우리나라 농민의 생활도 안정시킨다는 것이 목표였다. 산미 증식 계획의 결과 쌀 생산량은 어느 정도 늘었으나 원래의 계획에 미치지 못하였다. 하지만 일본으로의 쌀 반출량은 계속 늘어나 목표량을 거의 채웠다. 이로 인해 한국 내에서는 식량이 부족하여 만주에서 들여오는 잡곡 등으로 끼니를 해결해야 했다. 한편 종자 개량, 수리 시설 구축 비용 등을 떠맡게 된 농민은 더욱 어려운 처지가 되었다.

개념잡는 **오답풀이**

ㄴ. 화폐 정리 사업은 국권 피탈 이전인 1905년에 이루어졌으며, 대한 제국의 재정 예속과 관련 있다.
ㄹ. 1910년대 무단 통치 시기에 헌병 경찰은 경찰 업무와 일반 행정 업무까지 처리하였다.

106 회사령 폐지 이후의 변화 답 ③

깊이있는 **정답풀이**

수산 회사가 1920년까지는 30여 개에 불과하였으나, 1920년부터 1930년까지는 300개 이상으로 늘어난 점, 일본 자본으로 설립된 회사의 숫자가 급격하게 늘어난 점 등을 통해 자료는 회사령 폐지와 일본 기업의 진출과 관련 있음을 알 수 있다.

개념잡는 **오답풀이**

① 1930년대 일제는 공업 원료를 확보하기 위해 남면북양 정책을 실시하였다.
② 대한 제국이 실시한 식산흥업 정책의 결과 근대적 기업이 크게 증가하였다.
④ 1930년대 이후 일제는 식민지 공업화와 전쟁 물자 확보를 목적으로 병참 기지화 정책을 추진하였다.
⑤ 대한 제국의 재정 고문으로 파견된 메가타는 백동화 등을 일본 제일 은행권으로 교환하는 화폐 정리 사업을 시행하였다.

107 일본으로의 이주 답 ③

깊이있는 **정답풀이**

제1차 세계 대전 이후 급격한 공업화를 겪은 일제는 저임금 노동력 확보를 위해 한국인의 일본 이주를 허용하였다. 이주 한국인들은 고된 일을 하면서 민족 차별과 낮은 임금을 받았다. 이런 가운데 1923년 관동 대지진이 일어나자 유언비어로 인해 많은 사람들이 학살을 당하였고, 중일 전쟁 이후에는 일제가 제정한 징용령으로 약 150만 명의 한국인이 강제 이주 당하였다.

개념잡는 **오답풀이**

① 동아일보는 1930년대에 브나로드 운동을 전개하였다.
② 연해주 지역의 동포들이 중앙아시아로 강제 이주당하였다.
④ 1920년 청산리 전투 이후 일제는 간도의 한인 마을을 독립군 근거지로 지목하고 간도 참변을 자행하였다.
⑤ 미주 동포들이 대한인 국민회와 재미 한족 연합회 등 각종 단체를 결성하고 독립운동에 필요한 자금을 보탰다.

108 하와이 지역의 독립운동 답 ④

깊이있는 **정답풀이**

1900년대 초 정부의 주선으로 이민이 시작되었고, 많은 사진 신부가 이주하였다는 내용을 통해 (가) 지역이 하와이임을 알 수 있다. 하와이에서는 박용만이 대조선 국민 군단을 결성하였다.

개념잡는 **오답풀이**

① 1910년대 상하이에서 신한 청년단이 조직되었다.
② 서간도 지역에 신민회의 주도로 신흥 강습소가 설립되었고, 이후 신흥 무관 학교로 개편되었다.
③ 연해주 지역에서는 1914년 대한 광복군 정부가 조직되었다.
⑤ 대한 광복회는 국내에서 박상진 등이 조직하였다.

109 1930년대 이후 경제 상황 답 ⑤

깊이있는 **정답풀이**

추론 TIP 만주 사변(1931) → 중일 전쟁(1937) → 국가 총동원법(1938) → 미곡 공출제

중일 전쟁 이후 일제는 국가 총동원법을 제정하여 인적·물적 자원 수탈에 열을 올렸다. 또한 이 시기 군수 물자 생산에 주력하면서 상대적 생산이 감소된 생필품의 물가가 폭등하였다. 일제는 물가 급등을 억제하기 위해 1939년 가격 통제령을 공포하였으나, 효과를 거두지 못하였다. 이에 한국인들은 극단적인 궁핍에 시달릴 수밖에 없었다.

개념잡는 **오답풀이**

① 삼정이정청은 임술 농민 봉기의 수습책으로 1862년에 설치된 기구이다.
② 화폐 정리 사업은 1905년 재정 고문 메가타의 주도로 실시되었다.
③ 1920년 일제는 자국 기업의 한반도 진출을 용이하게 하고자 회사 설립을 허가제에서 신고제로 바꾸었다.
④ 물산 장려 운동은 1920년대 초 평양에서 시작되어 전국으로 확산되었다.

1등급 가이드

일제가 침략 전쟁을 확대하면서 국가 총동원법을 제정하였고 이후 인적·물적 자원 수탈이 자행되었다는 사실은 자주 출제되는 주제입니다. 하지만 이 문항은 국가 총동원법을 제시하고 있지 않아 다소 어려웠을 것입니다. 침략 전쟁이 확대되면서 민중의 삶이 어떻게 피폐해졌는지 알려 주는 사례를 정리해 두면 도움이 됩니다.

110 병참 기지화 정책 파악 답 ⑤

깊이있는 정답풀이

만주 사변과 중일 전쟁을 일으킨 일제가 군수 물자 확보를 위해 추진하였다는 내용을 통해 (가) 정책이 병참 기지화 정책임을 알 수 있다. 일제가 한반도 북부 지역에 중화학 공업 시설을 집중시키면서, 남부와 북부 간의 산업 불균형이 발생하였다.

개념잡는 오답풀이

① 방곡령은 조일 통상 장정을 근거로 선포되었다.
② 회사령은 1910년에 제정되었다.
③ 산미 증식 계획을 추진하는 과정에서 일제는 전국적으로 수리 조합을 조직하였다.
④ 1923년 일본 상품에 대한 관세가 폐지되었다.

111 남면북양 정책의 목적 답 ④

깊이있는 정답풀이

대공황 이후 일제는 공업 원료 증산에 열을 올렸다. 남부 지방에서는 면화를 재배하고, 북부 지방에서는 양을 기르도록 강요한 남면북양 정책이 대표적이다. 이는 대공황 이후 서구 열강의 보호 무역으로 어려움을 겪던 일본의 방직 자본가에게 원료를 공급하기 위한 것이었다.

개념잡는 오답풀이

① 주로 미국, 영국 등이 대한 제국의 광산 채굴권을 차지하였다.
② 일제는 1910년 회사령을 제정하여 한국인의 기업 활동을 제한하고자 하였다.
③ 1923년 한국과 일본 간 관세가 폐지된 후 점차 일본 상품이 국내 시장을 잠식하게 되었다.
⑤ 제1차 세계 대전 이후 도시 인구 증가에 따른 쌀 부족을 해결하고자 일제는 1920년부터 산미 증식 계획을 실시하였다.

1등급 가이드

그동안은 대체로 남면북양 정책이 실시되던 시기의 사회 상황을 묻는 형태의 문제가 많았습니다. 이 문항은 남면북양 정책의 목적을 정확히 파악하고 있는지 확인하는 문항이어서 개념 정리가 확실하게 되어 있지 않다면 다소 어려웠을 것입니다. 일제의 식민지 공업화 정책의 사례와 내용을 정리하고 있다면 문제 풀이에 큰 도움이 될 것입니다.

112 국가 총동원법 제정 시기 답 ⑤

깊이있는 정답풀이

전쟁을 일으킨 일제가 전쟁에 인력과 물자를 동원하기 위해 제정하였다는 내용을 통해 밑줄 친 '이 법'이 1938년에 제정된 국가 총동원법임을 알 수 있다.

개념잡는 오답풀이

국권 피탈은 1910년, 3·1 운동은 1919년, 치안 유지법 제정은 1925년, 만주 사변 발발은 1931년, 중일 전쟁 발발은 1937년, 8·15 광복은 1945년의 사실이다.

STEP 3 서술형 풀어 보기 32~33쪽

113 토지 조사 사업의 목적

모범답안 토지 조사 사업, 일제는 지세 수입을 늘려 식민 지배의 경제적 기반을 확보하고 나아가 일본인이 토지에 쉽게 투자할 수 있도록 만들고자 하였다.

채점 기준	수준
토지 조사 사업의 명칭을 쓰고, 식민 지배의 경제적 기반 확보와 일본인의 토지 투자를 용이하게 만들기 위해서라고 서술한 경우	상
토지 조사 사업의 명칭을 쓰고, 식민 지배의 경제적 기반 확보를 위해서라고 서술한 경우	중
토지 조사 사업이라고만 쓴 경우	하

114 토지 조사 사업의 영향

모범답안 소작농들은 관습적으로 인정받았던 영구 경작권을 인정받지 못하였고, 높은 소작료를 부담해야 하는 등 지위가 약해졌다.

채점 기준	수준
소작농들의 관습적 영구 경작권 불인정, 높은 소작료 부담을 모두 서술한 경우	상
위 내용 중 한 가지만 서술한 경우	하

115 산미 증식 계획의 영향

모범답안 산미 증식 계획으로 쌀 생산량은 크게 늘지 않았으나, 일본으로의 쌀 반출은 예정대로 진행되었다. 게다가 쌀 증산에 필요한 각종 비용은 농민이 떠맡았기 때문에 농민들은 땅에서 밀려나 소작농으로 전락하였다.

채점 기준	수준
산미 증식 계획으로 쌀 반출, 증산 비용 부담으로 소작농 증가를 모두 서술한 경우	상
위 내용 중 한 가지만 서술한 경우	하

116 회사령의 내용 변화

모범답안 회사 설립을 허가제에서 신고제로 바꾸었다.

채점 기준	수준
허가제에서 신고제로 바뀌었다고 정확하게 서술한 경우	상
신고제라고 언급만 한 경우	하

117 1920년대 개정된 회사령의 영향

모범답안 회사 설립이 쉬워지자, 자본을 축적한 일본의 기업들이 한국에 진출하였다. 1920년대 후반에는 미쓰이, 미쓰비시 등과 같은 일본 대기업이 한국에 본격적으로 진출하였다. 한국인의 회사 설립도 늘어났지만 규모와 자본이 영세하여 성장하기 어려웠다.

채점 기준	수준
일본 대기업의 한국 진출, 한국인의 회사 설립 수는 늘었으나 성장하기 어려웠음을 서술한 경우	상
위 내용 중 한 가지만 서술한 경우	하

118 1920년대 일제의 산업 정책

모범답안 일제가 1923년 한국과 일본 사이의 관세를 폐지하였다. 이에 따라 일본 상품이 다른 나라의 상품보다 한국에서 더 싸게 팔렸고, 한국 기업들의 사정은 더욱 어려워졌다.

채점 기준	수준
한국과 일본 사이의 관세 철폐, 한국 기업들의 사정 악화를 모두 서술한 경우	상
한국과 일본 사이의 관세 철폐만을 서술한 경우	하

119 연해주 이주 동포의 삶

(1) 답 연해주

(2) 모범답안 국권 상실 이후 민족 운동가들이 망명하였고, 많은 농민들이 이주하여 농경지를 개척하고 한인촌을 형성하였다. 이때 러시아 정부는 농지 개척과 노동력 확보를 위해 한국인의 이주를 장려하였다.

채점 기준	수준
민족 운동가들의 망명, 농민의 이주, 러시아의 이주 장려 내용을 모두 포함하여 서술한 경우	상
위 내용 중 두 가지를 서술한 경우	중
위 내용 중 한 가지만 서술한 경우	하

120 일제의 인적 · 물적 자원 수탈

모범답안 일제는 지원병제, 학도 지원병제, 징병제를 실시하여 청년들을 전쟁에 투입하였고, 국민 징용령을 내려 청장년들을 탄광, 철도, 군수 공장 등에 보내 일을 시켰다. 또한 미곡, 금속 등을 공출하여 전쟁 물자로 충당하였으며, 배급제를 실시하였다.

채점 기준	수준
지원병제, 학도 지원병제, 징병제, 국민 징용령, 미곡 · 금속 공출, 배급제 중 세 가지를 서술한 경우	상
위 내용 중 두 가지를 서술한 경우	중
위 내용 중 한 가지만 서술한 경우	하

121 일제의 병참 기지화 정책

모범답안 침략 전쟁을 확대하면서 일본은 한국을 침략 전쟁에 필요한 군수 물자 생산 기지로 만들고자 병참 기지화 정책을 추진하였다. 그 결과 지하 자원과 수력 자원이 풍부하고 중국과 가까운 북부 지방을 중심으로 일본 대자본이 진출하여 군수 공업이 성장하였다.

채점 기준	수준
군수 공업 성장, 병참 기지화 정책, 침략 전쟁의 요소를 포함하여 서술한 경우	상
위 내용 중 두 가지를 서술한 경우	중
위 내용 중 한 가지만 서술한 경우	하

03 민족 운동의 전개와 분화(1)

STEP 1 O/X 문제로 교과서 핵심 자료 보기 36~37쪽

122 O	123 X	124 X	125 O	126 X	127 O
128 O	129 O	130 O	131 O	132 O	133 O
134 O	135 X	136 O	137 O	138 O	139 X
140 O	141 X	142 O	143 O	144 O	145 X

STEP 2 객관식 풀어 보기 38~50쪽

146 ①	147 ②	148 ②	149 ①	150 ②	151 ①
152 ③	153 ③	154 ②	155 ③	156 ③	157 ④
158 ②	159 ②	160 ③	161 ⑤	162 ⑤	163 ③
164 ④	165 ①	166 ②	167 ④	168 ②	169 ③
170 ⑤	171 ⑤	172 ③	173 ③	174 ②	175 ①
176 ④	177 ③	178 ②	179 ④	180 ④	181 ①
182 ①	183 ①	184 ⑤	185 ①	186 ③	187 ①
188 ③	189 ⑤	190 ③	191 ②	192 ③	193 ⑤
194 ④	195 ③	196 ①	197 ①		

146 독립 의군부 답 ①

깊이있는 정답풀이

독립 의군부는 고종의 밀지를 받은 임병찬이 각지의 유생들을 모아 조직하였다. 이들은 복벽주의 이념을 추구하였고, 고종의 복위를 목표로 전국적인 의병 봉기를 준비하였다.

개념잡는 오답풀이

ㄷ. 1907년에 결성된 신민회가 만주 삼원보에 독립운동 근거지를 마련하였다.

ㄹ. 대한 광복회에 대한 설명이다. 독립 의군부는 복벽주의를 바탕으로 대한 제국을 다시 세우려고 하였다.

147 독립 의군부의 활동 목표 답 ②

깊이있는 정답풀이

국권을 빼앗긴 이후에도 민족의 독립 의지는 꺾이지 않았다. 일제는 105인 사건 등을 조작하여 국내에 남아 있던 계몽 운동 계열의 인사들을 탄압하고, 의병에 대한 탄압을 더욱 강화하였다. 이에 따라 많은 애국 인사들이 해외로 망명하였고, 국내에 남은 인사들은 비밀 결사를 만들어 항일 운동을 이어 나갔다. 1912년 임병찬은 고종의 밀명을 받고 독립 의군부를 비밀리에 조직하였다. 이들은 조선 총독부와 일본 당국에 조선에서 물러날 것을 요구하는 한편, 의병 전쟁을 계획하였다. 그러나 조직원이 붙잡혀 조직이 발각되면서 주요 임원과 임병찬이 일본 경찰에 체포되었고 독립 의군부는 해체되었다.

개념잡는 오답풀이

① 임시 정부는 3·1 운동을 전후하여 여러 지역에서 수립되었다.

③ 대한 광복회가 만주에 무관 학교 설립을 목표로 군자금을 모금하였다.

④ 을사늑약을 전후로 전개된 애국 계몽 운동에 대한 설명이다.

⑤ 민족 자결주의 원칙이 발표된 이후 독립 청원서 제출의 움직임이 나타났다.

148 독립 의군부의 활동 답 ②

깊이있는 정답풀이

의병장 출신 임병찬이 고종의 비밀 지시를 받아 각지의 유생을 모아 1912년에 조직하였다는 점을 통해 (가) 단체가 독립 의군부임을 알 수 있다. 독립 의군부는 조선 총독부와 일본 정부에 국권 반환 요구서를 발송하려다가 조직이 발각되어 해체되었다.

개념잡는 오답풀이

① 서울 진공 작전은 13도 창의군이 1908년에 전개하였다.
③ 대한 광복회가 친일파 처단을 위한 행형부를 설치하였다.
④ 대한 광복회와 신민회 등은 공화 정체의 근대 국가 건설을 추구하였다.
⑤ 대한 광복회는 만주에 무관 학교 설립을 위한 군자금을 모금하였다.

149 대한 광복회 답 ①

깊이있는 정답풀이

대한 광복회는 박상진, 채기중, 김좌진 등이 군대식으로 조직한 무장 독립 단체이다. 의병 운동가와 신교육을 받은 애국 계몽 운동 계열 인사들이 모두 참여하였으며 국외 독립 운동 기지 건설을 위한 군자금 모금 활동을 전개하기도 하였다. 각 도와 만주에 지부를 설치하고 친일파를 처단하는 등 가장 활발한 활동을 전개하다가, 1918년 대한 광복회 조직이 발각되면서 조직이 붕괴되었다. 대한 광복회는 독립 전쟁을 통한 국권 회복을 목표로 공화 정체의 국가 수립을 지향하였다.

개념잡는 오답풀이

② 채응언은 1915년까지 평안도와 황해도 일대에서 의병 활동을 벌였다.
③ 삼원보에 경학사를 설치한 것은 신민회 인사들이었다.
④, ⑤ 고종의 밀명으로 임병찬이 설립한 단체는 독립 의군부이다. 독립 의군부는 복벽주의를 표방하였으며 일제에 국권 반환 요구서를 제출하고자 하였다.

150 대한 광복회의 결성 답 ②

깊이있는 정답풀이

밑줄 친 '이 단체'는 대한 광복회이다. 대한 광복회는 의병 출신자를 비롯하여 신교육을 받은 애국 계몽 운동 인사들이 참여하였다. 대한 광복회는 공화 정체를 지향했으며, 만주에 무관 학교를 설립하기 위해 군자금을 모으고, 만주에 독립운동 단체와 연락을 꾀하였다. 그리고 성동 광산, 직산 광산, 경주의 우편차 등 일제 식민지 시설을 습격하여 군자금을 모았고, 친일 부호인 장승원과 도고 면장 박용하 등 친일파를 처단하였다. 대한 광복회는 1918년 일제 경찰에게 조직이 드러나 해체되었으나, 체포를 피한 일부 회원들은 만주로 방명하여 그 뒤 암살단, 주비단을 만들어 무장 독립 투쟁을 계속하였다.

② 숭실 학교 출신으로 구성되어 대한인 국민회의 국내 지부 역할을 하였던 단체는 조선 국민회이다.

151 대한 광복회의 활동 답 ①

깊이있는 정답풀이

1915년 박상진은 풍기 광복단과 조선 국권 회복단의 일부 인사를 통합하여 비밀 결사인 대한 광복회를 결성하였다. 대한 광복회는 민주 공화국의 수립을 지향하였으며, 군대식 조직을 갖추고 국내 각지와 만주에 지부를 설치하여 독립군 양성에 노력하였다. 그러나 군자금 마련을 위해 활동하던 중 일제 경찰에게 조직이 드러나 해체되었다.

개념잡는 오답풀이

② 일제가 조작한 105인 사건(1911)으로 탄압받은 단체는 1907년에 설립된 신민회이다.
③ 고종의 비밀 지령을 받은 의병장 출신인 임병찬 등이 주도하여 결성된 단체는 독립 의군부이다.
④ 미주에서 결성된 대한인 국민회의 국내 지부 역할을 한 단체는 조선 국민회이다.
⑤ 마지막 의병장이라 불린 채응언이 이끈 의병 부대가 평안도, 황해도 등지에서 일본군을 공격하였다.

152 복벽주의와 공화주의 답 ③

깊이있는 정답풀이

(가)는 복벽주의, (나)는 공화주의에 해당한다. 1910년대에는 복벽주의와 공화주의의 대립이 심하였다. 복벽주의는 국권 피탈 이전 대한 제국 시기의 상황으로 되돌아가자는 움직임으로 순종을 황제로 다시 옹립하기 위한 움직임이었다. 유생들이 중심이 되어 결성된 독립 의군부 등이 이러한 이념에 따라 활동하였다. 공화주의는 공화 정체의 근대 국민 국가를 수립하자는 움직임으로 애국 계몽 운동 단체인 신민회가 처음 주장하였다. 1919년 삼권 분립의 민주 공화정을 채택한 대한민국 임시 정부가 수립되면서 공화주의가 확고하게 자리 잡게 되었다.

개념잡는 오답풀이

ㄱ. 신민회는 공화주의를 주장하였다.
ㄹ. 복벽주의자, 공화주의자 모두 1910년대에는 무장 투쟁을 주장하였다. 한편 공화주의를 채택한 대한민국 임시 정부는 초기에 외교 활동을 중점적으로 전개하였다.

153 대동단결의 선언 답 ③

깊이있는 정답풀이

제시된 자료는 신규식 등 14인이 1917년에 발표한 대동단결의 선언 중 일부분이다. ㄴ. 1910년 8월 29일 일제는 한일 병합을 선언하면서 우리의 국권을 강탈하였다. ㄷ. 민권 발생이라는 표현에서 공화주의를 목표로 삼았음을 알 수 있다.

개념잡는 오답풀이

ㄱ. 헤이그에 특사를 파견한 것은 '광무' 연호를 사용했던 고종이다. 융희 황제는 순종을 의미한다.
ㄹ. 대한민국 임시 정부의 수립은 1919년에 이루어졌다.

154 신민회의 삼원보 건설 답 ②

깊이있는 정답풀이

밑줄 친 '이 단체'는 신민회이다. 신민회는 국권 피탈 직전부터 애국 계몽 운동을 전개하면서 독립 전쟁론에 바탕을 두고 독립운동 기지 건설을 위해 노력하였다. 서간도로 건너간 신민회 회원들은 류허현 삼원보에 자치 기관인 경학사와 부민단을 만들었으며, 신흥 강습소(신흥 무관 학교)를 세워 독립군 간부를 양성하였다.

155 북간도 지역의 독립운동 답③

깊이있는 정답풀이

제시된 자료의 밑줄 친 '이 지역'은 북간도이다. 을사늑약으로 대한 제국의 외교권을 빼앗은 일제는 국권 침탈 직전 청과 간도 협약을 체결하고 만주 안봉선 철도 부설권을 얻는 대가로 두만강 북쪽, 토문강 동쪽의 북간도 지역을 청의 영토로 인정하였다. 북간도 지역에는 일찍부터 우리 동포들이 많이 이주하여 동포 사회를 중심으로 독립운동 기지를 곳곳에 건설하였다. 왕청, 연길, 용정촌, 명동촌 등이 대표적인 독립운동 기지였다. 북간도의 여러 독립운동 기지에서는 이주 동포를 기반으로 조직된 간민회, 중광단 등의 항일 단체가 학교 등 교육 기관을 설립하여 민족 교육을 실시하였는데, 서전서숙과 명동 학교가 대표적인 민족 교육 기관이었다.

개념잡는 오답풀이

① 대한 국민 의회는 연해주의 블라디보스토크에 설립된 임시 정부였다.
② 신민회에 의해 건설된 삼원보에서 경학사와 부민단이 결성되었다.
④ 미주 지역에 이주 동포들이 대한인 국민회를 결성하여 독립운동을 위한 모금 활동을 벌였다.
⑤ 하와이에는 박용만이 무장 투쟁을 위해 대조선 국민군단을 결성하였다.

156 북간도 지역의 독립운동 답③

깊이있는 정답풀이

서전서숙과 명동 학교는 북간도의 용정촌, 명동촌에 세워졌다. 국권 피탈 직후 대종교 세력은 북간도로 근거지를 옮겨 이 지역 동포들의 민족 의식 고취에 중요한 역할을 하였다.

개념잡는 오답풀이

①은 만주 지린성, ②는 상하이, ④는 연해주의 블라디보스토크, ⑤는 서간도의 삼원보에 해당한다.

157 연해주 지역의 독립운동 답④

깊이있는 정답풀이

19세기 말부터 많은 한국인이 연해주 지역으로 이주하였다. 블라디보스토크에는 신한촌이 건설되었고, 한민 학교가 설립되어 민족 교육이 이루어졌다. 또한, 연해주에 수립된 권업회는 독립운동을 수행하기 위해 1914년 이상설과 이동휘를 정·부통령으로 하는 대한 광복군 정부를 수립하였다. 한편 러시아 혁명 이후에 이동휘 등은 사회주의 정당인 한인 사회당을 조직하여 활동하였다.

개념잡는 오답풀이

ㄷ. 하와이에서는 1914년에 대조선 국민군단이 결성되어 청장년을 대상으로 군사 훈련을 실시하였다.

158 서간도와 연해주의 독립운동 답②

깊이있는 정답풀이

국권 피탈 이후 국내에서 항일 운동이 어려워지자 국외의 여러 지역이 독립 운동의 새로운 거점으로 부각되었다. 서간도 지역에서는 신민회 회원들이 독립군 양성의 필요성을 인식하고 이회영이 중심이 되어 (가) 삼원보에 민족 운동 단체인 경학사를 조직하고 신흥 강습소(신흥 무관 학교)와 같은 군사 양성소를 설치하였다. 경학사는 이후 부민단, 한족회로 발전하여 서로 군정서 등도 설립되었다. 연해주의 (나) 블라디보스토크에서는 권업회가 독립운동의 경제적 기반을 마련하고, 기관지로 권업신문을 발간하였다. 블라디보스토크에는 성명회, 대한 광복군 정부, 대한 국민 의회가 결성되었다.

개념잡는 오답풀이

① 『해조신문』은 러시아 블라디보스토크의 교포 개인이 투자하여 1908년 발행하였다. 『권업신문』은 블라디보스토크에서 권업회가 발행하였다.
③ 서전서숙과 명동 학교는 북간도 지역의 용정에 설립된 민족 학교이다.
④ 경학사는 서간도 지역의 삼원보에서 설립되었다.
⑤ 대한인 국민회는 1910년 하와이에서 결성되었다.

159 독립운동 기지 건설 답②

깊이있는 정답풀이

이범윤이 관리사가 되었다는 내용을 통해 (가) 지역이 북간도 지역임을 알 수 있고, 권업회에 참여하였다는 내용을 통해 (나) 지역이 연해주 지역임을 알 수 있다. 북간도 지역에서는 서전서숙, 명동 학교 등의 교육 기관이 설립되었다.

개념잡는 오답풀이

① 이상룡, 이회영 등은 서간도 삼원보에 한인촌을 건설하고 자치 기구로 경학사를 조직하였다.
③ 중광단은 대종교도의 주도로 북간도 지역에서 조직되었다.
④ 신한 청년당은 상하이에서 결성되었다.
⑤ 서로 군정서는 서간도 지역에서 활동하였다.

160 대동단결 선언 답③

깊이있는 정답풀이

제시된 문서는 1917년에 신규식, 박은식, 신채호 등이 상하이에서 발표한 「대동단결 선언」이다. 이들은 「대동단결 선언」을 통해 독립의 의지를 밝히고 공화정에 기반한 임시 정부를 건설하자고 주장하였다.

161 상하이에서의 독립운동 답⑤

깊이있는 정답풀이

「대동단결 선언」은 상하이에서 발표되었다.

개념잡는 오답풀이

① 명동 학교와 서전서숙은 북간도의 용정촌, 명동촌에 설립되었다.
② 서간도의 류허현 삼원보에 신흥 무관 학교가 설립되었다.
③ 대한 광복군 정부는 연해주 지역에서 수립되었다.
④ 미주 지역 이주 동포들의 활동이다.

162 대한 광복군 정부 답⑤

깊이있는 정답풀이

'국외 독립 운동 단체',' 권업회',' 정부의 형태' 등을 통해 (가) 단체가 대한 광복군 정부임을 알 수 있다. 일제에 의한 강제 병합 이후 연해주의 블라디보스토크에서는 여러 단체가 모여 권업회(1911)라는 항일 독립 단체를 결성하였다. 권업회는 북간도 지역에 무관 학교를 세워 독립운동을 전개하였고, 블라디보스토크에 대한 광복군 정부(1914)를 수립함으로써 후일 임시 정부 탄생의 길을 열어 놓았다. 대한 광복군 정부에서는 이상설과 이동휘가 각각 정·부통령으로 선임되었다.

개념잡는 **오답풀이**

① 대한민국 임시 정부는 미주 지역에 구미 위원부를 두고 이승만을 중심으로 외교 활동을 하도록 지원하였다.
② 대한민국 임시 정부는 1940년 9월 충칭에서 한국 광복군을 창설하고 본격적인 무장 투쟁을 준비하였다.
③ 2·8 독립 선언은 일본의 도쿄에 거주하는 학생들이 발표한 것으로 3·1 운동의 배경이 되었다.
④ 대한민국 임시 정부가 수립된 초기에 파리 위원부를 두고 김규식을 대표로 파리 강화 회의에 참여시켰다.

163 미주 지역의 독립운동 답 ③

깊이있는 **정답풀이**

제시된 가상 일기의 '태평양', '사탕수수 밭', '대한인 국민회' 등의 내용을 통해 밑줄 친 '이곳'이 하와이라는 것을 알 수 있다. 하와이에 거주하던 동포들은 대조선 국민군단을 결성하고 군사 훈련을 실시하였다.

개념잡는 **오답풀이**

① 연해주 지역의 동포들이 권업회를 조직하고 권업신문을 발행하였다.
② 경학사는 서간도의 류허현(삼원보) 지방에 있던 민족 자치 기구이다.
④ 서전서숙, 명동 학교는 북간도의 룽징(용정)에서 민족 교육을 실시하였다.
⑤ 일본 도쿄 유학생을 중심으로 2·8 독립 선언서가 발표되었다.

164 미주 지역 동포의 활동 답 ④

깊이있는 **정답풀이**

제시된 자료에서 대한 제국 정부가 공인한 최초의 합법적 이민이 이루어졌다는 점을 통해 밑줄 친 '이곳'이 미국의 하와이임을 알 수 있다. 하와이에서는 박용만 등을 중심으로 독립군 양성을 위해 대조선 국민군단이 조직되었다.

개념잡는 **오답풀이**

① 명동 학교는 북간도 지역의 룽징(용정)에 세워진 민족 교육 기관이었다.
② 조선 국민회는 숭실 학교 출신들이 국내에 조직하였다.
③ 2·8 독립 선언은 일본 도쿄에서 유학생들이 발표하였다.
⑤ 연해주의 블라디보스토크에서는 1914년에 대한 광복군 정부가 세워졌다.

165 1910년대 국외 독립운동 지역 답 ①

깊이있는 **정답풀이**

① 1910년대 연해주에서는 성명회, 권업회 등의 한인 동포 사회가 만들어졌고, 이를 기반으로 대한 광복군 정부가 수립되었다.

개념잡는 **오답풀이**

② 용정에서 서전서숙, 명동 학교가 건설되었다.
③ 삼원보 지역에서 경학사, 부민단이 조직되고, 신흥 강습소가 만들어졌다.
④ 하와이에서 대조선 국민군단이 조직되어 군사 훈련을 실시하였다.
⑤ 도쿄에서는 유학생들을 중심으로 조선 청년 독립단이 조직되어 2·8 독립 선언을 발표하였다.

166 1910년대 국외 독립운동 지역 답 ②

깊이있는 **정답풀이**

1909년 남한 대토벌 작전이 전개되면서 의병과 애국지사들이 근거지를 만주와 연해주로 옮겼다. (가) 중국과 러시아 접경 지대인 밀산 일대에서는 독립운동 기지인 한흥동이 건설되었다. (나) 러시아의 연해주 지역에서는 권업회라는 독립운동 단체가 조직되었는데, 이후 국외 무장 독립 단체들을 모아 대한 광복군 정부를 조직하였다. (다) 북간도에서는 서전서숙과 명동 학교 등이 설립되었고, 대종교에서 조직한 중광단은 김좌진을 중심으로 북로 군정서로 발전하였다. (라) 서간도에서는 삼원보를 개척하여 독립운동 기지로 삼았고, 자치 기관이었던 경학사는 이후 부민단으로, 부민단은 서로 군정서를 조직하였다. (마) 상하이에 모인 민족 운동가들은 신한 청년당을 조직하여 이후 대한민국 임시 정부 수립을 주도하였다.

개념잡는 **오답풀이**

① 신민회가 삼원보에 자치 기관인 경학사와 부민단을 설립하였던 지역은, (라)서간도이다.
③ 박장호, 조맹선 등의 의병장을 중심으로 조직된 대한 독립단이 활동한 지역은 (라) 서간도의 삼원보 지역이다.
④ 서전서숙과 명동 학교 등의 학교가 설립된 지역은 (다) 북간도 지역이다.
⑤ 안창호의 주도로 대한인 국민회가 조직되어 독립운동 자금을 모아 지원했던 곳은 미주 지역이다.

167 민족 자결주의 원칙 답 ④

깊이있는 **정답풀이**

제시된 자료는 제1차 세계 대전의 뒤처리를 위해 전승국들이 개최한 파리 강화 회의에서 미국의 대통령 윌슨이 제창한 14개조 평화 원칙 중 일부이다. 그중에서도 민족 자결주의는 식민지 상태에서 해방과 독립을 열망하는 약소 민족에게 큰 희망을 안겨 주었고, 우리나라에서는 전국적인 만세 시위인 3·1 운동이 일어나는 계기가 되었다.

개념잡는 **오답풀이**

① 파리 강화 회의는 제1차 세계 대전의 뒤처리를 위한 국제 회의였다.
② 민족 자결주의는 승전국인 일본의 식민지에는 적용되지 않았다.
③ 고종은 1907년 네덜란드에서 열린 만국 평화 회의에 특사를 파견하였다.
⑤ 미국의 중재로 1905년 러시아와 일본은 포츠머스 조약을 맺었다.

168 신한 청년단의 활동 답 ②

깊이있는 **정답풀이**

제시된 자료는 김규식이 1919년 파리 강화 회의에 우리의 독립 의지를 전달한 문서이다. 이는 민족 자결주의의 영향을 받은 것인데, 파리 강화 회의에서 윌슨이 말한 '민족 자결'은 독일과 같은 패전국이 지배하던 식민지에만 적용되었으며, 미국이나 일본과 같은 전승국의 식민지는 그 대상에서 제외되었다. 그러나 이러한 사실을 제대로 알지 못한 상태에서 민족 자결주의에 관한 소식이 전해지자 신한 청년당은 파리 강화 회의에 김규식을 파견하였다.

개념잡는 **오답풀이**

ㄴ. 국제 연맹이 결성되기 이전 파리 강화 회의에 전달한 것이다.
ㄹ. 국채 보상 운동은 1907년에 전개되었다.

169 2·8 독립 선언의 발표 답 ③

깊이있는 정답풀이

레닌의 민족 해방 지원 선언, 윌슨의 민족 자결주의, 만주 지린성에서 나온 무오 독립 선언서, 일본 도쿄의 2·8 독립 선언 등은 국내 민족 운동을 자극하여 3·1 운동의 배경이자 계기가 되었다.

개념잡는 오답풀이

① 3·1 운동의 내용이다.
② 대한인 국민회는 미주에서 활동하였다.
④ 고종의 국장일을 즈음하여 3·1 운동이 일어났다.
⑤ 만주 지린성에서 국외 망명 독립운동가 39인은 독립 선언서(무오 독립 선언서)를 발표하였다.

170 국외에서의 독립 선언 답 ⑤

깊이있는 정답풀이

민족 자결주의의 영향으로 (가) 중국 지린성에서는 39명의 민족 지도자가 독립 선언서를 발표하였다. (나) 일본 도쿄에서는 유학생들이 1919년 2월 8일에 조선 독립 청년단의 이름으로 독립 선언서와 결의문을 발표하여 일본과 국제 사회에 한국의 독립을 선언하였다.

⑤ (가), (나)의 영향으로 1919년 3·1 운동이 일어났다.

171 3·1 운동의 배경 답 ⑤

깊이있는 정답풀이

'1919년 3월 1일', ' 탑골 공원'을 통해 제시된 자료의 민족 운동은 3·1 운동임을 알 수 있다. 도쿄에서 2·8 독립 선언서가 발표되는 등 유학생과 국외 독립운동가들을 중심으로 독립 선언서가 낭독되기 시작하였다. 한편, 미국 대통령 윌슨이 파리 강화 회의에서 민족 자결주의를 주창하면서 광복에 대한 우리 민족의 기대감이 고조되었다. 그리고 1919년 3월 1일에는 천도교 등 종교계 지도자들과 학생들이 모의하여 거족적인 만세 운동이 일어났다.

개념잡는 오답풀이

ㄱ, ㄴ. 3·1 운동이 일어나 거족적인 저항을 맞닥뜨린 일제는 무단 통치의 한계를 인식하고, 이른바 문화 정치를 표방하며 통치 방식을 바꾸었다. 한편, 3·1 운동을 계기로 각지의 임시 정부가 통합 논의를 거친 결과 상하이에 대한민국 임시 정부가 수립되었다.

172 3·1 운동의 전개 답 ③

깊이있는 정답풀이

제시된 자료는 3·1 운동과 관련 있다. 제1차 세계 대전 후 미국 대통령 윌슨이 세계 평화 원칙으로 민족 자결주의를 발표하였다. 이 소식이 전해지면서 국내외에서는 독립 선언의 움직임이 활발히 전개되었는데, 국내에서는 종교계 대표 33인에 의해 독립 선언서가 준비되면서 3·1 운동이 일어났다. 서울과 전국 여러 도시에서 시작된 3·1 운동은 시민과 학생들의 노력으로 전국으로 퍼져 나갔으며, 간도, 일본, 미주 등 국외로도 확산되었다.

③ 평화적 만세 시위로 시작된 3·1 운동은 점차 무력적 저항 운동으로 발전하였다.

173 기미 독립 선언서의 발표 답 ③

깊이있는 정답풀이

'공약 3장', '선언에 참여한 33인'을 통해 제시된 자료는 기미 독립 선언서이고 (가)는 3·1 운동임을 유추할 수 있다. 3·1 운동을 계기로 일제가 무단 통치에서 이른바 문화 정치로 통치 방식을 바꿀 정도로 운동의 영향력은 대단하였다. 한편, 3·1 운동을 하면서 전 민족을 대표할 만한 조직의 필요성을 절실히 느끼게 되었고 이에 대한민국 임시 정부가 탄생하였다.

개념잡는 오답풀이

① 3·1 운동은 고종의 국장일을 즈음하여 일어났다.
② 의회 설립을 추진한 단체는 독립 협회이다.
④ 대한매일신보의 후원으로 확산된 운동은 국채 보상 운동(1907)이다.
⑤ 1905년 메가타는 화폐 정리 사업의 명목으로 백동화 사용을 금지하였다.

174 3·1 운동의 전개 답 ②

깊이있는 정답풀이

밑줄 친 '의거'는 3·1 운동이다. 전국적인 만세 시위로 전개된 3·1 운동은 국외로까지 확산되면서 세계 각국에 전해져 아시아 각국의 반제국주의 민족 운동에 일조하였다. 3·1 운동은 그 동안 계몽 운동 계열과 의병 운동 계열, 공화주의와 복벽주의 등으로 나누어져 있던 민족의 역량을 하나로 묶어 우리 민족의 독립 의지를 국제 사회에 알렸다. 동시에 운동 과정에서 민중의 민족적·계급적 각성이 촉진되어 민족 해방 운동의 기반이 확대되었다.

② 대한민국 임시 정부는 3·1 운동을 계기로 결성되었다.

175 3·1 운동의 양상 변화 답 ①

깊이있는 정답풀이

3·1 운동이 전국의 농촌과 산간 벽지로 확산되면서 일제의 탄압이 심해지자 평화 시위가 폭력적인 형태로 바뀌었다.

개념잡는 오답풀이

② 3·1 운동 당시에는 사회주의 세력이 영향을 주지 못했다.
③ 치안 유지법은 3·1 운동 이후인 1925년에 제정되었다.
④, ⑤ 3·1 운동을 준비하는 과정에서 종교인들의 연합 전선이 만들어졌으며, 민족 대표 33인이 독립 선언서를 낭독하였다.

176 3·1 운동 당시의 구호 답 ④

깊이있는 정답풀이

'고려의 독립 기원', '전 황제의 국장' 등을 통해 제시된 내용이 3·1 운동과 관련된 기사임을 파악할 수 있다. 기미 독립 선언서의 공약 3장에서는 3·1 운동이 '정의, 인도, 생존, 존영을 위하는 민족적 요구'이고 '최후의 일인까지 최후의 일각까지 민족의 정당한 요구를 흔쾌히 발표하며 일제의 행동은 질서를 존중하여 광명정대하게 할 것'을 밝히고 있다.

개념잡는 오답풀이

①, ② 1929년 광주 학생 항일 운동의 구호이다.
③ 1926년 6·10 만세 운동에서 등장한 구호이다.
⑤ 의열단의 요청을 받고 신채호가 작성한 「조선 혁명 선언」의 내용이다.

177 3·1 운동의 특징 답 ③

깊이있는 정답풀이

제시된 신문 기사 중 투옥자의 직업이 위로는 양반 출신의 유생부터 아래로는 노동자, 농민에까지 이른다는 것을 통해 3·1 운동이 전 민족·계층이 참여한 민족 운동이었음을 알 수 있다.

③ 관료들이나 양반 출신들도 3·1 운동에 참여하였다.

178 3·1 운동에 참여한 계층 답 ②

깊이있는 정답풀이

제시된 지도는 3·1 운동 당시 전국의 봉기 지역을 나타낸 것이다. 미국 대통령 윌슨이 발표한 세계 평화 안에는 민족 자결주의 원칙도 포함되어 있었는데, 이는 제1차 세계 대전 패전국의 식민지에만 적용되었다. 그러나 이것은 국내외 지식인들과 학생들의 민족 운동에 영향을 끼쳤다. 이들은 우리 민족의 독립 의지를 전 세계에 표방하면 세계 강대국들이 도와줄 것으로 여겼다. 그리하여 학생들과 종교계 대표들에 의해 3·1 운동이 준비되었다. 3·1 운동은 종교계 대표들에 의해 독립 선언서가 작성되면서 시작되었고, 학생들의 주도로 점차 확산되어 갔다. 한편 3·1 운동이 농촌으로 확산되어 토지 조사 사업으로 결정적 타격을 입은 농민들이 참여하면서 시위 양상은 이전과 차이를 나타냈다. 즉, 일제의 무력 진압에 저항하여 농민들은 곡괭이나 쇠스랑 등을 가지고 무력 투쟁을 전개하였다.

개념잡는 오답풀이

ㄴ. 일제는 1923년 한국과 일본 사이의 관세를 폐지하였다.

ㄹ. 회사령은 1920년에 폐지되었다.

179 3·1 운동의 영향 답 ④

깊이있는 정답풀이

'민족 대표의 독립 선언', '탑골 공원' 등을 통해 3·1 운동(1919)의 전개 과정임을 알 수 있다. 3·1 운동은 민족 대표 33인의 독립 선언과 탑골 공원에서의 시위로 시작되었다. 비슷한 시간에 여러 도시에서도 시위가 전개되었고, 전국으로 확산되었다. 학생, 상인, 노동자, 농민 등 전 국민이 참여한 시위로서 국외로까지 퍼져나갔다. 3·1 운동은 제국주의 열강에 고통받던 아시아 국가들의 민족 운동에 많은 영향을 주었다. 3·1 운동 이후 체계적인 독립운동의 필요성이 제기되어 각지에 흩어져 있던 정부를 통합하여 상하이에 대한민국 임시 정부가 설립되었다.

개념잡는 오답풀이

① 대한 광복회(1915)는 광복단과 조선 국권 회복단이 통합하여 대구에서 조직된 비밀 단체이다.

② 국채 보상 운동은 일본에 진 나라 빚을 갚아 자주성을 회복하자는 운동으로, 1907년 대구에서 시작되었다.

③ 어업령과 삼림령은 1910년대 일제가 우리의 자원을 수탈하기 위해 제정하였다.

⑤ 헤이그 만국 평화 회의에 특사가 파견된 것은 1907년이다. 고종은 을사늑약의 부당성을 세계에 알리기 위해 특사를 파견하였으나 일본의 방해로 뜻을 이루지 못하고 이것이 빌미가 되어 퇴위당하고 말았다.

180 3·1 운동의 의의 답 ④

깊이있는 정답풀이

밑줄 친 '이 운동'은 3·1 운동이다. 이 운동은 국내외를 막론하고 온 겨레가 참여한 거국적인 민족 운동으로 발전하여 일제 강점기 최대의 민족 운동이 되었다. 일제는 3·1 운동을 계기로 헌병 경찰제와 같은 강압적 방법으로는 한국인을 통치할 수 없다는 것을 깨닫고, 통치 방식을 '문화 정치'로 바꾸었다. 또한 3·1 운동을 계기로 민족 지도자들은 독립운동을 지도할 조직이 필요하다는 것을 느끼고 각지에 임시 정부를 세웠고, 이들 정부는 이후 대한민국 임시 정부로 통합되었다. 3·1 운동은 5·4 운동 등 세계 약소민족의 반제국주의 운동에도 영향을 끼쳤다. 한편 3·1 운동은 민족 운동의 주체가 학생·농민·노동자 등으로 확대되는 데 영향을 주었다.

④ 3·1 운동은 윌슨이 제창한 민족 자결주의, 일본 도쿄에서 발표된 2·8 독립 선언 등의 영향을 받아 일어났다.

181 3·1 운동과 일제 통치 방식의 변화 답 ①

깊이있는 정답풀이

일제는 3·1 운동을 거치면서 무력만으로는 한민족을 지배할 수 없다는 것을 깨닫고 민족을 이간, 분열시키기 위해 '문화 정치'로 전환하였다. 또한 일제가 3·1 운동을 탄압하면서 저지른 제암리 학살 사건 등으로 국제 여론이 악화되자 이를 모면하기 위해 통치 방식을 바꿨다.

개념잡는 오답풀이

ㄷ. 산미 증식 계획은 1920년에 시작되었다. 이는 경제 수탈에 해당한다.

ㄹ. 사회주의 사상은 3·1 운동 이후 국내에 유입되었다.

182 3·1 운동에 대한 평가 답 ①

깊이있는 정답풀이

3·1 운동은 제1차 세계 대전에서 승리한 국가의 식민지에서 일어난 최초의 반제국주의 민족 운동으로서 중국의 5·4 운동 등 아시아 여러 민족의 해방 운동에 영향을 끼쳤다. 학생들이 3·1 운동을 주도하였으며, 민족이 거족적으로 참여하여 우리의 독립 의지를 표명하였다.

개념잡는 오답풀이

② 3·1 운동은 초기에 평화적 만세 시위로 전개되었으며, 토지 조사 사업으로 가장 큰 타격을 입은 농민들이 참여하면서 무력적 저항 운동으로 발전하였다. 그러나 무장 독립군의 지원으로 나타난 것은 아니다.

③ 3·1 운동이 일어난 당시는 헌병 경찰 통치 시기였다.

④ 의열단, 한인 애국단이 의거 활동을 전개하였다. 이들 단체는 모두 3·1 운동 이후에 결정되었다.

⑤ 실력 양성 운동은 3·1 운동 이후 국내에서 민족주의 세력이 주도하였다.

183 각지의 임시 정부 수립 답 ①

깊이있는 정답풀이

'혁명 사업이 시작', '최고 기관인 임시 정부' 등의 구절을 통해 3·1 운동 이후 여러 지역에 성립한 임시 정부에 관한 것임을 알 수 있다. 3·1 운동을 계기로 연해주에서는 손병희를 대통령으로 하는 대한 국민 의회가, 중국에서는 이승만을 국무총리로 하는 상하이 임시 정부가, 국내에서는 이승만을 집정관 총재로 하는 한성 정부가 각각 수립되었다.

개념잡는 오답풀이

ㄷ. 대한 광복군 정부는 1914년 블라디보스토크에서 이상설과 이동휘를 정·부통령으로 하는 독립군 조직이다.

ㄹ. 대한인 국민회는 1910년 미주 지역에서 조직된 항일 단체이다.

184 대한 국민 의회의 수립 답 ⑤

깊이있는 정답풀이

추론 TIP 전러 한족회 중앙 총회, 임시 정부 구성 → 연해주의 대한 국민 의회

> 본 회의는 일반 국민의 의사를 대표하는 기관으로서 바야흐로 한국이 독립을 보게 된 데 즈음하여 전러 한족회 중앙 총회 상설 위원회를 한국 국민 전체의 의사를 대표하는 기구로 정할 수 없음은 유감이나, 제반의 사정에 따라 전 국민을 대표하는 국민 의회를 조직할 수 없으므로 상설 위원회를 임시 국민 의회로 하고 장래 한국이 독립하는 날을 당하여 임시 대통령을 선거하여 대외의 문제, 기타 내정, 외교의 일반을 맡아서 처리할 임시 정부로 하는 데 있다.

제시된 자료는 연해주에서 수립된 대한 국민 의회에 관한 내용이다. 각지에서 전개되던 항일 투쟁을 강화하기 위해서는 동포의 지지를 끌어 모으고, 역량을 효율적으로 발휘할 수 있는 임시 정부의 수립이 필요하였다. 이러한 움직임은 3·1 운동을 계기로 더욱 가속화되었다. 연해주 지역에서 활동하던 독립 운동가들은 전로 한족회 중앙 총회를 중심으로 임시 정부를 수립하기 위해서 노력하였다. 이들은 3·1 운동이 일어나기 이전인 1919년 2월부터 임시 정부 수립을 준비하였다. 그리하여 3·1 운동 직후 3월에 손병희를 대통령으로 하는 대한 국민 의회의 수립을 선포하였다.

개념잡는 오답풀이

① 이승만은 대한민국 임시 정부에서 초대 대통령으로 추대되었다. 한편 한성 정부에서는 이승만을 집정관 총재로 발표하였다.
② 국외 망명 독립운동가 39인이 만주 지린성에서 독립 선언서를 발표하였다.
③ 대한 국민 의회가 한성 정부보다 먼저 결성되었다.
④ 대한 국민 의회에 참여한 사람들은 무장 투쟁을 준비하였다.

185 각지 임시 정부의 통합 답 ①

깊이있는 정답풀이

제시된 자료는 안창호가 상하이에 임시 정부를 두자고 한 주장의 일부이다. 대한민국 임시 정부는 한성 정부의 법통을 계승하고 대한 국민 의회를 흡수하여 상하이에 그 중심지를 두면서 통합 정부로 수립되었다.

개념잡는 오답풀이

ㄷ. 상하이는 외교 활동에 유리한 지역이었다.
ㄹ. '민국'이라는 명칭을 통해 공화주의를 채택하였음을 알 수 있다.

186 대한민국 임시 정부의 활동 답 ③

깊이있는 정답풀이

'상하이 임시 정부', '한성 정부', '대한 국민 의회'를 통해 대한민국 임시 정부의 활동을 묻고 있음을 알 수 있다. 대한민국 임시 정부는 당시 세계 질서의 주도권을 장악하고 있는 미국에 구미 위원부를 두어 위원장인 이승만을 중심으로 적극적인 외교 활동을 전개하였다. 대한민국 임시 정부는 수립 직후 독립운동 자금을 마련하기 위해 독립 공채를 발행하거나 의연금을 거두었는데, 이러한 자금은 연통제, 교통국 등의 조직망을 통해 임시 정부에 전해졌다.

개념잡는 오답풀이

ㄱ. 권업신문은 연해주에서 조직된 권업회의 기관지이다. 권업회는 대한광복군 정부를 수립하였다.
ㄹ. 서전서숙, 명동 학교는 이상설과 김약연 등이 북간도에 세운 교육 기관이다.

187 연통제 답 ①

깊이있는 정답풀이

'출금', '정부 법령, 공문의 전파 계통과 보고 계통' 등의 내용을 통해 대한민국 임시 정부의 연통제에 관한 것임을 알 수 있다. 연통제는 국내의 군, 면에 군감, 면감을 둔 비밀 행정 조직으로 임시 정부가 독립운동 자금을 조달하고 국내의 각 도와 연락 업무를 위해 설치한 통로였다. 연통제는 평안도, 함경도, 황해도 등 주로 한강 이북 지역에서 실현되었는데 1921년 일제에게 들켜 거의 깨지고 말았다.

① 국민 대표 회의는 1923년에 개최되었다. 이는 연통제 등 비밀 조직이 드러나 임시 정부의 활동이 위축된 상황에 영향을 받았다.

188 대한민국 임시 정부의 외교 활동 답 ③

깊이있는 정답풀이

대한민국 임시 정부는 김규식을 임시 정부의 대표로 임명하고 파리 강화 회의에서 외교 활동을 전개하였다. 또한 미국에 구미 위원부를 설치하고 대통령 이승만을 중심으로 외교 활동을 벌였다.

개념잡는 오답풀이

① 최익현은 을사의병 당시 거병하였으나 실패하였고, 쓰시마섬에 유배되어 순국하였다.
② 대한민국 임시 정부는 3·1 운동의 영향을 받아 조직되었다.
④ 서간도 지역에 신민회의 주도로 신흥 강습소가 설립되었고, 이후 신흥 무관 학교로 개편되었다.
⑤ 임병찬이 주도한 독립 의군부는 일제에 국권 반환 요구서를 제출하려다 발각되어 해체되었다.

189 대한민국 임시 정부의 역할 답 ⑤

깊이있는 정답풀이

제시된 자료는 대한민국 임시 정부가 발표한 선언문이다. 상하이에서 통합 임시 정부로 수립된 대한민국 임시 정부는 자금과 국내 정보를 모으고 각 도와 연락 업무를 위해 연통제를 실시하였다. 임시 정부는 연통제와 교통국을 이용하여 독립운동 자금을 조달하였으며, 독립 공채를 발행하여 독립운동 자금을 모금하였다. 한편, 임시 정부는 사료 편찬부를 두고 『한일 관계 사료집』을 간행하였으며, 기관지인 독립신문을 간행하였다. 그리고 국제 연맹이나 워싱턴 회의 등 각종 국제 평화 회의에 한국의 독립 문제를 제기하기도 하였다. 대한민국 임시 정부는 무장 활동을 위해 광복군 총영과 광복군 사령부를 두고 지원하기도 하였다.

개념잡는 오답풀이

ㄱ. 3·1 운동 직후에 대한민국 임시 정부가 수립되었다.

190 대한민국 임시 정부의 조직

답 ③

깊이있는 정답풀이

연통제를 발표하였다는 것을 통해 (가)가 대한민국 임시 정부임을 알 수 있다. 3·1 운동 이후 여러 지역에서 수립된 임시 정부는 통합 운동을 시작하여, 한성 정부의 법통을 계승하고 그 인선을 채용하되 정부의 위치는 상하이에 두고 대통령에 이승만, 국무총리에 이동휘를 선임하였다.

개념잡는 오답풀이

① 국민 대표 회의는 1923년에 개최되었다.

② 대한 국민 의회는 전로 한족회 중앙 총회를 정부 형태로 개편하여 출범하였다.

④ 한성 정부는 13도 대표가 국민 대회 취지서를 발표하고 수립되었다.

⑤ 임시 정부 통합 전 상하이에 구성되었던 임시 정부는 이승만을 국무총리, 안창호를 내무총장으로 선임하였다.

191 임시 정부 활동의 위축 배경

답 ②

깊이있는 정답풀이

제시된 자료는 대한민국 임시 정부의 국민 대표 회의 소집 요구와 관련된 것이다. 임시 정부에서는 초기 외교 활동에 거의 성과가 없었으며, 이승만이 미국과 국제 연맹에 위임 통치 청원서를 제출하자 무장 투쟁론자들의 주장에 따라 국민 대표 회의가 개최되었다.

개념잡는 오답풀이

ㄴ. 1882년 조청 상민 수륙 무역 장정 체결 이후 청은 내정 간섭을 강화하였다.

ㄷ. 1907년 헤이그 특사의 활동은 일제의 방해로 큰 성과를 거두지 못하고 끝났다.

192 임시 정부를 둘러싼 주장

답 ③

깊이있는 정답풀이

대한민국 임시 정부에서 대통령이 국정을 총괄하는 운영 체제로 활동했던 초기에 이승만은 구미 위원부를 중심으로 외교 활동을 전개해야 한다고 주장하였으며, 이동휘는 무장 투쟁을 주장했다. 1919년 이승만이 미국 윌슨 대통령에게 한국에 대한 국제 연맹의 위임 통치를 요청하는 문서를 보낸 것이 알려져 국민 대표 회의가 열리게 되었으며, 이 과정에서 신채호는 기존 임시 정부의 해체를 주장하였다.

③ 한국 광복군은 대한민국 임시 정부가 충칭에 정착하며 1940년에 창설되었다.

193 국민 대표 회의

답 ⑤

깊이있는 정답풀이

자료의 밑줄 친 '이 회의'는 국민 대표 회의이다. 국민 대표 회의에서 각 독립 운동가들은 창조파와 개조파로 나뉘어 대립하였으나 의견의 일치를 보지 못한 채 흩어지게 되었다.

개념잡는 오답풀이

① 이승만 탄핵은 국민 대표 회의 이후인 1925년에 대한민국 임시 정부의 임시 의정원에서 결정하였다.

194 국민 대표 회의의 개최

답 ④

깊이있는 정답풀이

추론 TIP 1923년, 새로운 임시 정부 수립 주장과 폐지 반대론 대립 → 국민 대표 회의

회의 기록

작성 일시: 1923년 ○월 ○일

- ○○○: 임시 정부가 실질적인 사업을 수행하려 했을 때도 준비가 되어 있지 않았으며, 열의도 없고 능력마저 없다는 사실을 드러냈습니다. 때문에 새로운 임시 정부를 수립해야 합니다.
- ▲▲▲: 임시 정부가 많은 결함을 지니고 있음에도 불구하고, 그것은 개별 인사들의 결함에 따른 것일 뿐입니다. 새로운 인사들이 선출된다면 이 정부는 의미를 갖추게 될 것이며, 기관 그 자체는 폐지되지 않을 것입니다.

이승만의 독립 청원서 제출에 대한 비난

대한민국 임시 정부를 없애고 새로운 임시 정부를 수립해야 한다는 주장(창조파)과 임시 정부의 조직을 개편하여 유지하자는 주장(개조파)이 대립되고 있다는 사실을 통해 1923년에 개최된 국민 대표 회의임을 알 수 있다. 대한민국 임시 정부는 일제의 감시와 탄압으로 연통제와 교통국이 발각되어 활동이 어려워지면서 재정적으로 어려움을 겪게 되었다. 초기의 주요 정책이었던 외교 독립론이 강대국의 무관심으로 성과를 거두지 못하자 독립운동 방법론을 둘러싸고 지도세력 사이에 대립이 심해졌다. 이에 새로운 활로를 모색하기 위한 국민 대표 회의가 1923년에 상하이에서 열렸으나, 개조파와 창조파가 대립하면서 결렬되고 말았다.

개념잡는 오답풀이

① 대한민국 임시 헌법은 1919년에 공포되었다.

② 13도 대표가 국민 대회 취지서를 발표하고 한성 정부를 수립하였다.

③ 대한 독립 선언서는 대한민국 임시 정부가 수립되기 이전에 만주 지린성에서 활동하는 독립운동가 39명이 발표하였다.

⑤ 3·1 운동을 계기로 여러 지역에 수립된 임시 정부를 통합하려는 움직임을 통해 상하이에서 대한민국 임시 정부가 수립되었다.

195 창조파와 개조파의 주장

답 ③

깊이있는 정답풀이

(가)는 1923년에 개최된 국민 대표 회의 당시 창조파의 주장이고, (나)는 개조파의 주장이다. 창조파와 개조파는 국민 대표 회의에서 임시 정부가 나아갈 방향을 둘러싸고 대립하였다. 창조파는 이승만의 외교 독립론을 비판하였고 1923년 6월 2일 창조파만으로 진행된 비밀 회의에서 새로운 정부를 결성하기로 하였다. 개조파는 창조파만의 정부 추진에 대해 반대 성명을 냈으며, 당시 임시 정부 내무총장이었던 김구는 국민 대표 회의의 해산을 명령하였다.

③ 김구, 이동녕은 현상 유지를 주장하였다.

196 국민 대표 회의 직후의 임시 정부

답 ①

깊이있는 정답풀이

제시문은 대한민국 임시 정부의 대통령 이승만을 탄핵한다는 내용으로 '직무지를 떠나 5년'이란 말에서 1925년에 추진되었음을 알 수 있다. 대한민국 임시 정부가 제 역할을 하지 못하자 독립운동 방향을 둘러싼 대립이 격화되는 가운데, 1923년 국내외 독립운동 단체의 대표들이 참여한 국민 대표 회의가 열렸다. 회의가 창조파와 개조파로 나뉘어 대립하다 끝내 결렬

되자, 임시 정부는 자체적으로 활로를 찾기 위해 1925년 임시 의정원에서 대통령 이승만에게 책임을 물어 탄핵을 하였다.

개념잡는 **오답풀이**

② 국무령 중심의 내각 책임 체제에서 국무위원 중심의 집단 지도 체제로 바뀐 것은 1927년의 개헌에 의해서였다.

③ 대한민국 임시 헌법은 1919년 9월에 발표되었다.

④ 3·1 운동의 전개 과정에서 일제는 화성 제암리의 마을 주민들을 학살하는 등의 만행을 저질렀다.

⑤ 1919년 4월 국내에서 집정관 총재 이승만, 국무총리 총재 이동휘 중심의 한성 정부가 수립되었다. 대한민국 임시 정부는 한성 정부의 법통을 계승하였다.

197 국민 대표 회의 이후의 사실 답 ①

깊이있는 **정답풀이**

임시 정부의 조직과 체제를 개선하자는 주장과 임시 정부를 새로 조직하자는 주장이 제기되었다는 점을 통해 자료가 1923년에 개최된 국민 대표 회의와 관련됨을 알 수 있다. 국민 대표 회의에서 개조파와 창조파가 대립하였고 그 결과 회의 성과를 거두지 못하고 결렬되었으며 많은 독립운동가들이 대한민국 임시 정부를 떠나게 되었다. 회의 이후 대한민국 임시 정부는 이승만 대통령을 탄핵하고 박은식을 제2대 대통령으로 선출하였으며, 김구의 주도로 한인 애국단을 조직하였다.

개념잡는 **오답풀이**

ㄷ. 대한 국민 의회는 1919년 연해주 지역에서 설립되었다.

ㄹ. 연통제와 교통국이 붕괴되고 외교 활동의 성과가 부진하자, 대한민국 임시 정부는 새로운 노선과 활로를 모색하기 위해 국민 대표 회의를 개최하였다.

STEP 3 서술형 풀어 보기 51~53쪽

198 독립 의군부의 활동

(1) 답 복벽주의

(2) 모범답안 독립 의군부, 고종의 복위를 목표로 전국적인 의병 봉기를 계획하였다. 또한 일본의 총리대신과 조선 총독에게 국권 반환 요구서를 보내려 하였으나, 준비 단계에서 발각되어 실패하였다.

채점 기준	수준
독립 의군부를 쓰고, 고종의 복위를 위한 의병 봉기 계획, 일제에 국권 반환 요구서 제출 시도를 모두 서술한 경우	상
독립 의군부를 쓰고, 제시된 활동 내용 중 한 가지만 서술한 경우	중
독립 의군부라고만 쓴 경우	하

199 대한 광복회의 활동 목표

(1) 답 대한 광복회

(2) 모범답안 대한 광복회는 의병 계열과 애국 계몽 운동 계열의 비밀 결사가 통합한 단체로, 각 지역에 군대식 조직을 갖추었고 국권 회복과 민주 공화국 수립을 목표로 활동하였다.

채점 기준	수준
의병 계열과 애국 계몽 운동 계열의 결합, 군대식 조직, 민주 공화국 수립 목표를 모두 서술한 경우	상
민주 공화국 수립 목표를 포함하여 두 가지를 서술한 경우	중
위 내용 중 한 가지만 서술한 경우	하

200 신민회의 독립운동 기지 건설

(1) 답 신민회

(2) 모범답안 삼원보에 자치 기관인 경학사를 설립하였고, 독립군을 양성하기 위해 신흥 강습소(이후 신흥 무관 학교로 개편)를 설립하였다.

채점 기준	수준
신민회 회원이 삼원보에서 전개한 두 가지 활동을 모두 서술한 경우	상
위의 내용 중 한 가지만 서술한 경우	하

201 민족 자결주의의 영향

(1) 답 민족 자결주의

(2) 모범답안 신한 청년당은 파리 강화 회의에 김규식을 파견하여 독립을 청원하였고, 만주에서 민족 지도자 39인이 독립 선언서를 발표하였다. 또한 일본에서는 조선 청년 독립단이 결성되어 2·8 독립 선언을 발표하였다. 국내에서는 민족 지도자 33인을 주축으로 기미 독립 선언서를 발표하고 3·1 운동을 전개하였다.

채점 기준	수준
국내(3·1 운동 전개) 독립운동을 포함하여 세 가지 이상 서술한 경우	상
국내(3·1 운동 전개) 독립운동을 포함하여 두 가지를 서술한 경우	중
제시된 내용 중 한 가지만 서술한 경우	하

202 3·1 운동의 배경

(1) 답 3·1 운동

(2) 모범답안 국내적으로는 가혹한 무단 통치에 대한 반발과 고종의 갑작스러운 서거가 배경이 되었고, 국외적으로는 민족 자결주의의 대두와 2·8 독립 선언 발표 등이 배경이 되었다.

채점 기준	수준
3·1 운동의 배경을 국내와 국외로 나누어 모두 서술한 경우	상
위의 내용 중 한 가지만 서술한 경우	하

203 3·1 운동의 양상 변화의 배경

모범답안 일제가 평화적 시위를 무력으로 진압하고 화성 제암리 주민들을 학살하는 등 무자비하게 탄압하였기 때문이다.

채점 기준	수준
'평화적 시위', '일제의 무자비한 탄압'이라는 문구를 사용하여 서술한 경우	상
제시된 문구 중 한 가지만 사용하여 서술한 경우	하

204 3·1 운동의 의의

✔모범답안 모든 계층이 참여한 역사상 최대 규모의 민족 운동으로, 일제가 통치 방식을 이른바 문화 정치로 바꾸도록 만들었다. 또한 대한민국 임시 정부가 수립되고 중국에서 5·4 운동이 일어나는 계기가 되었다.

채점 기준	수준
역사상 최대 규모의 민족 운동, 문화 정치 실시, 대한민국 임시 정부 수립의 계기, 중국 5·4 운동에 영향 중 두 가지 이상 서술한 경우	상
위 내용 중 한 가지만 서술한 경우	하

205 대한민국 임시 정부의 위치

✔모범답안 서양 열강의 조계지가 있어 외교 활동에 유리하였고, 각지의 독립운동 세력과 연락이 편리하였기 때문이다.

채점 기준	수준
외교 활동에 유리, 각지의 독립운동 세력과의 연락이 편리함을 모두 서술한 경우	상
위 내용 중 한 가지만 서술한 경우	하

206 대한민국 임시 정부 수립의 의의

✔모범답안 역사상 최초로 국민이 주권을 가지는 민주 공화제를 채택함으로써 국민의 나라인 대한민국이 세워졌으며, 삼권 분립의 원칙에 따라 입법부·행정부·사법부의 역할을 구분하였다.

채점 기준	수준
민주 공화제 채택, 삼권 분립의 원칙에 따랐음을 모두 서술한 경우	상
위 내용 중 한 가지만 서술한 경우	하

207 대한민국 임시 정부의 활동

✔모범답안 ㉠: 비밀 행정 조직인 연통제와 비밀 통신 기관인 교통국을 운영하여 독립 자금을 모았다.

㉡: 미국에 구미 위원부를 설치하고 국제 여론의 지지를 얻고자 노력하였다.

㉢: 군무부를 설치하고 일부 무장 투쟁 조직을 육군 주만 참의부로 편성하였다.

채점 기준	수준
㉠ – '연통제'·'교통국', ㉡ – '구미 위원부', ㉢ – '군무부'·'육군 주만 참의부'의 용어를 사용하여 모두 서술한 경우	상
㉠ ~ ㉢ 중 두 가지에 해당하는 내용을 서술한 경우	중
㉠ ~ ㉢ 중 한 가지에 해당하는 내용만을 서술한 경우	하

208 외교 독립론에 대한 반발

✔모범답안 신채호, 박용만 등의 무장 투쟁론자들은 이승만이 국제 연맹에 위임 통치를 요청한 사실을 문제 삼아 임시 정부를 해산해야 한다고 주장하였다.

채점 기준	수준
'무장 투쟁론자', '임시 정부 해산 요구'의 문구를 사용하여 서술한 경우	상
제시된 문구 중 한 가지만 사용하여 서술한 경우	하

209 국민 대표 회의의 내용과 결과

✔모범답안 국민 대표 회의에서 임시 정부를 해체하고 새로운 정부를 수립하자는 창조파와 임시 정부의 조직만 개편하고 보완하자는 개조파가 대립하여 회의는 결렬되었다. 이후 많은 민족 운동가들이 임시 정부를 떠나면서 임시 정부는 한동안 침체에 빠졌다.

채점 기준	수준
창조파의 주장(임시 정부 해체), 개조파의 주장(임시 정부 개편), 임시 정부 침체를 모두 서술한 경우	상
창조파의 주장과 개조파의 주장 중 한 가지, 임시 정부 침체를 서술한 경우	중
창조파의 주장과 개조파의 주장만을 서술한 경우	하

04 민족 운동의 전개와 분화(2)

STEP 1 O/X 문제로 교과서 핵심 자료 보기 56~57쪽

210 O	211 X	212 O	213 O	214 X	215 O
216 O	217 O	218 O	219 O	220 X	221 O
222 O	223 X	224 O	225 O	226 X	227 O
228 O	229 O	230 X	231 O	232 X	233 O

STEP 2 객관식 풀어 보기 58~72쪽

234 ④	235 ⑤	236 ①	237 ⑤	238 ②	239 ③
240 ③	241 ③	242 ③	243 ③	244 ③	245 ③
246 ③	247 ③	248 ⑤	249 ①	250 ⑤	251 ④
252 ⑤	253 ②	254 ③	255 ④	256 ⑤	257 ②
258 ⑤	259 ③	260 ①	261 ④	262 ⑤	263 ①
264 ②	265 ⑤	266 ③	267 ④	268 ①	269 ④
270 ①	271 ①	272 ③	273 ④	274 ③	275 ④
276 ④	277 ④	278 ⑤	279 ②	280 ③	281 ③
282 ④	283 ④	284 ⑤	285 ①	286 ③	287 ⑤
288 ③	289 ③	290 ④	291 ①	292 ①	293 ⑤

234 청산리 대첩 답 ④

깊이있는 정답풀이

'갑산촌 이동', '어랑촌 전투'가 제시되어 있으므로 자료에 나타난 전투가 청산리 대첩임을 알 수 있다. 청산리 대첩은 독립군 연합 부대가 간도의 청산리 일대에서 백운평 전투를 시작으로 완루구 전투, 천수평 전투, 어랑촌 전투, 맹개골 전투, 고동하 전투에서 일본군을 크게 무찌른 전투이다. 청산리 대첩은 일본군이 간도로 출병한 후, 독립군이 그들과 대결한 전투 중 가장 큰 규모의 승리였다.

개념잡는 오답풀이

① 독립 의군부는 1912년 결성되어 국내에서 활동한 비밀 결사이다.
② 서울 진공 작전은 1908년 13도 의병 연합 부대가 전개하였다.
③ 대한 국민 의회는 1919년 3월 블라디보스토크에 수립된 임시 정부이다.
⑤ 마지막 의병장이라 불린 채응언은 1915년까지 의병 부대를 이끌고 활동하였다.

235 청산리 대첩의 전개 답 ⑤

깊이있는 정답풀이

추론 TIP 김좌진과 홍범도 등의 활약 → 청산리 대첩 → 북로 군정서와 대한 독립군의 활약

〈전투 일지〉
- 10월 21일: 백운평에서 이범석 부대가 야스가와의 추격대를 전멸시킴 완루구에서 홍범도 부대가 일본군을 공격하여 전멸시킴
- 10월 22일: 김좌진 부대가 천수동에 머물던 일본군 기병대를 전멸시키고, 어랑촌에서 공격해 오는 일본군 부대를 격퇴함
- 10월 23일: 독립군을 추격해 오던 일본군과 산발적으로 전투를 벌임
- 10월 25일: 고동하 계곡의 독립군 야영지를 급습한 일본군을 격퇴함

제시된 자료에서 백운평, 완루구, 어랑촌, 고동하 등의 지명과 홍범도와 김좌진 등이 이끄는 부대가 활약하였다는 점을 통해 1920년 청산리 대첩 당시의 전투 일지임을 알 수 있다. 청산리 대첩은 봉오동 전투 이후 독립군을 추격해 온 일본군을 1920년 10월 21일부터 26일까지 10여 차례의 크고 작은 전투에서 크게 무찌른 것으로, 김좌진의 북로 군정서와 홍범도의 대한 독립군 등 독립군 연합 부대가 활약하였다.

개념잡는 오답풀이

① 3부 통합 운동은 1920년대에 전개되었고, 그 결과 만주의 독립운동 세력이 국민부와 혁신 의회로 통합되었다.
② 의열단은 1919년 만주에서 결성되었으나, 청산리 대첩이 일어날 무렵에는 개인 의거 활동에 치중하였다.
③ 청산리 전투에 대한 보복으로 일제가 간도 참변을 일으켰다.
④ 대한민국 임시 정부는 남만주의 일부 무장 투쟁 조직을 1923년 군무부 직할의 육군 주만 참의부로 편성하여 적극적인 항일 활동을 전개하였다.

236 청산리의 위치 답 ①

깊이있는 정답풀이

'북로 군정서가 적군과 전투를 벌여 전과를 올렸다'는 내용을 통해 간도에서 발생한 청산리 대첩에 대한 글임을 알 수 있다. 청산리의 위치는 지도의 ㉠이다.

개념잡는 오답풀이

② ㉡은 삼둔자, ③ ㉢은 봉오동, ④ ㉣은 나자구, ⑤ ㉤은 블라디보스토크이다.

237 청산리 대첩의 의의 답 ⑤

깊이있는 정답풀이

봉오동 전투에서 패배한 일본군이 만주의 독립군을 토벌하기 위해 대대적인 군대를 파견하자 김좌진이 이끄는 북로 군정서가 중심이 된 독립군 연합 부대가 일본군을 맞아 청산리에서 큰 승리를 거두었다. 청산리 대첩은 우리 민족이 독립 전쟁 과정에서 거둔 가장 큰 승리로 평가되고 있다.

개념잡는 오답풀이

① 육군 주만 참의부는 대한민국 임시 정부가 군사 활동을 위해 만든 조직이다.
② 남접과 북접은 동학의 조직으로, 1894년 제2차 농민 봉기 때 논산에 집결하여 서울로 북상하려다가 실패하였다.
③ 대한 광복회는 1915년 결성된 비밀 결사로, 일제의 탄압을 피해 일부 회원들이 만주로 망명하였으나 그 과정에서 청산리 대첩이 일어난 것은 아니다.
④ 활빈당, 영학당은 동학 농민 운동의 잔여 세력이 참여한 일종의 의병 부대로 1900년대 초반 활동하였다.

238 1920년대 국외 독립운동 답 ②

깊이있는 정답풀이

추론 TIP 봉오동 전투 → 청산리 전투 → 간도 참변 → 대한 독립군단 조직 → 자유시 참변 → 3부 결성

(가) 봉오동 전투와 청산리 전투에 대한 보복으로 일제는 (다) 간도 참변을 일으켰다. 일제의 탄압을 피해 밀산부로 이동한 독립군은 러시아의 지원을 받고자 전열을 정비하여 러시아령인 자유시로 이동했지만, (나) 무장

해제를 요구하는 러시아 적색군과 충돌하였다. 만주로 다시 돌아온 일부 독립군들은 전열을 정비하여 (라) 3부를 결성하였다.

239 봉오동 전투와 청산리 대첩 답 ③

깊이있는 정답풀이

제시된 자료는 청산리 대첩 당시의 상황을 보여 준다. 봉오동 전투와 청산리 전투에서 일본군을 격퇴한 후 독립군 주력 부대 4,000여 명은 밀산부에 집결하여 서일을 총재로 대한 독립군단을 조직하고 시베리아로 이동하였다. 그러나 러시아 적군이 무장 해제를 강요하면서 자유시 참변이 일어났다. ③ 청산리 대첩 이전에 봉오동 전투가 일어났다.

개념잡는 오답풀이

① 신민부는 1925년에 결성되었다.
② 혁신 의회는 1928년에 성립되었다.
④ 미쓰야 협정은 1925년에 체결되었다.
⑤ 대한 독립군단은 간도 참변 이후 결성되었다.

240 간도 참변 답 ③

깊이있는 정답풀이

제시된 자료는 간도 참변(1920)에 해당한다. 봉오동·청산리 전투에 패배한 일본군은 간도 일대에서 대대적인 토벌 작전을 전개해 독립군은 물론, 이 지역에 사는 우리 동포에 대해서도 무자비하게 탄압을 가하였다. 이를 계기로 독립군은 밀산부로 이동하여 대한 독립군단을 결성하였다.

개념잡는 오답풀이

① 자유시 참변(1921) 이후 만주로 돌아온 독립군들이 3부를 결성하였고 이후 3부 통합 운동을 추진하였다.
②, ⑤는 자유시 참변과 관련 있다.
④ 미쓰야 협정은 1925년에 체결되었다.

241 간도 지역의 독립운동 답 ③

깊이있는 정답풀이

제시된 자료의 서전서숙은 1906년 북간도에 설립된 민족 교육 기관으로 이상설, 이동녕 등이 설립하였다. 청산리 전투는 1920년 김좌진, 홍범도 등이 이끄는 독립군 연합 부대가 일본군에게 큰 승리를 거둔 사건이다. 이 전투에 참여하였던 북로 군정서는 대종교를 믿는 독립군으로 구성되었다. 일제는 청산리 대첩을 전후하여 대규모 일본군을 만주로 침투시키기 위해 훈춘 사건을 조작하기도 하였다.

③ 해조신문은 1908년 연해주의 블라디보스토크에서 발행된 일간 신문이다.

242 미쓰야 협정의 배경 답 ③

깊이있는 정답풀이

'독립군이 3부를 설립하였다'는 선택지가 정답임을 고려할 때 (가)에 들어갈 협정은 미쓰야 협정의 내용이 되어야 한다. 독립군이 자유시 참변 이후 다시 만주 일대로 돌아와 조직을 재정비하고 3부를 설립하자 일본군은 위협을 느껴 만주 군벌과 미쓰야 협정을 체결하였고, 일제는 이를 통해 만주의 독립운동가들을 탄압하였다.

개념잡는 오답풀이

① 1927년 설립된 신간회에서 '기회주의 배격'을 내세웠다.
② 이승만은 1919년 위임 통치 청원서를 작성해 한국을 국제 연맹의 통치 밑에 두게 할 것을 요청하였다.
④ 1919년 3월 민족 대표들은 기미 독립 선언서에서 '조선이 독립국임과 조선인이 자주민임을 선언'하였다.
⑤ 1915년 결성된 대한 광복회는 행형부를 두어 일본인 고관 및 한국인 반역자를 처단하고자 하였다.

243 대한 독립군단의 결성 답 ③

깊이있는 정답풀이

추론 TIP 완루구, 홍범도 → 청산리 대첩(1920)
무기를 해제, 자유시 → 자유시 참변(1921)

> (가) 완루구에서 홍범도 장군은 일본군의 포위 작전을 미리 알아채고 치고 빠지는 전술로 적들을 교란시켰다. 마주 오던 일본군은 우리 부대가 이미 진지를 빠져나간 줄도 모르고 자기편끼리 사격을 퍼부었다. 이 틈에 우리는 적의 후미를 공격해 대승을 거두었다.
> (나) 애초에 약속을 무기를 해제했다가 자유시에 가서 도로 내준다고 해서 무기를 벗어 주었는데, 이곳에 와서는 이 핑계 저 핑계 하고 주지 않았다. 모든 희망은 사라지고 탈주하려는 생각뿐이었다.

(가) 자료에 제시된 '완루구'는 청산리 지역의 명칭이며, 홍범도의 대한 독립군과 김좌진의 북로 군정서 등이 연합하여 일본군과의 6일간의 전투에서 큰 전과를 올린 청산리 대첩에 대한 것이다. (나) 자료는 '무기를 해제', '자유시' 등을 통해 자유시 참변과 관련된 내용임을 알 수 있다. 청산리 대첩 이후 만주 지역의 각 독립군 부대는 일본군의 공세를 피하고, 장기 항전을 펼치기 위해 북만주의 밀산(미산)으로 집결하여 서일을 총재로 하는 대조선 국민군단을 결성하였다. 이후 자유시로 이동하였으나 큰 피해를 당하였다.

개념잡는 오답풀이

① 연해주에서 대한 광복군 정부가 수립되었던 것은 1914년으로 (가) 이전에 일어났다.
② 대한 독립군의 봉오동 전투는 (가)의 청산리 전투 이전에 발생하였다.
④ 독립군의 활동을 위축시켰던 미쓰야 협정이 체결된 것은 1925년으로 (나) 이후의 사건이다.
⑤ 미쓰야 협정 이후 위축된 독립군은 3부 통합 운동을 전개하였고, 완전 통합은 실패하지만 남만주에 국민부, 북만주에 혁신 의회가 성립되었다. 모두 (나) 이후에 발생하였다.

1등급 가이드

1920년대 국외 무장 독립 전쟁의 전개 과정은 일어난 순서를 파악하는 문항이 자주 출제됩니다. 독립군의 투쟁과 시련, 독립군의 재편 과정을 일어난 시간 순으로 기억해야 합니다. 아울러 봉오동 전투와 청산리 전투에서 활약한 독립군의 명칭과 사령관까지 정리해 두면 고난도 문제도 쉽게 해결할 수 있을 거예요.

244 미쓰야 협정 체결 시기 답 ③

깊이있는 정답풀이

자료에서 중국인들이 한국인을 잡아 넘기도록 한 규정을 통해 1925년에 체결된 미쓰야 협정임을 알 수 있다. 이로 인해 독립군은 일본 군경뿐만 아니라 현상금을 노리는 만주 군벌 경찰의 감시와 탄압도 피해야 했다. 1920년대 초 간도 참변과 자유시 참변으로 시련을 겪은 독립군이 재편되면서 참의부·정의부·신민부가 성립되었다. 3부 성립 이후 일제는 만주 군벌과 미쓰야 협정(1925)을 체결하여 독립군의 활동을 탄압하였다. 이후 3부 통합 운동이 전개되어 국민부와 혁신 의회가 조직되었다.

245 미쓰야 협정의 체결 배경과 영향 답 ③

깊이있는 정답풀이

미쓰야 협정은 자유시 참변 이후 다시 전열을 정비한 독립군들이 만주 지역에서 3부를 결성하자 일본이 이에 대한 대응으로 1925년에 만주의 군벌과 체결한 협정이었다.

개념잡는 오답풀이

① 훈춘 사건은 미쓰야 협정 이전에 봉오동 전투의 패배를 설욕하기 위해 일본이 조작하여 일으켰다.
② 의열단은 1919년에 결성되었다.
④ 자유시 참변은 미쓰야 협정 이전에 일어났다.
⑤ 임시 정부의 활동이 급속히 위축된 시점은 국민 대표 회의가 큰 성과 없이 끝난 후로, 미쓰야 협정과는 관련이 없다.

246 1920년대 독립군의 시련과 재정비 답 ③

깊이있는 정답풀이

(가)는 1920년 10월 청산리 대첩, (나)는 1925년 체결된 미쓰야 협정, (다)는 1928년에 혁신 의회 성립 과정 내용, (라)는 1921년 6월 일어난 자유시 참변과 관련된 내용이다. 따라서 순서대로 나열하면 (가) - (라) - (나) - (다)이다.

247 3부의 특징 답 ③

깊이있는 정답풀이

자유시 참변 이후 만주로 복귀한 독립군은 통합을 추진하여 3부(참의부, 정의부, 신민부)를 조직하였다. 3부는 삼권 분립에 기반한 공화주의 자치 정부로 민정 조직과 군정 조직을 갖추고 있었다. 또한 동포들에게 세금을 거두어 정부를 운영하면서 독립군을 양성하였다.

③ 미쓰야 협정은 일제가 1925년에 만주 지역의 독립군을 탄압하고 국내 진공을 막기 위해 만주 군벌과 체결한 것으로, 3부 성립 이후의 일이다.

248 3부 통합 운동 답 ⑤

깊이있는 정답풀이

제시된 도표는 만주 지역에서 있었던 3부의 통합 운동을 나타낸 것이다. (가)는 참의부, (나)는 혁신 의회, (다)는 국민부, (라)는 한국독립군이다. 간도 참변과 자유시 참변을 겪으면서 큰 타격을 입은 만주 지역의 독립군은 전열을 재정비하기 위해 부대의 통합을 시도하였고, 그 결과 참의부, 정의부, 신민부가 수립되었다. 3부의 활동이 활발해지자 일제는 만주 군벌과 미쓰야 협정을 체결하여 독립군을 탄압하였고, 이로 인해 만주 지역의 독립운동이 크게 위축되었다. 이러한 상황을 극복하기 위해 3부 통합 운동이 전개되어 북만주에서 혁신 의회가 결성되었고, 남만주에서는 정의부의 인사들을 중심으로 국민부가 수립되었다. 국민부 산하에는 조선 혁명당과 조선 혁명군이 조직되었고, 혁신 의회 산하에는 한국 독립당과 한국 독립군이 조직되어 활동하였다.

개념잡는 오답풀이

ㄱ. 3부 중 북만주 지역에 수립된 것은 신민부이다.
ㄴ. 양세봉은 남만주(서간도) 지역에서 조선 혁명군을 이끌었다.

249 조선 혁명군의 활동 답 ①

깊이있는 정답풀이

추론 TIP 중국 의용군과 함께 연합 작전 전개 → 영릉가, 흥경성 전투에서 승리 → 조선 혁명군

> (가) 와/과 중국 의용군은 영릉가의 뒷산에 대기하고 있다가 적을 요격하여 수 시간의 격전이 벌어졌다. 적은 마침내 30여 명의 사상자를 내고 일몰과 함께 세력이 약해졌다. …… 그리하여 영릉가는 드디어 아군에게 점령되었다.

1931년 일본이 만주를 침략하자, 독립군 세력은 중국 항일 무장 세력과 함께 공동의 적인 일본에 맞서 한중 연합 작전을 전개하였다. 남만주에서는 양세봉이 이끄는 조선 혁명군이 중국 의용군과 함께 영릉가 전투와 흥경성 전투를 승리로 이끌었다. 그러나 일본이 수립한 괴뢰 국가인 만주국이 자리를 잡아 가면서 독립군 투쟁 여건이 악화되었다.

개념잡는 오답풀이

② 민종식은 1905년 을사늑약 체결에 맞서 의병을 일으켰다. 전직 관리였던 그는 1천여 명의 의병을 모아 홍주성을 점령하고 일본군과 맞섰다.
③ 1920년 홍범도의 대한 독립군, 최진동의 군무 도독부군, 안무의 국민회군 등이 연합하여 봉오동에서 일본군을 격파하였다.
④ 을사늑약 체결 이후 평민 출신의 신돌석이 의병을 일으켜 울진 등지에서 활발한 유격전을 벌여 큰 성과를 거두었다.
⑤ 1912년 고종의 밀명을 받아 임병찬 등이 조직한 독립 의군부가 일제에 국권 반환 요구서를 발송하려 하였으나 발각되었다.

250 한국 독립군과 조선 혁명군 답 ⑤

깊이있는 정답풀이

대전자령 전투에서 승리하고 지청천이 지휘했다는 내용을 통해 (가)는 한국 독립군, 영릉가 전투에서 승리하고 양세봉이 이끌었다는 내용을 통해 (나)는 조선 혁명군임을 알 수 있다. 일제가 만주 사변(1931)을 일으키고 만주국을 수립한 이후, 중국 내 항일 감정이 고조되면서 중국인과 한국인의 항일 연합 전선이 형성되었다. 북만주에서는 지청천이 이끄는 한국 독립군이 한중 연합 작전을 전개하여 쌍성보·사도하자·대전자령 전투 등에서 승리하였고, 남만주에서는 양세봉이 지휘한 조선 혁명군이 한중 연합 작전을 전개하여 영릉가·흥경성 전투 등에서 승리하였다.

개념잡는 오답풀이

① 청산리 전투에서는 대한 독립군, 북로 군정서 등 독립군 연합 부대가 참전하였다.
② 한국 독립군은 한국 독립당의 무장 독립 부대였다. 조선 혁명당 소속의 무장 독립 부대는 조선 혁명군이었다.
③ 대한 독립군단은 자유시로 이동하였으나 러시아 적색군의 배신으로 세력이 약해졌다.
④ 한국 독립군의 일부는 대한민국 임시 정부의 요청으로 중국 관내로 이동하였다.

(1등급 가이드)

만주 사변 이후 한중 연합 작전으로 전개된 전투는 1930년대 만주에서 활약한 한국 독립군과 조선 혁명군을 파악하는 자료로 자주 등장합니다. 한국 독립군과 조선 혁명군이 한중 연합 작전으로 승리한 전투와 지휘관의 이름을 반드시 연결하여 정리해 둡시다.

251 양세봉의 활동

답 ④

깊이있는 정답풀이

1925년 일제가 미쓰야 협정을 맺어 독립군의 활동이 위축되자, 3부 통합 운동이 전개되었다. 그러나 통합은 결렬되었고, 결국 남만주에는 국민부가, 북만주에는 혁신 의회를 거쳐 한족 총연합회가 들어섰다. 국민부는 조선 혁명당 및 조선 혁명군, 한족 총연합회는 한국 독립당 및 한국 독립군을 각각 결성하여 활동하였다. 1931년 만주 사변이 일어나자 양세봉은 조선 혁명군을 이끌고 영릉가, 흥경성 등지에서 일본군을 물리쳤다.

개념잡는 오답풀이

① 왕정 복고를 목표로 한 대표적인 복벽주의 단체는 임병찬이 조직한 독립 의군부이다.
② 별기군은 개항 이후 조선 정부가 설치한 신식 군대이다. 별기군과의 차별 대우에 격분한 구식 군인들이 1882년 임오군란을 일으켰다.
③ 1871년 신미양요 당시 어재연이 광성보에서 미군에 맞서 항전하였다.
⑤ 1894년 동학 농민군의 제2차 봉기 때 우금치 전투가 일어났다. 당시 농민군은 부족한 병력과 화력에도 불구하고 우금치에서 일본군·관군에 맞서 싸웠으나 패배하였다.

252 한국 독립군의 활동

답 ⑤

깊이있는 정답풀이

만주 사변 이후 만주의 독립군 세력은 일제의 침략에 맞서 중국인들과 연합하여 대일 항전을 전개하였다. 북만주에서는 한국 독립군이 중국 호로군과 연합하여 활동하였다. 이들은 쌍성보, 대전자령 등지에서 큰 성과를 거두었으나, 일제의 탄압으로 활동이 어려워졌다. 이에 한국 독립군의 지도부 등 주요 세력이 중국 관내로 이동하였다.

개념잡는 오답풀이

① 1894년 동학 농민군이 제1차 봉기 당시 황토현에서 관군을 물리쳤다.
② 1920년 일제가 독립군 근거지 토벌을 구실로 간도 참변을 자행하자 독립군 부대가 일본군의 공세를 피해 러시아 국경에 가까운 북만주 밀산에 집결하여 대한 독립군단을 결성하였다. 이들 중 다수가 러시아 혁명 세력의 도움을 기대하고 1921년 러시아령 자유시(스보보드니)로 이동하였으나, 부대 통합 과정에서 지휘권 분쟁이 벌어졌고, 여기에 러시아 공산당 군대까지 개입하여 많은 사상자가 발생하였다. 이를 자유시 참변이라고 한다.
③ 1895년 유인석 등 유생들이 을미사변과 단발령에 맞서 의병을 일으켰다. 이를 을미의병이라고 한다. 이들은 아관 파천 후 고종의 해산 권고 조칙에 따라 해산하였다.
④ 1908년 13도 창의군의 서울 진공 작전이 실패한 후에도 호남을 중심으로 의병의 항전이 끈질기게 이어졌다. 일제는 1909년 9월부터 2개월 동안 호남에서 대대적인 학살을 자행하였다. 이를 '남한 대토벌 작전'이라고 한다. 이로 인해 위축된 의병이 국외로 이동하여 항전을 이어 나갔다.

253 한국 독립군의 활동

답 ②

깊이있는 정답풀이

추론 TIP 중동 철도 부근에서 한중 연합 작전을 전개 → 한국 독립군 → 쌍성보와 대전자령 전투에서 승리

1. 한·중 양군은 최악의 상황이 오는 경우에도 장기간 항전할 것을 맹세한다.
2. 중동 철도를 경계선으로 서부 전선은 중국이 맡고 동부 전선은 한국이 맡는다.
3. 전시의 후방 전투 훈련은 한국 장교가 맡고 한국군에 필요한 군수품은 중국군이 공급한다.

지청천이 이끄는 한국 독립군은 1931년 만주 사변이 일어나자 중국군과 연합해 항일전을 수행하여 쌍성보와 대전자령 전투 등에서 큰 승리를 거두었다.

개념잡는 오답풀이

① 조선 의용대 화북 지대는 1942년 조선 의용군으로 개편되었다.
③ 미쓰야 협정은 한국 독립군이 조직되기 이전인 1925년에 체결되었다.
④ 양세봉은 조선 혁명군을 이끌고 남만주 일대에서 활동하였다.
⑤ 1938년 김원봉 등이 중국 국민당의 지원을 받아 창설한 조선 의용대에 해당한다.

254 동북 항일 연군의 활동

답 ③

깊이있는 정답풀이

만주 지역의 한인 사회주의자들은 일제의 만주 침략에 맞서 각지에서 유격대를 조직하고 중국인 공산주의자들과 함께 항일 무장 투쟁에 나섰다. 1933년 중국 공산당은 이들 조직을 규합해 동북 인민 혁명군을 조직하였고, 1936년 동북 항일 연군으로 재편되었다. 동북 항일 연군의 한인 간부들은 조국 광복회를 조직하였고, 1937년 함경남도 보천보의 일본 경찰 주재소와 면사무소를 공격하였다. 이를 보천보 전투라고 한다.

개념잡는 오답풀이

① 홍범도가 이끈 대한 독립군은 1920년 봉오동 전투와 청산리 대첩에서 활약하였다.
② 3부 통합 운동은 중국의 제1차 국공 합작의 영향을 받아 전개된 민족 유일당 운동의 일환이었다.
④ 조선 혁명 간부 학교는 의열단이 중국 정부의 지원을 받아 설립하였다.
⑤ 파리 강화 회의에서 제시된 민족 자결주의 원칙을 전해 들은 도쿄 유학생들이 조선 청년 독립단을 결성하고 1919년 2·8 독립 선언문을 발표하였다.

(1등급 가이드)

동북 항일 연군, 보천보 전투는 그간 시험에서는 잘 다루어지지 않았던 주제입니다. 그러나 많은 교과서에서 이 내용을 다루고 있어요. 낯선 소재이기 때문에 출제될 경우 문제 풀이에 어려움을 겪을 수 있죠. 만주 사변에 맞서 전개된 한중 연합 작전의 사례를 정리해 두면 도움이 될 거예요.

255 한국 독립당의 활동

답 ④

깊이있는 정답풀이

(가)는 한국 독립당이다. 1937년 조소앙의 한국 독립당, 지청천의 조선 혁명당, 김구의 한국 국민당 등이 한국 광복 운동 단체 연합을 결성하였다.

이후 1940년 대한민국 임시 정부가 충칭에 도착한 후 3당이 합당하여 김구를 위원장으로 하는 한국 독립당이 결성되었다. 한국 독립당은 대한민국 임시 정부의 집권당으로 활동하면서 항일 운동을 주도하였다. 1942년 대한민국 임시 정부에 합류한 민족 혁명당이 야당 역할을 수행하였다.

개념잡는 **오답풀이**

① 3당이 합당한 한국 독립당은 충칭에서 결성되었다.
② 1920년대 후반 전개된 3부 통합 운동의 결과 북만주에 결성된 혁신 의회는 이후 한국 독립당으로 개편하였다. 또 그 산하에 한국 독립군을 두고 대일 항전을 벌였다.
③ 1925년 대한민국 임시 정부의 임시 의정원은 대통령의 의무를 다하지 않은 이승만을 탄핵하였다.
⑤ 1926년 국무령에 취임한 김구는 개헌을 주도하여 1927년부터 국무 위원들이 주석을 돌아가며 맡는 집단 지도 체제를 확립하였다.

1등급 가이드

1930년대 초반에 지청턴 등이 결성해 만주에서 활동한 한국 독립당인지, 중국 관내에서 임시 정부를 지지하기 위해 조소앙이 이끈 한국 독립당인지 헷갈리기 쉽습니다. 당의 명칭과 활동을 정확히 정리해 두세요.

256 의열단의 투쟁 방법 답 ⑤

깊이있는 **정답풀이**

의열단은 무정부주의를 기본 이념으로 삼았으며, 무정부주의의 영향으로 민중의 직접 혁명을 강조하였다. 이들의 투쟁 방법 중 가장 지배적이었던 것은 암살, 적의 기관 파괴와 같은 직접 행동이었다.

257 의열단의 활동 답 ②

깊이있는 **정답풀이**

제시된 의거들을 통해 의열단의 활동이라는 것을 알 수 있다. 의열단은 무정부주의의 영향을 받아 조직되었으며, 김원봉의 지휘 아래 단원들이 황푸 군관 학교에 입학하여 체계적인 군사 훈련을 받았다.

개념잡는 **오답풀이**

ㄴ. 의열단은 대한민국 임시 정부와는 큰 관련이 없다.
ㄹ. 의열단은 만주에서 조직되었다.

258 의열단의 투쟁 노선 답 ⑤

깊이있는 **정답풀이**

추론 TIP 민중 직접 혁명의 수단을 취함 → 「조선 혁명 선언」, 의열단

> 내정 독립이나 참정권이나 자치를 운동하는 자, 누구이냐? 너희들이 '동양 평화', '한국 독립 보전' 등을 담보한 맹약이 먹도 마르지 아니하여 삼천리 강토를 집어먹던 역사를 잊었느냐? …… 이상의 이유에 의거하여 우리는 우리의 생존의 적인 강도 일본과 타협하려는 자나 강도 정치하에서 기생하려는 주의를 가진 자나 다 우리의 적임을 선언하노라. …… 우리는 '외교', '준비' 등의 미몽을 버리고, **민중 직접 혁명의 수단을 취함을 선언하노라.**

제시문은 신채호가 작성한 것으로 「조선 혁명 선언」이라고 불린다. 의열단원들은 이 선언문을 지침으로 삼아 의열 투쟁을 전개하였다. 의열단은 1920년대 후반 개별적 투쟁의 한계를 인식하고 황푸 군관 학교에서 군사 훈련을 받았으며, 이후 조선 혁명 간부 학교를 설립하여 독립운동 간부 양성에 노력하였다.

개념잡는 **오답풀이**

① 의열단은 만주 지린성에서 창설되었다.
② 코민테른의 결의에 의해 신간회 해체가 영향을 받았다.
③ 한국 독립군은 중국 호로군과 연합 작전을 전개하였다.
④ 한인 애국단은 임시 정부의 침체를 극복하기 위해 결성되었다.

259 의열단의 결성과 활동 답 ③

깊이있는 **정답풀이**

'1919년 11월 결성', '김원봉이 단장으로 추대' 등의 내용을 통해 (가) 단체가 의열단임을 알 수 있다. 의열단의 단원으로는 박재혁, 김익상, 김상옥, 나석주, 김지섭 등이 활동하였다.

개념잡는 **오답풀이**

ㄱ. 이봉창은 한인 애국단 소속으로 1932년 도쿄에서 일본 국왕에게 폭탄을 던졌으나 국왕 폭살에는 실패하였다.
ㄷ. 강우규는 64세의 고령에도 불구하고 1919년 총독 사이토에게 폭탄을 던지는 개인 의거를 전개하였다.

260 의열단 답 ①

깊이있는 **정답풀이**

제시된 자료는 의열단원으로 종로 경찰서에 폭탄을 던진 김상옥 의사에 대한 기사와 의열단 선언문으로 작성된 「조선 혁명 선언」의 일부이다.

개념잡는 **오답풀이**

③ 「조선 혁명 선언」에서는 실력 양성론을 준비론이라 하여 비판하였다.
⑤ 의열단은 1920년대에 주로 활동하였다.

261 의열단의 노선 변화 답 ④

깊이있는 **정답풀이**

의열단은 1920년대 전반에 의열 투쟁을 전개하였다. 그러나 그 성과가 크게 나타나지 않자 1920년대 후반부터 단원들을 황푸 군관 학교에 입학시켜 군사 훈련을 받도록 하였다. 이후 1930년대 중반 김원봉은 의열단을 중심으로 민족 유일당 운동을 전개하여 민족 혁명당을 결성하였다.

개념잡는 **오답풀이**

ㄱ, ㄷ. 1920년 밀산부에서 독립군 부대를 통합한 대한 독립군단이 결성되었고, 러시아의 지원을 기대하며 자유시로 이동하였으나 오히려 자유시 참변으로 피해를 당하였다.

262 의열단의 활동 답 ⑤

깊이있는 **정답풀이**

동양 척식 주식회사와 조선 식산 은행을 공격한 나석주가 단원이라는 내용을 통해 (가) 단체가 의열단임을 알 수 있다. 의열단은 김원봉의 주도로 결성되었으며, 신채호가 작성한 「조선 혁명 선언」을 활동의 지침으로 삼았다. 한편 1920년대 후반 의열단은 의열 투쟁만으로는 독립이 어렵다고 판

단하고 단원들이 중국 황푸 군관 학교에 입학하여 정규 군사 훈련을 받았다.

개념잡는 **오답풀이**

ㄱ. 브나로드 운동은 1931년 동아일보의 주도로 시작되었다.

ㄴ. 강우규는 1919년 사이토 마코토 총독을 처단하기 위해 남대문역에서 폭탄을 투척하였다.

263 한인 애국단의 활동 답 ①

깊이있는 **정답풀이**

밑줄 친 '이 단체'는 한인 애국단이다. 대한민국 임시 정부의 활동이 침체된 가운데, 일제의 이간질로 중국인의 반한 감정도 고조되었다. 이런 상황에서 대한민국 임시 정부의 김구 주도로 결성된 한인 애국단이 의열 투쟁을 전개하였다. 이봉창은 도쿄에서 일왕의 마차를 향해 폭탄을 던졌고, 상하이 훙커우 공원에서는 윤봉길이 폭탄을 던져 일본군 장성과 고관들을 처단하였다.

개념잡는 **오답풀이**

② 의열단의 김상옥은 1923년 종로 경찰서에 폭탄을 투척하였다.

③ 1923년 김원봉의 요청을 받은 신채호가 「조선 혁명 선언」을 집필하였고, 의열단은 이를 활동 지침으로 삼았다.

④ 영국인 베델과 한국인 양기탁이 창간한 대한매일신보는 항일 보도에 앞장섰으나, 일제에 의해 탄압을 받았다. 일제는 대한 제국을 식민지로 삼은 이후 대한매일신보를 총독부의 기관지로 만들고 매일신보로 이름을 바꾸었다.

⑤ 1919년 결성된 민족 대표 33인은 3·1 운동을 준비·계획하였고, 기미 독립선언서를 발표하였다.

264 이봉창의 활동 답 ②

깊이있는 **정답풀이**

한인 애국단의 이봉창은 1932년 일본 도쿄에서 일왕에게 폭탄을 던졌다. 이 거사는 실패하였으나, 일본은 물론 중국도 한국인의 독립 의지에 놀랐다.

개념잡는 **오답풀이**

① 의열단은 1919년 만주 지린성에서 김원봉 주도로 결성되었다. 김익상, 김상옥, 나석주 등이 대표적인 의열단원들이다.

③ 의열단은 1920년대 후반부터 개별적인 의거 활동의 한계를 느꼈다. 김원봉 등 핵심 단원들은 중국 국민당 정부가 운영하던 황푸 군관 학교에서 입학하였고, 1932년 김원봉은 중국의 지원 아래 조선 혁명 간부 학교를 세워 운영하였다.

④ 의열단의 김상옥이 조선 총독부에 폭탄을 투척하는 의열 투쟁을 전개하였다.

⑤ 나석주는 1926년 조선 식산 은행과 동양 척식 주식회사에 폭탄을 투척하였다. 이후 추격하는 일제 경찰과 시내 한복판에서 총격전을 벌이다가 자결하였다.

265 한인 애국단 답 ⑤

깊이있는 **정답풀이**

윤봉길이 일원이었다는 것을 통해 (가) 단체가 한인 애국단임을 알 수 있다. 이봉창, 윤봉길 등이 단원이었던 한인 애국단은 대한민국 임시 정부의 침체를 극복하기 위해 조직되었고, 이봉창과 윤봉길 등이 가입하여 의열 투쟁을 벌였다.

개념잡는 **오답풀이**

① 김원봉은 의열단을 조직하였다.

②, ④ 의열단은 개별 의거로는 독립을 얻을 수 없다고 판단하여 단원들을 황푸 군관 학교에 입학시켜 군사 훈련을 받았으며, 조선 혁명 간부 학교를 설립하여 독립군 간부를 양성하였다.

③ 의열단은 「조선 혁명 선언」을 활동 지침으로 삼았다.

266 물산 장려 운동의 배경 답 ③

깊이있는 **정답풀이**

제시문의 '물산 장려', '조선 사람이 지은 것을 사 쓰고' 등의 내용을 통해 1920년대에 전개된 물산 장려 운동이라는 것을 알 수 있다. 1920년에 회사령을 철폐하고 관세를 없애려는 움직임에 자극을 받은 조선의 지식인들은 물산 장려 운동을 전개하였다.

개념잡는 **오답풀이**

① 대한 제국의 재정 적자를 극복하기 위해 국채 보상 운동이 전개되었다.

② 1889년 함경도 방곡령 사건 때 조선은 오히려 일본에 배상금을 지불하였다.

④ 동양 척식 주식회사는 1908년에 세워졌고, 토지 약탈에 주력하였다.

⑤ 1910년대 일제는 회사령을 제정하여 조선인의 회사 설립을 억제하였다.

267 물산 장려 운동 답 ④

깊이있는 **정답풀이**

제시된 자료는 평양에서 조직된 조선 물산 장려회에서 제작한 물산 장려 운동 궐기문이다. 물산 장려 운동은 조선 총독부의 허가를 받아야만 회사를 설립할 수 있었던 회사령 폐지를 전후하여 설립된 경성 방직 주식회사, 평양 메리야스 공장 등 민족 기업의 성장을 돕기 위해 전개되었다. 또한 일제가 일본 상품에 대한 관세를 철폐하려고 한 것도 물산 장려 운동을 전개하는 배경이 되었다.

개념잡는 **오답풀이**

ㄴ. 화폐 정리 사업은 1905년에 실시되었다.

1등급 가이드

물산 장려 운동의 배경과 전개 과정에서 등장한 구호 등을 묻는 문항이 자주 출제됩니다. 특히, 민립 대학 설립 운동, 브나로드 운동, 문자 보급 운동 등에서 제기된 구호를 정리해 두면 큰 도움이 되겠네요.

268 조선 물산 장려회 답 ①

깊이있는 **정답풀이**

자료는 조선 물산 장려회의 회보로, 이 단체는 물산 장려 운동을 주도하였다. 평양에서 조만식에 의해 주도된 물산 장려 운동은 전국으로 확산되었다.

개념잡는 **오답풀이**

④ 1920년대 초반 회사령과 한·일 간의 관세가 폐지되어 일본 자본과 상품이 국내 산업을 위협하자 이에 대응하여 물산 장려 운동이 전개되었다.

⑤ 물산 장려 운동은 기업의 생산력 향상으로 이어지지 못하고 상품 가격만 올려놓는 경우가 많아 사회주의자들의 비난을 받기도 하였다.

269 물산 장려 운동의 전개 답④

깊이있는 정답풀이

제시된 자료는 1920년대 전반에 전개된 물산 장려 운동과 관련 있는 노래 가사이다. 회사령 철폐와 '문화 정치' 안에서 1920년대에는 민족 기업이 점차 활기를 띠었으며 일제가 허용하는 범위에서 실력을 키워 독립을 준비하자는 실력 양성 운동이 전개되었다. 물산 장려 운동은 '내 살림 내 것으로, 조선 사람 조선 것' 등의 표어를 내걸고 전개되었다.

ㄴ. 물산 장려 운동은 1920년 초에 조만식을 중심으로 평양에서 시작되었다. ㄹ. 1920년대 초 일본과 한국 사이에 무역 관세가 없어진다는 소식은 우리 기업가들의 위기 의식을 고조시켰다.

개념잡는 오답풀이

ㄱ. 물산 장려 운동은 일제의 탄압과 일부 사회주의자와 노동자들의 비판을 받아 점차 약화되었다.

ㄷ. 대한매일신보, 제국신문 등 언론의 적극적인 지원을 받은 운동은 국채 보상 운동이다.

270 물산 장려 운동의 특징 답①

깊이있는 정답풀이

제시문의 '내 살림 내 것으로', '조선 사람 조선 것'의 내용을 통해 1920년대 전개된 물산 장려 운동이라는 것을 알 수 있다.

① 물산 장려 운동은 '일본 상품 배척'보다 '토산품 애용'에 초점을 맞춰 전개되어 초기부터 일제의 탄압을 받지는 않았다.

271 물산 장려 운동의 구호 답①

깊이있는 정답풀이

제시문의 구호를 통해 1920년대 전개된 물산 장려 운동임을 알 수 있다. 물산 장려 운동은 일제의 관세 철폐, 회사령 폐지에 자극을 받아 '토산품 애용' 운동으로 전개되었다. 평양에서 조선 물산 장려회가 발족되는 것을 시작으로 전국으로 확산되었으며, 자작회, 토산품 애용 부인회 등의 지원을 받았다.

① 물산 장려 운동이 활성화되면서 토산품에 대한 수요는 증가하였지만, 공급이 따르지 못해 상품 가격이 인상되었고, 사회주의자들은 중산 계층의 이기적 운동이라며 물산 장려 운동을 비판하였다.

272 민립 대학 설립 운동 답③

깊이있는 정답풀이

제시된 자료는 민립 대학 설립 운동 당시 발표된 민립 대학 설립 기성회 발기 취지서이다. 민립 대학 설립 운동은 일본의 우민화 교육 정책에 대한 저항으로 시작되었다. 보통·실업 교육에만 치중하는 일본의 교육에 반대하여 조선 교육회가 고등 교육 기관인 대학 설립을 요구하였으나 묵살당하였다. 이에 1922년 민립 대학 기성 준비회가 조직되면서 민립 대학을 설립하기 위한 모금 운동이 진행되었다. 이 역시 일제의 반대로 실행되지 못하였고, 일제는 이를 무마하기 위해 경성 제국 대학을 설립하였다.

273 민립 대학 설립 운동의 배경 답④

깊이있는 정답풀이

추론 TIP 대학이 없음, 고등 전문 교육의 필요성 주장 → 민립 대학 설립 운동

(가) 학교 설립 현황

구분	관립	공립	사립
보통학교	2개	641개	38개
고등보통학교	–	7개	14개
실업학교	1개	28개	–
전문학교	5개	–	2개
대학	–	–	–

(나) 조선인이 신사회를 건설하는 데 가장 필요한 것은 각 방면의 전문 지식이다. 전문 지식은 어떻게 얻을 수 있는가? 그것은 오직 교육을 통해서이다.

(가)는 1920년대 초의 학교 현황을 나타내는 것으로 당시의 일제 식민지 교육 정책이 보통 교육과 실업 교육에 치중해 있었음을 보여 주고 있다. 이러한 당시의 교육적 차별을 개선하고 민족의 실력을 양성하기 위한 방안으로 1920년대에 민립 대학 설립 운동이 일어났으며, 이는 (나)에서 말하고 있는 '전문 지식의 습득'과 연결된다.

개념잡는 오답풀이

① 브나로드 운동은 민중을 대상으로 하는 계몽적 성격이 강하였다.

② 대한 제국은 근대 교육 보급을 위해 각종 학교를 설립하였다.

③ 서북 학회는 국권 피탈 이전에 설립된 애국 계몽 단체 중 하나이다.

⑤ 신민회의 안창호, 이승훈이 각각 대성 학교와 오산 학교를 세웠다.

274 경성 제국 대학 답③

깊이있는 정답풀이

제시문의 '예과, 법문학부, 의학부, 전문 학교 경상비' 등의 내용을 통해 경성 제국 대학교에 대한 설명임을 알 수 있다. 경성 제국 대학은 일제 강점기 최초로 설립된 대학으로 졸업생의 다수가 관료로 진출하였다.

개념잡는 오답풀이

① 교육입국 조서는 제2차 갑오개혁 시기인 1895년에 발표되었고, 이에 입각하여 한성 사범 학교 등이 설립되었다.

② 일제는 민립 대학 설립 운동을 방해하였다.

④ 배재 학당은 선교사 아펜젤러에 의해 설립되었다.

⑤ 보성 전문 학교는 1905년 한성에 설립된 최초의 근대적 고등 교육 기관이다.

275 실력 양성 운동의 전개 답④

깊이있는 정답풀이

(가)는 물산 장려 운동, (나)는 민립 대학 설립 운동과 관련된 것이다. 일제의 무관세 움직임에 대응해 민족 기업의 성장을 뒷받침하기 위해 전개된 물산 장려 운동은 일부 사회주의자로부터 자본가 계급의 이익만을 위한 운동이라는 비판을 받기도 하였다. 한편, 전국적인 모금 운동으로 전개된 민립 대학 설립 운동은 일제의 탄압과 모금 실적 부진 등으로 실패하였다.

④ 동아일보가 주도한 브나로드 운동은 1931년에 시작되었다.

276 농촌 계몽 운동

답 ④

깊이있는 정답풀이

제시된 소설의 내용은 농민 속으로 들어가 그들의 생활 개선을 위해 노력하자는 주인공의 결심을 보여 준다. 이 소설은 1930년대 초 농촌을 대상으로 한 계몽 운동을 배경으로 하고 있는데, 이 시기 학생들을 중심으로 문맹 퇴치, 농민 생활 개선 운동이 전개되었다.

개념잡는 오답풀이

① 이른바 문화 정치 시기에는 한글 사용이 가능하였다.
② 민립 대학 설립 운동은 1920년대 전반에 사실상 중단되었다.
③ 농촌 진흥 운동은 총독부가 농민의 불만을 회유하기 위해 1930년대에 추진하였다.
⑤ 사회주의 계열은 실력 양성 운동을 비판하는 경우가 많았다.

277 브나로드 운동

답 ④

깊이있는 정답풀이

제시된 자료는 1931년 동아일보에 실린 사설과 홍보 포스터이다. 1931년 동아일보를 중심으로 전개된 브나로드 운동은 당시 약 80%에 달했던 문맹자들에게 글을 깨우치게 하고 미신 타파 등의 생활 개선과 계몽을 주 내용으로 하여 전개되었다. 조선어 학회는 문맹 퇴치에 사용될 한글 교재를 만들어 보급했으며, 청년 학생들은 귀향 활동을 통해 이 운동에 참여하였다.
④ 일부 사회주의 계열이 비판한 실력 양성 운동은 물산 장려 운동이었다.

278 브나로드 운동

답 ⑤

깊이있는 정답풀이

제시된 내용들을 통해 1930년대 초에 전개된 브나로드 운동임을 알 수 있다. 브나로드 운동은 동아일보사가 주축이 되어 일으킨 농촌 계몽 운동으로 '선 실력 양성, 후 독립'을 표방하였고, 미신 타파 등 계몽 활동도 전개하였다. 조선어 학회 등 한글 단체도 한글 교재를 보급하는 등 활동에 참여하였다.
⑤ 브나로드 운동은 일제의 탄압으로 1935년에 강제로 중지되었다.

279 농촌 계몽 운동

답 ②

깊이있는 정답풀이

제시된 자료는 1920년대 말과 1930년대 초에 전개된 문자 보급 운동과 브나로드 운동에 대한 것이다. 문맹 퇴치 운동은 농촌 계몽 운동과 더불어 추진되었는데, 조선일보와 동아일보 등 언론 기관의 주도로 전개되었다.

개념잡는 오답풀이

ㄴ. 사립 학교는 주로 1900년대에 애국 계몽 운동의 일환으로 설립되었다.
ㄹ. 조선 민립 대학 기성회가 대학 설립을 위한 모금 운동을 전개하였다.

280 자치 운동의 대두

답 ③

깊이있는 정답풀이

3·1 운동 이후 즉각적인 독립이 좌절되자 민족주의 세력 내부에서는 개량주의자(타협적 민족주의)들이 등장하였고, 이로 인해 민족주의 세력이 분열되었다. 이광수와 최린 같은 개량주의자들은 일제의 식민 지배를 인정하면서 일제가 허용하는 범위 내에서 자치권을 얻어야 한다고 주장하였다.

개념잡는 오답풀이

ㄱ. 헌병 경찰 통치는 1910년대에 해당한다. 제시문과 같은 주장이 등장한 1920년대는 이른바 문화 정치 시기에 해당된다.
ㄹ. 제시된 운동은 민족주의 세력이 분열되기 전인 1920년대 초에 전개되었다.

281 자치 운동에 대한 대항

답 ③

깊이있는 정답풀이

3·1 운동 실패 이후 타협적 민족주의자들이 자치론을 주장하자, 사회주의 세력과 비타협적 민족주의자들이 민족 협동 전선을 형성하여 신간회를 창립하였다. 사회주의 세력은 정우회 선언을 통해, 비타협적 민족주의 계열은 사회주의 계열과 제휴한 조선 민흥회를 통해 신간회 결성의 바탕을 마련하였다.

개념잡는 오답풀이

ㄱ, ㄹ. 물산 장려 운동과 민립 대학 설립 운동은 타협적 민족주의와 관련이 없다.

282 민족 유일당 운동의 배경

답 ④

깊이있는 정답풀이

1920년대 민족주의 계열은 실력 양성 운동을 전개하는 과정에서 일부 인사가 참정론과 자치론을 주장하는 등 일제와 타협적인 모습을 나타내면서 비타협적 민족주의 세력과 민족 개량주의 세력으로 양분되었다. 여기에 3·1 운동 이후 유입된 사회주의 사상의 영향으로 민족 운동 진영이 민족주의 계열과 사회주의 계열로 분열되어 서로 대립하는 모습까지 보였다. 이에 민족 통합과 독립운동의 단일 노선 확립이 필요하다고 생각한 비타협적 민족주의 세력과 사회주의 계열이 중국 국공 합작의 영향을 받아 좌우 합작을 모색해 1927년 민족 유일당인 신간회를 창립하였다.

개념잡는 오답풀이

② 천마산대는 1920년대 초에 국내에서 활동한 무장 투쟁 단체이다.
③ 대한인 국민회는 1909년에 조직된 미주 지역 한인 사회의 통합적 단체였다.
⑤ 대한민국 임시 정부는 1940년에 충칭으로 이동해 자리 잡았다.

283 민족 유일당 운동의 전개

답 ④

깊이있는 정답풀이

제시된 주장의 민족주의와 사회주의의 구분이 없어야 한다는 내용을 통해 이 주장이 민족 유일당 운동과 관련된 것임을 알 수 있다. 민족 유일당 운동은 중국에서 먼저 추진되어 1926년에 안창호를 중심으로 한국 독립 유일당 북경 촉성회가 창립되었고, 이후 국내에서 1927년에 비타협적 민족주의 세력과 사회주의 세력을 중심으로 신간회가 창립되었다.

개념잡는 오답풀이

ㄱ. 조선 물산 장려회는 실력 양성 운동의 일환으로 민족 유일당 운동과 관련 없다.
ㄷ. 1923년에 개최된 상하이의 국민 대표 회의는 임시 정부의 독립 운동 방법을 논의하기 위한 것이었다.

284 민족 유일당 운동의 사례 답⑤

깊이있는 정답풀이

제시된 기사는 민족의 대동단결을 위한 민족주의 계열과 사회주의 계열의 연합을 강조하고 있다. 이와 같은 취지에서 전개된 민족 운동으로는 한국 독립 유일당 북경 촉성회 결성, 국내에서 조직된 신간회와 근우회, 만주에서 전개된 3부 통합 운동 등을 들 수 있다.

개념잡는 오답풀이

ㄱ. 국민 대표 회의는 대한민국 임시 정부의 활동 문제를 논의하기 위해서 개최된 것이다.

285 정우회 선언의 영향 답①

깊이있는 정답풀이

제시된 자료는 정우회 선언으로, 사회주의 단체인 정우회가 민족주의 진영과의 통합을 선언하는 내용이다. 정우회 선언과 조선 민흥회의 창립은 비타협적 민족주의계와 사회주의계가 연합하는 계기가 되었으며 또한 신간회 결성의 중요한 기폭제가 되었다.

개념잡는 오답풀이

② 고종의 국장일에 일어난 만세 시위는 3·1 운동이다.
③ 1898년 한성의 양반 부인들이 여성 인권의 신장을 요구하는 「여권 통문」을 발표하였다.
④ 1907년 결성된 신민회는 국권 회복을 위해 전 국민의 실력 양성을 추진했으며, 독립운동 기지를 건설하는 등 무장 투쟁도 함께 추구하였다.
⑤ 대한민국 임시 정부의 내부적인 문제를 해결하기 위해 1923년 국민 대표 회의가 열렸다.

286 정우회 선언과 조선 민흥회 결성 답③

깊이있는 정답풀이

제시문은 1926년에 일어난 6·10 만세 운동과 1927년의 신간회 창립과 관련된 역사적 사실을 설명한 것이다. 따라서 (가)에는 1926년 6·10 만세 운동이 발생한 이후부터 신간회가 창립될 때까지의 역사적 사실이 들어갈 수 있다. 6·10 만세 운동을 준비하는 과정에서 민족주의 계열과 사회주의 계열의 연대 가능성을 확인한 민족주의 운동 세력은 1926년 7월 조선 물산 장려회 중심의 민족주의 계열과 서울 청년회 중심의 사회주의 계열의 제휴를 통해 조선 민흥회를 결성하였다. 이후 같은 해 11월 사회주의 계열의 정우회가 민족주의 계열과의 협동 전선을 주장하는 정우회 선언을 발표한 것을 계기로 1927년에 신간회가 창립되었다.

개념잡는 오답풀이

ㄱ. 근우회는 1927년 신간회의 자매단체로 결성되었다.
ㄹ. 광주 학생 항일 운동은 신간회가 창립되어 다양한 민족 운동을 전개하고 있던 1929년에 일어났다.

287 신간회의 강령 답⑤

깊이있는 정답풀이

제시된 강령을 내세운 단체는 신간회이다. 신간회는 회원 수 최대 4만여 명에 달하는 대중적 민족 운동 단체로 성장하였으며 국내뿐만 아니라 만주, 일본에까지 지회를 두었다.

개념잡는 오답풀이

① 신간회는 합법적 공개 단체였다.
② 공화 정체 실현을 추구한 것은 신민회이다.
③ 신간회는 민중 계몽, 사회 운동 지원에 주력하였다.
④ 민족 유일당 운동의 결과 신간회가 결성되었다.

288 신간회의 결성 배경 답③

깊이있는 정답풀이

제시된 자료는 민족주의 세력과 사회주의 세력이 연대하여 기회주의(자치론)와 타협 운동을 물리칠 것을 내세운 주장 내용이다. 사회주의 세력의 정우회 선언을 계기로 민족주의 진영과 사회주의 진영이 손잡으면서 신간회가 결성되었다. 이는 민족 유일당 운동의 성과라고 할 수 있다.

개념잡는 오답풀이

ㄱ. 의열 투쟁을 주도한 단체는 의열단 등으로 신간회와 직접적인 관련이 없다.
ㄹ. 신간회는 광주 학생 항일 운동을 후원하였다. 6·10 만세 운동은 1926년에 일어났고, 신간회는 1927년에 창립되었다.

289 신간회의 활동 답③

깊이있는 정답풀이

밑줄 친 '이 단체'는 1927년에 창립된 신간회이다. 신간회는 한국인 본위의 교육을 주장하고, 농민·노동 운동을 적극 지원하였다. 또한 수재민 구호 활동이나 만주의 동포 지원 운동 등을 활발하게 펼쳤으며, 광주 학생 항일 운동을 적극적으로 지원하였다. 그러나 일제의 탄압과 이념 대립, 정책 노선을 변경한 코민테른의 영향으로 1931년에 해소되고 말았다.

③ 국민 대표 회의는 1923년 대한민국 임시 정부를 둘러싼 갈등을 해소하기 위하여 개최되었다.

290 신간회의 활동 답④

깊이있는 정답풀이

사회주의 운동의 탄압이 민족주의와 제휴를 빚어내 민족 단일당이 창립되었다는 점, 사회주의 세력의 융성이 대립을 격화시켰고 단체가 해소되었다는 점을 통해 (가) 단체가 신간회임을 알 수 있다. 코민테른이 민족주의자들과의 협력을 중시하던 방침을 변경하면서 일부 사회주의자를 중심으로 신간회를 해소하자는 주장이 제기되었다.

개념잡는 오답풀이

① 김구는 국외로 망명하여 대한민국 임시 정부에서 활동하였다.
② 6·10 만세 운동은 민족주의 세력과 사회주의 세력이 연대하는 계기가 되어 민족 협동 전선 운동으로 이어졌다. 그 결과 1927년에 신간회가 결성되었다.
③ 민족주의 세력 중 최남선, 최린 등은 자치 운동을 전개하였다.
⑤ 제2차 조선 교육령에서 대학의 설립이 허용되면서 이상재 등을 중심으로 민립 대학 설립 운동이 일어났다.

291 신간회의 활동 시기 답①

깊이있는 정답풀이

추론 TIP 6·10 만세 운동 → 조선 민흥회 창립 → 정우회 선언 → 신간회 창립 → 근우회 창립

밑줄 친 '이 단체'는 신간회이다. 사회주의 계열에서 정우회 선언을 발표한

뒤 1927년 사회주의 세력과 비타협적 민족주의 세력이 연대하여 신간회를 결성하였다. 이후 신간회는 사회주의 세력의 해소 요구로 1931년 해체되었다. 근우회는 신간회 창립에 자극을 받아 여성 운동 세력을 연합하여 조직되었다. 이들은 가부장적인 관습을 비판하면서 여성의 지위 향상과 계몽에 노력하였으며, 잡지『근우』를 발행하였다.

개념잡는 **오답풀이**

② 정우회 선언은 1926년에 발표되었다.
③ 순종의 국장일에 전개된 6·10 만세 운동은 1926년에 일어났다.
④ 조선 민흥회는 1926년에 창립되었다.
⑤ 조선 민립 대학 기성회는 1923년에 창립 총회를 열었다.

292 신간회 해소 답 ①

깊이있는 **정답풀이**

비타협적 민족주의 세력과 사회주의 세력 간의 민족 유일당 운동 결과로 창립된 신간회는 일제의 탄압과 내부의 이념 대립뿐만 아니라, 계급 투쟁을 강조하는 코민테른의 지시 등에 영향을 받아 1931년에 해소되었다. 신간회에서는 해소란 해산을 뜻하는 해체와는 달리 한 운동에서 다른 운동으로 전환하는 변증법적 자기 발전을 의미한다고 주장하였으나, 이것은 사실상 해체에 해당하였다.

개념잡는 **오답풀이**

② 회사령은 1920년에 철폐되었다.
③ 조선 형평사는 백정들이 결성한 단체이다.
④ 대한 광복회는 1915년에 박상진이 조직한 독립운동 단체이다.
⑤ 물산 장려 운동은 민족주의 계열의 실력 양성 운동에 해당한다.

293 신간회 해소론의 대두 답 ⑤

깊이있는 **정답풀이**

추론 TIP 비타협적 민족주의와 제휴 → 정우회 선언
해소 투쟁, 민족주의자의 정체 폭로 → 신간회 해소론

> (가) 민족주의적 세력에 대하여는 …… 그것이 타락되지 않는 한 적극적으로 제휴하여 …… 싸워야 할 것이다.
> (나) 해소 투쟁의 전개는 우익 민족주의자의 정체 폭로와 노동 주체의 강대화에 기반해야 한다. 우익 민족주의자의 정체는 이상의 우리의 해소 이론에 의해 폭로되었으리라고 믿는다.

(가)는 1926년 11월에 발표된 정우회 선언이고, (나)는 1931년 4월에 발표된 신간회 해소를 주장하는 글이다. 정우회 선언을 계기로 결성된 신간회는 민족을 대표하는 민족 유일당 단체로서 활발한 활동을 전개하였으나, 1929년의 광주 학생 항일 운동을 계기로 민중 대회를 열려다 실패하면서 집행부 대부분이 구속되었다. 1930년대에 새로 구성된 집행부가 타협적 합법 운동을 강조하고 코민테른의 노선 변화도 맞물리면서 결국 신간회는 1931년 5월 해소를 선언하게 되었다. 해소는 사실상 해체를 의미한다.

개념잡는 **오답풀이**

① 제1차 국공 합작은 국내 민족 유일당 운동에 영향을 주었다.
② 물산 장려 운동, 민립 대학 설립 운동 등 실력 양성 운동이 활발하였던 것은 1920년대 전반이었다. 이러한 운동들이 실패함에 따라 실력 양성 운동의 한계를 절감하면서 민족 유일당 운동이 대두하였다.
③ 1926년의 조선 민흥회 결성은 신간회 결성의 배경에 해당한다.
④ 1925년에 제정된 치안 유지법에 의한 사회주의 운동 탄압 역시 신간회 결성의 배경에 해당한다.

STEP 3 서술형 풀어 보기 73~75쪽

294 1920년대 독립군의 시련

✔모범답안 봉오동 전투와 청산리 대첩에서 대패한 일본군은 독립군의 근거지를 없앤다는 명분으로 한인 마을을 습격하여 간도 참변을 저질렀다. 독립군들은 일본군의 공세를 피해 밀산(미산)에 집결하여 러시아 적군의 지원을 받기 위해 자유시로 이동하였으나 독립군의 무장 해제를 둘러싸고 자유시 참변이 일어나 큰 피해를 당하였다.

채점 기준	수준
간도 참변의 배경, 자유시 참변의 원인과 결과를 정확히 서술한 경우	상
간도 참변, 자유시 참변 중 한 사건에 대한 내용만 서술한 경우	하

295 3부의 특징

(1) 답 (가): 참의부, (나): 정의부, (다): 신민부
(2) ✔모범답안 행정 조직과 군정 조직을 운영하며 동포 사회를 이끌었다. 또한 삼권 분립에 따른 조직 체계를 갖추고 동포들이 내는 세금으로 조직과 군대를 운영한 일종의 공화주의 자치 정부였다.

채점 기준	수준
행정 조직과 군사 조직 운영, 삼권 분립에 따른 조직 체계, 동포들의 세금으로 운영되는 공화주의 자치 정부 중 두 가지 이상 서술한 경우	상
위 내용 중 한 가지만 서술한 경우	하

296 3부 통합 운동

✔모범답안 3부를 중심으로 통합 운동이 일어났으나, 완전한 통합에는 이르지 못하고 남만주의 국민부와 북만주의 혁신 의회로 개편되었다.

채점 기준	수준
남만주의 국민부, 북만주의 혁신 의회로 개편되었음을 모두 서술한 경우	상
위 내용 중 일부만 서술한 경우	하

297 한국 독립군의 활동

(1) 답 한국 독립군
(2) ✔모범답안 일제가 일으킨 만주 사변으로 중국인의 반일 감정이 고조되었고, 만주 지역의 한국 독립군 부대와 중국군은 일본에 맞서고자 하는 공통된 목표를 가지고 연합 작전을 전개하였다.

채점 기준	수준
만주 사변, 중국의 반일 감정 고조의 요소를 포함하여 서술한 경우	상
위 내용 중 한 가지만 서술한 경우	하

298 의열단의 활동 내용

(1) 답 의열단

(2) ✔모범답안 단원 김익상은 조선 총독부에 폭탄을 투척하였고, 김상옥은 종로 경찰서에 폭탄을 투척하여 경찰서를 파괴하였다. 한편, 나석주는 조선 식산 은행과 동양 척식 주식회사에 들어가 폭탄을 던지고 권총으로 관리들을 저격하였다.

채점 기준	수준
의열단을 쓰고, 김익상 · 김상옥 · 나석주의 의거 활동 중 두 가지를 서술한 경우	상
의열단을 쓰고, 김익상 · 김상옥 · 나석주의 의거 활동 중 한 가지만 서술한 경우	하

299 윤봉길 의거의 영향

✔모범답안 윤봉길의 의거로 중국인의 반한 감정이 크게 완화되었고, 중국 국민당 정부가 대한민국 임시 정부를 지원하게 되었다.

채점 기준	수준
중국인의 반한 감정 완화, 중국 국민당의 대한민국 임시 정부 지원의 내용을 서술한 경우	상
위 내용 중 한 가지만 서술한 경우	하

300 실력 양성 운동

(1) 답 (가): 물산 장려 운동, (나): 민립 대학 설립 운동, (다): 문자 보급 운동

(2) ✔모범답안 (가): 조선 물산 장려회의 주도로 토산품 애용 운동이 전개되었다., (나): 조선 민립 대학 기성회가 대학 설립을 위한 모금 운동을 벌였다., (다): 조선일보가 주도하여 한글 교재를 만들어 농촌에 배부하였다.

채점 기준	수준
(가) 물산 장려 운동, (나) 민립 대학 설립 운동, (다) 문자 보급 운동의 전개 과정을 모두 서술한 경우	상
위 민족 운동 중 두 가지에 대한 내용을 서술한 경우	중
위 민족 운동 중 한 가지에 대한 내용만을 서술한 경우	하

301 실력 양성 운동의 의의와 한계

✔모범답안 민족 자본의 육성과 근대 교육의 보급 등을 통해 근대적 발전과 민족 독립을 꾀한 점에서 의의가 있다. 그러나 실력 양성 운동은 일본이 허용하는 범위에서 전개되었고, '선 실력 양성, 후 독립'을 내세웠지만 점차 실력 양성만을 강조하는 방향으로 바뀌어 갔다.

채점 기준	수준
실력 양성 운동의 의의(민족 자본 육성, 근대 교육 보급을 통한 근대적 발전 시도), 한계(일본의 허용 범위 내에서 전개, 실력 양성만을 강조)를 모두 서술한 경우	상
실력 양성 운동의 의의와 한계 중 일부만 서술한 경우	중
실력 양성 운동의 의의와 한계 중 한 가지만 서술한 경우	하

302 민족 유일당 운동

✔모범답안 민족주의, 사회주의를 따지지 말고 협동하여 유일당(대혁명당)을 결성하자.

채점 기준	수준
'민족주의', '사회주의', '유일당' 용어를 모두 사용하여 서술한 경우	상
위 내용 중 일부만 서술한 경우	하

303 민족 유일당 운동의 대두 배경

✔모범답안 1920년대 중반 중국 국민당과 공산당이 제1차 국공 합작을 이루자 중국 관내와 만주에서 민족 유일당 운동이 전개되었다. 한편 국내에서는 자치론을 비판하는 비타협적 민족주의 세력과 치안 유지법으로 활동이 어려워진 사회주의 계열 간의 통합 논의가 대두하였다.

채점 기준	수준
대외적인 배경(제1차 국공 합작, 중국 관내와 만주의 민족 유일당 운동), 대내적인 배경(자치론에 대한 비판 대두, 치안 유지법으로 사회주의 탄압)을 모두 서술한 경우	상
대내외적인 배경을 각각 일부만 서술한 경우	중
대내외적인 배경 중 한 가지만 서술한 경우	하

304 정우회 선언의 영향

(1) 답 정우회 선언

(2) ✔모범답안 사회주의 세력과 비타협적 민족주의 세력이 연대한 민족 유일당인 신간회가 결성되는 데 결정적인 역할을 하였다.

채점 기준	수준
민족 유일당인 신간회 결성에 영향을 주었다고 서술한 경우	상
사회주의 세력과 비타협적 민족주의 세력의 연합만 서술한 경우	하

305 신간회의 의의

(1) 답 신간회

(2) ✔모범답안 이념과 노선의 차이를 극복한 일제 강점기 국내 최대 규모의 합법적 단체였다.

채점 기준	수준
제시된 의의를 모두 서술한 경우	상
제시된 의의를 한 가지만 서술한 경우	하

306 신간회의 해소 과정

✔모범답안 1920년대 후반 신간회 집행부 내부에서 일제에 타협적인 활동 방향을 모색하려는 움직임이 나타난 가운데 코민테른의 지시로 사회주의자들은 민족 협동 전선을 비판하고 나섰다. 결국 1931년 열린 전체 회의에서 사회주의자들의 강력한 주장에 따라 신간회는 해소되었다.

채점 기준	수준
일제에 타협적인 움직임 대두, 사회주의자들의 비판으로 신간회가 해소되었다고 서술한 경우	상
신간회 해소를 포함하여 위 내용 중 두 가지를 서술한 경우	중
위 내용 중 한 가지만 서술한 경우	하

05 사회·문화의 변화와 대중운동

STEP 1 O/X 문제로 교과서 핵심 자료 보기 78~79쪽

307 X	308 O	309 O	310 O	311 O	312 X
313 X	314 O	315 X	316 O	317 X	318 O
319 O	320 O	321 X	322 X	323 O	324 O
325 O	326 O	327 X	328 O	329 O	330 X

STEP 2 객관식 풀어 보기 80~95쪽

331 ④	332 ③	333 ②	334 ⑤	335 ②	336 ④
337 ③	338 ⑤	339 ①	340 ①	341 ①	342 ⑤
343 ③	344 ⑤	345 ③	346 ⑤	347 ①	348 ③
349 ⑤	350 ⑤	351 ②	352 ⑤	353 ③	354 ②
355 ①	356 ④	357 ③	358 ②	359 ①	360 ④
361 ⑤	362 ③	363 ④	364 ⑤	365 ①	366 ①
367 ③	368 ⑤	369 ③	370 ③	371 ②	372 ①
373 ③	374 ⑤	375 ④	376 ①	377 ②	378 ②
379 ⑤	380 ②	381 ①	382 ⑤	383 ③	384 ④
385 ③	386 ②	387 ②	388 ④	389 ③	390 ②
391 ③	392 ①	393 ⑤	394 ②		

331 일제 강점기 생활 모습 변화 답 ④

깊이있는 정답풀이

경성의 상가가 일본의 남촌 상가와 조선인의 북촌 상가로 구분되었다는 점을 통해 일제 강점기 식민지 도시의 모습에 관한 자료임을 알 수 있다. 식민지 시기 도시를 중심으로 많은 생활의 변화가 나타났다. 양복과 양장이 확산되면서 '모던걸', '모던보이'라고 불리는 사람들이 등장하였고, 축음기와 레코드, 라디오가 보급되면서 대중가요가 인기를 끌었다.

개념잡는 오답풀이

ㄱ. 경인선은 1899년에 개통되었다.
ㄷ. 한성 전기 회사는 1898년 대한 제국 황실과 미국인의 합작으로 설립되었다.

332 철도와 수탈 답 ③

깊이있는 정답풀이

한반도를 X자로 관통하며 부설되었다는 점, 공간 관념의 변화와 서구식 시간관념의 확산에 영향을 주었다는 점 등을 통해 철도와 관련된 대화임을 알 수 있다. 우리나라 최초의 철도는 1899년에 개통된 경인선이다. 서대문과 청량리 구간은 최초로 전차가 개통되었다.

개념잡는 오답풀이

①, ②, ④, ⑤ 경부선과 경의선은 러일 전쟁 중에 부설되었으며, 철도와 연결된 대전, 신의주 등이 대도시로 성장하였다. 일제는 철도를 부설하여 대륙 침략과 자원의 수탈에 활용하였다.

333 식민지 근대화의 실상 답 ②

깊이있는 정답풀이

밑줄 친 '이 영화'는 나운규가 1926년 발표한 아리랑이다. 1920년대 일제는 조선에 산미 증식 계획을 강요하여 쌀 생산을 늘려나갔지만, 일본으로 더 많은 양의 쌀이 유출되며 조선인의 1인당 쌀 소비량은 감소하였다. 한편, 일제는 1928년 함경선을 개통하며 한반도에 X자형 간선 철도망을 완성하였다. 철도 노선의 확대로 국내는 물론 만주와 중국 등지로 오가는 사람들이 많아졌다.

개념잡는 오답풀이

ㄴ. 농촌 진흥 운동은 1932~40년 사이에 전개되었다.
ㄹ. 일제는 1930년대 전시 동원 체제를 운영하며 국민복과 '몸뻬' 착용 등을 강요하였다.

334 농촌 진흥 운동 답 ⑤

깊이있는 정답풀이

제시된 자료에서 농촌 진흥과 자력갱생을 표방하고 농가 갱생 계획을 마련했다는 점, 소작 조건을 개선하고 있다는 점 등을 통해 1932년부터 1940년까지 시행된 농촌 진흥 운동임을 알 수 있다. 일제는 1929년의 대공황으로 농촌 경제가 피폐해지면서 소작 쟁의가 확산되자, 농촌 진흥 운동을 전개하여 한국 농민의 불만을 무마하고자 하였다.

개념잡는 오답풀이

① 조선 태형령은 1912년에 제정되었다.
② 토지 조사 사업은 1910~1918년까지 실시되었다.
③ 암태도 소작 쟁의는 지주의 고율 소작료에 반발해 암태도의 소작농이 1923년부터 1924년까지 전개하였다.
④ 일제는 러일 전쟁을 도발한 직후인 1904년에 황무지 개간권을 요구하였으나 보안회 등의 반대 운동으로 요구를 철회하였다.

335 소작 쟁의 추이 답 ②

깊이있는 정답풀이

(가) 시기인 1920년대의 소작 쟁의는 소작료 인하와 소작권 이동 반대 등 생존권 투쟁의 성격을 강하게 띠었으며, 대표적인 소작 쟁의로는 1923년에 발생한 암태도 소작 쟁의가 있다. 1927년에 전국적 농민 조직인 조선 농민 총동맹이 창설되면서 조직적인 농민 운동이 전개됨에 따라 그 직후에는 소작 쟁의 참가 인원이 급격히 증가하였다. 한편, (나) 시기인 1930년대의 소작 쟁의는 식민지 지주제 타파, 농민의 토지 소유 실현 등 일제의 수탈에 저항한 민족 운동의 성격을 강하게 띠었다.

② 일제가 농민의 불만을 무마하기 위해 만든 농촌 진흥 계획은 1930년대에 발표되었다.

336 소작 쟁의의 성격 변화 답 ④

깊이있는 정답풀이

1930년대에는 사회주의 사상의 영향이 더욱 확대되어 비합법인 조직인 혁명적 농민 조합을 중심으로 농민 운동이 전개되고, 일본 제국주의 타도 등의 정치적 투쟁이 이어졌다.

개념잡는 오답풀이

ㄱ. 1920년대 농민들의 소작 쟁의는 고율 소작료와 소작권 이전을 반대하는 생존권 투쟁 중심으로 전개되었고, 1930년대에 이르러 정치 투쟁으로 변모하였다.

ㄷ. 농민들의 체계적인 소작 쟁의를 위하여 1924년에 조선 노농 총동맹이 결성되었고, 1927년에는 조선 농민 총동맹과 조선 노동 총동맹이 분리되어 독립하였다.

337 일제의 대농촌 정책 답 ③

깊이있는 정답풀이

추론 TIP '지세의 공평한 부담', '소유권 보호', '매매와 양도의 편리', '토지의 생산력 증진' → 토지 조사 사업

> (가) 이것을 실시하는 목적은 지세의 부담을 공평하게 하고 지적을 명확히 하여 그 소유권을 보호하고 …… 토지를 유일한 생산의 근원으로 하는 조선에서는 토지의 권리를 확실히 하여 지세의 부담을 공평하게 함으로써 토지의 생산력을 증진시킬 필요가 특히 절실하다.
> (나) …… 세별하면 농촌의 지위와 농촌 진흥의 도정, 자력갱생의 급무, 농업의 본질, 농민의 의도, 농민의 사명, 영농의 기조 등으로 되어 있다. …… 제5장은 진흥책의 수립인데 이것은 위원회의 설치와 심의 연구와 계획 수립 및 계획의 실행 독려 등으로 구분되어 있다.

(가) 자료는 일제가 1910년대 토지 조사 사업을 실시하면서 그 목적을 밝힌 것이다. (나) 자료는 '농촌 진흥의 도정', '진흥책의 수립' 등의 내용을 통해 1932년부터 1940년까지 진행된 농촌 진흥 운동임을 알 수 있다. 대공황으로 농민층이 몰락하고 소작 쟁의가 치열해지자, 일제는 농촌을 효율적으로 통제하고자 농촌 진흥 운동을 전개하였다.

개념잡는 오답풀이

①, ④ 제1차 세계 대전 직후 일본 내의 공업화에 따른 도시 인구의 증가 및 쌀 부족으로 일제는 산미 증식 계획을 실시하였다. 그 과정에서 이출되는 쌀이 증가하여 농민들이 몰락하였다.

② 1889년과 1890년 함경도와 황해도에서 방곡령이 선포되었지만, 조일 통상 장정 위반으로 조선이 도리어 배상금을 지불해야 했다.

⑤ 헌병 경찰 통치가 실시된 1910년대 시행된 것은 (가) 토지 조사 사업이며, (나) 농촌 진흥 정책은 1930년대에 실시되었다.

338 암태도 소작 쟁의 답 ⑤

깊이있는 정답풀이

연극의 배경이 되는 시기는 암태도 소작 쟁의가 일어난 1923년경이다. 1920년대 초 국내에 사회주의 사상이 유입되면서 노동 운동과 농민 운동이 활발해졌다.

개념잡는 오답풀이

① 3·1 운동은 1919년에 전개되었다.

② 일제는 1910년대 무단 통치를 실시하면서 교원들에게 제복을 입고 칼을 차게하였다.

③ 동아일보 주도로 1931년부터 브나로드 운동이 전개되었다.

④ 조선 농민 총동맹은 1927년에 설립되었다.

339 노동 쟁의의 증가 원인 답 ①

깊이있는 정답풀이

1921~1927년까지 노동 쟁의가 대체로 증가했음을 알 수 있다. 그 이유는 1920년에 회사령이 폐지되면서 전반전으로 노동자를 고용할 수 있는 회사의 수가 늘어났고, 토지 조사 사업 추진으로 토지에서 유리된 농민들이 노동자가 되는 경우가 많아졌기 때문이다. 수적으로 늘어난 노동자들은 자본가와 일제에 맞서 임금 인상 등을 요구하였다. 또한, 1920년대 노동 운동의 증가는 사회주의의 영향도 컸다.

개념잡는 오답풀이

② 물산 장려 운동은 단기적으로 끝났기에 노동 쟁의에 큰 영향을 끼치지 못하였다.

③, ⑤ 1930년대에 나타난 현상과 관련 있다.

④ 자치론은 일제의 경제 정책 변화에 큰 영향을 미치지 못하였다.

340 원산 총파업 답 ①

깊이있는 정답풀이

제시문은 1929년에 발생한 원산 총파업에 대한 것이다. 원산 노동자 총파업은 라이징 선이라는 석유회사에서 일본인 감독이 한국인 노동자를 구타한 사건이 발단이 되어 이 지역 노동 연합회를 중심으로 노동 조건의 개선을 요구하는 파업이 약 4개월 간 계속된 사건이다. 비록 파업이 원산 지역 밖으로 확산되지는 못하였지만, 전국적인 격려와 지원이 이어졌고, 일본, 소련, 프랑스 등지에서 격려 전문을 보내오기도 하였다. 원산 노동자 총파업은 규모나 투쟁의 강도에서 1920년대를 대표하는 노동 운동이라고 할 수 있다.

개념잡는 오답풀이

② 파업은 원산 밖으로 확산되지 못하였다.

③ 노동 운동을 주도한 것은 사회주의 계열이다. 물산 장려 운동은 민족주의 계열이 주도하였다.

④ 이후 일제는 노동 운동에 대한 탄압을 더욱 강화해 1930년대에는 합법적인 노동 운동이 불가능하였다.

⑤ 원산 총파업은 일제의 탄압으로 실패하였다.

341 원산 총파업의 요구 사항 답 ①

깊이있는 정답풀이

원산 노동자 총파업에서는 노동자 대우 개선, 최저 임금제 확립, 단체 계약권 보장, 8시간 노동제 등 가장 기본적인 노동권 보장을 요구하였다. 그러나 일제가 파업 지도자를 체포하고 파업의 장기화로 노동자들의 생계가 어려워지자 원산 총파업은 4개월 만에 중단되었다.

① 회사령은 1920년에 폐지되었다.

342 소작 쟁의와 노동 쟁의 답 ⑤

깊이있는 정답풀이

(가)는 소작 쟁의, (나)는 노동 쟁의이다. 1910년대에는 산업화가 미진전되어 노동자가 적었기 때문에 노동 쟁의도 활발하지 않았다. 1920년대에 사회주의가 유입되면서 소작 쟁의와 노동 쟁의가 확산되었다.

개념잡는 오답풀이

ㄱ. 산미 증식 계획으로 인해 소작 쟁의가 확산되었다.

ㄴ. 물산 장려 운동은 자본가 계급이 주도하였다.

343 암태도 소작 쟁의와 원산 총파업 답 ③

깊이있는 정답풀이

(가) 사건은 1923년의 암태도 소작 쟁의, (나) 사건은 1929년의 원산 총파업이다. 1923년 암태도 소작 쟁의 당시 소작인들은 소작료 인하에 성공하였다. 이후 농민들은 전국 단위 조합을 설립하고 조직적으로 소작 쟁의를 전개하였다. 1929년 벌어진 원산 노동자 총파업은 4개월 간 지속되며 국외 노동 단체의 지지를 받았지만 결국 실패로 끝났다.

개념잡는 오답풀이

ㄱ. 조선 농민 총동맹은 1927년에 결성되었다.

ㄹ. 조선 노동 공제회는 1920년에 결성되었다.

344 1920년대의 사회 모습 답 ⑤

깊이있는 정답풀이

일제는 1920년대 산미 증식 계획을 실시하였는데, 높은 소작료와 지세 등으로 큰 부담을 지고 있었던 소작농민들에게 증산 비용마저 전가시켰다.

개념잡는 오답풀이

① 일제는 지주의 자의적인 소작권 이동을 막는다며 1934년 조선 농지령을 공포하였다.

② 교사에게 제복과 칼의 착용을 강요한 것은 무단 통치가 시행되던 1910년대의 상황이다.

③ 민족 자본의 성장을 억제하기 위한 회사령은 1910년에 시행되었고, 1920년에 신고제로 바꾸어 철폐되었다.

④ 토지 조사 사업은 1910~1918년까지 시행되었다.

345 시기별 쟁의의 특징 답 ③

깊이있는 정답풀이

제시된 그래프는 1920년대와 1930년대 노동 쟁의와 소작 쟁의 발생 건수를 나타낸 것이다. 3·1 운동 이후 사회주의 사상이 유입되어 전국적인 농민, 노동자 단체가 조직되면서 노동 운동과 농민 운동이 활성화되었다. 1920년대에는 주로 생존권 투쟁, 1930년대에는 일본의 제국주의 타도 등을 주장하는 정치 운동의 성격을 강하게 보였다.

개념잡는 오답풀이

ㄱ. 농촌 진흥 운동은 1930년대 농민의 불만을 회유하고 수탈 구조의 재정비를 목적으로 실시되었다.

ㄹ. 전국적인 농민·노동 운동 조직은 1927년에 결성되었고, 1930년대에 비합법적인 농민 조합과 노동조합을 중심으로 쟁의가 전개되었다.

346 근우회의 활동 답 ⑤

깊이있는 정답풀이

제시된 자료는 여성계의 민족 유일당으로 1927년에 조직된 근우회의 행동 강령이다. 근우회는 여성의 단결과 지위 향상을 목적으로 민족주의 계열의 여성 운동 단체와 사회주의 계열의 여성 운동 단체를 통합하여 결성되었다. 근우회는 기관지인 『근우』를 발간하고 강연회를 통해 여성 계몽에 앞장서는 한편, 농민 운동과 노동 운동에도 적극 개입하였다. 그러나 1931년 신간회가 해소되면서 근우회도 함께 해체되었다.

347 신간회의 활동과 해소 답 ①

깊이있는 정답풀이

추론 TIP 광주에서 발생한 학생 충돌 사건 → 광주 학생 항일 운동(1929) → 신간회의 진상 조사단 파견

> 지난 3일 전남 광주에서 일어난 고보학생 대 중학생의 충돌사건에 대하여 종로에 있는 (가) 본부에서는 제19회 중앙상무집행위원회의 결의로 장성·송정·광주 세 지회에 대하여 긴급 조사 보고를 지령하는 동시에 사태의 진전을 주시하고 있던 바, 지난 8일 밤 중요 간부들이 긴급 상의한 결과, 사건 내용을 철저히 조사하고 구금된 학생들의 석방도 교섭하기 위하여 중앙집행위원장 허헌, 서기장 황상규, 회계 김병로 세 최고 간부를 광주까지 특파하기로 하고 9일 오전 10시 특급 열차로 광주에 향하게 하였다더라.

1926년에 전개된 6·10 만세 운동 준비 과정에서 민족주의 진영과 사회주의 진영의 연대 가능성과 공감대가 형성되었고, 조선 민흥회와 정우회 선언 등을 통하여 양 진영이 연대하여 신간회가 창립되었다(1927). 이후 다양한 활동을 전개한 신간회는, 지도부의 우경화와 코민테른의 노선 전환 등으로 인해 1931년 해소되었다.

개념잡는 오답풀이

ㄷ. 대성 학교와 오산 학교를 세워 민족 교육을 전개하였던 단체는 신민회(1907)이다.

ㄹ. 순종의 인산일에 일어난 민족 운동은 6·10 만세 운동(1926)이며, 신간회는 6·10 만세 운동 이후인 1927년에 결성되었다.

1등급 가이드

신간회는 주로 6·10 만세 운동, 광주 학생 항일 운동과 연결하여 출제됩니다. 신간회의 활동 중 광주 학생 항일 운동 지원 사실을 묻는 경우가 많으므로 관련 내용을 잘 정리해 두어야 합니다.

348 6·10 만세 운동의 전개 답 ③

깊이있는 정답풀이

'6월 10일 돈화문', '순종의 장례식'을 통해 자료에 나타난 민족 운동이 6·10 만세 운동임을 알 수 있다. 일제의 수탈과 식민지 교육 정책에 반발하며 순종의 죽음을 계기로 민족적 감정이 고조되고 있었다. ③ 이때 사회주의 세력과 민족주의 세력이 함께 연합하여 운동을 주도하였다. 준비 과정에서 사회주의 계열이 일제에 발각되었지만, 6·10 만세 운동은 민족 유일당 운동의 계기가 되었다.

개념잡는 오답풀이

①, ②, ⑤ 3·1 운동의 의의에 대한 설명이다. 3·1 운동은 대한민국 임시 정부가 수립되는 결과를 가져왔으며, 일제가 무단 통치에서 '문화 정치'로 통치의 방향을 수정하는 계기가 되었다. 비폭력 주의인 3·1 운동은 중국의 5·4 운동 및 인도의 비폭력 운동에도 영향을 주었다.

④ 1929년 광주에서 일본 학생이 조선 여학생을 희롱한 사건이 계기가 되어 양국 학생 간에 싸움이 일어났다. 사건 처리 과정에서 일어난 민족 차별에 분노한 광주 지역 학생들이 중심이 되어 광주 학생 항일 운동(1929)이 일어났다.

349 6·10 만세 운동의 전개 답 ⑤

깊이있는 정답풀이

제시문 중 '3·1 운동의 연속', '대한민국 18년' 등의 내용을 통해 밑줄 친

'이 운동'이 1926년에 일어난 6·10 만세 운동임을 알 수 있다. 순종의 죽음을 계기로 민족 감정이 고조되자 사회주의자와 천도교 일부 세력, 학생들은 순종의 인산일에 맞추어 사전에 시위를 계획하였다. 그러나 사회주의자들은 사전에 발각되어 참여하지 못했고, 학생들이 적극 참여하여 격문을 뿌리면서 가두 시위를 전개하였다. 6·10 만세 운동은 학생 운동이 국내 독립운동의 중심으로 부상하고 대중적 차원의 항일 민족 운동으로 발전하는 계기가 되었으며, 이후 민족 유일당 운동의 전개에도 영향을 끼쳤다.

개념잡는 **오답풀이**

ㄱ. 광주 학생 항일 운동에 대한 설명이다.

350 6·10 만세 운동의 격문 답⑤

깊이있는 **정답풀이**

고려 공산 청년회는 조선 공산당의 일부가 참여한 단체이다. 조선 공산당은 순종의 죽음을 계기로 민족 감정이 고조되자 6·10 만세 운동 투쟁 지도 특별 위원회를 만들고 전국적인 규모의 대중 시위를 준비하였으나 시위를 며칠 앞두고 지도부가 발각되어 무너지고 말았다.

⑤ 광주 학생 항일 운동 시기의 격문이다.

1등급 가이드

1920년대에 전개된 다양한 사회 운동의 격문을 확실히 정리해 두어야 합니다. 특히 6·10 만세 운동과 광주 학생 항일 운동의 격문은 두 운동의 공통점과 차이점을 보여 주는 내용을 중심으로 비교하여 알아두세요.

351 6·10 만세 운동의 특징 답②

깊이있는 **정답풀이**

6·10 만세 운동은 일제의 차별 교육에 대한 저항으로 시작되었다. 이 운동을 주도한 학생들은 순종의 장례식에 모인 사람들에게 격문을 살포하고 만세 시위를 주도하였다.

개념잡는 **오답풀이**

ㄴ. 신간회는 6·10 만세 운동 이후인 1927년에 결성되었다.

ㄹ. 6·10 만세 운동은 전국적인 학생 시위로 발전하지 못하였으나, 광주 학생 항일 운동은 전국적인 시위로 발전하였다.

352 6·10 만세 운동의 의의 답⑤

깊이있는 **정답풀이**

추론 TIP 국왕의 장례일에 일어난 사건, 경성 제국 대학 설립(1924) 이후 → 6·10 만세 운동

> 이번 국왕의 장례일에 일어난 사건으로 기소된 학생에 한 하여는 경성 제국 대학에 입학을 시키지 아니하고, 경기도 학무과로부터 시내 각 중등학교에 대하여 사건에 관계되었던 학생들에게 적절한 조치를 하라는 지시가 발송되었음을 어제 보도하였다.

'국왕의 장례일에 일어난 사건', '경성 제국 대학에 입학을 시키지 아니하고' 등의 내용을 통해 밑줄 친 '사건'은, 6·10 만세 운동(1926)임을 알 수 있다. 순종의 인산일을 기해 민족주의 계열과 사회주의 계열은 학생들과 연합하여 만세 시위를 벌이기로 계획하였다. 하지만 사전에 발각되어 지도부는 체포당했고 학생들은 준비한 격문을 뿌리며 만세 운동을 전개하였다. 이 운동은 널리 확산되지는 못했지만, 사회주의 계열과 민족주의 계열이 연대할 수 있는 토대를 마련하고, 국내에서 민족 유일당 운동이 전개되는 계기가 되었다.

개념잡는 **오답풀이**

ㄱ. 광주 학생 항일 운동에 대한 설명이다. 신간회는 광주 학생 운동이 발생하자 진상 조사단을 파견하고, 서울에서 민중 대회를 개최하여 진상을 알리려 하였다.

ㄴ. 3·1 운동(1919)에 대한 설명이다. 고종의 장례일을 이용하여 일어난 만세 운동의 영향으로, 일제는 무단 통치에서 이른바 문화 정치로 통치 방식을 변경하였다.

353 6·10 만세 운동 당시의 상황 답③

깊이있는 **정답풀이**

제시된 격문은 6·10 만세 운동(1926)에서 제기된 것이다. 격문에서 학교장은 한국인이 되어야 한다는 내용으로 보아 한국 학생에 대한 차별을 짐작할 수 있고, 동양 척식 주식회사의 철폐와 일본 물품 배척 등을 통해 일본 자본의 진출에 따른 민족 자본의 위기를 추론할 수 있다. 또, 동일 노동의 동일 임금 주장에서 일본인의 절반 수준에 머문 임금 차별을 알 수 있다. 당시에는 사회주의 사상이 민족 운동에 큰 영향을 미치고 있었는데, 일제 타도와 같은 용어에서 그런 영향을 파악할 수 있다.

③ 1920년대에는 학교에서 한국어와 한국 역사를 가르쳤다. 1943년 제4차 교육령으로 한국어와 한국 역사 교육이 금지되었다.

354 6·10 만세 운동의 영향 답②

깊이있는 **정답풀이**

제시된 자료에서 국장 행렬을 따라 학생들이 만세 시위를 벌인 것을 통해 1926년 순종의 국장일에 일어난 6·10 만세 운동임을 알 수 있다. 6·10 만세 운동은 민족주의 세력과 사회주의 세력이 연대하는 계기가 되어 민족 협동 전선 운동으로 이어졌고, 그 결과 1927년에 신간회가 결성되었다.

개념잡는 **오답풀이**

① 일본 유학생의 2·8 독립 선언에 자극받아 국내에서 3·1 운동이 일어났다.

③ 1895년 명성 황후 시해 사건과 단발령에 반발해 유생들이 을미의병을 일으켰다.

④ 1929년에 일어난 광주 학생 항일 운동은 광주에서 시작되어 전국으로 확산되었다.

⑤ 3·1 운동의 영향으로 중국 상하이에 대한민국 임시 정부가 수립되었다.

355 6·10 만세 운동과 3·1 운동의 공통점 답①

깊이있는 **정답풀이**

(가)는 6·10 만세 운동(1926) 당시 뿌려졌던 격문이고, (나)는 3·1 운동(1919) 당시 한용운이 만든 '공약 3장'이다. 3·1 운동과 6·10 만세 운동은 각각 대한 제국의 황제였던 고종과 순종의 인산일을 이용해 전개되었으며, 모두 학생들이 주도적인 역할을 하였다.

개념잡는 **오답풀이**

ㄷ. 3·1 운동 이후 일제는 이른바 문화 정치를 실시하였다.

ㄹ. 사회주의 사상은 3·1 운동 이후에 유입되었다.

356 광주 학생 항일 운동 답④

깊이있는 정답풀이

제시된 자료에서 '이 운동'은 광주 학생 항일 운동을 말한다. 이 운동은 1,642명이 구속되고 582명이 퇴학, 그리고 2,230명이 무기 정학에 처해진 일제 강점기 최대 규모의 학생 운동이었다. 이 운동을 후원하기 위해 신간회가 진상 조사단을 파견하였다.

개념잡는 오답풀이

ㄱ. 1910년대 활동한 국내 비밀 결사 조직이었다.
ㄷ. 3·1 운동에 대한 설명이다.

357 광주 학생 항일 운동의 전개 답③

깊이있는 정답풀이

'1929년', '광주 지역', '독서회' 등을 통해 (가) 운동이 광주 학생 항일 운동임을 알 수 있다. 광주 학생 항일 운동은 1929년 통학 기차 안에서 일본 학생이 조선 여학생을 희롱한 일이 계기가 되어 일어난 사건이다. 학생뿐만 아니라 일반 시민들까지 가세한 항일 시위였으며, 전국적으로 확대되어 이듬해 봄까지 계속되었다. ③ 당시 신간회는 광주 학생 항일 운동에 대한 진상 조사단을 파견하는 등 지원 활동을 전개하였다.

개념잡는 오답풀이

① 1926년에 일어난 6·10 만세 운동에 대한 설명이다.
② 제1차 조선 교육령은 1911년에 발표되었다.
④ 일제는 1919년 3·1 운동을 계기로 무단 통치에서 이른바 문화 정치로 통치 방식을 바꾸었다.
⑤ 신민회는 일제가 조작한 105인 사건(1911)으로 주요 인물들이 검거되면서 해체되었다.

358 6·10 만세 운동과 광주 학생 항일 운동 답②

깊이있는 정답풀이

(가)는 '순종의 인산일을 기해 추진된 만세 운동'을 통해 6·10 만세 운동(1926)임을 알 수 있다. (나)는 '한·일 학생 간의 충돌에서 비롯한 항일 운동'을 통해 광주 학생 항일 운동(1929)임을 알 수 있다. 6·10 만세 운동 당시 민족주의 진영과 사회주의 진영이 학생들과 연합하여 만세 시위를 벌이기로 계획하였다는 점에서 의의가 크다. ② 6·10 만세 운동은 이후 국내에서 민족 유일당 운동이 전개되는 계기가 되었다.

개념잡는 오답풀이

①, ④, ⑤는 3·1 운동에 대한 설명이다.
③ 2·8 독립 선언은 3·1 운동이 일어나게 된 배경 가운데 하나이다.

359 근우회 답①

깊이있는 정답풀이

자료의 '여성 문제 해결', '단결' 등의 내용을 통해 (가) 단체가 1920년대 중반 여권 신장을 위해 조직된 근우회라는 것을 알 수 있다.

개념잡는 오답풀이

② 조선 여성 동우회는 1924년 서울에서 조직된 사회주의 여성 단체이다.
③ 대한 애국 부인회는 1919년 평양에서 조직된 여성 독립운동 단체이다.
④ 조선 여자 교육 협회는 1920년 서울에서 조직된 여성 계몽 단체이다.
⑤ 조선 여자 기독교 청년회는 1922년 창립된 여성 인권 운동 단체이다.

360 근우회의 특징 답④

깊이있는 정답풀이

여성계에서 추진한 민족 유일당 운동의 일환으로 조직된 근우회는 강연회와 토론회 개최, 야학 설치 등을 통한 여성 계몽 활동과 함께 여성 노동자의 권익 옹호에 앞장섰다. 근우회는 신간회의 자매단체로 연계해 활동하였으나 1931년 신간회가 해산되면서 근우회도 해산되었다.

개념잡는 오답풀이

① 3·1 운동은 근우회 설립 전인 1919년에 일어났다.
② 조선 여자 청년회는 근우회 설립 전인 1921년에 조직되었다.
③ 통감부는 1905~1910년 동안 설치된 일제의 통치 기관이다.
⑤ 이화 학당은 1886년 개신교 선교사가 설립하였다.

361 형평 운동 답⑤

깊이있는 정답풀이

형평 운동은 백정에 대한 신분 차별이 19세기 말 법률상으로 없어졌음에도 불구하고 사회적 편견과 차별이 계속됨에 따라 백정들이 일으킨 것이다. 백정들은 1923년 경남 진주에서 조선 형평사를 조직하였고, 이후 그 조직을 확대해 1925년 전 조선 형평사 대회를 개최하여 백정에 대한 사회적 차별과 자녀 교육 문제의 해결 등을 촉구하였다. 이러한 과정을 겪으면서 형평 운동은 신분 해방 운동을 넘어서 민족 해방 운동의 성격까지 띠었다.

개념잡는 오답풀이

①, ② 민족주의 계열이 전개한 실력 양성 운동에 해당된다.
③ 형평 운동이 전개되는 과정에서 이에 반대하는 반형평 운동이 일어나기도 하였다.
④ 신분제는 1894년 갑오개혁으로 폐지되었다.

362 조선 형평사의 활동 답③

깊이있는 정답풀이

1923년 진주에서 백정 출신 이학찬 등이 조선 형평사를 조직하고 실질적으로 천민 신분 지위가 유지되고 있는 차별을 철폐하려는 활발한 활동을 전개하였다. 도축 거부 파업을 진행하거나 호적에 '도한' 또는 붉은 점으로 표시되는 신분 표시 삭제, 자녀의 교육 차별 철폐를 위한 운동을 전개하였다.

개념잡는 오답풀이

ㄹ. 인신매매 및 공창 폐지 운동은 여성 단체를 중심으로 전개되었다.

363 근우회와 조선 형평사 답④

깊이있는 정답풀이

(가)는 근우회의 기관지이다. (나)는 조선 형평사가 제작한 포스터이다. 형평 운동은 1923년부터 일어난 백정들의 신분 해방 운동으로, 백정의 계급적인 해방 투쟁과 민족적인 해방 투쟁이라는 두 가지 성격을 띠면서 전개되었다. 1894년 갑오개혁에 의해 법제상으로는 신분제가 폐지되었으나 백정에 대한 차별 인식은 계속 존재하였다. 이에 백정 출신들이 신분 차별을 없애고자 형평사를 조직하였다.

개념잡는 **오답풀이**

① 근우회는 신간회와 마찬가지로 공개 단체였다.
② 근우회는 신간회의 자매단체였다.
③ 신분제는 1894년 갑오개혁에서 폐지되었다.
⑤ 근우회에만 해당한다.

1등급 가이드

근우회는 신민회가 아니라 신간회의 자매단체이고, 조선 형평사는 신분제 폐지를 주장하지 않았다는 점을 정확히 알고 있다면 함정을 피할 수 있어요.

364 소년 운동 답 ⑤

깊이있는 **정답풀이**

제시된 자료는 어린이날 포스터이다. 어린이날은 3·1 운동을 계기로 어린이들에게 민족정신을 고취하고자, 1923년 방정환을 포함한 천도교 소년회가 주축이 되어 정하였다. 처음에는 5월 1일을 어린이날로 하였다가 1927년 날짜를 5월 첫 일요일로 변경하였다. 1920년대 소년 운동과 여성 운동에 앞장선 종교 단체는 천도교였다.

⑤ 잡지 『소년』은 1908년에 창간된 우리나라 최초의 잡지로, 1911년 5월 종간되었다.

365 방정환의 활동 답 ①

깊이있는 **정답풀이**

(가) 인물은 방정환이다. 방정환은 아이들을 인격체로 대접하라는 의미에서 '어린이'라는 용어를 처음 사용하였고, 어린이에 대한 정당한 대우가 독립운동이라고 생각하여 소년 운동을 전개하였다. 그는 천도교 소년회를 중심으로 5월 1일을 어린이날로 제정하였다.

개념잡는 **오답풀이**

②는 형평 운동, ③은 여성 민족 유일당 운동, ④는 청년 운동, ⑤는 사회주의 계열의 운동 내용이다.

366 1920년대 사회 운동 답 ①

깊이있는 **정답풀이**

1919년에서 1929년 사이에 전개되었던 사회·경제적 민족 운동에 대한 내용임을 알 수 있다. 일제 강점기에 호주제의 법제화로 여성의 지위가 퇴보하자 3·1 운동 이후부터 여성 운동이 활발하게 전개되었다. 또한 3·1 운동 이후 민족주의 계열에서는 민족의 실력을 양성하기 위해 물산 장려 운동과 민립 대학 설립 운동을 전개하였다. 한편, 1923년부터는 백정들이 신분 차별에 대항하여 형평 운동을 전개하였다.

① 브나로드 운동은 1931년부터 동아일보의 후원으로 전개되었다.

367 조선어 학회 답 ③

깊이있는 **정답풀이**

제시문은 조선어 연구회가 발행하였던 『한글』을 조선어 학회가 다시 간행하면서 첫 호를 '창간호'라 명명하고 발표한 창간사이다. 조선어 학회는 한글 맞춤법 통일안을 제정하고 표준어와 외래어 표기법의 통일안을 제정하였으며, 한글 교재를 편찬하여 문맹 퇴치에 노력하였다. 또한 『우리말 큰사전』 편찬을 시도하였으나 일제의 탄압으로 해산당하였다.

③ 조선어 연구회의 활동 내용이다.

368 조선어 연구회 답 ⑤

깊이있는 **정답풀이**

(가) 단체는 조선어 연구회이다. 조선어 연구회는 국문 연구소를 계승하여 한글 연구와 보급을 위해 장지영, 이윤재, 최현배 등이 1921년에 창립한 한글 연구 단체이다. 조선어 연구회는 발표회와 강습회, 강연회 등을 개최하여 한글을 보급하고 1926년에는 '가갸날'을 제정해 한글 대중화를 위해 노력하였다. 또한 『한글』이란 기관지를 간행하여 한글 연구를 심화시키는 데 중요한 역할을 하였다.

개념잡는 **오답풀이**

ㄱ, ㄴ. 한글 맞춤법 통일안과 표준어를 제정하고 『우리말 큰사전』의 편찬을 시도한 단체는 조선어 학회이다. 조선어 학회는 1931년 조선어 연구회를 확대 개편하여 창립되었다.

369 조선어 학회의 활동 답 ③

깊이있는 **정답풀이**

밑줄 친 '이 단체'는 조선어 학회이다. 3·1 운동 이후 이윤재, 최현배 등의 우리말 학자들은 조선어 연구회를 조직하여 국어 연구와 한글의 보급에 힘썼다. 그들은 『한글』이라는 잡지를 간행하고 '가갸날'을 정하여 한글의 보급과 대중화에 공헌하였다. 1930년대에 조선어 연구회가 개편되어 성립된 조선어 학회는 한글 강습 교재를 만들어 문맹 퇴치 운동에도 적극 참여하며 더욱 활발한 한글 보급 운동을 전개하였다.

개념잡는 **오답풀이**

① 진단 학회에 대한 설명이다. 이병도, 손진태 등은 진단 학회를 통해 실증주의 역사학을 연구하였다.
② 지석영, 주시경 등은 한글 연구 기관인 국문 연구소를 설립하였다.
④ 천도교에 대한 설명이다. 천도교는 1920년부터 잡지 『개벽』을 발행하여 민족 문화 창달과 민족 운동에 기여하였고, 『신여성』을 발간하여 여성의 계몽 활동을 전개하였다.
⑤ 조선 민립 대학 설립 기성회에 해당한다.

370 조선어 학회의 해산 시기 답 ③

깊이있는 **정답풀이**

추론 TIP 조선어 연구회(1921) → 조선어 학회(1931) → 조선어 학회 사건(1942)으로 해산

일제 강점기 우리말을 지키려는 노력으로 설립된 조선어 연구회(1921)는 '가갸날(한글날)'을 제정하고 잡지 『한글』을 간행하여 한글의 연구와 보급에 힘썼다. 1931년 확대 개편되어 조선어 학회가 출범하고, 이 단체는 '한글 맞춤법 통일안'을 제정하고, 『우리말 큰사전』을 편찬하는 데 주력하였다. 이에 일제는 1942년 조선어 학회를 독립운동 단체로 간주하여 회원들을 치안 유지법 위반 혐의로 구속하여 처벌하였다. 이때 적용된 치안 유지법은 1925년에 제정되었고 1945년 광복 때까지 존속되었다. 사유 재산 제도를 부정하는 자들 단속하기 위해 치안 유지법이 제정되었지만, 이를 통해 사회주의 운동뿐만 아니라 농민·노동 운동, 항일 민족 운동을 탄압하였다.

1등급 가이드

조선어 연구회와 조선어 학회를 구분하는 문제가 자주 출제되고 있습니다. 두 단체의 시기와 구체적인 활동을 정리해 보세요. 아울러 조선어 학회가 해산된 시기와, 치안 유지법이 제정된 시기의 차이가 있기에 꼭 구분할 수 있어야 합니다.

371 조선어 학회 사건 답②

깊이있는 정답풀이

제시된 자료는 조선어 학회 사건과 관련된 신문 기사의 내용이다. 이를 통해 한글을 연구하고 보급하는 단체에 대한 일제의 탄압이 거세게 이루어졌음을 알 수 있다. 이러한 행위에 대해 '민족의식을 고양시켰다.'라는 죄목이 적용된 것은 치안 유지법에 따른 것이었다. 조선어 학회 사건으로 인해 학회에서 추진 중이었던 『우리말 큰사전』 편찬 작업이 결국 중단되었다.

개념잡는 오답풀이

ㄴ. 국문 연구소는 국권 피탈 이전에 설치되었다.

ㄹ. 조선어 학회 사건은 우리말과 우리글 사용 금지 정책의 연장선상에서 일어난 것이지, 이 사건이 계기가 되어 한국어 교육이 금지된 것은 아니다.

372 조선어 학회의 활동 답①

깊이있는 정답풀이

추론 TIP 한글 맞춤법 통일안 제정 → 조선어 학회, 『우리말 큰사전』 편찬 시도 → 조선어 학회 사건으로 해체

> 우리는 세종대왕의 창의적 정신과 스승 주시경의 희생적 노력을 체득하여, 신중히 고려하고 엄밀히 처리하여 이 통일안을 만들었다. 이는 결코 일개인의 독단적 의사로 만든 것과는 달라서, 학리적 기초 위에서 다수의 의견을 종합하여 이루었다. 즉 위원 18인 중에도 그 연구 태도와 맞춤법에 대한 문법적 견해가 각기 달라 의견이 불일치한 때가 많아서, 토의 중에는 피차 격론도 있었다. 이러한 것을 모두 조화하고 절충하여 가장 합리적으로 성안한 것이니, 이러한 의미에서 통일안이란 이름이 더욱 적당하다.

조선어 학회는 한글 맞춤법 및 표준어 통일안을 제정하였으며, 『우리말 큰사전』 편찬 사업을 추진하는 등 한글 연구에 힘을 쏟았다. 또한 조선어 연구회에서 발행하던 잡지 『한글』을 계속 발행하였으며, 『한글 원본』을 제작·보급하여 조선일보에서 전개하던 문자 보급 운동을 지원하기도 하였다.

① '가갸날'은 조선어 연구회가 제정하였다.

1등급 가이드

조선어 연구회에서 발행하던 잡지 『한글』이 조선어 학회에서도 발행되었다는 사실과 조선일보가 추진하던 문자 보급 운동의 교재인 『한글 원본』을 보급하였다는 사실을 기억해 두세요.

373 실증주의 사학 답③

깊이있는 정답풀이

일제 강점기에는 식민 사관에 대항하여 우리 문화의 우수성과 한국사의 주체적 발전을 입증하려는 민족주의 사학, 한국사도 세계사적 보편성에 따라 발전해 왔음을 증명하여 식민 사학의 정체성 이론을 반박한 사회 경제 사학, 그리고 문헌 고증을 통해서 있었던 사실을 그대로 밝히는 실증 사학이 발달하였다. 특히 실증 사학자들은 진단 학회를 조직해 학술지인 『진단 학보』를 발행하기도 하였다.

개념잡는 오답풀이

① 청구 학회는 조선사 편수회, 경성 제국 대학교수를 중심으로 조직되어 식민 사관의 이론 확립과 보급에 주력하였다.

② 낭가 사상은 신채호가 우리 민족의 고유 정신으로 강조한 것이다.

④ 박은식과 최남선이 민족의 고전을 정리·간행할 목적으로 조선 광문회를 조직하였다.

⑤ 『조선사회경제사』는 사회 경제 사학자인 백남운의 저서이다.

374 박은식의 저서 답⑤

깊이있는 정답풀이

제시문은 박은식에 대한 것이다. 박은식은 국혼을 강조하여 『한국통사』, 『한국독립운동지혈사』를 저술하였으며, 한국 독립운동의 역사를 정리하고 민족정신을 고취하고자 하였다.

개념잡는 오답풀이

①, ②, ③은 신채호, ④는 백남운의 저서이다.

375 민족주의 사학 답④

깊이있는 정답풀이

제시된 자료는 박은식의 『한국독립운동지혈사』 중 일부 내용이다. 박은식은 신채호와 함께 민족주의 사학의 기초를 다졌으며, 이러한 민족주의 역사관은 1930년대 정인보, 안재홍에 의해 계승되었다.

개념잡는 오답풀이

① 유물 사관은 사회 경제 사학에 영향을 끼쳤다. 역사 발전 5단계(원시 공산주의 – 고대 노예제 – 중세 봉건제 – 근대 자본주의 – 사회주의)를 주장하면서 민족주의 사학의 비과학성을 비판하기도 하였다.

② 청구 학회는 일제 식민 사관을 연구하는 단체였다.

⑤ 사회 경제 사학에 대한 설명이다.

376 신채호의 활동 답①

깊이있는 정답풀이

추론 TIP 혁명의 길을 파괴부터 개척 → 신채호의 「조선 혁명 선언」 → 신채호가 고대사를 연구해 『조선상고사』 저술

> 혁명의 길을 파괴부터 개척할지니라. …… 우리가 일본 세력을 파괴하려는 것의 첫째는 이민족의 통치를 파괴하자 함이다. …… 둘째는 특권 계급을 파괴하자 함이다. …… 셋째는 경제 약탈 제도를 파괴하자 함이다. …… 넷째는 사회적 불평등을 파괴하자 함이다. …… 우리 2천만 민중은 일치하여 폭력 파괴의 길로 나아갈 것이다.

제시된 자료에서 혁명의 길을 파괴로부터 개척한다는 점, 파괴적 정신이 곧 건설적 주장이라는 점 등 민중의 직접 혁명을 주장하고 있는 것을 통해 신채호가 작성한 「조선 혁명 선언」의 일부임을 알 수 있다. 신채호는 김원봉의 요청으로 1923년에 의열단의 활동 지침으로 「조선 혁명 선언」을 작성하였다. 한편 신채호는 일제의 식민 사관에 대항해 고대사를 연구하여 『조선상고사』, 『조선사연구초』 등을 저술하여 민족주의 사학을 정립하였다.

개념잡는 오답풀이

② 의열단의 활동을 주도한 것은 김원봉이다.

③ 한인 애국단을 조직하여 윤봉길의 의거를 주도한 것은 김구이다.
④ 만주 하얼빈에서 이토 히로부미를 처단한 것은 안중근이다.
⑤ 대한 광복회의 총사령에 추대된 것은 박상진이다.

1등급 가이드

교과서에 여러 차례 등장하는 인물을 중심으로 관련 내용을 묻는 문제가 출제될 수 있습니다. 특히 신채호, 김원봉, 박은식, 김구 등 자주 출제되는 인물들의 활동 내용을 기억해 두어야 합니다.

377 민족주의 사학 답 ②

깊이있는 **정답풀이**

(가)는 신채호, (나)는 박은식의 글이다. 신채호는 1908년 『독사신론』을 대한매일신보에 연재하여 민족주의 역사학의 방향을 제시하였으며, 주로 고대사 연구를 통해 식민 사관을 극복하려고 하였다. 박은식은 일제의 침략 정책을 비판하면서 침략에 대항하여 투쟁한 우리 민족의 독립운동을 서술하였는데, 특히 '혼'을 강조하였다.

개념잡는 **오답풀이**

ㄴ. 유물 사관을 역사에 적용한 백남운의 사회 경제 사학의 특징이다.
ㄹ. 역사적 사실의 정확하고 충실한 이해를 중시하는 실증주의 사학의 활동이다.

378 백남운의 역사 연구 답 ②

깊이있는 **정답풀이**

제시문은 백남운이 저술한 『조선봉건사회경제사』의 일부이다. 이 책에서 백남운은 우리 민족의 역사가 세계사의 보편적인 발전 법칙에 입각해 다른 민족들과 거의 동일하게 발전했음을 강조하고 있다. 백남운은 유물 사관을 토대로 역사를 연구했는데, 이를 통해 식민 사관의 정체성론을 극복하는 데 큰 역할을 하였다. 그러나 한국사를 서양 역사에 억지로 끼워 맞추려 했다는 비판을 받기도 한다.

개념잡는 **오답풀이**

① 민족주의 사학을 계승한 정인보에 대한 설명이다.
③ 『한국독립운동지혈사』를 저술한 것은 민족주의 사학자인 박은식이다.
④, ⑤ 진단 학회 조직을 주도한 것은 이병도와 손진태로, 이들은 개별적인 역사적 사실의 고증을 중시하는 실증주의 사학의 역사 연구 방법론을 수용하였다.

379 정체성론의 내용 답 ⑤

깊이있는 **정답풀이**

(가)에 들어갈 이론은 정체성론이다. 백남운은 유물 사관에 입각해 한국사도 세계사의 보편적인 발전 법칙에 따라 발전해 왔음을 증명하고자 했는데, 이것은 한국의 역사가 발전하지 못하고 고대 단계에 머물러 있다는 식민 사관의 정체성론을 극복하는 데 이바지하였다.

개념잡는 **오답풀이**

① 일본이 주장하는 임나일본부설이다.
② 식민 사관을 구성하고 있는 또 다른 이론인 타율성론에 대한 설명이다.
③ 당파성론에 대한 설명이다.
④ 반도적 성격론에 대한 설명이다.

380 백남운의 사회 경제 사학 답 ②

깊이있는 **정답풀이**

> 나의 『조선경제사』의 기도(企圖)는 사회의 경제적 구성을 기축으로 대체로 다음과 같은 제 문제를 취급하려 하였다.
> 제1. 원시 씨족 공산체의 태양(態樣)
> 제2. 삼국의 정립 시대의 노예 경제
> 제3. 삼국 시대 말기경부터 최근세에 이르기까지의 아시아적 봉건 사회의 특질
> 제4. 아시아적 봉건국가의 붕괴 과정과 자본주의의 맹아 형태
> 제5. 외래 자본주의 발전의 일정과 국제적 관계
> 제6. 이데올로기 발전의 총 과정

제시된 자료에서 『조선경제사』의 기획이라는 점, 제시된 목차 내용 등을 통해 밑줄 친 '나'가 사회 경제 사학자인 백남운임을 알 수 있다. 백남운은 사회주의 이론인 유물 사관에 입각하여, 세계사의 보편적 발전 법칙에 따라 한국사를 체계화하고자 노력하였고, 식민 사관의 정체성론을 극복하는 데 기여하였다.

개념잡는 **오답풀이**

① 민족주의 사학을 계승한 정인보, 문일평, 안재홍 등은 일제의 민족 문화 말살 정책에 맞서 문화적으로 민족의 주체성을 유지하려는 조선학 운동을 전개하였다.
③ 대한민국 임시 정부의 초대 대통령인 이승만이 탄핵된 후 박은식이 제2대 대통령에 취임하였다.
④ 신채호는 김원봉의 요청으로 의열단의 활동 지침으로 「조선 혁명 선언」을 작성하였다.
⑤ 진단 학회를 중심으로 활동했던 실증주의 사학자인 이병도, 손진태 등에 해당한다.

381 백남운과 신채호 답 ①

깊이있는 **정답풀이**

일제는 식민 사관을 날조하여 한국 강점과 식민 통치를 합리화하려 하였다. 이러한 식민 사관에 맞서 박은식, 신채호 등은 민족주의 사학을 정립하였고, 백남운은 사회 경제 사학을 통해 일본의 정체성론에 대해 비판하며 한국 사회가 세계사와 같이 발전하고 있음을 강조하였다. (가) 세계사적인 일원론적 역사 법칙에 의해 다른 민족과 거의 같은 궤도로 발전한 것을 강조한 학자는 백남운이며, (나) 민족을 주체로 할 것을 강조한 사람은 신채호이다. 백남운은 신채호 등 민족주의 사학자들과 달리 역사 발전의 원동력을 정신이 아닌 생산 수단의 변화로 보았다.

개념잡는 **오답풀이**

② 『독사신론』을 저술하여 왕조 중심의 사관과 사대주의를 비판하였던 역사학자는 신채호이다.
③ 대한민국 임시 정부 대통령으로 활동하였고, '국혼'이라는 민족정신을 강조한 역사학자는 박은식이다.
④ 실증주의 사학을 추구하고 진단 학회를 조직하였던 대표적인 역사학자는 이병도이다.
⑤ 1930년대 정인보와 안재홍은 신채호의 고대사 연구를 발전시키며, 정약용 연구를 중심으로 조선학 운동을 전개하였다.

382 실증주의 사학의 역사 연구 방법

답⑤

깊이있는 정답풀이

제시문의 내용 중 역사가의 임무를 실증적으로 파악하여 어떤 법칙에 억지로 끼워 맞추지 않아야 함을 강조하고 있는 것에서 실증주의 사학과 관련된 것임을 알 수 있다. 실증주의 사학은 객관적인 사실에 근거하여 역사를 연구해야 한다는 점을 강조하고 있다.

개념잡는 오답풀이

①, ②, ③은 민족주의 사학, ④는 사회 경제 사학에 대한 설명이다.

383 일제의 한국사 왜곡

답③

깊이있는 정답풀이

제시된 자료는 한국인의 역사 저술을 경계하는 일제의 주장이다. 일제는 문화 민족인 우리의 민족성을 말살하고 일본인으로 동화시키기 위해 한국사 왜곡에 앞장섰다. 일제는 조선사 편수회를 만들어 자료집인 『조선사』를 편찬하여 한국사를 왜곡하였으며, 청구 학회를 통해 한국사 왜곡을 주도하였다.

개념잡는 오답풀이

①, ②, ④ 민족주의 사학자들의 역사 연구에 해당한다. 민족주의 사학자들은 역사 연구를 독립운동의 한 방편으로 생각하여 민족정신을 일깨우기 위해 노력하였다.

⑤ 백남운 등 사회 경제 사학자들은 일제 식민 사관의 정체성론을 정면으로 비판하였다.

384 식민 사관 비판

답④

깊이있는 정답풀이

조선 총독부가 설치한 조선사 편수회에서는 『조선사』의 편찬 요지를 발표하였다. 여기에는 식민 사관의 주요 논리가 담겨 있는데, 타율성론, 정체성론, 임나일본부설과 당파성론 등이 그것이다. 정체성론은 우리 민족의 역사가 발전없이 정체되어 있다는 논리이다. 이에 대해서는 우리 민족의 역사도 세계사적인 발전 법칙에 따라 발전하였으며, 특히 조선 후기에는 자본주의의 모습을 찾아볼 수 있다는 점을 근거로 반박할 수 있다. 또한 당파성론은 조선 지배층의 붕당 간 대립을 개인의 이익을 위한 다툼으로 규정해 조선 왕조 멸망의 한 원인으로 파악한 것이다. 이에 대해서는 붕당 정치가 정치 세력 간의 상호 비판 및 견제의 기능을 수행하였음을 근거로 반박할 수 있다.

개념잡는 오답풀이

ㄱ. 타율성론은 우리의 역사가 외세에 의존한 것임을 강조한 것이다. 조선에서 새로운 왕이 즉위하면 사절을 보내 중국의 책봉을 받는 형식을 취하던 것은 타율성론을 반박하는 근거로 제시하기에 부적절하다.

ㄷ. 임나일본부설은 『일본서기』를 근거로 일본이 4세기 후반에서 6세기까지 가야 지역을 지배했다는 주장이다.

385 조선학 운동

답③

깊이있는 정답풀이

제시문은 조선학 운동에 대한 설명이다. 조선학 운동은 정인보와 안재홍이 다산 정약용의 서거 99주년을 기념하여 정약용에 관련된 논문을 발표하고 정약용의 저술을 정리한 문집인 『여유당전서』를 간행하면서 시작되었다.

개념잡는 오답풀이

① 국문 연구소를 계승한 조선어 연구회(1921)는 1926년에 '가갸날'을 제정하고, 잡지 『한글』을 간행하였으며, 조선어 강습회를 개최하였다.

② 일제는 대륙 침략 및 식민 지배를 합리화할 수 있는 역사관을 구축하였다. 국권 피탈 후에는 조선사 편수회에서 『조선사』를 간행하기 시작하였다(1925).

④ 1908년에 극장 원각사에서 「은세계」가 공연되었다.

⑤ 1920년대 후반에는 사회주의 영향으로 식민지 현실의 계급 모순을 적극 비판하는 신경향파가 등장하여 카프(KAPF)를 결성하였다.

386 대종교

답②

깊이있는 정답풀이

나철이 단군 사상을 바탕으로 창시한 종교는 대종교이다. 대종교는 적극적으로 항일 운동을 펼쳤다. 1911년에는 무장 투쟁 단체인 중광단을 만주 지린성에서 조직하였다. 중광단은 3·1 운동 이후 김좌진을 중심으로 한 북로 군정서로 개편되었다.

개념잡는 오답풀이

① 『개벽』은 천도교에서 펴낸 잡지이며 『신여성』은 개벽사에서 펴낸 최초의 상업적 여성 잡지이다.

③ 영남 만인소는 황준헌의 『조선책략』에 반대해 이만손 등의 유생들이 제기하였다.

④ 배재 학당은 천주교 선교사 아펜젤러가 세운 근대식 학교이다.

⑤ 경향신문은 본래 1906년 천주교에서 애국 계몽 운동의 일환으로 서울에서 발간하였는데, 순 한글판 주간 신문으로 간행되었다. 1910년 국권 피탈 이후 폐간되었다.

387 천도교의 활동

답②

깊이있는 정답풀이

제시된 잡지 『개벽』은 3·1 운동 이후 천도교를 배경으로 발행한 월간 종합지이다. 천도교를 배경으로 한 잡지였으므로, 필연적으로 일제에 대한 투쟁을 그 기본 노선으로 삼았고, 그러한 투쟁을 효과적으로 수행하기 위하여 평등주의에 입각한 사회 개조와 민족 문화의 창달을 표방하였다. 한편, 천도교는 청년·여성·어린이 운동에 앞장섰으며, 어린이날 제정에도 천도교가 많은 영향을 끼쳤다.

개념잡는 오답풀이

①은 개신교, ③, ⑤는 대종교, ④는 천주교에 대한 설명이다.

388 천도교와 개신교

답④

깊이있는 정답풀이

동학은 손병희에 의해 천도교로 개편된 것으로, 천도교계에서는 보성 학원과 동덕 학원 등의 사립 학교를 운영하였고 3·1 운동을 주도하였다. 개신교도 19세기 말부터 많은 사립 학교를 세워 구국 교육 운동을 전개했으며 3·1 운동을 주도하였다. 일제 강점기 말에는 종교를 불문하고 일부 종교인들이 친일 활동을 벌이기도 하였다.

개념잡는 **오답풀이**

ㄹ. 동학은 최제우가 경주 지방에서 창시한 민족 종교이다. 청을 통해 유입된 종교는 천주교이며, 개신교는 개항 이후에 유입되었다.

389 불교와 대종교 답 ③

깊이있는 **정답풀이**

종교를 식민 지배에 이용하려는 일제의 회유와 탄압 속에서도 종교인들은 민족운동과 사회 운동을 활발히 전개하였다. (가)는 '친일화 정책에 대항한 일부 승려', '사찰령 폐지 운동'을 통해 불교라는 것을 알 수 있고, (나)는 '시조를 믿는 종교', '단군'을 통해 대종교라는 것을 알 수 있다. 불교는 한용운 등이 항일 운동에 참여하면서 불교의 대중화에 노력하였고, 조선 불교 유신회를 조직하여 일본의 불교 통제에 맞서 싸웠다. 대종교는 단군 신앙을 널리 전파하여 민족의식을 고취하였고, 종단의 중앙 기구를 간도로 옮기고 중광단을 조직하여 적극적인 항일 무장 투쟁에 나섰다.

개념잡는 **오답풀이**

① 의민단을 결성하여 청산리 전투에 참전하였던 종교는 천주교이다.
② 박중빈이 창시하여 생활 개선 운동을 전개하였던 종교는 원불교이다.
④『어린이』 등의 잡지를 발간하여 소년 운동을 주도하였던 종교는 천도교이다.
⑤ 이화 학당, 배재 학당을 세워 신학문 보급에 기여하였던 종교는 개신교이다.

390 1920년대 사회와 문화 답 ②

깊이있는 **정답풀이**

조선 교육회는 1920년대에 조직된 교육 운동 단체이다. 3·1 운동으로 일제의 식민 통치 방식이 '문화 정치'로 바뀌면서 우리 민족에게 결사의 자유가 부분적으로 허용되자 만들어진 단체이다. 1920년대에는 사립 학교와 강습소, 야학, 개량 서당 등을 세워 민족 교육을 행하였다. 한편, 1920년대에는 한용운과 이상화의 항일 문학 작품이 발표되었고, 음악에서는 가곡과 동요가 유행하여 홍난파의 「봉선화」와 윤극영의 「반달」등이 발표되었다.
② 보통학교의 수업 연한이 4년이었던 것은 1910년대이다.

391 1920년대의 문화 동향 답 ③

깊이있는 **정답풀이**

토월회는 1923년에 결성된 연극 단체이다. 1920년대 사회주의의 영향으로 사회적 실천을 강조한 신경향파가 등장하였다.

개념잡는 **오답풀이**

① 안국선은 1908년에 신소설 「금수회의록」을 발표하였다.
② 일제는 1940년 조선 영화령을 제정하여 민족 영화를 탄압하였다.
④ 주시경과 지석영은 1907년 국문 연구소에서 우리말을 연구하였다.
⑤ 원각사에서 1908년에 신극 「은세계」가 처음 공연되었다.

392 신경향파 문학의 유행 답 ①

깊이있는 **정답풀이**

제시문은 1920년대에 등장한 신경향파 문학에 대한 글이다. 신경향파 문학은 사회주의의 영향을 받아 식민지 현실을 고발하고 계급 의식을 고취하는 것을 문학의 중요한 역할로 인식하였다. 이 무렵 연극계에서는 토월회를 중심으로 본격적인 신극 운동이 전개되었고 홍난파의 「봉선화」, 윤극영의 「반달」 등이 발표되었으며 「아리랑」이 개봉하였다. 또한 한용운과 같은 항일 문인들의 활동도 두드러졌다.
① 안익태가 「애국가」를 발표한 것은 1936년경이다.

393 1920년대의 문학 답 ⑤

깊이있는 **정답풀이**

제시된 시는 이상화가 1926년에 발표한 「빼앗긴 들에도 봄은 오는가」이다. 1920년대 중반 신경향파 문학을 표방한 작가들은 사회주의의 영향으로 식민지 현실을 고발함과 동시에 계급 의식을 고취하였고 문학 단체인 카프(KAPF)를 조직하였다.

개념잡는 **오답풀이**

① 이육사, 윤동주 등이 저항 의식을 표출한 저항 문학은 1930년대 이후에 등장하였다.
②『은세계』는 이인직이 지은 신소설로, 연극으로 각색되어 1908년에 원각사에서 공연되었다.
③ 이광수의 작품 『무정』은 한국 최초의 현대 장편 소설으로, 1917년 매일 신보에 연재되었다.
④「해에게서 소년에게」는 최남선이 지은 신체시로, 1908년 11월 『소년』 창간호에 발표되었다.

394 일제 강점기의 문학과 예술 답 ②

깊이있는 **정답풀이**

(가) 이광수는 1917년에 소설 『무정』을 발표하였다. (나) 도쿄 유학생을 중심으로 1923년 신극 극단 토월회가 조직되었다. (라) 안익태는 1936년경 「애국가」를 작곡하였다. (다) 일제는 1941년 태평양 전쟁을 일으킨 후 문화, 예술 분야에 대한 통제를 강화하며, 일제의 식민 통치와 침략 전쟁을 찬양하도록 강요하였다.

STEP 3 서술형 풀어 보기 96~99쪽

395 6·10 만세 운동

(1) 답 6·10 만세 운동
(2) 모범답안 준비 과정에서 민족주의계와 사회주의계가 함께 참여하면서 두 진영이 연대할 수 있는 계기를 마련하였다. 또한 학생 운동이 대중적 차원의 항일 민족 운동으로 발전하게 되었다.

채점 기준	수준
민족주의계와 사회주의계의 연대 계기 마련, 학생 운동의 대중화를 모두 서술한 경우	상
위 내용 중 한 가지만 서술한 경우	하

396 광주 학생 항일 운동의 전개와 의의

(1) 답 광주 학생 항일 운동

(2) 모범답안 광주 학생 항일 운동은 '식민지 교육 철폐', '일본 제국주의 타도' 등을 내세웠고, 3·1 운동 이후 일어난 최대 규모의 항일 민족 운동이었다.

채점 기준	수준
광주 학생 항일 운동에서 제기된 요구 사항을 두 가지 이상 포함하여 3·1 운동 이후 일어난 최대 규모의 항일 민족 운동임을 서술한 경우	상
요구 사항을 한 가지만 포함하고 3·1 운동 이후 일어난 최대 규모의 항일 민족 운동임을 서술한 경우	중
요구 사항 또는 의의 중 한 가지만 서술한 경우	하

397 도시 빈민의 형성

모범답안 일제 강점기 교통의 발달과 공업화로 도시화가 진전되었다. 농촌에서의 생활이 어려워진 농민들은 농촌을 떠나 도시로 몰려들었다. 그러나 도시화의 혜택은 일본인과 일부 한국인들만이 누릴 수 있었고, 농민들은 도시 변두리에 토막을 짓고 빈민촌을 형성하였다.

채점 기준	수준
일본인과 일부 한국인들만이 도시화의 혜택을 누리면서 도시 빈민들이 형성되었다는 맥락에서 서술한 경우	상
농촌 인구가 도시로 몰리면서 빈민이 형성되었다고만 서술한 경우	하

398 농촌 진흥 운동의 전개

모범답안 대공황 이후 농민층이 몰락하고 소작 쟁의가 격렬해지자, 일제는 농민들의 불만을 잠재우기 위해 농촌 진흥 운동을 전개하였다. 이 운동은 소작료 인하, 자영농 육성 등의 근본적인 문제를 외면한 채 농민 의식 계몽만을 강조하여 성과를 거두지 못하였다.

채점 기준	수준
농촌 진흥 운동의 실시 배경(소작 쟁의 증가), 결과(소작료 인하 등 근본적인 문제 미해결)를 모두 서술한 경우	상
위 내용 중 한 가지만 서술한 경우	하

399 소작 쟁의의 시기별 특징

모범답안 1920년대에는 주로 고율의 소작료 인하 등 생존권 수호를 위한 소작 쟁의를 전개하였다. 그러나 1930년대 이후 농민들은 사회주의자와 연대하여 혁명적 농민 조합을 조직하였고, 이에 따라 쟁의 건수와 참가 인원이 크게 늘었다. 이때에는 계급 해방, 항일 운동의 성격이 강해졌다.

채점 기준	수준
1920년대에는 주로 생존권 투쟁, 1930년대에는 계급 해방과 항일 운동의 성격이 강해졌음을 비교하여 서술한 경우	상
1920년대, 1930년대 중 한 시기 소작 쟁의의 성격만을 서술한 경우	하

400 노동 쟁의의 시기별 특징

(1) 답 원산 총파업

(2) 모범답안 일제의 무력 진압으로 약 4개월 동안 진행된 원산 총파업은 실패로 끝났다. 그러나 원산 총파업은 노동자들이 단결하여 벌인 항일 투쟁이자 일제 강점기 최대 규모의 노동 운동이었다.

채점 기준	수준
일제의 탄압으로 실패, 노동자들이 벌인 항일 운동, 일제 강점기 최대 규모의 노동 운동임을 모두 서술한 경우	상
위 내용 중 일부만 서술한 경우	하

401 노동 쟁의의 성격 변화

모범답안 1930년대 노동 운동은 비합법적 노동조합을 중심으로 전개되었으며, 일제를 타도하자는 주장을 내세우는 등 정치 투쟁의 성격이 강하였다.

채점 기준	수준
1930년대 노동 운동이 비합법적 노동조합 중심, 정치 투쟁으로 변화하였음을 모두 서술한 경우	상
위 내용 중 일부만 서술한 경우	하

402 형평 운동의 전개

(1) 답 형평 운동

(2) 모범답안 진주에서 조선 형평사를 조직하고 백정에 대한 차별 철폐를 요구하였다. 형평 운동은 전국으로 확산되어 다른 사회 운동과 결합하면서 항일 운동으로 발전하기도 하였다.

채점 기준	수준
조선 형평사의 차별 철폐 운동 전개·항일 운동으로 발전하였음을 모두 서술한 경우	상
위 내용 중 한 가지만 서술한 경우	하

403 근우회의 창립

(1) 답 근우회

(2) 모범답안 1920년대 중반 이후 국내에서 민족 유일당 운동이 전개되었고, 그 결과 신간회가 창립되었다. 이에 자극을 받은 여성 운동가들이 단합하여 근우회를 결성하였다. 근우회는 신간회의 자매단체이자 민족주의 계열과 사회주의 계열이 결성한 여성계의 좌우 합작 단체이다.

채점 기준	수준
신간회 창립에 자극을 받아 결성, 신간회의 자매단체, 여성계의 좌우 합작 단체임을 모두 서술한 경우	상
신간회 창립에 자극을 받아 결성을 포함하여 위 내용 중 두 가지를 서술한 경우	중
위 내용 중 한 가지만 서술한 경우	하

404 소년 운동의 전개

(1) 답 천도교 소년회

(2) 모범답안 5월 1일을 '어린이날'로 만들고, 소년 보호 운동을 전개하였으며 어린이 잡지인 『어린이』를 발행하였다.

채점 기준	수준
'어린이날' 제정, 소년 보호 운동 전개, 잡지 『어린이』 발간을 빠짐없이 서술한 경우	상
위 내용 중 두 가지를 서술한 경우	중
위 내용 중 한 가지만 서술한 경우	하

405 종교계의 민족 운동

(1) 답 (가) 천도교, (나) 대종교

(2) ✓모범답안 천도교의 방정환은 천도교 소년회의 조직과 활동을 주도하였으며, 어린이날 제정에 앞장섰다. 서일 등 대종교 간부들은 북간도 지역에 무장 독립 단체인 중광단을 조직하였다.

채점 기준	수준
천도교와 대종교의 활동을 모두 서술한 경우	상
위의 내용 중 한 가지만 서술한 경우	하

406 조선어 학회의 활동

(1) 답 조선어 학회

(2) ✓모범답안 일제는 한글 연구로 민족의식이 높아지는 것을 막기 위해 조선어 학회를 독립운동 단체로 규정하여 1942년 회원들을 대거 검거하고 조선어 학회를 강제로 해산하였다.

채점 기준	수준
조선어 학회를 독립운동 단체로 규정, 1942년 회원 검거 후 강제 해산을 모두 서술한 경우	상
위 내용 중 한 가지만 서술한 경우	하

407 식민 사관에 대항한 한국사 연구

✓모범답안 한국사 연구자들은 식민 사관에 대항하여 민족주의 사학, 사회 경제 사학, 실증주의 사학을 발전시켰다. 민족주의 사학은 민족정신을 강조하였으며, 백남운으로 대표되는 사회 경제 사학은 한국사가 세계사의 발전 법칙에 따라 발전하였다고 주장하였다. 이병도와 손진태 등은 객관적 고증을 통해 실증적으로 역사를 연구하였다.

채점 기준	수준
민족주의 사학, 사회 경제 사학, 실증주의 사학의 내용을 모두 서술한 경우	상
위 내용 중 두 가지를 서술한 경우	중
위 내용 중 한 가지만 서술한 경우	하

408 일제 강점기 대중문화의 발전

✓모범답안 나운규가 민족 정서를 담은 『아리랑』을 제작하여 발표하였고, 도쿄 유학생들을 중심으로 신극 운동 단체인 토월회가 활동하였다.

채점 기준	수준
일제 강점기 공연과 관련된 내용을 두 가지 모두 서술한 경우	상
위의 내용 중 한 가지만 서술한 경우	하

06 독립 국가 건설 노력

STEP 1 O/X 문제로 교과서 핵심 자료 보기 102~103쪽

409 O	410 O	411 X	412 O	413 O	414 X
415 O	416 O	417 O	418 O	419 X	420 X
421 O	422 X	423 O	424 O	425 O	426 X
427 O	428 X	429 X	430 O	431 X	432 O

STEP 2 객관식 풀어 보기 104~110쪽

433 ⑤	434 ②	435 ④	436 ⑤	437 ④	438 ④
439 ④	440 ③	441 ①	442 ⑤	443 ②	444 ③
445 ③	446 ①	447 ②	448 ①	449 ④	450 ⑤
451 ①	452 ⑤	453 ③	454 ④	455 ④	456 ①
457 ②	458 ⑤	459 ②	460 ⑤		

433 민족 혁명당의 변천 답 ⑤

깊이있는 정답풀이 추론 TIP 민족 혁명당 → 조선 민족 혁명당 → 조선 민족 전선 연맹

민족 혁명당은 항일 투쟁 역량 결집을 목표로 조직되었으나, 노선 갈등·주도권 문제 등으로 어려움을 겪었다. 그 결과 민족주의 계열인 지청천, 조소앙 등이 이탈하였다. 이들은 김구의 한국 국민당과 함께 한국 광복 운동 단체 연합을 결성하였다.

개념잡는 오답풀이

ㄱ. 김구는 대한민국 임시 정부를 고수하면서 민족 혁명당에 참여하지 않았다.

ㄴ. 김구는 대한민국 임시 정부의 침체 극복을 목적으로 1931년 한인 애국단을 조직하였다.

434 지청천의 활동 답 ②

깊이있는 정답풀이

지청천은 한국 독립군을 이끌고 중국 호로군과 연합하여 쌍성보, 대전자령 등지에서 일본군을 격파하였다. 그러나 만주국이 자리를 잡아 가자 지청천은 한국 독립군 일부를 이끌고 중국 관내로 이동하였다. 당시 중국 관내에서는 항일 전선을 하나로 통합하려는 시도가 이어지고 있었다. 그 결과 김원봉의 의열단이 중심이 되고 조소앙, 지청천 등이 참여하여 1935년 민족 혁명당이 결성되었다. 그러나 민족 혁명당 내부에서 노선 갈등이 일어나자 조소앙, 지청천은 탈당하여 김구가 이끄는 한국 국민당과 함께 한국 광복 운동 단체 연합을 결성하였다.

개념잡는 오답풀이

ㄴ. 김옥균은 1884년 갑신정변을 일으킨 인물이다.

ㄹ. 유인석은 명성 황후가 시해되고 단발령이 내려지자 이에 반대하며 의병을 일으켰다(을미의병).

435 한국 광복군의 결성과 활동 답 ④

깊이있는 정답풀이

남만주에서 자란 오광심은 조선 민족 혁명당에 가입하여 활동하였고, 만주 사변 이후 대한민국 임시 정부에 지원을 요청하기 위해 난징으로 갔다.

이후 충칭에서 한국 광복군 총사령부가 창립될 때 여군으로 참여하였다. 이후 독립운동을 전개하다가 1948년 4월 귀국하였다.

개념잡는 **오답풀이**

① 1908년 문을 연 원각사는 우리나라 최초의 서양식 극장으로, 판소리·민속 무용과 함께 창극이 공연되었다.

② 1907년 일제에게 진 빚을 갚자는 국채 보상 운동이 대구에서부터 전개되었다. 국채 보상 운동은 언론 기관의 후원을 받아 전국으로 확대되었다. 당시 많은 국민들이 금주, 단연, 가락지 헌납 등으로 참여하였다.

③ 1898년 한성의 북촌 양반 여성들이 한국 역사상 최초의 여권 선언서로 평가되는 「여권통문」을 발표하고 찬양회를 조직하였다.

⑤ 1927년 신간회가 결성되자 여성 운동 진영에서도 통합 단체로 근우회를 창립하였다. 근우회는 여성 교양 강좌와 야학, 토론회를 열어 여성들을 대상으로 한 문맹 퇴치 및 계몽 활동에 힘을 쏟았다.

436 1941년 이후의 모습 답 ⑤

깊이있는 **정답풀이**

추론 TIP 군의 엄중한 처분을 감수, 임시 정부를 옹호한다 → 한국 광복군

〈서 약 문〉

본인은 …… 각항을 준수하옵고 만일 이를 어기는 행위가 있으면 군의 엄중한 처분을 감수할 것을 이에 서약하나이다.

1. 조국 광복을 위하야 헌신하고 일체를 희생하겠음
2. 대한민국 건국 강령을 충실히 따르겠음
3. 임시 정부를 적극 옹호하고 법령을 절대 준수하겠음
4. 공약과 기율을 엄수하고 장관 명령에 절대 복종하겠음

제시된 서약문은 대한민국 임시 정부가 창설한 한국 광복군의 어느 대원이 1941년 건국 강령 발표 이후에 작성한 것이다. 태평양 전쟁이 발발하자 한국 광복군은 연합군의 일원으로 영국군과 연합 작전을 벌였으며, 미국 전략 정보국[OSS]의 지원을 받아 국내 정진군을 편성하여 국내 진공 작전을 추진하였다.

개념잡는 **오답풀이**

① 3부 통합 운동은 1920년대 후반 전개되어 북만주의 혁신 의회와 남만주의 국민부 성립을 가져왔다.

② 민족 혁명당은 1935년에 김원봉을 중심으로 좌우 세력이 결집해 결성되었다.

③ 1937년 중일 전쟁이 발발하자 소련은 연해주의 한인들을 중앙아시아로 강제 이주시켰다.

④ 1926년 의열단원이었던 나석주는 동양 척식 주식회사에 폭탄을 던지는 의거를 일으켰다.

437 김원봉의 활동 답 ④

깊이있는 **정답풀이**

윤세주와 함께 의열단을 조직하였다는 점, 민족 혁명당을 결성하고 조선 의용대를 창설하였다는 점 등을 통해 김원봉과 관련된 자료임을 알 수 있다. 김원봉은 1942년 조선 의용대 일부 세력을 이끌고 대한민국 임시 정부에 합류하였다.

개념잡는 **오답풀이**

① 신간회는 1927년 국내에서 민족주의자와 사회주의자가 연대하여 결성하였다.

② 조선 건국 동맹은 1944년 국내에서 여운형 등의 주도로 결성되었다.

③『조선사회경제사』는 백남운이 저술하였다.

⑤ 1937년 소련은 연해주의 한인들을 중앙아시아로 강제 이주시켰다.

438 조선 의용대 답 ④

깊이있는 **정답풀이**

추론 TIP 중국의 항전 지원, 1938 → 조선 의용대 창설

이번 전쟁에서 조선 민족 내지 동방의 모든 약소민족은 마땅히 중국의 입장에 서서 모든 힘을 다하여 중국의 항전을 지원해야 한다. …… 우리의 진정한 적인 일본 파시스트 군벌을 타도함으로써 동아의 영구적인 평화를 실현해야 한다. 용감한 중국의 형제들과 손을 잡고 …… 항일 전선을 향해 용감히 전진하자! – 성립 선언문(1938)

1935년 난징에서 창립된 민족 혁명당은 민족주의 세력과 사회주의 세력 대부분을 합친 중국 관내 최대 규모의 민족 통일 전선 정당이었다. 그러나 의열단 계열이 주도권을 잡자 지청천, 조소앙 등 민족주의 세력의 일부가 이탈하였다. 민족 혁명당은 중일 전쟁이 발발하자 다른 단체를 통합하여 조선 민족 전선 연맹을 결성하였고, 조선 민족 전선 연맹은 중국 국민당의 지원을 받아 조선 의용대를 창설하였다.

개념잡는 **오답풀이**

ㄱ. 대한민국 임시 정부가 남만주의 일부 무장 투쟁 조직을 군무부 직할의 육군 주만 참의부로 편성하여 적극적인 항일 운동을 전개하였다. 이후 참의부, 신민부, 정의부 사이의 통합 운동이 전개되어 국민부와 혁신 의회가 결성되었다.

ㄷ. 1920년 일제가 간도 참변을 자행하자, 독립군 부대들이 북만주의 밀산으로 이동하였다. 이들은 여기서 서일을 총재로 하는 대한 독립군단을 창설하였다. 대한 독립군단의 대부분은 러시아의 도움을 기대하고 자유시(스보보드니)로 이동하였으나, 자유시 참변을 겪었다.

1등급 가이드

1930년대 이후 무장 투쟁을 이끌었던 독립군 부대를 정리해 두세요. 1930년대 초반은 북만주 지역의 한국 독립군과 남만주 지역의 조선 혁명군, 1930년대 후반은 김원봉이 이끌었던 조선 의용대, 1940년대는 충칭에서 창설된 대한민국 임시 정부의 한국 광복군 바로바로 떠올릴 수 있어야 해요.

439 조선 의용대의 활동 답 ④

깊이있는 **정답풀이**

추론 TIP 중일 전쟁(1937) → 조선 민족 전선 연맹 결성(1937) → 창설된 부대: 조선 의용대(1938)

조선 의용대는 중국 관내에서 결성된 최초의 한인 무장 부대였고, 부대의 일부는 충칭에 있는 한국 광복군에 합류하였다(1942).

개념잡는 **오답풀이**

ㄱ. 중국 호로군과 함께 한중 연합 작전을 전개하였던 부대는, 1930년대 초반 북만주 지역에서 활동한 한국 독립군이다.

ㄷ. 옌안을 근거지로 활동하며 건국 강령을 발표한 부대는 김두봉이 이끌었던 조선 의용군(1942)이다.

440 조선 의용대의 이동 답 ③

깊이있는 정답풀이

1938년 조선 민족 전선 연맹 산하의 군대로 창설된 조선 의용대는 중국 관내에서 결성된 최초의 한국인 무장 부대였다. 중일 전쟁 당시 조선 의용대는 주로 일본군에 대한 심리전이나 후방 공작 활동을 전개하였다. 하지만 이후 많은 대원이 적극적인 투쟁을 펼치고자 중국 공산당의 근거지인 화북의 옌안으로 이동하였다. 1942년에는 김원봉을 비롯한 지도부가 충칭으로 이동하여 대한민국 임시 정부의 한국 광복군에 합류하였다.

개념잡는 오답풀이

① 1911년 대종교에서 무장 투쟁 단체인 중광단을 결성하였고, 군 간부를 양성하기 위한 사관 양성소를 두었다.
② 1920년대 만주에서 활동한 독립군 연합 부대가 청산리 대첩에서 일본군을 물리쳤다.
④ 미쓰야 협정은 1925년에 체결되었는데, 1931년에 만주국이 수립되면서 효용이 없어졌고 이듬해 폐지되었다.
⑤ 1920년대 중반 결성된 정의부, 참의부, 신민부는 만주와 간도 일대 동포 사회를 운영하는 일종의 정부 역할을 하였다.

1등급 가이드

조선 의용대의 이동 경로를 포함하여 조선 의용대의 의의, 주요 전투, 분화 과정까지 모두 중요 출제 주제입니다. 특히 한국 광복군과 비교하여 정리해 두세요.

441 조선 의용대의 이동 배경 답 ①

깊이있는 정답풀이

추론 TIP 화북과 만주로 진출, 자체 무장화 → 조선 의용대 화북 지대 결성

〈○○ ○○○ 확대 간부 회의 결정 사항〉
1. 조선 동포 다수 거주 지역인 화북과 만주로 진출
2. 부대 자체 무장화를 통한 항일 대오의 건립
3. 근거리에 기반한 전투 공작으로 변경

중국 국민당의 지원을 받아 창설된 조선 의용대는 주로 일본군에 대한 심리전이나 후방 공작 활동을 전개하였다. 중국 국민당은 조선 의용대와 한국 광복군의 창설을 지원하였지만, 독자적인 활동을 제한하였다. 화북 지방에서 중국 공산당의 대일 항전이 강화되자 조선 의용대 내부에서는 중국 공산당의 근거지인 화북 지방으로 이동하여 무장 투쟁을 강화하자는 주장이 제기되었다. 그 결과 1941년 김원봉을 비롯한 일부 지도부와 대원을 제외하고 조선 의용대의 대부분이 화북 지방으로 이동하여 조선 의용대 화북 지대를 결성하였다.

개념잡는 오답풀이

② 1920년 봉오동 전투에서 대패한 일제는 일본군이 만주에 진출할 수 있는 명분을 만들기 위해 훈춘 사건을 일으켰다. 일제는 이 사건을 독립군이 일으켰다고 주장하며 군대를 만주 지역으로 동원하여 독립군을 공격하였다.
③ 국민 대표 회의는 1923년에 개최되었다.
④ 의열단은 1920년대 후반부터 개인 폭력 투쟁에 한계를 느끼고 조직적인 항일 무장 투쟁으로 노선을 바꾸었다.
⑤ 동북 인민 혁명군은 1933년에 조직되었다.

442 조선 의용대와 한국 광복군 답 ⑤

깊이있는 정답풀이

추론 TIP 조선 민족 전선 연맹 → 조선 의용대(김원봉) → 화북으로 이동(호가장 · 반소탕 전투) → 조선 의용군으로 개편

- 중국에서 활동하고 있는 우리 조선 혁명자들은 이 정의로운 전쟁에 직접 참가하고, 중국 항전을 조국 독립 쟁취의 기회로 삼기 위해 '조선 민족 전선 연맹'의 기치 아래 일치 단결하여 (가) 을/를 조직하였다. …… 우리는 식민지 노예가 되기를 원하지 않는 천백만 조선 동포의 민족적 각성을 일깨우고 이들을 (가) 의 깃발 아래 결집하기 위해 노력할 것이다.
- 대한민국 임시 정부는 대한민국 원년에 정부가 공포한 군사 조직법에 의거하여 …… (나) 을/를 조직하고 …… 공동의 적인 일본 제국주의자들을 타도하기 위해 연합군의 일원으로 항전을 계속한다. …… 우리는 한중 연합 전선에서 우리 스스로의 부단한 투쟁을 감행하여 동아시아를 비롯한 아시아 민중의 자유와 평등을 쟁취할 것을 약속하는 바이다.

추론 TIP 대한민국 임시 정부 → 한국 광복군(지청천) → 영국군과 연합(인도 · 미얀마 전선), 미군과 연합(국내 진공 작전)

(가) 조선 의용대와 (나) 한국 광복군은 모두 중국 관내에서 조직된 한인 무장 부대로 중국 국민당의 지원을 받아 조직되고 활동하였다.

개념잡는 오답풀이

① 한국 광복군은 영국군의 요청으로 인도·미얀마 전선에 투입되었다.
② 한국 광복군은 미국 전략 정보국[OSS]과 연합하여 국내 진공 작전을 계획하였다.
③ 중국 관내에서 최초로 조직된 한인 무장 부대는 조선 의용대이다.
④ 조선 의용대 화북 지대는 호가장 전투, 반소탕전에서 일본군에 승리하였다.

1등급 가이드

조선 의용대와 한국 광복군이 각각 조선 민족 전선 연맹, 대한민국 임시 정부의 무장 부대였고, 화북으로 이동한 조선 의용대가 조선 의용군으로 개편된다는 점, 나머지 부대들은 한국 광복군에 편입된다는 사실을 반드시 정리해 두세요.

443 한중 연합 작전의 전개 답 ②

깊이있는 정답풀이

1930년대 초 일제가 만주를 침략하여 독립 전쟁의 어려움이 커지자 조선 혁명군과 한국 독립군은 항일 중국군과 연합하여 일본군에 맞섰다. (가) 남만주에서 양세봉이 이끄는 조선 혁명군은 중국 의용군과 연합하여 영릉가 전투 등에서 일본군을 격퇴하였고, (나) 북만주 일대에서 지청천이 이끄는 한국 독립군은 쌍성보 전투, 대전자령 전투 등에서 큰 전과를 올렸다.

개념잡는 오답풀이

① 한국 독립당의 군사 조직은 (나) 한국 독립군이다.
③ 옌안을 근거지로 활동하며 건국 강령을 발표하였던 부대는 김두봉이 이끌었던 조선 의용군(1942)이다.
④ 의열단을 이끌었던 김원봉이 1932년 조선 혁명 간부 학교를 설립하였고, 이 졸업생을 중심으로 창설되었던 부대는 조선 의용대(1938)이다.
⑤ 대한민국 임시 정부의 정규군으로 충칭에서 창설되었던 부대는 한국 광복군(1940)이다.

444 항일을 위한 한중 연대 사례 답 ③

깊이있는 정답풀이

1931년 일제가 만주를 무력으로 침공하고, 1937년 중일 전쟁을 도발하자, 중국과 한국 독립운동가들은 공동의 적인 일본에 맞서 활발하게 연대하였다. 중국 국민당의 지원을 받아 창설된 조선 의용대는 후방 작전 등을 전개하였고, 한국 광복군 역시 중국 국민당의 지원을 받아 창설되었다. 1930년대 초 조선 혁명군과 한국 독립군은 중국 의용군 및 중국 호로군과 연합하여 만주를 침략한 일본군과 전투를 벌였다.

③ 13도 창의군은 정미조약 체결 이후 창설된 의병 연합 부대로, 이들은 서울 진공 작전을 벌였으나 실패하였다.

445 한국 광복군의 활동 답 ③

깊이있는 정답풀이

(가) 군사 조직은 한국 광복군이다. 한국 광복군은 1943년 영국군의 요청에 따라 인도·미얀마 전선에 대원을 파견하였다.

개념잡는 오답풀이

① 한국 독립군은 쌍성보, 대전자령 등지에서 일본군을 크게 물리쳤다.
② 동북 항일 연군 내의 한인들의 주도로 조국 광복회가 결성되었다.
④ 미쓰야 협정은 1925년에 체결되었다.
⑤ 조선 의용대는 1938년 한커우에서 창설되었다.

446 한국 광복군의 활동 답 ①

깊이있는 정답풀이

중국 국민당의 군인이었다가 중일 전쟁 이후 대한민국 임시 정부에 참여하였다는 내용을 통해 '이 부대'가 한국 광복군임을 알 수 있다. 1940년 충칭에 자리 잡은 대한민국 임시 정부는 중국 국민당 정부와 교섭하여 지청천을 총사령관으로 하는 한국 광복군을 창설하였다. 한국 광복군은 1943년 영국군의 요청에 따라 인도·미얀마 전선에 대원을 파견하였다.

개념잡는 오답풀이

② 조선 의용대 화북 지대가 호가장 전투에서 성과를 거두었다.
③ 한국 광복군은 중국 관내에서 창설되었다.
④ 1907년 한일 신협약을 실행하기 위해 작성된 부속 각서에 따라 대한제국의 군대가 해산되었고, 이들이 의병에 합류하면서 의병 부대의 전투력이 강화되었다.
⑤ 명동 학교는 김약연 등이 1908년에 북간도 지역에 세운 민족 교육 기관이다.

447 조선 의용대 화북 지대의 활동 답 ②

깊이있는 정답풀이

추론 TIP 타이항산 포위 → 호가장 전투 → 조선 의용대 화북 지대

> 500명 이상의 일본군 병력이 새벽에 타이항산의 마을을 포위하였다. 동이 트자마자 전투가 벌어졌다. (가) 은/는 병력이 거의 20분의 1밖에 안되는 상황에서도 격렬하게 저항하여 일본군 태반을 사살하고 포위망을 풀었다. …… "옛날 이 마을에서 (가) 이/가 일본군과 싸운 전투를 기억하시는지요?" "기억하다마다요. 조선 군인들은 참 용감했소."

화북 지방으로 이동한 조선 의용대는 1941년 조선 의용대 화북 지대로 조직을 개편하였다. 조선 의용대 화북 지대는 중국 공산당의 팔로군과 연합 전선을 형성하고 호가장 전투, 반소탕전 등에서 일본군에 맞섰다. 이후 이들은 조선 의용군으로 개편되었다.

개념잡는 오답풀이

① 국민부가 조선 혁명당을 결성한 후 산하 군대로 조선 혁명군이 조직되었다.
③ 1920년대 만주 일대에서 활동하던 독립군 연합 부대가 봉오동 전투에 참전하였다.
④ 전봉준이 1894년 동학 교도를 이끌고 고부 농민 봉기를 일으켰다.
⑤ 청산리 대첩 이후 간도 지역의 독립군은 소련과 만주의 국경 지대인 밀산부에 집결하여 1920년 서일을 총재로 대한 독립군단을 조직하였다.

1등급 가이드

조선 의용대 화북 지대가 타이항산으로 이동하였다는 사실을 꼭 기억해야 함정을 피할 수 있어요. 조선 의용대, 조선 의용대 화북 지대, 조선 의용군은 이름이 비슷해서 더 헷갈릴 수 있지만 활동 내용을 구분해서 정리해 두면 도움이 됩니다.

448 대한민국 임시 정부의 이동과 조직 정비 답 ①

깊이있는 정답풀이

1932년 윤봉길의 거사 이후 일제의 탄압과 감시가 심해지자, 대한민국 임시 정부는 1932년 상하이를 떠나 항저우로 근거지를 옮겼다. 김구 등은 1935년 항저우에서 한국 국민당을 조직하고 임시 정부를 재정비하였다. 이후 민족 혁명당을 이탈한 조소앙, 지청천 등이 한국 국민당과 더불어 1937년 한국 광복 운동 단체 연합을 결성하였다.

① 조선 의용대 화북 지대가 반소탕전에 참전하였다.

449 이범석의 활동 답 ④

깊이있는 정답풀이

(가) 인물은 이범석이다. 1940년 충칭에서 중국 정부의 지원을 받아 대한민국 임시 정부의 직속 부대로 창설된 한국 광복군은 지청천을 총사령관으로, 이범석을 참모장으로 하였으며 국내 진공 작전을 준비하였다.

개념잡는 오답풀이

① 1910년대 국내 비밀 결사 단체인 대한 광복회를 주도한 것은 박상진이다.
② 중국 관내에서 최초로 결성된 한인 무장 단체인 조선 의용대를 창설한 것은 김원봉이다.
③ 의열단의 활동 강령인 「조선 혁명 선언」은 신채호가 작성하였다.
⑤ 대한 독립군을 지휘하여 봉오동 전투를 승리로 이끌었던 인물은 홍범도이다.

450 조선 의용대 화북 지대의 활동 답 ⑤

깊이있는 정답풀이

조선 의용대 화북 지대는 중국 공산당의 팔로군과 함께 호가장 전투와 반소탕전에서 활약하였고, 조선 의용군으로 개편되었다(1942).

개념잡는 **오답풀이**

① 하와이에서 대한인 국민회 등의 연합으로 결성된 재미 한족 연합 위원회는 대한민국 임시 정부를 재정적으로 후원하였고, 로스엔젤레스에서는 한인 국방 경비대를 창설하여 무장 독립 전쟁을 준비하였다. 대한민국 임시 정부도 한인 국방 경비대를 한국 광복군의 일원으로 인정하였다.
② 1919년 3·1 운동 직후 국내외에서 임시 정부가 수립되었다. 연해주에서는 전로 한족회 중앙 총회를 정부 형태로 개편한 대한 국민 의회가 세워졌다.
③ 백산 상회는 1914년 독립운동가 안희제가 부산에 세운 회사로, 대한민국 임시 정부가 연통제 조직과 연락을 주고받을 때 통로 역할을 하였다. 또한 대한민국 임시 정부에 자금을 지원하였다.
④ 한국 광복군은 1943년 영국군의 요청에 따라 인도·미얀마 전선에 대원을 파견하여 연합 작전을 펼쳤다.

451 충칭에서의 독립운동 답 ①

깊이있는 **정답풀이**

(가) 지역은 충칭이다. 옌안은 김두봉이 이끌던 조선 독립 동맹이 있던 곳이다. 1942년 화북 지방에서는 한국인 사회주의자들을 중심으로 조선 독립 동맹이 결성되었는데, 이 시기 대한민국 임시 정부는 충칭에 위치하고 있었다. 1940년 충칭에 도착한 대한민국 임시 정부는 중국 국민당의 지원을 받아 한국 광복군을 창설하였다.

개념잡는 **오답풀이**

② 신민부는 만주 지역에서 조직되었다. 자치 기관과 민정 기관을 갖춘 일종의 자치 정부였다.
③ 의열단원 나석주는 국내에 잠입하여 동양 척식 주식회사 등에 폭탄을 던졌다.
④ 경학사는 남만주 삼원보에 세워진 국외 독립운동 기지였다.
⑤ 이상설, 이준, 이위종은 네덜란드 헤이그에서 열린 만국 평화 회의에 파견되었다.

452 대한민국 임시 정부의 대일 선전 포고문 답 ⑤

깊이있는 **정답풀이**

삼천만 한인과 정부를 대표하여 추축국(독일, 이탈리아, 일본)에 전쟁을 선언하는 점에서 자료가 대한민국 임시 정부가 발표한 대일 선전 포고문임을 알 수 있다. 1941년 일제가 하와이 진주만을 공습하여 태평양 전쟁을 일으키자 대한민국 임시 정부는 일제에 대일 선전 성명서를 발표하여 한국 광복군이 연합국의 일원으로 독립 전쟁을 지속하고 있다는 것을 세계에 표명하였다.

453 한국 광복군의 국내 진공 작전 답 ③

깊이있는 **정답풀이**

태평양 전쟁이 막바지로 치달을 무렵 대한민국 임시 정부는 직접 일제를 몰아내고자 하였다. 이에 한국 광복군의 일부를 중국에 주둔 중이던 미국 전략 정보국[OSS]과 연합하여 특수 훈련을 받게 하였고, 훈련을 마친 요원을 중심으로 국내 정진군을 조직하였다. 1945년 8월 20일로 국내 진공 계획을 수립하였으나, 일제가 1945년 8월 15일 무조건 항복을 선언하면서 계획을 실행하지 못하였다.

개념잡는 **오답풀이**

① 일제는 1931년 만주 사변을 일으켰고, 이듬해인 1932년 만주국을 수립하였다.
② 1911년 일제가 조작한 105인 사건으로 신민회의 하부 조직이 드러나 사실상 신민회가 해체되었다.
④ 양세봉은 1930년대 초 남만주에서 조선 혁명군을 이끌고 한중 연합 작전을 전개하면서 일제에게 커다란 타격을 입혔다. 그러나 양세봉 사후 조선 혁명군의 세력이 위축되었다.
⑤ 1895년 을미사변과 단발령을 계기로 유인석 등이 의병을 일으켰다. 이를 을미의병이라고 한다. 이들은 1896년 아관 파천 이후 고종이 발표한 해산 권고 조칙에 따라 해산하였다.

454 조선 독립 동맹의 성립과 활동 답 ④

깊이있는 **정답풀이**

1942년 조선 의용대 화북 지대 대원과 중국 공산당에서 활동해 온 한국인 사회주의자가 연합하여 조선 독립 동맹을 결성하고 조선 의용대 화북 지대를 조선 의용군으로 재편하였다. 이때 김두봉이 조선 독립 동맹의 위원장으로 활동하였다.

개념잡는 **오답풀이**

① 권업회는 연해주의 블라디보스토크에서 창설되었다. 이를 모체로 1914년 대한 광복군 정부가 조직되었다.
② 조선 독립 동맹은 중국 공산당과 함께 활동하였다. 조선 의용대 화북 지대는 중국 공산당의 팔로군과 연합 전선을 형성하여 대일 항전을 전개하였고, 조선 의용군으로 편입되었다.
③ 대한민국 임시 정부 산하의 한국 광복군이 미국 전략 정보국[OSS]과 연합하여 국내 진공 작전을 계획하였다.
⑤ 대한민국 임시 정부는 초기 외교 활동에 주력하였다. 파리 강화 회의에 파견되어 있던 김규식을 대표로 임명하였고, 미국에는 구미 위원부를 두어 이승만을 중심으로 외교 활동을 벌였다.

455 대한민국 임시 정부의 개헌 답 ④

깊이있는 **정답풀이**

1919년 상하이에 수립된 대한민국 임시 정부는 대통령 중심제로 출범하였다. 1923년 국민 대표 회의 이후 이승만은 탄핵되었고, 2대 대통령으로 박은식을 추대하였다. 박은식은 대통령제를 내각 중심의 국무령제로 바꾸고(1925), 이상룡을 국무령으로 선출하고 대통령직을 사임하였다. 1926년 국무령에 취임한 김구는 헌법을 고쳐 국무 위원이 주석을 차례로 맡는 집단 지도 체제로 바꾸었다(1927). 이후 충칭에 자리를 잡은 임시 정부는 헌법 개정을 통해 주석제로 바꾸고(1940), 김구 주석 중심의 단일 지도 체제를 마련하였다. 1941년 조소앙의 삼균주의를 바탕으로 보통 선거를 통한 민주 공화국의 수립을 규정한 대한민국 건국 강령을 선포하였다. 1944년 헌법 개정을 통해 주석·부주석제 개헌을 하여 김구가 주석으로, 김규식이 부주석으로 취임하였다.

개념잡는 **오답풀이**

① 옌안에서 조선 의용군이 창설된 것은 1942년으로 (라) 시기에 해당한다.
② 파리 강화 회의에 독립 청원서를 제출한 것은 1919년으로 (가) 시기에 해당한다.
③ 국민 대표 회의가 개최되어 독립운동의 방향을 논의한 것은 1923년으

로 (가) 시기에 해당한다.

⑤ 김원봉의 조선 의용대가 한국 광복군으로 흡수되어 통합된 것은 1942년으로 (라) 시기에 해당한다.

(1등급 가이드)

각 시기별로 대한민국 임시 정부의 정치 체제가 변화할 때의 주요 내용을 구분하되, 출제 빈도가 가장 높은 (가), (라) 시기의 주요 활동을 중심으로 정리해 두는 것을 잊지 마세요.

456 1940년대 건국 준비 활동

답 ①

깊이있는 정답풀이

추론 TIP 삼균 제도 → 대한민국 임시 정부 건국 강령의 토대

(가) 삼균 제도를 골자로 한 헌법을 실시한다. …… 전국의 토지와 생산 기관의 국유화가 완성되고, 전국의 학령 아동 전체가 고등 교육의 무상 교육이 완성되고, 보통 선거 제도를 구속없이 완전히 실시한다.

(나) • 전 국민의 보통 선거에 의한 민주 정권을 수립한다.
• 대규모 기업을 국영화하며, 농민에게 토지를 나누어 준다.
• 국민의 의무 교육 제도를 실시하고 국가가 교육비를 부담한다.

삼균 제도에 기초하고 있는 점에서 (가)가 대한민국 임시 정부의 건국 강령임을 알 수 있다. 삼균 제도를 제창한 조소앙은 민족 혁명당에서 이탈하여 대한민국 임시 정부에 합류하였다. (나)는 조선 독립 동맹이 발표한 건국 강령이다. 대한민국 임시 정부와 조선 독립 동맹 모두 보통 선거에 기초한 민주 공화제를 채택하였고, 자유 경제와 균등 경제 이념의 조화를 꾀하였다. 이는 대한민국의 헌법으로 계승되었다.

개념잡는 오답풀이

ㄷ. 「조선 혁명 선언」은 대한민국 임시 정부의 건국 강령이 발표되기 이전인 1923년에 작성되었다.

ㄹ. 국민 대표 회의는 1923년에 개최되었다. 당시 안창호 등 실력 양성론자들이 개조파를 이루었는데, 이들은 임시 정부의 조직만 바꾸자고 주장하였다.

(1등급 가이드)

대한민국 건국 강령은 자주 출제되는 핵심 주제로 주로 삼균주의의 내용을 묻거나 조소앙의 활동을 묻는 경우가 많습니다. 그런데 이 문항은 그간 잘 다루어지지 않은 조선 독립 동맹의 건국 강령과의 공통점을 묻고 있습니다. 이런 주제는 서술형으로도 다루어질 수 있으니 두 강령의 공통점을 비교하여 정리하면 큰 도움이 될 거예요.

457 카이로 선언의 내용

답 ②

깊이있는 정답풀이

추론 TIP 카이로 회담(1943) → 얄타 회담(1945.2) → 독일 항복(1945.5) → 포츠담 선언(1945.7)

독일이 항복한 이후에 발표된 선언이라는 점에서 자료가 포츠담 선언임을 알 수 있고, 여기서 2년 전 발표된 '이 선언'의 모든 조항 이행을 강조하는 점에서 '이 선언'이 1943년에 발표된 카이로 선언임을 알 수 있다. 1943년 미국, 영국, 중국은 이집트 카이로에 모여 일본이 침략 전쟁으로 차지한 영토를 회수할 것 등을 합의하였다. 여기서 한국의 독립을 연합국이 최초로 보장하였다.

개념잡는 오답풀이

① 1926년 발표된 정우회 선언을 계기로 1927년 민족 협동 전선인 신간회가 창립되었다.

③ 1923년 김원봉의 요청에 따라 신채호가 「조선 혁명 선언」을 작성하였다. 여기서 신채호는 여러 독립운동론을 비판하면서 민중의 직접 혁명에 따른 독립을 표방하였다.

④ 1919년 2월 8일 일본 유학생들이 독립 선언을 발표하였다(2·8 독립 선언). 이는 3·1 운동에 영향을 주었다.

⑤ 1921년을 전후로 대한민국 임시 정부가 침체에 빠진 상황에서 신채호와 박용만 등 무장 투쟁론자들은 이승만이 미국 윌슨 대통령에게 보낸 위임 통치 청원서를 문제 삼아 임시 정부의 해산을 주장하였다.

458 카이로 선언의 특징

답 ⑤

깊이있는 정답풀이

태평양 전쟁이 한창이던 1943년 미국, 영국, 중국의 최고 지도자는 이집트 카이로에 모여 전후 처리를 논의하였다. 그 결과 일본의 침략을 저지, 응징하고 일본 세력을 점령 지역에서 몰아내며, 한국 인민의 노예 상태에 유의하여 한국을 독립시킬 것을 결정한다는 내용을 담은 카이로 선언을 발표하였다.

개념잡는 오답풀이

ㄱ. 1945년 2월 얄타 회담에서는 유럽에서 독일과 전쟁이 끝난 후 3개월 이내에 소련이 대일전에 참전한다는 비밀 협정이 체결되었다.

ㄴ. 독일 항복 후 미국, 영국, 중국의 대표들이 포츠담 선언을 통해 카이로 선언을 재확인하고 일본에 무조건 항복을 촉구하였다. 소련도 뒤늦게 일본에 선전 포고하고 이 선언에 참여하였다. 하지만 일제는 이 선언을 거부하였고, 결국 미국은 일본에 원자 폭탄을 투하하였다.

459 조선 건국 동맹의 활동

답 ②

깊이있는 정답풀이

태평양 전쟁이 장기화되면서 일제가 연합국에 패할 것이라는 믿음이 한국인 사이에 커졌다. 일제의 패망을 앞둔 시기에 해외의 독립군이 진격해 오면, 이에 호응해 국내에서 민중 봉기를 일으켜 일제를 몰아내야 한다는 생각이 무르익었다. 그 결과 1944년 여운형 주도로 조선 건국 동맹이 비밀리에 조직되었다. 조선 건국 동맹은 중앙과 지방 10여 개 지역에 체계적인 조직을 갖추었다.

개념잡는 오답풀이

① 1926년 사회주의 계열은 비타협적 민족주의 세력과의 연대를 강조한 정우회 선언을 발표하였다. 이는 신간회 결성의 계기가 되었다.

③ 대한민국 임시 정부는 충칭에 도착한 후 개헌을 통해 주석 중심의 지도 체제를 갖추었으며 김구가 주석으로 취임하였다.

④ 중국 국민당은 한국 광복군의 창설을 지원하면서 활동을 규제하기 위해 행동 준승 9개 항을 요구하였다. 이를 통해 중국 국민당은 한국 광복군에 대한 지휘권을 확보하였다. 그러나 1944년부터 대한민국 임시 정부는 중국 국민당과의 협상을 통해 통수권을 행사하게 되었다.

⑤ 1907년 결성된 13도 창의군이 각국 외교 사절에 통문을 보내 의병 부대를 국제법상 교전 단체로 인정해 줄 것을 요구하였다.

460 광복 직전의 정세 답 ⑤

깊이있는 정답풀이 / 추론 TIP 미 · 영 · 소 · 중은 포츠담 선언을 계기로 연합 → 1945년

> 눈앞에 세계정세의 발전은 우리 혁명에 절대 유리하게 나타나고 있다. …… 미·영·소·중 등 각 동맹국 간의 합작 단결로 전쟁의 승리는 매우 뚜렷이 드러나고 있다. 우리들은 각 혁명 단체, 각 무장 대오, 전체 전사 및 국내외 동포와 더불어 전민족적 통일 전선을 더욱 공고히 확대하면서 일본 제국주의자에 대한 전면적 무장 투쟁을 적극 전개하여 최대한 힘쓸 것을 결심한다.

대한민국 임시 정부는 일본이 패망할 것을 직감하고, 광복 직전 국무위원 장건상을 조선 독립 동맹과의 연합 전선 구축을 위해 옌안으로 파견하였다. 장건상은 조선 독립 동맹 위원장 김두봉 등과 만나 충칭에 모여 연합 전선 구축에 관해 협의하자고 제의하였다. 조선 독립 동맹 측도 이에 찬성하였다. 한편 국내의 조선 건국 동맹 역시 조선 독립 동맹에 김태준 등을 파견하여 연계를 도모하였다.

개념잡는 오답풀이

① 조선 노농 총동맹은 1924년에 만들어졌다.

②, ③ 1920년대 후반 민족 유일당 운동이 전개되었고, 그 결과 중국 베이징에서 한국 독립 유일당 북경 촉성회가 조직되었다. 이러한 운동은 국내에도 영향을 주어 1926년 비타협적 민족주의자들은 일부 사회주의자와 함께 조선 민흥회를 만들었다.

④ 신간회는 1931년 해소되었다.

1등급 가이드

일제 패망을 앞두고 대한민국 임시 정부와 조선 독립 동맹이 연계를 모색하였다는 내용은 이전에는 잘 다루지 않던 주제이지만 1등급 공략을 위해서 알아 두어야 하는 내용입니다. 여러 자료를 보면서 관련 시기를 파악하는 훈련을 해 두어야 합니다.

461 조선 의용대의 변천

(1) 답 조선 의용대

(2) 모범답안 조선 의용대의 일부는 적극적인 항일 투쟁을 벌이고자 화북 지방으로 이동하여 조선 의용대 화북 지대를 결성하였고, 이후 조선 의용군으로 재편되었다. 한편 김원봉 등 화북으로 이동하지 않은 조선 의용대원들은 한국 광복군에 합류하였다.

채점 기준	수준
조선 의용대의 조선 의용대 화북 지대 결성, 조선 의용군으로 재편, 조선 의용대 일부 대원의 한국 광복군 합류를 모두 서술한 경우	상
위 내용 중 두 가지를 서술한 경우	중
위 내용 중 한 가지만 서술한 경우	하

462 삼균주의의 영향

(1) 답 조소앙

(2) 모범답안 대한민국 임시 정부는 조소앙의 삼균주의에 기초하여 건국 강령을 발표하였다. 여기서 대한민국 임시 정부는 보통 선거에 기초한 민주 공화정의 수립, 토지 개혁과 주요 산업 국유화, 무상 교육 등을 제시하였다.

채점 기준	수준
대한민국 임시 정부의 건국 강령과 그 핵심 내용 두 가지 이상 서술한 경우	상
대한민국 임시 정부의 건국 강령과 그 핵심 내용 한 가지만 서술한 경우	중
대한민국 임시 정부의 건국 강령이라는 명칭만 서술한 경우	하

463 조선 건국 동맹의 활동

모범답안 조선 건국 동맹은 징병·징용으로 끌려 갈 사람들을 숨겨 주거나 공출 반대 운동을 벌였다. 또 대한민국 임시 정부 및 조선 독립 동맹과 연합 작전을 계획하였으며, 항일 무장 단체와 연결하여 무장봉기 계획을 세웠다.

채점 기준	수준
징병 · 징용자 숨기기, 공출 반대 운동, 대한민국 임시 정부 및 조선 독립 동맹과 연합 모색, 무장 봉기 계획 중 세 가지를 서술한 경우	상
위 내용 중 두 가지만 서술한 경우	중
위 내용 중 한 가지만 서술한 경우	하

464 카이로 선언의 내용

(1) 답 카이로 회담

(2) 모범답안 카이로에 모인 중국, 미국, 영국의 대표들은 적당한 시기에 한국을 독립시키기로 약속하였다.

채점 기준	수준
중국, 미국, 영국의 대표들이 한국의 독립을 약속하였다고 서술한 경우	상
두 개 국가와 한국 독립 약속을 서술한 경우	중
한 개 국가와 한국 독립 약속을 서술한 경우	하

STEP 4 대단원 정리하기 112~117쪽

465 ①	466 ⑤	467 ③	468 ④	469 ⑤	470 ②
471 ②	472 ⑤	473 ②	474 ④	475 ⑤	476 ③
477 ⑤	478 ①	479 ⑤	480 ①	481 ③	482 ③
483 ③	484 ①				

서술형 문제 485~488 해설 참조

465 일제의 무단 통치 답 ①

깊이있는 **정답풀이**

순사에게 발각되어 태형 10대에 처하여졌다는 내용을 통해 자료가 무단 통치 시기의 상황임을 알 수 있다. 일제는 무단 통치 시기 헌병 경찰제를 운영하였고 조선 태형령을 제정하였으며, 관리와 교원에게 제복을 입고 칼을 차도록 하였다.

개념잡는 **오답풀이**

② 민족 분열 통치 시기 일제는 한국인을 지방 행정에 참여시키겠다고 선전하며 도 평의회, 부·면 협의회를 조직하였다.
③ 경성 제국 대학은 1924년에 설립되었다.
④ 민족 말살 통치 시기 일제는 소학교를 국민학교로 개칭하였다.
⑤ 을사의병 당시 최익현은 태인에서 의병을 일으켰다.

466 민족 분열 통치 시기 상황 답 ⑤

깊이있는 **정답풀이**

한국어 신문의 발간을 허용하였지만 사전 검열을 통해 식민 통치에 비판적인 기사를 삭제하였다는 내용을 통해 (가) 통치가 민족 분열 통치임을 알 수 있다. 3·1 운동 이후 일제는 기만적인 민족 분열 통치를 시행하였다. 하지만 실제로는 치안 유지법을 제정하는 등 감시와 탄압을 강화하였다.

개념잡는 **오답풀이**

① 을사늑약의 결과 통감부가 설치되었다.
② 1938년에 제정된 국가 총동원법을 근거로 일제는 징병, 징용 등을 실시하였다.
③ 민족 말살 통치 시기 일제는 황국 신민화 정책을 추진하였다. 이에 따라 황국 신민 서사의 암송, 신사 참배, 일본식 성명 사용 등이 강요되었다.
④ 일제는 무단 통치 시기 헌병 경찰제를 시행하였다.

467 산미 증식 계획 시기의 상황 답 ③

깊이있는 **정답풀이**

수리 조합의 조합비가 소작인에게 전가되는 내용을 통해 산미 증식 계획이 시행되던 시기의 상황임을 알 수 있다. 일제는 자국의 식량 사정이 악화되자 식민지인 조선에서 식량을 조달하고자 산미 증식 계획을 시행하였다. 이에 따라 토지 개간과 품종 개량이 추진되었고, 수리 시설 확충을 위해 수리 조합이 조직되었다.

개념잡는 **오답풀이**

① 중일 전쟁은 1937년에 발발하였다. 산미 증식 계획은 1934년에 중단되었다.
② 1930년대 대공황으로 인해 공업 원료가 부족하자, 일제는 남면 북양 정책을 추진하였다.
④ 중일 전쟁 발발 이후 일제는 국가 총동원법을 제정하여 인적·물적 수탈을 자행하였다. 이에 따라 식량 배급제, 미곡·금속 등의 공출이 이루어졌다.
⑤ 동양 척식 주식회사는 1908년에 설립되었다.

468 민족 말살 통치의 내용 답 ④

깊이있는 **정답풀이**

애국반을 만들어 한국인의 생활을 감시하였다는 점, 애국반을 통해 전쟁에 필요한 물자와 노동력을 동원하였다는 점 등을 통해 (가) 통치가 민족 말살 통치임을 알 수 있다. 이 시기 일제는 한국인의 민족의식을 말살하고자 황국 신민화 정책을 추진하였다. 이에 따라 내선 일체와 일선동조론이 강조되었고, 황국 신민 서사를 강제로 암송시켰다.

개념잡는 **오답풀이**

ㄱ. 조선 태형령은 무단 통치 시기에 시행되었다.
ㄷ. 민족 분열 통치 시기 일제는 문관 총독의 임명이 가능하도록 총독부 관제를 개정하였다. 하지만 일제가 패망할 때까지 파견된 총독은 모두 무관이었다.

469 대한 광복회의 활동 답 ⑤

깊이있는 **정답풀이**

박상진이 총사령으로 활동하였다는 내용을 통해 (가) 단체가 대한 광복회임을 알 수 있다. 대한 광복회는 1915년 박상진 등이 비밀 결사의 형태로 조직하였다. 만주에 무관 학교 설립을 위한 군자금 모금 활동을 전개하였으며, 국권 회복 이후 공화정 형태의 근대 국가를 수립하고자 하였다.

개념잡는 **오답풀이**

① 1917년 신규식, 박은식 , 신채호, 조소앙 등은 중국 상하이에서 「대동단결 선언」을 발표하였다.
② 중광단이 대표적이다.
③ 신한 청년단은 파리 강화 회의에 김규식을 대표로 파견하였다.
④ 독립 의군부는 일제에 국권 반환 요구서 제출을 추진하였다.

470 북간도 지역의 독립운동 답 ②

깊이있는 **정답풀이**

(가) 지역은 북간도이다. 북간도 지역에서는 이주 동포들이 용정촌, 명동촌 등 한인 집단촌을 형성하였고 간민회 등의 자치 단체를 만들었다. 또한 서전서숙, 명동 학교와 같은 민족 교육 기관이 설립되었고, 서일 등 대종교 간부들은 중광단을 조직하였다.

개념잡는 **오답풀이**

① 연해주 지역에서는 신한촌이 건설되고 권업회가 조직되었다.
③ 상하이에서는 김규식, 여운형 등이 신한청년단을 조직하였다.
④ 신민회의 이회영, 이상룡 등은 서간도의 삼원보에 경학사를 조직하였고, 신흥 강습소를 세워 군사 교육과 민족 교육을 실시하였다.
⑤ 미주 지역에서는 민족 운동 단체가 통합되어 대한인 국민회가 조직되었다.

471 대한민국 임시 정부의 활동 답 ②

깊이있는 정답풀이

대한민국 인민을 대표한 임시 의정원이 임시헌법을 제정하였다는 내용을 통해 밑줄 친 '정부'가 대한민국 임시 정부임을 알 수 있다. 대한민국 임시 정부는 미국에 구미 위원부를 설치하여 외교 활동을 전개하였다.

개념잡는 오답풀이

① 독립 의군부가 대표적이다. 대한민국 임시 정부는 삼권 분립의 공화제 정부이다.
③ 연해주의 대한 국민 의회는 손병희를 대통령으로 추대하였다.
④ 3·1 운동 당시 기미 독립 선언서가 발표되었다.
⑤ 자유시 참변은 북만주로 이동한 독립군 부대가 러시아 혁명군에게 무장 해제당하며 피해를 본 사건이다.

472 국민 대표 회의의 배경 답 ⑤

깊이있는 정답풀이

임시 정부가 결점은 있지만 개별적 인사들의 결함이라는 개조파의 주장을 통해 (가) 회의가 1923년에 개최된 국민 대표 회의임을 알 수 있다. 일제의 탄압으로 연통제와 교통국이 붕괴되었고, 이승만을 중심으로 전개된 외교 활동도 큰 성과를 거두지 못하였다. 이에 여러 민족 운동가는 독립운동의 새로운 방향을 모색하기 위해 국민 대표 회의를 개최하였다.

개념잡는 오답풀이

ㄱ. 치안 유지법은 1925년에 제정되었다.
ㄴ. 국민 대표 회의 결렬 이후 대한민국 임시 정부는 이승만 대통령을 탄핵하고 제2대 대통령으로 박은식을 선출하였다.

473 1920년대의 국외 무장 투쟁 답 ②

깊이있는 정답풀이

(가)는 봉오동에서 적군을 발견하고 홍범도와 최진동 두 장군이 적을 공격하였다는 내용을 통해 1920년에 일어난 봉오동 전투임을 알 수 있다. (나)는 1925년에 체결된 미쓰야 협정이다. ② 1923년에 남만주 지역에서 참의부가 수립되었다.

개념잡는 오답풀이

① 중광단은 1910년대에 조직되었다.
③ 1920년대 후반 3부 통합 운동이 전개된 결과 혁신 의회와 국민부가 수립되었다.
④ 동북 항일 연군은 1930년대 후반 만주 지역에서 활동한 부대이다.
⑤ 조선 혁명군은 1930년대 전반 중국 군대와 함께 항일전을 벌였다.

474 의열단의 활동 답 ④

깊이있는 정답풀이

자료는 1923년 신채호가 작성한 「조선 혁명 선언」이다. 김원봉의 의뢰로 작성된 이 글은 의열단의 활동 지침이 되었다. 의열단원인 나석주는 1926년 동양 척식 주식회사와 조선 식산 은행에 폭탄을 던졌다.

개념잡는 오답풀이

① 한인 애국단의 이봉창은 1932년 도쿄에서 일왕의 마차를 향해 폭탄을 던졌다.
② 조명하는 타이완을 방문한 일본 육군 대장이자 왕족이 탄 승용차를 습격하여 칼로 찌르고 현장에서 체포되었다.
③ 이재명은 명동 성당 앞에서 이완용을 습격하여 중상을 입혔다.
⑤ 강우규는 새로 부임한 조선 총독 사이토 마코토를 남대문역(현재의 서울역)에서 살해하고자 폭탄을 던졌다.

475 물산 장려 운동 답 ⑤

깊이있는 정답풀이

자료는 물산 장려 운동 당시 발표된 조선 물산 장려회의 궐기문이다. 회사령이 폐지되고 조선과 일본 사이에 관세가 철폐되려는 움직임이 있자, 평양에서 조만식의 주도로 물산 장려 운동이 시작되었다. ⑤ 일부 사회주의 세력은 물산 장려 운동을 자본가를 위한 이기적인 운동이라 비판하였다.

개념잡는 오답풀이

① 정우회 선언 등을 계기로 신간회가 창립되었다.
② 1910년 통감부가 폐지되고 총독부가 설치되었다.
③ 3·1 운동은 고종의 인산일 즈음에 일어났다.
④ 조선일보와 동아일보를 중심으로 농촌 계몽 운동이 전개되었다.

476 농촌 계몽 운동 전개 답 ③

깊이있는 정답풀이

자료는 브나로드 운동 당시 사용된 포스터와 문자 보급 운동에서 사용된 교재인 『한글 원본』이다. 조선일보와 동아일보는 농민의 처지를 향상시키고자 문맹 퇴치, 생활 개선 등을 도모하는 농촌 계몽 운동을 전개하였다.

개념잡는 오답풀이

① 신민회는 1927년 비타협적 민족주의 세력과 사회주의 세력이 연대하여 창설되었다.
② 이광수, 최린 등은 일제의 '문화 정치'에 기대를 걸면서 조선 의회 설립을 염두에 두고 한국인의 자치권과 참정권을 획득하려는 자치 운동을 전개하였다.
④ 1920년대 한국인의 힘으로 고등 교육 기관을 설립하고자 민립 대학 설립 운동이 전개되었다.
⑤ 1911년 일제는 식민 지배에 순응하는 한국인을 길러내고자 「제1차 조선 교육령」을 공포하였다. 한국인의 불만이 고조되자 일제는 1922년 「제2차 조선 교육령」을 발표하여 보통 학교를 증설하고 수업 연한을 확대하였다.

477 신간회의 활동 답 ⑤

깊이있는 정답풀이

자료는 신간회 해소를 주장하는 사회주의 세력의 주장으로, (가) 단체는 신간회이다. 광주 학생 항일 운동 이후 새롭게 구성된 신간회 집행부가 타협적인 합법 운동을 모색하였으며, 코민테른이 계급 투쟁을 강조하고 민족주의와의 연대를 부정하는 노선으로 변화하자 사회주의 세력은 신간회의 해소를 주장하였다. 한편 신간회는 정치적·경제적 각성 촉진, 공고한 단결, 기회주의 일체 부인 등을 강령으로 내세웠다.

개념잡는 오답풀이

① 신간회는 6·10 만세 운동 이후 창설되었다.

② 의열단은 중국 국민당 정부의 지원을 받아 조선 혁명 간부 학교를 설립하였다.
③ 대한민국 임시 정부는 국민 대표 회의 이후 창조파 등이 이탈하면서 세력이 위축되었다.
④ 대한 자강회 등이 고종의 강제 퇴위 반대 운동을 전개하였다.

478 광주 학생 항일 운동 답①

깊이있는 정답풀이

(가) 운동은 광주 학생 항일 운동이다. 1929년 나주역에서 한국인 학생과 일본인 학생 사이에 발생한 충돌을 일본 경찰이 편파적으로 처리하자, 이에 분노한 광주 지역의 학생들이 대규모의 시위를 전개하였다. 신간회는 광주 지역에 진상 조사단을 파견하여 운동을 지원하였으며, 민중 대회를 계획하였다.

개념잡는 오답풀이

② 1920년대 중반 만주 지역에서 참의부, 정의부, 신민부 등 3부가 성립하였다.
③ 1920년대 중반 민족 유일당 운동이 전개되었고, 정우회 선언을 계기로 신간회가 창립되었다.
④ 국채 보상 운동은 『대한매일신보』 등 언론 기관의 지원을 받으며 전국적으로 확대되었다.
⑤ 『황성신문』은 을사늑약에 대항하여 「시일야방성대곡」을 게재하였다.

479 1920년대 농민·노동 운동 답⑤

깊이있는 정답풀이

(가)는 1923년에 일어난 암태도 소작 쟁의, (나)는 1929년에 일어난 원산 총파업에 대한 내용이다. 1920년대 열악한 환경에 처해있던 농민과 노동자들이 생존권을 수호하기 위해 다양한 활동을 전개하였다. 그 과정에서 1927년에는 조선 농민 총동맹과 조선 노동 총동맹이 결성되었다.

개념잡는 오답풀이

① 조선어 학회는 1931년에 조직되었다.
② 1930년대 중반 민족주의 사학을 계승한 정인보, 안재홍 등이 조선학 운동을 전개하였다.
③ 1931년 동아일보 주도로 브나로드 운동이 전개되었다.
④ 물산 장려 운동은 1920년 평양에서 시작되었다.

480 형평 운동의 전개 답①

깊이있는 정답풀이

자료는 조선 형평사가 발표한 취지문이다. 1923년 진주에서 백정들이 중심이 되어 백정에 대한 사회적 차별 철폐를 목적으로 조선 형평사가 조직되었다.

개념잡는 오답풀이

② 천도교 소년회가 잡지 『어린이』를 발행하였다.
③ 1898년 개최된 관민 공동회에서 백정 출신 박성춘이 연설하였다.
④ 1935년 중국 관내에서 의열단의 주도로 민족 혁명당이 결성되었다.
⑤ 신분제는 1894년 갑오개혁에서 폐지되었다.

481 천도교의 활동 답③

깊이있는 정답풀이

방정환을 중심으로 소년 운동을 전개하였다는 내용을 통해 (가) 종교가 천도교임을 알 수 있다. 천도교는 손병희가 동학을 개칭하여 성립하였으며, 『개벽』, 『신여성』 등의 잡지를 발간하여 민족 의식 고취와 평등 의식 확산에 힘썼다.

개념잡는 오답풀이

① 대종교는 나철이 창시하였다.
② 이병도 등의 실증 사학자들이 1934년 진단 학회를 조직하였다.
④ 국외에서 천주교 신자가 중심이 되어 무장 투쟁 단체인 의민단이 조직되었다.
⑤ 한용운은 조선 불교 유신회를 조직하여 일제의 불교 통제에 저항하였다.

482 한국 독립군의 활동 답③

깊이있는 정답풀이

대전자령에서 지청천 장군이 이끄는 군대가 중국군과 혼성하여 교전을 벌였다는 내용을 통해 밑줄 친 '우리 군'이 한국 독립군임을 알 수 있다. 한국 독립군은 만주 사변 이후 한중 연합 작전을 전개하였으며, 대전자령 전투와 쌍성보 전투에서 승리하였다.

개념잡는 오답풀이

① 1907년 13도 창의군이 조직되어 서울 진공 작전을 전개하였다.
② 조선 의용대 일부 병력이 화북으로 이동하여 조선 의용대 화북 지대를 조직하였고, 이어 조선 의용군으로 개편되었다.
④ 한일 신협약의 비밀 각서에 따라 대한 제국의 군대가 해산되었다.
⑤ 홍범도의 대한 독립군은 봉오동 전투와 청산리 전투에서 다른 독립군 부대들과 연합하여 승리를 거두었다.

483 민족 혁명당의 결성 시기 답③

깊이있는 정답풀이

자료에서 만주 사변 이후 중국 관내에서 독립운동 단체의 통합 시도가 있었으며, 그 결과 난징에서 의열단 등이 통합되었다는 내용을 통해 밑줄 친 '이 단체'가 1935년에 결성된 민족 혁명당임을 알 수 있다.
치안 유지법 제정은 1925년, 신간회 결성은 1927년, 윤봉길 의거는 1932년, 조선 의용대 창설은 1938년, 태평양 전쟁 발발은 1941년, 일제 패망은 1945년의 사실이다.

484 국제 사회의 한국 독립 약속 답①

깊이있는 정답풀이

(가)는 1943년에 발표된 카이로 선언이고, (나)는 1945년 7월에 발표된 포츠담 선언이다. 1945년 2월 미국, 영국, 소련의 대표들이 얄타에 모여 소련의 대일전 참전 등에 합의하였다. 조선 건국 동맹은 1944년 국내에서 비밀리에 조직되었다.

개념잡는 오답풀이

ㄷ. 조선 독립 동맹은 화북 지역의 사회주의자들을 중심으로 1942년에 결성되었다.

ㄹ. 1941년 태평양 전쟁이 발발하자 대한민국 임시 정부는 대일 선전 성명서를 발표하였다.

485 토지 조사 사업

(1) 답 토지 조사 사업

(2) ✔모범답안 근대적 토지 소유권을 확립하겠다는 명분을 내세웠지만 실제로는 식민 통치에 필요한 재정을 확보하고 미신고 토지를 차지하려는 목적이었다.

채점 기준	수준
두 가지 목적을 모두 서술한 경우	상
위의 내용 중 한 가지만 서술한 경우	하

486 3·1 운동의 전개

(1) 답 3·1 운동

(2) ✔모범답안 일제가 식민 통치 방식을 무단 통치에서 민족 분열 통치로 바꾸었다. 독립운동의 구심점이 필요하다는 인식이 확산되면서 상하이에 대한민국 임시 정부가 수립되었다.

채점 기준	수준
두 가지 영향을 모두 서술한 경우	상
위의 내용 중 한 가지만 서술한 경우	하

487 윤봉길 의거

(1) 답 한인 애국단

(2) ✔모범답안 중국 국민당 정부가 대한민국 임시 정부를 지원하는 계기가 되었다. 대한민국 임시 정부가 상하이를 떠나 이동하게 되었다.

채점 기준	수준
두 가지 영향을 모두 서술한 경우	상
위 내용 중 한 가지만 서술한 경우	하

488 한국 광복군의 활동

(1) 답 한국 광복군

(2) ✔모범답안 한국 광복군은 영국군의 요청에 따라 병력의 일부를 미얀마·인도 전선에 파견하였다. 또한 한국 광복군은 미국 전략 정보국[OSS]과 협약을 맺고 국내 정진군을 편성하여 국내 진공 작전을 준비하였다.

채점 기준	수준
한국 광복군의 활동 두 가지를 모두 서술한 경우	상
위 내용 중 한 가지만 서술한 경우	하

Ⅱ 대한민국의 발전

01 대한민국 정부 수립

STEP 1 O/X 문제로 교과서 핵심 자료 보기 122~123쪽

489 O	490 O	491 X	492 O	493 X	494 X
495 O	496 O	497 X	498 O	499 X	500 X
501 X	502 O	503 O	504 O	505 O	506 O
507 O	508 O	509 O	510 O	511 X	512 X

STEP 2 객관식 풀어 보기 124~137쪽

513 ③	514 ②	515 ③	516 ①	517 ④	518 ②
519 ③	520 ⑤	521 ④	522 ②	523 ②	524 ③
525 ②	526 ②	527 ②	528 ①	529 ②	530 ⑤
531 ③	532 ③	533 ①	534 ⑤	535 ⑤	536 ④
537 ①	538 ⑤	539 ③	540 ①	541 ②	542 ⑤
543 ⑤	544 ②	545 ④	546 ⑤	547 ②	548 ③
549 ④	550 ⑤	551 ②	552 ⑤	553 ③	554 ②
555 ⑤	556 ⑤	557 ②	558 ③	559 ⑤	560 ①
561 ④	562 ③	563 ⑤	564 ②	565 ①	566 ①
567 ①	568 ④				

513 냉전 체제의 형성 답 ③

깊이있는 **정답풀이**

제2차 세계 대전 후 미국을 중심으로 한 자본주의 진영과 소련을 중심으로 한 사회주의 진영 간의 대립이 나타났다. 미국 대통령 트루먼은 공산주의의 확대를 막기 위한 정책을 선언하였는데, 이를 트루먼 독트린이라고 한다. 또 서유럽의 공산화를 막기 위한 마셜 플랜을 발표하였다. 이에 맞서 소련은 코민포름을 발족하고 동유럽 경제 상호 원조 회의를 결성하였다. 이러한 대립은 군사적 차원에서도 나타났다. 그 결과 미국과 서유럽 국가 중심의 북대서양 조약 기구, 소련과 동유럽 국가 중심의 바르샤바 조약 기구가 설립되었다.

③ 국제 연합은 1945년에 국제 평화를 목적으로 창설되었다.

514 동아시아의 냉전 답 ②

깊이있는 **정답풀이**

냉전은 유럽뿐만 아니라 아시아에서도 진행되었다. 유럽에서는 군사적 긴장 상태가 고조되었고, 아시아에서는 실제 전쟁이 벌어졌다. 중국에서는 중국 국민당과 중국 공산당 사이에 국공 내전이 벌어졌다. 여기서 중국 공산당이 사실상 승리하여 1949년 중화 인민 공화국이 세워졌다. 한반도에서는 1950년 북한의 남침으로 6·25 전쟁이 벌어졌고, 베트남에서도 미국이 개입하면서 베트남 전쟁이 본격화되었다.

개념잡는 **오답풀이**

ㄴ. 1904년 대한 제국의 지배권을 두고 일본이 러시아를 선제 공격하여 러일 전쟁이 벌어졌다. 이 전쟁에서 승리한 일본은 열강으로부터 대한 제국에 대한 독점적 권리를 승인받은 뒤 을사늑약을 체결하여 대한 제국의 외교권을 박탈하였다.

ㄷ. 1894년 동학 농민 운동이 일어나자 조선 정부의 요청으로 청이 조선에 파병하였고, 일본도 자국민 보호를 구실로 조선에 파병하였다. 이후 일본의 공격으로 청일 전쟁이 벌어졌다.

515 광복 직전 여운형의 활동 답③

깊이있는 정답풀이

엔도는 조선 총독부의 마지막 정무총감이다. 엔도를 만나 몇 가지의 조건을 요구하였다는 내용을 통해 발언자가 여운형임을 알 수 있다. 조선 총독부는 일제의 패망이 짙어지자 8·15 광복 직전에 여운형과 행정권 이양 문제를 교섭하였다. 여운형은 정치범 석방, 3개월분의 식량 확보 등을 약속받고 좌우익의 합작 형태로 조선 건국 준비 위원회를 결성하였다.

개념잡는 오답풀이

① 유엔 소총회에서 1948년 2월 총선거가 가능한 지역만의 선거를 승인하여 한반도의 분단이 가시화되었다. 이에 김구와 김규식은 1948년 4월 평양에서 김일성, 김두봉 등을 만나 단독 정부 수립 반대, 외국 군대 즉시 철수를 요구하는 남북한 연석 회의와 지도자 회의를 개최하였다.
② 사이토는 1919년 3·1 운동 직후 조선에 부임하였다.
④ 제1차 미소 공동 위원회가 무기 휴회되면서 임시 정부 수립이 좌절될 위기에 처하자 이를 극복하기 위해 1946년 7월 김규식과 여운형의 주도로 좌우 합작 위원회가 구성되었다.
⑤ 1945년 12월 미국, 영국, 소련은 전후 문제를 처리하고자 모스크바 3국 외상 회의를 열었다.

516 조선 건국 준비 위원회 답①

깊이있는 정답풀이

제시된 자료는 조선 건국 준비 위원회의 선언과 강령이다. 조선 건국 준비 위원회는 광복 직전에 여운형이 이끌었던 조선 건국 동맹을 중심으로 광복 직후 좌우 합작의 형태로 조직되어 민중의 폭넓은 지지를 받았다. 이 단체는 완전한 독립 국가 건설을 목적으로 광복 직후 치안 유지 활동 및 생활필수품 확보를 위해 노력하였으며, 각 지방에 자치적 성격의 인민 위원회를 설치하였다. 그러나 점차 좌익 세력이 주도권을 장악하면서 우익 세력이 이에 반발하여 탈퇴하였고, 이후 미군의 진주 소식을 계기로 좌익의 주도로 조선 인민 공화국 수립을 선포하면서 해체되었다.
① 좌우 합작 7원칙을 발표한 단체는 좌우 합작 위원회이다.

517 조선 건국 준비 위원회의 활동 답④

깊이있는 정답풀이

(가)에 들어갈 조직은 조선 건국 준비 위원회이다. 1944년 8월 여운형 등은 일본의 패전과 독립에 대비하여 국내에서 비밀 결사로 조선 건국 동맹을 결성하였다. 1945년 8월 광복을 맞이하자 여운형은 조선 건국 동맹을 기반으로 조선 건국 준비 위원회를 만들어 전국 각지의 치안과 행정을 담당하였다. 이후 9월 미군의 주둔이 다가오자 조선 건국 준비 위원회는 중앙 조직을 실질적인 정부 형태로 개편하여 조선 인민 공화국 수립을 선포하였다.

개념잡는 오답풀이

① 한국 민주당(한민당)에 대한 설명이다.
② 건국 강령은 1941년 대한민국 임시 정부가 발표하였다.
③ 제헌 국회에서 반민족 행위 처벌법이 제정되고 반민족 행위 특별 조사 위원회가 구성되었다.
⑤ 미군정은 조선 건국 준비 위원회와 조선 인민 공화국을 모두 인정하지 않았다.

518 맥아더 포고령 발표 시기 답②

깊이있는 정답풀이

미군이 인천에 상륙하여 포고령을 발표하였다는 내용을 통해 밑줄 친 '발표'가 맥아더 포고령임을 알 수 있다. 1945년 9월 서울에 들어온 미군은 원활한 통치를 위해 기존 조선 총독부의 체제와 법령을 대부분 유지하고 미군정만이 38도선 이남의 유일한 정부라는 내용의 맥아더 포고령을 발표하였다.
② 1945년 8월 15일 광복 직후 여운형을 중심으로 조선 건국 준비 위원회(이하 건준)가 조직되었다. 건준은 미군정의 성립에 대비하여 조선 인민 공화국을 선포하였다. 모스크바 3국 외상 회의는 1945년 12월에 개최되었고, 회의 결정에 따라 두 차례 미소 공동 위원회가 개최되었으나 미국과 소련이 합의에 이르지 못한 채 결렬되었다. 이후 한반도의 정부 수립 문제는 유엔으로 이관되었고, 1948년 2월 유엔 소총회 결의에 따라 총선거가 치러지고 1948년 8월 15일 대한민국 정부가 수립되었다.

519 미군정의 실시 답③

깊이있는 정답풀이

제시된 자료는 맥아더 사령관이 발표한 포고문이다. 광복 이후 38도선 이북과 이남 지역에는 각각 소련군과 미군이 진주하였다. 미군은 군정을 선포하고 직접 통치 방식을 취하였으며, 조선 건국 준비 위원회의 활동과 조선 인민 공화국을 부정하고 대한민국 임시 정부마저 인정하지 않은 상태에서 일제의 조선 총독부 체제를 그대로 활용하였다. 이에 따라 대한민국 임시 정부의 주요 인사도 정부 대표의 자격이 아닌 개인 자격으로 귀국하였다.

개념잡는 오답풀이

ㄱ. 미군정은 한국인이 만든 모든 행정 기구와 그 활동을 인정하지 않았다.
ㄹ. 일본이 항복하기 직전 미국이 제안한 북위 38도선의 분할 점령을 소련이 수용함으로써 군정이 이루어졌다.

520 미군정의 통치 답⑤

깊이있는 정답풀이

제시문은 1945년 9월 9일에 발표된 맥아더 포고령이다. 미군정은 1946년 2월 신한공사를 창립하여 귀속 재산을 관리하였다.
⑤ 초기의 신한공사는 미군정 운영에 소요되는 경비 충당 업무를 이행했을 뿐 귀속 재산을 처리하는 구체적인 구상은 갖고 있지 않았다.

521 광복 후 여운형의 활동 답④

깊이있는 정답풀이

'조선 건국 동맹 조직', '조선 건국 준비 위원회 조직'을 통해 연보의 인물은 여운형임을 알 수 있다. 여운형은 김규식 등과 함께 미군정의 지원 아래 좌우 합작 위원회를 조직하여 통일 정부 수립 운동을 전개하였다. 좌우 합작 위원회는 1946년 10월 좌우 합작 7원칙을 발표하였다.

개념잡는 **오답풀이**

① 김성수, 송진우 등 민족주의 계열의 인사들이 한국 민주당을 창당하였다.
② 여운형은 5·10 총선거가 열리기 전인 1947년에 피살되었다.
③ 이승만은 제1차 미소 공동 위원회가 미국과 소련의 의견 차이로 무기 휴회된 후 정읍에서 남한만의 단독 정부 수립을 주장하였다.
⑤ 김구와 김규식은 남북 협상을 추진하여 평양에서 열린 전 조선 제 정당 사회단체 대표자 연석 회의에 참여하였다.

522 한국 민주당의 활동 답②

깊이있는 **정답풀이**

송진우, 김성수 등 보수적인 우익 세력의 주도로 결성되었으며, 미군정과 협력하여 정치적 영향력을 행사하였다는 내용을 통해 (가) 정당이 한국 민주당임을 알 수 있다. 한국 민주당은 이승만, 김구 등과 함께 신탁 통치 반대 운동을 전개하였다.

개념잡는 **오답풀이**

① 제1차 미소 공동 위원회가 무기 휴회되자 이승만은 정읍에서 단독 정부 수립을 주장하였다(정읍 발언).
③ 8·15 광복 직후 여운형의 주도로 조선 건국 준비 위원회가 결성되었다.
④ 한국 민주당 등 우익 세력은 모스크바 3국 외상 회의의 결정에 반대하였다.
⑤ 한국 민주당은 단독 정부 수립에 찬성하면서 5·10 총선거에 참여하였다.

523 한국 민주당 답②

깊이있는 **정답풀이**

제시된 자료는 송진우, 김성수 등 민족주의 우파가 중심이 되어 결성한 한국 민주당의 성명서 내용이다. 이들은 건국 준비 위원회가 선포한 조선 인민 공화국의 타도와 대한민국 임시 정부의 지지 등을 선언하였다.

개념잡는 **오답풀이**

① 한국 민주당은 자본가 중심의 우파 인사들이 모여 결성하였다.
③ 한국 독립당이 삼균주의를 제시하였다.
④ 조선 건국 준비 위원회가 치안대 등 전국 조직을 갖추었다.
⑤ 미군정의 후원으로 좌우 합작 위원회가 조직되었다.

524 모스크바 3국 외상 회의 답③

깊이있는 **정답풀이**

모스크바 3국 외상 회의 결정 사항의 주요 내용은 첫째, 한국을 독립 국가로 재건하기 위해 민주주의적 임시 정부를 수립한다. 둘째, 임시 정부 수립을 위해 미소 공동 위원회를 설치한다. 셋째, 미국·영국·중국·소련의 4개국이 공동 관리하는 최고 5년 기한의 신탁 통치에 관한 협약을 작성한다는 것 등이었다.

개념잡는 **오답풀이**

ㄱ. 1943년에 열린 카이로 회담에서는 한국민의 노예적 상태에 유의하여 적당한 절차를 거쳐 한국을 자주독립시킨다고 결의하였다.
ㄹ. 모스크바 3국 외상 회의에서는 신탁 통치부터 시행한다고 결의하였다.

525 모스크바 3국 외상 회의의 결정 내용 답②

깊이있는 **정답풀이**

제시문은 1945년 12월에 개최된 모스크바 3국 외상 회의 결정서의 일부이다. 이 회의에서 미국은 신탁 통치안을 제출하였고, 소련은 임시 정부 수립을 내용으로 하는 수정안을 제출하였다. 결국 소련 안에 미국 안을 절충하여 한국에 민주적인 임시 정부 수립과 이를 위한 미소 공동 위원회의 설치, 새로 수립된 임시 정부와 협의를 거친 최고 5년간의 신탁 통치에 관한 협약 작성 등이 결정되었다.

개념잡는 **오답풀이**

① 미군정은 대한민국 임시 정부를 인정하지 않았다.
③ 1948년 4월 남북 협상에서 한반도 통일 정부 구성을 주장하였다.
④ 제1차 미소 공동 위원회가 무기 휴회되자, 중도파의 여운형과 김규식 등은 통일 정부 수립을 위해 좌우 합작 운동을 전개하였다. 소련과 합의를 통해 한반도 문제를 해결하려던 미군정도 초기에 이를 지원하였다.
⑤ 미국은 일본 군대의 무장 해제를 명분으로 38도선을 경계로 소련과의 한반도 분할 점령을 제안하였다.

526 모스크바 3국 외상 회의 직후의 상황 답②

깊이있는 **정답풀이**

1945년 12월에 미국, 영국, 소련의 외무 장관들은 모스크바에서 회의를 열어 전후 처리 문제를 협의하였다. 이 자리에서 한반도에 민주주의 임시 정부를 수립하고, 최고 5년 동안 미국·영국·중국·소련의 신탁 통치 실시에 관한 협약을 작성한다는 결정이 내려졌다. 이 소식이 국내에 전해지자 대한민국 임시 정부 요인들을 비롯한 우익 세력은 신탁 통치를 반대하였고, 조선 공산당 등의 좌익 세력은 처음에는 신탁 통치에 반대하다 결정을 지지하는 쪽으로 입장을 바꾸었다. 한편 모스크바 3국 외상 회의의 결정에 따라 두 차례에 걸쳐 미소 공동 위원회가 열렸다.

개념잡는 **오답풀이**

ㄴ. 1948년 2월 유엔 소총회에서 사실상 남한 단독 선거를 결정하자 제주도의 좌익 세력과 일부 주민들은 이에 반대하여 무장봉기를 일으켰고, 이를 진압하는 과정에서 많은 무고한 사람들이 희생되었다(제주 4·3 사건).
ㄹ. 유엔은 남북한 총선거를 결정하였으나, 소련의 반대로 무산되었다. 결국 1948년 5월 10일 남한에서만 선거가 이루어졌다.

527 신탁 통치 반대 운동 시기 답②

깊이있는 **정답풀이**

제시된 선언문 중 '신탁 관리제를 배격하는 국민 운동을 전개'라는 표현을 통해 신탁 통치 반대 운동에 대한 내용임을 알 수 있다. 미국, 영국, 소련의 외무 장관들이 모여 한국 문제 등을 논의한 모스크바 3국 외상 회의에서는 미소 공동 위원회 설치와 새로 수립된 임시 정부와 협의를 거친 5년간의 신탁 통치에 관한 협약 작성 등을 결정하였다. 모스크바 3국 외상 회의의 협의 사항 중 신탁 통치 사안이 국내에 전해지자 이를 식민 지배의 연장으로 인식하면서 대대적인 반탁 운동이 전개되었다.

528 신탁 통치 반대 운동 답①

깊이있는 **정답풀이**

1945년 12월 미국, 영국, 소련의 외무 장관은 모스크바에서 회의를 개최하여 한국의 임시 정부 수립과 신탁 통치안 등을 결의하였다. 이에 김구 등은 즉각적인 자주독립을 위하여 신탁 통치 반대 운동에 나섰다. 여기에 한국 민주당을 중심으로 한 보수 우익 세력이 연합하여 광범위한 신탁 통치 반대 운동 세력이 형성되었다. 대다수의 남한 지역 민중들은 신탁 통치를 식민지 상태로 돌아가는 것으로 이해하였기 때문에 우익 세력이 주도한 신탁 통치 반대 운동에 크게 호응하였다. 이승만과 한국 민주당 등 우익 세력은 소련이 먼저 신탁 통치안을 제시하였다고 주장하며 신탁 통치 반대 운동과 함께 반소·반공 운동을 전개하였다. 결국 신탁 통치 문제로 인해 국내의 정치 세력은 급속히 좌우익 진영으로 양분되어 심한 대립을 보였다.

개념잡는 **오답풀이**

ㄷ. 신탁 통치 반대 운동은 반소 운동으로 연결되었다.
ㄹ. 좌익도 처음에는 신탁 통치에 반대하였으나, 모스크바 3국 외상 회의의 결정의 본질이 임시 정부 수립에 있다고 파악하고, 입장을 바꾸어 회의의 결정에 대한 지지 운동을 전개하였다.

529 신탁 통치 반대 운동 답②

깊이있는 **정답풀이**

추론 TIP 모스크바 3국 회담의 결정을 인정 → 좌익 세력의 입장 변화

> 모스크바 3국 회담의 결정은 조선을 위하여 가장 정당한 것이라고 우리는 인정한다. 문제의 5년 기한은 그 책임이 3국 회의에 있는 것이 아니라 사실은 우리 민족 자체의 결정, 장구한 일본 지배의 해독과 민족적 분열에 있다고 우리는 반성하지 않으면 안 된다. …… 카이로 회담이 조선 독립을 적당한 시기에 준다는 것인데, 이 적당한 시기라는 것이 이번 회담에서 5년 이내로 규정된 것이다.

모스크바 3국 외상 회의의 결정을 지지한다는 내용에서 좌익 세력의 주장임을 알 수 있다. 미소 공동 위원회에서 소련은 모스크바 3국 외상 회의의 결정을 찬성하는 단체만이 임시 정부 수립 협의에 참여할 수 있다고 주장하였다.

개념잡는 **오답풀이**

① 한국 민주당 등은 반탁 운동을 반소, 반공 운동으로 발전시켰다.
③ 북한은 인구 비례에 따른 남북한 총선거를 반대했지만, 명시적으로 단독 정부 수립을 주장하진 않았다.
④ 우익 세력은 모스크바 협정의 주된 결정이 신탁 통치에 있다고 보고 이를 강력하게 비판하였다.
⑤ 우익 세력은 조선 건국 준비 위원회가 점차 좌경화되자 대부분 탈퇴하였다.

1등급 가이드

우익은 반탁, 좌익은 찬탁이라고 단정 짓지 말고, 좌익과 우익 세력이 모스크바 3국 외상 회의의 결정 사항 중 어디에 더 무게를 두었는지를 비교해야 두 세력 간의 입장 차이를 정확히 이해할 수 있습니다.

530 미소 공동 위원회 답⑤

깊이있는 **정답풀이**

(가)는 미소 공동 위원회이다. 모스크바 3국 외상 회의의 결정에 따라 서울에서 제1차 미소 공동 위원회가 열렸다. 그러나 회의는 임시 정부 수립의 협의 대상 선정 문제로 무기 휴회되었다. 소련은 모스크바 3국 외상 회의의 결정에 반대하는 정당이나 단체와는 협의할 수 없다고 주장하였고, 미국은 모든 단체를 참여시켜야 한다고 주장하였다. 1947년 5월에 제2차 미소 공동 위원회가 열렸으나, 이 회담도 임시 정부 수립에 참가를 신청한 정당, 단체와 단체의 회원 수를 놓고 미·소 간에 이해가 엇갈려 결렬되었다.

개념잡는 **오답풀이**

ㄱ. 미소 공동 위원회는 미국 대표와 소련 대표로 구성되었다.
ㄴ. 한반도 문제를 유엔에 상정한 나라는 미국이다.

531 미소 공동 위원회의 설치 배경 답③

깊이있는 **정답풀이**

제시문에서 조선의 민주주의 정당 및 사회단체와 협의해 임시 정부의 구성을 원조하기 위한 것이 이 위원회의 설치 목적이라고 언급하고 있는 것을 통해 미소 공동 위원회에 관한 내용임을 알 수 있다. 미소 공동 위원회는 모스크바 3국 외상 회의의 결정에 따라 임시 정부 수립을 지원할 목적에서 설치되었다.

개념잡는 **오답풀이**

① 신탁 통치 반대 국민 총동원 위원회에 대한 설명이다.
② 좌우 합작 위원회에 대한 설명이다.
④ 반민족 행위 특별 조사 위원회에 대한 설명이다.
⑤ 조선 건국 준비 위원회에 대한 설명이다.

532 제1차 미소 공동 위원회 결렬 이후의 상황 답③

깊이있는 **정답풀이**

제시된 대화는 제1차 미소 공동 위원회가 무기 휴회된 이후의 정치적 상황을 이야기하고 있다. 1946년 3월 미국과 소련이 한반도의 임시 민주 정부 수립 등을 협의하기 위해 제1차 미소 공동 위원회를 열었지만 회담은 무기 휴회되었다. 이때 이승만이 정읍에서 남한만이라도 단독 정부를 수립하자고 주장하면서 좌익과 우익의 대립이 심해지자 여운형, 김규식을 중심으로 좌우 합작 위원회가 조직되었다.

개념잡는 **오답풀이**

① 국민 대표 회의는 대한민국 임시 정부의 방향성을 논의하고자 1923년에 개최되었다.
② 1920년대 후반 좌익과 우익으로 나눠진 독립운동 단체들을 하나로 통합하는 민족 유일당 운동이 전개되었다.
④ 8·15 광복 직후 미국에서 활동하던 이승만이 귀국하여 독립 촉성 중앙 협의회를 조직하였다.
⑤ 제헌 국회는 반민족 행위자 처벌법을 제정하여 반민족 행위 특별 조사 위원회를 구성하고 친일파 검거에 나섰으나, 이승만 정부의 비협조와 친일 세력의 방해 공작으로 성과를 거두지 못하였다.

533 좌우 합작 위원회 답①

깊이있는 **정답풀이**

일부 정치 세력은 제1차 미소 공동 위원회가 무기 휴회된 후 좌우 합작 위원회를 조직하였다. 미군정은 초기에 이를 지원하였고, 위원회는 어려움 속에서 좌우 합작 7원칙을 발표하였다. 그러나 미군정, 우익, 좌익 세력의 이해관계가 대립하면서 성과를 얻지 못하였다. 김구와 이승만은 좌우 합작 위원회에 참여하지 않았다.

개념잡는 **오답풀이**

② 모스크바 3국 외상 회의에서는 좌우 합작이 거론되지 않았다.
③ 좌우 합작 위원회는 친일파 처벌에 대하여 합의하였다.
④ 좌우 합작 위원회는 제1차 미소 공동 위원회가 무기 휴회된 이후에 조직되었다.
⑤ 1948년에 개최된 남북 협상 때 합의된 내용이다.

534 좌우 합작 7원칙의 내용 답 ⑤

깊이있는 **정답풀이**

제시된 자료는 좌우 합작 운동을 풍자한 신문 만평으로 ㉠은 좌우 합작 7원칙을 가리킨다. 제1차 미소 공동 위원회가 미국과 소련의 갈등으로 무기 휴회되고 좌익과 우익의 대립이 심해지자 한반도가 분단될 수 있다는 우려가 확산되었다. 여기에 이승만이 정읍 발언을 통해 남한만의 단독 정부 수립을 주장하자, 여운형과 김규식을 중심으로 한 중도 세력은 좌우 합작 위원회를 결성한 뒤 좌우 합작 운동을 전개하였고, 그 과정에서 좌우 합작 7원칙이 발표되었다. 좌우 합작 7원칙은 좌우 합작으로 민주주의 임시 정부 수립과 미소 공동 위원회의 속개를 요청하는 공동 성명을 발표할 것을 내세웠다. 또한 토지 개혁을 실시하여 농민에게 토지를 무상으로 분배하고, 반민족 행위자 처벌을 위한 조례를 마련하며, 정치 운동가 석방과 언론·집회·결사 등의 자유를 보장하는 내용이 담겼다.

⑤ 무상 몰수·무상 분배 원칙에 따른 토지 개혁은 1946년 북한에서 실시되었다.

535 좌우 합작 7원칙 답 ⑤

깊이있는 **정답풀이**

제시문은 좌우 합작 위원회가 발표한 좌우 합작 7원칙의 일부이다. 좌우 합작 7원칙에서 토지 개혁은 몰수, 조건부 몰수, 체감 매상 등으로 토지를 농민에게 무상으로 나누어 준다, 민족 반역자를 처리할 조례를 제안하여 입법 기구가 심리 결정하게 해 시행한다는 내용을 찾아볼 수 있다.

개념잡는 **오답풀이**

ㄱ. 한반도에서 선거가 가능한 지역에서 총선거를 실시한다는 유엔 소총회의 결의에 따라 1948년 5·10 총선거가 치러졌다.
ㄴ. 1948년 남북 협상에서 남과 북에서의 외국군 철수와 내전 및 무질서에 반대할 것을 결의하였다.

536 좌우 합작 7원칙을 둘러싼 입장 답 ④

깊이있는 **정답풀이**

추론 TIP 토지 개혁, 민족 반역자 처리→ 좌우 합작 원칙의 내용

> 3. 토지 개혁에 있어 몰수, 유조건 몰수, 체감 매상 등으로 토지를 농민에게 무상으로 나누어 주며, 주요 산업을 국유화할 것
> 4. 친일파 및 민족 반역자를 처리할 조례를 본 합작 위원회에서 입법 기구에 제안하여 입법 기구로 하여금 심리 결정하여 실시케 할 것

중도 우파인 김규식과 중도 좌파인 여운형은 제1차 미소 공동 위원회가 무기 휴회된 후 좌우 대립을 극복하고 통일 정부를 수립하고자 좌우 합작 운동을 전개해 이 원칙을 제시하였다. 좌우 합작 7원칙의 주요 내용은 민주주의 임시 정부 수립, 중요 산업의 국유화, 토지의 유상 몰수, 체감 매상, 무상 분배, 친일파 문제의 입법 기구에 의한 처리 등이었다. 이에 대해 조선 공산당은 토지의 유상 몰수는 지주를 위한 것이라며 반대하였고, 한국 민주당은 유상으로 몰수한 토지를 무상으로 나누어 준다면 국가 재정이 파탄날 것이라며 반대하였다.

개념잡는 **오답풀이**

ㄱ. 이승만은 좌우 합작 7원칙에 모호한 태도를 보였다.
ㄷ. 김구의 한국 독립당은 임시 정부 수립을 위해 이 원칙에 찬성하였다.

1등급 가이드

제1차 미소 공동 위원회 무기 휴회와 이승만의 정읍 발언 직후에 시작된 좌우 합작 운동은 자주 출제되는 주제입니다. 당시 좌우 합작 운동을 주도한 세력과 이에 불참한 세력, 좌우 합작 7원칙의 주요 내용을 정리해 두세요.

537 좌우 합작 운동의 결과 답 ①

깊이있는 **정답풀이**

신탁 통치 문제를 둘러싸고 좌우익의 대립이 심화되는 가운데 제1차 미소 공동 위원회가 무기한 휴회되자 이승만 등 일부 우익 세력은 단독 정부 수립의 움직임을 보였다. 이에 김규식, 여운형 등 중도 세력은 좌우 합작 위원회를 구성하고 좌우 합작 7원칙을 발표하였다. 그러나 조선 공산당과 한국 민주당 등 좌우익을 대표하는 정당이 여러 내용에서 충돌하고 냉전 체제가 심화되며 미군정도 지지를 철회하면서 좌우 합작 운동은 실패하였다.

① 좌우익은 모두 미소 공동 위원회의 속개에 반대하지 않았다.

538 제1, 2차 미소 공동 위원회 답 ⑤

깊이있는 **정답풀이**

1946년 5월에 열린 제1차 미소 공동 위원회가 무기한 휴회되었다. 이에 이승만은 1946년 6월에 정읍에서 남한만이라도 단독 정부를 수립해야 한다는 발언을 하였고, 한국 민주당을 비롯한 우익은 이승만의 단독 정부 수립 노선을 적극적으로 지지하였다. 한편, 미군정의 지원을 받아 중도 우익의 김규식을 중심으로 5명의 우익 인사와 중도 좌익의 여운형을 중심으로 5명의 좌익 인사들이 좌우 합작 위원회를 구성하고 좌우 합작 7원칙을 발표하였다(1946. 10.).

개념잡는 **오답풀이**

ㄱ. 1948년 4월 남북 지도자 회의가 열렸다.
ㄴ. 1948년 2월 유엔 소총회에서 사실상 남한만의 총선거를 가결하였다.

539 이승만과 김구 답 ③

깊이있는 **정답풀이**

(가) 인물은 정읍에서 남한만의 단독 정부 수립을 주장한 이승만이고, (나) 인물은 통일 정부 수립을 위해 남북 협상을 추진한 김구이다. 김구는 대한민국 임시 정부를 이끌며 한국광복군 창설에 기여하였다. 또한 한국 독립당을 이끌었다.

개념잡는 **오답풀이**

① 김규식은 신한청년당의 대표로 파리 강화 회의에 독립 청원서를 제출하였다.

② 이승만은 대한민국 임시 정부의 초대 대통령이었으나, 국제 연맹에 한국의 위임 통치를 요청하는 등의 행동으로 탄핵되었다.
④ 여운형은 조선 건국 준비 위원회를 조직하여 조선 총독부를 대신하여 각 지역의 치안과 행정을 담당하였다.
⑤ 이승만은 친일파 처벌에 소극적이었으나, 김구는 친일파 처벌의 필요성을 강조하였다.

540 김구의 활동 답 ①

깊이있는 정답풀이

자료에서 '독립운동가', '한인 애국단 조직', '임시 정부 주석', '남북 협상 추진'을 통해 (가)에는 김구의 활동과 관련된 내용이 들어가야 한다는 것을 알 수 있다. 1935년 김구 등은 중국 항저우에서 한국 국민당을 조직하고 대한민국 임시 정부를 재정비하였다. 조선 민족 혁명당을 이탈한 조소앙의 한국 독립당, 지청천의 조선 혁명당 등은 김구의 한국 국민당과 더불어 한국 광복 운동 단체 연합회를 결성하였다.

개념잡는 오답풀이

② 5·10 총선거 당시 김구, 김규식 등 남북 협상 세력은 단독 선거에 반대하면서 참여하지 않았다.
③ 신채호는 1923년 김원봉의 요청에 따라 「조선 혁명 선언」을 작성하였다.
④ 북로 군정서의 총사령관은 김좌진이다.
⑤ 대한민국 정부의 초대 대통령은 이승만이다.

541 남북 협상의 배경 답 ②

깊이있는 정답풀이

자료는 1948년에 전개된 남북 협상을 추진하면서 발표된 것이다. 제2차 미소 공동 위원회가 미국과 소련의 대립으로 결렬되고 미국이 한반도 문제를 유엔에 상정하자 유엔 총회에서는 남북한 총선거를 실시하여 정부를 수립할 것을 결의하였다. 그러나 소련의 반대로 실행이 불가능해지자 다시 유엔 소총회에서 선거가 가능한 지역, 즉 남한에서만 선거를 할 것을 결의하였다. 이에 김구와 김규식 등은 남한의 단독 선거가 남북한의 영구 분단을 초래한다고 보고, 남북 협상을 추진하였다.

개념잡는 오답풀이

① 1947년 9월에 한반도 문제가 유엔에 상정되었다.
③ 제1차 미소 공동 위원회가 무기 휴회된 후 여운형과 김규식을 중심으로 좌우 합작 위원회가 조직되었다.
④ 여수·순천 10·19 사건은 대한민국 정부 수립 이후인 1948년 10월에 일어났다.
⑤ 1946년 제1차 미소 공동 위원회가 무기한 휴회되자 이승만이 단독 정부 수립을 주장하였다.

542 남북 협상 시기 답 ⑤

깊이있는 정답풀이

자료는 1948년 4월에 김구, 김규식, 김일성, 김두봉이 발표한 남북 협상 공동 성명이다. 김구와 김규식은 남북 분단을 저지하기 위해 북한에 남북 협상을 제의하였다. 평양에서 열린 남북 회담의 결과 단독 정부 수립 반대, 외국 군대 즉시 철수를 요구하는 결의문이 채택되었다. 하지만 이미 38도선 이남 지역만의 단독 정부 수립을 위한 선거가 확정되었고, 김구 등 남북 협상파는 이를 막을 수 없었다.

543 남북 협상의 전개 답 ⑤

깊이있는 정답풀이

유엔 소총회에서 사실상의 남한 단독 선거를 결정하여 분단의 위기가 커졌다. 이에 김구, 김규식은 이를 저지하기 위해 남북 협상을 전개하였다.

개념잡는 오답풀이

① 조선 건국 준비 위원회는 미군이 한반도에 진주하기 직전에 조선 인민 공화국을 선포하였다.
② 제주 4·3 사건의 잔여 세력을 진압하라는 명령을 받은 여수 주둔 부대 내의 좌익 세력 등이 명령에 반발하면서 무장봉기하여 한때 여수와 순천 지역을 장악하였다(여수·순천 10·19 사건).
③ 1945년 12월 미국, 영국, 소련의 외무 장관은 모스크바에서 한반도 문제 등을 협의하였다(모스크바 3국 외상 회의).
④ 광복 이후 대한민국 임시 정부 요인들은 개인 자격으로 귀국하였다.

544 대한민국 정부 수립 과정 답 ②

깊이있는 정답풀이

(가) 시기는 제2차 미소 공동 위원회가 결렬된 후 1947년 11월 유엔 총회에서 남북 총선거를 결의한 시기부터 1948년 8월 15일 대한민국 정부 수립 전까지에 해당한다. 이 시기에는 소련이 유엔 한국 임시 위원단의 북한 입국을 거부해 다시 유엔에서 남한만의 총선거가 결의되었고, 이에 반대해 김구와 김규식이 남북 협상을 시도하고 제주도에서는 단독 정부 수립에 반대하는 무장봉기가 일어나기도 하였다. 우여곡절 끝에 5·10 총선거가 실시되어 구성된 제헌 국회에서는 대한민국 임시 정부의 법통을 계승한 민주 공화정 체제의 헌법을 제정하고 그에 따라 대통령과 부통령을 선출하였다.

② 여수·순천 10·19 사건은 대한민국 정부 수립 이후에 발생하였다.

545 제주 4·3 사건 답 ④

깊이있는 정답풀이

제시문은 제주 4·3 사건에 대한 내용으로 밑줄 친 '봉기'가 일어난 것은 1948년 4월 3일이다. 제주 4·3 사건에도 5·10 총선거가 단행되었으며, 1948년 8월 15일에 대한민국 정부가 수립되었다.

546 제주 4·3 사건의 배경 답 ⑤

깊이있는 정답풀이

1948년 2월 유엔 소총회에서 사실상의 남한 단독 선거를 결정하였다. 1948년 4월 3일 제주도에서는 좌익 세력 등이 남한만의 단독 선거 반대와 통일 정부 수립을 주장하며 무장봉기를 일으켰고, 이를 진압하는 과정에서 수만 명의 무고한 제주도민이 희생당하였다(제주 4·3 사건).

개념잡는 오답풀이

① 제주 4·3 사건의 잔여 세력을 진압하라는 명령을 받은 군인 중 좌익 세력이 이 명령에 불복하여 봉기를 일으키고 한때 여수와 순천 지역을 장악하였다(여수·순천 10·19 사건).

② 우금치 전투는 제2차 동학 농민 운동 당시 동학 농민군이 일본군 및 관군과 격전을 벌인 것이다.
③ 1923년 암태도에서 지주 문재철의 과도한 소작료 인상에 반발한 농민들이 대대적인 소작 쟁의를 벌였다(암태도 소작 쟁의).
④ 1929년 원산의 한 공장에서 일본인 감독관이 한국인 노동자를 구타한 사건을 계기로 민족 차별 철폐와 노동 조건 개선을 요구하는 총파업이 일어났다(원산 총파업).

547 대한민국 정부 수립 과정

답 ②

깊이있는 정답풀이

(가) 1945년 8월 15일 일제의 항복으로 우리나라는 광복을 맞았다. (다) 1945년 12월 미국·영국·소련의 외무 장관이 모여 한국 문제 등을 논의하여 미소 공동 위원회 설치와 신탁 통치에 관한 협약 작성 등이 결정되었다. 하지만 두 차례에 걸친 미소 공동 위원회가 결렬되고 미국은 한국 문제를 유엔으로 넘겼다. (라) 이에 유엔이 인구 비례에 따른 총선거를 결정하고 유엔 한국 임시 위원단이 내한하였으나 소련의 반대로 입북하지 못하였고, 유엔 소총회에서 선거가 가능한 지역에서만 총선거를 실시할 것을 결정하였다. (나) 이에 따라 1948년 5월 10일 남한에서 시행된 총선거에 따라 제헌 국회가 구성되었고, 8월 15일에 대한민국 정부가 수립되었다.

548 5·10 총선거

답 ③

깊이있는 정답풀이

1948년 5월 10일 우리나라 역사상 최초의 민주주의 선거인 5·10 총선거가 실시되었다. 5·10 총선거로 선출된 국회 의원들로 구성된 제헌 국회는 국호를 대한민국으로 정하고, 대한민국 임시 정부의 법통을 계승한 제헌 헌법을 제정하였다.

개념잡는 오답풀이

① 5·10 총선거는 당시 선거가 가능하였던 남한 지역에서만 실시되었다.
② 김구와 김규식은 단독 정부 수립에 반대하며 총선거에 불참하였다.
④ 좌우 합작 위원회는 5·10 총선거 이전에 쇠퇴하였다.
⑤ 5·10 총선거는 유엔 소총회의 결정에 따라 유엔 감시하에 실시되었다.

549 5·10 총선거의 실시

답 ④

깊이있는 정답풀이

'지난 40년 동안 잃어버린 세월 이후에 실시된 총선거이며 새로운 국가를 세우기로 결정하였다'는 내용을 통해 밑줄 친 '총선거'는 5·10 총선거임을 알 수 있다. 유엔 소총회의 결의에 따라 1948년 5월 10일 우리 역사상 최초로 직접, 평등, 비밀, 보통의 원칙에 바탕을 두고 정부 수립을 위한 총선거가 시행되었다.
④ 김구 등 남북 협상파는 단독 선거에 반대하며 5·10 총선거에 참여하지 않았다.

550 5·10 총선거 이전의 상황

답 ⑤

깊이있는 정답풀이

가상 게시판에는 1946년 5월 6일부터 1948년 5월 9일까지의 내용이 실려 있으므로 (가)에는 그 기간 동안 있었던 일이 들어가야 한다. ① 남북 협상은 1948년 4월, ② 좌우 합작 7원칙 발표는 1946년 10월에 있었다. ③ 제2차 미소 공동 위원회는 1947년에 개최되었으나 결렬되었고, ④ 이승만의 정읍 발언은 1946년 6월에 발표되었다.
⑤ 조선 건국 준비 위원회는 여운형과 안재홍의 주도로 광복 직후인 1945년 8월에 조직되었으므로 (가)에 들어갈 내용으로 적절하지 않다.

551 5·10 총선거와 정부 수립 과정

답 ②

깊이있는 정답풀이

남한만의 총선거가 결정되자, 김구·김규식 등의 남북 협상파는 불참을 선언하였다. 그럼에도 불구하고 유엔의 결의와 대다수 국민의 열망에 따라 제헌 국회를 구성하기 위한 총선거가 실시되었다. 이는 제주도 4·3 사건과 같이 단독 정부 수립을 반대하는 사회주의 세력의 반발에도 불구하고 순차적으로 진행되었다.
② 여수·순천 10·19 사건은 5·10 총선거가 시행된 이후에 발생하였다.

552 대한민국 정부의 수립 과정

답 ⑤

깊이있는 정답풀이

제시된 일기는 1947년 11월 유엔 총회에서 한국 임시 위원단의 감시 아래 총선거를 실시할 것을 결의한 사실과 1948년 8월 15일 직전 제헌 헌법에 따라 국회에서 이승만과 이시영을 각각 대통령과 부통령으로 선출한 사실을 제시하고 있다. 이 두 시기 사이에는 북한의 유엔 한국 임시 위원단 방북 불허와 그에 따른 유엔 소총회에서의 남한만의 총선거 결의, 김구가 이끄는 한국 독립당의 남북 협상 주장, 제주 4·3 사건 발생, 5·10 총선거 실시 및 제헌 헌법 제정 등이 있었다. 제헌 헌법에서는 대한민국이 대한민국 임시 정부의 법통을 계승하는 민주 공화정임을 밝혔다.

개념잡는 오답풀이

① 소련군은 광복을 전후하여 한반도 북부에 진주하기 시작하였다.
② 미군정청은 총선거를 논의하기 이전인 1945년에 설치되었다.
③ 광복 이전 여운형은 조선 총독으로부터 치안권을 이양받았다.
④ 한국 민주당은 1945년 9월에 결성되었다.

553 통일 정부 수립을 위한 노력

답 ③

깊이있는 정답풀이

제시된 연표는 모스크바 3국 외상 회의 이후 대한민국 정부 수립 때까지의 주요 사실들이다. 모스크바 3국 외상 회의에서 신탁 통치 문제가 제기되면서 국내에서는 우익을 중심으로 대대적인 반탁 운동이 전개되었다. 제1차 미소 공동 위원회가 무기 휴회된 직후에는 중도 세력을 중심으로 좌우 합작 운동이 전개되었고, 유엔 소총회에서 사실상 남한만의 단독 선거가 결정되자 김구와 김규식은 남북 협상을 추진하였다. 5·10 총선거로 구성된 제헌 국회에서는 삼권 분립에 입각한 대통령 중심제 헌법을 제정하였다.
③ 이승만이 정읍에서 남한만의 단독 정부 수립을 주장한 것은 1946년 제1차 미소 공동 위원회 무기 휴회 직후이다.

1등급 가이드

광복 이후 정부 수립까지의 과정에서 여러 단체와 사건이 몇 달 차이로 계속 변화하기 때문에 헷갈리기 쉽습니다. 정부 수립 과정을 정리할 때는 정확한 연월을 반드시 기억해야 함을 알아 두세요.

554 북한의 사회주의 체제 성립

답 ②

깊이있는 정답풀이

김일성은 북한 지역에 소련군과 함께 들어왔는데, 조선 공산당 북조선 본국의 책임 비서가 되어 국내 좌익 세력을 누르고 주도권을 장악하였다. 김일성은 신탁 통치를 반대하는 우파 지도자 조만식을 제거하였으며, 북조선 임시 인민 위원회가 결성(1946. 2.)되자 위원장이 되었다. 북조선 임시 인민 위원회는 일제 잔재 청산, 주요 산업의 국유화, 무상 몰수·무상 분배의 토지 개혁 실시, 8시간 노동제를 규정한 노동법과 남녀 평등법 제정 등으로 사회주의 체제를 강화하였다.

② 북한의 인민군은 1948년 2월에 창설되었다.

555 광복 이후 북한 정권 수립

답 ⑤

깊이있는 정답풀이

(가)는 1946년 2월, 북조선 임시 인민 위원회 출범을 나타내고 있고, (나)는 1947년 2월, 북조선 임시 인민 위원회가 북조선 인민 위원회로 개편한 사실을 나타내고 있다. 북한의 북조선 임시 인민 위원회는 1946년 3월부터 무상 몰수·무상 분배 방식에 입각한 토지 개혁을 실시하고, 8시간 노동제, 남녀평등법, 주요 산업 국유화 등의 조치를 취하였다.

개념잡는 오답풀이

① 모스크바 3국 외상 회의는 1945년 12월에 열렸다.
② 조선 민주주의 인민 공화국은 1948년 9월 9일에 수립되었다.
③ 남북한 통일 정부 수립을 위한 남북한 주요 정당·사회단체 연석 회의는 1948년 4월 평양에서 개최되었다.
④ 1948년 1월에 유엔은 유엔 한국 임시 위원단을 파견하였으나 소련이 입북을 거부하였다.

1등급 가이드

북한의 토지 개혁은 무상 몰수, 무상 분배 방식이라는 특징이 종종 출제되고 있으며, 남한의 농지 개혁과 비교하여 출제되기도 합니다. 북한 토지 개혁의 특징은 물론 북한 정권 수립 과정도 시간의 흐름에 따라 정리해 두기 바랍니다.

556 제헌 헌법의 시행 시기의 사실

답 ⑤

깊이있는 정답풀이

'대통령과 부통령을 국회에서 선출', '대통령과 부통령의 임기 4년, 1차 중임 가능' 등의 내용을 통해 제헌 헌법임을 알 수 있다. 제헌 헌법이 시행된 기간은 1948년부터 1952년까지이다. 제헌 헌법은 대통령 중심제에 내각 책임제 요소를 가미하였으며, 임기 4년의 대통령을 국회에서 선출한다는 내용을 담고 있다. 제헌 헌법이 시행된 시기에는 반민족 행위 특별 조사 위원회가 구성되어 친일파 청산을 위한 활동을 하였다. 1949년에는 유상 매수, 유상 분배를 규정한 농지 개혁법과 미 군정청이 불하하고 남은 귀속 재산을 민간인 연고자에게 매각하는 귀속 재산 처리법이 제정되었다. 한편 이 시기에 제주 4·3 사건 진압 명령에 반발하여 여수 군 부대의 좌익 세력 등이 무장봉기하여 여수·순천 일대를 한때 장악하였다.

⑤ 남북 협상은 제헌 헌법이 제정되기 전인 1948년 4월에 이루어졌다.

557 제헌 국회의 구성

답 ②

깊이있는 정답풀이

'대한 독립 촉성 국민회', '한국 민주당', '조선 민족 청년단' 등을 통해 1948년 5·10 총선거로 구성된 제헌 국회에 관한 그래프임을 알 수 있다. 제헌 국회는 유상 매수, 유상 분배를 원칙으로 하는 농지 개혁법과 반민족 행위자를 처벌하기 위한 반민족 행위 처벌법을 제정하였다.

개념잡는 오답풀이

ㄴ, ㄹ. 대한민국 임시 정부의 임시 의정원은 1925년 대통령의 역할을 충실히 하지 못한다고 비난받은 이승만을 탄핵하고 박은식을 대통령으로 추대하였다. 곧이어 헌법을 고쳐 대통령제를 국무령 중심의 내각 책임제로 바꾸고 일종의 집단 지도 체제로 전환하였다.

558 제헌 국회의 활동

답 ③

깊이있는 정답풀이

제시문은 1948년 5·10 총선거를 통해 구성된 제헌 국회에 대한 설명이다. 제헌 국회는 우리나라가 민주 공화정임을 밝힌 제헌 헌법을 제정하였으며, 간접 선거로 이승만을 대통령으로 선출하였다. 또한 사회 정의를 바로 세우기 위해 반민족 행위 처벌법을 제정하고 전근대적인 지주제 소멸의 계기가 된 농지 개혁법을 제정하였다.

③ 대한민국 임시 정부는 광복 직전 대한민국 건국 강령을 발표하였다.

559 제헌 헌법

답 ⑤

깊이있는 정답풀이

밑줄 친 '헌법'은 1948년 공포된 제헌 헌법이다. 1948년 5·10 총선거에 따라 선출된 국회 의원들로 구성된 제헌 국회는 대통령제를 기반으로 하는 헌법을 제정하여 공포하였다. 제헌 국회는 반민족 행위 특별법, 농지 개혁법 등을 제정하였다.

개념잡는 오답풀이

ㄱ. 남북 협상은 5·10 총선거 전에 김구, 김규식 등이 추진하였다.
ㄴ. 한국광복군은 대한민국 임시 정부가 1940년에 창설하였다.

560 제헌 국회

답 ①

깊이있는 정답풀이

1948년 5월 10일 남한만의 총선거가 실시되었다. 5·10 총선거로 선출된 국회 의원들로 구성된 제헌 국회는 국호를 대한민국으로 정하고 대한민국 임시 정부의 법통을 계승한 민주 공화국 체제의 헌법을 제정하였다. 제헌 헌법은 대한민국이 3·1 운동 정신을 계승하고, 정부 조직은 대통령 중심제로 하되, 대통령을 국회에서 선출하도록 하는 내각 책임제 요소를 채택했음을 담았다. 이에 제헌 국회는 대통령에 이승만, 부통령에 이시영을 선출하였으며, 이승만 대통령은 정부를 구성하였다.

개념잡는 오답풀이

ㄷ. 제헌 의원의 임기는 2년이었으므로 1950년 5월 임기가 종료되었다. 6·25 전쟁 당시에는 제2대 국회였다.
ㄹ. 대통령 직선제 개헌안의 통과는 제2대 국회에서 이루어졌다.

561 제헌 국회의 구성 및 활동 답 ④

깊이있는 정답풀이

추론 TIP 민족의 공선, 국회 의원 자격, 헌법을 제정, 임시 정부 계승 → 제헌 국회

> 우리는 민족의 공선에 의하여 신성한 사명을 띠고 국회 의원 자격으로 이에 모여 우리의 직무와 권위를 행할 것이니 먼저 헌법을 제정하고 대한 독립 민주 정부를 재건설하려는 것입니다. …… 이 국회에서 건설되는 정부는 …… 임시 정부의 계승이니 이날이 29년 만의 민국의 부활일임을 우리는 이에 공포하며 민국 연호는 기미년에서 기산할 것이요, 이 국회에서 탄생되는 민국 정부는 완전히 한국 전체를 대표한 중앙 정부임을 공포하는 바입니다.
>
> – 대한민국 30년 5월 31일, 국회의장

제시된 자료에서 '민족의 공선', '국회 의원 자격', '헌법을 제정', '임시 정부의 계승', '대한민국 30년 5월 31일' 등을 통해 밑줄 친 '이 국회'는 제헌 국회임을 알 수 있다. 유엔 소총회의 결의에 따라 1948년 5월에 남한에서 5·10 총선거가 치러지고 제헌 국회가 구성되었다. ④ 제헌 국회는 대한민국 정부 수립 이후 민족정기를 바로잡고 반민족 행위자 처벌을 위하여 반민족 행위 처벌법을 제정하였다.

개념잡는 오답풀이

① 제헌 국회의 임기는 2년이었다.
② 대한민국 임시 정부는 일본이 태평양 전쟁을 일으키자 선전 포고하였다.
③ 김구는 1940년에 대한민국 임시 정부의 주석으로 선출되었다.
⑤ 1948년 5·10 총선거에서는 제주 4·3 사건이 일어난 제주의 2석이 제외된 198석만 선출되었다.

1등급 가이드

제헌 국회가 구성된 배경, 제헌 국회의 활동은 자주 출제되고 있습니다. 5·10 총선거로 제헌 국회가 구성되었다는 것과 대한민국 국호 제정, 제헌 헌법 제정, 반민족 행위 처벌법과 농지 개혁법 제정 등 제헌 국회의 활동을 정리해 두세요. 제헌 국회의 임기가 2년이었다는 것도 꼭 기억해 두세요.

562 반민족 행위 처벌법 답 ③

깊이있는 정답풀이

제시문은 반민족 행위 처벌법의 일부이다. 이 법은 5·10 총선거로 구성된 제헌 국회에서 친일 민족 반역자를 처벌하기 위해 제정되었고(1948. 9.), 이에 따라 반민족 행위 특별 조사 위원회(반민 특위)와 특별 재판부가 구성되었다(1948. 10.). 반민 특위는 7,000여 명의 반민족 행위자를 선정하고 주요 인물 검거에 나섰다.

개념잡는 오답풀이

① 반민족 행위 처벌법은 국민 대다수의 지지를 바탕으로 만들어졌다.
② 당시 이승만 정부는 친일파 청산에 소극적이었다.
④ 친일파 체포 활동이 기대만큼 성과를 거두지 못하는 가운데 반민족 행위 처벌법 개정안이 국회를 통과하여 친일파 처벌 기한이 줄었고, 반민족 행위자의 범위도 크게 축소되었다. 이후 반민 특위 활동은 침체에 빠졌고 결국 해체되었다.
⑤ 김구, 김규식 등 남북 협상 세력은 친일파 청산에 적극적이었다.

563 반민족 행위 특별 조사 위원회 답 ⑤

깊이있는 정답풀이

'군정 3년'은 해방 이후 미군정을 의미하며 당시 경찰의 상당수는 일제 강점기의 친일 관료였다. 이들을 체포하여 민족의 기강을 세우려고 노력한 '특위'는 반민 특위이다. 제헌 국회가 제정한 법률에 따라 구성된 반민 특위는 반민족 행위자 조사 활동을 주도하였다.

개념잡는 오답풀이

ㄱ. 여운형은 대한민국 정부 수립이 되기 전인 1947년 7월에 피살되었다.
ㄴ. 농지 개혁법은 제헌 국회에서 결정하였다. 농지 개혁의 원칙은 유상 매수, 유상 분배였다. 한 가구당 3정보를 소유 상한으로 하고 그 이상의 토지는 국가가 지주에게 지가 증권을 발급하여 매수하였다.

564 반민 특위 활동의 한계 답 ②

깊이있는 정답풀이

제시된 대화의 소재가 된 특별 위원회는 반민 특위이다. 반민 특위가 본격적으로 친일 청산에 나서자 친일 경력이 있던 일부 경찰과 친일파들은 '공산당과 싸우는 애국지사를 잡아 간 반민 특위 위원은 공산당'이라며 시위를 벌였다. 심지어 반민 특위가 친일 경찰 출신으로 현직 경찰 간부이던 노덕술을 체포하자 경찰은 반민 특위 사무실을 습격하였다.

② 반공을 우선시하던 이승만이 공공연히 경찰을 지지하면서 반민 특위 활동은 무력화되고, 결국은 해체되기에 이르렀다.

565 반민 특위의 활동 배경 답 ①

깊이있는 정답풀이

제헌 국회는 민족정기를 바로잡으려는 국민의 열망에 부응하여 친일파 처벌을 위한 반민족 행위 처벌법을 제정하였다. 이 특별법에 따라 반민족 행위 특별 조사 위원회가 설치되어 친일 혐의를 받은 주요 인사들을 조사하고 재판에 회부하였다.

개념잡는 오답풀이

ㄷ. 이승만 정부는 친일파 처벌에 대해 소극적이었으며, 오히려 방해 책동을 펼쳤다.
ㄹ. 반민 특위는 1949년에 해산되었다.

566 농지 개혁법 답 ①

깊이있는 정답풀이

제시된 법령은 농지 개혁법이다. 1949년 6월 국회에서는 농지 개혁법을 제정하였다. 이를 바탕으로 이승만 정부는 이듬해 3월부터 가구당 토지 소유 상한선을 3정보(약 30,000㎡)로 정하고, '유상 매입, 유상 분배'의 방식으로 농지 개혁을 실시하였다. 농지 개혁의 결과 지주 계급이 소멸하고 상당수의 농민이 자신의 토지를 소유할 수 있게 되었다.

① 미군정은 전면적인 토지 개혁에 대해 소극적인 입장이었다. 1948년에 이르러서야 일본인들이 소유하였던 귀속 농지를 농민에게 불하하는 조치를 취할 정도였다.

567 남북한의 토지 개혁 답 ①

깊이있는 **정답풀이**

북한에서는 1946년 무상 몰수, 무상 분배의 원칙에 따라 토지 개혁이 실시되었고, 남한에서는 이승만 정부 때에 제정된 농지 개혁법의 유상 매입, 유상 분배의 원칙에 따라 1950년에 농지 개혁이 이루어졌다. 남북한은 모두 경자유전의 원칙에 따라 지주의 토지를 몰수하거나 매입하여 농민에게 분배하였는데, 이를 통해 자영농이 크게 증가하였다.

개념잡는 **오답풀이**

ㄷ. 남한에서는 토지 개혁이 늦어지면서 지주들이 토지를 매각하여 분배 대상 농지가 크게 축소되었다.

ㄹ. 북한은 지주의 토지를 무상으로 몰수해 농민들에게 무상으로 분배하였지만 토지 국유제를 실시한 것은 아니었다.

568 농지 개혁의 결과 답 ④

깊이있는 **정답풀이**

그래프를 보면 광복 직후에 소작지의 비중은 감소하고 자작지의 비중은 늘어났음을 알 수 있다. 1948년 미군정은 광복 이전에 일본인 소유였다가 광복 후 미군정 소유로 넘어간 농지나 주택, 기업 등의 귀속 재산 일부를 농민에게 매각하였다. 1949년에 농지 개혁법이 제정되면서 법 시행 이전에 지주들의 소작지 처분 현상이 나타났다. 1950년부터 농지 개혁이 시행되면서 농민들에게 농지가 분배되었다.

개념잡는 **오답풀이**

ㄷ. 정부는 농지 개혁을 통해 유상으로 토지를 사들여 유상으로 분배하였다.

STEP 3 서술형 풀어 보기 138~139쪽

569 광복 직후 좌우익의 대립

(1) 답 모스크바 3국 외상 회의

(2) 모범답안 우익 세력은 신탁 통치가 한국의 독립을 부인하는 것이라며 반대 운동에 나섰다. 좌익 세력도 처음에는 신탁 통치에 반대하였으나, 회의 결정의 본질이 민주주의 임시 정부 수립에 있다고 보고, 회의 결정에 대한 총체적 지지로 입장을 바꾸었다.

채점 기준	수준
신탁 통치에 대해 좌우익 모두 반대하였으나 좌익 세력이 회의의 결정 사항에 대한 총체적 지지로 입장을 바꾸었음을 정확히 서술한 경우	상
회의 이후 좌우익의 대립이 심해졌다고 서술한 경우	하

570 제1차 미소 공동 위원회의 과정과 결과

(1) 답 제1차 미소 공동 위원회

(2) 모범답안 미국과 소련 양국은 임시 정부를 자국에 유리하게 구성하고자 하였다. 미국은 모든 정치 세력의 참여를 보장하자고 주장하였고, 소련은 모스크바 3국 외상 회의의 결정을 지지하는 단체만을 참여시키자고 주장하면서 대립하였다. 양국의 대립으로 결국 제1차 미소 공동 위원회는 무기 휴회되었다.

채점 기준	수준
미국과 소련이 각각 내세운 주장과 이에 따라 회의가 무기 휴회되었음을 모두 서술한 경우	상
미국과 소련의 입장 중 한 가지와 회의가 무기 휴회되었다고 서술한 경우	중
미국과 소련의 의견 대립으로 회의가 무기 휴회되었다고만 서술한 경우	하

571 좌우 합작 위원회

모범답안 제1차 미소 공동 위원회가 무기 휴회된 이후 이승만이 남한만의 단독 정부 수립을 주장한 '정읍 발언'이 있자 여운형과 김규식 등 중도 세력이 좌우 합작 운동을 전개하였고 그 결과 좌우 합작 위원회가 결성되었다. 좌우 합작 위원회는 토지 개혁, 친일파 처벌 등을 담은 좌우 합작 7원칙을 발표하였다.

채점 기준	수준
좌우 합작 위원회의 결성 배경과 활동 내용을 모두 서술한 경우	상
결성 배경 중 일부와 활동 내용을 서술한 경우	중
결성 배경과 활동 내용 중 한 가지만 서술한 경우	하

572 남북 협상의 배경

모범답안 유엔 총회에서 남북한 인구 비례를 고려한 총선거 실시를 결정하였으나, 소련이 반대하자 유엔 소총회에서 사실상 남한만의 단독 선거를 결정하였다. 유엔 소총회의 결정 사항이 알려지자 김구는 통일 정부 수립을 위해 남북 협상을 추진하였다.

채점 기준	수준
소련의 유엔 총회의 총선거 실시 결정 거부, 유엔 소총회의 단독 선거 결정, 통일 정부를 위한 남북 협상 시도를 모두 서술한 경우	상
위 내용 중 두 가지를 서술한 경우	중
위 내용 중 한 가지만 서술한 경우	하

573 5·10 총선거의 특징

모범답안 만 21세 이상 모든 국민이 보통·평등·직접·비밀 선거 원칙에 따라 치른 우리나라 최초의 민주주의 선거였다. 그러나 김구, 김규식 등 남북 협상에 참여하였던 세력과 좌익 세력은 남한만의 단독 선거에 반대하며 선거에 불참하였다.

채점 기준	수준
만 21세 이상 모든 국민 참여, 최초의 민주주의 선거, 남북 협상 세력과 좌익 세력의 선거 불참을 모두 서술한 경우	상
위 내용 중 두 가지를 서술한 경우	중
위 내용 중 한 가지만 서술한 경우	하

574 대한민국 임시 헌법과 제헌 헌법

✔모범답안 (가)는 대한민국 임시 헌법, (나)는 제헌 헌법이다. 두 헌법은 모두 3·1 운동의 정신을 계승하고 있음을 밝혔으며, 주권이 국민에게 있는 민주 공화국임을 명시하였다.

채점 기준	수준
(가), (나) 헌법의 명칭을 쓰고, 두 헌법의 공통점을 두 가지 서술한 경우	상
(가), (나) 헌법의 명칭을 쓰고, 두 헌법의 공통점을 한 가지만 쓴 경우	중
(가), (나) 헌법의 명칭만 쓴 경우	하

575 반민 특위의 활동 종결 이유

✔모범답안 반공을 중시한 이승만 정부의 방해로 반민 특위에 참여한 국회의원들이 국회 프락치 사건으로 탄압받았고, 반민 특위 사무실이 습격받기도 하였다. 이후 국회에서 반민 특위의 활동 기한을 단축하는 개정안이 통과되면서 반민 특위의 활동은 유명무실해졌다.

채점 기준	수준
국회 프락치 사건, 반민 특위 사무실 습격 사건, 국회에서 반민 특위 활동 기한 단축안 통과를 모두 서술한 경우	상
위 내용 중 두 가지를 서술한 경우	중
위 내용 중 한 가지만 서술한 경우	하

576 남북한의 토지 개혁

✔모범답안 북한의 토지 개혁과 남한의 농지 개혁은 모두 농민의 토지 소유를 실현하고자 하였다. 그러나 남한은 유상 몰수·유상 분배를 원칙으로 한 가구당 3정보의 상한선, 북한은 무상 몰수·무상 분배를 원칙으로 한 가구당 5정보의 상한선을 두었다.

채점 기준	수준
북한의 토지 개혁과 남한의 농지 개혁의 공통점과 차이점의 구체적 내용을 모두 서술한 경우	상
북한의 토지 개혁과 남한의 농지 개혁의 공통점과 차이점의 일부 내용을 서술한 경우	중
북한의 토지 개혁과 남한의 농지 개혁의 공통점과 차이점 중 한 가지만 서술한 경우	하

02 6·25 전쟁과 남북 분단의 고착화

STEP 1 O/X 문제로 교과서 핵심 자료 보기 141쪽

577 X	578 O	579 O	580 O	581 O	582 X
583 O	584 O	585 X	586 O	587 O	

STEP 2 객관식 풀어 보기 142~148쪽

588 ③	589 ①	590 ⑤	591 ④	592 ①	593 ②
594 ④	595 ④	596 ④	597 ②	598 ④	599 ⑤
600 ②	601 ②	602 ①	603 ⑤	604 ①	605 ⑤
606 ⑤	607 ⑤	608 ④	609 ④	610 ②	611 ②
612 ③	613 ②	614 ②	615 ②		

588 6·25 전쟁의 배경 답 ③

깊이있는 정답풀이

김일성과 스탈린의 대화를 통해 6·25 전쟁의 배경을 묻는 것임을 알 수 있다. 1950년 1월 미국의 국무 장관 애치슨은 중국과 소련의 세력 확장을 저지하기 위한 미국의 태평양 지역 방위선을 발표하였는데, 여기에서 한반도와 타이완이 제외되었다. 이러한 애치슨 선언은 미국이 한반도의 전쟁에 개입하지 않는다고 해석할 수 있는 여지를 남겼다.

개념잡는 오답풀이

① 경향신문은 6·25 전쟁 이후인 1959년에 폐간되었다.
② 6·25 전쟁 중에 인천 상륙 작전이 실행되었다.
④ 6·25 전쟁이 끝난 후인 1953년 10월 남한은 미국과 한미 상호 방위 조약을 체결하였다.
⑤ 1960년 4·19 혁명으로 이승만 정부가 붕괴한 후 허정을 수반으로 하는 과도 정부는 내각 책임제와 양원제를 골자로 하는 헌법을 제정하였다.

589 6·25 전쟁을 둘러싼 입장 답 ①

깊이있는 정답풀이

제시된 자료는 6·25 전쟁의 주요 관련국과 해당 국가들이 전쟁을 일으키거나 참여하게 된 입장을 나타낸 것으로, (가)는 중국, (나)는 미국, (다)는 북한, (라)는 대한민국이다. 중국은 유엔군이 압록강 부근까지 도달하자 '만주의 안전을 확보한다'는 구실로 참전하여 유엔군의 최대 북진선을 무너뜨렸다. 한편, 이승만 대통령은 휴전 협상이 전개되는 상황에서 북진 통일을 주장하면서 북한 체제에 반대하는 포로들을 석방하는 반공 포로 석방을 단행하였다. 이승만 정부와 미국은 6·25 전쟁 후 한미 상호 방위 조약을 체결하였으며, 미국의 애치슨 선언은 북한이 남침을 단행하는 데 영향을 주었다.

① 휴전 회담은 소련이 유엔에 제의하였고 미국이 이를 받아들여 시작되었다.

590 6·25 전쟁의 전개 답 ⑤

깊이있는 정답풀이

1950년 6월 25일 새벽 4시에 북한군이 전차를 앞세우고 공격해 왔다. (다) 북한군은 남침 개시 3일 만에 서울을 함락하였다. 국군은 유엔군과

함께 낙동강 전선을 마지막 방어선으로 삼고 반격을 시도하였다. (라) 9월 15일 국군과 유엔군의 인천 상륙 작전이 성공하면서 전세가 역전되었고, 국군과 유엔군은 9월 28일에 서울을 수복한 뒤 평양을 함락하고 압록강에 이르렀다. 이에 유엔군의 만주 진격을 우려한 중국군이 전쟁에 개입하였다. (가) 중국군의 반격에 국군과 유엔군은 38도선 이북에서 대대적으로 철수하였다. 이후 38도선 부근에서 전선이 교착 상태를 보이자, (나) 소련의 제안에 따라 정전 회담이 시작되었다.

591 인천 상륙 작전 답 ④

깊이있는 정답풀이

6·25 전쟁 초기에 국군은 북한군에 밀려 서울을 빼앗기고 낙동강 전선까지 후퇴하였다. 그러나 국군과 유엔군은 인천 상륙 작전을 성공시켜 전세를 역전시키고, 서울을 수복한 후 38도선을 넘어 북진하여 압록강까지 진격하였다.

개념잡는 오답풀이

① 소련은 전쟁이 교착 상태를 보이자 유엔에 휴전을 제의하였다.
② 이승만 정부는 정전에 반대하여 일방적으로 반공 포로를 석방하기도 하였다.
③ 중국군은 (나) 상황 이후에 개입하였다.
⑤ 1950년 1월 한국과 타이완을 미국의 태평양 방위선에서 제외한다는 내용의 애치슨 선언이 발표되었다.

592 중국군의 6·25 전쟁 개입 답 ①

깊이있는 정답풀이

낙동강을 사이에 두고 북한군과 치열한 전투를 벌이던 국군과 유엔군은 인천 상륙 작전에 성공하여 전세를 역전시켰다. 국군과 유엔군은 9월 28일 서울을 탈환한 뒤 38도선을 돌파하여 압록강까지 진격하였다. 그러나 중국군이 전쟁에 개입하면서 전세가 역전되어 다시 서울을 빼앗겼다(1·4 후퇴, 1951).

개념잡는 오답풀이

② (가) 이전에 국군과 유엔군은 인천 상륙 작전에 성공한 뒤 압록강까지 진격하였다.
③ (나) 이후 전선이 교착되고 정전 협상이 진행되자 이승만 정부가 정전에 반대하여 반공 포로를 석방하였다.
④, ⑤ 6·25 전쟁 이전에 미국은 남한에서 전투 부대를 철수하기 시작하였고, 1950년 1월에는 미국의 태평양 지역 방위선에서 한반도와 타이완을 제외한다는 애치슨 선언을 발표하였다.

593 중국군의 개입 답 ②

깊이있는 정답풀이

중국은 국군과 유엔군이 38도선을 넘어 북진할 경우 군대를 파견하겠다고 경고하였으며, 국군과 유엔군이 북진을 계속하여 압록강에 이르자 대규모 군대를 파견하여 전쟁에 전면적으로 개입하였다. 국군과 유엔군은 중국군의 공세에 밀려 흥남에서 철수하였다.

개념잡는 오답풀이

① 1951년 정전 회담이 시작된 후 반대 시위가 전개되었다.
③ 6·25 전쟁 발발 전인 1950년 1월 애치슨 선언이 발표되었다.
④ 북한군이 우세했던 6·25 전쟁 초기에 국군은 낙동강까지 밀렸다.
⑤ 1·4 후퇴 이후 국군과 유엔군은 전열을 정비하여 다시 서울을 수복하였다.

594 6·25 전쟁의 전선 답 ④

깊이있는 정답풀이

㉣ 1950년 6월 25일에 시작된 6·25 전쟁 초기 국군은 낙동강을 최후 방어선으로 하여 북한군과 맞설 정도로 밀렸다. ㉠ 이후 유엔군의 참전으로 인천 상륙 작전에 성공한 뒤 북진을 계속하여 압록강까지 진격하였다. ㉢ 그러나 중국군이 개입하면서 서울을 다시 빼앗기며 밀리게 되었다. ㉡ 38도선 근처에서 전쟁이 교착 상태에 빠지자 정전 회담이 열렸고 1953년 정전 협정이 체결되었다.

595 6·25 전쟁의 전선 변화 답 ④

깊이있는 정답풀이

㉠은 국군과 유엔군의 최대 진격선, ㉡은 휴전선, ㉢은 중국군 참전 이후 최대 남침선, ㉣은 북한군의 최대 남침선이다. 북한의 남침으로 시작된 6·25 전쟁은 유엔군의 참전에도 불구하고 북한군이 낙동강 전선까지 남하하여 치열한 공방전을 전개하였다. 그러나 국군과 유엔군은 인천 상륙 작전을 감행해 전세를 역전시켜 38도선을 돌파하고 압록강 부근까지 진격하였다. 중국군의 개입으로 국군과 유엔군은 한강 이남까지 후퇴했다가 다시 서울을 탈환하였다. 소련의 제안으로 정전 회담이 전개되어 1953년 7월 27일 정전 협정이 체결되어 지금의 휴전선(㉡)이 확정되었다.
④ 유엔군은 북한군이 서울을 함락한 직후 참전하였다.

596 6·25 전쟁과 독재 체제의 형성 답 ④

깊이있는 정답풀이

추론 TIP 중국군의 개입(1950년 말) → 1952년 발췌 개헌 → 1953년 정전 협정 체결

6·25 전쟁의 결과 한반도에 막대한 인적·물적 피해가 발생하였다. 많은 사상자가 발생하고, 사회 기반 시설이 파괴되었다. 또, 6·25 전쟁 과정에서 이승만 독재 체제도 강화되었다. 이승만 정부는 6·25 전쟁이 진행 중이던 1952년 5월 임시 수도 부산에서 대통령 직선제를 골자로 하는 개헌안을 통과시켰다(발췌 개헌).

개념잡는 오답풀이

① 1956년 대통령 선거에서 진보당의 조봉암이 예상보다 높은 득표율을 기록하자, 이에 정치적 위협을 느낀 이승만이 조봉암과 진보당 간부들을 간첩 혐의로 기소하고, 조봉암을 사형시켰다.
② 1950년 1월 미국의 국무 장관 애치슨이 한반도와 타이완을 미국의 태평양 방위선에서 제외한다고 선언하였다.
③ 한미 상호 방위 조약은 6·25 전쟁이 끝난 뒤에 체결되었다.
⑤ 인천 상륙 작전은 6·25 전쟁 초기인 1950년 9월 15일에 전개되었다.

1등급 가이드

6·25 전쟁의 전개 과정을 묻는 문항은 지도 또는 사진 자료와 함께 자주 출제됩니다. 6·25 전쟁과 이승만 정부의 독재 정치 강화를 연결하여 이를 가능하게 한 개헌안을 정리해 두면 도움이 되겠네요.

597 6·25 전쟁 답 ②

깊이있는 정답풀이

밑줄 친 '이 전쟁'은 6·25 전쟁이다. 6·25 전쟁이 일어나자 유엔 안전 보

장 이사회는 북한의 남침을 침략 행위로 규정하고, 남한에 대한 군사 지원을 결의하였다. 국군과 유엔군은 낙동강 방어선을 중심으로 반격을 시도하였고, 인천 상륙 작전을 성공시켰다. 이후 서울을 수복한 후 압록강 유역까지 진출하였으나 중국군의 개입으로 후퇴하였다(1·4 후퇴). 1953년 정전 협정이 체결되었다.

② 38도선은 미국이 소련의 한반도 단독 점령을 막기 위해 제안한 분할 점령선으로, 광복 직후 38도선을 기준으로 이북 지역은 소련군이, 이남 지역은 미군이 관리하게 되었다.

598 정전 협정 답 ④

깊이있는 정답풀이

제시된 조약은 1953년 7월에 체결된 정전 협정의 일부이다. 유엔은 자유 의사에 의한 전쟁 포로 송환을 주장하였지만, 북한은 해당 국가로의 자동 송환을 주장하였다. 이승만 정부는 정전 반대 의사를 표현하기 위해 일방적으로 1953년 6월 반공 포로를 석방하여 정전 회담이 한때 위기에 빠졌다. 미국은 남한 정부의 동의를 얻기 위해 한미 상호 방위 조약 체결, 주한 미군 주둔, 경제 원조 등을 약속하였다. 마침내 1953년 7월 27일 판문점에서 유엔군과 북한, 중국은 비무장 지대 설치, 군사 정전 위원회와 중립국 감독 위원회 설치 등을 골자로 하는 정전 협정을 체결하였다.

개념잡는 오답풀이

ㄱ. 애치슨 선언은 6·25 전쟁이 일어나기 전에 발표되었다.

ㄷ. 미군정은 1948년 대한민국 정부 수립과 함께 종식되었다.

599 한미 상호 방위 조약 체결 배경 답 ⑤

깊이있는 정답풀이

자료는 1953년에 체결된 한미 상호 방위 조약이다. 2년 가까이 진행되던 정전 협상이 타결되려 하자, 정전에 반대한 이승만 정부가 반공 포로 석방을 강행하여 협상이 큰 위기를 맞이하였다. 하지만 이승만 정부는 미국으로부터 상호 방위 조약 체결을 약속받은 후 정전을 수용하였고, 1953년 7월 27일 정전 협정이 체결되었다.

개념잡는 오답풀이

① 1945년 9월 서울에 진주한 미군은 38도선 이남 지역에서 군정을 선포하였다.

② 대한민국 정부 수립 이후 이승만 정부는 여수에 주둔한 부대를 파견하여 제주 4·3 사건을 진압하려고 하였다. 그러자 부대 내 좌익 세력이 출동을 거부하며 여수·순천 지역을 점령하였다(여수·순천 10·19 사건).

③ 한국광복군은 미국 전략 정보국[OSS]과 협력하여 국내 진공 작전을 추진하였다.

④ 1938년 일제는 국가 총동원법을 제정하였다.

600 6·25 전쟁의 결과 답 ②

깊이있는 정답풀이

밑줄 친 '이 전쟁'은 6·25 전쟁이다. 3년간 전개된 전쟁으로 우리 민족은 막대한 피해를 입었다. 수백만 명의 사상자가 생겨 남북한은 각각 인구가 크게 줄고 수많은 전쟁고아와 이산가족이 발생하였다. 또한 산업 시설, 주택, 도로, 학교 등이 거의 파괴되었다. 전쟁이 끝난 후 남한에서는 반공 독재 체제가 구축되었는데, 이승만 정부는 이를 이용하여 독재 정권을 유지하였다. 북한에서도 전후 복구 과정에서 김일성이 독재 체제를 구축하였다. 이로써 남한과 북한은 서로 이질적인 사회를 이루면서 대립하였고, 분단은 더욱 고착화되었다.

개념잡는 오답풀이

ㄴ. 박정희 정부는 미국과 브라운 각서를 체결하여 베트남에 추가 파병하는 대가로 기술과 차관 제공, 한국군의 현대화 등의 지원을 약속받았다.

ㄹ. 전쟁으로 수백만 명의 피란민이 고향을 떠나 이동하면서 전통문화가 무너졌으며, 촌락 공동체 의식이 약해졌다.

601 광복 이후 주요 사건 답 ②

깊이있는 정답풀이

미소 공동 위원회가 무기 휴회되자 한반도가 분단될 수도 있다는 우려가 확산되었다. 여운형, 김규식을 중심으로 한 중도 세력은 좌우 합작 운동을 통해 분단을 피하고, 정파 간의 대립을 해소하고자 하였다.

개념잡는 오답풀이

① 이승만의 정읍 발언은 (나) 시기에 해당한다.

③ 반민 특위는 (라) 시기에 조직되었다.

④ 남북 협상은 (다) 시기에 일어났다.

⑤ 한미 상호 방위 조약은 6·25 전쟁의 정전 협정이 체결된 직후인 1953년 10월에 체결되었다.

602 6·25 전쟁의 결과 답 ①

깊이있는 정답풀이

북한군이 3일 만에 서울을 점령하고 2개월 후에 낙동강 일대로 진격하였다는 점, 인천 상륙 작전으로 전세가 역전되었다는 점 등을 통해 밑줄 친 '전쟁'이 6·25 전쟁임을 알 수 있다. 6·25 전쟁 결과 정전 협정이 체결되어 휴전선이 획정되고 비무장 지대가 설정되었다.

개념잡는 오답풀이

② 6·25 전쟁 직전 발표된 애치슨 선언에 따라 한국과 타이완이 미국의 태평양 지역 방위선에서 제외되었다.

③ 제헌 국회는 반민족 행위 처벌법을 제정하여 친일파를 처단하고자 하였다.

④ 일본의 항복 직전 소련군이 북한 지역으로 남하하자, 미국은 소련에 북위 38도선을 경계로 한반도를 분할 점령하자고 제안하였다. 소련이 이 제안을 받아들이면서 북위 38도선 북쪽에는 소련군이, 남쪽에는 미군이 주둔하게 되었다.

⑤ 대한민국 정부 수립 직후 북한에서는 조선 민주주의 인민 공화국이 수립되었다.

603 6·25 전쟁 이후 정세 변화 답 ⑤

깊이있는 정답풀이

1953년 정전 협정이 체결된 직후 한미 상호 방위 조약이 체결되어 한미 동맹이 강화되었다. 6·25 전쟁으로 남한과 북한의 적대감이 더욱 커지면서 분단이 고착화되었고, 일본의 경제는 전쟁 특수로 인해 성장하였다.

개념잡는 **오답풀이**

ㄱ. 제헌 국회는 1949년 유상 매수·유상 분배 원칙에 기초한 농지 개혁법을 제정하였다.

ㄴ. 제주도에서 좌익 세력 등이 5·10 총선거를 앞두고 단독 정부 수립에 반대하며 무장봉기를 일으켰다(제주 4·3 사건).

604 제2대 국회 답 ①

깊이있는 **정답풀이**

(가) 정당은 자유당이다. 자유당은 1954년 개헌 당시 대통령에 한해 중임 제한 규정을 적용하지 않는다는 개헌안을 발의한 후 사사오입의 논리를 적용하여 개헌안이 통과되었다고 선포하였다(사사오입 개헌).

개념잡는 **오답풀이**

② 5·16 군사 정변으로 정권을 잡은 박정희는 정치인에게 정권을 넘긴다는 약속을 어기고 민간인 신분으로 민주 공화당의 후보로 나서 대통령에 당선되었다.

③ 민주 정의당의 대통령 후보였던 노태우는 국민의 직선제 개헌 요구를 받아들인다는 6·29 민주화 선언을 발표하였다.

④ 대한 독립 촉성 국민회에 대한 설명이다.

⑤ 박정희 정부 시기 여당이었던 민주 공화당은 국가 안보와 지속적인 경제 성장을 명분으로 3선 개헌을 추진하였다.

605 제2대 국회 시기의 사실 답 ⑤

깊이있는 **정답풀이**

제2대 국회 의원 선거 결과에 따라 이승만 정부에 반대하는 무소속 의원들이 대거 국회에 입성하였다. 이승만 대통령은 국회의 간접 선거로 대통령 재선이 어렵다고 판단하여 자유당을 창당한 후 직선제 개헌안을 제출하였으나 부결되었다. 그러자 이승만 정부는 비상계엄을 선포하고 기립 표결을 통해 대통령 직선제 개헌안을 통과시켰다.

개념잡는 **오답풀이**

① 반민족 행위 특별 조사 위원회가 구성된 것은 제헌 국회가 활동하던 시기이다.

② 김일성을 위원장으로 조직된 북조선 임시 인민 위원회는 무상 몰수·무상 분배의 토지 개혁을 실시하였다.

③ 1946년과 1947년 두 차례에 걸쳐 열린 미소 공동 위원회는 미국과 소련의 의견 차이로 결렬되었다.

④ 1945년 12월에 모스크바에서 미국, 영국, 소련의 외무 장관이 모여 한국 문제 등을 논의하였다.

606 발췌 개헌 답 ⑤

깊이있는 **정답풀이**

'정·부통령 직선제 채택'이라는 것을 통해 밑줄 친 '헌법'이 발췌 개헌에 대한 내용임을 알 수 있다. 6·25 전쟁 직전 실시된 제2대 국회 의원 선거에서 무소속 출마자들이 대거 당선되었다. 이에 이승만은 6·25 전쟁 중이던 1952년에 임시 수도 부산에서 직선제 개헌을 단행하였다. 이승만의 대통령 직선제 개헌안에 반대하여 국회에서 내각 책임제 개헌안을 주장하자, 관제 데모·국회 의원 납치 소동이 일어나고 부산 일대에는 계엄령이 선포되었다. 이승만은 대통령 직선제·양원제의 정부안과 내각 책임제의 국회안을 발췌, 혼합하여 발췌 개헌안을 만들었다. 1952년 경찰과 군대가 국회 의사당을 포위한 가운데 토론 없는 기립 표결로 발췌 개헌안이 통과되었다.

⑤ 개헌 당시 대통령에 한하여 중임 제한을 철폐하는 것은 이승만 정부 시기 사사오입 개헌(1954)의 주요 내용이다.

607 사사오입 개헌 답 ⑤

깊이있는 **정답풀이**

'사사오입'이라는 단어를 통해 사사오입 개헌에 대한 내용임을 알 수 있다. 1954년 제3대 국회 의원 선거에서 압승을 거둔 자유당은 이승만의 장기 집권을 위해 개헌 당시 대통령에 한하여 연임 제한 규정을 두지 않는다는 내용을 골자로 하는 개헌을 추진하였다. 1954년 11월 개헌안이 의결 정족수에 1명이 부족하여 부결되었는데, 사사오입의 논리를 내세워 개헌안이 다시 통과된 것으로 번복하였다.

개념잡는 **오답풀이**

① 3차 개헌(1960)에서 참의원의 임기를 6년으로, 유신 헌법(1972)에서는 국회 의원의 임기를 6년과 3년의 이원제로 규정하였다.

② 3차 개헌의 골자는 내각 책임제였다.

③ 박정희 정부 시기의 유신 헌법은 대통령에게 국회 의원의 3분의 1을 임명할 권한을 규정하였다.

④ 8차 개헌(1980)의 골자는 7년 단임의 대통령 간선제였다.

608 발췌 개헌과 사사오입 개헌 답 ④

깊이있는 **정답풀이**

추론 TIP 민의원과 참의원 구성, 대통령 직선제 → 발췌 개헌(1952)
개헌 당시 대통령의 중임 제한 조항 미적용 → 사사오입 개헌(1954)

(가) 제31조 입법권은 국회가 행한다. 국회는 민의원과 참의원으로써 구성한다.
제53조 대통령과 부통령은 국민의 보통, 평등, 직접, 비밀 투표에 의하여 각각 선거한다.
부칙 이 헌법은 공포한 날로부터 시행한다. 단, 참의원에 관한 규정과 참의원의 존재를 전제로 한 규정은 참의원이 구성된 날로부터 시행한다.

(나) 제55조 대통령과 부통령의 임기는 4년으로 한다. 단, 재선에 의하여 1차 중임할 수 있다.
부칙 이 헌법 공포 당시의 대통령에 대하여는 제55조 제1항 단서의 제한을 적용하지 아니한다.

이승만은 국회 간선제로는 재선이 어렵다고 판단해 6·25 전쟁 중에 자유당을 만들고, 대통령 직선제를 골자로 하는 발췌 개헌안을 통과시켰다. 발췌 개헌 이후 다시 집권한 이승만과 자유당은 장기 집권을 위해 개헌 당시 대통령에 한하여 중임 제한을 철폐한다는 개헌안을 제출하였고, 부결되자 사사오입 논리를 내세워 통과시켰다.

개념잡는 **오답풀이**

ㄱ. 정부 형태를 내각 책임제로 규정한 것은 제3차 개헌(1960)으로 개정된 헌법이었다.

ㄷ. 계엄하에서 국회 의원의 기립 표결로 통과된 것은 발췌 개헌안이었다.

609 이승만 정부 시기의 개헌 답④

깊이있는 정답풀이

이승만 정부는 1952년 5월 정권 연장을 위해 대통령 직선제를 주요 내용으로 하는 (가) 발췌 개헌안을 통과시켰고, 이어 8월에 치러진 제2대 대통령 선거에서 이승만이 당선되었다. (나) 사사오입 개헌은 1954년에 통과되었다.

개념잡는 오답풀이

① 경향신문은 1959년에 폐간되었다.
② 제헌 국회에서 제정한 농지 개혁법에 따라 1950년에 농지 개혁이 실시되었다.
③ 이승만 정부는 진보당의 조봉암이 세력을 확대하자 이를 제거하기 위하여 1958년 진보당 사건을 일으켰다.
⑤ 제헌 국회에서 1948년 반민족 행위 처벌법을 제정하고 제헌 국회 의원으로 구성된 반민족 행위 특별 조사 위원회를 설치하였다.

(1등급 가이드)
이승만 정부 시기 정권 연장을 위해 단행된 발췌 개헌과 사사오입 개헌은 종종 출제되고 있습니다. 발췌 개헌이 단행된 시기와 내용, 사사오입 개헌의 내용을 비롯해 이승만 정부 시기 정·부통령 선거의 흐름도 함께 정리합시다.

610 이승만 정부의 독재 강화 답②

깊이있는 정답풀이

1956년에 치러진 제3대 정·부통령 선거에서 진보당의 조봉암이 서울, 경북, 그리고 기타 중소 도시에서 200만 표 이상을 획득하여 총 30% 이상의 득표율을 차지하자 위기감을 느낀 이승만 정부는 반대 세력을 탄압하기 위한 여러 정책을 만들어 냈다. 그 대표적인 예가 신국가 보안법 제정, 진보당 사건, 경향신문 폐간 등이다.

개념잡는 오답풀이

ㄴ. 사사오입 개헌은 1954년의 일이다.
ㄹ. 1951년부터 약 2년간 6·25 전쟁의 정전 협상이 전개되자 반대 시위가 일어나기도 하였다.

611 이승만 정부 시기 야당 탄압 답②

깊이있는 정답풀이

선거에서 패배한 조봉암이 최대 경쟁자로 떠올랐다는 점, 진보당을 해산시키고 조봉암을 사형시켰다는 점 등을 통해 (가) 정부가 이승만 정부(1948~1960)임을 알 수 있다. 이승만 정부는 임시 수도인 부산에서 국회 프락치 사건을 일으키는 등 야당을 위협하여 발췌 개헌을 단행하였고, 1956년 정·부통령 선거 이후에는 정부에 비판적인 경향신문을 강제로 폐간하였다.

개념잡는 오답풀이

ㄴ. 제헌 헌법은 1948년 7월 17일에 공포되었다. 이승만 정부는 같은 해 8월 15일에 수립되었다.
ㄹ. 좌우 합작 위원회는 1946년 좌우 합작 7원칙을 발표하였다.

612 1956년 정·부통령 선거의 특징 답③

깊이있는 정답풀이

추론 TIP 사사오입 개헌(1954) → 제3대 정·부통령 선거(1956) → 이승만 당선 → 진보당 사건

밑줄 친 '이 선거'는 1956년에 치러진 정·부통령 선거이다. 이 선거를 위한 유세 도중 야당인 민주당의 대통령 후보 신익희가 사망하였다. 선거 결과 대통령에 자유당의 이승만, 부통령에 민주당의 장면이 당선되었다. 한편 당시 선거에서 조봉암은 유효 표의 약 30%를 차지하는 등 큰 인기를 얻었다. 이후 조봉암은 진보당을 결성하고 활발한 정치 활동을 전개하였다.
③ 1956년의 정·부통령 선거는 1954년의 사사오입 개헌에 따라 개정된 헌법에 따라 실시되었다.

(1등급 가이드)
1956년 정·부통령 선거는 고난도 문제로 종종 출제되는 주제입니다. 당시 야당 대통령 후보 신익희의 죽음, 조봉암의 선전, 민주당 장면의 부통령 당선, 이후 진보당 사건 발생까지 정치 변화의 흐름을 알고 있어야 합니다.

613 북한의 변화 답②

깊이있는 정답풀이

(가) 김두봉 등 옌안의 조선 독립 동맹 계열은 중국 화북 지역에서 중국 공산당과 연계하여 항일 투쟁을 전개하였다. (나) 조만식은 광복 직후 평안남도 건국 준비 위원회를 주도하였고, 민족주의자를 중심으로 조선 민주당을 조직하여 반공 노선을 뚜렷이 하는 동시에 신탁 통치 반대 운동을 활발히 전개하였다.

개념잡는 오답풀이

ㄴ. 김일성이 이끄는 동북 항일 연군의 일부 병력이 일제의 관공서를 습격하고 보천보 일대를 일시 점령하였다(1937. 6.).
ㄹ. 조만식 등 민족주의계는 1946년에 김일성을 중심으로 한 공산 세력에 의해 제거되었고, 1956년 반종파 투쟁(8월 종파 사건)에서 소련계와 연안계가 숙청당하였다.

614 북한의 독재 체제 확립과 전후 복구 답②

깊이있는 정답풀이

북한은 6·25 전쟁 이후 전후 복구 사업을 위해 토지와 생산 시설을 집단 소유화하는 협동농장화가 추진되었고, 북한 주민의 노동력을 최대한으로 동원하기 위해 천리마 운동이 시행되었다(1957). 1953년 스탈린 사망으로 소련에서 개인숭배에 대한 비판이 일어나자, 연안파와 소련파는 김일성에 비판적인 세력을 모아서 1956년 8월 노동당 중앙 위원회 전원 회의에서 김일성 개인숭배를 비판하였다(8월 종파 사건).

615 북한의 사회주의 경제 체제 답②

깊이있는 정답풀이

6·25 전쟁 이후 북한은 소련과 중국의 원조를 받아 전후 복구 사업을 전개하였다. 이후 생산력 증대를 위해 천리마 운동을 추진하였고, 농지는 협동농장 소유로 전환하였다. 이를 통해 사회주의 경제 체제를 확립하였다.

개념잡는 오답풀이

ㄴ. 6·25 전쟁 이후 이승만 정부는 피폐해진 경제를 복구하기 위해 귀속 재산을 민간에 매각하고 원조로 들어온 물자를 분배하여 전후 복구에 필요한 자금을 마련하였다.

ㄹ. 1949년 제헌 국회는 농지 개혁법을 제정하였고, 이승만 정부는 이듬해부터 유상 매수·유상 분배 방식으로 농지 개혁을 실시하였다.

616 6·25 전쟁의 배경과 영향

(1) 답 애치슨 라인

(2) 모범답안 6·25 전쟁, 한국이 미국과 한미 상호 방위 조약을 맺음으로써 한반도를 비롯한 동아시아에서 미국의 영향력이 강화되었다. 북한에서는 군대를 지원한 중국의 영향력이 소련보다 커졌다. 한편 일본은 전쟁 특수에 힘입어 경제 호황을 누렸다.

채점 기준	수준
6·25 전쟁을 쓰고, 한반도에서 미국의 영향력 강화·북한에서 중국의 영향력 강화·일본의 경제 발전을 모두 서술한 경우	상
6·25 전쟁을 쓰고, 위 내용 중 두 가지를 서술한 경우	중
6·25 전쟁을 쓰고, 위 내용 중 한 가지만 서술한 경우	하

617 정전 협정

(1) 답 정전 협정

(2) 모범답안 양측 군대가 대치하고 있는 전선을 경계로 휴전선이 설정되었고, 휴전선의 남과 북 방향으로 각각 2km씩 비무장 지대가 설치되었다.

채점 기준	수준
정전 협정의 주요 내용 두 가지를 모두 서술한 경우	상
위 내용 중 한 가지만 서술한 경우	하

618 발췌 개헌과 사사오입 개헌

모범답안 ㉠은 발췌 개헌이고 대통령 직선제를 주요 내용으로 한다. ㉡은 사사오입 개헌으로 개헌 당시 대통령에 한해 중임 제한을 철폐하는 것을 주요 내용으로 한다.

채점 기준	수준
개헌의 명칭과 주요 내용을 모두 서술한 경우	상
개헌의 명칭은 서술하였지만 내용을 한 가지만 서술한 경우	중
개헌의 명칭만 서술한 경우	하

619 천리마 운동의 목적과 한계

모범답안 북한은 주민들의 정신력을 강화하여 노동 생산성을 높이기 위해 천리마 운동을 벌였다. 그러나 대중의 노동력을 강제적으로 동원하면서 기술 혁신 등이 뒷받침되지 않아 생산성을 높이는 데 한계를 보였다.

채점 기준	수준
천리마 운동의 목적(노동 생산성 향상)과 한계(노동력 강제 동원, 기술 혁신 미비)를 모두 서술한 경우	상
위 내용 중 일부만 서술한 경우	하

03 민주화를 위한 노력

STEP 1 O/X 문제로 교과서 핵심 자료 보기 152~153쪽

620 O	621 O	622 O	623 O	624 O	625 X
626 X	627 O	628 O	629 X	630 O	631 O
632 O	633 X	634 O	635 O	636 O	637 X
638 O	639 X	640 O	641 X	642 O	643 O

STEP 2 객관식 풀어 보기 154~163쪽

644 ④	645 ③	646 ③	647 ⑤	648 ②	649 ①
650 ③	651 ③	652 ①	653 ④	654 ③	655 ⑤
656 ⑤	657 ④	658 ③	659 ①	660 ②	661 ⑤
662 ④	663 ②	664 ⑤	665 ③	666 ①	667 ②
668 ②	669 ②	670 ⑤	671 ②	672 ④	673 ①
674 ①	675 ④	676 ④	677 ②	678 ③	679 ②
680 ③	681 ④	682 ⑤	683 ③		

644 제4대 정·부통령 선거 답 ④

깊이있는 정답풀이

조병옥, 이승만이 대통령 후보로 나왔다는 사실에서 1960년 대선을 떠올릴 수 있다. 1960년 4월 부정 선거 규탄 시위에 참여하였던 김주열 군이 마산 앞바다에서 사망한 채 발견되자 시민의 분노가 폭발하였다.

개념잡는 오답풀이

① 6·25 전쟁은 1950년에 일어나 1953년에 마무리되었다.

② 1952년 발췌 개헌으로 대통령 직선제가 도입된 결과 이승만이 제2대 대통령으로 당선되었다.

③ 1956년 5월 제3대 대통령 선거에서 무소속으로 출마하였던 조봉암이 200만 표 이상을 득표하였고, 부통령에 민주당의 장면이 당선되었다. 위기의식을 느낀 이승만 정부는 진보당을 창당한 조봉암에게 간첩 혐의 등을 씌워 사형에 처하게 하고 진보당을 해산하였다(진보당 사건).

⑤ 발췌 개헌에 따라 시행된 대통령 선거에서 이승만은 제2대 대통령에 당선되었다. 1954년 총선에서 압승을 거둔 자유당은 개헌 당시 대통령에 한하여 연임 제한 규정을 두지 않는다는 내용을 골자로 하는 개헌을 추진하였다. 1954년 11월 개헌안이 의결 정족수에 1명이 부족하여 부결되자 자유당은 사사오입의 논리를 내세워 개헌안이 다시 통과된 것으로 번복하였다.

645 3·15 부정 선거 답 ③

깊이있는 정답풀이

1960년 정·부통령 선거를 앞두고 이승만 정부와 자유당은 이승만과 이기붕을 당선시키기 위해 부정 선거를 시도하였다. 이는 이승만이 나이가 많아 유고 시 자유당 부통령 후보인 이기붕이 대통령직을 계승할 수 있도록 하기 위해서였다. 관권과 금권을 동원한 자유당의 부정 선거는 결국 4·19 혁명을 야기하였고, 이승만 대통령이 물러난 뒤 내각 책임제와 양원제 국회를 골자로 하는 내용의 헌법 개정 후 장면 내각이 수립되었다.

개념잡는 오답풀이

ㄱ. 유신 헌법은 박정희 정부 때인 1972년에 제정되었다.

ㄹ. 1954년 자유당은 사사오입의 논리를 내세워 개헌 당시 대통령 연임 제한을 폐지한 개헌을 통과시켰다.

646 4·19 혁명 답 ③

깊이있는 정답풀이

3·15 부정 선거에 반발한 시위는 전국으로 확대되었다. 정부는 이기붕 부통령 당선자 사퇴와 이승만의 자유당 총재직 사임으로 사태를 수습하려 했지만, 대학교수들은 이승만의 퇴진을 요구하며 시위를 벌였다. 결국 이승만은 '국민이 원한다면 물러나겠다.'라는 성명을 발표하고(4. 26.) 미국으로 망명하였다.

개념잡는 오답풀이

ㄱ. 이승만이 물러난 이후에 허정 과도 내각이 들어섰다.

ㄹ. 제4대 정·부통령 선거 이전에 이승만 정부는 국가 보안법을 개정하였다.

647 4·19 혁명의 전개 답 ⑤

깊이있는 정답풀이

1960년 4월 11일 마산 앞바다에서 시위 도중 실종되었던 김주열 학생이 사망한 채 발견되자, 분노한 시민들이 더욱 격렬하게 시위를 전개하였다. 이때 정부는 (가)의 내용과 같이 시위의 배후에 공산당이 있다는 허위 선전을 하였다. 그러나 이 때문에 국민들은 정부의 발표를 불신하게 되었고, 시위는 전국으로 확산되었다. 4월 18일에 고려대 학생들의 시위가 있었고, 4월 19일에는 서울의 주요 대학과 고등학생들이 대거 시위에 참가하였으며 시민들도 가세하였다. 4월 25일에는 서울 시내의 대학교수단이 학생들을 지지하면서 시위하였다. 결국 4월 26일 이승만은 (나)의 내용을 담은 성명을 발표하였다.

개념잡는 오답풀이

①, ②는 3·15 부정 선거 이전에 있었던 사실이다.

③ 김주열이 발견된 이후에 2차 마산 시위가 있었고, 이때 정부가 발표한 내용이 (가)이다.

④ 3·15 부정 선거에 대한 설명이다.

648 4·19 혁명의 결과 답 ②

깊이있는 정답풀이

마산, 서울 등지에서 전개된 밑줄 친 '학생 데모'는 4·19 혁명이다. 4·19 혁명은 3·15 부정 선거에 분노한 학생과 시민들이 시위를 전개하면서 시작되었다. 경찰의 무력 진압과 총격으로 많은 사상자가 발생하였으나 시위는 전국으로 확대되었다. 이승만의 퇴진을 요구하는 서울 시내 대학교수들의 시국 선언문이 발표된 다음 날 이승만은 "국민이 원한다면 대통령직에서 물러나겠다."라는 성명을 발표하였다.

개념잡는 오답풀이

①, ⑤ 4·19 혁명에 참여한 학생과 시민들은 선거를 다시 실시할 것을 요구하였으며, 내각 책임제 개헌을 요구하거나 초대 대통령의 3선 제한 철폐를 비난한 것은 아니다.

③ 시위는 마산에서 시작되어 서울로 확산되었다.

④ 5·18 민주화 운동 당시 군인들이 시민들을 무력 진압하면서 사건이 확대되었다.

649 4·19 혁명의 결과 답 ①

깊이있는 정답풀이

'김주열의 참시'라는 내용에서 3·15 부정 선거로 촉발된 4·19 혁명임을 알 수 있다. 4·19 혁명으로 이승만이 물러나자 허정 과도 정부가 들어서 사태 수습에 나섰다.

개념잡는 오답풀이

② 5·18 민주화 운동은 신군부의 비상계엄 확대에 반대하여 일어났다.

③ 1979년 YH 무역의 여성 노동자들이 신민당사에서 농성을 벌였고, 박정희 정부는 이를 폭력적으로 진압하였다.

④ 5·18 민주화 운동 기록물은 유네스코 세계 기록 유산으로 등재되었다.

⑤ 김영삼이 국회 의원에서 제명되자, 1979년 김영삼의 근거지였던 부산과 마산에서 유신 철폐를 외치는 시위가 벌어졌다.

650 4·19 혁명의 결과 답 ③

깊이있는 정답풀이

3월 15일의 선거와 대중의 분노 등을 통해 밑줄 친 '시위'가 4·19 혁명임을 알 수 있다. 1960년에 치러진 정·부통령 선거에서 이승만과 이기붕을 당선시키기 위해 이승만 정부와 자유당은 부정 선거를 자행하였고, 이를 규탄하며 4·19 혁명이 일어났다.

개념잡는 오답풀이

① 이승만은 국회에서 대통령에 재선될 가능성이 낮아지자 1951년 자유당을 창당하고, 대통령 직선제 개헌을 추진하였다.

② 1956년에 실시된 정·부통령 선거에서 대통령에 이승만, 부통령에 장면이 당선되었다.

④ 4·19 혁명 이후 내각 책임제, 양원제를 골자로 하는 헌법 개정이 단행되었다. 개정 헌법에서 대통령은 국회에서 간선으로 선출되었다.

⑤ 국민 방위군은 6·25 전쟁 당시 예비군 편성을 위해 징집한 부대로 고위 간부들이 보급품을 빼돌려 수많은 국민 방위군이 기아·질병 등으로 사망하였다(국민 방위군 사건).

651 장면 내각 시기 답 ③

깊이있는 정답풀이

허정 과도 정부하에서 국회는 1960년 6월에 내각 책임제와 양원제를 골자로 하는 헌법을 마련하였다. 이에 새 헌법에 따라 민의원과 참의원을 선출하기 위한 7·29 총선이 실시되었고, 민주당이 압승하였다. 새로 구성된 국회에서 대통령이 된 윤보선의 지명을 받아 장면이 국무총리가 되었다. 장면 내각하에서는 각종 규제가 풀리고 언론이 활성화되어 6·25 전쟁 이후 침체되었던 노동 운동, 교원 노조 운동, 청년·학생 운동이 활발히 전개되었으며, 혁신 세력은 진보적인 정치 활동을 전개하였다. 그리고 그동안 위축되었던 통일 논의가 활발하게 일어났다. 학생들은 민족 통일 연맹을 결성하고 한반도 중립화 통일론을 주장하기도 하였다.

개념잡는 오답풀이

① 4·19 혁명에 대한 설명이다.

② 제헌 국회에서 친일파 청산을 위한 반민족 행위 특별법과 농지 개혁법이 통과되었다.

④ 베트남에 비전투 부대를 파견한 것은 박정희 정부 시기였다.

⑤ 1974년 동아일보 기자들이 박정희 정부의 언론 통제에 맞서 언론 자유 수호 선언을 발표하였다.

652 양원제 국회 시기 답①

깊이있는 정답풀이

'민의원', '참의원'을 통해 장면 내각 시기임을 알 수 있다. 4·19 혁명의 결과 구성된 허정 과도 정부는 새 헌법을 제정하여 내각 책임제 개헌(3차 개헌)을 실시하였다. 이에 따라 민의원과 참의원을 선출하는 총선거에서 민주당이 압승을 거두었고, 대통령에 윤보선, 국무총리에 장면이 선출되었다. 내각 책임제 개헌으로 구성된 장면 내각은 경찰에 대한 인사 조치 등 민주적 개혁을 시도하였고, 주민들이 직접 지역의 대표자를 선출하는 지방 자치제를 시행하였다.

개념잡는 오답풀이

② 박정희 대통령은 한일 협정 체결(1965)의 대가로 들여온 외화와 베트남 파병(1964~1973)의 대가로 미국이 제공한 차관을 받아 경제 개발 자금을 확보하였다.
③ 제헌 국회는 민족적 과제인 일제의 잔재를 청산하기 위해 반민족 행위 처벌법을 제정하고, 토지 개혁 요구에 따라 유상 몰수·유상 분배의 농지 개혁법을 제정하였다.
④ 전두환 정부 시기에 야간 통행금지가 해제되고 프로 야구가 출범하였다.
⑤ 1969년에 중학교 무시험 추첨제가 시행되었다.

653 장면 내각의 한계 답④

깊이있는 정답풀이

제시된 신문 사설은 1961년 3월 16일 자에 실린 것으로, 장면 내각이 추진한 국토 건설 사업에 대한 비판 기사이다. 장면 내각은 경제 제일주의를 내걸고 제1차 경제 개발 계획을 입안하는 한편 국토 건설 사업을 적극적으로 추진하였다. 그러나 민주당 내에서 신·구파의 내부 갈등으로 구파가 신민당을 창당하게 되면서 강력한 지도력을 발휘하지 못한 채 5·16 군사 정변으로 붕괴되었다.

개념잡는 오답풀이

① 박정희를 비롯해 5·16 군사 정변을 일으킨 세력은 1979년 10·26 사태까지 권력을 장악하였다.
② 전두환과 노태우 등 신군부 세력에 대한 설명이다.
③ 4·19 혁명으로 여당인 자유당이 붕괴한 가운데 민주당이 집권하여 장면 내각이 성립하였다.
⑤ 신군부 세력은 5·18 민주화 운동을 진압한 후 국가 보위 비상 대책 위원회를 설치하였다.

1등급 가이드

장면 내각과 관련된 키워드로 '4·19 혁명으로 성립', '유일한 내각 책임제 정부'를 기억해야 합니다. 나아가 성립 1년여 만에 붕괴하게 된 한계를 정리해 두세요.

654 혁명 공약 답③

깊이있는 정답풀이

제시문은 5·16 군사 정변 당시 발표된 혁명 공약의 일부이다. 박정희를 비롯한 일부 군인들은 장면 내각의 무능력과 사회의 무질서를 명분으로 1961년 군사 정변을 일으켜 정권을 장악하였다. 이들은 국가 재건 최고 회의를 구성하고 1963년까지 군정을 실시하였는데, 이때 중앙정보부를 설치하고 반공법·정치 활동 정화법을 실시해 구 정치인들의 활동을 금지시켰다.

개념잡는 오답풀이

①, ②, ④ 진보당 탄압과 경향신문 폐간, 농지 개혁법 제정은 이승만 정부 시기에 있었던 일이다.
⑤ 국가 보위 비상 대책 위원회는 전두환을 비롯한 신군부가 5·18 민주화 운동을 무력으로 진압한 직후 설치되었다.

655 국가 재건 최고 회의 답⑤

깊이있는 정답풀이

5·16 군사 정변을 일으킨 군부 세력은 국가 재건 최고 회의를 설치하여 군정을 실시하고, 여러 정책을 추진하였다. 정치 활동 정화법, 반공법 등을 실시하여 정치인의 정치 활동을 금지시키고, 진보적 지식인과 노조 및 학생 간부들을 혁명 재판에 회부하였다.

개념잡는 오답풀이

①, ③ 전두환 정부는 언론사를 통폐합하는 등 언론을 통제하였고, 유화 정책으로 해외여행 자율화를 추진하였다.
② 삼청 교육대는 12·12 사태로 정권을 잡은 신군부가 설치하였다.
④ 장면 정부 때 지방 자치제가 최초로 실시되었다.

656 박정희 답⑤

깊이있는 정답풀이

1961년 5월 16일 박정희를 중심으로 한 일부 군인들은 군사 정변을 일으켜 정권을 장악하고 계엄령을 선포하였다. 국가 재건 최고 회의는 초헌법적인 최고 통치 기구의 역할을 수행하였으며, 박정희가 실권을 장악하였다. 박정희는 1963년에 시행된 대통령 선거에서 민주 공화당의 후보로 출마하여 당선되었고, 제1차 경제 개발 5개년 계획을 성공적으로 추진하여 1967년 5월 대통령 선거에서 다시 당선되었다. 그리고 1969년 3선 개헌 이후 치러진 1971년 대통령 선거에서 박정희는 또다시 대통령으로 당선되었다. 1972년 7월 4일 남북 공동 성명이 서울과 평양에서 동시에 발표되었다. 박정희 정부는 이를 계기로 남북 대화를 뒷받침하고 국제 정세의 변화에 대처한다는 명분을 내걸고 영구 집권과 독재 권력 강화를 위한 체제 개혁을 준비하였다. 박정희는 전국에 비상계엄을 선포하고 국회 해산, 정치 활동의 금지를 단행하였다. 이리하여 10월 유신이 선포되고 비상 국무 회의에서 제정된 유신 헌법이 국민 투표로 확정되었다.

개념잡는 오답풀이

ㄱ. 전두환 정부는 권위주의적 강권 통치를 하면서도 야간 통행금지 해제 등 유화 정책을 병용하였다.
ㄴ. 이승만 정부 시기 한미 상호 방위 조약이 체결되었다.

657 한일 회담 반대 시위 답④

깊이있는 정답풀이

제시된 주장은 박정희 정부의 한일 국교 정상화를 비판하는 것이다. 1963년 10월에 시행된 대통령 선거에서 박정희가 대통령에 당선되어 제3 공화국이 출범하였다. 경제 개발 자금이 필요했던 박정희 정부는 일본과의 국교 정상화를 추진하였다. 중앙정보부장 김종필과 일본 외무 장관 오히라 사이에 이루어진 비밀 교섭에서 박정희 정부는 배상액으로 무상 3억 달러, 유상 2억 달러, 민관 차관 1억 달러를 받기로 하였다. 이에 대학생들을 중심으로 굴욕적인 한일 회담에 반대하는 시위가 격화되자, 박정희 정부는 계엄령과 휴교령을 선포하여 시위대를 강제로 해산하였다(6·3 시위). 이후 1965년 6월 한일 협정이 체결되었다.

658 한일 협정의 한계 답 ③

깊이있는 정답풀이

제시된 자료는 1965년에 체결된 한일 협정이다. 박정희 정부는 미국의 요구와 경제 개발 자금 확보를 위해 한일 국교 정상화에 나서 한일 협정을 체결하였다. 닉슨 독트린은 1969년에 발표되었다.

개념잡는 오답풀이

① 6·3 시위는 한일 회담이 진행되던 중에 일어났다.
②, ④ 5·16 군사 정변으로 정권을 잡은 군부 세력은 국가 재건 최고 회의를 설치하여 입법·사법·행정권을 장악하고, 중앙정보부를 설치하여 정치권력을 강화하는 데 이용하였다.
⑤ 이승만 정부는 진보당 사건을 일으켜 조봉암을 사형시키고 진보당을 해산하였다.

659 한일 협정의 결과 답 ①

깊이있는 정답풀이

제시된 글은 1965년에 체결된 한일 협정과 관련된 것이다. 박정희 정부는 경제 개발 자금 확보를 목적으로 한·일 관계를 정상화하기 위한 회담을 추진하였다. 그러나 이 과정에서 일본으로부터 식민 통치에 대한 사죄와 정당한 배상을 받아 내지 못하고 독립 축하금과 차관 명목으로 자금을 제공받는 것에 그쳤다. 이 사실이 알려지면서 전국적으로 한일 회담 반대 시위인 6·3 시위가 일어났다. 또한 한일 협정 체결 이후 한국 경제의 일본에 대한 의존도가 높아지기도 하였다.

① 한반도에서 냉전이 완화되는 것은 1969년 닉슨 독트린 발표 이후이다.

660 브라운 각서, 한일 협정 체결 답 ②

깊이있는 정답풀이

제시된 자료는 각각 1966년 3월에 한국과 미국이 합의한 브라운 각서와 1965년 체결된 한일 협정의 일부 내용이다. 브라운 각서는 베트남 파병에 대한 대가로 미국이 한국에 제공할 내용을 담고 있다. 한일 협정은 한·일 간에 국교를 정상화한다는 점 외에도 한국 정부가 경제 개발에 필요한 자금을 일본으로부터 확보하고자 한 목적이 담겨 있었다.

661 3선 개헌 답 ⑤

깊이있는 정답풀이

제시된 자료는 1969년의 3선 개헌에 해당한다. 1967년 대통령 선거에서 제6대 대통령으로 당선된 박정희는 1969년 경제 발전의 지속과 국가 안정을 구실로 학생과 야당의 반대를 무릅쓰고 대통령을 세 번까지 할 수 있도록 헌법을 바꾸어 장기 집권의 길을 열었는데, 이를 3선 개헌이라 부른다.

개념잡는 오답풀이

① 발췌 개헌은 2차 개헌으로 이승만이 재선을 위해 대통령 직선제로 바꾼 것이다.
② 유신 헌법에 해당한다.
③ 제3대 대통령 선거에서 당선된 이승만은 진보당 사건을 일으켜 조봉암을 사형시켰다.
④ 신군부 세력은 5·18 민주화 운동을 진압한 후 대통령 간선제 개헌을 추진하였다.

662 5·16 군사 정변과 유신 체제 답 ④

깊이있는 정답풀이

(가)는 5·16 군사 정변, (나)는 10월 유신과 관련된 자료이다. 1961년 5월 16일 박정희를 비롯한 일부 군인들은 사회의 무질서와 혼란, 급진적인 통일 운동, 그리고 장면 내각의 무능력 등을 구실로 군대를 이끌고 서울을 장악한 후 전국에 비상계엄을 선포하였다. 정변을 일으킨 군인들은 군사 혁명 위원회를 조직하여 정권을 장악하고 혁명 공약을 발표하였다. 한편 1969년 닉슨 독트린이 발표되고 냉전 체제의 완화 조짐이 나타나면서 베트남에서 미군 철수, 주한 미군 감축 결정이 내려졌다. 이와 같은 국제 정세의 변화는 박정희 정부에 위기감을 불러일으켰다. 긴장 완화와 평화 공존의 분위기가 조성된 국제 정세 속에서 1972년 7·4 남북 공동 성명이 발표되었다. 1972년 10월 17일 박정희 대통령은 남북 대화와 평화 통일을 구실로 대통령 특별 선언을 발표하고 10월 유신을 선포하였다. 이와 동시에 전국에 비상계엄을 선포하여 국회를 해산하고 모든 정치 활동의 금지, 언론·출판·보도·방송의 사전 검열, 각 대학 휴교 등의 조치를 취하였다.

개념잡는 오답풀이

ㄱ. 4·19 혁명 과정에서 있었던 사실이다.
ㄷ. 긴급 조치는 유신 체제 성립 이후 발효되었다.

663 유신 헌법 답 ②

깊이있는 정답풀이

한국적 민주주의 토착화라는 말로 국민을 호도하여 유신적 개혁을 단행한 헌법은 7차 개정 헌법(유신 헌법)이다. 유신 헌법은 대통령의 중임 제한을 없앴고, 대통령에게 국회 의원 3분의 1 추천권, 법관 인사권, 국회 해산권을 비롯하여 국민의 기본권을 제한할 수 있는 긴급 조치권을 부여하였다.

② 유신 헌법에서는 대통령의 임기를 6년으로 하였다. 8차 개정 헌법에서 7년 단임제의 대통령제를 규정하였다.

664 유신 체제 시기 사회 모습 답 ⑤

깊이있는 정답풀이 추론 TIP 긴급 조치권 → 유신 헌법 → 유신 체제 성립

> 제53조 대통령은 천재지변 또는 중대한 재정·경제상의 위기에 처하거나, 국가의 안전 보장 또는 공공의 안녕질서가 중대한 위협을 받을 우려가 있어, 신속한 조치를 할 필요가 있다고 판단할 때에는 내정·외교·국방·경제 등 국정 전반에 걸쳐 필요한 긴급 조치를 할 수 있다.

제시된 자료는 유신 헌법의 긴급 조치권과 관련된 내용이다. 유신 헌법은 박정희 대통령이 장기 집권을 위해 1972년에 마련한 헌법이다. 특히 대통

령에게 주어진 긴급 조치권은 국민의 기본권을 제한할 수 있는 초헌법적인 권한으로 박정희 대통령은 이를 자신의 반대 세력을 억압하는 데 이용하였다. 1972년 10월 유신으로 성립된 유신 체제는 1979년 10·26 사태로 박정희 대통령이 피살되면서 사실상 막을 내리게 되었다. 1974년 중앙정보부는 학생들의 유신 반대 운동을 진압하기 위해 인민 혁명당이라는 간첩단을 조작하여 관련자들을 잡아들였는데, 이를 제2차 인혁당 사건이라고 한다. 1976년 재야인사들은 명동 성당에 모여 유신 체제를 비판하는 3·1 민주 구국 선언을 발표하였다. 제4차 경제 개발 5개년 계획은 1977년부터 1981년까지 실시되었고, 1972년 국민 투표를 통해 확정된 유신 헌법은 통일 주체 국민 회의에서 대통령을 선출하도록 규정하였다.

⑤ 유신 헌법이 시행되기 전인 1972년 7월 4일에 서울과 평양에서 동시에 발표된 7·4 남북 공동 성명은 자주·평화·민족 대단결 등 최초로 남북이 합의한 평화 통일 원칙을 담고 있다.

1등급 가이드

1972년 10월 유신에 따라 성립된 유신 체제 기간의 사회 모습을 묻는 문항이 자주 출제되고 있습니다. 특히, 통일 주체 국민 회의에서 대통령을 선출하는 간선제 방식, 긴급 조치권에 따른 민주주의 억압 상황, 이에 맞선 대표적인 유신 체제 반대 운동을 정리해 두세요.

665 유신 체제 시기 정치 상황 답 ③

깊이있는 정답풀이

단일 후보로 반대표가 전혀 없는 것을 통해 유신 체제 때임을 알 수 있다. 전두환은 1980년에 5·18 민주화 운동을 진압한 후 유신 헌법에 따라 통일 주체 국민 회의를 통해 대통령에 취임하였다. 그리고 7년 단임의 대통령 간선제를 주요 내용으로 하는 개헌을 단행한 뒤 다시 대통령에 당선되었다.

개념잡는 오답풀이

① 이승만 정부는 반공주의를 내세워 국가 보안법을 개정하였다.
② 4·13 호헌 조치는 전두환 정부 시기인 1987년에 발표되었다.
④ 유신 헌법은 7·4 남북 공동 성명이 발표된 이후에 제정되었다.
⑤ 이승만 정부와 자유당이 자행한 3·15 부정 선거에 반발하여 마산에서 시위가 발생하였다.

1등급 가이드

1960년대 박정희 정부와 1972년 이후 유신 체제 시기 박정희 정부는 구분해서 생각해야 합니다. 실제로 각 시기에 있었던 일을 모두 선지로 배치하는 문제가 많아 함정에 빠지기 쉽기 때문이죠. 박정희 정부 시기에 있었던 일들을 유신 체제 성립 이전과 이후로 구분하여 알아 둡시다.

666 긴급 조치 시행 당시의 사회 모습 답 ①

깊이있는 정답풀이

(가)는 유신 헌법에 규정된 긴급 조치이다. 박정희 정부는 1972년 10월 비상계엄을 통해 헌법 효력을 정지시키고, '한국적 민주주의'를 내세운 유신 헌법을 공포하였다. 정부는 1974년 1월부터 긴급 조치를 잇달아 발동하여 민주 인사들을 투옥 또는 해직시켰다. 유신 체제는 개인의 자유와 정치 활동을 제약하여 민주주의 기본 원리를 무시한 독재 체제였다.

개념잡는 오답풀이

② 1952년에 이승만 정부는 발췌 개헌을 통해 정권을 유지하려 하였다.
③ 1950년 이승만 정부 때 농지 개혁이 실시되었다.
④ 1982년에 교복과 두발 자율화가 시행되었다.
⑤ 1949년에 반민 특위가 해산되었다.

667 1970년대 후반의 정치 상황 답 ②

깊이있는 정답풀이

3·1 민주 구국 선언은 1976년 윤보선, 김대중, 함석헌 등 재야인사들이 유신 체제에 반대하여 발표한 것이다. 당시에는 유신 체제에 반대하여 헌법 개정을 요구하는 민주화 운동이 일어나고 있었다.

개념잡는 오답풀이

ㄴ. 민주 공화당은 5·16 군사 정변 이후의 군정 당시 민정 이양을 준비하는 과정에서 1963년에 창당되었다.
ㄹ. 전두환이 집권한 후 1980년에 이루어진 8차 개헌의 내용이다.

668 YH 무역 사건 답 ②

깊이있는 정답풀이

제시문은 YH 무역 사건과 관련된 글이다. 1970년대 말 제2차 석유 파동으로 경제 위기를 맞자 많은 기업들이 도산하였다. 이런 상황에서 YH 무역 사건이 발생하였는데, 진압 과정에서 여성 노동자가 사망하였다. 이로 인해 박정희 정부에 대한 여론이 악화되기 시작했으며, 여기에 김영삼 의원이 국회 의원에서 제명되면서 부마 민주 항쟁이 발생하였다. 부마 민주 항쟁은 10·26 사태로 박정희 대통령이 피살되어 유신 체제가 사실상 끝나면서 종결되었다.

② 한일 기본 조약은 1965년에 체결되었다.

669 박정희 정부 시기 답 ②

깊이있는 정답풀이

추론 TIP 박정희 정부 시기의 정치 상황
한일 회담 반대 시위(1964) → 브라운 각서(1966) → 유신 헌법(1972) → 3·1 민주 구국 선언(1976)

(가)는 1964년 한일 회담 반대 시위 당시 제기된 구호들이다. (나)는 베트남 파병 시 미국과 체결한 브라운 각서의 일부이다. (다)는 유신 체제에 대한 저항으로 나타났던 1976년의 3·1 민주 구국 선언이다. (라)는 대통령의 긴급 조치권을 규정한 유신 헌법(1972)이다. 따라서 발표된 순서대로 나열하면 (가) - (나) - (라) - (다)이다.

1등급 가이드

제시된 (가)~(라)는 박정희 정부 시기를 보여 주는 대표적인 사료로 반드시 알고 있어야 합니다. 한일 굴욕 회담, 베트남 파견, 민주 구국 선언, 긴급 조치 등 사료에서 핵심 키워드를 빠르게 도출하는 훈련이 필요합니다.

670 12·12 사태 답 ⑤

깊이있는 정답풀이

1979년 12월 전두환을 중심으로 하는 이른바 신군부 세력은 병력을 동원하여 상급자인 계엄 사령관을 체포하고 군권을 장악한 후 정치적 실권까지 장악하였는데, 이를 12·12 사태라고 한다. 신군부는 1980년 봄, 민주화에 대한 국민적 요구가 거세게 일어나자 5·17 비상계엄을 전국으로 확대하였다.

개념잡는 **오답풀이**

① 12·12 사태 이전에 박정희 대통령이 피살되었다(10·26 사태).
② 5·18 민주화 운동은 12·12 사태 이후에 일어났다.
③ 5·18 민주화 운동 이후의 상황이다.
④ 5·16 군사 정변에 대한 내용이다.

671 5·18 민주화 운동의 배경 답 ②

깊이있는 **정답풀이**

제시된 자료는 5·18 민주화 운동에 대한 것이다. 12·12 사태 이후 신군부가 실권을 장악하자 민주주의 헌정의 회복을 요구하는 대규모 시위가 전개되었다(서울의 봄). 이에 신군부는 계엄령을 전국으로 확대하여 민주화 요구에 대한 무력 진압을 시작하였다. 5·18 민주화 운동 당시 신군부가 시위를 과잉 진압하는 과정에서 시민이 무장하고 계엄군과 대치하는 상황이 발생하였고, 계엄군이 이를 무력으로 진압하여 수백 명의 사상자가 발생하였다.

개념잡는 **오답풀이**

① 4·19 혁명에 대한 설명이다.
③ 김영삼의 국회 의원 제명으로 부마 민주 항쟁이 촉발되었다.
④ 회사의 폐업 조치에 항의하던 YH 무역 여성 노동자가 경찰의 강제 진압으로 사망하는 사건이 발생하였다(YH 무역 사건, 1979). 이는 유신 체제 반대 운동으로 이어졌다.
⑤ 6월 민주 항쟁의 배경 중 하나이다.

672 5·18 민주화 운동의 의의 답 ④

깊이있는 **정답풀이**

제시문은 5·18 민주화 운동 당시에 제기된 주장이다. 5·18 민주화 운동에 관한 기록물은 세계적인 의의를 인정받아 2011년 5월 유네스코 세계 기록 유산에 등재되었다.

개념잡는 **오답풀이**

① 한일 국교 정상화에 반대하여 1964년 6·3 시위 등이 일어났다.
② YH 무역 사건과 관련하여 김영삼이 박정희 정부를 비난하자 여당은 김영삼을 국회 의원에서 제명하였다. 이에 반발하여 부마 민주 항쟁이 일어났다.
③ 3·15 부정 선거를 계기로 1960년 4·19 혁명이 일어났다.
⑤ 1976년 3월 1일 일부 재야 정치인들과 가톨릭 신부, 개신교 목사, 대학 교수 등이 민주 구국 선언문을 발표하여 유신 체제를 비판하였다.

673 전두환 정부 답 ①

깊이있는 **정답풀이**

제시된 자료는 전두환을 중심으로 한 신군부 세력의 5·18 민주화 운동 진압과 관련 있다. 전두환 정부는 국가 보안법을 이용해 민주화 운동과 인권을 탄압하고 언론을 통제하는 강권 통치를 자행하는 한편, 국민의 불만을 회유하고자 해외여행 자율화, 야간 통행금지 해제, 중고생의 교복과 두발 자유화 등 유화 정책을 실시하였다. 특히 정치적 관심을 연예나 오락으로 돌리기 위해 프로 야구와 프로 씨름을 창설하였다.

① 전두환은 12·12 사태로 실질적인 권력을 장악한 이후 5·18 민주화 운동을 무력으로 진압하고 대통령에 취임하였다.

674 국가 보위 비상 대책 위원회 답 ①

깊이있는 **정답풀이**

신군부는 전두환을 상임 위원장으로 하는 국가 보위 비상 대책 위원회를 조직하여 정권을 장악하였다. 국가 보위 비상 대책 위원회는 삼청 교육대를 창설하여 강압적인 정치를 하였으며, 최규하 대통령을 물러나게 하고 1980년 통일 주체 국민 회의에서 전두환을 대통령으로 선출하였다. 이후 새로운 헌법을 마련하여 민주 정의당을 창당한 전두환을 1981년 제12대 대통령으로 선출하였다.

개념잡는 **오답풀이**

② 부마 민주 항쟁은 1979년에 발생하여 박정희 정부를 무너뜨리는 데 영향을 주었다.
③ 야간 통행금지 해제는 전두환 정부가 수립된 후인 1982년에 실시되었다.
④ 5·18 민주화 운동은 1980년에 발생하였으며, 신군부는 5·18 민주화 운동을 진압한 뒤 국가 보위 비상 대책 위원회를 조직하였다.
⑤ 민주 공화당을 창당한 것은 박정희이다. 전두환은 민주 정의당을 창당하였다.

1등급 가이드

12·12 사태로 정권을 장악한 신군부 세력이 조직한 국가 보위 비상 대책 위원회 시기의 활동을 그 이전, 이후 시기와 구분하여 정리해 두어야 합니다.

675 주요 개헌 과정과 내용 답 ④

깊이있는 **정답풀이**

대한민국 헌정 전개 과정에서 모두 9차에 걸친 개헌이 이루어졌는데, 대부분의 개헌은 이승만 정부와 박정희 정부 당시 이승만과 박정희의 장기 집권 또는 종신 집권을 목적으로 추진되었다. 특히 박정희 정부가 단행한 7차 개헌은 대통령의 권한을 극대화하면서 삼권 분립의 원칙마저 훼손시켜 대통령이 입법부와 사법부를 통제할 수 있도록 만들어졌다.

개념잡는 **오답풀이**

① (가) 국회에서의 간선제로는 대통령에 재선되기 어려웠던 이승만은 재집권할 목적에서 직선제 개헌을 추진하였다.
② (나) 개헌 당시 대통령의 연임 제한을 철폐한 개헌으로, 이승만의 장기 집권을 목적으로 이루어졌다.
③ (다) 박정희가 재집권을 목적으로 단행한 개헌이다.
⑤ (마) 유신 헌법에 대한 국내외의 비판 여론을 무마하기 위한 것이었으며, 전두환 정부가 계속 집권하였다.

676 6월 민주 항쟁의 구호 답 ④

깊이있는 **정답풀이**

제시된 자료 중 '대통령까지 국민들의 손으로 뽑게 될 수 있을 때에도' 등을 통해 6월 민주 항쟁과 관련된 내용임을 알 수 있다. 전두환이 4·13 호헌 조치를 발표하자, 이에 반발하여 야당 정치인과 재야 세력은 호헌 철폐를 주장하며 대통령 직선제 및 민주화를 요구하는 시위를 전개하였다. 6월 민주 항쟁은 6·29 민주화 선언을 이끌어 내며 대통령 직선제 개헌을 이루었다.

개념잡는 **오답풀이**

① 1960년 이승만 정부의 3·15 부정 선거에 항의하며 일어난 4·19 혁명과 관련된 구호이다.
② 1980년 신군부 퇴진과 계엄령 철폐 등을 요구하며 일어난 5·18 민주화 운동과 관련된 구호이다.
③ 박정희 정부의 한일 국교 정상화에 반발하며 야당과 대학생이 전개한 6·3 시위와 관련된 구호이다.
⑤ 긴급 조치 철폐, 민주 인사 석방 등은 박정희 정부의 유신 체제에 저항하는 내용이다.

677 6월 민주 항쟁의 결과 답②

깊이있는 **정답풀이**

전두환의 4·13 호헌 조치와 박종철 고문치사 사건 등을 배경으로 전국적으로 확대된 6월 민주 항쟁은 국민들의 직선제 개헌 요구를 수용한 6·29 민주화 선언을 이끌어 냈다. 그 결과 5년 단임의 대통령 직선제 개헌이 이루어졌고, 사회 각 부분에서 민주화가 진전되어 갔다. 이에 따라 활성화된 노동 운동은 사무직 노동자로까지 확산되었다.

개념잡는 **오답풀이**

ㄱ. 5·16 군사 정변으로 정권을 장악한 박정희는 민주 공화당의 후보로 대통령 선거에 출마하여 당선되었다.
ㄷ. 5·18 민주화 운동을 무력으로 진압한 뒤 전두환은 최규하를 대통령직에서 물러나게 하고 통일 주체 국민 회의를 통해 대통령에 취임하였다(1980). 그리고 7년 단임의 대통령 간선제를 주요 내용으로 하는 개헌을 단행하고 이 헌법에 따라 실시된 선거에서 다시 대통령에 당선되었다(1981).

678 4·19 혁명과 6월 민주 항쟁 답③

깊이있는 **정답풀이**

(가) 3·15 부정 선거를 규탄한 4·19 혁명을 계기로 이승만 정부가 붕괴하면서 민주당 내각이 수립되었으며, (나) 6월 민주 항쟁을 계기로 전두환 정부의 독재를 막고 대통령 직선제 개헌을 이루었다. 두 사건 모두 독재 정권의 장기 집권 의도를 분쇄한 민주화 운동으로 민주주의 발전에 중요한 계기가 되었다.

③ 7년 단임의 간접 선거에 의한 대통령 선출 제도는 전두환 정부에 의해 성립되었다. 6월 민주 항쟁의 결과 5년 단임의 대통령 직선제가 확립되었다.

679 민주화를 위한 노력 답②

깊이있는 **정답풀이**

(가) 3·15 부정 선거에 반발하여 1960년에 학생들이 중심이 되어 부정 선거 무효와 재선거를 주장하며 4·19 혁명을 일으켰다. (나) 대통령 선거인단이 대통령을 뽑는 기존 헌법에 대한 호헌 조치와 박종철 고문치사 사건 등을 배경으로 1987년에 6월 민주 항쟁이 일어났다. (다) 1979년 일어난 부마 민주 항쟁은 부산과 마산에서 박정희의 유신 체제에 대항한 민주화 운동이다. (라) 5·18 민주화 운동은 1980년 5월 18일부터 27일까지 신군부 세력의 퇴진 및 계엄령 철폐 등을 요구하며 전개한 민주화 운동이다. 따라서 일어난 순서대로 나열하면 (가) - (다) - (라) - (나)이다.

680 제9차 개헌의 배경 답③

깊이있는 **정답풀이**

제시된 자료는 헌법의 대통령 선출 방식 변화 즉, 대통령 선거인단이 대통령을 간접 선출하는 방식에서 국민들의 직접 선거를 통해 선출하는 방식으로 변한 것을 보여 준다. 선거인단에 의한 대통령 간선제는 제8차 개정 헌법에 담겨 있는 내용이며, 이 헌법을 직선제 개헌(9차 개헌)으로 이끌었던 것은 1987년 6월 민주 항쟁이었다.

개념잡는 **오답풀이**

① 군정 당국에 의해 추진된 5차 개헌은 내각 책임제를 대통령 중심제로 바꾸는 개헌이었다.
② 4·19 혁명에 의해 이루어진 3차 개헌은 대통령 직선제를 내각 책임제로 바꾼 것이다.
④ 7·4 남북 공동 성명 발표 이후 유신 헌법이 제정되었다(7차 개헌).
⑤ 신군부는 유신 헌법을 부분적으로 손질해 선거인단이 대통령을 간접 선출하도록 규정하였다(8차 개헌).

681 역대 헌법 개정의 특징 답④

깊이있는 **정답풀이**

(가)의 제헌 헌법에서는 대통령을 국회에서 선출하도록 규정하였다. (나)의 3차 개헌은 4·19 혁명 이후 허정 과도 정부에서 민주당 주도로 이루어진 개헌이었다. (다)의 7차 개헌으로 마련된 유신 헌법에서는 대통령이 입법부와 사법부를 통제할 수 있었다. (마)의 9차 개헌은 1987년 6월 민주 항쟁의 결과로 이루어졌으며, 국민들의 직선제 요구를 수용하였다.

④ 통일 주체 국민 회의에서 대통령을 선출한 것은 유신 헌법이고, (라)의 8차 개정 헌법에서는 대통령 선거인단이 대통령을 선출하도록 규정하였다.

1등급 가이드

역대 헌법의 특징은 개헌 당시 정치적 상황과 연결되기 때문에 관련 사건들과 함께 파악해 두어야 합니다. 특히, 독재 체제를 구축하였던 정부 시기의 개헌 내용과 1987년 9차 개헌의 내용을 비교하여 알아 둡시다.

682 대통령 선출 방식의 변화 답⑤

깊이있는 **정답풀이**

(나) 1960년 3차 개헌에서는 국회에서 대통령을 선출했지만, (다) 1972년 7차 개헌 후에는 통일 주체 국민 회의에서 대통령을 선출하였다. 박정희는 1972년 10월 17일 비상계엄을 선포하여 국회를 해산하였다. 곧이어 헌법을 개정하여 대통령 임기를 6년으로 하고 중임 제한을 없앴으며, 통일 주체 국민 회의에서 간선제로 선출하게 하였다.

683 전두환 정부의 정책 답 ③

깊이있는 정답풀이

추론 TIP 꽃다운 젊은이를 야만적인 고문으로 죽여(박종철 고문치사 사건), 국민적 여망인 개헌을 일방적으로 파기(4·13 호헌 조치) → 전두환 정부 시기 6월 민주 항쟁

> 국민 합의를 배신한 이 조치는 무효임을 전 국민의 이름으로 선언한다. …… 국가의 미래요 소망인 꽃다운 젊은이를 야만적인 고문으로 죽여 놓고 그것도 모자라 뻔뻔스럽게 국민을 속이려 했던 현 정권에게 국민의 분노가 무엇인지를 분명히 보여 주고, 국민적 여망인 개헌을 일방적으로 파기한 이 조치를 철회시키기 위한 민주 장정을 시작한다.

1987년 박종철 고문치사 사건으로 국민들의 분노가 커지는 가운데 전두환 정부가 4·13 호헌 조치를 발표하자 6월 민주 항쟁이 일어났다. 한편 전두환 정부는 야간 통행금지 해제, 두발과 교복 자율화, 해외여행 자율화 등의 유화 조치를 취하였다.

개념잡는 오답풀이

① 이승만 정부는 정부에 비판적인 경향신문을 폐간하였다.
② 박정희 정부는 미국의 요청에 따라 베트남에 국군을 파병하였다.
④ 이승만 정부와 자유당은 대통령에 이승만, 부통령에 이시영을 당선시키기 위해 대대적인 부정을 저질렀다(3·15 부정 선거).
⑤ 박정희 정부는 1972년에 유신 헌법을 제정하였다.

STEP 3 서술형 풀어 보기 164~165쪽

684 4·19 혁명의 배경

(1) 답 4·19 혁명
(2) 모범답안 이승만 정부의 독재와 부정부패, 경기 침체로 국민의 불만이 고조되었으며, 1960년 3월 15일에 시행된 정·부통령 선거에서 대대적인 부정이 자행되었다.

채점 기준	수준
4·19 혁명의 배경 두 가지를 모두 서술한 경우	상
위 내용 중 한 가지만 서술한 경우	하

685 4·19 혁명의 의의

(1) 답 4·19 혁명
(2) 모범답안 이승만은 대통령직에서 물러났고, 이승만 중심의 자유당 정권은 붕괴하였다. 4·19 혁명은 학생과 시민의 힘으로 독재 정권을 무너뜨린 민주주의 혁명으로, 이후 민주화 운동에 영향을 주었다.

채점 기준	수준
이승만 퇴진, 자유당 정권 붕괴, 학생과 시민이 일군 민주주의 혁명임을 모두 서술한 경우	상
이승만 퇴진, 학생과 시민이 일군 민주주의 혁명임을 서술한 경우	중
위 내용 중 한 가지만 서술한 경우	하

686 장면 내각의 한계

(1) 답 장면 내각(장면 정부)
(2) 모범답안 민주당 내부에서 구파와 신파가 갈등을 겪었다. 부패 세력에 대한 처벌에 소극적이었고, 오히려 새로운 치안 법률을 내세워 시민운동을 억눌렀다.

채점 기준	수준
민주당 내부의 갈등, 부패 세력에 대한 소극적 처벌, 시민운동 탄압 중 두 가지 이상 서술한 경우	상
위 내용 중 한 가지만 서술한 경우	하

687 한일 회담 반대 시위

모범답안 6·3 시위, 학생과 시민들은 식민 지배에 대한 일본의 반성 및 사과와 배상이 이루어지지 않은 상태에서의 회담은 굴욕적인 대일 외교라며 반대하였다. 이에 정부는 비상계엄을 선포하고, 군대를 동원해 시위를 탄압한 후 1965년 한일 협정을 체결하였다.

채점 기준	수준
6·3 시위를 쓰고, 굴욕적인 대일 외교에 반대·정부의 시위 탄압 후 한일 협정 체결을 모두 서술한 경우	상
6·3 시위를 쓰고, 위 내용 중 한 가지만 서술한 경우	중
6·3 시위라고만 쓴 경우	하

688 유신 체제의 성립과 실상

모범답안 미국이 1969년 닉슨 독트린 선언 후 북한과의 화해를 권유하면서 반공 정책을 강력하게 추진하기 어려워졌고, 경제 성장률 또한 하락하였다. 유신 단행 후 대통령에게 국회 해산권, 긴급 조치권 등 막강한 권력을 부여한 유신 헌법을 통과시켜 영구 독재 체제를 구축하려 하였다.

채점 기준	수준
유신 체제의 성립 배경(닉슨 독트린의 영향으로 반공 정책 약화, 경제 성장률 하락)과 체제의 실상(박정희 영구 독재 체제 구축)을 모두 서술한 경우	상
유신 체제의 성립 배경의 일부와 체제의 실상을 서술한 경우	중
위 내용 중 한 가지만 서술한 경우	하

689 5·18 민주화 운동의 의의

모범답안 5·18 민주화 운동은 1980년대 우리나라 민주화 운동의 원동력이 되었다. 또한 필리핀, 타이완 등 아시아 여러 나라의 민주화 운동에 영향을 주었다.

채점 기준	수준
1980년대 민주화 운동의 원동력, 아시아 여러 나라의 민주화 운동에 영향을 주었음을 모두 서술한 경우	상
위 내용 중 한 가지만 서술한 경우	하

690 전두환 정부의 정책

(1) 답 (가) 삼청 교육대, (나) 전두환 정부

(2) 모범답안 유화 정책으로는 과외 금지, 중고생의 두발과 교복 자율화, 야간 통행금지 해제, 해외여행 자율화, 프로 야구 출범 등이 있습니다. 그러나 이는 국민의 불만을 누그러뜨리기 위한 술책이었습니다.

채점 기준	수준
전두환 정부의 유화 정책의 내용을 최소 두 가지 이상 쓰고, 국민의 불만을 무마하기 위한 수단이었음을 서술한 경우	상
위 내용 중 일부만 서술한 경우	하

691 6월 민주 항쟁의 결과

모범답안 6월 민주 항쟁, 전두환 정부는 시위가 전국으로 확산되자 결국 굴복하여 여당 대통령 후보인 노태우의 이름으로 직선제 요구를 수용한다는 내용 등이 담긴 6·29 민주화 선언을 발표하였다.

채점 기준	수준
6월 민주 항쟁을 쓰고, 직선제 개헌을 수용한다는 내용의 6·29 민주화 선언 발표를 서술한 경우	상
6월 민주 항쟁이라고만 쓴 경우	하

04 문화 변동과 일상생활

STEP 1 O/X 문제로 교과서 핵심 자료 보기 168~169쪽

692 O	693 O	694 X	695 X	696 O	697 X
698 X	699 O	700 O	701 O	702 X	703 O
704 X	705 O	706 O	707 O	708 O	709 O
710 X	711 O	712 X	713 O	714 O	715 X

STEP 2 객관식 풀어 보기 170~175쪽

716 ⑤	717 ④	718 ④	719 ②	720 ①	721 ④
722 ③	723 ②	724 ②	725 ①	726 ①	727 ⑤
728 ③	729 ①	730 ①	731 ③	732 ②	733 ⑤
734 ③	735 ③	736 ③	737 ③	738 ⑤	739 ②

716 삼백 산업의 발달 답 ⑤

깊이있는 정답풀이

미국의 경제 원조로 한국인은 기아에서 벗어날 수 있었지만, 우리나라 농업 기반은 크게 약화되었다. 값싼 미국산 면화가 들어오면서 우리나라 면화 재배는 거의 사라지게 되었고, 밀도 마찬가지였다. 잉여 농산물 도입과 정부의 저곡가 정책으로 쌀값마저도 실질 가격이 하락하였다. 반면, 미국의 원조 물자를 바탕으로 한 삼백 산업이 발달하였다.

⑤ 기업들 또한 소비재에 투자를 집중하였다.

717 1950년대 경제 상황 답 ④

깊이있는 정답풀이

6·25 전쟁 이후 미국의 경제 원조로 국내 부족량보다 외국으로부터의 양곡 도입량이 훨씬 많아졌으며, 초과 도입량까지 나타났다. 따라서 국내 곡가가 폭락하면서 소비자들의 생활은 안정되었으나, 농가의 소득은 급격하게 악화되었다. 반면 미국의 경제 원조는 전쟁 이후 기아 상태를 벗어나는 데에는 도움이 되었다.

개념잡는 오답풀이

ㄱ. 제시된 그래프로는 공업화 여부를 알 수 없다.

ㄷ. 양곡의 초과 도입으로 국내 곡가는 불안정하였다.

718 1949~1977년의 경제 상황 답 ④

깊이있는 정답풀이

(가)는 1949년 경자유전의 원칙에 따라 한 가구당 3정보를 소유 상한선으로 하고 그 이상의 토지는 국가가 유상 매입하고 소작농에게 유상 분배하는 것을 내용으로 하는 농지 개혁법에 대한 설명이다. (나)는 정부 주도의 경제 정책으로 수출액 100억 달러를 달성한 1977년의 상황이다. 1962년부터 박정희 정부는 경제 개발 5개년 계획을 추진하였다.

④ 1980년대 중반 저금리, 저달러, 저유가의 3저 현상에 힘입어 경제 호황을 누렸다.

719 제1, 2차 경제 개발 계획의 추진 답 ②

깊이있는 정답풀이

제시된 자료는 낮은 임금으로 고용할 수 있는 풍부한 노동력을 바탕으로 섬유, 합판, 가발 등 경공업 제품을 만들어 외국에 수출한 제1, 2차 경제 개발 계획이 추진되던 시기(1962~1971)의 상황을 보여 준다. 전태일은 1970년 근로 기준법 준수 등을 요구하며 분신하였다.

개념잡는 오답풀이

① YH 무역 사건은 1979년에 발생하였다.
③ 삼백 산업은 1950년대에 발달하였다.
④ 1990년대 세계화의 영향으로 자본을 전면 개방하였으나, 외환 위기를 맞았다. 이때 부실기업 정리 등을 통해 위기를 극복하고자 하였다.
⑤ 1980년대 중반 3저 현상에 힘입어 경제 호황이 지속되었다.

720 한국 경제의 특징 답 ①

깊이있는 정답풀이

수출이 20배 이상 급격히 증가하고 있는 것을 통해 수출 증대가 경제 성장의 동력이었음을 보여 준다. 또한 수출의 증가만큼 수입이 크게 증가한 것을 통해 원자재와 자본재의 해외 의존도가 심화되었음을 알 수 있다.

개념잡는 오답풀이

ㄷ. 수출, 수입의 증가로 무역 의존도가 높아지면서 자연스럽게 대외 의존도가 커졌다.
ㄹ. 미국의 무상 원조는 1958년 이후 급속히 감소하였다. 이 시기 무역외 수지의 증가는 한일 협정에 따른 청구권 자금의 유입, 베트남 파병에 따른 파병 군인의 전투 수당 유입 등이 주된 이유였다.

721 1970년대 경제 상황 답 ④

깊이있는 정답풀이

포항 제철소 준공은 1973년이고, 수출 100억 달러 달성은 1977년이다. 1970년대 박정희 정부는 중화학 공업 육성 정책을 실시하였는데, 포항 종합 제철 준공은 대표적인 예이다. 1961년 4천만 달러에 머물던 수출액은 중화학 공업 우선 정책에 힘입어 1977년에 100억 달러를 돌파하였다. 박정희 정부는 1970년대에 제3, 4차 경제 개발 5개년 계획을 추진하여 중화학 공업을 육성하였다.

개념잡는 오답풀이

① 1980년대 중반 저유가, 저금리, 저달러의 3저 호황에 힘입어 무역 수지에서 흑자를 기록하는 등 한국 경제가 성장하였다.
② 1960년 4·19 혁명 이후 수립된 장면 내각은 경제 개발 5개년 계획을 마련하였으나, 1961년 5·16 군사 정변으로 무너졌다.
③ 6·25 전쟁 후 1950년대에는 미국의 경제 원조에 따라 밀(제분), 사탕수수(제당), 면화(면방직)를 원료로 하는 삼백 산업이 발달하였다.
⑤ 제1차 경제 개발 계획은 1962년부터 1966년까지 추진되었다.

722 1970년대 경제 위기 극복 답 ③

깊이있는 정답풀이

석유를 비롯한 원자재의 대외 의존도가 높은 한국 경제는 두 차례의 석유 파동으로 큰 시련을 겪었다. 1973년 제4차 아랍-이스라엘 전쟁으로 유가가 폭등해 제1차 석유 파동이 발생하였다. 이때에는 중동의 산유국들이 건설 투자를 확대하는 데 우리 기업이 대거 참여함으로써 경제 위기를 극복할 수 있었다.

개념잡는 오답풀이

① 우루과이 라운드는 자유 무역 촉진을 위한 관세 및 무역에 관한 협정으로, 1986년에 발표되어 1993년 타결되었다.
② 1980년대 중후반에 국제 경기가 저유가, 저금리, 저달러 상태로 돌아서면서 물가가 안정되고 우리 경제가 호황을 누렸다(3저 호황).
④ IMF 구제 금융 이후 국내의 많은 회사가 외국 자본에 매각되고, 외국인의 투자가 확대되었다.
⑤ 이승만 정부 시기인 1950년대에 미국의 경제 원조로 우리 경제는 삼백 산업에 치중하여 발전하였다.

723 박정희 정부 시기의 사회 답 ②

깊이있는 정답풀이

제시된 자료는 1970년에 준공된 경부 고속 국도이다. 경부 고속 국도를 준공한 박정희 정부는 서울 도심을 정비하기 위해 10만여 명을 경기도 광주로 이주시켰다. 그런데 당초의 약속과 달리 거주 공간 등이 제대로 마련되지 않아 이주민들이 크게 반발하였다(광주 대단지 사건, 1971).

개념잡는 오답풀이

① 12·12 사태로 정권을 장악한 전두환 등 신군부 세력이 삼청 교육대를 설치하였다.
③ 1986년부터 우루과이에서 열린 관세 및 무역에 관한 일반 협정(GATT)의 다자간 무역 협상에서 농산물, 섬유, 철강 등의 교역 문제 등이 논의되었다. 우루과이 라운드는 1993년 완전 타결되었다.
④ 1980년대 중후반에 3저 호황으로 수출이 크게 증가하였다.
⑤ 1950년대 미국의 원조로 인해 삼백 산업이 발달하였다.

724 1960~70년대 경제와 사회 답 ②

깊이있는 정답풀이

그래프의 (가) 시기는 제1, 2차 경제 개발 5개년 계획이 실시된 1960년대이다. 이 시기에는 경공업이 크게 발전하며 이촌향도 현상이 두드러지게 나타나고, 주곡 자급 정책 등이 실시되며 농가 경제가 어려움에 처하자 이중 곡가제 등이 실시되었다. (나) 시기는 제3, 4차 경제 개발 5개년 계획이 실시된 1970년대이다. 이 시기에는 중공업이 크게 발전하였고, 산업화가 발전하며 빈부 격차, 노동 문제 등에 대한 문제 제기가 많아졌다. 이와 같은 과정에서 1977년 의료비 경감을 위해 의료 보험 제도가 실시되었다.

개념잡는 오답풀이

ㄴ. 상업적 프로 스포츠는 전두환 정부 시기에 처음 실시되었다.
ㄹ. 경부 고속 국도는 1970년에 개통되었다.

725 1960년대의 한국 사회 답 ①

깊이있는 정답풀이

한일 국교 정상화는 1965년에 이루어졌다. 1966년 한국과 서독은 특별 고용 계약을 체결하여 한국 정부는 광부 3천 명과 간호사 3천 명을 서독에 파견하였다. 한편, 박정희 정부는 미국과의 합의에 따라 1964년 처음으로 베트남에 국군을 파병하였다.

개념잡는 **오답풀이**

② 삼백 산업은 1950년대에 발달하였다.
③ 1987년 6월 29일 여당의 대통령 후보였던 노태우가 국민들의 민주화와 직선제 개헌 요구를 받아들인다는 특별 선언을 하였다.
④ 경부 고속 국도는 1970년에 개통되었다.
⑤ 한국은 1977년 수출 100억 달러를 달성하였다.

726 1970년대 사회 모습 답 ①

깊이있는 **정답풀이**

(가)는 새마을 운동을 독려하는 새마을 노래, (나)는 1970년 김민기가 작사·작곡하고 양희은이 부른 「아침 이슬」이다. 1970년대 청년들을 중심으로 청바지, 통기타 등이 유행하였으며, 유신 체제를 반대하는 민주화 운동이 전개되었다.

① 과외 금지와 대학 입학 본고사 폐지는 전두환 정부 시기에 발표된 정책이다.

727 1980년대 중반 경제 상황 답 ⑤

깊이있는 **정답풀이**

1980년대 중후반에는 저유가, 저금리, 저달러의 3저 호황에 힘입어 무역 수지에서 흑자를 기록하는 등 한국 경제가 성장하였다.

개념잡는 **오답풀이**

① 삼백 산업은 미국의 원조 물자에 힘입어 1950년대에 성장하였다.
② 농지 개혁법은 이승만 정부 시기인 1949년에 제정되었고 1950년부터 실시되었다.
③ 베트남 특수는 1964년부터 1973년까지 베트남 파병의 영향으로 나타났다.
④ 제1차 경제 개발 5개년 계획은 1962년부터 1966년까지 전개되었다.

728 새마을 운동 답 ③

깊이있는 **정답풀이**

1970년에 시작된 새마을 운동은 근면, 자조, 협동을 바탕으로 한 지역 사회 개발 운동으로 전개되었다. 처음에는 농촌의 소득 증대 사업으로 시작되어 점차 도시로 확대되었으며, 전국적인 의식 개혁 운동으로 이어졌다. 새마을 운동으로 주택 개량, 농지 정리, 하천 정비 등 농촌의 생활 환경이 개선되고, 소득이 높아지는 효과가 나타났다.

③ 1986년 9월 우루과이에서 첫 회합이 열린 이래 여러 차례의 협상을 거친 후 1995년부터 발효된 우루과이 라운드에 의해 농·축산물 수입이 전면 개방되었다.

729 박정희 정부 시기 농민 운동 답 ①

깊이있는 **정답풀이**

정부의 저곡가 정책과 새마을 운동 등을 통해 박정희 정부 시기 농민 운동에 대한 대화임을 알 수 있다. 1970년대를 전후하여 정부의 농업 정책에 저항하는 농민들의 움직임이 나타났다. 특히 1976년에는 전라남도 함평에서 고구마 피해 보상 운동이 일어나 정부의 보상을 받는 성과를 거두었고, 이후 농민들은 전국적인 농민 단체를 결성하여 농민 운동을 전개해 나갔다.

개념잡는 **오답풀이**

② 일제 강점기인 1923년에 전라남도 암태도의 농민들이 높은 소작료 등에 저항하며 소작 쟁의를 일으켰다.
③ 제헌 국회가 제정한 농지 개혁법에 따라 농지 개혁이 추진되면서 농지의 유상 매수·유상 분배가 이루어졌다.
④ 김영삼 정부 시기 농산물 수입 시장 개방과 우루과이 라운드 협상에 반대하는 농민 운동이 전개되었다.
⑤ 이승만 정부 시기에는 미국의 경제 원조로 받은 잉여 농산물을 국내에서 가공하는 제분, 제당, 면방직 공업 등 삼백 산업이 발달하였다.

730 전태일 분신 사건의 발생 시기 답 ①

깊이있는 **정답풀이**

1970년을 전후하여 노동자들이 스스로의 권리를 되찾기 위해 노력하던 중 청계천에서 재단사로 일하고 있던 전태일의 분신 사건으로 노동 운동이 촉발되었다. 1970년에 경부 고속 국도가 개통되었다.

개념잡는 **오답풀이**

② 1986년 세계 각국이 우루과이에서 다자간 무역 협상 개시를 위한 각료 선언(우루과이 라운드)을 발표하였다.
③ 1950년대의 경제 상황이다.
④ 1977년에 우리나라는 수출액 100억 달러를 돌파하였다.
⑤ 농지 개혁법은 1949년에 제정되어 이듬해 시행되었다

731 전태일 분신 사건의 영향 답 ③

깊이있는 **정답풀이**

박정희 정부는 외국 자본과 기술을 도입하여 값싸고 풍부한 노동력과 결합시켜 수출 주도형 경제 성장 전략을 취하였다. 정부가 수출 경쟁력을 확보하기 위해 노동 운동을 통제하고 저임금 정책을 취함에 따라 노동자들은 저임금과 열악한 노동 조건에 어려움을 겪었다. 이러한 정부 정책에 항의하여 1970년 11월에 서울 청계천 평화 시장에서 재단사로 일하던 전태일이 분신자살하였다. 이 사건으로 1970년대에 노동 운동이 활발해지고 학생, 지식인과 종교인도 노동 운동에 관심을 갖게 되었다.

개념잡는 **오답풀이**

① YH 무역 여성 노동자들의 농성과 부마 민주 항쟁 등이 유신 체제 몰락에 영향을 끼쳤다.
② 1980년대 이후 사무직 노동자들도 노동 운동에 참여하였다.
④ 박정희 정부는 노동자들의 단체 교섭권과 단체 행동권을 제한하는 특별법을 만들었다. 노동자의 권한이 확대된 것은 1980년대 이후이다.
⑤ 1979년 회사의 폐업 조치에 항의하던 YH 무역 여성 노동자가 경찰의 강제 진압으로 사망하는 사건이 발생하였다.

732 경제 성장과 그 이면 답 ②

깊이있는 **정답풀이**

한국 경제는 1960~70년대에 고도성장을 이루었으나, 이면에서 노동자들은 장시간 노동에 시달렸다.

개념잡는 **오답풀이**

ㄴ, ㄹ. 성장 위주 전략은 계층 간 빈부 격차 및 도시와 농촌 간 소득 격차를 크게 만들었다. 수출 가격 경쟁력을 높인다는 명분 아래 저임금 정책이 추진되고, 이를 유지하기 위해 저곡가 정책이 지속되었다. 그 결과 농촌 경제는 파탄에 이르게 되었다.

733 YH 무역 사건 시기 답 ⑤

깊이있는 **정답풀이**

1979년 YH 무역의 여성 노동자들이 임금 체불과 직장 폐쇄에 항의하며 야당 당사에서 농성을 벌였다. 그러자 박정희 정부는 경찰을 투입하여 농성을 진압하였고, 이 과정에서 노동자가 사망하였다(YH 무역 사건). 야당 총재인 김영삼이 외신 기자 회견에서 이를 비판하자 박정희 정부는 김영삼을 국회 의원에서 제명하였고, 이를 계기로 부마 민주 항쟁이 일어났다. 정부 내에서 사태의 해결 방안을 놓고 갈등이 발생한 과정에서 박정희가 중앙정보부장 김재규에게 피살되었다(10·26 사태).

⑤ 발췌 개헌은 1952년, 4·19 혁명은 1960년, 제1차 경제 개발 5개년 계획 시작은 1962년, 3선 개헌은 1969년, 유신 헌법 제정은 1972년의 사실이다.

734 도시 문제 답 ③

깊이있는 **정답풀이**

1960년대 이후 산업화로 도시 인구가 급증하면서 주택난이 발생하자 정부는 이를 해결하기 위해 대규모 아파트 단지를 건설하였다. 이 과정에서 공무원의 부정과 부실 공사로 와우 아파트가 붕괴되는 사고가 발생하였고, 경기도 광주로 집단 이주시킨 철거민을 서울시가 방치하면서 광주 대단지 사건이 일어났다.

개념잡는 **오답풀이**

ㄱ. 일제 강점기 집 안에 부엌과 화장실 등을 갖추고 서양식과 일본식을 절충한 문화 주택이 등장하였다.

ㄹ. 일제 강점기 서울은 일본인이 거주하는 남촌과 한국인이 거주하는 북촌으로 거주 공간이 구분되었다.

735 박정희 정부 시기 생활 모습 답 ③

깊이있는 **정답풀이**

1970년대 청년들 사이에 장발, 청바지, 통기타 등 청년 문화가 유행하자 박정희 정부는 이를 반항과 퇴폐 풍조라 규정하고 1973년 「경범죄 처벌법」을 개정하여 대대적으로 단속하였다. 한편 1945년부터 1982년 1월 5일까지 야간 통행금지가 지속되었다. 전두환 정부는 유화 정책의 일환으로 야간 통행금지를 해제하였다.

개념잡는 **오답풀이**

ㄱ. 4·19 혁명 이후 혁신계와 일부 학생들은 남북 학생 회담을 통한 자주적인 통일 운동을 전개하였다. 그러나 5·16 군사 정변 이후 통일 운동은 중단되었다.

ㄹ. 이승만 정부는 조봉암과 진보당 간부들을 간첩죄와 국가 보안법 위반 등의 혐의를 씌워 구속하고 진보당의 정당 등록을 취소하였다.

736 1980년대 대중문화 답 ③

깊이있는 **정답풀이**

산업화가 진행되고 경제가 성장하면서 라디오, 텔레비전과 같은 대중 매체가 보급되었고, 대중문화도 빠르게 발달하였다. 1980년대에는 컬러텔레비전 방송이 시작되면서 더욱 다양한 대중문화가 발전하였고, 이 시기 전두환 정부의 유화 정책으로 프로 야구, 프로 축구 등 상업 스포츠도 출범하였다.

개념잡는 **오답풀이**

ㄷ. 박정희 정부는 사회 풍속을 해친다는 이유 등을 내세우며 많은 노래를 금지곡으로 지정하였다. 「아침 이슬」은 1975년 금지곡이 되었다.

737 언론 자유 수호 운동 답 ③

깊이있는 **정답풀이**

유신 정권은 언론 통폐합을 추진하고, 프레스 카드제를 실시하여 정부에 비판적인 기자들의 행정 부처 출입을 막았다. 정부의 이러한 언론 장악 시도에 대항하여 언론인들은 1974년 '언론 자유 실천 선언문'을 발표하고 언론 자유 수호 운동을 전개하였다.

개념잡는 **오답풀이**

① 경향신문은 1959년 이승만 정부 때 정부에 비판적인 기사를 게재했다는 이유로 폐간되었다.

②, ④, ⑤ 1980년 등장한 신군부 세력은 언론 기본법을 만들고 언론사를 통폐합하였으며, 보도 지침을 통해 기사에 대한 검열을 강화하였다.

738 언론 탄압에 대한 저항 답 ⑤

깊이있는 **정답풀이**

제시된 자료는 1970년대 중반 동아일보에 실린 국민들의 격려 광고이다. 1974년 박정희는 긴급 조치를 발표하여 유신 헌법을 반대, 부정, 비방하는 모든 행위의 보도를 금지하고, 이를 어긴 언론사 사장과 기자 등을 연행하여 조사하였다. 동아일보 기자들을 선두로 언론 자유 수호 운동이 전개되자 유신 정권은 각 기업에 동아일보에 광고를 싣지 못하도록 강요하였다. 이에 백지 광고가 나오자 국민들이 격려성 광고를 올리기도 하였다.

개념잡는 **오답풀이**

① 1990년대 이후의 경향에 해당한다.

② 미군정과 이승만 정부에 해당한다.

③ 1980년 신군부 집권 이후의 상황이다.

④ 이승만 정부의 언론 탄압에 해당한다.

739 박정희 정부 시기 사회 모습 답 ②

깊이있는 **정답풀이**

제시된 자료는 1974년 동아일보의 백지 광고 사태를 보여 준다. 박정희 정부의 언론 탄압에 맞서 동아일보 기자들이 자유 언론 실천 선언을 하는 등 언론 자유 운동을 전개하자 정권의 압력을 받은 신문사 사주들은 기자들을 대량 해고하였다. ② 1970년대 박정희 정부는 귀를 덮는 긴 머리(장발)와 짧은 치마를 입은 사람을 경찰을 동원하여 단속하였다.

개념잡는 **오답풀이**

① 서울 올림픽은 1988년 노태우 정부 시기에 개최되었다.
③ 프로 야구는 1982년 전두환 정부 시기에 출범하였다.
④ 대학 졸업 정원제는 1981년 전두환 정부 시기에 실시되었다.
⑤ 제2차 경제 개발 계획은 1967년부터 1971년까지 추진되었다.

STEP 3 서술형 풀어 보기 176~177쪽

740 삼백 산업의 내용

모범답안 미국에서 들어온 밀가루, 설탕, 면화 등을 가공하는 과정에서 제분업, 제당업, 면방직 공업의 삼백 산업이 발달하였다. 또한 기간 시설이 복구되고, 시멘트 공장과 비료 공장 등이 건설되었다.

채점 기준	수준
삼백 산업 발달, 기간 시설 복구와 각종 공장 건설 등을 서술한 경우	상
삼백 산업이 발달하였다고만 서술한 경우	하

741 원조 경제가 미친 영향

모범답안 미국의 잉여 농산물이 대량으로 들어와 식량 문제의 해결에는 도움이 되었지만, 국내 농산물 가격이 떨어져 농촌 경제는 어려워졌으며 면화와 밀 생산도 크게 위축되었다.

채점 기준	수준
국내 식량 문제 해결에 도움이 됨, 농산물 가격 하락 및 면화와 밀 생산이 위축됨 등을 서술한 경우	상
위의 내용 중 일부만 서술한 경우	하

742 한국 공업 구조의 특징

모범답안 제1, 2차 경제 개발 계획에서 노동 집약적 경공업을 집중 육성하면서 경공업 비중이 높아졌으나, 1970년대 이후 정부가 제3, 4차 경제 개발 계획을 실시하여 중화학 공업을 집중적으로 육성하면서 중화학 공업 생산액의 비중이 경공업을 크게 넘어서게 되었다.

채점 기준	수준
제3, 4차 경제 개발 계획에 따라 중화학 공업의 비중이 경공업을 넘어서게 되었다는 내용을 정확히 서술한 경우	상
단순히 경공업보다 중화학 공업의 비중이 높다고만 서술한 경우	하

743 한국 경제 성장 과정의 특징

모범답안 한국은 원자재, 시설, 자본, 기술 등이 부족한 상황에서 경제 개발을 추진하였기 때문에 외국 자본과 무역에 대한 경제 의존도가 높아졌다. 이는 석유 파동, 외채 상환 기간 도래 등 외부의 변수에 경제 상황이 좌우되는 결과를 가져왔다.

채점 기준	수준
외국 자본과 무역에 대한 의존도 심화, 대외 변수에 따라 경제 상황이 좌우되었음을 서술한 경우	상
위의 내용 중 일부만 서술한 경우	하

744 새마을 운동의 성과와 한계

(1) 답 새마을 운동
(2) 모범답안 새마을 운동은 농촌의 생활 환경 개선에 기여하였다. 그러나 실질적인 경제 소득은 크게 향상되지 못하였고, 유신 체제 유지에 이용되었다는 비판을 받기도 하였다.

채점 기준	수준
새마을 운동이 농촌의 생활 환경 개선에 기여하였다는 점과 유신 체제 유지에 이용되었다는 것을 모두 서술한 경우	상
위 내용 중 한 가지만 서술한 경우	하

745 전태일 분신 사건

모범답안 전태일, 전태일은 저임금과 장시간 노동에 내몰리고 있는 노동 현실을 개선하고자 근로 기준법 준수를 요구하였다.

채점 기준	수준
(가) 인물이 전태일이라는 점과 그의 주장을 모두 서술한 경우	상
(가) 인물이 전태일이라는 것만 서술한 경우	하

746 산업화와 생태 환경 문제

모범답안 정부는 환경 보전법을 제정하여 자연 보호 범국민 운동을 추진하였고, 1980년에는 환경 전담 기구로 환경청을 설치하고, 헌법에 환경권을 명시하였다.

채점 기준	수준
정부의 대응을 두 가지 서술한 경우	상
정부의 대응을 한 가지만 서술한 경우	하

747 도시화의 문제점

모범답안 주거난과 도시 빈민 문제가 발생하였다. 일자리를 찾아 많은 사람들이 도시로 몰리면서 마땅한 주거지가 없는 사람들은 도시 주변에 빈민촌을 형성하였다. 또한 땅값 상승과 부동산 투기, 교통 혼잡, 공해, 쓰레기 문제 등이 발생하였다.

채점 기준	수준
도시화에 따른 사회 문제를 두 가지 이상 서술한 경우	상
위의 내용 중 한 가지만 서술한 경우	하

STEP 4 대단원 정리하기 178~183쪽

748 ⑤	749 ④	750 ④	751 ④	752 ③	753 ②
754 ①	755 ⑤	756 ⑤	757 ⑤	758 ①	759 ④
760 ②	761 ①	762 ④	763 ④	764 ④	765 ④
766 ①	767 ④				

서술형 문제 768~771 해설 참조

748 조선 건국 준비 위원회의 활동 답 ⑤

깊이있는 **정답풀이**

자료는 조선 건국 준비 위원회 강령이다. 조선 건국 준비 위원회는 광복 직후 여운형 등의 주도로 결성되었으며, 미군의 진주에 앞서 한국인을 대표해 미군과 협상하기 위해 조선 인민 공화국 수립을 선포하였다.

개념잡는 **오답풀이**

① 김구, 김규식 등이 남북 협상을 추진하였다.
② 남북 협상 세력은 5·10 총선거에 불참하였다.
③ 이승만이 입국하기 전에 조선 건국 준비 위원회는 해체되었다. 이승만은 지지자들을 모아 독립 촉성 중앙 협의회를 결성하였다.
④ 좌우 합작 위원회 등이 미소 공동 위원회의 속개를 요구하였다.

749 제1차 미소 공동 위원회 결렬 이후 상황 답 ④

깊이있는 **정답풀이**

1946년 3월에 시작되었다는 점, 소련이 신탁 통치에 반대하는 단체와의 협의를 반대하는 점 등을 통해 (가) 위원회가 제1차 미소 공동 위원회임을 알 수 있다. 제1차 미소 공동 위원회 결렬 이후 이승만은 정읍에서 단독 정부 수립을 주장하였고, 이에 반발하여 여운형, 김규식 등의 주도로 좌우 합작 위원회가 조직되었다. 좌우 합작 위원회는 좌우 합작 7원칙을 발표하였다.

개념잡는 **오답풀이**

ㄱ. 카이로 회담은 1943년에 개최되었다.
ㄷ. 한국 민주당은 제1차 미소 공동 위원회가 개최되기 전에 결성되었다.

750 남한 단독 정부 수립 과정 답 ④

깊이있는 **정답풀이**

(가)는 1948년 2월 유엔 소총회 결의이고, (나)는 1948년 5·10 총선거 상황이다. 유엔 소총회에서 사실상 남한 단독 선거를 결의하자 김구와 김규식은 평양을 방문하여 남북 협상을 전개하였다.

개념잡는 **오답풀이**

① 1948년 7월 17일 헌법이 제정되었다.
② 미군정은 1945년 9월 초에 성립하였다.
③ 여운형은 1947년에 암살당하였다.
⑤ 모스크바 3국 외상 회의는 1945년 12월에 개최되었다.

751 제헌 국회의 활동 답 ④

깊이있는 **정답풀이**

자료는 반민족 행위 처벌법으로 1948년 9월 제헌 국회가 제정하였다. 1948년 5·10 총선거로 구성된 제헌 국회는 이승만을 대통령으로 선출하였으며, 반민족 행위 처벌법과 농지 개혁법을 제정하였다.

개념잡는 **오답풀이**

① 양원제 국회는 4·19 혁명 직후 개정된 헌법에 따라 시행되었다.
② 발췌 개헌안은 제2대 국회에서 통과되었다.
③ 자유당은 1951년에 창당되었다.
⑤ 대통령의 3회 연임을 허용하는 개헌안은 3선 개헌안으로 1969년에 국회를 통과하였다.

752 6·25 전쟁 시기의 사실 답 ③

깊이있는 **정답풀이**

남한, 북한, 중국군, 유엔군의 인명 피해를 표시한 그래프를 통해 (가) 전쟁이 1950년에 발발한 6·25 전쟁임을 알 수 있다. 6·25 전쟁 중 인천 상륙 작전으로 전세가 역전되었다.

개념잡는 **오답풀이**

① 천리마 운동은 1950년대 후반 북한에서 추진하였다.
② 애치슨 선언은 미국의 태평양 지역 방위선에서 한국과 타이완을 제외한 것으로 6·25 전쟁 발발 전에 발표되었다.
④ 장면 정부 시기 통일 운동이 활발히 전개되면서 남북 학생 회담이 추진되었다.
⑤ 6·25 전쟁의 정전 협정이 체결된 직후에 한미 상호 방위 조약이 체결되었다.

753 이승만 정부의 헌법 개정 답 ②

깊이있는 **정답풀이**

(가)는 1952년에 단행된 발췌 개헌, (나)는 1954년에 단행된 사사오입 개헌이다. 이승만 정부는 장기 집권을 위해 두 차례 개헌을 단행하였다. 한편, 1950년에 발발한 6·25 전쟁은 1953년 정전 협정의 체결로 마무리되었다.

개념잡는 **오답풀이**

① 진보당 사건은 1958년에 일어났다.
③ 농지 개혁법은 1949년 제헌 국회가 제정하였다.
④ 1956년 선거에서 대통령에 이승만, 부통령에 장면이 당선되었다.
⑤ 1960년 4·19 혁명으로 이승만 정부가 무너지고 허정 과도 정부가 수립되었다.

754 이승만 정부 시기 경제 답 ①

깊이있는 **정답풀이**

미국의 경제 원조가 소비재와 잉여 농산물에 집중되었다는 내용을 통해 이승만 정부 시기의 상황임을 알 수 있다. 이승만 정부 시기에는 미국이 제공한 원조 물자를 가공한 삼백 산업이 발전하였다.

개념잡는 **오답풀이**

② 산미 증식 계획은 일제 강점기에 시행되었다.
③ 경제 개발 5개년 계획은 1962년에 시작되었다.
④ 북한은 1950년대 사회주의 경제 체제를 확립하고자 개인 소유의 농지를 협동조합의 소유로 전환시켰다.

⑤ 일제는 1930년대 공업 원료를 확보하고자 남면북양 정책을 추진하였다.

755 4·19 혁명의 결과 답⑤

깊이있는 정답풀이

자료는 4·19 혁명의 전개 과정에서 발표된 대학교수단의 시국 선언문이다. 3·15 부정 선거를 계기로 4·19 혁명이 발발하였다. 4·19 혁명의 결과 이승만 대통령이 사임하고 내각 책임제와 양원제를 골자로 하는 헌법 개정이 이루어졌다.

개념잡는 오답풀이

① 제헌 국회는 1948년 5·10 총선거를 통해 구성되었다.
② 5·16 군사 정변 이후 군부 세력은 중앙정보부를 설치하여 정권의 창출과 유지에 활용하였다.
③ 1974년에 일어난 민청학련 사건은 박정희 정부가 유신 반대 운동을 전개한 대학생들에게 정부 전복 혐의를 덮어씌워 탄압한 사건이다.
④ 1980년 5월에 서울역에서 전개된 대규모 민주화 시위 이후 신군부는 비상계엄을 전국으로 확대하였다.

756 장면 정부의 활동 답⑤

깊이있는 정답풀이

국무총리가 행정권을 행사하였다는 점, 국회 의원에 민의원과 참의원이 있었다는 점 등을 통해 밑줄 친 '이 정부'는 장면 정부임을 알 수 있다. 4·19 혁명의 결과 개정된 헌법에 따라 치러진 선거에서 민주당이 압승을 거두며 장면 정부가 수립되었다. 그러나 1961년에 일어난 5·16 군사 정변으로 붕괴되었다.

개념잡는 오답풀이

① 6·25 전쟁 중인 1953년 이승만 정부는 일방적으로 반공 포로를 석방하였다.
② 1964년 일본과의 수교에 반대하는 시위가 벌어졌다(6·3 시위).
③ 유신 헌법에 따라 대통령이 여러 차례 긴급 조치권을 발동하였다.
④ 박정희 정부는 베트남 파병의 대가로 미국과 브라운 각서를 체결하여 군사적·경제적 지원을 약속받았다.

757 박정희 등 군부 세력의 활동 답⑤

깊이있는 정답풀이

자료는 5·16 군사 정변 직후 박정희 등 군부 세력이 발표한 혁명 공약이다. 정변을 일으켜 권력을 장악한 군부 세력은 국가 재건 최고 회의를 설치하여 입법·사법·행정의 3권을 행사하였다.

개념잡는 오답풀이

① 1945년 모스크바 3국 외상 회의 결정이 국내에 알려지자 우익 세력들은 반탁 운동을 전개하였다.
② 이승만 정부 시기 국가 보안법이 제정되었다.
③ 1952년 임시 수도 부산에서 이승만 정부는 비상계엄령을 선포하고 대통령 직선제에 반대한 야당 의원들을 공산당 관련 혐의로 몰아 구속하였다(부산 정치 파동).
④ 전두환 정부는 유화 정책으로 교복 자율화, 해외여행 자율화를 추진하였다.

758 박정희 정부의 활동 답①

깊이있는 정답풀이

제1차 경제 개발 5개년 계획의 추진을 공약으로 내건 점, 상대 후보가 윤보선인 점, 윤보선 후보가 '군정으로 병든 나라 민정으로 바로잡자'는 구호를 내건 점 등을 통해 (가) 인물이 박정희임을 알 수 있다. 1963년 대통령 선거에서 박정희가 윤보선을 누르고 대통령에 당선되었다. 박정희 정부는 한일 협정을 체결하였고, 베트남에 국군을 파견하였다.

개념잡는 오답풀이

ㄷ. 초등학교의 의무 교육제는 이승만 정부 시기인 1950년대 도입되었다.
ㄹ. 전두환 등 신군부 세력은 5·18 민주화 운동을 진압한 이후 국가 보위 비상 대책 위원회를 조직하여 정권을 장악하였다.

759 3선 개헌 시기 답④

깊이있는 정답풀이

3선 개헌을 저지한다는 내용을 통해 박정희 정부가 3선 개헌을 추진하던 1969년의 상황임을 알 수 있다. 1969년 박정희 정부는 국가 안보와 지속적인 경제 발전을 구실로 야당과 시민, 학생들의 반대에 불구하고 편법을 동원하여 개헌안을 통과시켰다.

④ 사사오입 개헌은 1954년, 4·19 혁명은 1960년, 5·16 군사 정변은 1961년, 한일 수교는 1965년, 7·4 남북 공동 성명은 1972년, 3·1 민주 구국 선언은 1976년의 사실이다.

760 유신 체제의 붕괴 과정 답②

깊이있는 정답풀이

1979년 유신 체제에 대한 국민의 불만과 저항이 커지는 가운데 YH 무역 사건이 일어났다. 야당이 비판의 목소리를 높이자, 여당은 신민당 총재 김영삼을 국회 의원에서 제명하였다. 그러자 김영삼의 정치적 근거지인 부산과 마산 일대에서 격렬한 유신 반대 시위가 벌어졌다(부마 민주 항쟁). 이러한 상황에서 대통령 박정희가 중앙정보부장 김재규에게 피살되는 사건(10·26 사태)이 일어나면서 유신 체제는 사실상 붕괴되었다. 따라서 (가)에는 부마 민주 항쟁이 들어가야 한다.

개념잡는 오답풀이

① 서울의 봄은 1980년 5월 서울에서 일어난 민주화 요구 시위를 말한다.
③ 1975년에 일어난 제2차 인혁당 사건은 인민 혁명당이라는 간첩단을 조직했다는 누명을 쓴 8명에게 대법원에서 형이 확정된 지 약 20시간 만에 사형을 집행한 사건이다.
④ 동아일보 기자들이 자유 언론 수호 투쟁을 펼치자, 박정희 정부는 광고주들에게 압력을 가해 광고를 해약하게 하였다. 이에 1974년 12월부터 1975년 1월까지 광고란이 빈 채로 신문이 발행되었다(동아일보 백지 광고 사태).
⑤ 장준하 등은 유신에 반대하며 1973년 12월 개헌 청원 100만 인 서명 운동을 시작하였다. 박정희 정부는 긴급 조치를 잇달아 선포하여 이를 탄압하였다.

761 신군부 세력의 활동 답①

깊이있는 정답풀이

전두환, 노태우 등 군부 세력을 통해 (가) 세력이 신군부임을 알 수 있다.

신군부 세력은 1979년 12·12 사태를 일으켜 군사권을 장악하였다.

개념잡는 **오답풀이**

② 박정희 등 군부 세력은 1962년 헌법을 개정하고 민주 공화당을 창당하였다.

③ 박정희 정부는 한일 국교 정상화를 추진하여 1965년 한일 협정을 체결하였다.

④ 이승만 정부는 1949년 귀속 재산 처리법을 제정하여 귀속 재산을 민간에 처분하였다.

⑤ 신군부 세력은 헌법 개정을 통해 7년 단임의 대통령을 대통령 선거인단에서 선출하는 내용을 개헌을 단행하였다. 대통령 직선제 개헌은 6월 민주 항쟁의 결과로 선언된 6·29 민주화 선언에 따라 이루어졌다.

762 5·18 민주화 운동 답 ④

깊이있는 **정답풀이**

자료는 5·18 민주화 운동 당시 발표된 광주 시민의 궐기문이다. 신군부 세력이 비상계엄을 전국으로 확대하자, 광주 지역에서는 비상계엄 확대와 휴교령에 반대하는 시위가 일어났다. 신군부는 공수 부대를 투입하여 시민들을 폭행하였고, 시민들이 시민군을 조직하여 저항하였으나 결국 계엄군에 진압되었다. 5·18 민주화 운동 기록물은 2011년 유네스코 세계 기록 유산으로 등재되었다.

개념잡는 **오답풀이**

ㄱ. 6월 민주 항쟁 과정에서 이한열이 최루탄에 맞아 결국 사망하였다.

ㄷ. 4·19 혁명 당시 시위대가 경무대로 향하자 경찰이 무차별 사격을 가하면서 많은 희생자가 발생하였다.

763 전두환 정부 시기 사회 모습 답 ④

깊이있는 **정답풀이**

부산, 서울, 대구 등지에서 미국 문화원에 대한 방화·점거 등이 일어났다는 내용을 통해 (가) 정부가 전두환 정부임을 알 수 있다. 전두환 정부 시기에는 신군부 세력의 군사력 사용을 미국이 방관한 점에 불만을 품고 일부 대학생들이 반미 운동을 전개하였다. 한편, 전두환 정부는 과외 전면 금지와 본고사 폐지, 대학 졸업 정원제를 시행하였다.

개념잡는 **오답풀이**

① 박정희 정부는 1972년 8·3 조치를 시행하여 기업에 채무 조정, 상환 유예의 특혜를 주었다.

② 1973년에 발생한 제1차 석유 파동은 중동 지역에 진출한 기업과 노동자들이 벌어들인 외화 등으로 극복하였다.

③ 박정희 정부는 1973년 대도시에 고교 평준화를 시행하였다.

⑤ 박정희 정부는 1969년 중학교 무시험 추첨제를 도입하였다.

764 4·13 호헌 조치의 영향 답 ④

깊이있는 **정답풀이**

자료는 1987년 전두환 대통령이 발표한 4·13 호헌 조치이다. 4·13 호헌 조치에 대한 저항이 확산되는 가운데, 박종철 고문치사 사건이 은폐·조작되었음이 알려지자 국민의 분노가 폭발하였다. 민주 헌법 쟁취 국민운동 본부가 결성되었고, 6월 10일, 박종철 고문치사 은폐·조작을 규탄하고 호헌 철폐를 요구하는 국민 대회가 개최되었다.

개념잡는 **오답풀이**

ㄱ. 삼청 교육대는 1980년에 설치되었다.

ㄷ. 박종철 고문치사 사건은 4·13 호헌 조치 이전에 일어났다.

765 6월 민주 항쟁의 결과 답 ④

깊이있는 **정답풀이**

시위대가 '호헌 책동 분쇄하고 민주 개헌 쟁취하자'라는 구호를 외쳤다는 내용을 통해 1987년 6월 민주 항쟁에 관한 자료임을 알 수 있다. 6월 민주 항쟁의 결과 여당의 대통령 후보 노태우가 6·29 민주화 선언을 발표하여 대통령 직선제 개헌 요구를 수용하였고, 이어 5년 단임의 대통령 직선제를 주요 내용으로 하는 개헌이 이루어졌다.

개념잡는 **오답풀이**

ㄱ. 유신 체제는 1979년 10·26 사태로 박정희 대통령이 사망하면서 사실상 붕괴되었다.

ㄷ. 4·19 혁명 이후 시행된 선거에서 민주당이 참의원과 민의원 모두 압도적인 다수를 차지하였다.

766 박정희 정부 시기 사회 모습 답 ①

깊이있는 **정답풀이**

서독에 간호사와 광부가 파견되었다는 내용을 통해 (가) 정부가 박정희 정부임을 알 수 있다. 1963년부터 1977년까지 서독의 석탄 광산에 8천여 명의 광부가 파견되었다. 박정희 정부는 도시화의 진전에 따른 교통 문제를 해결하고자 서울 지하철 1호선을 개통하였다. 또한 빈민촌을 철거하고 대규모 아파트 단지를 조성하였는데 그 과정에서 광주 대단지 사건이 발생하였다. 박정희 정부 시기 평화 시장의 재단사였던 전태일은 노동 환경 개선을 요구하며 분신하였다(전태일 분신 사건). 박정희 정부는 장발과 미니스커트 등이 유행하자 경범죄 처벌법을 개정하여 단속하였다.

① 프로 야구는 전두환 정부 시기에 출범하였다.

767 3저 호황 답 ④

깊이있는 **정답풀이**

(가) 시기 저금리·저유가·저달러의 3저 호황으로 물가가 안정되었고, 수출이 늘어나 연평균 10%대의 높은 경제 성장률을 보였으며 무역 수지도 흑자를 기록하였다.

개념잡는 **오답풀이**

① 새마을 운동은 1970년부터 시작되었다.

② 경부 고속 국도는 1970년에 개통되었다.

③ 1970년대 말 제2차 석유 파동으로 우리나라는 경제 성장률이 마이너스를 기록하는 등 큰 어려움을 겪었다.

⑤ 1977년 최초로 우리나라는 수출액 100억 달러를 달성하였다.

768 1956년 대통령 선거

(1) 답 조봉암

(2) 모범답안 이승만 정부는 진보당 사건을 일으켜 조봉암을 사형시키고 진보당을 해체하였다. 또한 국가 보안법을 개정하여 독재를 강화하였으며 정부에 비판적인 경향신문을 강제 폐간시켰다.

채점 기준	수준
이승만 정부가 시행한 정책을 세 가지 모두 서술한 경우	상
이승만 정부가 시행한 정책을 두 가지 서술한 경우	중
이승만 정부가 시행한 정책을 한 가지만 서술한 경우	하

769 유신 헌법의 내용

✔모범답안 유신 헌법에 따라 대통령은 통일 주체 국민 회의에서 선출되었고, 임기는 6년에 중임 제한 조항이 없었다. 대통령에게는 국회 의원 3분의 1 추천권과 국회 해산권이 주어지고, 긴급 조치권을 통해 국민의 기본권을 제한할 수 있었다.

채점 기준	수준
유신 헌법의 내용을 세 가지 모두 서술한 경우	상
유신 헌법의 내용을 두 가지 서술한 경우	중
유신 헌법의 내용을 한 가지만 서술한 경우	하

770 전두환 정부의 정책

(1) 답 전두환

(2) ✔모범답안 전두환 정부는 강압책으로 언론사를 통폐합하고 보도 지침을 통해 언론을 통제하였고, 삼청 교육대를 운영하여 인권을 유린하였다. 유화책으로는 야간 통행금지 해제와 중고생의 두발 및 교복 자율화, 해외여행 자율화 등을 실시하였고, 프로 야구를 출범시켰다.

채점 기준	수준
전두환 정부의 강압책과 유화책을 모두 서술한 경우	상
강압책과 유화책 중 한 가지만 서술한 경우	하

771 독재 정권의 언론 통제

✔모범답안 (가) 언론인 불법 연행 및 자격 심사, 동아일보 광고 해약 압박
(나) 언론사 통폐합, 보도 지침 하달

채점 기준	수준
(가), (나)에 해당하는 내용을 모두 서술한 경우	상
위 내용 중 한 가지만 서술한 경우	하

Ⅲ 오늘날의 대한민국

01 6월 민주 항쟁 이후 민주화 과정

STEP 1 O/X 문제로 교과서 핵심 자료 보기 187쪽

772 O	773 X	774 O	775 O	776 X	777 X
778 X	779 O	780 O	781 O	782 O	783 X

STEP 2 객관식 풀어 보기 188~190쪽

784 ①	785 ①	786 ③	787 ③	788 ③	789 ②
790 ⑤	791 ⑤	792 ②	793 ⑤	794 ④	795 ②

784 여소 야대 정국의 형성 답 ①

깊이있는 정답풀이

1988년 4월에 시행된 국회 의원 선거에서 야당이 대거 당선됨으로써 여소 야대 정국이 되었다. 여소 야대 국회에서 야당은 제5 공화국 청문회를 열어 전두환 정부의 비리와 5·18 민주화 운동의 진상을 규명하였다.

개념잡는 오답풀이

② 이승만 정부는 1958년 8월 국가 보안법을 강화하는 개정안을 국회에 제출하였다.
③ 박정희 정부는 1974년 1월부터 긴급 조치를 잇달아 발동하여 민주 인사를 투옥하거나 해직하였다.
④ 박정희는 소위 '한국적 민주주의'를 내세워 1972년 7차 헌법 개정안을 내놓았다.
⑤ 김영삼 정부는 민주화 요구를 받아들여 지방 자치제를 전면적으로 실시하였다.

785 노태우 정부 시기의 상황 답 ①

깊이있는 정답풀이

제시문은 1987년 당시 민주 정의당 대통령 후보였던 노태우가 발표한 6·29 민주화 선언이다. 6·29 민주화 선언은 6월 민주 항쟁을 통해 표출된 국민들의 민주화 요구를 정부 여당이 수용해 발표한 것이다. 그 결과 대통령 직선제로 개헌이 이루어졌고 제13대 대통령 선거에서 야당의 분열로 노태우가 대통령에 당선되었다. 노태우 정부는 출범 직후 실시된 국회 의원 선거에서 여소 야대 정국이 형성되자 이를 극복하기 위해 3당 합당으로 민주 자유당을 창당하였으며, 국회와 정당 활동이 활성화되면서 제5 공화국 청문회가 실시되기도 하였다. 대외적으로는 적극적인 북방 외교로 사회주의 국가들과 잇따라 수교했으며, 남북한이 동시에 유엔에 가입하기도 하였다.
① 7·4 남북 공동 성명 발표는 박정희 정부 시기인 1972년의 일이다.

786 김영삼 정부의 정책 답 ③

깊이있는 정답풀이

밑줄 친 '이 정부'는 김영삼 정부이다. 5·16 군사 정변 이후 민간인 출신으로 최초로 대통령에 당선된 김영삼은 부정부패 추방을 위해 금융 실명제를 시행하였고, 공직자 윤리법을 제정하여 고위 공직자의 재산을 공개

하도록 하였다. 그리고 지방 자치제를 전면적으로 확대 실시하였다. 이와 함께 이른바 '역사 바로 세우기' 정책도 실시되었다. 신군부의 뿌리가 되었던 군대 내의 사조직을 없애고 전두환과 노태우 두 전직 대통령을 반란 및 내란죄와 뇌물 수수죄로 기소하였다. 그리고 일제가 경복궁의 일부를 부수고 지은 조선 총독부 청사를 철거하기도 하였다.

개념잡는 **오답풀이**

ㄹ. 5·16 군사 정변 직후 군사 정부가 제정한 법이다.

787 금융 실명제의 실시 답 ③

깊이있는 **정답풀이**

제시문은 김영삼 정부 때에 추진된 금융 실명제와 관련된 것이다. 금융 실명제는 불법 자금의 유통을 막고 자금 유통의 투명성을 높이기 위한 목적에서 실시되었다. 김영삼 정부는 이밖에도 공직자의 비리를 차단하기 위해 공직자 재산 등록제를 시행하였으며, 지방 의회와 지방 자치 단체장 선거를 실시하였다.

개념잡는 **오답풀이**

① 박정희 정부 시기에 한일 협정이 체결되었다.
② 노태우 정부 시기에 3당 합당이 이루어졌다.
④ 6·29 민주화 선언 이후 직선제 개헌이 이루어진 것은 전두환 정부 후반의 일이다.
⑤ 이승만 정부는 6·25 전쟁 중에 임시 수도인 부산에 계엄령을 선포하고 대통령 직선제 개헌안을 통과시켰다.

788 김대중 정부 시기의 사회 모습 답 ③

깊이있는 **정답풀이** 추론 TIP 처음으로 민주적 정권 교체 → 김대중 정부의 출범

> 오늘은 이 땅에서 처음으로 민주적 정권 교체가 실현되는 자랑스러운 날입니다. 또한 민주주의와 경제를 동시에 발전시키려는 정부가 마침내 탄생하는 역사적 순간이기도 합니다.

제시문은 김대중 대통령의 취임사(1998. 2.) 중 일부이다. 김대중은 1997년 제15대 대통령 선거에서 야당 후보로 당선되어 우리 역사상 처음으로 선거를 통해 평화적인 여야 정권 교체를 이루었다. 김대중 정부는 경제 위기를 극복하는 데 주력하였고, 2001년에는 국제 통화 기금[IMF]의 구제 금융을 모두 상환하였다. 1999년에는 국민 기초 생활 보장법을 제정하여 복지 제도를 확충하였다.

개념잡는 **오답풀이**

① 국민연금 제도는 1988년 노태우 정부부터 시행되었다.
② 6·29 민주화 선언은 1987년 6월 민주 항쟁의 결과 대통령 직선제로의 개헌안을 실시하겠다고 선언한 것이다.
④ 지방 자치 제도는 김영삼 정부 시기에 전면적으로 실시되었다.
⑤ 북방 외교를 통해 사회주의 국가들과 수교한 것은 노태우 정부 시기의 사실이다.

1등급 가이드

최초의 민주적 정권 교체로 탄생한 정부가 김영삼 정부라고 착각하기 쉽습니다. 문민 정부를 표방한 김영삼 정부와 정권 교체로 출범한 김대중 정부의 탄생 배경, 정책 등을 정확히 구분하여 꼼꼼히 정리해 두세요.

789 김영삼 정부와 김대중 정부 답 ②

깊이있는 **정답풀이**

(가)는 김영삼 정부, (나)는 김대중 정부이다. 김영삼 정부는 깨끗한 정부, 튼튼한 경제, 건강한 사회, 통일된 조국 건설을 국정 지표로 설정하였다. 이러한 국정 지표를 실현하기 위해 김영삼 정부는 고위 공직자의 재산 등록제를 실시하고, 금융 실명제와 부동산 실명제도 추진하였다. 그리고 그동안 유보되었던 지방 자치 단체장 선거를 시행하여 지방 자치제를 전면적으로 확대하였다. 김대중 정부는 민주주의와 시장 경제의 균형 발전, 국제 통화 기금 관리 체제의 조기 극복 등을 내세우고 이를 실현하기 위해 국정 전반의 개혁, 경제 난국의 극복, 국민 화합의 실현, 법과 질서의 수호 등을 국가적 과제로 제시하였다. 또한 대북 화해 협력 정책을 추진하면서 남북 관계의 개선에도 힘써 2000년 6월에 제1차 남북 정상 회담을 개최하고 6·15 남북 공동 선언을 발표하였다.

개념잡는 **오답풀이**

ㄴ. 노태우 정부는 냉전이 해체되는 국제 정세를 배경으로 적극적인 북방 외교에 나서 소련, 중국 등과 수교하였다.
ㄹ. 노태우 정부 때 여소 야대의 국회에서 국회 청문회가 열려 5·18 민주화 운동에 대한 진상 규명을 하였다.

790 역대 정부 시기 경제 상황 답 ⑤

깊이있는 **정답풀이**

김영삼 정부는 탈세와 부정부패를 뿌리 뽑기 위해 금융 실명제를 시행하였고, 세계화 정책의 일환으로 경제 협력 개발 기구[OECD]에 가입하였다. 그러나 국제 경제 여건의 악화와 정책 실패로 1997년 말에 외환 위기를 맞았고, 결국 국제 통화 기금[IMF]의 긴급 구제 금융을 지원받게 되었다. 이후 김대중 정부는 기업의 구조 조정, 외국 자본 유치, 부실기업 정리 등을 추진하여 외환 위기를 극복하였으며, 2001년 8월 우리나라는 국제 통화 기금의 관리 체제에서 벗어날 수 있었다.

개념잡는 **오답풀이**

ㄱ. 농지 개혁은 이승만 정부 시기에 시행되었다.
ㄴ. 박정희 정부 시기에 베트남 파병이 이루어졌다.

791 김대중 정부의 햇볕 정책 답 ⑤

깊이있는 **정답풀이**

남북 정상 회담 개최, 금강산 관광 시작을 통해 (가) 정부가 김대중 정부임을 알 수 있다. 김대중 정부는 헌정 사상 최초로 선거를 통해 여야 간 평화적 정권 교체로 탄생하였다.

개념잡는 **오답풀이**

① 박정희 정부는 한일 국교 정상화를 추진하였고, 1965년 한일 협정을 체결하였다.
② 노태우 정부 시기 남북한이 유엔에 동시 가입하였다.
③ 박근혜 정부에 대한 설명이다.
④ 노태우 정부에 대한 설명이다.

792 김대중 정부 이후 정치 변화 답 ②

깊이있는 **정답풀이**

세종시 건설, 제2차 남북 정상 회담 개최 등을 통해 (가) 정부는 노무현 정

부임을 알 수 있고, 세월호 참사, 대규모 촛불 집회 등을 통해 (나) 정부는 박근혜 정부임을 알 수 있다. 이명박 정부 시기 G20 정상 회의가 개최되었다.

개념잡는 **오답풀이**

① 노태우 정부 시기인 1988년 서울 올림픽이 개최되었다.
③ 김영삼 정부 말기에 국제 통화 기금[IMF]에 구제 금융 요청이 이루어지자, 국민들은 자발적으로 금 모으기 운동에 동참하였고, 2001년 국제 통화 기금의 지원금을 조기에 상환하였다.
④ 김영삼 정부 시기인 1995년 세계 무역 기구[WTO]가 출범하였다.
⑤ 김영삼 정부는 고위 공직자 재산 공개 의무화, 금융 실명제 전면 실시 등을 시행하였다.

793 노동 환경 개선 노력 답 ⑤

깊이있는 **정답풀이**

6월 민주 항쟁 이후 저임금 등 열악한 노동 환경에 처해 있던 노동자들은 노동자 대투쟁을 일으켰다(1987). 이들은 임금 인상과 근로 조건의 개선 등을 요구하며 3천 건이 넘는 노동 쟁의를 일으켰다. 그 결과 전국적으로 노동조합이 결성되었고, 노동 환경은 점차 개선되었다.

개념잡는 **오답풀이**

① 1979년 YH 무역 사건이 일어났다.
② 근로 기준법은 1961년에 제정되었다. 하지만 대부분의 노동자들은 근로 기준법의 보호를 받지 못한 채 열악한 노동 환경에서 장시가 노동에 시달렸다.
③ 김대중 정부는 노동 문제 해결을 위해 노사정 위원회를 설치하여 노동자, 사용자, 정부의 사회적 대화를 통한 타협을 모색하였다.
④ 1970년 전태일은 근로 기준법 준수를 요구하며 분신하였다.

794 농민 운동의 전개 답 ④

깊이있는 **정답풀이**

김영삼 대통령 시기 우루과이 라운드 협상이 타결되면서 농산물 시장이 개방되었다. 이에 농민들은 쌀 시장 개방에 반대하며 대규모 시위를 전개하였다.

개념잡는 **오답풀이**

① 이승만 정부 시기인 1950년대에 미국의 원조 물자를 기반으로 삼백 산업이 발전하였다.
② 김영삼 정부 말기 외환 보유고가 고갈되며 외환 위기가 발생하였다.
③ 1970년 새마을 운동이 시작되었다.
⑤ 1976년 함평 농협이 고구마를 전량 사들이겠다는 약속을 어겨 농민들이 피해를 입었다. 이에 함평 농민들이 3년간 투쟁하여 피해를 보상받았다(함평 고구마 사건).

795 시민 단체의 성장 답 ②

깊이있는 **정답풀이**

6월 민주 항쟁 이후 민주화가 진전되면서 시민 단체의 활동이 활발해졌다. 1990년대 들어서는 경제 정의 실천 시민 연합, 참여 연대와 같이 사회적으로 큰 영향력을 발휘한 시민 단체들이 활동하였다.

개념잡는 **오답풀이**

ㄱ. 국가 인권 위원회는 김대중 정부 시기 국가에서 설치한 기구이다.
ㄴ. 1980년대 들어 환경 문제에 대한 관심이 고조되면서 1982년 민간 환경 운동 단체인 한국 공해 문제 연구소가 설립되었다.

STEP 3 서술형 풀어 보기 191쪽

796 김영삼 정부

(1) 답 김영삼 정부
(2) 모범답안 부정한 자금 거래를 막기 위해 금융 실명제를 실시하였다. '역사 바로 세우기'를 진행하여 전두환, 노태우 두 전직 대통령을 처벌하였다.

채점 기준	수준
김영삼 정부의 정책을 두 가지 서술한 경우	상
김영삼 정부의 정책을 한 가지만 서술한 경우	하

797 김대중 정부

(1) 답 김대중 정부
(2) 모범답안 강도 높은 구조 조정을 실시해 부실기업과 은행을 통폐합하였다. 노동 부문에서는 노사정 위원회를 발족하고 정리 해고제를 시행해 노동 시장의 유연화를 추진하였다.

채점 기준	수준
김대중 정부의 정책을 두 가지 서술한 경우	상
김대중 정부의 정책을 한 가지만 서술한 경우	하

798 시민 운동의 성장

모범답안

2000년 총선 시민 연대가 부패한 정치인 퇴출을 위해 낙선 운동을 전개하였다. 한국 여성 단체 연합 등은 가부장제의 철폐와 성차별의 타파 등을 주장하며 여성 운동을 전개하였고, 2008년 호주제 폐지 등 관련 법령이 개정되어 여성의 법적 지위가 향상되었다.

채점 기준	수준
시민 단체의 활동을 두 가지 서술한 경우	상
시민 단체의 활동을 한 가지만 서술한 경우	하

799 6월 민주 항쟁 이후 노동 운동

모범답안

6월 민주 항쟁 직후에는 노동 환경과 노동자의 처우 개선을 위한 '노동자 대투쟁'이 전개되었고, 전국적으로 노동조합이 결성되었다. 1989년에는 전국 교직원 노동조합이 출범하였고, 1995년에는 전국 민주 노동조합 총연맹(민주노총)이 결성되었다.

채점 기준	수준
노동자 대투쟁, 민주노총 결성을 모두 서술한 경우	상
위의 내용 중 한 가지만 서술한 경우	하

02 외환 위기의 극복과 사회, 문화 변동~한반도 분단 극복과 동아시아의 평화를 위한 노력

STEP 1 O/X 문제로 교과서 핵심 자료 보기 194~195쪽

800 O	801 X	802 O	803 O	804 O	805 O
806 O	807 O	808 O	809 X	810 O	811 O
812 X	813 O	814 O	815 X	816 O	817 X
818 O	819 O	820 X	821 X	822 O	823 O

STEP 2 객관식 풀어 보기 196~203쪽

824 ②	825 ⑤	826 ⑤	827 ④	828 ③	829 ③
830 ④	831 ④	832 ④	833 ③	834 ②	835 ②
836 ④	837 ③	838 ①	839 ①	840 ⑤	841 ②
842 ②	843 ③	844 ⑤	845 ④	846 ③	847 ①
848 ①	849 ⑤	850 ④	851 ④	852 ④	853 ②
854 ⑤	855 ②				

824 WTO 출범 시기 파악 답 ②

깊이있는 **정답풀이**

국제 무역 질서의 변화를 꾀하던 선진국은 자유 무역을 강화하기 위해 다자간 무역 협상을 개시하였다. 여러 해에 걸친 논의 끝에 우루과이 라운드가 타결되었고, 1995년 세계 무역 기구[WTO]가 창설되었다.

수출액 100억 달러 달성은 1977년, 금융 실명제 전면 실시는 1993년, OECD 가입은 1996년의 사실이다. 1997년 IMF에 구제 금융을 요청하였고, 2001년 지원금을 조기 상환하면서 IMF 관리 체제에서 벗어났다. 서울 G20 정상 회의는 2010년에 개최되었다.

825 김영삼 정부 시기의 경제 답 ⑤

깊이있는 **정답풀이**

문민 민주주의와 제14대 대통령이라는 내용을 통해 김영삼 대통령 취임사임을 알 수 있다. 김영삼 정부는 공직자 재산 등록과 금융 실명제를 의무화하고 전면적인 지방 자치제를 실시하였다. 김영삼 정부 시기인 1997년 후반에 한국은 외환 위기를 겪으면서 국제 통화 기금의 금융 지원을 받게 되었다.

개념잡는 **오답풀이**

① 새마을 운동은 농촌의 환경 개선과 소득 증대를 목표로 박정희 정부 때인 1970년에 시작되었다.
② 1973년 석유 가격이 급등한 제1차 석유 파동이 일어났다.
③ 수출액 100억 달러 달성은 1977년 박정희 정부 때이다.
④ 농지 개혁법은 이승만 정부 때인 1949년에 제정되었다.

826 외환 위기의 배경 답 ⑤

깊이있는 **정답풀이** 추론 TIP 기업 구조 조정, 노사정 위원회 구성 → 김대중 정부의 외환 위기 극복 노력

> 금융 회사와 기업들이 유래 없는 시련과 변화를 겪은 한 해였다. 부실 은행이 정리되었고 살아남은 은행들은 10~40%씩 인원을 줄였다. 기업 구조 조정 한파는 더욱 혹독하였다. 2만여 중소 기업이 부도를 냈고 250개 기업이 통·폐합되었다. 기업의 연쇄 부도와 구조 조정으로 2%대를 유지하던 실업률이 올해 들어 최고 7.6%까지 뛰어올랐고, 실업자는 예년의 3~4배인 160여만 명 안팎으로 폭증하였다. 실업 대란 속에서 정부는 재계, 노동계 대표와 함께 노사정 위원회를 구성하여, 실업 대책 마련과 노조의 정치 활동을 보장하는 대신 정리 해고를 합법화하였다.

김영삼 정부는 산업 구조의 조정, 기업 구조의 개혁 등을 미룬 채 시장 개방을 계속하였고, 재벌 기업은 무분별한 외채 조달로 부실을 키웠다. 결국 1997년 한국 경제는 원화의 가치 하락과 외환 부족으로 큰 위기를 맞이하였다. 이에 국제 통화 기금[IMF]을 비롯한 국제 기구로부터 돈을 빌려 위기를 넘겼으나, 그 대신 국제 통화 기금[IMF]의 관리를 받았다.

개념잡는 **오답풀이**

① 1970년대 말에 제2차 석유 파동이 일어났다.
② 1950년대 말부터 미국으로부터 무상 원조가 감소하였다.
③ 1960년대 상황에 대한 설명이다.
④ 1980년대 중반 우리 경제는 3저 호황을 누렸다.

827 외환 위기의 상황 답 ④

깊이있는 **정답풀이**

1960년대 이후 지속적인 성장을 거듭해 온 한국 경제는 1997년 말 닥쳐온 외환 위기로 경제적 시련을 겪게 되었다. 특히 재벌의 무분별한 외채 조달은 원화의 가치를 하락시켜 외환 위기의 직접적인 원인이 되었다. 그러나 기업의 강도 높은 구조 조정, 국민들의 금 모으기 운동 등으로 외환 위기에서 벗어났다.

개념잡는 **오답풀이**

ㄱ. 5·16 군사 정변 이후 박정희 정부 시기에 추진되었다.
ㄷ. 1977년에 수출액 100억 달러가 달성되었다.

828 외환 위기의 영향 답 ③

깊이있는 **정답풀이** 추론 TIP 1996년 직후 가장 낮은 경제 성장률 기록 → 외환 위기의 영향

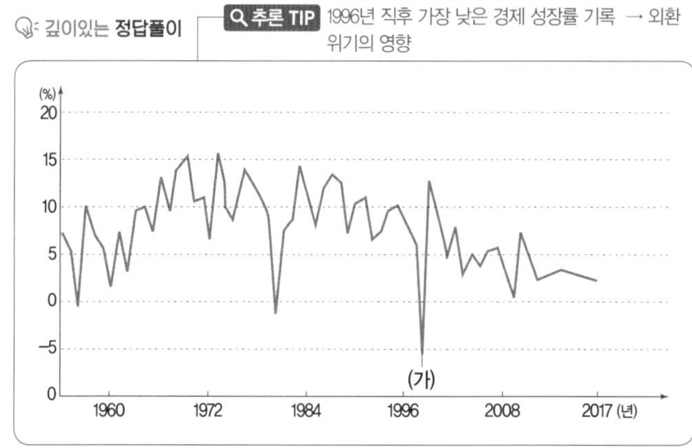

한국 경제는 정경 유착을 배경으로 방만하게 운영되던 기업들이 부도가

나면서 국가 신용도가 떨어지고, 동남아시아의 외환 위기까지 겹치면서 한국에 투자했던 외국 자본이 급속히 해외로 빠져나가 외환 위기에 직면하게 되었다. 국제 통화 기금[IMF]과 양해 각서안을 체결하면서 국가 부도 사태는 피할 수 있었지만, 대기업의 부도, 구조 조정으로 인한 대량 해고, 비정규직 채용의 증가로 1인당 국민 총소득은 크게 감소하였다. 이후 국내 총생산(GDP)에서 차지하는 재벌들의 자산 비중이 크게 증가하면서 한국 경제에서 재벌이 차지하는 비중이 점차 증가하였다.

개념잡는 **오답풀이**

① 신자유주의 정책은 박근혜 정부까지도 지속적으로 진행되었다.
② 신자유주의 정책의 확대 기조 속에서 대기업에 대한 규제는 완화되고, 세금 감면 혜택도 주어졌다.
④ 외환 위기 이후 정규직과 비정규직의 소득 격차는 벌어지고 고용 안정성도 떨어졌다.
⑤ 노무현 정부는 독점 기업에 대한 규제를 강화하고 빈부 격차 해소를 위해 복지 정책을 추진하였으나, 큰 효과를 거두지는 못하였다.

1등급 가이드

외환 위기가 발생한 시기와 이후 한국 경제의 상황을 잘 정리해 두세요.

829 자유 무역 협정의 영향 답③

깊이있는 **정답풀이**

여러 나라와 자유 무역 협정을 체결하면서 수출 시장이 확대되고 무역 규모가 더욱 커졌다. 그러나 경제의 대외 무역 의존도가 높아지면서, 2008년 미국에서 시작된 세계 금융 위기의 영향으로 수출이 위축되는 등 한국 경제는 세계 경기 변동에 큰 영향을 받게 되었다.

개념잡는 **오답풀이**

ㄱ. 1993년 금융 실명제가 실시되었다.
ㄹ. 김영삼 정부 시기인 1996년 경제 협력 개발 기구[OECD]에 가입하였다.

830 사회 양극화 심화의 배경 답④

깊이있는 **정답풀이**

그래프에서 상하위 소득의 격차가 점점 커지는 추이를 통해 사회 양극화 현상이 심화되는 상황임을 알 수 있다. 외환 위기 이후 한국 경제는 양적으로 크게 성장하였다. 그러나 교육의 격차, 부의 대물림, 부동산 등 자산의 보유 여부, 대기업과 중소기업, 정규직과 비정규직 사이의 임금 차이 등으로 사회 양극화가 심화되고 있다.
④ 두 차례 석유 파동은 사회 양극화의 심화와는 관련 없다. 1970년대 두 차례 석유 파동으로 한국 경제는 큰 어려움을 겪었으며 특히 1970년대 후반 제2차 석유 파동과 중화학 공업에 대한 과잉 중복 투자로 경제 성장률이 마이너스를 기록하기도 하였다.

831 사회 복지 제도 시행 답④

깊이있는 **정답풀이**

자료는 김대중 정부 시기 제정된 국민 기초 생활 보장법이다. 외환 위기 이후 사회 양극화를 해소하고 복지를 강화하기 위해 제정되었다. 노동자의 최소한의 생활을 보장하기 위한 제도인 최저 임금제가 점차 확대되었으며 65세 이상 고령자의 기본적인 생활을 보장하기 위해 기초 연금 제도도 마련되었다.

개념잡는 **오답풀이**

ㄱ. 1972년 박정희 정부는 8·3 조치를 시행하여 기업에 채무 조정, 상환 유예의 특혜를 주었다. 8·3 조치로 기업들의 채무 부담이 줄어들었고, 이는 한국 경제가 회생하는 중요한 계기가 되었다. 하지만 정부가 나서 기업에 특혜를 주면서 정경 유착은 더욱 강화되었다.

832 다문화 사회의 배경 답④

깊이있는 **정답풀이**

1990년대 이후 외국인 노동자가 늘어나고, 국제결혼으로 다문화 가정이 증가하였다. 또한 중국 동포, 북한 이탈 주민의 유입도 늘어났다. 이에 한국 사회는 인종·언어·문화적 배경이 다른 사람들이 함께 어울려 사는 다문화 사회로 변화하였다.

개념잡는 **오답풀이**

ㄱ. 1920년대 사회주의 사상이 유입되면서 계급 모순을 비판하는 신경향파 문학이 등장하였다.
ㄷ. 전두환 정부는 1981년 5월 28일부터 6월 1일까지 민족 문화의 계승과 대학생들의 국학에 대한 관심 고취라는 명분 아래 문화 행사로 국풍 81을 개최하였다.

833 저출생·고령화 현상 답③

깊이있는 **정답풀이**

외환 위기 이후 사회·경제적 환경과 가치관의 변화로 사람들이 혼인과 출산을 기피하면서 출산율이 세계 최하위 수준으로 떨어졌다. 한편 생활 수준 향상과 의료 기술 발전으로 기대 수명이 높아지면서 고령화가 급격히 진전되고 있다.

개념잡는 **오답풀이**

① 청년 실업, 노인 빈곤 문제 등으로 사회 양극화가 심화되었다.
② 1990년대 이후 부족한 노동력을 해결하기 위해 외국인 노동자의 유입이 크게 늘어났다.
④ 저출산, 고령화가 심화되면서 대가족보다는 핵가족이나 1인 가족이 증가하였다.
⑤ 1970년대에는 미국 문화의 영향으로 장발과 청바지, 통기타 등으로 대표되는 청년 문화가 유행하였다.

834 북한 정권의 변화 답②

깊이있는 **정답풀이**

1950년대에 북한에서는 김일성을 중심으로 권력의 집중화가 이루어져 그 체제가 고착화되어 갔다. 6·25 전쟁을 겪으면서 당의 조직 복구와 재건을 둘러싼 문제로 김일성은 그때까지 당 조직의 책임자였던 소련파의 허가이를 축출하였다. 이어서 김일성은 박헌영을 비롯한 남로당계의 주요 간부들을 미 제국주의의 간첩이라는 명목으로 숙청하였다. 1956년에는 소련에서 실권을 잡은 흐루시초프가 스탈린 체제를 비판하고 집단 지도 체제를 강조하였는데, 이것은 북한에도 영향을 미쳐 일부 연안파의 지도자들이 북한을 집단 지도 체제로 전환할 것을 모색하였다. 이를 계기로 김일성은 연안파 간부들도 숙청하였다. 이리하여 북한을 이끈 조선 노동당은 소련파, 남로당계, 연안파를 숙청하여 김일성 직계 세력으로 개편되었으며, 이 시기부터 북한에서는 사실상 김일성의 독재 체제가 고착화되었다.

개념잡는 **오답풀이**

① 토지 개혁과 주요 산업 국유화는 북한 정권 수립 이전에 완료되었다.
③ 경제난을 극복하고자 1984년 북한은 합영법을 제정하여 외국 자본을 유치하려 하였다.
④ 1972년 사회주의 헌법에 주체사상이 최초로 성문화되었고, 국가 주석제가 도입되었다.
⑤ 주체사상을 체계화하는 작업은 (나) 시기에 이루어졌다.

835 북한의 독재 체제 강화 답 ②

깊이있는 **정답풀이**

북한의 국가 주석은 1972년 12월 사회주의 헌법을 채택하면서 신설된 것으로 국가 수반으로서 국가 주권을 대표하는 명실상부한 국가의 최고 직위였다. 이와 함께 주체사상을 공식적인 지도 이념으로 포함시켜 유일 사상을 체계화하였다. 북한의 국가 주석은 김일성이 맡아 왔으나, 북한은 김일성 사망 후에 국가 주석직을 공석으로 유지하고 있다가 1998년 헌법을 개정하여 주석제를 폐지하였다. 한편, 1970년대 들어 북한은 6개년 계획(1971~1976)을 수립하여 공업 생산력의 증대를 꾀하였다. 이 기간에 공업 총 생산액은 크게 늘었으나 중공업 치중에 따른 소비재의 부진, 자립 경제 주장으로 인한 대외 교역의 한계 등으로 경제는 점차 어려워졌다.

개념잡는 **오답풀이**

ㄴ. 김정일은 1980년대부터 김일성의 공식적인 후계자로 활동을 시작하였고, 1994년 김일성 사망 이후 북한 최고 권력자가 되었다.
ㄷ. 합작 회사 경영법(합영법)은 1984년에 제정되었다.

836 1980년대 이후 북한의 경제 답 ④

깊이있는 **정답풀이**

1980년대 후반 사회주의 국가들의 쇠퇴와 생산력 저하, 식량난 악화로 어려움을 겪게 된 북한은 나진·선봉 자유 경제 무역 지대 설치(1991), 신합영법 제정(1994) 등 제한적으로 경제 개방을 추진하였지만 '조선 민족 제일주의'를 내세워 북한 체제의 우수성을 선전하였다.

개념잡는 **오답풀이**

① 천리마 운동과 3대 혁명 운동은 1950년대 후반에 추진되었다.
② 북한은 1972년에 사회주의 헌법을 제정하고 주석제를 신설하였다.
③ 농업 협동화 정책은 6·25 전쟁 종전 후 시작되어 1958년에 완료되었다.
⑤ 김일성은 8월 종파 사건(1956)과 반종파 투쟁을 통해 연안파와 소련파를 숙청하였다.

837 북한 경제의 변화 답 ③

깊이있는 **정답풀이**

제시된 신합영법(1994) 제정과 김일성 헌법(1998)의 내용 중 개인 소유 인정은 북한의 어려운 경제난을 배경으로 이루어졌다. 1980년대에 북한은 인민 경제의 주체화, 현대화, 과학화를 강력하게 추진하였지만 경제 사정은 한층 악화되었다. 외부 원조의 감소, 농업의 부진, 전력과 석유의 부족 등이 경제난의 주요 원인이었지만, 주체사상, 수령 유일 체제의 비합리성도 경제 발전을 저해하는 요인으로 작용하였다. 여기에 소련 등 동유럽 사회주의 국가가 몰락하면서 북한의 경제는 고립되었다. 북한은 외국과의 경제 교류 확대로 이러한 문제를 해결하기 위해 1984년 합영법을 제정하고, 1994년 이를 개정하였다.

③ 북한은 신합영법 제정과 나진·선봉 자유 경제 무역 지대 지정 등 부분적으로 자본주의적 요소를 도입하였지만, 이를 통해 민간 주도의 자본주의 시장 경제 체제가 확립되었다고 볼 수는 없다.

838 이승만 정부 시기 남북 관계 답 ①

깊이있는 **정답풀이**

한국 전선에서 총성이 멈추었다는 점, 제네바 회담이 결렬되었다는 점, 정전의 폐기를 선언할 때라는 점 등을 통해 이승만 정부 시기에 제기된 주장임을 알 수 있다. 이승만 정부 시기 조봉암은 평화 통일을 주장하였다.

개념잡는 **오답풀이**

② 장면 정부 시기 혁신 세력과 일부 대학생들은 남북 학생 회담 개최를 주장하기도 하였다.
③ 박정희 정부 시기인 1972년 7·4 남북 공동 성명이 발표되었다.
④ 문재인 정부 시기 판문점에서 남북 정상 회담이 개최되었고 한반도의 평화와 번영, 통일을 위한 판문점 선언이 발표되었다.
⑤ 전두환 정부 시기 이산가족 상봉과 예술 공연단 교환 방문이 이루어졌다.

839 7·4 남북 공동 성명 답 ①

깊이있는 **정답풀이**

1969년 닉슨 독트린 발표 이후 냉전이 완화되고 국제적으로도 평화와 공존의 분위기가 고조되자 남과 북의 관계도 개선되었다. 1971년 남북 간에 이산가족을 찾기 위한 남북 적십자 예비 회담이 열렸다. 남북 대화가 열리고 있는 사이에 정부는 비밀리에 중앙정보부장을 북한에 보내어 김일성과 만나게 하고, 1972년 7월 4일 자주·평화·민족 대단결 등 7개 항으로 어우러진 남북 공동 성명을 서울과 평양에서 발표하였다. 이에 따라 통일 문제를 협의하기 위한 공식 대화 기구인 남북 조절 위원회를 구성하여 남북 대화를 진행하였다.

개념잡는 **오답풀이**

② 1985년에 남북한 이산가족 고향 방문 및 예술 공연단의 교환 방문이 이루어졌다.
③ 1991년 12월 남북한 당국은 남북 고위급 회담에서 남북 사이의 화해와 불가침 및 교류·협력에 관한 합의서를 채택하였다.
④ 남북한 유엔 동시 가입은 1991년에 이루어졌다.
⑤ 2000년에 발표된 6·15 남북 공동 선언의 내용이다.

840 7·4 남북 공동 성명의 내용 답 ⑤

깊이있는 **정답풀이**

1969년 닉슨 독트린 발표 이후 국제적인 화해 분위기가 확산되는 가운데 박정희 정부는 북한과 비밀리에 접촉을 거쳐 7·4 남북 공동 성명에 합의하였다. 이에 '남과 북이 자주적, 평화적으로 통일하고 사상과 이념의 차이를 넘어 민족 대단결을 도모한다.'는 내용의 성명이 서울과 평양에서 동시에 발표되었다.

개념잡는 **오답풀이**

① 1991년 12월에 발표되었다.
② 남북 기본 합의서(1991)에서 합의되었다.
③ 남북 기본 합의서(1991)에 담긴 내용이다.
④ 이산가족·친척 방문단 교환은 1985년에 처음 이루어졌고, 2000년 6·15 남북 공동 선언에서 다시 합의되었다.

841 박정희 정부의 통일 노력 답②

깊이있는 **정답풀이**

박정희 정부는 남북 적십자 회담을 개최(1971)하여 이산가족 재회를 위한 남북 실무진의 첫 접촉을 이루어 냈고, 7·4 남북 공동 성명(1972)에서 자주·평화·민족 대단결이라는 통일 3대 원칙에 합의하였다. 그리고 이를 실천하기 위해 남북 조절 위원회를 구성하였다.

개념잡는 **오답풀이**

① 개성 공단은 김대중 정부 시기인 2000년에 발표된 6·15 남북 공동 선언 이후 남북 교류 협력의 하나로 합의되었다.
③ 노태우 정부 시기 남북은 남북 관계가 통일을 지향하는 특수한 관계임을 인정하며 상호 불가침을 주요 내용으로 하는 남북 기본 합의서(1991)를 채택하였다.
④, ⑤ 김대중 정부 때 금강산 해로 관광을 포함한 남북 경제 협력이 본격화되었고, 경의선 철도가 연결 사업을 시작하였다.

842 남북한의 통일 방안 답②

깊이있는 **정답풀이**

7·4 남북 공동 성명(1972)이 발표된 뒤 남한에는 유신 체제가 들어섰고, 북한에는 김일성 유일 지도 체제가 확립되었다. 김영삼 정부 때 제안한 민족 공동체 건설을 위한 통일 방안은 과도 체제로 남북 연합을 설정하고 있다.

개념잡는 **오답풀이**

ㄴ. (다) 고려 민주 연방 공화국 통일 방안은 1990년대에 추진되었던 남한의 북방 외교와는 관련이 없다.
ㄹ. 북한의 핵 개발을 동결하는 대가로 중유 지원을 약속한 것은 제네바 합의(1994)이다.

1등급 가이드

박정희 정부 시기인 1972년 7·4 남북 공동 성명부터 각 정부에서 전개된 통일 노력을 시기별로 정리해 두기 바랍니다. 남북한이 공동으로 발표한 성명(선언)의 주요 내용을 구별해 두세요.

843 노태우~김대중 정부의 통일 노력 답③

깊이있는 **정답풀이**

(가) 남북 기본 합의서는 1991년에 남북 고위급 회담의 결과 채택되었다. (나) 김대중 대통령의 평양 방문과 제1차 남북 정상 회담은 2000년 6월에 이루어졌다. (가), (나) 시기 사이에는 한반도 비핵화 공동 선언이 발표되었다(1991. 12. 31.). 그러나 북한이 핵 확산 금지 조약을 탈퇴하는 등 긴장이 고조되자 김영삼 정부는 북한이 핵무기 개발을 포기하는 대신, 1995년 국제 사회가 북한에 경수로 원자력 발전소를 건설해 전력을 공급하도록 타협안을 제시하였다. 김영삼 정부는 경수로 건설에 주도적 역할을 하였으나, 남북 갈등이 완전히 해소되지 않은 상황에서 경수로 건설 사업은 중단되었다.

개념잡는 **오답풀이**

ㄱ. 7·4 남북 공동 성명은 1972년에 발표되었다.
ㄹ. 개성 공단은 2000년 6·15 남북 공동 선언 이후에 합의·건설되었다.

844 노태우 정부의 통일 노력 답⑤

깊이있는 **정답풀이**

추론 TIP 남북한 유엔 동시 가입 → 1991년 → 노태우 정부

> 두 나라의 가입 신청은 안보리에서 만장일치로 채택됐다. …… 남북한 유엔 동시 가입은 한반도에서 긴장을 완화하고 서로 간의 신뢰 구축 증진을 위한 분위기를 조성할 것이며, 서로의 공통점을 확인하고 통일에의 장애를 극복해 나가는 적절한 대화의 장을 제공할 것이다.
>
> – 안보리 의장 권고 결의 채택 성명

1991년에는 남북한이 동시에 유엔에 가입하고, 남북 사이의 화해와 불가침 및 교류·협력에 관한 합의서(남북 기본 합의서)와 한반도 비핵화 공동 선언에도 합의하였다.

개념잡는 **오답풀이**

① 1998년 김대중 정부 시기에 금강산 해로 관광이 시작되었다.
② 10·4 남북 공동 선언 채택은 2007년 노무현 정부 시기에 해당한다.
③ 최초의 이산가족 상봉은 1985년 전두환 정부 시기에 이루어졌다.
④ 남북한이 개성 공단 조성에 합의한 것은 2000년 제1차 남북 정상 회담 때 발표한 6·15 남북 공동 선언 이후이다.

845 남북 기본 합의서 답④

깊이있는 **정답풀이**

1980년대 말부터 동유럽 사회주의 몰락에 따른 북방 정책 추진과 1991년 9월 남북한 유엔 동시 가입을 배경으로 남북 기본 합의서가 체결되었다. 남북 기본 합의서는 남과 북이 나라와 나라 사이의 관계가 아닌 통일을 지향하는 과정에서 잠정적으로 형성되는 특수 관계라는 것을 인정하고, 다각적인 교류·협력을 실현하여 민족 공동의 이익과 번영을 도모할 것을 다짐한 것이다.

개념잡는 **오답풀이**

①, ②는 7·4 남북 공동 성명, ③, ⑤는 6·15 남북 공동 선언에 대한 설명이다.

846 6·15 남북 공동 선언 답③

깊이있는 **정답풀이**

남한과 북한의 정상은 2000년 6월 15일 역사적인 공동 선언을 채택하였는데, 이는 자주적 통일과 각 방면에서의 평화적인 교류, 이산가족 상봉 등의 내용을 담고 있다.

개념잡는 **오답풀이**

①, ④는 1991년 노태우 정부, ②는 1972년 박정희 정부, ⑤는 1998년 김대중 정부 시기의 일이다.

847 6·15 남북 공동 선언의 결과 답 ①

깊이있는 정답풀이

제시된 자료는 2000년 김대중 대통령과 김정일 국방 위원장이 공동 합의하여 서명한 6·15 남북 공동 선언이다. 이는 최초로 남과 북의 최고 권력자가 만나 통일의 큰 원칙에 합의하였다는 점에서 역사적 의의가 있다. 이후 남북 협력 사업은 급물살을 타며 끊어진 경의선과 동해선 철도의 연결이 추진되고, 북한의 개성에 남한 기업이 공업 단지를 조성하는 사업도 시작되었다. 2000년 시드니 올림픽 대회에서는 남북 선수단이 한반도기를 들고 동시에 입장하였으며, 이산가족의 상봉도 정례화되었다. 또한, 비전향 장기수가 북으로 송환되었고 이산가족 서신 교환도 이루어졌다.

개념잡는 오답풀이

② 두만강 경제특구는 북한이 경제적 어려움을 극복하기 위해 세운 방안으로, 1990년대 초 설치하였다.
③ 금강산 관광은 1998년 처음 시작되었고, 노무현 정부 때부터 육로 관광의 길이 열렸다.
④ 한반도 비핵화 선언은 노태우 정부 시기인 1991년에 발표되었다.
⑤ 남북한의 유엔 동시 가입은 노태우 정부 때인 1991년에 이루어졌다.

848 7·4 남북 공동 성명과 6·15 남북 공동 선언 답 ①

깊이있는 정답풀이

(가)는 1972년 자주·평화·민족 대단결의 통일 원칙을 합의한 7·4 남북 공동 성명이다. 이 공동 성명에 따라 남북 조절 위원회가 설치되어 통일을 위한 실무자 회담이 진행되었다. (나)는 2000년에 평양에서 최초로 개최된 제1차 남북 정상 회담 결과 발표된 6·15 남북 공동 선언이다. 이에 따라 이산가족 방문, 경의선 철도 복구, 개성 공단 건설 등의 경제 협력이 전개되었다.

개념잡는 오답풀이

② 1991년 합의된 남북 기본 합의서에 대한 내용이다.
③ 금강산 관광은 1998년부터 진행되었다.
④ 남북한은 1991년에 유엔에 동시 가입하였다.
⑤ 1985년에 최초의 이산가족 상봉이 이루어졌다.

849 각 정부의 통일 노력 답 ⑤

깊이있는 정답풀이

박정희 정부는 이산가족 재회를 위한 남북 적십자 회담을 개최하였고(1971), 자주·평화·민족 대단결 원칙에 합의한 7·4 남북 공동 성명(1972)을 발표하였다. 전두환 정부는 민족 화합 민주 통일 방안을 북한에 제시하였고, 최초로 고향 방문단이 구성되어 이산가족 간의 상봉이 이루어졌다. 노태우 정부가 들어선 뒤 1991년에 남북한이 유엔에 동시 가입하였고, 남북 간 상호 불가침을 주요 내용으로 하는 남북 기본 합의서(1991) 채택에 합의하였다. 김대중 정부는 '햇볕 정책'이란 이름의 대북 화해 협력 정책을 추진하여 2000년 제1차 남북 정상 회담이 열리고 6·15 남북 공동 선언이 발표되었으며, 개성 공단 조성 합의를 비롯한 남북 경제 협력이 본격화되었고, 경의선 철도 연결 사업이 시작되었다.

개념잡는 오답풀이

ㄱ. 이산가족 고향 방문단 교환은 전두환 정부 시기에 이루어졌다.
ㄴ. 1972년 7·4 남북 공동 성명의 합의 사항을 추진하고 남북 관계를 발전시키기 위해 남북 조절 위원회가 설치되었다.

850 시기별 남북 합의문 답 ④

깊이있는 정답풀이

제시된 자료는 순서대로 7·4 남북 공동 성명(1972), 남북 기본 합의서(1991), 6·15 남북 공동 선언(2000)이다. (가) 시기에는 이산가족 고향 방문이 이루어졌으며(1985), 남북한의 유엔 동시 가입이 이루어졌다(1991. 9.). (나) 시기인 1994년 김영삼 정부 때에 처음으로 남북 정상 회담을 열기로 합의하였으나 김일성의 갑작스러운 죽음으로 무산되었다. 한편 금강산 관광은 1998년에 시작되었고, 2003년 2월부터 육로를 통한 관광이 가능해졌다.

④ 경의선 복구와 개성 공단 설치는 2000년 제1차 남북 정상 회담에 따라 이루어졌다.

851 노무현 정부의 통일 노력 답 ④

깊이있는 정답풀이

'6·15 공동 선언을 고수' 등을 통해 노무현 정부의 10·4 남북 공동 선언임을 알 수 있다. 노무현 정부는 김대중 정부가 합의한 개성 공단 사업을 실현하였고, 2007년 평양에서 열린 제2차 남북 정상 회담에서 남북 관계 발전과 평화 번영을 위한 10·4 남북 공동 선언을 발표하였다.

개념잡는 오답풀이

① 박정희 정부는 7·4 남북 공동 성명을 발표하고 남북 조절 위원회를 구성하였다.
② 노태우 정부 때 남북 관계가 통일을 지향하는 특수한 관계임을 인정하며 상호 불가침을 주요 내용으로 하는 남북 기본 합의서를 채택하였다.
③ 노태우 정부 시기에 남북한이 유엔에 동시 가입하였다.
⑤ 김대중 정부 때 정주영 현대 그룹 회장이 소 떼를 몰고 북한을 방문한 후 금강산 해로 관광을 포함하여 남북 경제 협력이 본격화되었다.

852 남북한의 시기별 통일 노력 답 ④

깊이있는 정답풀이

(가) 남북 기본 합의서는 1991년 노태우 정부 시기에 발표되었다. (나) 10·4 남북 공동 선언은 2007년 노무현 정부 때 열린 제2차 남북 정상 회담에서 채택되었다. (다) 7·4 남북 공동 성명은 자주·평화·민족 대단결의 3대 통일 원칙을 발표한 것으로, 1972년 박정희 정부 때이다. (라) 6·15 남북 공동 선언은 2000년 김대중 정부 시기에 열린 제1차 남북 정상 회담에서 발표되었다. 따라서 일어난 순서대로 나열하면 (다) – (가) – (라) – (나)이다.

853 독도가 우리 땅인 이유 답 ②

깊이있는 정답풀이

제시된 자료에서 학습 주제는 '독도가 우리 영토인 이유'이다. 일본 에도 막부 시기인 1667년 관찬 고문헌인 『은주시청합기』에 "울릉도(죽도)와 독도(송도)는 조선의 영토이며, 일본의 서북 경계는 은기도로 삼는다."라고 서술되어 있다. 1900년 대한 제국은 「칙령 제41호」를 통해 독도가 대한 제국 영토임을 선언하였다. 한편, 1952년 이승만 정부는 '인접 해양에 대한 주권에 관한 대통령 선언', 이른바 평화선 선언을 발표하여 독도가 우리 영토임을 분명히 하였다. 전쟁에서 승리한 연합군은 1946년 연합국 최고 사령관 각서 제677호에서 독도를 일본의 영토에서 제외하였다.

개념잡는 **오답풀이**

① 병인양요와 신미양요는 강화도에서 발생하였다.
③ 대한 제국은 이범윤을 간도 관리사로 임명하고 그곳의 한국인을 보호하는 역할을 수행하도록 하였다.
④ 백두산정계비는 조선 숙종 때에 조선과 청이 국경을 정해 그 내용을 새긴 비석이다. 그런데 비문에 언급된 토문강의 해석 문제를 놓고 후대에 양국이 갈등을 빚게 되었고, 간도 영유권 문제가 발생하였다.
⑤ 영국은 러시아의 남하 정책을 저지한다는 구실로 거문도를 불법 점령하였다(1885~1887).

854 동아시아의 역사 갈등 해결을 위한 노력 답 ⑤

깊이있는 **정답풀이**

1993년 고노 요헤이 일본 관방 장관은 일본군 '위안부' 문제에 일본 정부가 관여하였다고 인정하고 사죄와 반성을 표명하였다. 한편, 동아시아 역사 갈등을 해결하기 위해 한국·중국·일본의 학자들과 교사들은 공동의 역사 연구를 통해 역사 교재를 만들었다. 이들은 과거를 되돌아보며 동아시아의 공존을 모색하고 평화와 인권의 가치를 되새기고자 노력하였다.

개념잡는 **오답풀이**

ㄱ. 일본은 주인이 없는 땅은 선점한 나라의 것이라는 논리를 내세우며 러일 전쟁 중 독도가 일본 영토에 편입되었다고 주장하고 있으며, 일본 시마네현 의회는 2005년 '다케시마의 날'을 제정하였다.
ㄴ. 중국의 동북공정은 '중국 동북 지방의 역사와 현상에 관한 정책 연구 사업'이라는 뜻으로, 동북 지방의 역사와 상황에 대한 체계적인 연구 사업이다. 동북공정은 고구려와 발해 등의 역사를 중국 소수 민족의 역사로 규정하여 고대사를 왜곡하였다.

855 일본의 역사 왜곡과 대응 노력 답 ②

깊이있는 **정답풀이**

제시된 자료는 1995년 발표된 무라야마 담화의 일부이다. 1995년 8월 15일 당시 일본 총리였던 무라야마는 전쟁 종료 50주년을 맞아 일본의 과거사에 대한 반성과 피해 국민에 대한 사죄, 책임 있는 국제 사회 일원으로서 일본의 역할을 제시하였다. 그러나 일본 우익 세력은 다시 군비 확장을 시도하고 있다. 이에 우리나라를 비롯한 여러 나라는 일본의 군국주의 부활 움직임에 우려를 보내고 있다.

개념잡는 **오답풀이**

①, ③, ④, ⑤는 과거 일본이 저지른 잘못을 인정하지 않고 역사를 왜곡하는 일본 우익의 모습이다.

STEP 3 서술형 풀어 보기 204쪽

856 외환 위기의 원인

✔ 모범답안

1997년 아시아 금융 불안이 한국 경제에도 영향을 미쳐 외환 보유고가 고갈되는 외환 위기가 나타나 기업들의 연쇄 부도가 이어지고 경제 성장률이 크게 감소하였다.

채점 기준	수준
외환 위기로 경제 성장률이 크게 감소하였다고 서술한 경우	상
경제 성장률이 크게 감소하였다고만 서술한 경우	하

857 7·4 남북 공동 성명의 의의

✔ 모범답안

7·4 남북 공동 성명은 남북한이 합의한 자주·평화·민족 대단결의 통일 3대 원칙을 담고 있다. 이는 남북한이 최초로 합의한 평화 통일 원칙으로, 이후 남북 간 통일 논의의 방향을 제시하였다는 의의를 지닌다.

채점 기준	수준
자주·평화·민족 대단결의 통일 3대 원칙, 남북한이 최초로 합의한 평화 통일 원칙, 이후 남북 간 통일 논의의 방향 제시를 모두 서술한 경우	상
자주·평화·민족 대단결의 통일 3대 원칙을 포함하여 의의를 서술한 경우	중
7·4 남북 공동 성명의 내용과 의의 중 한 가지만 서술한 경우	하

858 김대중 정부의 대북 정책

✔ 모범답안

김대중 정부는 적극적인 대북 화해 협력 정책인 '햇볕 정책'을 추진하였다. 그 결과 분단 이후 최초로 남북 정상 회담을 개최하여 통일 방안과 경제 협력 등의 내용을 담은 6·15 남북 공동 선언을 발표하였다.

채점 기준	수준
'햇볕 정책' 추진, 분단 이후 최초로 남북 정상 회담 개최, 6·15 남북 공동 선언 발표를 모두 서술한 경우	상
'햇볕 정책' 추진을 포함하여 위 내용 중 두 가지를 서술한 경우	중
위 내용 중 한 가지만 서술한 경우	하

859 독도에 관한 일본의 주장과 그에 대한 반박

✔ 모범답안

독도, 신라 지증왕 때 독도는 우리 영토로 편입되었으며, 조선 숙종 때 안용복의 활동으로 우리 영토임이 재확인되었다. 1900년 대한 제국은 「칙령 제41호」를 발표하여 울릉군이 독도를 관할하게 하였다. 제2차 세계 대전이 끝난 후 연합국 최고 사령부는 일본의 영토에서 독도를 제외하였다.

채점 기준	수준
독도를 쓰고, 일본의 주장을 비판하는 근거를 세 가지 이상 서술한 경우	상
독도를 쓰고, 근거를 두 가지 서술한 경우	중
독도라고만 쓴 경우	하

STEP 4 대단원 정리하기 205~206쪽

860 ① 861 ③ 862 ③ 863 ④ 864 ② 865 ③
서술형 문제 866~867 해설 참조

860 노태우 정부 시기 여소 야대 국회 답 ①

깊이있는 정답풀이

제13대 국회 의원 선거 결과 여당인 민주 정의당보다 야당의 의석이 많은 여소 야대의 국회가 형성되었다. 여당은 여소 야대 정국을 극복하기 위해 3당 합당을 추진하여 1990년 민주 자유당을 창당하였다.

개념잡는 오답풀이

② 2000년대 이후 시민들은 촛불 집회라는 평화적 시위를 열어 사회의 다양한 사안에 의견을 표출하였다. 2016년에는 국정 농단의 진상 규명과 박근혜 대통령 퇴진을 요구하는 대규모 집회를 벌였다.
③ 2003년 출범한 노무현 정부는 행정 수도 건설, 권위주의 청산 등을 추진하였다.
④ 2000년에 400여 개의 사회단체가 총선 시민 연대를 결성하고 낙선 운동을 전개하였다.
⑤ 1997년 김영삼 정부 말 외환 위기가 발생하여 국제 통화 기금[IMF]의 구제 금융을 요청하였다. 그해 말 치루어진 대통령 선거에서 야당의 김대중 후보가 승리를 거두고 평화적 정권 교체를 이루었다.

861 김영삼 정부의 활동 답 ③

깊이있는 정답풀이

'역사 바로 세우기'를 추진하면서 조선 총독부 건물을 철거하였다는 내용을 통해 (가) 정부가 김영삼 정부임을 알 수 있다. 김영삼 정부는 불법 자금을 차단하기 위해 금융 실명제를 전면적으로 시행하였다.

개념잡는 오답풀이

① 노태우 정부는 사회주의 국가와 수교를 추진하였다(북방 외교).
② 이명박 정부가 G20 정상 회의를 개최하였다.
④ 박근혜 정부는 세월호 참사에 적절하게 대응하지 못하며 어려움을 겪었다.
⑤ 노무현 정부는 행정 수도 이전을 계획하였으나 좌절되었고, 행정 중심 복합 도시인 세종시를 건설하였다.

862 김대중 정부의 활동 답 ③

깊이있는 정답풀이

최초로 선거를 통한 평화적 정권 교체, 대북 화해 협력 정책 등을 통해 밑줄 친 '이 정부'가 김대중 정부임을 알 수 있다. 김대중 정부 시기에는 최초의 남북 정상 회담이 개최되었고 개성 공단 건설 사업, 금강산 관광 사업이 추진되었다.

개념잡는 오답풀이

① 이명박 정부는 4대강 정비 사업을 시행하였다.
② 노태우 정부 시기 남북한이 유엔에 동시에 가입하였고, 남북 기본 합의서가 채택되었다.
④ 김영삼 정부 시기 지방 자치제를 전면적으로 실시하였다.
⑤ 노무현 정부 시기인 2004년 칠레를 시작으로 여러 나라와 자유 무역 협정[FTA]을 체결하였다.

863 외환 위기 극복 답 ④

깊이있는 정답풀이

국민이 모은 금이 227톤에 달하였다는 내용을 통해 밑줄 친 '이 운동'이 금 모으기 운동임을 알 수 있다. 1997년 말 외환 위기로 김영삼 정부는 국제 통화 기금[IMF]에 긴급 구제 금융 지원을 받았다. 새로 출범한 김대중 정부는 외환 위기를 극복하기 위해 다양한 개혁 정책을 추진하였고, 국민들도 자발적으로 금 모으기 운동에 나섰다.

개념잡는 오답풀이

① 1970년 박정희 정부는 농촌 환경 개선, 소득 증대를 목표로 새마을 운동을 시작하였다.
② 1993년 우루과이 라운드가 타결되었고, 1995년에 세계 무역 기구[WTO] 체제가 출범하였다.
③ 김영삼 정부 시기인 1996년에 경제 협력 개발 기구[OECD]에 가입하였다.
⑤ 1980년대 후반 저유가, 저금리, 저달러로 경제가 호황을 맞이하였다.

864 북한의 경제 변화 답 ②

깊이있는 정답풀이

(가)에는 북한의 사회주의 경제 체제의 변화와 관련된 내용이 들어가야 한다. 북한은 1984년 합영법을 제정하여 외국 자본과 기술을 직접 도입하고자 하였으며, 1991년에는 나진·선봉 지역에 자유 경제 무역 지대를 설치하여 외국 자본을 유치하려 하였다.

개념잡는 오답풀이

ㄴ. 북한은 1950년대 후반부터 하루에 천 리를 달린다는 천리마의 속도로 사회주의 경제를 건설하자는 천리마 운동을 전개하였다.
ㄹ. 1950년대 북한은 농토와 생산 수단은 개인 소유를 허용하지 않고, 협동조합이 소유하도록 하는 등 사회주의 경제 체제를 강화하였다.

865 남북 관계의 변화 답 ③

깊이있는 정답풀이

(가)는 1972년 7·4 남북 공동 성명을 발표하는 상황, (나)는 1998년 금강산 관광이 시작되는 상황이다. 1991년 남북한은 유엔에 동시 가입하였고, 이어 남북 기본 합의서를 채택하였다.

개념잡는 오답풀이

① 문재인 정부 시기인 2018년 한반도의 평화와 번영, 통일을 위한 판문점 선언이 발표되었다.
② 이명박 정부 시기 북한에 의한 천안함 침몰 사건, 연평도 포격 사건 등이 연이어 발생하면서 남북 관계는 악화되었다.
④ 김대중 정부 시기인 2000년 6·15 남북 공동 선언이 발표되었다.
⑤ 제2차 남북 정상 회담은 노무현 정부 시기인 2007년에 개최되었다.

866 노태우 정부의 활동

(1) 답 노태우
(2) 모범답안 전두환 정부의 비리와 5·18 민주화 운동의 진상 규명을 위한 청문회가 개최되었다. 3당 합당이 추진되어 민주 자유당이 창당하였다. 북방 외교가 추진되었다. 남북한이 유엔에 동시 가입하였고, 남북 기본 합의서가 채택되었다.

채점 기준	수준
노태우 정부의 활동을 세 가지 서술한 경우	상
노태우 정부의 활동을 두 가지 서술한 경우	중
노태우 정부의 활동을 한 가지만 서술한 경우	하

867 외환 위기

✔ 모범답안

1997년 말 외환 보유고가 고갈되고 기업이 연이어 도산하면서 외환 위기가 발생하였다. 김영삼 정부는 국제 통화 기금[IMF]에 구제 금융 지원을 요청하였다.

채점 기준	수준
외환 보유고 고갈과 국제 통화 기금[IMF] 구제 금융 지원 요청을 모두 서술한 경우	상
위 내용 중 한 가지만 서술한 경우	하

메가스터디 (고등 학습) 시리즈

메가스터디 N제

한국사2 867제 정답 및 해설

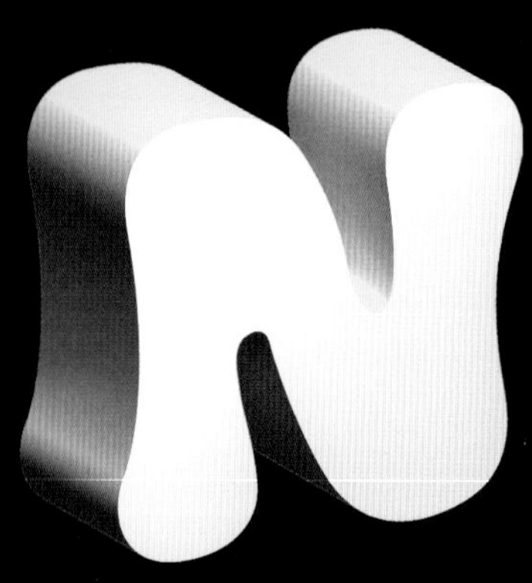

메가스터디BOOKS

내용 문의 02-6984-6915 | 구입 문의 02-6984-6868,9 | www.megastudybooks.com